Berthe Morisot

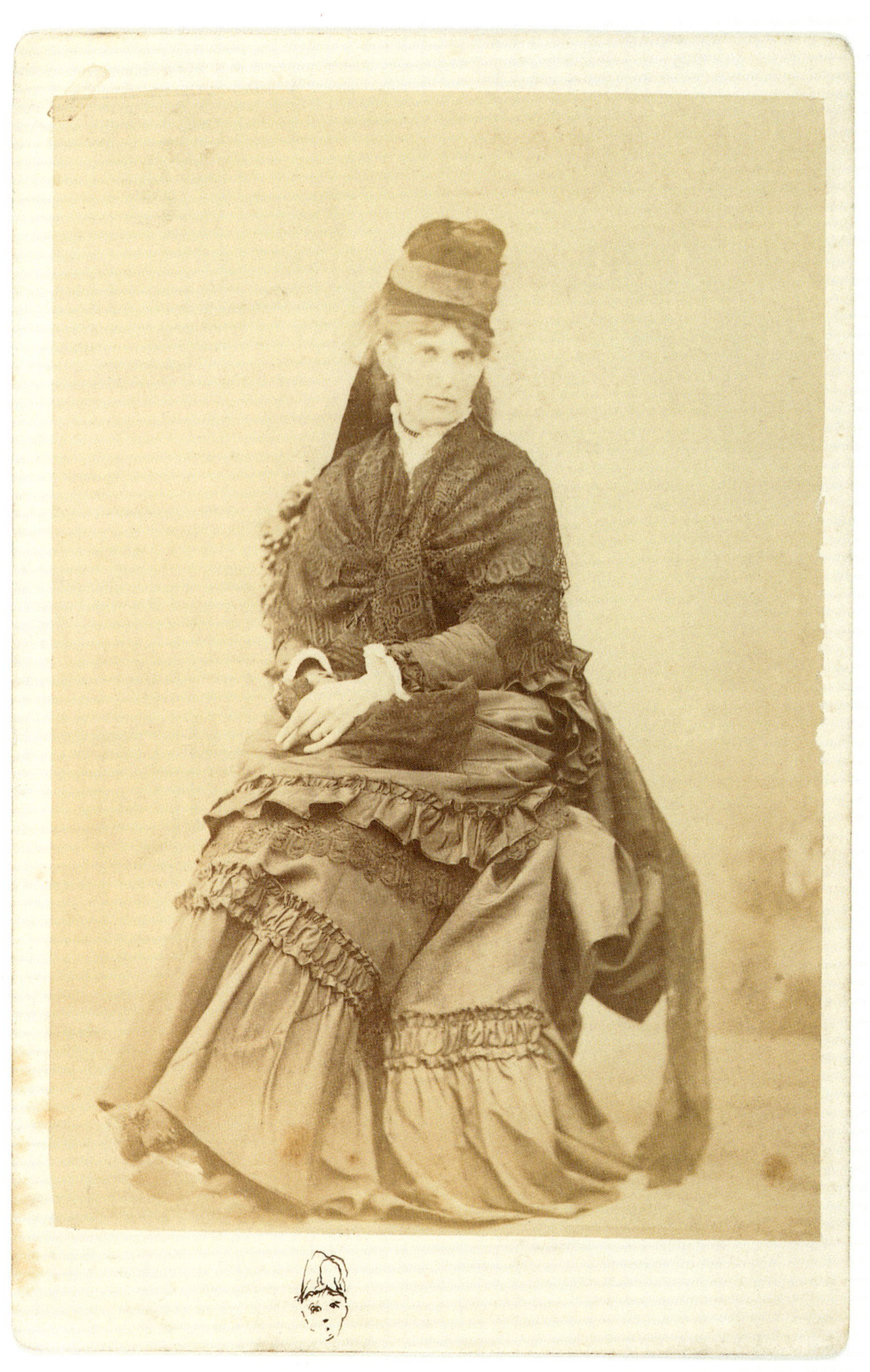

Berthe Morisot
photographie inédite
avec une caricature par Eugène Manet,
collection particulière.

Fondation Pierre Gianadda
Martigny Suisse

Berthe Morisot

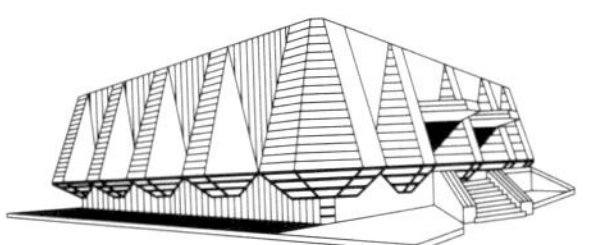

19 juin au 19 novembre 2002
Tous les jours de 9 h à 19 h

Exposition organisée en partenariat avec le Palais des Beaux-Arts de Lille

Cette exposition est placée sous le haut patronage de

Monsieur Kaspar Villiger,
Président de la Confédération suisse

Une contribution de CREDIT SUISSE PRIVATE BANKING à la culture

Pour Annette

Commissariat général

Arnauld Brejon de Lavergnée
directeur du Palais des Beaux-Arts, Lille

Léonard Gianadda
président de la Fondation Pierre Gianadda, Martigny

Commissariat de l'exposition

Hugues Wilhelm

Sylvie Patry
conservateur au Palais des Beaux-Arts de Lille

Sylvie Patin
conservateur en chef au Musée d'Orsay

Avec la collaboration de Michèle Moyne
attachée de conservation au Palais des Beaux-Arts de Lille

Merci Lille

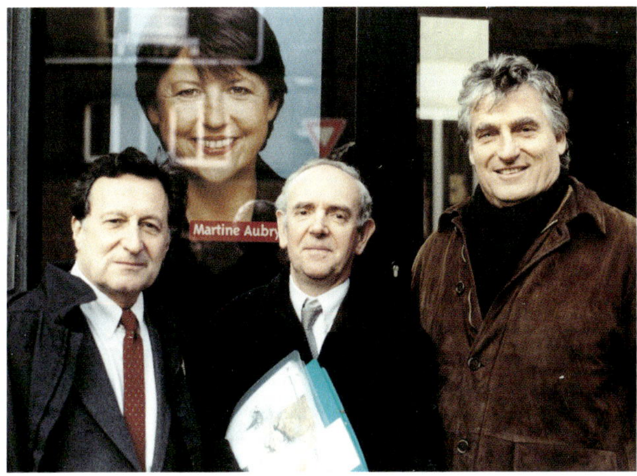

Sous le sourire de Mme Martine Aubry, M. Yves Rouart, arrière-petit-fils de Berthe Morisot et arrière-petit-neveu d'Edouard Manet, M. Arnauld Brejon de Lavergnée, directeur du Palais des Beaux-Arts de Lille, et M. Léonard Gianadda. Photo François Gianadda.

En vingt-cinq ans d'existence, la Fondation Pierre Gianadda n'avait pratiquement jamais eu l'occasion de concrétiser un partenariat avec un autre musée, malgré son désir de conclure parfois une telle association, ne serait-ce que pour alléger son activité. Et voilà qu'en deux ans, deux opportunités se sont offertes. L'année dernière, notre exposition *Picasso. Sous le soleil de Mithra* fut ensuite reprise par le Musée Picasso de Paris, et cette année nous exposons *Berthe Morisot*, qui vient d'être présentée au Palais des Beaux-Arts de Lille.

Nous rêvions d'une exposition *Berthe Morisot* depuis de nombreuses années, ce qui semblait naturel après les expositions de notre ami Ronald Pickvance : *Degas* en 1993, *Manet* en 1996, *Gauguin* en 1998 et *Van Gogh* en l'an 2000. Berthe Morisot n'est pas une inconnue à Martigny. En effet, l'affiche de notre rétrospective Manet proposait *Berthe Morisot au bouquet de violettes*, ce chef-d'œuvre absolu, décliné dans les noirs admirables de Manet, qui avait livré à notre public le regard intense et ardent de Berthe Morisot. Aussi, dès l'accrochage de Manet, le principe d'une rétrospective Berthe Morisot avait été décidé avec la famille de l'artiste.

Peu de temps après, le Palais des Beaux-Arts de Lille recevait en dépôt du Musée d'Orsay un autre chef-d'œuvre de Manet, *Berthe Morisot à l'éventail*, ce qui lui fournissait un prétexte parfaitement justifié d'une exposition *Berthe Morisot*, accompagnée d'un dossier sur Berthe et son beau-frère Edouard Manet. Nous avions déjà traité ce thème à la Fondation et sommes heureux d'avoir pu apporter notre contribution à cet événement en obtenant pour Lille cinq des portraits de Berthe Morisot exposés à Martigny.

Un tel partenariat offre des avantages certains, par l'enrichissement mutuel des œuvres proposées et par l'économie des moyens requis pour la mise sur pied d'une telle entreprise, mais il engendre aussi d'inévitables inconvénients, principalement de la part des prêteurs qui hésitent à se séparer de leurs œuvres pour une plus longue durée. C'est une des raisons pour lesquelles certaines toiles ne sont exposées qu'à Lille et d'autres qu'à Martigny. Et puis notre grande sœur de Lille dispose, avec ses Goyas, d'un atout auquel personne ne saurait résister…

La préparation de l'exposition a nécessité de nombreux déplacements, mais l'un d'eux, le 21 décembre 2000, m'a laissé un souvenir particulier : Mme Martine Aubry m'avait invité à l'Hôtel de Ville de Lille pour concrétiser notre accord. Mon fils François m'accompagnait. Quelle ne fut pas ma surprise lorsque M. Arnauld Brejon de Lavergnée, directeur du Palais des Beaux-Arts de Lille, voulut présenter notre Fondation à Mme Aubry qui l'interrompit par ces mots : « Mais je connais fort bien la Fondation car j'y suis allée plusieurs fois », et de donner force détails notamment sur l'exposition *Bonnard*…

En définitive, notre collaboration s'est révélée des plus positives et aujourd'hui j'aimerais dire ma reconnaissance à M. Jean-Marie Granier, directeur du Musée Marmottan, ainsi qu'à M. Arnauld Brejon de Lavergnée pour l'aide qu'ils nous ont apportée. Mes remerciements vont également aux commissaires de cette rétrospective : tout d'abord notre ami Hugues Wilhelm, que l'on reverra certainement à Martigny, ainsi que Mme Sylvie Patry, conservateur au Palais des Beaux-Arts de Lille, et Mme Sylvie Patin, conservateur en chef au Musée d'Orsay. Ce catalogue, en réalité un ouvrage de référence, est le résultat de cette collaboration. Mais ma gratitude s'adresse principalement à la famille Rouart et plus particulièrement à M. Yves Rouart dont j'avais déjà pu apprécier les qualités et la générosité lors de l'exposition *Manet*.

Mais il est clair qu'une telle manifestation ne pourrait avoir lieu sans l'aide bienveillante des prêteurs, qu'il s'agisse de collectionneurs privés ou de musées : qu'ils en soient chaleureusement remerciés. Grâce à eux, un nombreux public pourra découvrir *Berthe Morisot*, la grande dame de l'impressionnisme.

Léonard Gianadda
Président de la
Fondation Pierre Gianadda
Membre de l'Institut

Remerciements

Les organisateurs de l'exposition, la Fondation Pierre Gianadda à Martigny et le Palais des Beaux-Arts de Lille tiennent à exprimer leur vive reconnaissance aux musées, institutions, fondations, galeries et collectionneurs privés qui, par leur générosité, en ont permis la réalisation.

Leur gratitude s'adresse tout d'abord aux membres de la famille pour leurs prêts, leur aide et leurs connaissances du milieu de l'artiste qu'ils ont fait partager, tout particulièrement ***M. Yves Rouart*** *qui nous a ouvert ses archives et nous a autorisés à publier de nombreux renseignements inédits. Dominique Lobstein, à la documentation du musée d'Orsay, a apporté son précieux soutien à nos recherches.*

Leurs remerciements vont aussi à

Françoise Rouart
Jean-Michel Rouart

ainsi qu'à tous les membres de la famille qui ont souhaité garder l'anonymat.

Que soient également remerciés

Francine Mariani-Ducray,
directrice des Musées de France

Henri Loyrette,
ancien directeur du musée d'Orsay, président-directeur du musée du Louvre

Serge Lemoine,
directeur du musée d'Orsay

Philippe Durey,
administrateur général de la Réunion des Musées Nationaux

ainsi que

Collections particulières, grâce à la galerie Hopkins-Custot, Paris
Collections particulières, grâce à Pyms Gallery, Londres
Collections particulières, grâce à Wildenstein and Co., New York
Collections particulières, grâce au Wildenstein Institute, Paris
Mme Alexander Lewyt, New York
Woodward Communication, Dubuque, USA

ALLEMAGNE
Cologne Wallraf-Richartz-Museum – Fondation Corboud

ARGENTINE
Buenos Aires Museo Nacional de Bellas Artes

BELGIQUE
Gooreind Triton Foundation
Bruxelles musée d'Ixelles

DANEMARK
Copenhague Ny Carlsberg Glyptotek

ESPAGNE
Madrid Fundación Colección Thyssen-Bornemisza
Collection Carmen Thyssen-Bornemisza

ÉTATS-UNIS
Boston Museum of Fine Arts
Chicago The Art Institute of Chicago
Cleveland The Cleveland Museum of Art
Dallas Dallas Museum of Art
Denver Denver Art Museum
Minneapolis The Minneapolis Institute of Arts
Newark Newark Museum
New York The Brooklyn Museum of Art
The Metropolitan Museum of Art
The Pierpont Morgan Library, Thaw Collection
Richmond Virginia Museum of Fine Arts
Saint Petersburg Museum of Fine Arts, Florida
Toledo Toledo Museum of Art
Washington, National Gallery of Art

FRANCE
Grasse musée d'Art et d'Histoire de Provence
Lyon musée des Beaux-Arts
Montpellier musée Fabre
Paris Bibliothèque littéraire Jacques-Doucet
Bibliothèque nationale de France
musée Claude-Monet-Marmottan
donation Donop de Monchy
donation Michel Monet
donation Thérèse et Julien Rouart
Fondation Denis et Annie Rouart
musée d'Orsay
musée du Louvre, département des Arts graphiques
Pau musée des Beaux-Arts
Toulouse musée des Augustins

GRANDE-BRETAGNE
Cardiff National Museums and Galleries of Wales
Édimbourg National Gallery of Scotland
Londres The Tate Gallery of British Art

JAPON
Tokyo Tokyo Fuji Art Museum

Leurs remerciements s'adressent également aux personnes qui tout au long des mois de préparation de cette exposition nous ont aidés et soutenus, notamment :

Ann B. Abid, Mme Aldinger, Sylvain Amic, Louise d'Argencourt, Mme H. B. (Suisse), Joseph Baillio, Thérèse Barruel, Diane Bass, Geneviève Becquart, Jonas Bencart, Caroline Berne, Nadine Berthelier, Torill Bjordal, Victoria Blasco, Philippe Bollag, Claude Bouret, Marie-Françoise Bouttemy, Philippe Brame, Xavier Bray, Barbara Brejon de Lavergnée, Aimée Brown-Price, J. P. Brown, Mme Brunerie, Gérard Bruyère, Jean-Baptiste Buffetaud, Françoise Cachin, Lucia Cassal, Mme Champion, Judith Cline, Isabelle Collet, Philip Conisbee, Gérard J. Corboud, M. et Mme Wilhelm Cordia, Valérie Corvino, Jean-Yves Cousseau, Fionnuala Croke, Brigitte Crespel, Marianne Delafond, A. Delebarre, Claire Denis, Nathalie Derra, Ghislain de Diesbach, documentation du Philadelphia Museum of Art, documentation du J. Paul Getty Museum, Dominique Dumas, Caroline Durand-Ruel Godfroy, Roland Dreyfus, Tim Egan, Marie El Caidi, Tara Emsley, Catherine McFarlane, Hélène Fauré, Serge Fernandez, Anne Fiaggionato, Suzanne Folds McCullagh, Béatrice Foulon, Christine Fournié, Sarah Frances, Jean Fromentin, Élisabeth Goyareb, Josette Grandazzi, Jean-Marie Granier, Jean Griot, Catherine Guillot, Beth Ann Guynn, Marc Guyot, Jacqueline Henry, Alan Hobart, Waring Hopkins, Dominique Jacquot, Catherine Jansens, M. et Mme Dominique Janssens, M. et Mme François Jobard, Lillie Johanson, Claude Keish, Mattie Kelley, Richard Kubicz, Geneviève Lacambre, M. et Mme Patrice de La Rochefoucauld, M. et Mme Jacques Laÿ, Emmanuelle Lefevre, Astrid. A. Landrud, Christiane Lefebvre, Katia Lièvre, José de Los Llanos, Andréa Lydon, Laure de Margerie, Véronique Mattiussi, Catherine Menaux, John et Peter Mitchell, S. Midali, Charles S. Moffett, Tania Morrison, Angie Morrow, Nancy Neth, Maureen C. O'Brien, Annie Oblin, Mme Pastoureau, Jean-Pierre Pavard, Marie-Hélène Peltier, Roberto Perazzone, Anita Petrovski, Prof. Ronald Pickvance, Anne Pingeot, Élisabeth Player-Duignan, Gilles Poizat, Odile Poncet, Stephan Puchs, Dr Marc Rauffet, Agnès Reboul, Louise Reeves, Prof. Théodore Reff, Maria Reinshagen, Yvan Renar, Jean-Dominique Rey, Anne Robinet, M. Roger, Mme Agathe Rouart-Valéry, Jessica L. Roscio, M. et Mme R. S. (Suisse), Maria Luisa Sampaio, Bénédicte Sauvage, Robert Schmit, Bill Scott, Janice Slater, Marie-Noëlle Snoy, Guy Stair Sainty, Gérard Stora, Charles F. Stuckey, Mary Sullivan, Cherie Summers, Renaud Tardy, Eugene W. Thaw, Nathalie Thieuleux, Gary Tinterow, François Trèves, Prof. Charles-Ambroise Valéry, François Valéry, M. et Mme Gérard Valkier, Katie Welty, Patricia Whitesides, Mme Gérard Wilhelm, Thibaut Wilhelm, Juliet Wilson-Bareau, Monique von Wistinghausen, Bernadette Wolf, Amber Woods Germano, Olivier Zeder.

La réalisation de l'exposition, enfin, a bénéficié de la collaboration de :

Sandra Aebersold, Nadia Anémiche, Stéphane Arrivé, Claire-Lise Baé, Philippe Baron, François-Xavier Basset, Amandine Bavetta, Claire Beke, Jan Bleyenberg, Sue Bond, Hamid Boudersa, Alexis Brandt, Christophe et Marie-Hélène Breen, Françoise Cailliaux, Jocelyne Charles, Didier Colpaert, Cathy Courbet, Catherine Cullen, Fabien Delzenne, Michel Demol, Stéphane De Moore, Serge Denneulin, Mireille Derville, Christophe Duflot, Dominique Dufour, Manou Dufour, Jean-Luc Fino, Célia Fleury, Mme Fonteray, Tassadite Godeau, Bruno Goval, Edouard Guyot, Nelly Hofmann, Philippe Knecht, Didier Kovalevski, Isabelle Laforce, Patricia Lamby, Pascal Leclercq, Francis Lejeune, Karine Maffini, Jérôme Marquise, Claire Masset, Caroline Mathieu, Anne Meilhac, Claudine Meurin, Marie-Pierre Orient, Kim Pashko, Éric Pavin, Francine Peirs, Béatrice Poindrelle, Grégory Ryckewaert, Thierry Salomé, Patrice Schmidt, Christian Simoulin, Claude Solard, Mary Suzor, Andrea Tedeschi, Lieve Van Eeckhout, Nicole Van Hoeke, Élisabeth Vanyper, Roger Veluzat, Denis Villaume, Céline Villiers, Marie-Odile Volard, Mathilde Wardavoir, Françoise Wasserman, Yasmina Yacine.

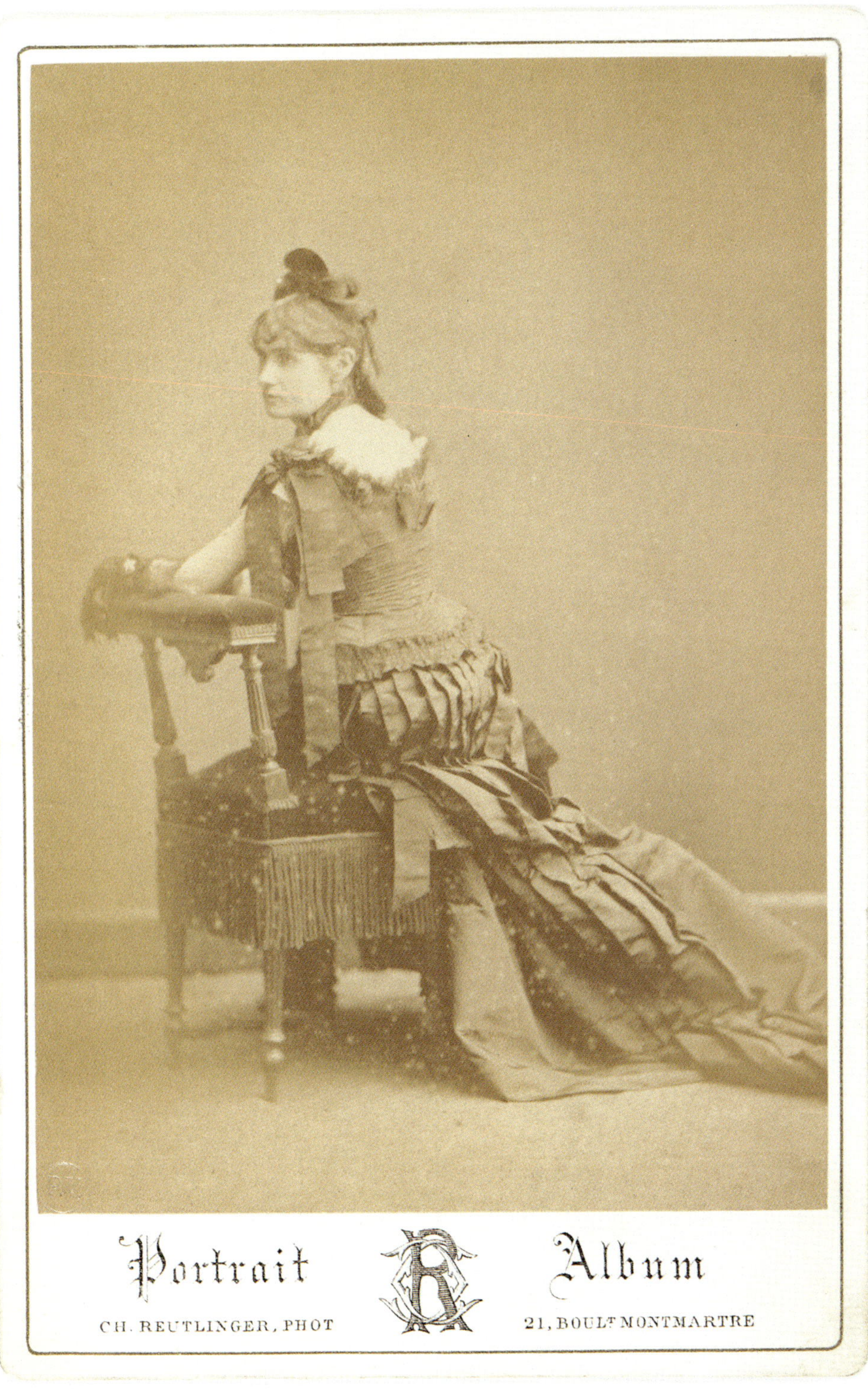

Berthe Morisot
photographie inédite de Reutlinger,
collection particulière.

Berthe Morisot, *Jeune Femme près d'une fenêtre* (détail), 1878, cat. 40

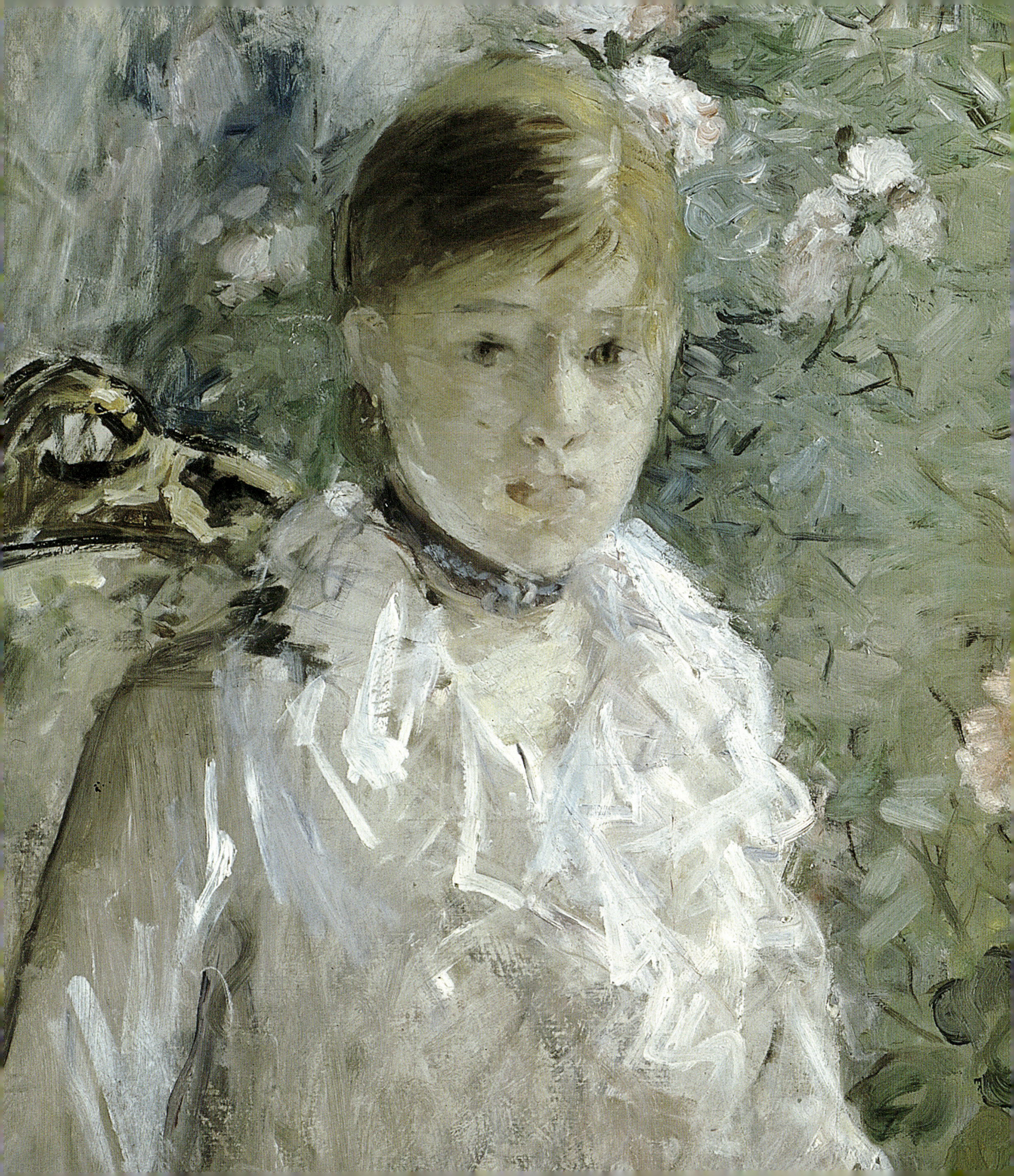

« Féerie, oui, quotidienne »

Henri Loyrette

président - directeur du musée du Louvre

Sous les abords d'une peinture aimable, toujours heureuse, fluide, presque liquide, à l'aise dans le premier jet au point que les compositions ambitieuses semblent manquer, Berthe Morisot est une artiste difficile. Négligée des historiens de l'art – sa bibliographie est singulièrement peu fournie – qui d'ordinaire la jugent agréable mais n'offrant guère de plats de résistance, ravalée au rang de « femme impressionniste », elle doit aujourd'hui sa présence et sa gloire à son rôle, modèle et muse, dans l'œuvre de Manet, aux liens qu'elle tissa très tôt avec les artistes les plus divers de la Nouvelle Peinture, à la place exceptionnelle qu'elle occupa, pendant trente ans, dans la vie intellectuelle parisienne. Autour de Berthe Morisot se développe, en effet, une histoire qui débute rue Franklin dans les années 1860 avec Degas, Manet, Puvis de Chavannes pour se poursuivre avec Mallarmé, Renoir, Monet et, au-delà même de sa mort, Paul Valéry et Pierre Louÿs. Un milieu très particulier, mêlant peintres, collectionneurs (les Rouart), écrivains, différent de celui qui s'agrège autour de la famille Halévy (même si certains, comme Degas, figurent sur l'une et l'autre scène), mais qui seul peut lui être comparé par son ancrage très parisien, l'étendue de ses ramifications, sa longévité, et, tout simplement, son importance intellectuelle et artistique. Berthe Morisot n'aurait pu tenir ce rôle fédérateur si elle n'avait été un peintre considéré, respecté, dispensant autre chose qu'un talent de société. Elle dut pour cela surmonter toutes les facilités qui étaient autant de handicaps, être femme, belle, riche, lancée, avec une célébrité précoce que lui valurent ses apparitions au Salon comme modèle de Manet plus que ses participations régulières aux expositions impressionnistes. Cette reconnaissance fut conquise de haute lutte ; elle eut longtemps à souffrir de l'indifférence de ses pairs et rien ne la blessa plus que les sarcasmes de Degas. Insoucieuse du succès public, elle exhiba comme autant de trophées les compliments de ses amis peintres, Puvis – « Jamais le rare et le distingué n'ont eu pareil interprète avec plus de variété » –, Degas, enfin converti – « Sa peinture un peu vaporeuse cache un dessin des plus sûrs ». Ce n'est toutefois qu'au début de 1884 qu'elle peut écrire : « Je commence à entrer dans l'intimité de mes confrères les impressionnistes » ; il lui aura fallu une vingtaine d'années pour être considérée comme étant « du bâtiment », selon l'expression de Degas. La fermeté de son dessin, dissimulée sous une peinture volubile et rapide, usant de « furie et nonchalance », fut pour Degas et Mallarmé le justificatif de cette reconnaissance. Cette qualité virile balançait à leurs yeux l'évidente féminité de son art, si manifeste dans les sujets traités, tant d'enfants, tant de fleurs et de jardins, tant de cygnes, comme dans la manière et le coloris, « tant de clairs tableaux irisés, exacts, primesautiers ». C'est que Berthe Morisot renoue, et c'est l'un de ses aspects les plus forts et novateurs, avec toute une tradition du XVIIIe siècle, celle de ces « peintres lumineux qui expirent devant David ». Et Valéry soulignera justement son dédain du « tableau », son goût de la pochade et de l'esquisse, cette impression d'un perpétuel recommencement devant ces merveilles immédiates de la vie quotidienne et presque ce refus de mettre un point final au travail commencé comme si le peintre ne devait jamais avoir le dernier mot : « Elle poursuivit sans relâche les nobles fins de l'art le plus fin et le plus exquis, celui qui se consume à rejoindre au moyen d'essais dont le nombre ne compte pas, que l'on produit et que l'on abîme sans pitié, l'apparence de merveille d'une création sur le néant et tout heureuse du premier coup. » Ainsi vu, l'œuvre de Berthe Morisot apporte une note particulière et indispensable, et l'impressionnisme, qui pourrait se passer d'une Eva Gonzalès, ne serait rien sans elle. Ainsi compris, l'œuvre de Berthe Morisot, apparemment limpide, préoccupé de capter l'éphémère gracieux ou attendrissant, révèle face au monde, face à la peinture, une troublante incertitude. Valéry la lisait dans le regard de cette femme rare, réservée, silencieuse, imposant une « distance inexplicable » et cela par « présence excessive » : « Rien ne donne cet air absent et distant du monde comme de voir le présent tout pur. Rien, peut-être, de plus abstrait que ce qui est. » C'est tout cela qui s'est joué dans « les yeux de Berthe » sans que, la plupart du temps, on n'y prenne garde et que traduit cette peinture agaçante tel un fruit jamais mûr, toujours fraîche et émerveillée : « Féerie, oui, quotidienne. »

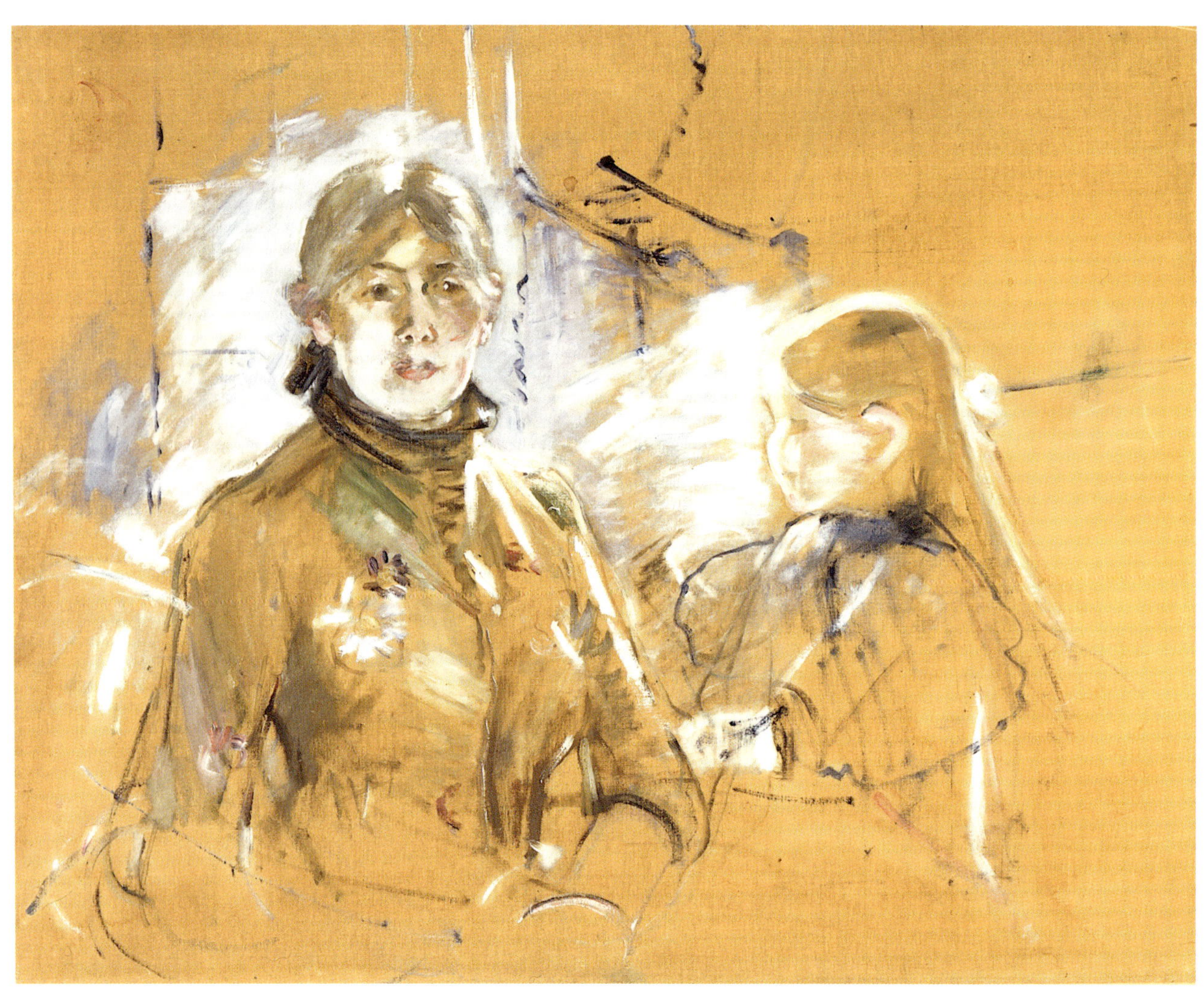

Fig. 1. Berthe Morisot, *Portrait de Berthe Morisot et de sa fille,* 1885 sur toile, H. 72 ; L. 91, collection particulière.

« La belle peintre »

Jean-Dominique Rey

Nul titre ne convient mieux à Berthe Morisot que ces trois mots[1]. Derrière eux se cachent et se révèlent l'être et l'artiste. Elle le reçut assez tôt d'une amie de sa mère et dès lors toute sa vie, trop courte, l'incarnera. Manet, à sa façon, fut le premier à le ratifier : la renommée de Berthe viendra d'abord des portraits qu'il brosse d'elle – quatorze en six ans, peints, dessinés ou gravés –, du *Balcon,* l'année de leur rencontre (1868) à ce fameux portrait au chapeau noir défini récemment par Cécile Guilbert comme celui d'une « Joconde dispensant distraitement sa somptueuse ténèbre[2] ». Mais cet hommage premier d'un peintre à un autre, elle le relèvera comme un défi secret.

On trouverait difficilement une meilleure définition de l'œuvre de Berthe Morisot que cette injonction du poète autrichien Hugo von Hoffmansthal : « La profondeur, il faut la cacher. Où ? À la surface. » Tout, dans cette œuvre, semble, en effet, accordé à l'apparence, à l'immédiat : la lumière joue entre les voiles des rideaux, les fleurs jettent leurs pigments comme de la poudre sur les pelouses, les ombrelles tombent sur l'herbe comme des toupies en fin de course, l'air léger circule entre les balcons et les robes, entre les meules et les sous-bois… Certains se laisseront prendre au piège, et le sévère Joris-Karl Huysmans n'hésitera pas à parler à son propos d'œuvres « laissées à l'état d'esquisses » et d'« un pimpant brouillis de blanc et de rose » et n'y verra bientôt que « d'adorables délices de toilettes mondaines. »[3]

Mais derrière cette apparente facilité – presque gommée à notre regard grâce au siècle qui s'est glissé entre elle et nous –, c'est tout un art de peindre qui s'invente, qui innove, qui pose ses jalons sans en avoir l'air et nous rejoint. Un Félix Fénéon ne s'y trompe pas : dès 1886, il note à son propos « un charme féminin sans mièvrerie » et souligne « malgré une allure d'improvisation, des valeurs d'une justesse rigoureuse »[4].

L'impressionnisme ne serait pas tout à fait ce qu'il est sans Berthe Morisot, dont l'intuition va parfois plus vite que celle de ses pairs, auxquels, sans y paraître, elle montre le chemin de la liberté… Elle précède certains d'entre eux sur les lieux qui deviendront les sites privilégiés de la nouvelle école ou sait ouvrir, en retour, un Manet aux séductions du plein air.

Mais les préjugés sont tenaces, la misogynie latente, et nombre d'historiens chevronnés, de théoriciens implacables l'excluront de leurs analyses, la balayant d'une phrase unique et condescendante. Ce qui nous vaut aujourd'hui de pouvoir redécouvrir cette œuvre dans sa fraîcheur comme si elle venait d'être peinte. Et de voir qu'elle précède souvent un Monet par sa liberté, un Lautrec par son *fa presto* ou qu'elle ouvre la voie à un Bonnard. En avait-elle conscience ? Une lettre d'elle, vers 1886, le suggère : « Je n'aime que la nouveauté extrême ou des choses du passé. »

À la surface de ces toiles – d'où elle supprime les ombres et les demi-teintes, chez elle l'oblitération se fait par la clarté – s'exprime l'une des sensibilités les plus

1. E. Manet à B. Morisot, 1874, *Corresp. B. Morisot,* p. 77.
2. Guilbert, 2000.
3. Huysmans, « L'Exposition des Indépendants en 1880 et en 1881 », repris dans *Fénéon,* 1883.
4. Fénéon, 1886.

extraordinaires de la peinture, toute traversée en même temps de sombres frémissements. Avant Cézanne elle donnera à la peinture la fluidité de l'aquarelle. Mais dans cette réduction du médium à l'apparence limpide, il faut voir autre chose qu'une grâce légère effleurant la substance éphémère des choses : l'un des premiers essais pour libérer la surface peinte de toute arête, la ligne de toute dureté, la structure de toute réalité trop vive.

Ce caractère allusif provoque secrètement l'innovation et l'épanouit. Chez cet Ariel féminin, la féerie de l'immédiat délivre les choses de leurs masques, atteignant les apparences droit au cœur (fig. 1). Il y a là, avec un sujet encore lisible mais jamais trop appuyé, sur ces miroirs légèrement embués du lac gelé ou du boudoir, les prémices ou l'attente de tout un courant abstrait et moderne. Dans quelques-unes de ses peintures (les *Cygnes*), ou dans certains paysages, l'allusif et l'efflorescence sont poussés si loin que le signe est absorbé par la peinture pure. C'est là également que nous pouvons saisir combien sa démarche est proche de celle d'un Mallarmé. Il la nommait « la magicienne ». Précisément, au-delà de ses pairs de l'impressionnisme, qui la reconnaissent d'emblée, les écrivains seront les premiers à la consacrer : de Mallarmé à Valéry, de Jules Laforgue à Henri de Régnier, tous reconnaîtront en elle « la bonne fée de l'impressionnisme[5] ».

Enfin, on pourrait parler de la modernité de son regard, qu'il s'agisse du regard tourné vers l'intérieur ou fixé sur des paysages dérobés au spectateur, celui de ses personnages aussi bien que celui qu'elle porte, avec une pointe de spleen, sur ce monde fragile toujours à s'enfuir, sur cette vie impalpable et pourtant présente. Mais derrière cette fragilité une passion exclusive de la peinture ne cesse de l'animer, une intransigeance sans concession dont Jacques-Émile Blanche nous rapporte ce geste révélateur : « Ce matin, encore, désespérée, elle a jeté dans l'eau du lac, au Bois de Boulogne, une étude de cygnes qu'elle suivait en barque[6]. »

Berthe Morisot introduit dans l'impressionnisme une touche XVIIIe siècle, jette un pont par-dessus le romantisme et reprend ce que Watteau ou Fragonard avaient entrepris et que le rigorisme de la Révolution interrompit brutalement. « Elle est retrouvée / Quoi ? / La sensualité », a-t-on envie de dire, parodiant légèrement Rimbaud. Là où l'œil domine chez Monet, c'est le geste efflorescent qui l'emporte avec Morisot.

5. Blanche, 1921, p. 82.
6. Idem, *op. cit.*, p. 80.

« Votre présence vivante et peinte »
Les portraits de Berthe Morisot par Édouard Manet

Sylvie Patry

« J'ai quitté la salle Petit avec une impression profonde de beauté, et je ne puis m'empêcher de vous en faire part, [...] à cause du souvenir de Manet, qui était là le grand maître incontesté, et vous résumiez, par votre nom et par votre présence vivante et peinte, le prestige et la gloire dès à présent paisible. [...] Votre portrait par exemple, comme il conciliait une mode, un genre d'esprit, une date de costume et d'élégance, avec ce fait simple et admirable d'un portrait d'être vivant, d'une effigie d'humanité éternelle vivant par le génie d'un homme », lettre de Camille Mauclair à Berthe Morisot[1].

« Car cela a toujours été ma grande préoccupation, obtenir des séances régulières. Quand je commence quelque chose, je tremble en pensant que le modèle me fera défaut, que je ne le reverrai plus aussi souvent que je voudrais le revoir et dans les conditions où je voudrais le revoir. On vient, on pose, puis on s'en va, se disant : il finira bien tout seul. Eh bien, non, on ne finit rien tout seul, d'autant moins, qu'on ne finit que le jour même où on commence, mais qu'il faut recommencer souvent et qu'alors il faut beaucoup de jours », Édouard Manet[2].

« Je n'oublierai jamais les anciens jours d'amitié et d'intimité avec [Manet], alors que je posais pour lui et que son esprit si charmant me tenait en éveil pendant ces longues heures... », lettre de Berthe Morisot à sa sœur Edma Pontillon[3].

Avec le *Portrait de Berthe Morisot au bouquet de violettes*, pièce essentielle du « Triomphe de Manet », Paul Valéry accorde au visage de Berthe Morisot une place inédite dans l'œuvre d'Édouard Manet : « Je ne mets rien, dans l'œuvre de Manet, au-dessus d'un certain portrait de Berthe Morisot, daté de 1872[4]. » Amie, puis belle-sœur de Manet, Berthe Morisot a en effet posé pour le peintre à diverses reprises entre 1868 et 1874. Au terme de onze huiles sur toile généralement retenues, en plus d'une aquarelle et de trois gravures, les portraits de Berthe Morisot forment un ensemble inégalé dans son art. Elle y apparaît, plus encore que Victorine Meurent, Suzanne Leenhoff, Isabelle Lemonnier ou Méry Laurent, comme le modèle privilégié du peintre. La personnalité artistique de Morisot, sa « présence vivante et peinte » par les talents de Manet, auquel une amitié et une estime réciproque la liaient, ont contribué à conférer prestige et mystère aux portraits.

Pourtant, les portraits de Berthe Morisot, hormis l'éclatante et poétique célébration de Paul Valéry, ont tenu un rôle discret dans l'historiographie d'Édouard Manet ; ils n'ont jusqu'à peu guère été considérés comme un ensemble recelant des interrogations particulières et distinctes. Ces dernières années, des chefs-d'œuvre tels que *Berthe Morisot étendue*, *Berthe Morisot au bouquet de violettes*, *Berthe Morisot à l'éventail*, ont quitté le « musée intime[5] » et familial, où ils ont figuré longtemps, pour rejoindre les cimaises des collections

1. Lettre inédite de C. Mauclair à B. Morisot, s. l. n. d. [mars 1894] ; Paris, musée Marmottan, dépôt famille Rouart, inv. III-3-89. C. Mauclair évoque l'exposition qui précéda la vente de la collection de Théodore Duret, le 19 mars 1894 : celui-ci se séparait de deux portraits de Berthe Morisot, *le Repos* (cat. 161) et *Portrait de Berthe Morisot au bouquet de violettes*.
2. Cité par Proust, 1897, p. 306.
3. B. Morisot à E. Pontillon, [1883], *Corresp. B. Morisot*, p. 114.
4. Valéry, « Triomphe de Manet », *Manet*, cat. exp., 1932, p. XIV.
5. Jamot, 1927, p. 32.

publiques. Parallèlement, les portraits ont suscité un engouement sans précédent, sous l'effet des faveurs empressées d'une critique frottée aux derniers acquis des *gender studies*, de la psychanalyse et de l'histoire sociale. Les enquêtes se sont alors attachées à tracer les frontières de la « *propriety*[6] » – ou de la convenance – qui traversent les portraits, en ont étudié les usages de la mode et du costume[7] et le « féminin[8] ». Y domine la préoccupation de démêler la question de la représentation d'une femme artiste au XIXe siècle. L'exaltation de l'élégance et de la beauté du modèle, la charge amoureuse supposée des portraits sont tour à tour suspectées de nier la vocation artistique et l'identité profonde de la jeune femme, jusqu'à en desservir l'œuvre et l'image[9], ou, par le jeu du regard et de l'identification réciproque entre un peintre et un modèle d'exception, de transcender la passivité propre au genre et au milieu social de Berthe Morisot[10]. Avec pour arrière-plan le soupçon d'une fascination amoureuse entre Morisot et Manet, qui a supplanté l'examen d'une prétendue « soumission disciplinaire[11] » de l'élève au maître, les tableaux sont devenus des indices ou des manifestations susceptibles d'élucider le principe d'une relation. Pourtant, la série, si le terme est approprié, ne s'est pas constituée d'un élan, sur la seule force et dans la réclusion d'un sentiment : elle contribue au renouvellement du portrait féminin et du portrait d'artiste qu'engagent Manet et ses contemporains, d'autant que celui-ci n'a pas eu l'apanage du visage de Berthe Morisot. Enfin, la fidélité du portraitiste à son modèle suscite la perplexité sur la nature et l'objet même de ses portraits.

« Au Louvre, Berthe Morisot faisait sensation[12] »

C'est en 1867 qu'apparaît pour la première fois dans la correspondance de Berthe Morisot le nom d'Édouard Manet, sous la plume de Cornélie Morisot, dans une lettre à ses filles Edma et Berthe : « Maintenant, j'aurais bien besoin de votre autorisation pour savoir ce qui succédera à ce qui est chez Cadart. [...] La Loubens [...] nous a raconté qu'elle avait passé la soirée chez Manet, qu'il y avait été fort question de vous [...]. On a moins parlé de votre peinture, m'a-t-il semblé, que de vos personnes. Pourtant Manet a parlé de la démarche qu'il avait faite à un marchand de tableaux en voyant une chose charmante[13]. » Autour de 1867, Berthe et Edma Morisot exposaient chez le marchand Cadart, avec lequel Manet était également en contact. Il y montre en 1864 *le Combat du « Kearsage » et de l'« Alabama »* (1864, Philadelphia Museum of Art). Sans doute, Berthe Morisot, qui participe au Salon depuis 1864, connaissait l'œuvre de Manet ; elle a pu également visiter le pavillon de l'Alma, où, en marge de l'Exposition universelle de 1867, il présentait une sélection de tableaux[14]. Les rebuffades qu'essuyait Manet auprès du jury du Salon, les attaques qui

6. Farwell, 1991.
7. Reva Kessler, 1999.
8. Locke, 2001.
9. Genné, 1987 ; Reva Kessler, 1999.
10. Higonnet, 1995 ; Locke, 2001.
11. « Berthe Morisot », *Revue encyclopédique*, no 136, t. VI, 11 avril 1896, p. 218. Marx déplore : « le parallèle peu opportun avec Manet [...] sévit sans rémission, fournit prétexte à des réserves vaines et même à l'ironie facile » (1907, p. 505-506). Depuis Perruchot (1959 A et B), la dimension amoureuse a dominé au point que, en dehors de la contribution décisive de Stuckey (1987), l'analyse des échanges artistiques entre Berthe Morisot et Édouard Manet ne semble pas avoir retenu l'attention des historiens.
12. Fantin-Latour. Propos rapporté par Mme Léouzon-le-Duc dans Angoulvent, 1933, p. 7.
13. *Corresp. B. Morisot*, p. 16. Il existe peu de lettres conservées entre É. Manet et B. Morisot. Nous remercions Y. Rouart de nous avoir ouvert ses archives, ainsi que M. Granier, Mme Delafond et Mme Pastoureau.
14. Blanche (1921, p. 76) raconte que Morisot exécutait un pastel en plein air non loin de Manet, qui peignait la *Vue de l'Exposition universelle* (fig. 1 ; cat. 13). Elle présente alors Manet au jeune Blanche. Cité aussi par Stuckey, *op. cit.*, note 56, p. 179. Cornélie Morisot évoque l'exposition de l'Alma (*Corresp. B. Morisot*, p. 17).

accablaient ses expositions le privaient d'une position officielle dans le monde des arts. Mais, après *le Déjeuner sur l'herbe* et *Olympia* (Paris, musée d'Orsay), elles lui conféraient une notoriété de scandale, accrue par le soutien polémique de critiques comme Émile Zola. En 1861, une délégation de jeunes artistes et d'écrivains avait assuré Manet de son admiration et le constituait en chef de file d'un nécessaire renouvellement artistique. Y prenaient part Henri Fantin-Latour, que Berthe Morisot avait rencontré vers 1858 au musée du Louvre[15], mais aussi Félix Bracquemond et Carolus-Duran, qui connaissaient Manet depuis les années 1850 et avec lesquels la jeune femme était également en contact[16].

En outre, dès 1860, « au musée du Louvre, où avec sa sœur Edma, et en compagnie de leur mère, elle s'essayait à copier les maîtres, [...] Mlle Berthe Morisot aperçut pour la première fois Édouard Manet. Elle l'y revit à diverses reprises[17]... ». Le Louvre était alors ce « lieu de réunion commun pour les artistes[18] », où « tout le monde se connaît, sinon de relation, au moins de vue, de nom, d'histoire ou d'habitudes[19] ». Ainsi, Louis Martin, le héros d'Edmond Duranty, y rencontre en 1863, entre personnages fictifs et artistes réels, « devant les *Noces de Cana* de Véronèse, Fantin-la-Tour qui passait pour le plus remarquable des copistes[20]... ». Après Gustave Ricard et Henri Regnault, il croise « Mlles Chapuzot et leur mère », probablement Berthe, Edma et Cornélie Morisot, avant de s'asseoir pour copier Poussin aux côtés de Degas, et d'apercevoir Alphonse Legros. Berthe Morisot et Édouard Manet nourrissaient alors une curiosité réciproque : « ... Fantin [a] témoigné de son admiration pour ta beauté disant qu'il n'avait jamais vu une aussi ravissante créature que toi il y a quelques années. C'est donc l'émotion qui lui tient le chapeau sur la tête ! Son ami Manet lui a alors dit qu'il aurait bien pu se présenter, mais il a répondu qu'on avait toujours dit que vous ne vouliez pas vous marier », poursuivait Cornélie Morisot en 1867[21]. En 1867, plus vraisemblablement en 1868 – entre le 15 et le 30 juillet environ, si l'on en croit Pierre Prins[22] –, Fantin-Latour fut l'instigateur du rapprochement souhaité par les deux artistes. Assistaient à la rencontre, au Louvre, Louise et Rosalie Riesener peut-être[23], Cornélie et Edma Morisot, qui copiait et exposait également au Salon depuis 1864, assurément[24]. Entre le marchand Cadart et le Louvre, les contacts s'établissent ainsi dans un contexte éminemment artistique et professionnel, en tous points comparables aux circonstances qui lièrent Manet et Degas, Manet et Fantin, ou Fantin et Whistler. Des tableaux comme *Au Louvre* de James Tissot (vers 1884, Ponce, Museo de Arte) ou *Devant Greuze au Louvre* de Jules Scalbert[25] (Salon de 1881, localisation actuelle inconnue) ont certes mis en scène le musée comme lieu de séduction[26], mais leur registre, volontiers démonstratif, excède la simple badinerie dont Manet se plaît à user lorsqu'il évoque pour la première fois Berthe Morisot, dans une lettre célèbre adressée à Fantin : « Je suis de votre avis : les demoiselles Morisot sont charmantes. C'est fâcheux qu'elles ne soient pas des hommes. Cependant, elles pourraient, comme

15. *Fantin-Latour,* cat. exp., 1982-1983, p. 50.
16. Voir par exemple le récit que fait Cornélie Morisot à Berthe d'une visite chez Carolus-Duran, 19 août 1867 dans *Corresp. B. Morisot,* p. 19. Carolus-Duran pensa même épouser Berthe Morisot, demande qui fut refusée par la famille (J. Manet, *Journal,* 11 octobre 1897, p. 135).
17. Tabarant, 1931, p. 186. Suivi sur ce point par Fourreau, 1925, p. 15.
18. Bénédite, 1906, p. 16.
19. Duranty, 1881, cité dans Loyrette, 1991, p. 183-184.
20. Idem, *op. cit., loc. cit.*
21. *Corresp. B. Morisot,* p. 16.
22. Prins, 1949, p. 26.
23. Voir cat. 5. Rouart dans *Corresp. B. Morisot,* p. 21.
24. « Je voulais aller voir Fantin hier espérant qu'il me donnerait quelques idées, mais ma mère m'a retenue en m'assurant qu'il était très inconvenant de courir toute seule au Louvre. » Lettre de B. Morisot à E. Pontillon, s. d. [mars 1869], coll. part. En 1858, la carte 167 est délivrée aux « Mlles Morisot ». Registre des cartes de permission (1852-1860), Paris, archives du Louvre, * LL15.
25. Repr. dans Callen, 1995, p. 182, fig. 116.
26. Idem, *op. cit.,* p. 177-178.

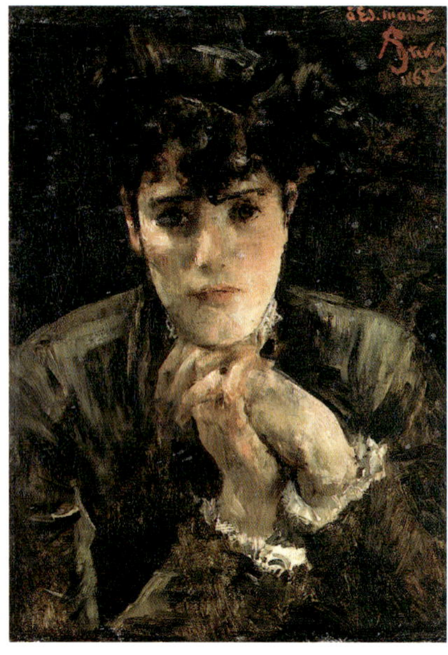

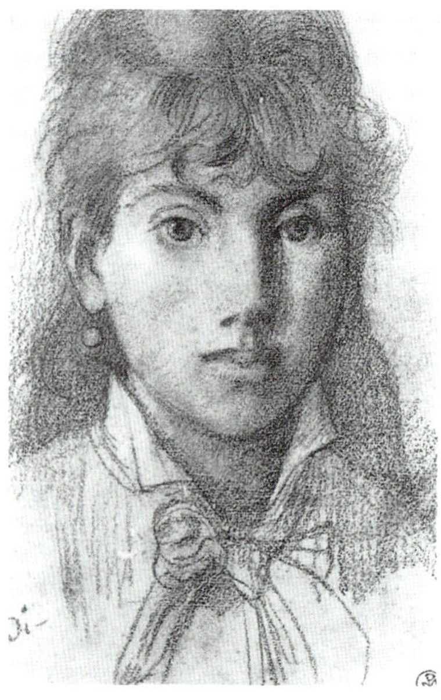

Fig. 1. Alfred Stevens, *Portrait de jeune femme,* 1868, huile sur bois, H. 55,3 ; L. 39,5, en haut à droite : « à Ed. Manet. A. Stevens 1868 », Dublin, National Gallery of Ireland.

Fig. 2. Pierre Puvis de Chavannes, *Portrait de jeune femme* (détail), vers 1868-1871, crayon, estompe et rehauts de blanc sur papier, H. 30,3 ; L. 19, Amiens, musée de Picardie.

femmes, servir la cause de la peinture en épousant chacune un académicien et en mettant la discorde dans le camp de ces gâteux[27]. » Nul récit de la rencontre n'émane des principaux intéressés[28].

Si les biographes s'accordent généralement sur les grandes lignes de l'épisode du Louvre, dates et détails des récits divergent selon les auteurs. Georges Moore, plus tard familier de l'atelier de Manet, accentuant l'indéniable composante familiale de ces contacts, en offre une version concurrente : « *Through her sister's marriage Madame Morisot came into contact with Manet*[29]. » Edma se marie en effet le 8 mars 1869[30] avec l'officier de marine Adolphe Pontillon, qui a connu Manet lorsque celui-ci était pilotin ; l'autre sœur de Berthe, Yves, avait quant à elle épousé, le 1er décembre 1866[31], Théodore Gobillard, un officier ayant combattu au Mexique. C'est entre juin 1867 et janvier 1869[32] que Manet peint trois versions de l'*Exécution de Maximilien :* à l'occasion de démarches documentaires, il a pu rencontrer alors Gobillard[33]. Le scénario strictement familial n'a guère prévalu cependant. Les liens que nouèrent autour de 1868 Édouard Manet et Berthe Morisot se développent au sein d'un groupe d'artistes – Edgar Degas, Tissot, Alfred Stevens, Pierre Puvis de Chavannes, Fantin-Latour, Carolus-Duran –, à la faveur des mardis de Cornélie Morisot, des mercredis du couple Stevens, des jeudis de Mme Auguste Manet et des soirées musicales chez le père de Degas[34]. Les portraits que peignit Édouard Manet d'après Berthe Morisot portent l'empreinte de ces dialogues.

27. Boulogne-sur-Mer, 26 août 1868, cité dans Moreau-Nélaton, 1926, t. I, p. 103.
28. Manet comme Morisot n'en ont pas laissé de témoignage direct, mais Julie Manet, Denis Rouart, reprennent l'anecdote du Louvre. Les premiers biographes de Fantin-Latour ne donnent pas de précision. Jullien (1909) détaille les rencontres que fit Fantin au Louvre sans évoquer Berthe Morisot. Même silence chez Bénédite, qui insiste pourtant sur l'importance du Louvre (1906, p. 15-16). Dans *Fantin-Latour,* la rencontre est datée de 1867 (cat. exp., 1982, p. 51).
29. Moore, 1893, p. 229, « À travers le mariage de sa sœur, Mme Morisot entra en contact avec Manet ».
30. Acte de mariage Morisot-Pontillon, Paris, archives de la Ville de Paris, V4E1948.
31. Acte de mariage, Morisot-Gobillard, Paris, archives de la Ville de Paris, V4EA1966.
32. Wilson-Bareau, 1986, p. 48.
33. L'hypothèse n'est pas mentionnée dans la littérature consacrée à la genèse de l'œuvre. Voir Boime, 1973 ; Jones, 1981 ; Wilson-Bareau, *op. cit.*
34. Rouart dans *Corresp. B. Morisot,* p. 22. J. Manet dans Bernier, 1959, p. 40 : « Ma mère et ma grand-mère allaient quelquefois aux soirées du mardi chez les Manet. Baudelaire avait l'habitude d'y venir, mais aussi Degas, Charles Cros et Zola. Emmanuel Chabrier y jouait du piano, la femme de Manet aussi parfois. »

À peine les deux artistes sont-ils entrés en relation que Berthe Morisot commence à poser pour Édouard Manet : dès la fin de l'été, au plus tard au mois de septembre 1868, suivant le retour du peintre de Boulogne-sur-Mer, la jeune femme se rend en compagnie de sa mère dans l'atelier de la rue Guyot pour devenir l'une des protagonistes du *Balcon*. Berthe Morisot n'en est pas à sa première séance de pose. Edma l'a dépeinte à son chevalet vers 1865 (fig. 8, p. 93), mais la toile ne paraît pas avoir été connue en dehors du cercle familial[35]. Surtout, alors que Berthe Morisot prend des leçons de modelage au cours de l'hiver de 1863-1864 auprès du sculpteur Aimé Millet, elle prête ses traits à un médaillon ornemental, où, de profil, ornant l'immeuble du 14, quai de la Mégisserie à Paris, elle incarne l'une des neuf Muses ou le Printemps[36] (fig. 5, p. 90). La qualité du décor sculpté a été signalée par quelques revues d'architecture[37], mais la présence de Berthe Morisot parmi ses inspiratrices est passée inaperçue, tant il est vrai que ce profil révèle bien peu du modèle. Les biographes de Millet n'ont pas retenu d'autres portraits de la jeune femme, sculpté, ou dessiné tels ces « portraits au crayon » que Millet exécute à la fin des années 1850 d'après Carolus-Duran ou Corot[38], pas plus qu'ils n'ont mentionné son passage dans l'atelier du sculpteur[39], où elle travaille pourtant à nouveau en 1870.

Ainsi que l'a souligné Charles F. Stuckey, Berthe Morisot modèle a considérablement intéressé ses contemporains à la fin des années 1860[40]. Si, pas plus que Degas, qui dresse, en 1869, le portrait d'Yves Gobillard[41], Fantin-Latour, alors l'un des interlocuteurs privilégiés de Berthe Morisot et fervent admirateur de sa beauté, n'a pas laissé, semble-t-il, de portrait d'elle, Stevens dédicace à Manet un *Portrait de jeune femme,* daté 1868, généralement identifiée à Berthe Morisot (fig. 1)[42]. Rapidement brossé, le panneau possède toutes les caractéristiques de l'œuvre supposant une communauté de vues artistiques entre le modèle, le destinataire et l'auteur. Si l'identification de la jeune femme, qu'une certaine ressemblance physique rapproche de celle du *Balcon* ou du *Repos* se confirmait, l'esquisse et son histoire trahiraient l'attachement de Manet à son modèle[43]. Une même incertitude entache un *Portrait de jeune femme,* rapprochée de Berthe Morisot, que dessine Puvis de Chavannes (fig. 2) vers la fin des années 1860, à l'acmé de son intimité avec la jeune femme, qu'il manqua même épouser[44]. À l'instar de Stevens, Puvis propose une image informelle, sans lien apparent avec un projet plus ample, comme née de l'une des nombreuses visites que Berthe Morisot faisait à l'atelier de Puvis.

C'est dans une perspective plus ambitieuse et plus complexe que s'inscrivent les deux premiers portraits de Berthe Morisot par Édouard Manet. Quoique Berthe Morisot ne soit guère à l'origine de la composition du *Balcon*[45], le travail préparatoire illustre l'emprise croissante d'un modèle qui peu à peu ravit aux autres protagonistes leur présence et leur énergie. Au terme d'une esquisse partielle[46]

35. Edma expose un *Portrait de femme ; étude* au Salon de 1867 (nº 1102), mais rien ne permet de faire le rapprochement avec son portrait de Berthe Morisot.
36. Rouart dans *Corresp. B. Morisot*, p. 12. Monneret, 1978-1981, p. 87. L'architecte en est Henri Blondel, qui établit son agence au premier étage de l'immeuble. Permis de construire de 1864, Paris, archives de la Ville de Paris, VO/11/2106.
37. Raguenet, 1896, vol. 6, nº 284, p. 25.
38. Dumesnil, 1891, p. 22.
39. Dumesnil évoque les élèves féminines du sculpteur, qui ouvrit un atelier spécial pour les jeunes filles et fut aussi professeur à l'école des Arts décoratifs. Berthe Morisot n'est pas citée. Même silence chez Lami, 1919.
40. Stuckey, 1987, p. 26.
41. Outre des études préparatoires, Degas exécute une huile sur toile (New York, The Metropolitan Museum of Art) et un pastel, exposé au Salon de 1869 (New York, The Metropolitan Museum of Art).
42. Mitchell, 1973, p. 17. Stuckey, *op. cit.*, p. 26.
43. Aux antipodes des tableaux que Stevens destinait alors au Salon et au marché, même si certaines de ses « esquisses » étaient également vendues, il a pu rester dans l'atelier de Manet jusqu'à sa mort, mais ne figure pas dans l'inventaire après-décès. S'agit-il du tableau évoqué dans une lettre inédite de Suzanne Leenhoff à Berthe Morisot : « M. Portier est venu me voir il croit pouvoir vendre le Stevens, ainsi ne vous donnez pas la peine de vous en occuper » (Gennevilliers, 26 février [1893 ?], Paris, musée Marmottan, dépôt famille Rouart, inv. I-3-42). Aucun autre tableau de Stevens en effet, selon Christiane Lefebvre, qui prépare le catalogue raisonné du peintre belge, n'a appartenu à Manet.
44. Voir Brown-Price, 1991, p. 137-138. Boucher, 1994, nº 117. De nombreuses allusions de Manet à ce projet fourmillent dans la correspondance de Berthe Morisot mais ont été supprimées de l'édition de Rouart en 1950, ainsi : « Tu sais par Yves que j'ai vu P. hier à l'exposition. Je ne sais ni ce qu'il veut, ni ce qu'il pense, mais je fais bêtement ce qu'il me demande, il me plaît par moments, m'agace dans d'autres. Manet me taquine sans cesse, se moque de mon attitude et je finis par trouver que s'il était libre, il aurait beaucoup plus de chances de me plaire [...]. » (Coll. part., supplément à la lettre de Berthe Morisot à Edma, citée dans *Corresp. B. Morisot,* p. 31). Enfin, Berthe Morisot se montre soucieuse des jugements de Puvis, qu'elle admire, au contraire de sa famille. Puvis lui a même acheté une toile, comme le révèle une lettre inédite (Paris, musée Marmottan, dépôt famille Rouart, inv. II, 2-29). Ils garderont toute leur vie des contacts.
45. Moreau-Nélaton, 1926, t. I, p. 105.
46. Leymarie, 1945, p. 194. Voir Wilson-Bareau, 1991, repr. coul. pl. 101.

(Londres, coll. part.), qui plaçait Fanny Claus sur le siège qu'occupe Berthe Morisot dans la composition finale, et d'un dessin préparatoire, où l'ombrelle déployée concurrençait la prééminence du visage, Berthe Morisot devient le « centre et l'âme du tableau[47] ». Dans ce *Balcon* d'atelier, qui, au Salon de 1869, côtoie le pastel d'Yves Gobillard par Degas, mais surtout répond au *Déjeuner dans l'atelier* de Manet (1869, Munich, Neue Pinakothek), rien n'annonce les positions artistiques qu'occupent Berthe Morisot, Antonin Guillemet, paysagiste, au centre de la composition, et Fanny Claus, violoniste du quatuor Sainte-Cécile et future épouse du peintre et sculpteur Pierre Prins. Un peu à l'écart dans la série des portraits peints de Berthe Morisot par Manet, *le Balcon* n'en offre pas moins des traits communs, tels le refus du portrait d'artiste, armé des traditionnels attributs de son art, ou encore, le mépris des conventions du portrait féminin, ainsi que le définit alors le XIXe siècle.

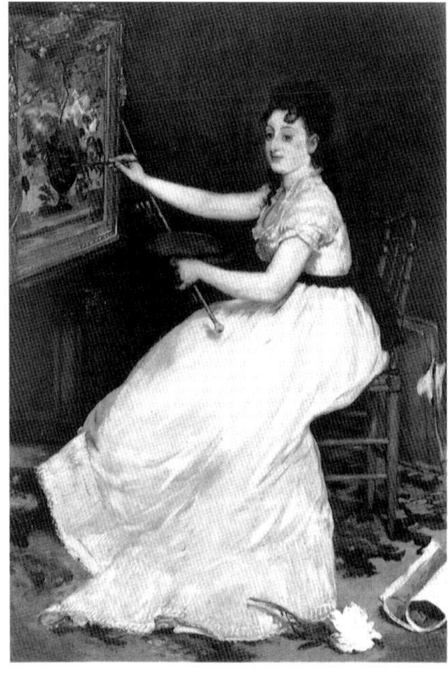

Fig. 3. Édouard Manet, *Portrait d'Eva Gonzalès,* Salon de 1870, huile sur toile, H. 191,1 ; L. 133,4, Londres, The National Gallery.

« "L'enlaidissement" de mademoiselle Berthe[48] »

Berthe Morisot s'y jugeait « plus étrange que laide[49] », à rebours des caricatures, des critiques et des rires qui fustigèrent ces deux « femmes [...] désagréables de figure et mal fagotées » : « ... c'étaient des femmes, et les femmes se prenaient à regarder comment étaient façonnées leurs robes, qu'elles déclaraient affreuses, et les hommes clamaient que ces femmes n'étaient point jolies et désirables[50]... » Les modèles du *Balcon* sont jugés à l'aune de l'exécrable héritage qui accompagne les effigies féminines d'Édouard Manet et que résume Louis Gonse : « ... l'un des plus graves [défauts], à notre avis, est la façon trop cavalière avec laquelle il a traité les grâces féminines. On lui a reproché non sans raison ses portraits de femmes. Il y apporte une absence complète d'idéal[51]. » Avec Berthe Morisot et, dans une moindre mesure, Fanny Claus, Manet faisait un retour remarqué au portrait féminin public, d'après des modèles non professionnels issus de la bonne société. Sa dernière et malheureuse incursion n'était-elle pas *la Femme au gant* de 1862, portrait de Mme Brunet, qui, raconte Manet, « lorsqu'elle se vit sur la toile, [...] se mit à pleurer [...] et sortit de l'atelier avec son mari, sans vouloir jamais revoir le portrait[52] », « considérant cette image outrageante », poursuit Jacques-Émile Blanche, propriétaire de cette « Joconde moderne » quelques années plus tard[53]. La décision puis l'obstination que Berthe Morisot mit à poser pour Édouard Manet trouvent un étrange écho dans l'obsession de ce qu'elle estime être sa laideur[54]. Paul Jamot y voit le signe favorable d'un esprit « trop artiste[55] » ; dans un carnet, Berthe Morisot écrit : « Édouard disait souvent que la beauté ne peut pas se rendre en peinture pourtant à la fin de sa vie il l'a bien exprimée dans ses portraits de femme au pastel. Voir celui de Mme Dupaty, de Valtesse, de Mlle Lemaire – Une jolie brune..., la grande

47. Moreau-Nélaton, 1926, t. I, p. 106. Voir également l'analyse technique des visages de Berthe Morisot et de Fanny Claus par Hanson, dans *Manet,* cat. exp., 1983, p. 23-24.
48. « L'apparition du "Balcon", au Salon des Champs-Élysées, provoqua combien de discussions [...], "l'enlaidissement" de mademoiselle Berthe, que nous trouvons si belle aujourd'hui, dans sa robe blanche, derrière les barreaux vert-Véronèse du "Balcon" » (Blanche, 1921, p. 81).
49. *Corresp. B. Morisot,* p. 27.
50. Duret, 1926, p. 70-71.
51. Gonse, 1884, p. 20. Il poursuit : « Ses types masculins ont, au contraire, une individualité forte, qui s'accorde étroitement avec le caractère des personnages qu'il a voulu peindre. »
52. Manet cité par Duret, *op. cit.,* p. 119.
53. Blanche, 1924, p. 31.
54. « Je jugerai bientôt si vous êtes devenue aussi laide que vous le prétendez, et vous le dirai franchement en bon paysan que je suis devenu » (lettre de Puvis à B. Morisot, Paris, 9 septembre 1873, Paris, musée Marmottan, dépôt famille Rouart, inv. II-2-24).
55. Jamot, 1927, p. 30.

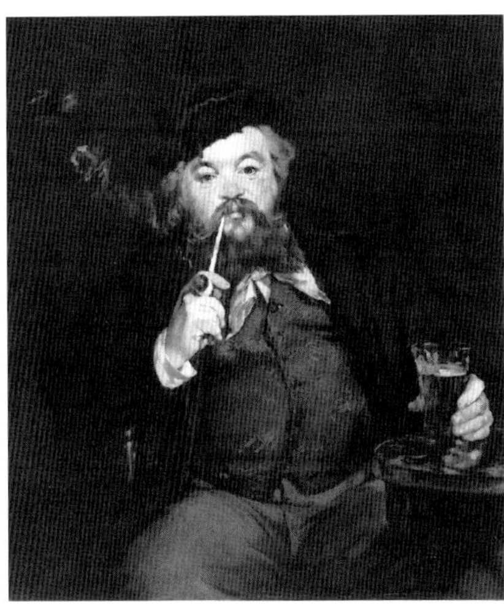

Fig. 4. Édouard Manet, *le Bon Bock,* Salon de 1873, huile sur toile, 94 ; L. 83, Philadelphie, Philadelphia Museum of Art.

esquisse peinte d'Isabelle L. en toilette de bal qui me vient de Gustave[56]. » Fréquemment analysés comme un hommage déclaratoire à la beauté du modèle, les portraits de Berthe Morisot, à la lumière des « obsessions » de la jeune femme, de leur réception critique et des pastels qu'exécute Manet dans les années 1880, prennent un tour plus équivoque. Lorsque Manet persiste et expose en 1867 *la Femme au gant* ou le *Portrait de Mme B...,* Randon commente ainsi le tableau qu'il déforme à peine, comme si l'original suffisait à sa propre caricature : « Cette pauvre dame, comme son amour propre doit souffrir de se voir affiché ainsi[57] ! »

Car c'est bien d'un portrait à nouveau destiné à l'exposition publique qu'il s'agit lorsque Berthe Morisot accepte de poser *le Repos,* vers 1870, même si rien ne permet d'affirmer que l'œuvre fut dès l'origine méditée pour le Salon. Après l'échec du *Balcon,* Manet « n'a plus le courage de demander à personne de poser pour lui. Il avait jeté un jalon du côté de Mlle Gonzalès[58]... » (fig. 3). Par un semblable acte de profession de foi artistique, Eva Gonzalès accepte de figurer dans la galerie d'artistes que constitue Manet parallèlement à Degas en cette fin des années 1860 : « J'admire comme un vrai phénomène le courage de Mlle E. G. qui a osé affronter en face les redoutables pinceaux du jeune maître, des mains duquel elle est sortie avec une physionomie de poupée de plâtre aux yeux hébétés et au nez en bec de perroquet, avec des bras en bois et des jambes d'un mètre et demi de long[59]. »

La Parisienne et le portrait d'artiste

Pourtant, comme pour préserver le modèle et le tableau de l'opprobre, Manet, ainsi qu'il procéda pour *le Balcon,* abandonne avec *le Repos* les astérisques du *Portrait de Mlle E. G.**** du livret du Salon de 1870 au profit d'un titre à la Stevens, digne d'une scène de genre, instillant le doute sur la nature de l'œuvre et ses propres intentions. Il écrit à la mère de Berthe Morisot, projetant de montrer la toile au Salon de 1871, qui ne se tint finalement pas : « Voudriez-vous me permettre d'y envoyer l'étude que j'ai faite d'après Mlle B. Cette peinture n'a aucun caractère de portrait et je donnerai au livret le titre d'*étude*[60]. » *Le Repos* porte l'empreinte d'une tension entre l'individualisation du portrait et la généralisation du type. L'ambiguïté scelle l'échec de Manet portraitiste de la femme, poursuit Louis Gonse : « ... à force de chercher l'acuité morbide des types, il est maintes fois tombé dans l'exagération de la laideur[61]. » Vocation qui résume au contraire la réussite de « cette toile [qui] peut être donnée parmi les œuvres de Manet, comme représentant le mieux le type de la femme moderne et de la Parisienne raffinée », selon Théodore Duret, qui en fut aussi l'heureux possesseur[62]. Préfigurant en effet l'alliance des contraires sociaux qu'auraient pu

56. *Carnet vert,* vers 1886, Paris, musée Marmottan, dépôt famille Rouart, n. p.
57. Randon, *le Journal amusant,* 29 juin 1867.
58. C. Morisot à E. Pontillon, 23 mai 1869, *Corresp. B. Morisot,* p. 31.
59. Fournel, 8 juin 1870, *la Gazette de France.*
60. Cité par Davidson, 1959, p. 6. Manet n'intitulera pas le tableau « étude » dans le livret du Salon de 1873.
61. Gonse, 1884, p. 19.
62. Catalogue de la vente Duret, n° 19. Manet ne confiait-il pas à Antonin Proust : « - Oui, dit Manet, la femme du Second Empire, cela n'a pas encore été fait, et pourtant, elle a été le type d'une époque, comme le père Bertin [...]. Quel chef-d'œuvre que ce portrait du père Bertin ! » (cité par Proust, 1897, p. 206). Exauçant en quelque sorte le vœu de l'artiste, le *Portrait de Berthe Morisot au manchon* illustrera le décor de la vie sous le second Empire au pavillon de Marsan (*le Décor...,* cat. exp., 1922, n° 126). Davis (1991), à partir de la recension des journaux de mode, voit dans la robe en mousseline blanche le retour à cette tenue modeste et convenable des jeunes femmes de la bonne société par opposition au luxe tapageur du défunt Empire.

former au Salon de 1876 *l'Artiste* (*Portrait de Marcellin Desboutin ;* 1875, São Paulo, Museu de Arte) et *la Parisienne* (*Portrait d'Ellen André ;* 1874-1875, Stockholm, Nationalmuseum), aboutissements jusqu'à leurs titres du type dans l'œuvre de Manet[63], le peintre donne pour pendant au *Repos* le *Bon Bock*[64] (fig. 4) au Salon de 1873. Il offre ainsi à l'appréciation du public un double portrait d'artistes. À la langueur songeuse de Berthe Morisot, que seule une estampe de Kuniyoshi relie discrètement à un milieu artiste (celui des premiers fervents du Japon évoqué par Ernest Chesneau), le graveur Émile Bellot oppose sa vitalité, l'humeur plaisante de son *Bock* et la verve d'une facture à la Frans Hals. Balancements entre les deux parts de la création artistique, saturnienne et comique, baudelairienne et sensible, confrontation du « sentiment raffiné de la vie moderne[65] » et de l'invocation de la tradition picturale[66]. La mélancolie[67] trahit également la psychologie de Berthe Morisot[68] et s'accorde avec sa personnalité artistique, telle que la décrira la critique, évoquant, comme Octave Mirbeau, « je ne sais quel au-delà de curiosité maladive », ou l'« hyperesthésie », « la sensibilité affinée, maladive presque » pour Roger Marx[69]. Elle s'inscrit également dans un dialogue entre Whistler et ses « symphonies en blanc », Fantin-Latour ou Degas et sa *Mélancolie* (vers 1867-1870, Washington, Philipps Collection). Surtout, elle impose comme principe pictural de la série la « sympathie » selon le mot de Mallarmé, ingrédient rare du portrait chez Manet, souvent conçu tout d'extériorité. Manet livre le portrait d'une artiste sans se plier à la grammaire du portrait d'artiste ni peindre l'acte de création. L'absence vaudrait déni et a trouvé maintes exégèses dans l'historiographie récente à travers les *gender studies* notamment.

Le Repos désigne, peut-être ironiquement, la fiction de la pause que s'autorise le modèle, dans une pose qui n'est indolente qu'en apparence[70], mais aussi l'intermède que s'offre Berthe Morisot entre deux séances de travail, surtout si la scène a été peinte, comme on l'admet parfois, dans l'atelier de Berthe Morisot. Au même moment, vers 1868-1869, Degas adoptait un parti similaire en portraiturant Victoria Dubourg[71] (fig. 5), étape d'un éventuel projet de « série » autour de la figure d'artiste[72]. Degas y efface toute référence à son activité de peintre. Tout au plus l'accent porté sur les mains, le bouquet de fleurs, spécialité de Victoria Dubourg, et la première idée, par la suite abandonnée, du tableau à l'aplomb de la jeune femme constituent des allusions ténues au métier du modèle[73]. Georges Rivière n'y voyait pas moins une « étude de femme intelligente et affinée par le milieu d'artistes et d'écrivains dans lequel elle vivait », « sans qu'on puisse y discerner la moindre flatterie »[74]. En effet, la pose décidée, l'attention scrutatrice portée au travail du portraitiste associe cette image à celle de *l'Amateur d'estampes* (1866, New York, The Metropolitan Museum of Art) et au portrait plus tardif de Mary Cassatt (vers 1880-1884, Washington, National Portrait Gallery). Au Salon de 1873, Berthe Morisot côtoie Victoria

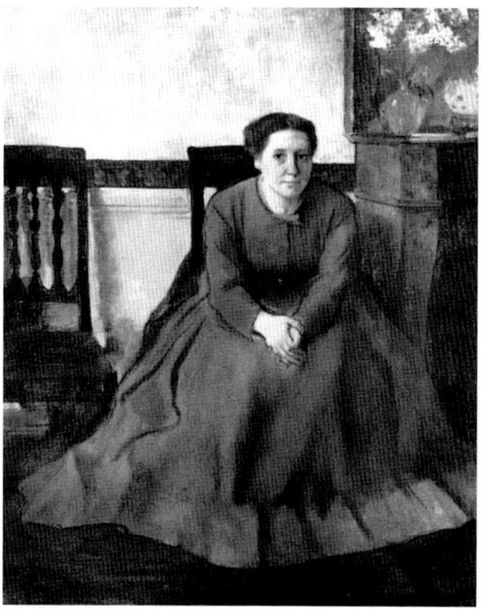

Fig. 5. Edgar Degas, *Victoria Dubourg*, vers 1868-1869, huile sur toile, H. 81,3 , L. 64,8, Toledo, The Toledo Museum of Art.

63. *L'Artiste* fut refusé au Salon de 1876 et exposé dans l'atelier de Manet (Tabarant, 1947, p. 279). *La Parisienne* était destinée également au Salon de 1876 (*Manet, Monet...*, cat. exp., 1998, n° 29, p. 197).
64. Associant les deux figures d'artiste, le critique du *Mercure de France* décrit ainsi l'influence de Manet qu'il décèle dans l'œuvre de Berthe Morisot : « Madame Berthe Morisot, si j'ose ainsi dire, fumait encore la pipe, alors, en buvant la bière dans le bock du *Bon Bock...* » (juillet 1892, p. 259).
65. Banville, cité par Tabarant, 1947, p. 206.
66. *Le Bon Bock,* comme *l'Artiste* en 1876, se rattache au moins par l'iconographie du peintre à la pipe à la tradition hollandaise du portrait d'artiste. Voir Georgel et Lecoq, 1987, p. 208-211.
67. Pour une analyse de l'iconographie de la mélancolie dans le portrait d'artiste chez Manet, voir Fine, 1987, p. 17-20 ; Miura, 1989, p. 118-121.
68. Cachin, dans *Manet,* cat. exp., 1983, p. 315-317, n° 121.
69. Mirbeau, « Exposition de peinture (1, rue Laffitte) », *la France*, 21 mai 1886, dans *Combats...*, 1993, t. I, p. 277 ; Marx, 1907, p. 507.
70. J. Manet citée par Davidson, 1959, p. 7.
71. Victoria Dubourg appartenait alors aux mêmes cercles artistiques que Berthe Morisot. Voir Kane, 1988-1989, p. 16-21.
72. Loyrette, 1991, p. 75.
73. Idem dans *Degas,* cat. exp., 1988-1989, p. 143, n° 83.
74. Rivière, 1935, p. 116-117, cité par Boggs, 1962, p. 92, note 49.

Dubourg, représentée cette fois en liseuse par Fantin-Latour (1873, Paris, musée d'Orsay), son futur époux, rencontré au Louvre et au côté duquel elle travailla toute leur vie commune. Là encore, mais sans l'audace de Degas et de Manet, les recherches autour de poses neuves, plus informelles, semblent avoir retenu l'attention du peintre, qui confiait à Otto Scholderer la satisfaction retirée de la « jolie pose[75] », pour constituer un mode de renouvellement du portrait et expliquer l'attrait des portraitistes pour les physionomies d'artiste. Mais c'est avec le *Portrait de James Tissot* (fig. 6) que *le Repos* engage un dialogue privilégié, nourrissant l'émulation et la communauté d'intérêt entre Degas et Manet. Comme Berthe Morisot, Tissot y paraît saisi au détour d'une visite dans un atelier indéterminé, attestant aussi un goût artiste pour les « japonaiseries » ; une même ligne serpentine contorsionne les corps pour aboutir à une pose incertaine, atypique et abandonnée ; enfin, non sans lassitude et vague mélancolie, ainsi que Berthe Morisot, le peintre ne se départit pas de son élégance pour revêtir les oripeaux de l'artiste au travail.

L'exemple d'Eva Gonzalès confrontée à son chevalet, pinceaux et palette en main, telle que la dépeint Manet, que ce soit dans la composition du Salon de 1870 ou dans la petite esquisse la montrant de dos dans l'atelier de Manet de la rue Guyot, est finalement exceptionnel au sein de ce que Jean Sutherland Boggs a appelé l'« axe Manet-Morisot-Fantin-Puvis[76] ». Encore ne faut-il pas y lire une description de la création artistique, tant la jeune femme paraît, d'un côté, prendre une pose d'artifice face à un tableau achevé, et, de l'autre, participer à une fantaisie d'atelier, dans l'esprit de Whistler[77]. Si, ainsi que le soulignait Linda Nochlin, l'artiste impressionniste peignant est bien la grande absente des portraits des années 1870, le désintérêt n'est pas l'apanage du sexe ou du genre[78]. Manet s'est peu intéressé à la figure de l'artiste au travail, à l'exception du *Portrait de Suzanne Manet au piano* vers 1867-1868 (Paris, musée d'Orsay), « la femme artiste profondément liée au peintre par le destin de la peinture[79] », ou encore de deux portraits, plus tardifs, de Claude Monet dans son bateau-atelier (1874, Munich, Bayerische Staatsgemäldesammlungen ; 1874, Stuttgart, Staatsgalerie). Il a préféré représenter le peintre en mondain (Émile Guillaudin, Carolus-Duran)[80], en bohème (Bellot, Desboutin) ou sous des atours empruntés[81]. La réunion d'artistes que formaient *le Balcon*, *l'Artiste* et *le Repos*, qui se jouxtent sur les cimaises de l'École des beaux-arts en 1884, est à cet égard significative. Manet lui-même ne sacrifia qu'exceptionnellement à la mythologie de l'artiste et de l'atelier, tant prisée par son siècle : si, comme Eva Gonzalès, le Salon de 1870 le voit apparaître un pinceau à la main dans *Un atelier aux Batignolles* (1870, Paris, musée d'Orsay), face à Fantin-Latour en 1867 (Chicago, The Art Institute) ou à Degas, dans la remarquable série de portraits que celui-ci dresse de son rival autour de 1867-1870[82], il ne s'attarde pas à son chevalet et apparaît souvent sous le jour emblématique de l'artiste-

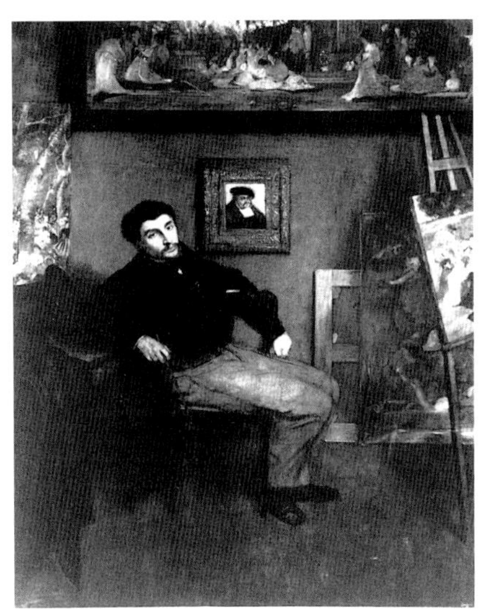

Fig. 6. Edgar Degas, *James Tissot,* 1867-1868, huile sur toile, H. 151 ; L. 112, New York, The Metropolitan Museum of Art.

75. Citée dans *Fantin-Latour,* cat. exp., 1982-1983, p. 237, n° 82.
76. Boggs, « Degas Portraitist », dans *Degas Portraits,* cat. exp., 1994, p. 24.
77. RW153. Voir *l'Artiste dans son atelier,* vers 1865, Chicago, Art Institute of Chicago.
78. Nochlin, 1997, p. 58.
79. Voir Darragon (1991, p. 190), qui revalorise et relie fort justement les portraits de Suzanne à ceux, jugés plus élogieux et opposés, de Berthe Morisot : « Il semble précieux de constater que l'intensité du *Balcon* ou encore la rêverie de Berthe Morisot dans *le Repos* ont été explorées à partir de la relation qui fut sans doute à la base de toutes les audaces et de toutes les libertés : Suzanne Manet... »
80. Voir à cet égard les foules élégantes de la *Musique aux Tuileries* (1862, Londres, The National Gallery) ou du *Bal masqué à l'Opéra* (1873-1874, Washington, National Gallery of Art), où se pressent également peintres et écrivains.
81. Alors que Manet à la même époque dans son *Portrait d'Émile Zola* fait sienne la grammaire du portrait d'écrivain dans son cabinet de travail (1868, Paris, musée d'Orsay).
82. Boggs, *op. cit., loc. cit.*

flâneur[83]. Dans l'un de ses portraits jugé le plus ressemblant par George Moore et Jacques-Émile Blanche, exact parallèle pour la figure de Suzanne de *Madame Manet au piano* de Manet, Degas représente même Édouard Manet allongé sur un divan – sans la grâce que Berthe Morisot met à s'y incliner dans *le Repos* – écoutant Suzanne au piano (vers 1868-1869, Kitakyushu, Municipal Museum of Art). Ainsi le parti qu'épouse Manet dans *le Repos* n'est-il pas une injure isolée portée à la dignité d'une artiste, que le portraitiste réduirait aux seules qualités de son sexe et de sa classe, que sont la beauté et une incomparable élégance. Avec toute l'ambiguïté qu'elles recèlent dans *le Balcon* et *le Repos*.

« Les conquêtes que fait votre poétique visage[84]. »

À défaut d'emporter l'adhésion critique, *le Balcon* et *le Repos* ont connu un retentissement certain auprès des pairs de Manet. Ils ont imposé durablement le visage de Berthe Morisot, pierre de touche à laquelle Henri de Régnier se réfère encore, des années plus tard, tandis qu'il fréquente la rue de Villejust avec Mallarmé : « Grande et mince, d'une extrême distinction de manières et d'esprit, artiste du talent le plus délicat et le plus nuancé, Berthe Morisot n'était plus, quand je la connus, l'étrange créature aux sombres cheveux dont Manet avait fixé les traits dans son célèbre tableau *le Balcon*. Sa chevelure avait blanchi, mais le visage avait conservé sa singularité énigmatique et sa fine régularité, son expression de mélancolie taciturne et sa sauvagerie farouche[85]. » Pourquoi dans les neuf ou dix – si l'on inclut la contestée *Femme sur un divan* (RW 210) – autres huiles sur toile, qui ne forment une série que par la grâce d'un modèle patient, Manet emprunte-t-il des voies contraires à celles de ses deux compositions de Salon ? Qu'a-t-il cherché en revenant au même modèle avec une constance inégalée pour laisser *in fine* nombre de ces toiles, probablement inachevées, dans son atelier ? Aucun modèle n'a suscité un ensemble si divers et hétérogène, exécuté entre 1869 et 1874, inspirant un corpus à la chronologie et aux contours incertains. Berthe Morisot fut un témoin peu disert en comparaison d'Antonin Proust, de Théodore Duret, d'Isabelle Lemonier ou encore de Méry Laurent ; elle n'a laissé aucun récit de ces séances de pose. Seuls deux tableaux sont datés : *Berthe Morisot au bouquet de violettes*, exécuté en 1872, et *Berthe Morisot étendue*, daté 1873. Il semble pourtant que l'essentiel de la série, cinq à six tableaux et trois estampes, fut peint autour de 1872-1873.

Un premier groupe se situerait, au gré des catalogues et des spécialistes, entre 1869 et 1870. Durant ces années, Manet et Berthe Morisot se voient intensément. La jeune femme pose pour *le Repos* à partir de septembre 1869, selon Adolphe Tabarant (ou au début de 1870 d'après Étienne Moreau-Nélaton)[86],

83. Toutefois, Manet se représente en peintre dans l'*Autoportrait à la palette* (vers 1879, New York, coll. part). Sur l'artiste en flâneur cher à Walter Banjamin, voir Herbert, 1991, p. 33-36.
84. Lettre de Puvis à B. Morisot, 1er août 1873, Paris, musée Marmottan, dépôt famille Rouart, inv. II-2-23.
85. Régnier, 1923, p. 4.
86. Moreau-Nélaton, 1926, t. I, p. 113.

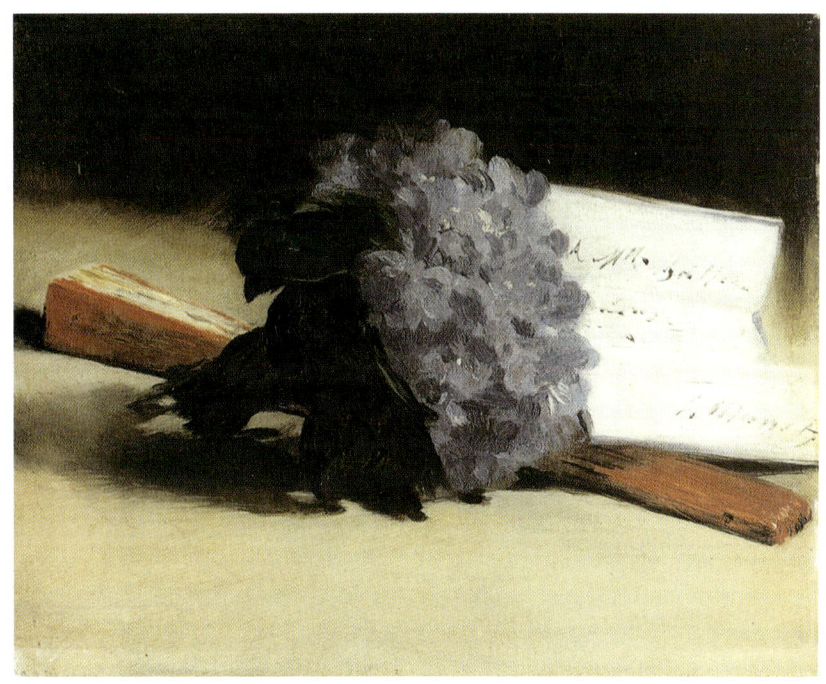

Fig. 7. Édouard Manet, *le Bouquet de violettes,* 1872, huile sur toile, H. 22 ; L. 27, collection particulière.

alors que Manet peine à mener le *Portrait d'Eva Gonzalès* (fig. 4), mais les développements que Morisot consacre dans ses lettres au labeur occasionné par le portrait de sa rivale lui fournissaient une trop belle occasion de renverser une comparaison, qui, dans la bouche de Manet, lui était souvent défavorable, pour qu'elle n'y mentionnât jamais *le Repos*[87]. Plus vraisemblablement les séances prirent-elles place entre mai et le 16 septembre 1870, date à laquelle Manet ferme son atelier et confie à Duret des toiles, parmi lesquelles *le Repos* et *le Balcon*[88]. Si l'on s'en tient au témoignage de Julie Manet, selon laquelle « *Le Repos* est assurément le deuxième portrait » après *le Balcon*[89], cette datation retarderait d'autant, soit au moins à l'automne de 1870, l'exécution de *Berthe Morisot au manchon* et de *Berthe Morisot de profil*, généralement datés de 1869[90]. Une longue interruption séparerait alors *le Balcon*, dont la figure de Berthe Morisot paraît avoir été peinte avant mars 1869[91], du *Repos* et du reste de la série. Entre septembre 1870 et le 12 février 1871, Berthe Morisot et Manet demeurent tous deux à Paris. Toutefois, ni l'un ni l'autre ne s'ouvrent alors dans leur correspondance de préoccupations artistiques : la situation politique et militaire nourrit l'essentiel des discussions. Vers le 7-19 novembre, Manet s'engage dans l'artillerie[92]. Les

87. *Corresp. B. Morisot*, p. 33. Davidson, 1959, p. 6.
88. Idem, *op. cit.*, p. 6. *Manet*, cat. exp., 1983, p. 31, n° 1215. Stuckey y voit une réponse de Manet à un éloge de Stevens par Duret au Salon, qui se tient au printemps (1987, p. 37).
89. Davidson, *op. cit.*, p. 10, note 3.
90. Moreau-Nélaton (*op. cit.*, p. 108-109) et Tabarant (1947, p. 158) donnent tout deux la date de 1869, quoique, pour Moreau-Nélaton, *Berthe Morisot de profil*, « une simple tête rêveuse sous un chapeau d'été », été de 1869, précède le portrait hivernal de *Berthe Morisot au manchon*. L'ordre est contraire chez Tabarant, qui situe l'exécution de *Berthe Morisot de profil* six semaines après celle de *Berthe Morisot au manchon*. La date de ce dernier ne souffre d'aucune contestation selon Tabarant, qui invoque des papiers personnels de Manet. RW date également les tableaux de 1869 (RW 138 et RW 139).
91. En mars 1869, Cornélie Morisot évoque l'inachèvement de la toile et les figures de Mlle Claus et de Guillemet sans mentionner Berthe (*Corresp. B. Morisot*, p. 25). En avril, le Salon ouvre ses portes.
92. *Manet*, cat. exp., 1983, p. 512.

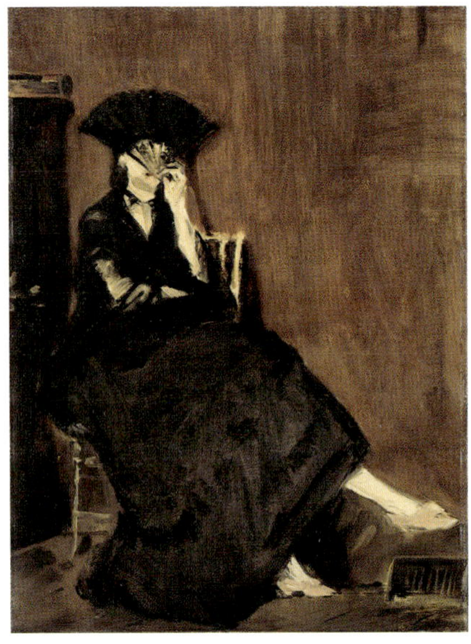

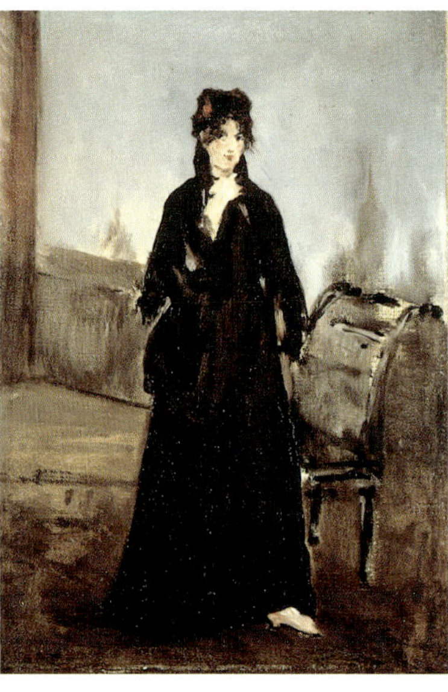

Fig. 8. Édouard Manet, *Berthe Morisot à l'éventail,* 1872, huile sur toile, H. 60 ; L. 45, Paris, musée d'Orsay, donation Étienne Moreau-Nélaton.

Fig. 9. Édouard Manet, *Berthe Morisot au soulier rose,* vers 1872, huile sur toile, H. 46 ; L. 32,5, Hiroshima, Hiroshima Museum of Art.

deux artistes ne seront ensuite réunis à Paris qu'à partir d'août 1871 ; c'est à ce moment que Berthe rapporte à Edma : « Manet me retrouve de nouveau pas trop laide et voudrait me ravoir comme modèle[93]. » Faut-il alors situer *Berthe Morisot au manchon*, *Berthe Morisot de profil*, *Berthe Morisot à la voilette* (cat. 164)[94] à la fin de 1871 – début de 1872, prémices, au moins par la saveur des titres dignes d'une chronique de mode, du *Portrait de Berthe Morisot au bouquet de violettes* daté 1872 ?

Cette même année, Édouard Manet a pu peindre, outre ce portrait, la nature morte dédicatoire (fig. 7) et les estampes qui lui sont liées, *Berthe Morisot à l'éventail* (fig. 8), *Berthe Morisot au soulier rose* (fig. 9), voire *Berthe Morisot à la voilette*[95]. Juliet Wilson-Bareau a ainsi identifié des éléments de mobilier du nouvel atelier de Manet[96], 4, rue de Saint-Pétersbourg, où le peintre emménage le 1er juillet 1872[97], qui permettent de confirmer la datation traditionnelle de 1872 de *Berthe Morisot à l'éventail*[98]. La similitude de la toilette, l'atmosphère du tableau, le choix, isolé dans la série, du portrait en pied inclinent à situer au même moment la *Jeune Femme au soulier rose,* même si Léon Leenhoff porta sur une reproduction du tableau par Fernand Lochard la date 1868[99], invitant à y voir l'un des tout premiers portraits de Berthe, si ce n'est la « première apparition de la figure de Mme Berthe Morisot », comme l'affirme Jacques-Émile Blanche, un temps son possesseur[100]. L'esprit d'une série qu'inaugurerait une figure espagnolisante si librement esquissée en même temps que *le Balcon* s'en trouverait modifié.

93. *Corresp. B. Morisot,* p. 67.
94. Duret date le tableau de 1871-1872 (1926, n° 146). Tabarant le date entre juillet et septembre 1872 (*op. cit.,* p. 199).
95. Selon Tabarant (*op. cit.,* p. 198-200), Manet peint 4 toiles entre juillet et septembre 1872 : *Berthe Morisot à la voilette, Berthe Morisot au soulier rose, Berthe Morisot à l'éventail* et *Berthe Morisot au bouquet de violettes.* Jamot et Wildenstein situent également ces 4 toiles en 1872 (1932, nos 206-210, p. 143).
96. Wilson-Bareau, dans *Manet, Monet...,* cat. exp., 1998, p. 145, 155, 191, note 136.
97. *Manet, ibid., op. cit.,* 1983, p. 514.
98. 1871-1872 pour Duret (*op. cit.,* n° 148). Vers 1872 pour Moreau-Nélaton (1926, t. I, fig. 157). Entre juillet et septembre 1872 pour Tabarant (*op. cit.,* p. 199).
99. New York, Pierpont Morgan Library, album Lochard, vol. II p. 7. Référence donnée dans *Manet,* cat. exp., 1989, p. 100, n° 20. L'auteur de la notice opte pour la datation de Léon Leenhoff en raison de l'espagnolisme de la composition. Cette datation placerait l'exécution du portrait de Berthe Morisot au même moment que celle du portrait de Théodore Duret (Paris, musée du Petit Palais), avec lequel il présente en effet des points communs. Moreau-Nélaton (1926, t. I, p. 140) situe l'œuvre dans le nouvel atelier en 1872. Tabarant reconnaît dans les ombres à gauche de la composition la silhouette d'une église et de toitures, s'interrogeant sur le lieu de pose, mais il date l'œuvre de 1872, ainsi que RW I 177 (1947, p. 199).
100. Blanche, 1924, p. 41. La date 1867-1868 est donnée aussi par Duret dès le catalogue de 1902 (1926, n° 99).

En 1873, Manet se dédie de façon certaine à un *Portrait de Berthe Morisot étendue*, relique d'une composition plus ample. C'est alors que le sculpteur et amie de Berthe Morisot Marcello évoque une longue séance de pose chez Manet : « Hier je me suis mise dans un fiacre avec Berthe Morisot qui était venue poser chez moi et nous avons été dans la même rue au nº 4, chez Manet que j'ai regardé peindre d'après cette belle ténébreuse et qui a beaucoup d'esprit[101]. » Après son emménagement au 47, rue de Saint-Pétersbourg, en 1872, Marcello fréquente en effet assidûment Berthe Morisot et Manet et semble avoir pour une part assisté à la maturation de la série[102].

Enfin, si l'on accepte l'argument du deuil, avec la réserve que Berthe Morisot est vêtue de noir dans toute la série, à l'exception du *Balcon* et du *Repos,* si l'on se fie en outre au titre que porte l'œuvre dans l'inventaire après-décès de l'atelier de Manet, *Mme Morisot en deuil*[103], Manet peint Berthe Morisot au moins à deux reprises en 1874, entre le décès du père de celle-ci, en janvier, et son mariage avec Eugène, en décembre[104]. Sans doute exécuté à l'automne selon Adolphe Tabarant[105], *Berthe Morisot à l'éventail* est ainsi considérée comme le dernier de l'ensemble, tel un tableau de mariage, où le modèle arbore la bague des fiançailles, scellées l'été de 1874 à Fécamp, ou une alliance. Sorte de pendant, réponse ultime de Manet à travers la figure de Berthe Morisot, à Edgar Degas, qui de son côté destinait aux mariés le *Portrait d'Eugène Manet à Fécamp* (fig. 7, p. 49)[106].

Un « musée intime » et inachevé ?

La destination des toiles ne fournit pas davantage de clés à l'ensemble des portraits. Le caractère intime, privé, des portraits a souvent été remarqué. Nancy Locke y voit le principe fondateur de la série[107]. Des échanges s'instaurent entre portraitiste et modèle, en sorte de compensation au destin public des œuvres. *Le Balcon* ne fut guère vendu mais était voué à l'être : Manet en a probablement offert à Berthe Morisot le dessin préparatoire[108]. Quand Durand-Ruel se porte acquéreur du *Repos,* en 1872, l'auteur donne à son modèle une reproduction dédicacée du tableau, que Berthe Morisot tentera d'acheter par la suite à la vente Duret, en 1894. Enfin, la dédicace du *Bouquet de violettes* (fig. 7) apparaît comme un souvenir du *Portrait de Berthe Morisot au bouquet de violettes,* qui entra dans la collection de Duret. Les portraits de Berthe Morisot vendus ou cédés à des tiers circulèrent dans le milieu des proches et des amateurs avertis, tels Duret, Jules de Jouy, Degas, Blanche (fig. 9), Gustave Caillebotte, Charles Deudon, Auguste Pellerin ou Georges de Bellio (fig. 8). Trois tableaux avaient quitté l'atelier du vivant de Manet, dont *le Repos,* vendu à Durand-Ruel, en 1872, *Berthe Morisot au bouquet de*

101. Lettre de Marcello à sa mère, Givisiez, Fondation Marcello. Un billet de Manet sans lieu ni date invite Marcello à assister à une séance (cat. 191). Elle fut si fortement associée aux séances de portrait qu'un des tableaux inachevé de la série lui fut peut-être destiné (RW 210). Marcello a alors exécuté d'après Berthe Morisot quelques croquis, dont l'atmosphère, l'accent mis sur la toilette et la coquetterie du modèle rappellent le *Portrait de Berthe Morisot au bouquet de violettes.* Nous remercions Mme Von Wistinghausen de nous avoir ouvert les archives Marcello. Sur les portraits inédits de Berthe Morisot par Marcello, Ryan-Gurley, 1985, p. 14-21. Voir aussi *Portrait de Berthe Morisot,* 1873, crayon noir, rehaussé de blanc, H. 22,5 ; L. 14, dans Vente Georges et Anne Martin du Nord, 1985, nº 116.

102. Marcello va jusqu'à confier à sa mère le 31 octobre 1872 : « Manet est venu me voir, il est charmant d'esprit, nous nous plaisons. O danger ! », Givisiez, Fondation Marcello.

103. « Estimation des tableaux et études », nº 45. RW I, p. 27. Titre repris dans la vente Degas, Vente I, nº 76, dans *The Private Collection of Edgar Degas...,* cat. exp., 1997, nº 798.

104. Rouart (1950, p. 79) date de l'automne de 1874 cinq portraits de Berthe Morisot (cat. 164, 171, 169, 170 et fig. 8). Pickvance propose d'associer *Berthe Morisot à la voilette* à ce tableau de deuil et le date du début de 1874 (*Manet,* cat. exp., 1996, p. 18, nº 336).

105. Tabarant,*op. cit.,* p. 258. Manet effectue cependant entre septembre 1874 et la fin de l'année un voyage à Venise. Voir Wilson-Bareau, 1989, nº 86, p. 31.

106. « ... Ce portrait de mon père est le cadeau de mariage de Degas à mes parents. [...] Vous remarquez qu'il a peint la mer derrière eux ? Degas disait qu'il l'avait fait parce que mes parents s'étaient fiancés à Fécamp. C'était en 1874. Ma mère passait l'été avec la famille Manet : Édouard, sa femme, sa mère et ses deux frères, Gustave et Eugène. Eugène dessinait et peignait peu. Il travaillait à une vue du *Chantier de construction du port de Fécamp.* Ma mère peignait le même sujet : à la fin de l'été, ils étaient fiancés. » Julie Manet dans Bernier, 1959, p. 40. Degas offre ensuite à Julie Manet à l'occasion de son mariage, avec Ernest Rouart, un portrait de Manet.

107. Locke, 2001, p. 148.

108. Cachin, dans *Manet,* cat. exp., 1983, p. 308, nº 116.

violettes, qui, à une date indéterminée, gagna la collection Duret, et *Berthe Morisot à l'éventail* peut-être, qui appartenait à De Bellio lors de l'exposition posthume Manet de 1884. Sept d'entre eux demeurèrent dans l'atelier du peintre et figurent dans l'inventaire de l'atelier après-décès[109]. Finalement, seules deux toiles furent remises directement par Manet à Berthe Morisot, le *Portrait de Berthe Morisot étendue* et *Berthe Morisot à l'éventail.* Pour une série « privée », voilà qui mérite d'être souligné, d'autant que Manet avait coutume d'offrir à ses modèles leur effigie, que l'on songe à Zola, Stéphane Mallarmé ou Carolus-Duran. Isabelle Lemonnier, inspiratrice à l'instar de Berthe Morisot d'un vaste ensemble, rappelait : « [Il] recommençait sans cesse mes portraits. Il en a détruit devant moi je ne sais combien d'études. Si je les lui avais demandées, il me les aurait certainement données. Mais j'avais déjà tant de portraits[110]. » Peut-être, comme Isabelle Lemonnier, Berthe Morisot n'a-t-elle pas demandé ses portraits. Peut-être Manet caressa-t-il le souhait de revenir à certaines de ses toiles. Entre ébauche, esquisse, tableau achevé, l'indécision est grande : elle permet d'expliquer pour partie la longue relégation de plus de la moitié des portraits dans l'atelier jusqu'en 1884 ; elle suscite surtout la perplexité sur l'objectif de l'artiste et les recherches qui motivèrent sa fidélité à son modèle.

Comment affirmer en effet que Manet, après *le Balcon* et *le Repos,* a renoncé définitivement à peindre une composition d'ampleur d'après un modèle qui l'inspirait tant, au profit de petits formats rapidement brossés et demeurés sans suite, en dehors du *Berthe Morisot au bouquet de violettes,* qui suscita deux lithographies, une eau-forte et une nature morte (fig. 7) ? Il est tentant de penser par exemple que le *Portrait de Berthe Morisot étendue* et l'esquisse de la *Femme sur un sofa* (RW 210) sont le fragment et l'étude d'un ambitieux portrait de Berthe Morisot étendue[111], préfiguration du portrait de Nina de Callias, *la Dame aux éventails*, ou variation concurrente sur un même thème, que Berthe Morisot, après le précédent du *Repos,* aurait autorisé à exposer, à la différence de Nina et de son ex-époux[112] : « L'on regrette que Manet n'ait pas prié [Nina de Callias] de poser autant que Berthe Morisot (à qui s'apparente ce type de brune à la peau blanche, pleine d'une morbidesse espagnole)[113]. » À moins que Manet, lorsqu'il décide de présenter au Salon la composition déjà ancienne du *Repos,* ne projetât d'y adjoindre l'« une des plus belles et captivantes images de Berthe Morisot », équivalent, à la manière noire, du portrait féminin sur un divan ?

La plupart des portraits de Berthe Morisot semblent toutefois avoir été peints d'un seul mouvement, sinon en une séance pour *Berthe Morisot au manchon*[114], ou deux, dans le cas de *Berthe Morisot au bouquet de violettes*[115]. La mise en œuvre de *Berthe Morisot à l'éventail, au soulier rose, à la voilette,* ou le portrait dit de deuil suggèrent une exécution rapide : ainsi la toile nue transparaît-elle à

109. *Le Balcon* (nº 3), *Portrait de Mme Morisot en violet* (nº 43), *Mme Morisot en deuil* (nº 45), *Tête d'étude : Mme Morisot* (nº 60), *Petite Femme sur un canapé* (nº 63 = RW 210), *Femme en noir debout* (nº 64 = fig. 9, p. 32), *Mme Morisot, femme voilée* (nº 91), « Estimation des tableaux et études », RW I, p. 27.

110. Propos rapportés par Robida, 1958, p. 119, cités par Cachin dans *ibid., op. cit.,* p. 453.

111. « M. Moreau-Nélaton, instruite par Mme Ernest Rouart, c'est-à-dire par la propre fille du modèle, nous rapporte ce que devait être, ce que fut un instant cette toile : Berthe Morisot, presque couchée sur un sofa, en robe noire avec des bas blancs et de petits souliers roses, étendait le bras sur le dossier. Mais plutôt que de corriger une faute dont il ne s'aperçut qu'une fois son travail terminé, Manet eut un de ces mouvements d'impatience auxquels il ne résistait guère, coupa la toile en deux et détruisit tout le bas de la figure. Il ne reste aujourd'hui que le buste enfoncé dans les coussins et la tête un peu renversée avec ses grands yeux rêveurs ; même dans cet état de mutilation, c'est une des plus belles et captivantes images de Berthe Morisot pieusement conservées par M. et Mme Ernest Rouart dans leur musée intime. » (Jamot, 1927, p. 32)

112. 1873-1874, Paris, musée d'Orsay. Abélès, 2000, p. 83-84.

113. Blanche, 1924, p. 35.

114. Tabarant, 1947, p. 157.

115. « … Il est merveilleux et d'une magnifique exécution, on ne croirait pas qu'il a été fait en une ou deux séances au plus » (J. Manet, *Journal,* p. 74-75, 3 décembre 1895).

gauche du modèle au soulier rose. Édouard Manet, délié de la crainte d'impatienter son modèle et du souci de remettre à un commanditaire un tableau achevé, a pu se livrer librement à l'exercice de la séance unique, tentant d'enlever sa toile d'un coup et de faire culminer l'exécution du portrait au premier geste[116]. De nombreux modèles (Duret, Desboutin, Lemonnier, Moore...) ont indiqué combien Manet y parvenait rarement, grattant, effaçant et recommençant sans cesse au gré d'innombrables et interminables séances de pose[117]. Le cas du *Portrait d'Albert Wolff*, tel que Duret le restitue, en chroniqueur impénitent des échecs de Manet portraitiste[118], en témoigne : « [Wolff] exprima à ses amis par la ville son étonnement que Manet, qu'il avait cru devoir produire ses œuvres avec facilité, de premier jet, fût au contraire un homme qui tâtonnait[119]... » « L'artiste prit la remarque de très haut et lui envoya immédiatement la toile dans l'état où elle se trouvait, sans vouloir y rien plus ajouter[120]. » Avec Berthe Morisot, l'essai paraît se suffire à lui-même et ne prélude pas à un quelconque travail de reprises, de même qu'il n'est guère préparé, comme souvent chez l'artiste, par des études[121].

Les « ornements de la femme[122] »

Éventail, chapeau, manchon, voilette, soulier rose : les titres des portraits de Berthe Morisot égrainent les ornements de la femme dans une suite digne d'un ouvrage d'Uzanne. L'intérêt de Manet pour la mode féminine et le costume, le soin qu'apporte Berthe Morisot à sa toilette, ne sont plus à démontrer. D'anecdotique, voire d'irritant (« Avez-vous trouvé ce maudit chapeau qui vous a si bien fait écourter votre visite ? », écrivait Puvis à Berthe[123]), l'accessoire accède au rang de motif pictural qui contribue à définir le portrait. Loin de la chronique d'un type parisien, comme dans *la Parisienne,* ou de l'esthétique voisine de la gravure de mode de certains portraits de Méry Laurent au début des années 1880, les « ornements » jouent ici un rôle contradictoire. Selon Moore, dans nul autre tableau que *le Repos « never did a white dress play so important or indeed so charming a part in a picture. The dress is the picture*[124] ». Dès *le Balcon* et *le Repos,* la mousseline blanche dont était revêtue Berthe Morisot lui fut étroitement associée, et ce, d'autant plus volontiers qu'elle constitua aussi dans son art un motif de prédilection entre la fin des années 1860 et 1875 environ. Blanche identifiait si bien la mousseline blanche à Berthe Morisot qu'il décrit ainsi sa lithographie de Marie Renard : « ... habillée d'une robe de Berthe Morisot. La mousseline *faisait moderne* alors [...], les mousselines chères à Laforgue[125]. » Mais la robe du *Balcon* est aussi celle de Suzanne Manet dans *la Lecture* (1870, Paris, musée d'Orsay) ; privilégiée par Manet autour de 1870 (*Eva Gonzalès* [fig. 3], *Au jardin*[126] [1870, Shelburne, Shelburne

116. Proust, 1897, p. 308.
117. Bazire dénombre 80 séances de pose pour le *Bon Bock* (1884, p. 82). Voir aussi Blanche, 1924, p. 51-52 ; Moore, 1893, p. 32.
118. Duret (1918), qui accorde une vaste place à ce thème dans sa monographie sur Manet (1re éd. 1902).
119. Duret, 1902, p. 76-77. Proust donne une autre explication à l'inachèvement du portrait.
120. *Vente Duret,* 1894, n° 23. Voir Stuckey, 1983, p. 170-171.
121. Le dessin préparatoire au *Balcon* fait exception, et peut-être l'aquarelle *Berthe Morisot à l'éventail.* Tabarant (1947, p. 258) et Cachin (*Manet,* cat. exp., 1983, n° 145, p. 368) y voient une étude pour le portrait de Lille. Duret signale cependant que Manet exécuta des aquarelles rétrospectives de ses tableaux (Duret, 1902, p. 134). Enfin, deux dessins relatifs au *Repos* et au *Portrait de Berthe Morisot au bouquet de violettes* sont contestés.
122. Uzanne, 1892.
123. Paris, 16 août 1871 ; Paris, musée Marmottan, dépôt famille Rouart, inv. II-2-16.
124. « Jamais une robe blanche n'a joué un rôle si important ou si charmant décidément dans un tableau. La robe est le tableau » (Moore, cité dans Davis, 1991, p. 421.
125. Blanche, 1984, p. 213.
126. Parmi les modèles suggérés pour ce tableau, Valentine Carré et Edma, toutes deux proches de Berthe Morisot, ont été proposées. Pour la relation de ce tableau avec l'œuvre de Berthe Morisot, voir Stuckey, 1987, p. 41.

Museum]…), elle interdit d'en attribuer l'exclusive à la figure de Berthe Morisot. Avec *le Bouquet de violettes* (fig. 7), Manet assemble en une nature morte subtile et raffinée les attributs qu'il a forgés pour son modèle : éventail, bouquet de violettes, que la lettre dédie à « Mlle Berthe ». Moore, louant l'œuvre de Berthe Morisot tout en soulignant les limites naturelles de la peinture au féminin, y voyait l'art de Manet « *transporté en* éventail[127] ». Plus simplement, les accessoires, aux antipodes des travestissements de fantaisie endossés par Victorine Meurent, dénotent tels des emblèmes le souci d'exalter l'originalité du modèle. Ainsi, des souliers roses (ou blancs pour certains catalographes) : Berthe Morisot « était en avance sur son temps pour la mode, mais elle en évitait les excès et ne la suivait jamais aveuglément. […]. Et elle avait un goût très personnel ; elle avait horreur des bottines noires qu'on portait alors avec des robes blanches, et elle n'en mettait jamais ; elle choisissait de petits souliers de soie de tons clairs, même s'il lui arrivait de se fouler la cheville ! Manet l'a peinte avec des dentelles noires et des souliers roses, les mêmes que sur son portrait avec un éventail[128]… » Baignée d'une atmosphère espagnole, la « série goyesque[129] » ne se confond pas avec la célébration de la Parisienne, comme pour Méry Laurent ou parfois Ellen André. Blanche, engageant un dialogue fictif avec Julie Manet, note fort justement : Eva Gonzalès, et surtout Berthe Morisot, « qui fut pour une bonne part "l'élément Goya" dans les toiles de votre oncle », « avaient quelque chose d'espagnol en elles ; ou bien était-ce que Manet les espagnolisât, quand il les faisait poser ? »[130]

Les « ornements de la femme » dissimulent autant qu'ils célèbrent la beauté, masquent autant qu'ils révèlent l'identité du modèle. Voilette et éventail ainsi que le disparate des factures d'une toile à l'autre perturbent l'identification. Renoir, cinq ans après avoir représenté Berthe Morisot, ne reconnut guère le portrait de la « femme voilée, *très laid* » qu'il voit dans la collection Deudon à Nice en 1899[131]. Duret, propriétaire du *Repos* et du *Portrait de Berthe Morisot au bouquet de violettes,* ami de Manet comme de Berthe Morisot, ne recense pas tous les tableaux dans le corpus qu'il établit des portraits de la jeune femme. Édouard Manet s'affranchit du traditionnel impératif de ressemblance[132], à moins qu'il ne le redéfinisse, avec un goût de l'expérimentation et de la gageure comparable à celui de Degas.

« Cette soudaine et totale emprise du modèle[133]. »

Paul Jamot a signalé le « lien entre Degas et Manet sur ce thème paradoxal : un portrait vraiment ressemblant d'une femme qui cache son visage[134]. » Un même défi caractérise *Berthe Morisot à l'éventail* – et dans une moindre mesure *Berthe Morisot à la voilette,* où la voilette « fait masque sur le visage[135] » –, et les

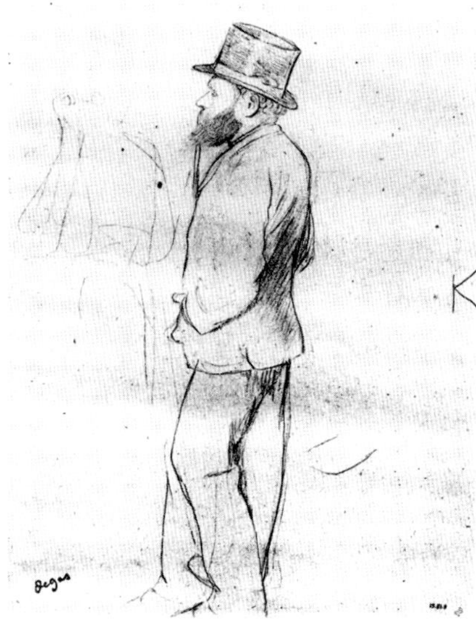

Fig. 10. Edgar Degas, *Manet aux courses,* 1879, crayon sur papier brun, H. 38 ; L. 24,4, New York, The Metropolitan Museum of Art.

127. Moore, 1893, p. 229-230 (en français dans le texte). G. Moore était par ailleurs amateur de l'art de Berthe Morisot, dont il posséda plusieurs œuvres. Voir cat. 76 et Blanche, 1984, p. 212, p. 222.
128. Julie Manet dans Bernier, 1959, p. 45
129. Blanche, 1924, p. 41.
130. Idem, 1921, p. 81.
131. P.-A. Renoir à Durand-Ruel, *Corresp. Renoir et Durand-Ruel,* 1995, t. I, p. 104.
132. Chez le collectionneur Pellerin, Julie Manet juge très ressemblante « une esquisse d'après Maman de profil en chapeau violet avec un manteau de fourrure qui la rappelle tout à fait, je voudrais bien posséder cette toile là » (1979, p. 214, 29 janvier 1899). Voir cat. 162.
133. Fourreau, 1925, p. 51.
134. Jamot, 1927, p. 33.
135. Tabarant, 1931, p. 224. La voilette brouille les traits du modèle alors que dans *la Viennoise, Irma Brunner* (pastel, 1882, Suisse, coll. part.), elle laisse les traits bien lisibles et en rehausse la beauté.

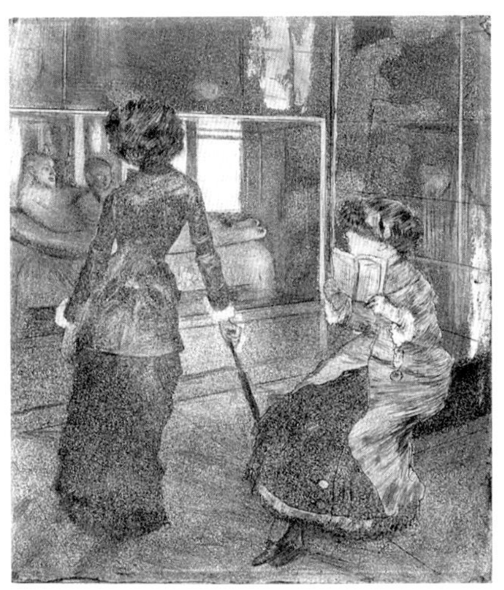

Fig. 11. Edgar Degas, *Mary Cassatt au Louvre*, musée des Antiques, 1879-1880, eau-forte, aquatinte et pointe-sèche, 9e état, Paris, musée du Louvre, département des Arts graphiques, fonds du musée d'Orsay.

femmes à la lorgnette traitées par Degas autour de 1865 puis vers 1875, dont une version appartint à Puvis[136]. C'est l'une d'entre elles que regarde Manet dans une feuille préparatoire à une scène de course (fig. 10). Les modèles, Lyda à la lorgnette ou Berthe Morisot, se dérobent au regard du spectateur pour y mieux ficher le leur. Elles se préservent ainsi de l'inspection du portraitiste, soulignant avec humour la fragilité du dispositif qui fonde le portrait et la part qu'y prend le modèle. Rien de moins anodin qu'un modèle aux yeux de Manet, peu enclin, ni contraint, aux portraits de commande. Ainsi que le rapporte à diverses reprises Proust, les exigences du peintre étaient grandes, qui dès son apprentissage chez Thomas Couture se défiait des modèles de profession[137]. Victorine Meurent fait exception[138]. Dans le jeu de poses auquel se livre Berthe Morisot, le rôle du modèle excède la prosaïque disponibilité qu'escompte Manet pour devenir une active contribution du modèle à son portrait, participation qu'autorisent la sympathie et la complicité artistiques unissant les deux peintres. Mary Cassatt expliquait avoir posé pour Degas parce que le modèle ne trouvait pas la pose[139]. « Comment voulez-vous que je dessine un homme qui ne sait pas se dessiner lui-même », disait Degas[140].

Sans inspirer cependant un ensemble équivalent à celui des portraits de Berthe Morisot, Mary Cassatt a posé pour des compositions, entre genre et portrait, autour du Louvre ou sur le thème de la modiste et pour un portrait sur toile, enfin, *Mary Cassatt assise,* vers 1880-1884[141] (Washington, National Portrait Gallery). Le modèle et le peintre y cultivent, à l'instar de Berthe Morisot et d'Édouard Manet, le goût du paradoxe et de l'exploration. La série du Louvre (fig. 11) ne montre-t-elle pas Mary Cassatt tournant obstinément le dos, avec toute l'ambiguïté d'une attitude qui, véritable tour de force, traduit l'absorption de la spectatrice dans la délectation de l'œuvre par la seule grâce d'une pose expressive ou voudrait illustrer, selon le mot de Degas à Walter Sickert, l'ennui de la femme, par nature insensible à l'art[142]. Le portrait *Mary Cassatt assise* ne fait-il pas allégrement fi de la féminité du modèle et de sa vocation d'artiste, pour laquelle Degas professait pourtant le plus vif respect. Au point que Cassatt en vint à renier son portrait, quand Berthe Morisot s'efforça d'acquérir *le Repos* et son portrait au bouquet de violettes, copié ensuite par sa fille, Julie, qui perpétua l'admiration de sa mère pour la série : « Ce portrait de Degas, je désire surtout ne pas le laisser à ma famille comme étant de moi. Il a des qualités d'art, mais est si pénible et me représente comme une personne si répugnante que je ne voudrais pas qu'on sache que j'ai posé pour cela[143]. » Dans le cas Cassatt-Degas, comme pour Morisot-Manet, si l'on en croit Anthea Callen ou Eunice Lipton[144], ambiguïtés et paradoxes des représentations déprécieraient les modèles en refusant de prendre en compte l'intégrité de leur identité, ou en en compromettant la respectabilité à force de ruptures avec les codes établis du portrait féminin. Associées à une perception grave d'une série, où Manet, développant une veine

136. Lemoisne, 1946-1949, n° 269. *Degas*, cat. exp., 1988-1989, nos 74 et 154.
137. 1897, p. 127-128. Proust évoque les démêlés de Manet avec les modèles qui prennent des « poses héroïques » (p. 127).
138. Armstrong, 1998, p. 110.
139. Havemeyer, 1961, p. 258.
140. Gide rapportant un propos de Degas dans son *Journal* à la date du 10 mars 1928, cité par Loyrette, 1991, p. 175.
141. Shackelford, « Pas de deux, Mary Cassatt et Edgar Degas », dans *Mary Cassatt...*, cat. exp. 1998-1999, p. 109-143.
142. « *To give the idea of that bored* [...] *and impressed absence of all sensation that women experience* dans *front of paintings* », cité par Thomson, 1984, p. 14.
143. M. Cassatt à Durand-Ruel dans Venturi, 1939, t. II, p. 129.
144. Callen, 1985 ; Lipton, 1986. Pour une mise au point, voir Broude, 1977.

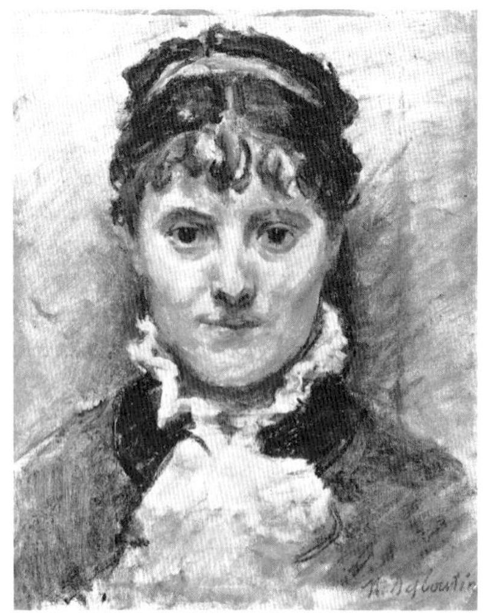

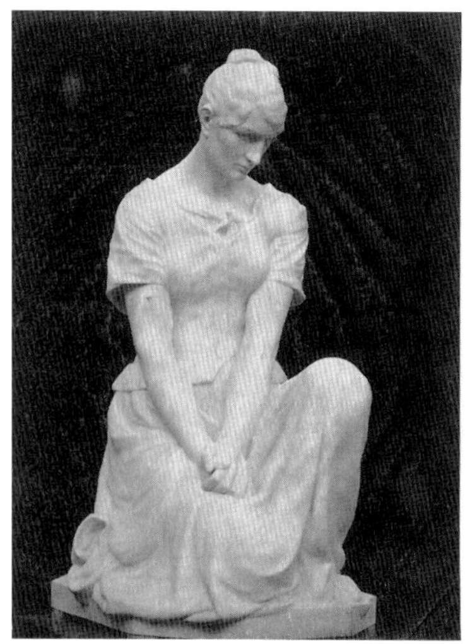

Fig. 12. Marcellin Desboutin, *Portrait de Berthe Morisot*, vers 1875, huile sur toile, H. 41 ; L. 33, Brême, Kunsthalle.

Fig. 13. Alfred Lenoir, *La Douleur*, Salon de 1892.

psychologique rare dans ses portraits, mettrait au jour la part tragique de son modèle[145], ces lectures occultent l'esprit de conquête et d'humour de certains portraits. Richard Thompson voyait dans le sarcasme légendaire de Degas une contribution essentielle, et non un aspect marginal et anecdotique, à son esthétique de la modernité, sans que l'on comprenne toujours très bien, dans le cas de Cassatt, dans quelle mesure le peintre l'exerce en intelligence avec son modèle ou à ses dépens[146]. Dans la série du Louvre, si le mot de Degas à Sickert doit être pris au sérieux, Degas se plaît en effet à l'ironie, incarnant l'aveuglement féminin, par un peintre, qui fut la conseillère avisée de l'une des plus importantes collections de son temps, celle des Havemeyer, et l'inlassable promotrice de l'œuvre de Degas. À moins que l'ironie de connivence avec le modèle ne vise plutôt les lieux communs du temps sur l'incompétence artistique des femmes ; à moins encore que l'intérêt de la composition ne réside dans la recherche partagée avec le modèle de l'adéquation absolue de la pose et de l'expression, compliquée d'un postulat paradoxal, le regard de celle qui fut « un œil » exprimé par un dos. Dans le masque que se constitue Berthe Morisot à l'aide de son éventail, à travers la disparition des traits, brouillés par la voilette, ou la facture expressive et caricaturale du portrait de deuil, l'humour de Berthe Morisot et de Manet s'exerce librement, avec une fantaisie exempte du mordant de Degas. Aux bizarreries (l'éventail « semblable au diadème d'un chef indien », pour Paul Jamot[147], la « tête noire » de « fauvette [...] qui aiguise son joli bec », selon Jean Cocteau[148]) dont le peintre émaille le portrait de celle qui aurait pu n'être qu'un joli motif, répond le regard ironique d'un modèle qui, semble-t-il, ne fut pas la dupe de ses portraits.

145. Pour une analyse de la série comme mémorial de Manet et de Morisot, autour du deuil, voir Locke, 2001, p. 165-167 (le portrait comme *caput mortuum*) et Clay, 1983, p. 15 pour le portrait de deuil.
146. Thomson (1984), qui pense que Cassatt est représentée en diseuse de bonne aventure dans l'huile de Degas.
147. Jamot, 1927, p. 37.
148. Cocteau, 1920, p. 5, n° 1935.

Après Édouard Manet

Avec le mariage de Berthe Morisot et Eugène Manet, le 22 décembre 1874, se clôt, selon la tradition familiale et historiographique, la série des portraits de Berthe Morisot par Édouard Manet, sans que ne s'éclipse pour autant le visage de Berthe Morisot. Le peintre remet avec solennité aux portraitistes qui suivront une image de l'artiste, *Berthe Morisot à l'éventail*, où le modèle recouvre cette « sorte de réserve infiniment intimidante[149] ». Berthe Morisot ne cesse guère de poser en effet : quelques semaines après les séances pour Manet, Marcello entreprend, en janvier 1875, un portrait monumental de la « jolie mais grognon[150] » Berthe Manet, qu'elle destine au Salon. La mauvaise grâce que met parfois, au gré de la portraitiste, son modèle à poser n'entame pas la détermination du sculpteur. Bien décidée à s'imposer ici comme peintre, Marcello remet son portrait aux conseils de Léon Bonnat[151]. Plaisant mentor qui aurait pu inspirer à Manet à propos de Berthe Morisot le mot d'esprit qu'il destine à Gambetta : « Encore [une] qui est voué[e] à Bonnat[152] ! » Certes, le visage de Berthe Morisot, assise, vêtue de blanc et munie d'un éventail fermé, inspire à nouveau une œuvre monumentale et publique à l'instar du *Balcon,* alors dans l'atelier de Manet. Mais la comparaison tourne court, et l'originalité de l'effigie réside surtout dans sa saveur « premier Empire », typique d'un certain goût de Berthe Morisot[153]. La volonté de rupture avec Manet se double d'une défiance plus profonde de Marcello à l'égard du portraitiste, qu'au même moment elle éconduit, et de l'opportunisme d'une artiste si pressée de goûter aux plus officielles reconnaissances : « Manet m'a demandé de faire mon portrait pour l'exposer, je lui ai dit que je craignais d'y avoir bien assez d'ennemis de les augmenter des siens. Il a paru choqué de cela[154]. » Elle échoua de son côté à achever à temps pour le Salon son portrait de Berthe Morisot, qui a peut-être connu un an plus tard les honneurs d'une exposition publique avec Marcellin Desboutin[155].

En 1876, Berthe Morisot inspire à celui-ci une toile, très mal documentée, brossée avec hâte et vigueur (fig. 12) et une pointe-sèche ; Berthe Morisot rejoint aux côtés de Manet, Degas, Duranty, Zola, Renoir ... et Marcello, la sorte de galerie des célébrités artistiques contemporaines que grave Desboutin. La gravure est l'une des plus inspirées de la série[156]. En 1882, Mary Cassatt, qui a portraituré Desboutin, manifeste le souhait de peindre Berthe Morisot, « à charge de réciprocité », ajoute Eugène Manet[157]. Malheureusement, le projet n'aboutit pas. Cassatt et Morisot ne procédèrent pas à ces échanges de portraits dont étaient coutumiers les impressionnistes. En dehors d'autoportraits remarquables entrepris en 1882 puis en 1885, que Berthe Morisot laisse pour la plupart inachevés et qu'elle ne montrera jamais[158], le visage de l'artiste ne retrouve de portraitistes, écrivains, sculpteurs ou peintres qu'au début des

149. Régnier, 1931, p. 4.
150. Marcello à sa mère, 16 janvier 1875, Givisiez, Fondation Marcello.
151. Bonnat « a dit qu'il y avait là de quoi faire un charmant portrait mais que je ne ferai pas assez bien. Cependant il a déclaré la tête bien faite. [...] Pour moi j'en ai tiré la moralité qu'il ne faut pas que j'expose... ». Lettre de Marcello à sa mère, 10 mars 1875, Givisiez, Fondation Marcello.
152. Manet au sujet de Gambetta, qui ne peut lui donner les heures de pose nécessaires à son portrait, cité par Proust, 1897, p. 177.
153. Whistler et Mallarmé, visitant le château de Fontainebleau, évoque le goût, précurseur comme celui de la duchesse de Guermantes, de Berthe Morisot pour les meubles Empire : *Corresp. B. Morisot,* p. 159.
154. Lettre de Marcello à sa mère, [1875], Givisiez, Fondation Marcello.
155. La pointe-sèche fut peut-être présentée à l'exposition impressionniste de 1876 : voir Stuckey, 1987, p. 71.
156. Bailly-Hertzberg, 1972, p. 500. Desboutin, par ailleurs ami, modèle de Manet et intime de Puvis de Chavannes depuis 1855, se lia d'une réelle amitié avec Berthe Morisot. Il fit partie des proches qui allaient à Mézy. Berthe Morisot n'est cependant pas mentionnée par Clément-Janin, 1922.
157. *Corresp. B. Morisot,* p. 111.
158. J. Manet, *Journal,* p. 88.

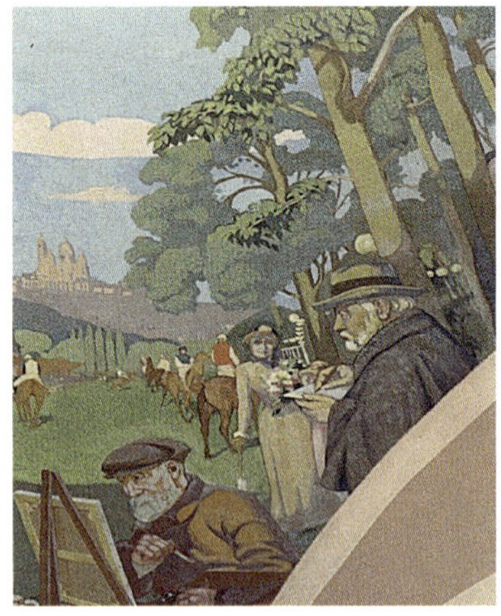

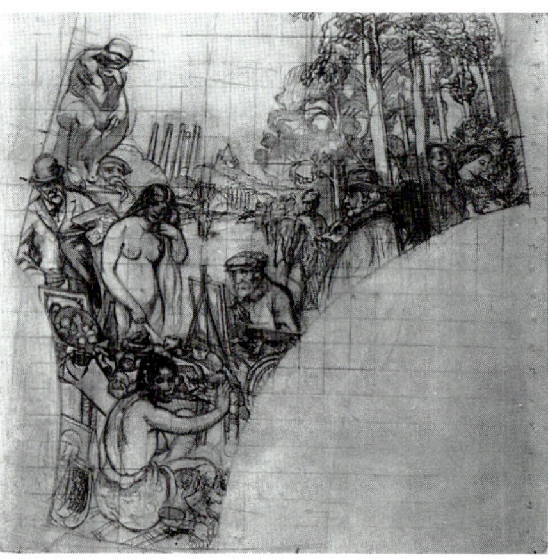

Fig. 14. Maurice Denis, Berthe Morisot et Edgar Degas, détail de la *Glorification de l'art français,* 1919-1925, huile sur toile marouflée, Paris, musée du Petit Palais, coupole Dutuit.

Fig. 15. Maurice Denis, *l'Art contemporain,* fusain sur papier avec mise au carreau, H. 151 ; L. 158, Saint-Germain-en-Laye, musée départemental Maurice-Denis.

années 1890. Louise Riesener se fait alors l'avocate du sculpteur Alfred Lenoir, ami de Bartholomé et de Degas[159] : « M. Lenoir le sculpteur avec lequel vous avez dîné chez nous vous a beaucoup admirée et comme il fait en ce moment une statue (religieuse je crois), il y a mis ce qu'il s'est rappelé de vos traits, mais ce n'est pas tout ce qu'il voudrait et il m'a demandé s'il pourrait se permettre de par mon intermédiaire de vous prier de lui poser une fois[160]. » Le buste, vraisemblablement, ne vit jamais le jour[161], mais la figure de *la Douleur,* sculpture destinée au monument Terry du Père-Lachaise, offre une ressemblance avec le visage de Berthe Morisot (fig. 13)[162]. Les traits durcis et le creusement des joues évoquent le visage prématurément vieilli des clichés contemporains de Berthe Morisot et des portraits que Renoir lui consacre, ainsi qu'à Julie, en 1894, dans son atelier de la rue Tourlaque (fig. 11 ; p. 53). Depuis 1885, « une des amitiés les plus solides[163] » liait les deux artistes. Julie suspectait cependant Renoir de n'avoir, à la différence de Manet, su « saisir » Berthe Morisot[164]. Aucun de ces portraitistes occasionnels ne la dépeint en artiste. Renoir manqua donner au musée du Luxembourg le *Portrait de Berthe Morisot et de sa fille* au pastel[165], quelques années après 1894, quand Berthe Morisot y entrait avec éclat grâce au *Balcon* et à sa propre *Jeune Femme en toilette de bal* (cat. 46).

C'est au musée du Petit Palais, auquel reviendra le pastel de Renoir, en 1902, que Berthe Morisot prend place parmi les gloires de l'art français, décor à la mesure de la destination du lieu, exécuté par Maurice Denis en 1924-1925[166]. Dans un ultime et surprenant hommage d'artiste, Berthe Morisot figure ainsi au pendentif de la coupole Dutuit, dédiée à *l'Art contemporain,* derrière Degas (au premier plan, à droite, de profil) et Renoir, à son chevalet (fig. 14). Berthe Morisot ne l'aurait pas elle-même soupçonné : « ... Denis me plaît, c'est un retour à l'art primitif, mais si fin, si doux [...]. Il doit me traiter de vieille ganache, peu m'importe ;

159. Voir Burollet dans *Degas, Boldini, Toulouse Lautrec...,* cat. exp., 1997, p. 3, fig. 13. Sur la carrière officielle d'Alfred Lenoir, Testard, 1911, p. 351-358, nº 162.
160. Louise Riesener à Berthe Morisot (Paris, musée Marmottan, dépôt famille Rouart, inv. I 8-81), dimanche 22 juin [vers 1890 ?].
161. Nous n'avons trouvé ni la trace d'un portrait sculpté ni correspondance entre Berthe Morisot et Alfred Lenoir.
162. Le marbre de *la Douleur* fut présenté au Salon de 1892 et fut salué par Gustave Geffroy.
163. Renoir cité par Angoulvent, 1933, p. XII. Vollard, 1938, p. 227.
164. Bernier, 1959, p. 52.
165. Vollard, 1937, p. 34.
166. Denis reçoit la commande en 1919 (délibération de conseil municipal, 16 avril 1919, Paris, documentation du musée du Petit Palais) et achève le décor en 1925. L'essentiel de la correspondance conservée au musée concerne le marouflage. Une fois le premier projet de Maurice Denis sur la victoire de la France refusé, les édiles municipaux ne semblent pas être intervenus dans l'iconographie de cette histoire de l'art, conforme par ailleurs à la vision qu'en donnaient des conservateurs ou historiens proches de Denis, tel Paul Jamot.

il me plaît, c'est la grâce de la décadence qui en vaut bien une autre[167]. » Dans ce panthéon de l'art national, depuis le Moyen Âge jusqu'à Claude Monet, le seul artiste vivant de l'assemblée, Berthe Morisot est l'unique femme peintre. Sa présence ne laisse guère d'étonner, tant la place qu'elle occupe dans l'œuvre ou les manifestes esthétiques de Denis est discrète[168]. C'est la coloriste surtout que Denis admire, dans un parallèle avec l'art de Vuillard[169]. Denis était toutefois en contact étroit avec des proches et des amateurs de Berthe Morisot, tels Gabriel Thomas, cousin et collectionneur de Berthe Morisot[170], Ernest Chausson ou Henri Lerolle et ses filles, et bien sûr Julie Manet. Dans le cas de Berthe Morisot, nous ignorons à quelle source Denis a emprunté pour composer son portrait[171]. À la différence de Cézanne, Degas ou Renoir, il n'existe apparemment pas pour Berthe Morisot de feuilles ou d'huiles distinctes[172]. Dans le pêle-mêle de citations, de transpositions, de motifs prélevés et de portraits, Berthe Morisot occupe une place intermédiaire entre le portrait et le motif, derrière Degas, qui crayonne, à l'avant-plan, des chevaux issus d'une toile du maître. Avec l'élégance qui la caractérise, elle incarne ici autant une protagoniste de la Nouvelle Peinture que l'une de ses héroïnes, la moderne Parisienne. Le réalisme du visage renvoie à des photographies de Berthe Morisot et des traits renvoient au *Portrait de Berthe Morisot au bouquet de violettes,* révélation du Salon d'Automne de 1905, ou au *Portrait de Berthe Morisot à l'éventail,* documents et œuvres que Denis a pu voir chez Julie Manet. L'imposant bouquet de fleurs, que Berthe Morisot porte dans la composition finale – il est absent du fusain préparatoire (fig. 15) –, celui que recevait Olympia, a remplacé les violettes que lui avait attribuées Manet. À travers cette image construite de Berthe Morisot, deux moments et deux modèles privilégiés de l'art de Manet se confondent, qui mettent l'accent sur l'une des vertus majeures de l'impressionnisme aux yeux de Denis, la confrontation du peintre au modèle[173]. Denis affranchit toutefois Berthe Morisot de la tutelle artistique du maître. Manet, comme Puvis, appartient encore à *l'Art moderne,* tandis que Berthe Morisot flâne parmi les tenants de *l'Art contemporain.* Sa pose, dont le déhanchement et le mouvement de la tête étaient accentués sur le fusain préparatoire, la proximité d'avec Degas évoquent irrésistiblement l'image de Mary Cassatt au Louvre (fig. 11). Berthe Morisot illustre ici la figure de la femme artiste par excellence, par la double vertu de ses qualités de modèle et de peintre. Dans cette célébration de sa « présence vivante et peinte », après le brillant ensemble que lui voua Manet, le visage de Berthe Morisot pouvait-il connaître consécration plus glorieuse ?

167. Notes de Berthe Morisot citées par Angoulvent, *op. cit.*, p. 110.
168. Denis consacre des textes monographiques à Cézanne, Renoir, Pissarro, mais pas à Berthe Morisot.
169. Denis, 1993, p. 83 et 93.
170. Stuckey, 1987, note 152.
171. Les sources de Denis pour les autres artistes sont des plus diverses : autoportraits pour Ingres et Courbet, portrait de Fantin-Latour (1867) pour Manet, photographie pour Corot...
172. Nous remercions Claire Denis et Thérèse Barruel pour leur précieuse aide. Tout au plus, l'identité du modèle est-elle bien confirmée dans un carnet de Denis. Ce carnet contient les noms des artistes figurant sur le décor : « Berthe Morizot » y figure aux côtés de Degas.
173. Denis, 1993, p. 65.

Berthe Morisot et ses « confrères les impressionnistes »

Sylvie Patin

« *Je commence à entrer dans l'intimité de mes confrères les impressionnistes...* »,
Berthe Morisot à sa sœur Edma, 1884.

Le nom de Berthe Morisot est souvent, et à juste titre, associé à celui de Manet : elle posa pour le peintre à plusieurs reprises, reçut ses conseils, puis, quelques mois après la première exposition impressionniste de 1874, elle épousa son jeune frère, Eugène Manet. Mais l'autre facette de sa personnalité, combien aussi importante, fut d'être la figure féminine du mouvement impressionniste. Si « les Manet » étaient devenus son milieu familial, elle choisit pour amis les impressionnistes. Elle sut être un trait d'union entre Manet et ceux qu'elle adoptait désormais pour seconde « famille » selon son cœur. De quelle manière ces liens se sont-ils créés ? Comment se tissèrent-ils peu à peu et comment évoluèrent-ils au long des années ?

De Manet aux impressionnistes en 1874

Déjà en 1869, l'année même où *le Balcon* de Manet (cat. 159) figurait au Salon, Berthe Morisot connaissait Bazille, dont elle commentait ainsi l'envoi : « Le grand Bazile *[sic]* a fait une chose que je trouve fort bien [...] Il cherche ce que nous avons si souvent cherché : mettre une figure en plein air et cette fois-ci, il me paraît avoir réussi », écrivait-elle à sa sœur Edma[1]. Cette gentille appellation trahissait peut-être sa familiarité avec ce jeune peintre qui, dès 1867, envisageait une exposition de groupe, et cette sensibilité qu'elle manifestait pour le « plein air » laissait augurer de son adhésion à l'impressionnisme, alors en gestation.
Par Manet, elle entra en relations avec Durand-Ruel, celui qui serait le marchand des impressionnistes : les premiers achats d'œuvres de Berthe Morisot par Durand-Ruel datent de 1872[2]. Puis, avec audace, Berthe Morisot se dissocia de Manet pour rejoindre Degas, qui l'incitait à figurer à l'exposition d'un groupe de trente artistes en 1874 : elle affirmait ainsi son indépendance d'esprit en ne suivant pas l'exemple de Manet, présent au Salon, où elle-même avait exposé au cours des années précédentes. Cette décision suscita de la part de son ancien professeur Joseph Guichard une lettre, qu'il qualifia de « toute spontanée », adressée à Mme Morisot mère, dans laquelle la jeune artiste est perçue exclusivement comme une aquarelliste de talent : « J'ai vu les Salons de Nadar et je veux immédiatement vous donner mon impression sincère ; à mon entrée, [...] un serrement de cœur m'a pris en voyant les œuvres de votre fille dans ce milieu délétère, je me suis dit : " On ne vit pas impunément avec des fous, Manet avait raison de faire obstacle à son exposition. " / En examinant, analysant avec conscience, certes, l'on trouve çà et là d'excellents morceaux, mais tous louchent

1. B. Morisot à E. Pontillon, 5 mai 1869, *Corresp. B. Morisot*, p. 28.
2. En 1873, le *Portrait de Mme Boursier et de sa fille* (cat. 18) fut vendu par Durand-Ruel au peintre Alfred Stevens : voir Stuckey, 1987, p. 50 et 57.

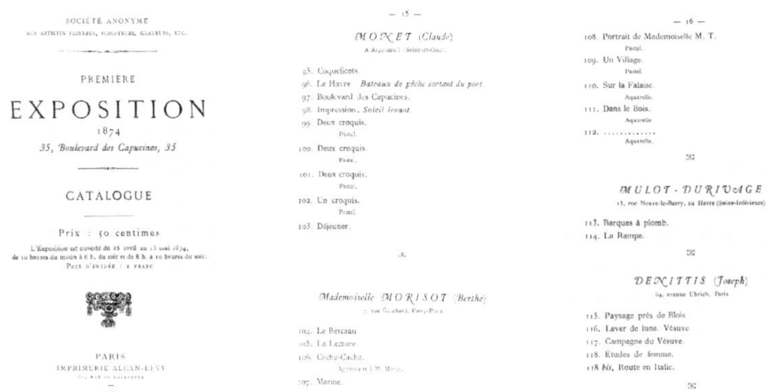

SOCIÉTÉ ANONYME

DES ARTISTES PEINTRES, SCULPTEURS, GRAVEURS, ETC.

PREMIÈRE

EXPOSITION

1874

35, Boulevard des Capucines, 35

CATALOGUE

Prix : 50 centimes

L'Exposition est ouverte du 15 avril au 15 mai 1874, de 10 heures du matin à 6 h. du soir et de 8 h. à 10 heures du soir.

PRIX D'ENTRÉE : 1 FRANC

PARIS

IMPRIMERIE ALCAN-LÉVY

1874

— 15 —

MONET (Claude)

95. Coquelicots.
96. Le Havre. *Bateaux de pêche sortant du port.*
97. Boulevard des Capucines.
98. Impression, *Soleil levant.*
99. Deux croquis.
    Pastel.
100. Deux croquis.
    Pastel.
101. Deux croquis.
    Pastel.
102. Un croquis.
    Pastel.
103. Déjeuner.

Mademoiselle MORISOT (Berthe)

104. Le Berceau.
105. La Lecture.
106. Cache-Cache.
107. Marine.

— 16 —

108. Portrait de Mademoiselle M. T.
    Pastel.
109. Un Village.
    Pastel.
110. Sur la Falaise.
    Aquarelle.
111. Dans le Bois.
    Aquarelle.
112. ....
    Aquarelle.

MULOT-DURIVAGE

13, rue Neuve-le-Berry, au Havre (Seine-Inférieure)

113. Barques à plomb.
114. La Rampe.

DENITTIS (Joseph)

64, avenue Ulrich, Paris

115. Paysage près de Blois.
116. Lever de lune. Vésuve.
117. Campagne du Vésuve.
118. Études de femme.
118 *bis*, Route en Italie.

Fig. 1. Couverture du catalogue, première exposition impressionniste, 1874.

du cerveau plus ou moins [...] / Comme peintre ami et médecin, voilà mon ordonnance : aller au Louvre deux fois par semaine, stationner trois heures devant Corrège pour lui demander pardon d'avoir voulu faire dire à l'huile ce qui est exclusivement du domaine de l'eau. / Être la première aquarelliste de son temps est un lot assez enviable. [...] il faut absolument qu'elle rompe avec cette nouvelle école dite de l'avenir[3]. » L'avis proféré sur la « nouvelle école » met en évidence la clairvoyance dont avait fait preuve la jeune femme dans son choix. Appréciée par plusieurs critiques (Philippe Burty, Castagnary...), elle prenait dès lors sa place au sein du groupe baptisé « impressionniste » par Louis Leroy.

Neuf œuvres sont inscrites au catalogue (fig. 1), à savoir quatre peintures, deux pastels et trois aquarelles. « La Lecture » (n° 105) serait *l'Ombrelle verte* (cat. 15), plutôt que *la Lecture* ou *Portrait de Mme Morisot et de sa fille Mme Pontillon* (fig. 1 ; cat. 6)[4]. La « Marine » (n° 107) est la *Vue du petit port de Lorient* (fig. 2) que Berthe Morisot avait offerte, en 1869 à Édouard Manet. La toile *Cache-cache* (1873, ancienne collection John Hay-Whitney ; CMR 27), qui a aussi appartenu à Manet, puis à Duret, était exposée sous le n° 106. La peinture figurant sous le n° 104, *le Berceau* (cat. 14), demeurerait comme l'œuvre la plus célèbre du peintre.

Alors qu'avec cette exposition Berthe Morisot se détachait de Manet, son mariage à la fin de cette même année allait, au contraire, la réinsérer dans le milieu Manet : elle devenait la belle-sœur du peintre Édouard Manet par son union avec le jeune frère de ce dernier, Eugène Manet, le 22 décembre 1874, à Notre-Dame-de-Grâce de Passy. Peintres et écrivains la désigneraient toujours comme « Madame Manet », mais elle resterait Berthe Morisot pour l'histoire de l'art.

3. J. Guichard à C. Morisot, 1874, *Corresp. B. Morisot*, p. 76.
4. Voir Stuckey, 1987, p. 56-57.

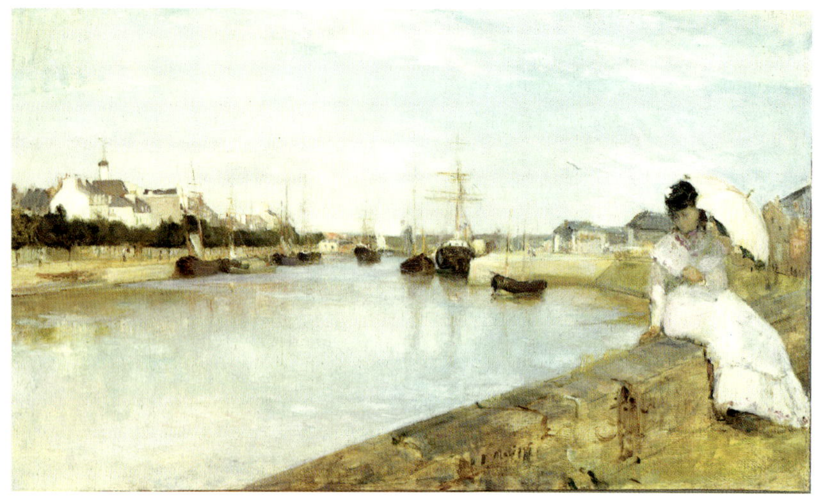

Fig. 2. Berthe Morisot, *Vue du petit port de Lorient*, 1869, huile sur toile, H. 43,5 ; L. 73,Washington, National Gallery of Art, legs Mme Mellon Bruce.

Aux expositions impressionnistes, « cinq ou six aliénés dont une femme »

Comme le souligne le premier historien de l'impressionnisme, Théodore Duret, « elle sera ensuite avec Pissarro la plus fidèle à participer aux expositions de l'impressionnisme. Sauf en 1879, elle prendra part à toutes, jusqu'à la dernière en 1886[5] ».

Peu avant la 2e exposition impressionniste, en avril 1876, Degas annonçait à Berthe Morisot : « ... Voici le moment d'envoyer vos tableaux. [...] il est donc urgent que [...] vous veniez si c'est possible, veiller à votre placement[6]... » Son envoi, commenté favorablement par Mallarmé[7], était d'importance : trois aquarelles, trois pastels et treize peintures, dont *Au bal* ou *Femme à l'éventail* (cat. 33), toile qui fit partie de la collection du Dr Georges de Bellio, *le Déjeuner sur l'herbe* (1875, coll. part. ; CMR 47), le *Percher de blanchisseuse* (cat. 24) et des marines peintes en Angleterre.

Un portrait donnant de Berthe Morisot une image étrange, voire inquiétante, fut alors livré par Albert Wolff dans *le Figaro* du 3 avril 1876 : « ... cinq ou six aliénés, dont une femme, un groupe de malheureux atteints de la folie de l'ambition, s'y sont donné rendez-vous pour exposer leurs œuvres. [...] Il y a aussi une femme dans le groupe, comme dans toutes les bandes fameuses, d'ailleurs ; elle s'appelle Berthe Morisot et est curieuse à observer. Chez elle, la grâce féminine se maintient au milieu des débordements d'un esprit en délire[8]... »

5. Duret, 1906, p. 162 ; Duret était déjà l'auteur de la brochure *les Peintres impressionnistes*, en mai 1878 ; voir aussi *The New Painting...*, cat. exp., 1986.
6. Degas à B. Morisot, avril 1876, *Corresp. B. Morisot*, p. 93.
7. Voir Mallarmé, 1876, trad. frse de Ph. Verdier reprise dans Riout, 1989, p. 101.
8. Wolff, 1876, repris dans Geffroy, 1924, p. 65-66.

Quelques mois plus tard, lorsqu'il rédigea son testament, en date du 3 novembre 1876, le peintre Caillebotte montrait son estime envers Berthe Morisot puisqu'il la citait parmi les impressionnistes auxquels devrait être consacrée une exposition dont les fonds seraient prélevés sur sa fortune[9].

Berthe Morisot fut invitée à la 3e exposition impressionniste, en 1877, par une lettre signée de Renoir et Caillebotte : « Nous sommes heureux de penser que vous voudrez bien y prendre part comme d'habitude[10]. » Elle y présenta deux pastels, trois aquarelles, deux dessins et cinq peintures, dont *Sur la terrasse* (cat. 20), *la Psyché* (cat. 36) et *Jeune Femme à sa toilette* ou *la Toilette* (1876, coll. part. ; CMR 63), toile que posséda Mary Cassatt. Ces deux dernières peintures furent jugées comme « deux véritables perles » par Zola, qui notait aussi les « aquarelles délicieuses de l'artiste »[11]. Quant à Georges Rivière, il avançait dans son journal, à l'existence éphémère, *l'Impressionniste :* « ... Mme Berthe Morisot a su fixer sur ses toiles des notes fugitives, et cela avec une délicatesse, un esprit et une science qui lui font une belle place au milieu des autres impressionnistes[12]. » Et Paul Mantz, qui avait remarqué Berthe Morisot, ainsi que Monet, au Salon de 1865, de conclure : « ... il n'y a dans tout le groupe révolutionnaire qu'un impressionniste, c'est Mme Berthe Morisot... Sa peinture a toute la franchise de l'improvisation, c'est vraiment là l'*impression* éprouvée par un œil sincère et loyalement rendue par une main qui ne triche pas[13]. »

La naissance de sa fille, Julie, le 14 novembre 1878, amena Berthe Morisot à être absente de la 4e exposition, en 1879. Elle ne manque pas de souligner combien cette enfant « est Manet jusqu'au bout des ongles ; elle est déjà comme ses oncles, rien de moi[14] ».

Une lettre gentille de Mary Cassatt, apparue à cette 4e exposition, incita Berthe Morisot[15] à participer à la 5e exposition, en 1880. Si Monet, Renoir et Sisley firent défection, Berthe Morisot répondit présente avec quinze œuvres, dont *Jour d'été* (cat. 42), *Hiver* (cat. 50), *Femme à sa toilette* (1877, coll. part. ; CMR 73), et *Jeune Femme en toilette de bal* (cat. 46), acquise par le peintre Giuseppe de Nittis, puis par Duret, et enfin achetée par l'État, à la vente Duret, le 19 mars 1894, après intervention de Mallarmé, pour le musée du Luxembourg. Berthe Morisot ne figurant pas dans la collection Caillebotte léguée au musée du Luxembourg, cette toile est la première peinture de l'artiste à être entrée dans les collections publiques françaises. Duret soulignerait plus tard : « Berthe Morisot éprouva une vraie satisfaction de cet achat [...] du fait qu'une reconnaissance publique de son mérite s'était produite et que l'entrée au Luxembourg la sortait du rang d'artiste amateur, où l'on avait comme cherché à la tenir[16]. »

Les « surprenantes improvisations » de Berthe Morisot furent peu appréciées de Huysmans[17], tandis qu'Odilon Redon notait : « Il reste toutefois à Mme Berthe Morisot les marques d'une première éducation artistique qui la détachent nettement, avec M. Degas, de cette coterie d'artistes dont les formules et les préceptes

9. Voir *Caillebotte*, cat. exp., 1994-1995, p. 352.
10. Renoir et Caillebotte, 1877, *Corresp. B. Morisot*, p. 98.
11. Zola, 1991, p. 358-359.
12. Rivière, 1877, dans Rey, 1982, p. 29, et repris dans Riout, 1989, p. 193 ; voir aussi Rivière, *op. cit.*, p. 298-302, dans Riout, *op. cit.*, p. 199.
13. Mantz, 1877, p. 3, dans Marx, 1907, p. 498, et repris dans Fourreau, 1925, p. 45.
14. *Corresp. B. Morisot*, p. 99.
15. Voir Mathews, 1984, p. 149.
16. Duret, 1906, p. 167.
17. Huysmans, 1883, repris dans Riout, 1989, p. 268 et 294.

n'ont jamais été nettement formulés[18]. » Et Armand Silvestre saluait sa ligne de force : « Mlle Morisot demeure une des plus vaillantes de cette petite phalange et des plus fidèles à son esprit[19]. »

À la 6e exposition, en 1881, malgré l'absence de Renoir, Sisley, Caillebotte et Monet, Berthe Morisot présentait sept œuvres, notamment *Nourrice et bébé* ou *Nourrice allaitant* (1880, coll. part. ; CMR 95). Elle y méritait ce compliment de Gustave Geffroy : « Nul ne représente l'impressionnisme avec un talent plus raffiné, avec plus d'autorité que Mme Morisot[20]. »

Préparant à Paris pour la 7e exposition, en 1882, les toiles de son épouse, restée à Nice, Eugène Manet lui apprenait le 1er mars : « J'ai trouvé tout le brillant essaim des Impressionnistes travaillant [...] à accrocher des quantités de toiles. J'ai été fort bien reçu de tous, aussi de vous faire exposer. [...] Les Impressionnistes m'ont tous demandé beaucoup de vos nouvelles et se sont informés si vous ne viendriez pas voir l'exposition[21]. » Quelques jours plus tard, il lui annonçait : « ... Wolf *[sic]* montrait l'Exposition à des amis avec éloges. Il a demandé vos tableaux. [...] Gustave prétend que ce sont vos tableaux qui intéressent le plus le public[22]. » Il lui rapportait enfin la visite de son frère : « Édouard [...] a trouvé votre envoi un des meilleurs [...] Duret [...] m'a fait compliment de vos tableaux[23]... » Et Berthe Morisot de manifester son estime pour Monet en écrivant à Eugène : « J'ai reçu les journaux hier soir et les ai lus avec bien de l'intérêt ; tout l'honneur revient, il me semble, à Sisley et Pissarro. Pourquoi pas Monet ? Cela m'étonne[24]. »

Neuf œuvres figurent au catalogue, dont *Baby* ou *Enfant dans les roses trémières* (cat. 55), *le Port de Nice* (cat. 59) ainsi qu'une autre version.

Berthe Morisot et Eugène œuvrèrent beaucoup pour la 8e et dernière exposition impressionniste, en 1886. Cherchant à rallier la participation de Monet, Pissarro fit valoir le groupe déjà constitué : « Degas, Guillaumin, Mme Berthe Manet, Mlle Cassatt et deux ou trois autres formeraient un excellent élément d'exposition[25]... » Berthe Morisot est au nombre des anciens qui, à côté de la jeune génération formant avec Seurat la relève, « y représentent l'impressionnisme tel qu'il s'était traduit aux exhibitions antérieures... », selon l'analyse de Félix Fénéon[26]. Elle y exposait une série de dessins et d'aquarelles, des éventails et onze toiles, dont *Jeune Fille sur l'herbe* ou *le Corsage rouge* (1885, Copenhague, Ordrupgaardsamlingen ; CMR 177), *le Jardin à Bougival* (cat. 79), *Petite Servante* ou *Dans la salle à manger* (fig. 3), *le Lever* (cat. 99), *le Bain* ou *Jeune Fille se coiffant* (cat. 97), une toile qu'elle donnerait à Monet.

Berthe Morisot participa également aux diverses expositions des impressionnistes outre-Manche et outre-Atlantique. Elle était notamment au nombre des exposants en 1883 à Londres ainsi qu'en 1886 pour la première exposition impressionniste, *Works in Oil and Pastel by the Impressionists of Paris*, organisée par Durand-Ruel à New York[27] : huit peintures de Berthe Morisot y

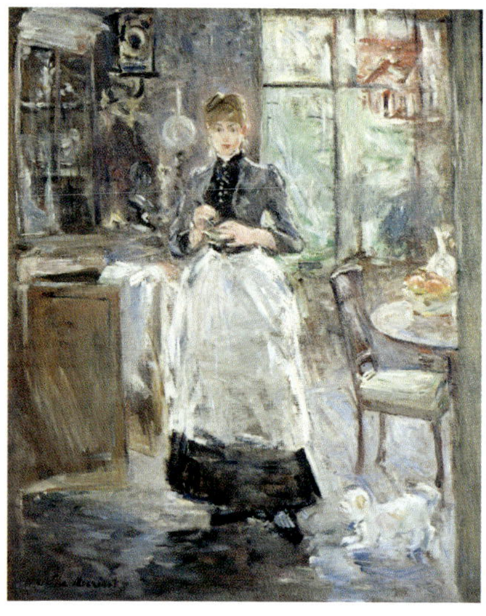

Fig. 3. Berthe Morisot, *Petite Servante* ou *Dans la salle à manger*, 1886, huile sur toile, H. 61,3 ; L. 50, Washington, National Gallery of Art, legs Chester Dale.

18. Redon, 1961, p. 162, à la date du 10 avril 1880.
19. Silvestre, cité par Delafond dans cat. exp. *Berthe Morisot*, 1997-1998, p. 38 ; voir aussi Éphrussi, 1880, p. 485-488, particulièrement p. 487, repris dans Riout, 1989, p. 235.
20. Geffroy, 1881, cité par Delafond dans *Berthe Morisot*, cat. exp., *op. cit.*, p. 41.
21. E. Manet à B. Morisot, 1er mars 1882, *Corresp. B. Morisot*, p. 103.
22. E. Manet à B. Morisot, mars 1882, *ibid.*, p. 104.
23. E. Manet à B. Morisot, 1882, *ibid.*, p. 108.
24. B. Morisot à E. Manet, 1882, *ibid.*, p. 108.
25. Pissarro à Monet, 7 décembre 1885, *Corresp. C. Pissarro*, avec les commentaires de Bailly-Herzberg, 1980, p. 356.
26. Fénéon, 1970, t. I, p. 29.
27. Voir « Mémoires de Paul Durand-Ruel », dans Venturi, 1939, t. II, p. 141-220, et ici plus particulièrement p. 216-217.

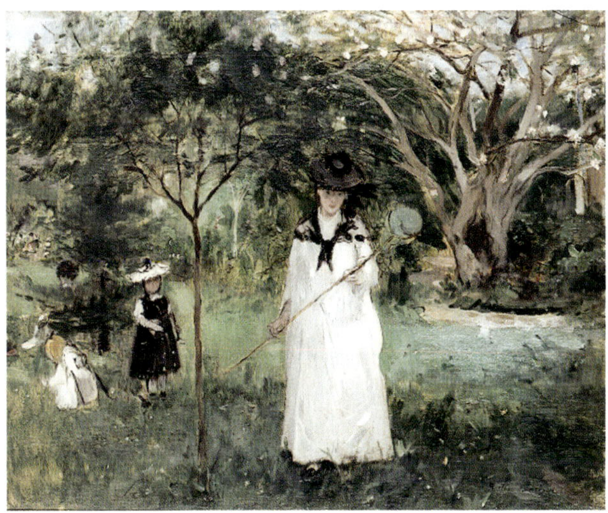

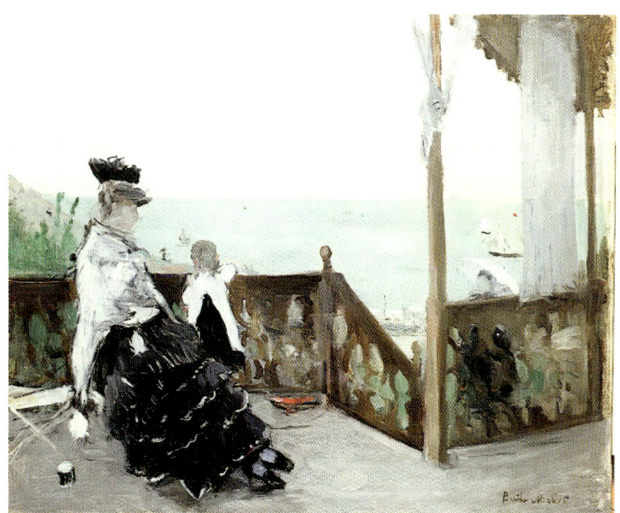

Fig. 4. Berthe Morisot, *la Chasse aux papillons,* 1874, huile sur toile, H. 46 ; L. 56, Paris, musée d'Orsay, donation Moreau-Nélaton.

Fig. 5. Berthe Morisot, *Chalet au bord de la mer* ou *Dans une villa au bord de la mer,* 1874, huile sur toile, H. 51 ; L. 61, Pasadena, Norton Simon Art Foundation.

avaient été envoyées. Puis l'artiste fut invitée à Bruxelles, pour les expositions des XX (en février 1887) et de la Libre Esthétique (en 1894).

Le nom de Berthe Morisot était aussi présent dès les premières ventes aux enchères impressionnistes : ainsi à la « vente de tableaux de Cl. Monet, B. Morisot, Renoir, Sisley » organisée par les peintres le 24 mars 1875, à l'hôtel Drouot, où figurèrent douze œuvres de Berthe Morisot dont *la Chasse aux papillons* (fig. 4) et *Dans une villa au bord de la mer* (fig. 5), acquise plus tard par Degas[28].

Et Duret de conclure ainsi l'aventure des expositions impressionnistes pour Berthe Morisot : « ... vers 1885-1886, elle modifie sa palette. [...] Elle participe à cette marche en avant, qui porte les Impressionnistes à accentuer de plus en plus leur coloris. Elle se développe simultanément avec les autres, pour une part sur son propre fonds, pour une part en recevant de Claude Monet et de Renoir, selon cette pratique, que nous avons [...] reconnue aux Impressionnistes, de se communiquer les uns les autres leur apport[29]. »

En 1887, elle figura à l'« exposition internationale » dans la galerie Georges Petit, puis à l'exposition de groupe chez Durand-Ruel en 1888.

« Dans l'intimité de mes confrères les impressionnistes »

La mort du peintre Manet, survenue le 30 avril 1883, ravivait des souvenirs chez Berthe Morisot, qui évoquait à sa sœur Edma « l'amitié déjà si ancienne qui m'unissait à Édouard, tout un passé de jeunesse et de travail s'effondrant et tu

28. Voir « Mémoires de Paul Durand-Ruel » dans idem, *op. cit, loc. cit.,* et ici plus particulièrement p. 201 ; voir aussi Gimpel, 1963, p. 28 ; voir enfin Bodelsen, 1968, p. 331-349, et tout particulièrement p. 333-336.
29. Duret, 1906, p. 163-164.

comprendras que je sois brisée… Je n'oublierai jamais les anciens jours d'amitié et d'intimité avec lui, alors que je posais pour lui et que son esprit si charmant me tenait en éveil pendant ces longues heures[30]… » Cette « intimité » qu'elle avait eue avec Manet, elle s'apercevrait la retrouver aussitôt auprès de ceux avec qui elle avait partagé l'aventure des expositions impressionnistes : « Je commence à entrer dans l'intimité de mes confrères les impressionnistes », annonçait-elle, toujours à Edma, dès le début de l'année 1884[31] (fig. 6).

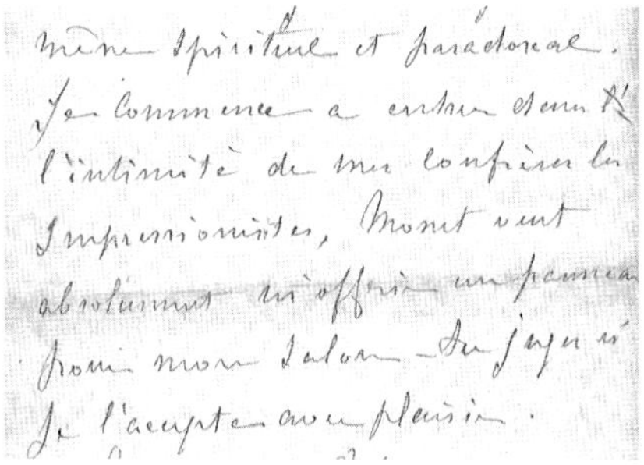

Berthe Morisot occupa une place singulière et importante au sein du groupe impressionniste : elle réussit à se faire accueillir par ses « confrères » dans cette « compagnie », où, parmi eux, elle sut s'imposer et se faire apprécier pour son talent comme pour sa personnalité, sensible et attachante. Cherchant son accomplissement personnel, son épanouissement dans la peinture et dans sa vie familiale, elle resta féminine au milieu des artistes, ses amis.

Un regret : une œuvre aurait pu à elle seule symboliser l'accord entre Berthe Morisot, ses « confrères » et le poète Mallarmé. En effet, vers la fin de l'année 1887, Mallarmé avait demandé à Renoir, Berthe Morisot, Monet et Degas de concevoir des illustrations destinées à un recueil de ses poèmes en prose qui se serait intitulé *le Tiroir de laque*. Le projet de Mallarmé ne fut, malheureusement, jamais mis à exécution. Cependant, Berthe Morisot créa un dessin pour le poème *le Nénuphar blanc*. Et Mallarmé fut heureux de lui apprendre combien Monet avait aimé ce dessin : « Monet, que le nénuphar blanc, aux fameux trois crayons a charmé[32]… » En définitive, l'ouvrage parut en 1891, mais sous le titre *Pages* et avec pour seule illustration celle qu'avait créée Renoir.

Tous ces liens d'amitié, d'affection entre les impressionnistes s'intensifièrent avec les années, renforcés par les moments de bonheur partagés ou manifestés dans la solidarité lors des épreuves de la vie. Ils s'exprimaient quotidiennement, et une trace précieuse en a été conservée à travers la correspondance des peintres ; se révèlent également riches d'intérêt l'étude des œuvres de Berthe Morisot dans la collection de ses amis et, inversement, celle des œuvres de ces mêmes peintres que posséda Berthe Morisot. Pour elle, trois de ses « confrères » comptèrent particulièrement : Degas, Renoir et Monet.

Fig. 6. Extrait d'une lettre de Berthe Morisot à sa sœur Edma, début de 1884, collection particulière.

Une admiration ancienne et profonde pour Degas

Degas était convié aux dîners de Mme Morisot mère ; aussi Berthe Morisot l'avait-elle rencontré très tôt : « M. Degas […] m'a parlé de toi l'autre soir […] je le juge assez observateur[33] », écrivait-elle à Edma en 1869. Plutôt que par Berthe, Degas semblait alors davantage attiré par les autres sœurs Morisot, exécutant le portrait d'Yves ou parlant d'Edma à Berthe, qui le lui rapportait ainsi : « Yves a décidément fait la conquête de M. Degas ; il lui a demandé la permission de faire

30. B. Morisot à E. Pontillon, mai 1883, *Corresp. B. Morisot*, p. 114.
31. B. Morisot à E. Pontillon, début de 1884, *ibid.*, p. 118-119 ; voir Bona, 2000, pour l'analyse de ceux que l'auteur appelle les « trois mousquetaires » veillant sur Berthe Morisot (Degas, Renoir et Monet).
32. Mallarmé à B. Morisot, 17 février 1889, *Corresp. B. Morisot*, p. 145, reprise dans *Corresp. S. Mallarmé et B. Morisot*, p. 41.
33. B. Morisot à E. Pontillon, mars 1869, *Corresp. B. Morisot*, p. 23.

son portrait. Il me parle toujours de toi, demande de tes nouvelles et s'indigne à la pensée que je te tiens au courant de ses nouvelles admirations[34]. » Toujours à Edma en 1869, Berthe Morisot émettait ce jugement : « Quant à ton ami Degas, je ne lui trouve pas décidément une nature attrayante ; il a de l'esprit, et rien de plus[35]… » Puis, pendant la guerre : « M. Degas est toujours le même, un peu fou, mais charmant d'esprit[36]. » Enfin, en 1884, elle précisait : « Degas est toujours le même, spirituel et paradoxal[37]… »

Degas avait offert, en 1874, à Berthe Morisot et à Eugène Manet pour cadeau de mariage un *Portrait d'Eugène Manet* (fig. 7), qu'il avait probablement peint sur la plage de Fécamp durant l'été précédent ; ce tableau est visible accroché aux murs du dernier appartement occupé par Berthe Morisot, rue Weber, sur la toile *Julie au violon* (cat. 139). En 1884, les Eugène Manet donnèrent à Degas une marine de Manet acquise à la vente de l'atelier Manet (initialement destinée à l'officier de marine Adolphe Pontillon), dont Degas les remercia avec reconnaissance : « Vous avez voulu me faire un grand plaisir et vous y avez réussi. Il y a même dans votre cadeau plusieurs intentions dont vous me permettrez de sentir profondément la délicatesse[38]… »

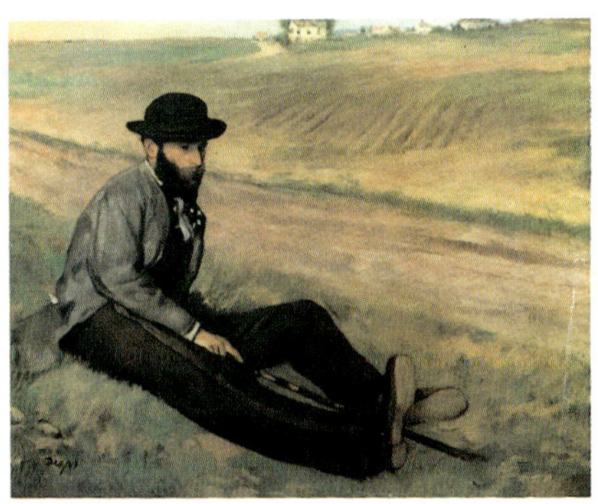

Fig. 7. Edgar Degas, *Portrait d'Eugène Manet*, 1874, huile sur toile, H. 65 ; L. 81, Paris, collection particulière.

Si Berthe Morisot éprouvait une profonde admiration pour l'art de Degas, elle était lucide quant à ses défauts de caractère, qu'elle jugeait tantôt sévèrement, tantôt avec indulgence : « Ce projet est très en l'air, le mauvais caractère de Degas le rend presque irréalisable ; il y a dans ce petit groupe des chocs d'amour-propre qui rendent toute entente difficile. Il me semble que je suis à peu près la seule n'ayant pas de petitesse de caractère[39]… », confiait-elle à Edma alors qu'était envisagée une exposition du groupe en 1885. Et, en 1888, elle s'inclinait devant le talent de Degas en annonçant à Monet : « J'ai vu l'autre jour chez l'ancien Goupil des toiles de Pissarro […] J'étais allée là voir les nus du farouche Degas qui deviennent de plus en plus extraordinaires[40]. »

Degas, qui était son aîné de sept ans, intimidait la jeune femme, qui notait en 1870 dans une lettre adressée à Edma : « M. Degas qui a un souverain mépris pour tout ce que je puis faire[41]… » Mais que pensait réellement Degas ? Éprouvait-il vraiment pour elle un « souverain mépris » ? Plusieurs éléments viennent infirmer cette opinion. Dès 1871, Mme Morisot mère rapportait à Edma l'avis favorable émis par le peintre sur le travail de Berthe : « M. Degas est venu un instant hier, il a fait des compliments, lui qui ne regardait rien, il avait une velléité d'amabilité ! La voilà passée artiste au dire de ces grands hommes[42] ! » Et, en 1874, voici en quels termes Degas s'adressa à Mme Morisot mère pour obtenir de rallier la jeune Berthe au camp des novateurs : « Nous sommes vingt à vingt-cinq, on attend encore quelques adhésions. […] Et puis nous trouvons que le nom et le talent de Mlle Berthe Morisot font trop notre affaire pour avoir à nous en passer[43]. » (fig. 8). Denis Rouart a avancé ce jugement, qui aurait été porté lors de l'exposition individuelle de Berthe Morisot en 1892 : « Quant à Degas, il lui

34. B. Morisot à E. Pontillon, 11 mai 1869, *ibid.*, p. 29.
35. B. Morisot à E. Pontillon, mai 1869, *ibid.*, p. 31.
36. B. Morisot à E. Pontillon, 27 février 1871, *Corresp. B. Morisot*, p. 48.
37. B. Morisot à E. Pontillon, 1884, *ibid.*, p. 118 ; voir aussi B. Morisot à E. Pontillon, 2 mai 1869, *ibid.*, p. 27, au sujet de Degas : « Un homme que je juge très spirituel. »
38. Degas à B. et E. Manet, *ibid.*, p. 121.
39. B. Morisot à E. Pontillon, *ibid.*, p. 126.
40. B. Morisot à Monet, 14 mars 1888, *ibid.*, p. 134 ; voir aussi notes de B. Morisot sur Degas dans Valéry, 1938.
41. B. Morisot à E. Pontillon, mai 1870, *Corresp. B. Morisot*, p. 40.
42. C. Morisot à sa fille E. Pontillon, 1871, *ibid.*, p. 69.
43. Degas à C. Morisot, 1874, lettre conservée à Paris, au musée Marmottan, citée par Delafond dans *Berthe Morisot*, cat. exp., 1997-1998, p. 27.

fait le plus grand plaisir qu'il pouvait lui faire en lui disant que sa peinture un peu vaporeuse cache un dessin des plus sûrs[44]. » Roger Marx a rappelé un des « mots » de Degas en l'expliquant favorablement : « “ Berthe Morisot peint des tableaux comme elle ferait des chapeaux ”, a dit Degas, dans un mot célèbre d'où toute intention malveillante est bannie, et qui veut seulement marquer des caractères différentiels, [...] et proclamer la prédominance de l'instinct[45]... » Une autre réponse peut être trouvée en se tournant vers les œuvres : Degas acquit un merveilleux paysage exécuté par Berthe Morisot durant l'été de 1874 à Fécamp, *Chalet au bord de la mer* ou *Dans une villa au bord de la mer* (fig. 5), qu'il conserva jusqu'à sa mort. Et il aurait aussi possédé l'aquarelle *Femme et enfant assis dans un pré* (cat. 9) présentée à la première exposition, en 1874.

Comme Degas, intéressé par diverses formes d'expression artistique, Berthe Morisot adopta l'aquarelle, au cours des années 1880, ainsi que le pastel ; la pratique de ces deux techniques influença sa peinture. Et l'artiste, probablement incitée aussi par Mary Cassatt, fit quelques essais à la pointe sèche. Elle fit également une tentative en sculpture.

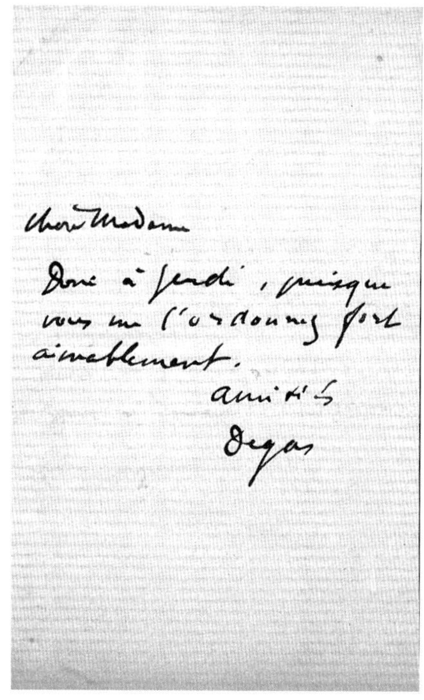

Chère Madame

Donc à jeudi, puisque vous me l'ordonnez fort aimablement.

amitiés

Degas

Fig. 8. Lettre d'Edgar Degas à Berthe Morisot, Paris, musée Marmottan, dépôt famille Rouart.

L'attrait de Berthe Morisot et de Mary Cassatt pour les thèmes féminins

La grande amie qu'était pour Degas Mary Cassatt ne pouvait que se rapprocher de Berthe Morisot. Lors de la 7e exposition, en 1882, Eugène Manet annonçait à son épouse : « J'ai rencontré hier à l'Exposition Mlle Cassatt qui me semble vouloir entretenir des relations plus intimes[46]. » De son côté, Berthe Morisot donnait, l'année suivante, ce conseil à son frère : « Si tu causais avec Mlle Cassatt, elle te serait peut-être utile [...] ; elle est intelligente[47]. » Et, au printemps de 1890, à propos de l'exposition des estampes japonaises à l'École des beaux-arts, Mary Cassatt exhortait son amie : « ... *il ne faut pas* manquer cela. Vous qui voulez graver en couleur, vous ne pouvez rêver quelque chose de plus beau. » Une invitation entendue par Berthe Morisot qui précisait à Mallarmé deux jours plus tard : « Je vais mercredi déjeuner chez Miss Cassatt, revoir avec elle ces merveilleux Japonais aux Beaux-Arts[48]... »

De Berthe Morisot, Mary Cassatt posséda *Jeune Femme à sa toilette* ou *la Toilette* (1876, coll. part. ; CMR 63), exposée en 1877, et *Bateaux sur la Seine* (cat. 47) ; en 1896, après la mort de Berthe Morisot, elle acquit *Jeune Femme de dos à sa toilette* (cat. 49). Ces femmes peintres, qui figurèrent toutes deux aux expositions impressionnistes à partir de 1880, manifestèrent un même attrait pour des thèmes féminins (maternités, nourrices et enfants, figures lisant ou cousant, scènes de toilette) qu'elles traitèrent chacune de manière très personnelle ; un rapprochement a pu être fait entre l'étude dessinée au crayon par

44. *Corresp. B. Morisot*, p. 169.
45. Marx, 1907, p. 507.
46. E. Manet à B. Morisot, 1882, *Corresp. B. Morisot*, p. 111.
47. B. Morisot à T. Morisot, 20 août 1883, *ibid.*, p. 116.
48. M. Cassatt à B. Morisot et B. Morisot à Mallarmé, 29 avril et 1er mai 1890, *Corresp. S. Mallarmé et B. Morisot*, 1995, p. 55 ; voir aussi Bailly-Herzberg, 1979, p. 215-227.

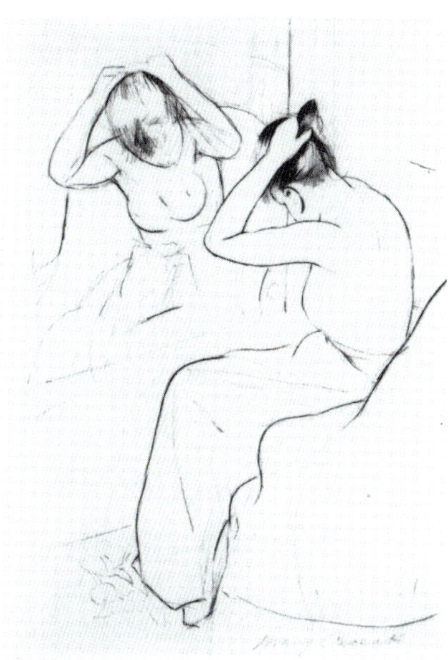

Fig. 9. Mary Cassatt, *la Coiffure,* 1891, dessin, H. 37,8 ; L. 27,7, Washington, National Gallery of Art, legs Chester Dale.

Berthe Morisot pour *Devant la Psyché* (cat. 126) et *la Coiffure* de Mary Cassatt (1891, Washington, National Gallery of Art)[49] (fig. 9).

Ce fut surtout avec Renoir et Monet que s'établirent, pour Berthe Morisot, des liens très étroits, ces deux peintres qu'elle présentait ainsi à son frère en 1883 : « ... Je te verrais avec plaisir envoyer des lettres à Monet, à Renoir. [...] ce sont des gens d'un immense talent[50]. »

Une entente en parfaite harmonie avec « l'ami Renoir »

Comme Renoir, Berthe Morisot aima à exécuter avec sensibilité des portraits intimistes de sa famille en plein air, dans les jardins de Maurecourt et de Bougival, ou dans de charmantes scènes d'intérieur ; sa fille, Julie, était devenue son modèle de prédilection. De même, Renoir choisissait les siens pour sujets de ses toiles. Ces scènes familiales, à l'encontre de Mary Cassatt, restée célibataire, Berthe Morisot les représentait en mère. En 1896, lors de l'exposition rétrospective de l'œuvre de sa mère, Julie était heureuse de rappeler, à propos d'un portrait qui avait été exécuté d'après elle à Nice en 1889, *la Mandoline* (cat. 118) : « M. Renoir a une grande affection pour ce tableau[51]... » Et, en s'arrêtant sur l'ultime portrait peint par Berthe Morisot : « *La petite Marcelle* [CMR 423], là est le dernier coup de pinceau que Maman donna, voici sa dernière œuvre [...] Maman aimait beaucoup les enfants, la jeunesse et pour la dernière fois elle a fait une petite fille[52]... » Un goût qu'elle avait en commun avec Renoir.

Renoir était entré dans sa période qualifiée d'« ingresque », exprimant un certain classicisme et une importance accordée à la ligne dans le souvenir de Raphaël. Son talent de dessinateur était apprécié de Berthe Morisot, qui nous en a laissé un témoignage dans un carnet, en 1886 : « Visite chez Renoir. Sur un chevalet, dessin au crayon rouge et à la craie d'après une jeune mère allaitant son enfant ; charmant de grâce et de finesse. Comme je l'admirais, il m'en a montré une série d'après le même modèle et, à peu de chose près, dans le même mouvement. C'est un dessinateur de première force ; toutes ces études préparatoires pour un tableau seraient curieuses à montrer au public qui s'imagine généralement que les Impressionnistes travaillent avec la plus grande désinvolture. Je ne crois pas qu'on puisse aller plus loin dans le rendu de la forme, deux dessins de femmes nues entrant dans la mer me charment au même point que ceux d'Ingres. Il me dit que le nu lui paraît être une des formes indispensables de l'art. [...] en somme c'est un artiste de race, un raffiné, grand dessinateur doublé d'un coloriste aux sensations les plus exquises[53]... »

Renoir était l'exact contemporain de Berthe Morisot et il fut celui de ses « confrères » impressionnistes dont elle se sentit la plus proche. Au printemps et à l'été de 1890, de même que l'été suivant, « l'ami Renoir », comme elle l'appelle

49. Voir Scott, 1987, p. 212-213.
50. B. Morisot à T. Morisot, 20 août 1883, *Corresp. B. Morisot,* p. 116.
51. J. Manet, *Journal,* p. 87.
52. Idem, *op. cit.,* p. 89.
53. B. Morisot, dans un carnet conservé à Paris, au musée Marmottan, au 11 janvier 1886, *Corresp. B. Morisot,* p. 128, et repris plus largement dans Huisman, 1995, p. 68.

dans ses lettres, lui rendit visite à plusieurs reprises à Mézy, où, avec son mari, elle louait la « maison Blotière » : comme à Cimiez en 1888-1889, une chambre lui était réservée et, cette fois-ci, il y vint avec son épouse, Aline Charigot, et leur fils Pierre[54].

Lors de sa première exposition personnelle, en 1892, à la galerie Boussod-Valadon, Berthe Morisot reçut les félicitations de Monet, de Degas et de Renoir, qui lui écrivit : « ... tout le monde est content et je vous en fais mes compliments[55]. » À cette occasion, l'écrivain d'origine polonaise Théodore de Wyzewa la rapprocha de Renoir : « ... avec Renoir, vous seule depuis la mort de Manet, gardez les qualités des peintres d'autrefois[56]... »

Renoir et Berthe Morisot manifestaient tous deux un grand intérêt pour les peintres du XVIIIe siècle français (Fragonard, Watteau, Boucher) : en 1884, Berthe Morisot copia au musée du Louvre d'après Boucher *Vénus demandant des armes à Vulcain* (cat. 74), toile qu'elle accrocha dans son salon-atelier. Et, au musée de Tours, en 1892, elle exécuta la copie d'après Boucher d'*Apollon visitant Latone* (coll. part. ; CMR 324).

D'autre part, Berthe Morisot reprit ou traita des thèmes choisis par Renoir : jeunes filles au piano, figures patinant au bois de Boulogne, jeune femme se coiffant, baigneuses... Et elle partagea certains modèles avec lui : ainsi pour la toile *Sur la chaise longue* (1893 ; CMR 344).

Julie fut portraiturée à plusieurs reprises par Renoir : citons *Julie Manet,* dite aussi *l'Enfant au chat* (fig. 10), peinture d'après laquelle Berthe Morisot exécuta une pointe-sèche (cat. 155). Et au printemps de 1894, Renoir sollicitait ainsi Berthe Morisot : « Je voudrais, si ça ne vous est pas trop désagréable, au lieu de faire Julie seule, la faire avec vous[57]... » C'est l'origine du double portrait, *Berthe Morisot et sa fille Julie Manet* (fig. 11), exécuté dans l'atelier du peintre, rue Tourlaque, à Montmartre.

L'influence de Renoir sur Berthe Morisot a été soulignée souvent, mais elle est à ne pas exagérer[58], même si les deux artistes furent très liés. Après la mort d'Eugène Manet, au printemps de 1892, le 13 avril, Renoir fut le soutien de Berthe Morisot, comme il deviendrait, avec Mallarmé, celui de Julie après qu'elle eut perdu sa mère, et selon le vœu formulé par la disparue. Dans une lettre adressée depuis le Midi à Berthe Morisot en 1893, Renoir faisait gentiment allusion à son « rôle de conseiller de famille[59] ».

Une passion pour les jardins partagée avec Monet

Comme Monet, Berthe Morisot éprouva un attrait profond et incessant pour la nature, la campagne et les jardins, un goût du « plein air » qu'elle exprima par sa peinture et dans ses lettres.

54. Voir *Corresp. B. Morisot,* p. 156, 160-161 et 163.
55. Renoir à B. Morisot, 1892, *Corresp. B. Morisot,* p. 168.
56. Th. de Wyzewa à B. Morisot, 1892, *ibid.,* p. 167.
57. Renoir à B. Morisot, printemps de 1894, *ibid.,* 1950, p. 179.
58. Voir Angoulvent, 1933, p. XI-XII, 78-82, 91-92 ; voir aussi Rey, 1982, p. 64 : « On a insisté, un peu trop à notre sens, sur l'influence que Renoir aurait exercée sur Berthe Morisot dans la seconde partie de l'œuvre de celle-ci. Qu'il existe une indéniable imprégnation, un climat commun, une apparence de mimétisme dans quelques œuvres, [...] on ne saurait le nier. Les deux peintres se voyaient fréquemment... »
59. Renoir à B. Morisot, 1893, *Corresp. B. Morisot,* p. 173 : « J'ai souvent pensé à vous, mais j'avais oublié absolument mon rôle de conseiller de famille. »

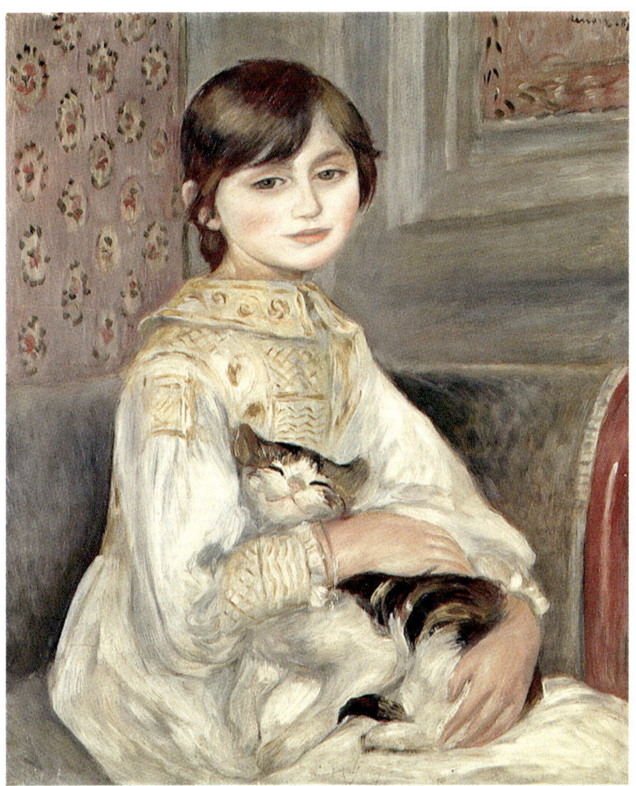

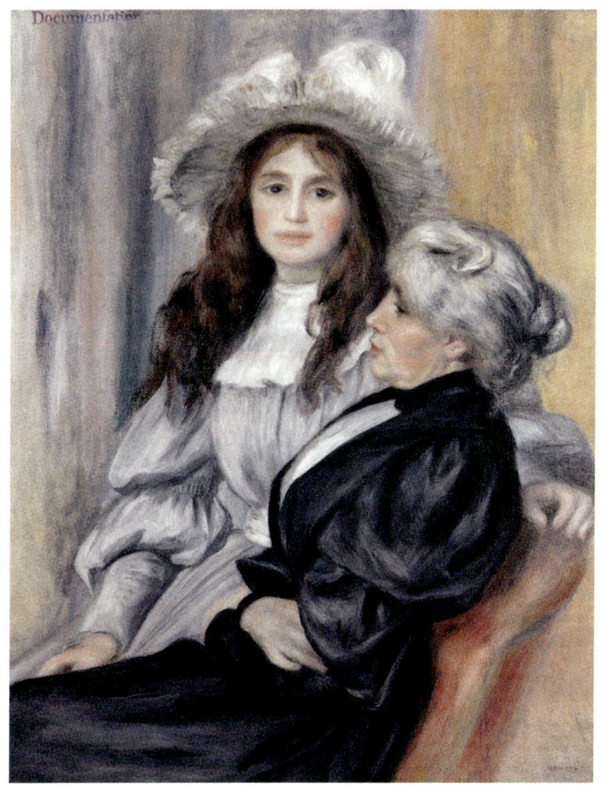

Fig. 10. Pierre-Auguste Renoir, *Julie Manet*, dit aussi *l'Enfant au chat*, 1887, huile sur toile, H. 65,5 , L. 53,5, Paris, musée d'Orsay.

Fig. 11. Pierre-Auguste Renoir, *Berthe Morisot et sa fille Julie Manet*, 1894, huile sur toile, H. 81 ; L. 65, collection particulière.

À Paris, Berthe Morisot fut loin d'être insensible aux jardins de son adolescence, rue des Moulins (actuelle rue Scheffer), puis rue Franklin (à l'emplacement du collège Saint-Louis de Gonzague) : elle en surveillait la végétation au long des saisons. Tel ce commentaire à Edma en 1870 : « Le jardin est redevenu joli ; les marronniers sont en fleurs, et pour la première fois de l'année nous jouissons du printemps[60]... » Puis, à partir de 1883, lorsqu'elle s'installa au 40, rue de Villejust (aujourd'hui rue Paul-Valéry), elle porta son intérêt sur le petit jardin aménagé par son mari. Comme plus tard, lorsque, à l'automne de 1892, elle louerait un appartement rue Weber, elle aimait à travailler au bois de Boulogne, dont elle était proche : elle en représentait le lac avec les barques et les cygnes évoluant à la surface. Julie note ainsi dans son *Journal*, à la date des 5 et 6 septembre 1893 : « À la fin de ces deux journées nous sommes allées faire de l'aquarelle au Bois de Boulogne[61]. » Un aspect de l'art de Berthe Morisot souligné par Paul Valéry : « Elle habite aux abords du Bois, qui lui procure ce qui lui suffit de paysage : arbres, lueurs du lac, glace parfois où l'on patine. [...]

60. B. Morisot à E. Pontillon, vers le 10 mai 1870, *ibid.*, p. 39 ; voir Fourreau, 1925, p. 21.
61. J. Manet, *Journal*, p. 17.

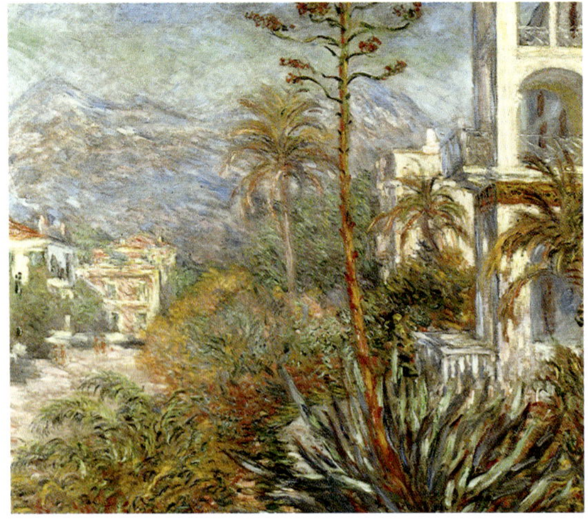

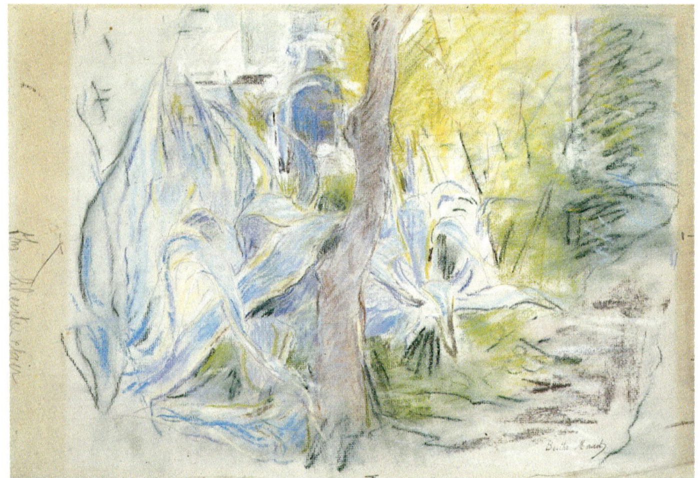

Fig. 12. Claude Monet, *les Villas à Bordighera,* 1884, huile sur toile, H. 115 ; L. 130, Paris, musée d'Orsay.

Fig. 13. Berthe Morisot, *les Aloès*, 1889, pastel, H. 30 ; L. 40, Paris, musée Marmottan, Fondation Denis et Annie Rouart.

Berthe se contente de ce peu parisien de nature[62]... » L'artiste elle-même a relaté avec bonheur dans l'un de ses carnets[63] une promenade aux Tuileries qu'elle effectua un jour avec sa fille.

Mais, surtout, Berthe Morisot recherchait un cadre véritablement champêtre, qu'elle retrouvait dans différents lieux : d'abord à Maurecourt, chez la belle-famille de sa sœur Edma Pontillon, où elle exécuta notamment *la Chasse aux papillons* (1874, Paris, musée d'Orsay ; CMR 36). Durant l'été de 1872, depuis Saint-Jean-de-Luz, Berthe Morisot lui déclarait : « Je t'assure que Maurecourt est tout aussi favorable au travail et même plus[64]. » Ce furent ensuite les étés à Bougival, de 1881 à 1884, au 4, rue de la Princesse ; elle s'y livra dans le jardin à des études de fleurs tout en peignant des scènes familiales auprès de Julie : « C'est le plus heureux moment de ma vie », aurait-elle confié plus tard à sa fille[65]. Et, en 1894, Julie a noté dans son *Journal,* à la date du 18 août, alors qu'elle habitait avec sa mère la villa de la Roche plate à Portrieux : « Nous avons peint dans le jardin : il est très joli, il me rappelle celui de Mézy et le Mesnil[66]. » Lorsque l'artiste résidait auprès de Mallarmé à Valvins, elle ne manquait pas de se promener dans la forêt avoisinante.

« Je commence à entrer dans l'intimité de mes confrères les impressionnistes. Monet veut absolument m'offrir un panneau pour mon salon. Tu juges si je l'accepte avec plaisir[67] », avait annoncé Berthe Morisot à Edma au début de l'année 1884. Le choix fait par Monet d'une grande composition décorative (fig. 12) exécutée d'après une toile plus petite montrant *les Villas à Bordighera* avec une végétation méditerranéenne était tout à fait approprié à la destinataire ; cette œuvre de Monet a d'ailleurs pu être rapprochée de la toile du *Jardin à*

62. Valéry, préface à *Berthe Morisot*, cat. exp., 1941, p. VII.
63. B. Morisot, dans un carnet de notes, conservé à Paris, au musée Marmottan, citée par Delafond dans *ibid.,* 1997-1998, p. 36.
64. B. Morisot à E. Pontillon, été de 1872, *Corresp. B. Morisot,* p. 72.
65. J. Manet, *ibid.,* p. 86.
66. Idem, *ibid.,* p. 33.
67. B. Morisot à E. Pontillon, 1884, *Corresp. B. Morisot*, p. 118-119.

Bougival (cat. 79) peinte par Berthe Morisot[68]. Séjournant à Jersey en juin 1886, Berthe Morisot évoquait à Monet son talent de peintre de fleurs : « Je ne puis vous admirer chez Petit [...] Renoir aussi a de fort belles choses, dit-on. [...] / J'ai un bow-window sur la mer et un jardin qui n'est qu'une botte de fleurs. Vous en feriez des merveilles[69] !... »

Monet, depuis Antibes en 1888, engageait Berthe Morisot à beaucoup travailler, signe de son estime : « ... Je ne compte rentrer que [...] pour notre exposition. J'espère que vous aurez pu travailler et vous recommande bien de préparer le plus de choses possible[70]. » Et Berthe Morisot de lui répondre : « ... je deviens une vieille dame à bronchite. [...] Ne comptez pas sur moi pour couvrir des murailles [...] Vous faites des coquetteries, mais je sais bien que vous êtes en verve, que vous faites des choses délicieuses, et je voudrais en savoir autant de Renoir, car c'est vous deux qui ferez l'Exposition. / Nous parlons souvent de vous avec Mallarmé, qui est un de nos fidèles et votre très grand ami[71]. »

« ... Mon plus vif désir était d'exposer avec vous », assurait Monet à Berthe Morisot vers le 25 mai 1888 au sujet d'une exposition chez Durand-Ruel à laquelle elle participa. Quelques jours plus tard, il ajoutait : « Je voulais toujours venir vous voir et vous dire combien j'ai trouvé jolis vos tableaux chez Durand... »[72] Et Berthe Morisot, à son tour, lui adressait ces compliments lors de l'exposition des « marines d'Antibes » à la galerie Boussod-Valadon : « Vous l'avez bien conquis, vous, ce public récalcitrant. On ne rencontre chez Goupil que gens admiratifs au dernier point, et je trouve qu'il y a de votre part beaucoup de coquetterie à demander l'impression produite ; c'est un éblouissement ! Et vous le savez fort bien[73]. »

À l'automne de 1884, alors que son mari séjournait dans le Midi, Berthe Morisot lui avouait : « ... je vous envie la senteur des mimosas[74]. » Elle eut la joie de passer l'automne et l'hiver de 1888-1889 sur les hauteurs de Nice, à Cimiez. Dans le jardin de la villa Ratti, qu'elle décrivait à Mallarmé comme « un grand jardin, plutôt un verger, avec beaucoup d'orangers[75]... », elle portraitura Julie comme auparavant à Bougival. Elle y invitait Mallarmé, à qui elle envoyait des fleurs, et réservait aussi une chambre à Renoir ; malade, ce dernier ne put y venir. À une amie, elle évoquait « notre villa avec ses beaux ombrages[76] » tandis qu'à Edma, elle parlait peinture : « Ce pays est délicieux ; je travaille, je fais des aloès, des orangers, des oliviers, enfin, toute une végétation exotique [...] / Je m'exténue à vouloir rendre les orangers, non pas durs, mais comme ceux que j'ai vus de Botticelli à Florence[77]... » (fig. 13). L'exotisme de la végétation de Cimiez lui offrait l'équivalent de ce qu'avait réservé à Monet la découverte de Bordighera. Toujours à Nice, Berthe Morisot écrivait à Monet le 7 mars 1889 : « Mon cher Monet, je vous demande la permission de mettre de côté le cher Monsieur et de vous traiter en camarade. Votre lettre m'a fait d'autant plus de plaisir que je commençais à croire que vous m'aviez absolument oubliée.

68. Voir Stuckey, 1987, p. 100.
69. B. Morisot à Monet, juin 1886, *Corresp. B. Morisot*, p. 129.
70. Monet à B. Morisot, 10 mars 1888, *ibid.*, p. 133, reprise dans Wildenstein, 1974-1991, lettre 852.
71. B. Morisot à Monet, 14 mars 1888, *Corresp. B. Morisot*, p. 134.
72. Monet à B. Morisot, vers le 25 mai et début juin de 1888, *ibid.*, p. 135, reprises dans Wildenstein, *op. cit.*, lettres 891 et 895.
73. B. Morisot à Monet, juin 1888, *Corresp. B. Morisot*, p. 135-136.
74. B. Morisot à E. Manet, 1884, *ibid.*, p. 123.
75. B. Morisot à Mallarmé, 8 novembre 1888, *ibid.*, p. 143, reprise dans *Corresp. S. Mallarmé et B. Morisot*, p. 36.
76. B. Morisot à S. Canat, 1888-1889, *Corresp. B. Morisot*, p. 144.
77. B. Morisot à E. Pontillon, 1888-1889, *ibid.*, p. 144.

J'ai espéré tout l'hiver que vous viendriez dans mes environs et même, malgré toutes vos préventions contre Nice, à la villa Ratti. Je suis dans une situation délicieuse dont vous auriez profité [...] / Je sais par Mallarmé que vous avez des merveilles chez Van Gogh, et je regrette bien de ne pas être là pour les voir. Je me dédommagerai en allant vous voir au retour[78]. » Le mois suivant, depuis la Creuse, Monet adressait ces mots à Berthe Morisot : « ...j'espère [...] que vous allez nous rapporter quantité de jolies choses[79]. »

L'amitié entre Berthe Morisot et Monet allait se trouver renforcée par la campagne menée, durant l'été et l'automne de 1889, en vue de la souscription pour acheter l'*Olympia* de Manet à sa veuve afin de l'offrir au musée du Louvre : « Vous seul, avec votre nom, votre autorité, pouvez enfoncer les portes si elles sont enfonçables[80] », déclarait Berthe Morisot à Monet en novembre. Il parvint à faire accepter la toile par l'État pour le musée du Luxembourg en 1890.

Des visites de Berthe Morisot à Giverny, nous avons la trace de deux journées, l'une le 13 juillet 1890, avec Mallarmé, et l'autre le 30 octobre 1893. Julie raconte dans le *Journal* qu'elle commença précisément cette année-là : « *lundi 30 octobre* [1893] – Parties ce matin de bonne heure pour Giverny. [...] Mr Monet nous a montré ses cathédrales. Il y en a vingt six, elles sont magnifiques [...] La maison a changé depuis la dernière fois que nous sommes allées à Giverny. Mr Monet s'est fait faire une chambre par dessus l'atelier avec de grandes fenêtres [...] Dans cette chambre beaucoup de tableaux sont accrochés, entre autres : Isabelle peignant, Gabrielle à la jatte, Cocotte avec un chapeau, un pastel de Maman[81]... »

Plusieurs œuvres de Berthe Morisot figurèrent, en effet, dans la collection Monet : *la Jatte de lait* (CMR 255), toile peinte pendant l'été de 1890 à Mézy et acquise par Monet ; *le Bateau à vapeur* (1875, Suisse, coll. part. ; CMR 56) ; *Nu de dos* (1885 ; CMR 172) ; *le Bain* (cat. 97). Et Julie de nous rapporter dans son *Journal* lorsque cette peinture fut exposée en 1896 : *le Bain* « appartient à M. Monet, Maman lui en avait fait cadeau[82]... ». Parmi les œuvres de Monet que posséda Berthe Morisot, citons *Manet peignant dans le jardin de Monet à Argenteuil* (1874), ayant appartenu à Édouard Manet et qu'elle acquit à sa mort, en 1883, et *Navires en réparation* (1873), toile qu'elle donna, dans sa dernière lettre, à son cousin Gabriel Thomas (voir plus loin)[83].

Son exigence pour ses recherches picturales, ses efforts incessants pour traduire ce qu'elle voulait exprimer par le pinceau rapprochaient Berthe Morisot de Monet, sans cesse mécontent de son travail : la peinture, qui accompagna toute son existence, n'était-elle pas pour Berthe Morisot une « obsession » selon le terme choisi par Monet pour décrire son propre tourment ? Et certaines toiles lumineuses et empreintes de spontanéité de Berthe Morisot évoquent le nom de Monet. Tous deux apparaissent souvent très proches en raison des thèmes qui leur furent communs : *Jour d'été* (cat. 42), œuvre exposée en 1880, ou *Sur le lac*

78. B. Morisot à Monet, 7 mars 1889, *ibid.*, p. 146-147.
79. Monet à B. Morisot, 8 avril 1889, *ibid.*, p. 147, reprise dans Wildenstein, 1974-1991, lettre 943.
80. B. Morisot à Monet, novembre 1889, *Corresp. B. Morisot*, p. 150.
81. J. Manet, *Journal*, p. 23, et voir p. 24 et 104 ; voir aussi Gimpel, 1963, p. 155.
82. J. Manet, *op. cit.*, p. 88.
83. Ces deux œuvres sont répertoriées par Wildenstein, *op. cit.*, sous les n°s 342 et 260 ; B. Morisot possédait aussi *Bateau échoué, Fécamp*, 1868, et *le Pont de bois*, 1872 (respectivement Wildenstein 117 et 195).

du bois de Boulogne (cat. 77), et la toile peinte par Monet, quelques années plus tard, *Jeunes Filles en barque* (1887, Tokyo, National Museum of Western Art) ; les *Meules* (CMR 133, 134) en 1883 pour elle et en 1890-1891 pour Monet[84]. Enfin, les dernières études d'eau de Berthe Morisot au bois de Boulogne, tant appréciées de Monet, annoncent-elles les *Nymphéas ?*
Comment Monet voyait-il Berthe Morisot ? Reportons-nous à l'image qu'il choisit d'en donner en la présentant à Rodin, en 1887, alors qu'elle exécutait la tête de Julie en sculpture : « Je vous ai parlé l'autre jour de Mme Eugène Manet (en peinture Berthe Morisot), belle-sœur de Manet, femme charmante et d'un grand talent. [...] / Vous trouverez en Mme Manet une femme on ne peut plus charmante et très artiste[85]. »

Des « compliments » adressés par Pissarro

Quant à Pissarro, qui posséda la copie exécutée par Berthe Morisot de *la Vue de Tivoli* de Corot (cat. 3), il a ainsi donné son opinion à l'occasion de l'« exposition internationale » de 1887 chez Georges Petit dans une lettre adressée, le 14 mai, à son fils Lucien : « Mme Berthe Morisot a de très jolies choses. » Et le lendemain : « Mme Morisot fait très bien, elle n'a pas bougé, ni en avant ni en arrière, c'est très artiste... » Et Pissarro de conclure que la génération formant la relève ne retenait des anciens impressionnistes que son œuvre et celle de Berthe Morisot : « Seurat, Signac, Fénéon, tout le ban et l'arrière-ban de la jeunesse ne voient que mes toiles et un peu celles de Mme Morisot[86]... »
Pour sa part, Berthe Morisot écrivait à Monet en 1888 : « J'ai vu l'autre jour chez l'ancien Goupil des toiles de Pissarro beaucoup, moins pointillées et très belles, il me semble qu'elles pourraient avoir du succès[87]. »
Enfin, Berthe Morisot se montra très sensible aux félicitations que lui adressa Pissarro lors d'une exposition chez Durand-Ruel au printemps de 1891 : « Rencontré rue Laffitte Pissarro qui me fait compliment de mes toiles chez Durand, ce qui me met en joie[88]. »

Aux côtés de Sisley, face à l'église de Moret

Berthe Morisot rendit visite à Sisley à Moret avec la famille Mallarmé. Alors qu'elle séjournait avec sa mère à Valvins auprès de Mallarmé, son tuteur depuis la mort de son père, Julie inscrivit dans son *Journal* à la date du jeudi 21 septembre : « ... Nous avons eu une journée de soleil et nous sommes allés nous promener en voiture jusqu'à Moret, cela est très joli, nous avons été par la campagne et sommes revenus par la forêt. Nous avons vu Sisley à Moret[89]... »

84. Voir Angoulvent, 1933, p. 71 ; voir aussi Rey, 1982, p. 51 : « ... elle n'aura rien à envier à un Monet lorsqu'elle peindra *Jour d'été* avec ses deux jeunes femmes sur une barque [...] / Le *Jour d'été* [...] ne précède-t-il pas de huit ans les toiles de Monet sur le même thème ? » ; voir enfin Stuckey, 1987, p. 102-103.
85. Monet à Rodin, mars 1887, dans Wildenstein, *op. cit.*, lettre 774.
86. Pissarro à son fils Lucien, 14 et 15 mai 1887, *Corresp. C. Pissarro*, vol. 2, p. 164 et 167.
87. B. Morisot à Monet, 14 mars 1888, *Corresp. B. Morisot*, p. 134.
88. B. Morisot, 1891, *ibid.*, p. 157.
89. J. Manet, *Journal*, p. 19, et voir aussi p. 227.

Et selon Denis Rouart : « Le 18 septembre [1893], Berthe et sa fille retournent à Valvins. Quelques jours plus tard, elles vont avec les Mallarmé à Moret où Sisley est en train de faire une série d'églises, inspirée, pense Mallarmé, par la série des *Cathédrales* de Monet[90]... »

Sa disparition saluée par les anciens impressionnistes

Les amis de Berthe Morisot furent présents dans son cœur jusqu'à ses derniers instants car ils apparaissent dans la lettre qu'elle écrivit le 1er mars 1895, à la veille de sa mort : « Ma petite Julie, [...] Tu donneras un souvenir de moi à ta tante Edma et à tes cousines ; à ton cousin Gabriel, les *Bateaux en réparation*, de Monet. Tu diras à M. Degas que s'il fonde un musée, il choisisse un Manet. Un souvenir à Monet, à Renoir[91]... » Telles furent ses ultimes pensées dans cet émouvant adieu : elle n'a pas oublié ses fidèles « confrères les impressionnistes » (toujours reviennent les trois mêmes noms : Degas, Renoir, Monet), qu'elle unit à son affection pour Julie tout en la chargeant d'appliquer ses dernières volontés. Le 2 mars 1895, Berthe Morisot s'éteignait pour reposer auprès des « frères Manet » au cimetière de Passy. Et Mallarmé d'adresser aux amis les plus proches cette missive dans le style « mallarméen » : « Je suis le messager d'une très affreuse nouvelle ; notre pauvre amie, Mme Eugène Manet, Berthe Morisot, est morte. Sa discrétion a voulu qu'aucune lettre de faire-part ne fût envoyée. Mais que seuls on prévint personnellement ceux qui ne lui furent pas étrangers. Je n'aurais pu en aucune façon ne pas vous y comprendre[92]. »

« Berthe Morisot meurt à cinquante-quatre ans et [...] elle est la première à disparaître de ceux qui formèrent la famille impressionniste[93] » : cette disparition prématurée allait être vivement ressentie par ceux qu'elle appelait ses « confrères ».

Jean Renoir nous a livré la réaction de son père : « En 1895 au début de l'année, Renoir qui était allé peindre près de Cézanne dans le Midi apprit la mort de Berthe Morisot. Ce fut un grand coup pour lui. De tous ses camarades de lutte du début, c'était le peintre avec lequel il avait gardé les relations les plus étroites. [...] / Quand Renoir reçut le télégramme de ma mère annonçant la mort de Berthe Morisot, il était avec Cézanne assez loin dans la campagne [...] Mon père plia ses affaires et fila à la gare [...] " J'avais l'impression d'être tout seul dans un désert[94]... " ». Un témoignage repris par Julie : « Jean me dit qu'en Mars son père était en train de peindre à côté de Cézanne lorsqu'il apprit la mort de maman, il ferma sa boîte et prit le train – je n'ai jamais oublié la façon dont il arriva dans ma chambre rue Weber, me serra contre lui[95]... »

Quant à Monet, ce fut depuis la Norvège qu'il fit part de son émotion à son épouse Alice, le 7 mars, sans oublier de mentionner Julie : « ... je venais justement

90. *Corresp. B. Morisot*, p. 177.
91. B. Morisot à J. Manet, mars 1895, *ibid.*, p. 184-185.
92. Mondor, 1941, t. II, p. 709.
93. Rey, 1982, p. 80.
94. J. Renoir, 1982, p. 332-333.
95. J. Manet, *Journal*, p. 75.

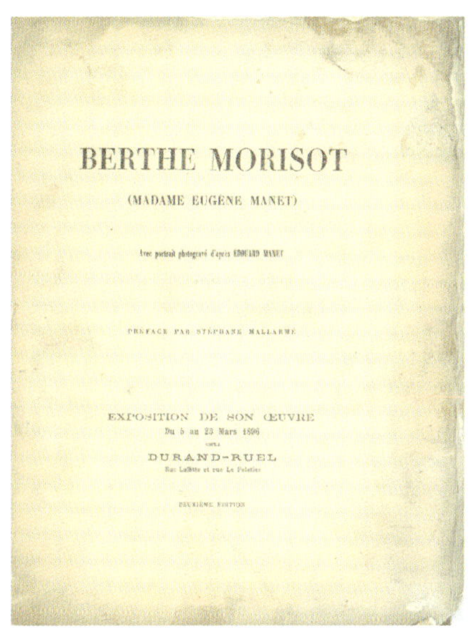
BERTHE MORISOT

(MADAME EUGÈNE MANET)

Avec portrait photogravé d'après EDOUARD MANET

PRÉFACE PAR STÉPHANE MALLARMÉ

EXPOSITION DE SON ŒUVRE
Du 5 au 23 Mars 1896
chez
DURAND-RUEL
Rue Laffitte et rue Le Peletier

DEUXIÈME ÉDITION

Fig. 14. Couverture du catalogue *Berthe Morisot (Madame Eugène Manet),* exposition de 1896 chez Durand-Ruel.

d'apprendre par *Le Figaro* la mort de Mme Manet ; j'en suis consterné et ne fais qu'y penser. Que je regrette de ne pas l'avoir seulement vue avant de partir, ça me fait bien de la peine, et la pauvre enfant, c'est terrible[96]. » Et trois jours plus tard, il eut ces mots élogieux, pensant cette fois à Renoir : « … je te remercie d'être allée au service de la pauvre morte, mais je suis au regret de ne l'avoir pas vue une dernière fois avant mon départ, et c'est un grand chagrin de penser qu'elle n'est plus ; elle était si intelligente, avait tant de talent, je ne cesse d'y penser […] / J'ai écrit à Renoir […], pensant bien à la douleur qu'il a dû éprouver, et puis pour nous remonter un peu mutuellement[97]… » Monet se tourna également vers Durand-Ruel : « Je viens d'apprendre la mort de Mme Manet. C'est un grand chagrin pour moi et c'est une double perte pour ses amis[98]. » Enfin, Monet songeait à la peine ressentie par Mallarmé en commentant ainsi à Alice le message de faire-part rédigé par le poète dont il avait perçu toute la sensibilité : « Reçu […] une bonne lettre de toi avec la carte de Mallarmé, bien aimable, bien touchante ; il a dû avoir un rude chagrin lui aussi[99]. »

Les liens de Monet avec Berthe Morisot se poursuivirent par-delà l'absence, et Julie en fut le trait d'union. Il pensa notamment à solliciter la contribution de Julie lors de la vente de l'« Atelier Alfred Sisley… » organisée, le 1er mai 1899, dans la galerie Petit au profit des enfants du peintre, récemment disparu. Monet n'oubliait pas de rattacher Berthe Morisot à ses « confrères », comme il l'expliquait à Julie : aux peintures de Sisley restées dans son atelier « on joindrait les tableaux de ses amis et confrères […] / J'ai naturellement le concours assuré de tous ceux qui ont pris part à toutes nos expositions des débuts et j'ai pensé que si votre mère était là, elle aurait été heureuse de s'associer à cette bonne action […] ne serait-ce pas lui rendre comme un hommage qui vous associerait, elle et vous, à cette bonne œuvre… ». Et Monet insistait avec ces mots : « pour la mémoire de votre mère[100] ». Julie offrit une toile peinte en 1893 par Berthe Morisot, *Devant la glace* (coll. part. ; CMR 335), en notant dans son *Journal :* « Exposition des tableaux qui restaient dans l'atelier de Sisley que l'on va vendre pour ses enfants avec d'autres que les artistes ont donnés. M. Monet qui organise cela m'a demandé une toile de Maman, j'ai donné, comme elle l'aurait fait pour venir en aide aux enfants d'un artiste qui a longtemps exposé avec elle, une petite femme en chapeau de paille de profil […]. Le tableau de Maman est acheté par Durand-Ruel[101]. » Curieusement, Julie Manet, qui épouserait Ernest Rouart, eut pour dates de naissance et de mort (1878-1966) les mêmes que celles de Michel Monet, le second fils du peintre.

Enfin, un très bel éloge funèbre émana de Pissarro, un pair qui reconnaissait Berthe Morisot tout à fait digne d'être sa « consœur », lorsqu'il annonça à son fils Lucien : « Encore à Paris, et cela pour assister à l'enterrement de notre vieille camarade Berthe Morisot qui est morte à la suite d'une attaque d'influenza. Tu ne saurais croire combien nous avons tous été surpris et affectés de la disparition de cette

96. Monet à A. Monet, 7 mars 1895, dans Wildenstein, 1974-1991, lettre 1279.
97. C. Monet à A. Monet, 10 mars 1895, dans idem, *op. cit.,* lettre 1281.
98. C. Monet à P. Durand-Ruel, 9 mars 1895, dans idem, *op. cit.,* lettre 1280.
99. C. Monet à A. Monet, 12-13 mars 1895, dans idem, *op. cit.,* lettre 1282.
100. C. Monet à J. Manet, 23 mars 1899, dans idem, *op. cit.,* lettre 1449 ; la toile de Berthe Morisot figure au nº 67 du catalogue, « Devant la glace ».
101. J. Manet, *Journal,* p. 228-229.

femme distinguée, d'un si beau talent féminin et qui faisait honneur à notre groupe impressionniste qui disparaît… comme toutes choses ! / Cette pauvre Madame Morisot, c'est à peine si le public la connaît. Il n'y a plus que la spéculation qui fait les noms et donne la gloire, quelquefois la fortune et souvent la misère[102] ! »

Hommage posthume chez Durand-Ruel

Ce fut chez le marchand et ami des impressionnistes que s'ouvrit en 1896, l'année suivant la mort de Berthe Morisot, une grande exposition commémorative, *Exposition de son œuvre,* qui comprenait plus de trois cents numéros, organisée par Monet, Renoir et Degas, unis à Julie et Mallarmé, chacun ayant à cœur de donner sa part pour contribuer à cet hommage rendu à leur chère disparue. Julie confiait à son *Journal :* « M. Renoir est touchant dans la façon dont il s'occupe de nous, dont il nous parle de l'exposition de Maman ; il a regardé un carton d'aquarelles qu'il a trouvées ravissantes, il nous a expliqué comment il fallait s'y prendre pour faire encadrer toutes ces merveilles […] / Nous pensons avec M. Renoir que M. Mallarmé fera une très jolie préface au catalogue que, lui mieux que personne, pourra parler surtout de la vie de la femme qu'était Maman[103]. » Et, à la date anniversaire de la mort de sa mère, Julie ajoutait : « … en entrant dans la galerie Durand-Ruel […] M. Monet est déjà arrivé […] ; il est bien gentil d'accourir ainsi, de laisser son travail. M. Degas s'occupe aussi de l'accrochage, M. Renoir arrive ensuite […] M. Mallarmé a dans ses attributions d'aller chez l'imprimeur pour le catalogue[104]. » Sur la couverture (fig. 14), la disparue apparaît sous sa double identité « Berthe Morisot – Madame Eugène Manet », comme sur la lettre faisant part du décès qu'avait rédigée Mallarmé un an auparavant.

Et Julie d'exaucer le souhait formulé par sa mère à la veille de sa mort (voir plus haut), comme elle le rapporte dans son *Journal :* « *mercredi 4 mars* [1896] … M. Monet choisit le tableau que Maman lui a laissé, il prend une chose d'après moi et Laërte que j'aime beaucoup et je suis contente que cela soit à M. Monet ; il m'embrasse avec beaucoup de bonté en me disant : “ Elle est gentille. ” Il nous invite à aller à Giverny[105]. » C'est la *Jeune Fille au lévrier* ou *Julie Manet et Laërte* (cat. 138).

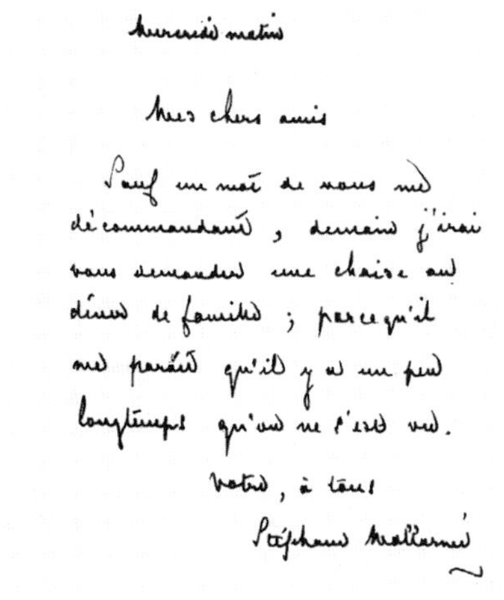

Mercredi matin

Mes chers amis

Sauf un mot de vous me décommandant, demain j'irai vous demander une chaise au dîner de famille ; parce qu'il me paraît qu'il y a un peu longtemps qu'on ne s'est vu.

Votre, à tous

Stéphane Mallarmé

Fig. 15. Lettre de Stéphane Mallarmé à Berthe Morisot, collection particulière.

« Elle eut pour amis et pour assidus… »

« … la singularité de Berthe Morisot fut […] de vivre sa peinture et de peindre sa vie », résuma avec justesse Paul Valéry[106] en soulignant le caractère naturel de son art : l'essence même de l'impressionnisme. Aussi n'est-il guère étonnant que les impressionnistes, ses compagnons de lutte, aient été ses meilleurs et seuls amis.

102. Pissarro à son fils Lucien, 6 mars 1895, dans *Corresp. C. Pissarro*…, vol. 4, p. 41.
103. J. Manet, *op. cit.,* p. 71.
104. Idem, *op. cit.,* p. 77 et *sqq.*
105. Idem, *op. cit.,* p. 79.
106. Valéry, préface à *Berthe Morisot,* cat. exp., 1941, p. V.

Peinture et vie ne font qu'un, à l'instar de son salon-atelier, qui était l'expression de cette fusion. « À Paris, où elle avait coutume de peindre chez elle, dans son salon, rangeant sa toile, ses pinceaux et sa palette dans une armoire dès qu'une visite imprévue survenait, et à la campagne où elle passait une partie de l'année, Berthe Morisot travailla souvent d'après les personnes de son entourage[107]. » L'image qui resterait de cette femme artiste serait aussi celle de la maîtresse de maison qui savait si bien accueillir ceux qu'elle conviait rue de Villejust, dans son salon-atelier, où les toiles de Manet voisinaient avec les siennes.

À la date du *jeudi 31 décembre* [1896], Julie évoquait ainsi le souvenir de ses parents : « M. Renoir est venu nous voir en même temps que M. Mallarmé [...] Le peintre plein d'esprit et le charmant poète causent ensemble comme ils l'ont fait souvent à la maison ces jeudis soirs dans le haut salon rose où ceux qui recevaient étaient dans leur propre création entourés de tout ce qu'ils aimaient, entourés d'amis délicieux. Ils recevaient si bien, ils étaient si simples. Je pense à cette phrase de M. Renoir qui toucha Maman lorsqu'elle lui fut répétée : le même peintre et le même poète rentraient chez eux après un dîner et une partie de la soirée passés avec Maman et parlant de la façon charmante dont elle recevait, de son talent, etc. " dire qu'une autre femme avec tout cela trouverait moyen d'être insupportable " dit M. Renoir. » Puis à la date du *mercredi 14 septembre* [1898] : « Monsieur Mallarmé et Monsieur Renoir étaient les amis les plus intimes, les assidus du jeudi[108] » (voir fig. 15).

Et Jean Renoir de s'en faire l'écho : « Ce milieu Manet, du temps de Berthe Morisot, avait été un centre d'authentique civilisation parisienne. Mon père, qui en vieillissant se méfiait comme de la peste des milieux artistiques et littéraires, aimait aller passer de temps en temps une heure rue de Villejust. Ce n'étaient pas des intellectuels que l'on rencontrait chez Berthe Morisot. C'étaient tout simplement des gens de bonne compagnie. Mallarmé était un des familiers de la maison. Berthe Morisot était un aimant d'une espèce particulière. Elle n'attirait que ce qui était de qualité. " Auprès d'elle, même Degas devenait gracieux[109]. " »

Si, en raison de son éloignement à Giverny, Monet ne pouvait venir souvent, il était comme présent en permanence grâce à sa grande composition, *les Villas à Bordighera* (fig. 12), qui décorait le salon-atelier, cadre de vie et de travail si cher à Berthe Morisot. Depuis Belle-Ile, en 1886, Monet promettait à Berthe Morisot : « Merci mille fois de votre gracieuse invitation, je suis aux regrets de n'en pas pouvoir profiter [...], mais soyez bien certaine qu'aussitôt mon retour [...], je viendrai vous voir. « Il ajoutait le mois suivant : « ... je compte venir à Paris [...] je viendrai vous demander à dîner jeudi[110]... » Et Berthe Morisot se tournait aussitôt vers Mallarmé le 10 décembre : « Voulez-vous nous faire l'amitié [...] de venir dîner avec nous jeudi prochain ?/ Monet sera des nôtres, Renoir aussi et tous deux enchantés de passer quelques instants avec vous. » Mais Mallarmé d'avoir à lui répondre négativement le lendemain car il

107. Rouart, 1908, p. 167-176, et ici p. 169 ; repris avec quelques variantes dans Fourreau, 1925, p. 6.
108. J. Manet, *Journal,* p. 119-122, et 188 ; voir aussi p. 215.
109. J. Renoir, 1982, p. 333-334.
110. Monet à B. Morisot, 1er novembre et 5 décembre 1886, citées dans *Corresp. B. Morisot,* p. 129 et 130 ; reprises avec quelques variantes dans Wildenstein, 1974-1991, lettres 733 et 761 (cette dernière sous la date du 8 décembre).

ne pouvait se libérer : « … Il faut cela pour que je ne rompe pas tout engagement, pour ne pas me sauver chez vous où l'on se trouve si bien ; c'est une malchance […] parce que j'aurais tant aimé aussi voir et Monet et Renoir[111]. » Monet assista à la conférence de Mallarmé sur l'écrivain Villiers de L'Isle-Adam, lors de la soirée du 27 février 1890 chez les Eugène Manet, où il retrouva notamment Degas[112].

Le premier historien de l'impressionnisme, Théodore Duret, disait déjà en 1906 à propos de Berthe Morisot et de son mari : « Le cercle de leurs visiteurs était restreint mais choisi, il comprenait en première ligne les peintres amis Degas, Renoir, Pissarro, Monet, quand il venait à Paris, et le poète Stéphane Mallarmé. Ce dernier avait pour Berthe Morisot un vrai culte. Il admirait le talent de l'artiste et ressentait la séduction de la femme[113]. » Reconnue par ses amis peintres, elle suscita, en effet, l'admiration de grands poètes tels Mallarmé, s'inclinant devant cette « figure de race […] et de personnelle élégance[114] », ou Henri de Régnier, qui la voyait « volontiers silencieuse, hautaine et énigmatique[115] ». Mallarmé fut aussi l'auteur de charmants « quatrains d'adresse » envoyés « aux dames Manet ». En écho aux louanges de Cézanne comme de Clemenceau sur l'« œil de Monet », et venant aussi rappeler que le mouvement impressionniste avait pu mériter le nom d'« école des yeux », une image suggérée par Paul Valéry qualifie avec bonheur l'intensité du regard de Berthe Morisot : elle « vivait dans ses grands yeux ». À l'instar de Duret, le poète de souligner le nombre restreint de ces amis choisis par Berthe Morisot, qui haïssait les relations artificielles pour s'intéresser au partage des expressions artistiques et à l'échange des « choses de l'esprit ». Toujours les mêmes noms se retrouvent sous la plume de Paul Valéry, et cette juste constatation qu'ils furent uniques dans le cœur de Berthe Morisot : « … elle eut pour amis et pour assidus, Mallarmé, Degas, Renoir, Claude Monet, et fort peu d'autres[116]… »

111. B. Morisot à Mallarmé et Mallarmé à B. Morisot, 10 et 11 décembre 1886, dans *Corresp. B. Morisot,* p. 130, et dans *Corresp. S. Mallarmé et B. Morisot,* p. 12-13.

112. *Voir Corresp. B. Morisot,* p. 151-152 ; Rouart, 1908, p. 176 ; Mondor, 1941, t. II, p. 571 et *sqq.*

113. Duret, 1906, p. 164.

114. Mallarmé, préface à *Berthe Morisot,* cat. exp., 1896, p. 5.

115. Régnier, 1923.

116. Valéry, avant-propos « Tante Berthe » à *Berthe Morisot,* cat. exp., 1926, p. 1-9 ; Paul Valéry, par ailleurs, dans sa préface au cat. exp. *Berthe Morisot,* Paris, 1941, p. VIII, d'omettre Monet et d'accorder à Berthe Morisot la prééminence dans ces échanges : « Chez elle, dans les dernières années de sa vie, Degas, Renoir, Mallarmé se rencontraient régulièrement. Ils discutaient sous son regard. Ils étaient merveilleusement dissemblables ; mais il est d'étincelantes dissonances. Entr'elles, rarement, un mot, né tout à coup du silence aux grands yeux de Berthe Morisot, témoignait le travail assez secret de sa pensée. Ce trio non d'amateurs, mais de maîtres, subissait l'ascendant de cette personne attentive et intérieure dont la grâce et la distance composaient un charme extraordinaire. »

La fortune critique de Berthe Morisot

Des expositions impressionnistes à l'exposition posthume

Hugues Wilhelm

Berthe Morisot tient une place à part parmi les impressionnistes. Seule femme du groupe avec Mary Cassatt, elle n'a pas besoin de sa peinture pour vivre, mais elle participe pleinement à leur mouvement et à ses manifestations car elle veut être reconnue comme artiste alors qu'elle est déjà admise comme amie. Trop grande dame pour être modèle, elle a toutefois servi de muse à Manet pour une dizaine d'œuvres marquantes au point que ses amis n'ont pas voulu, sauf tardivement Renoir – et de manière spécifique en compagnie de sa fille Julie –, lui demander de poser pour eux. Elle ne leur a pas demandé de poser pour elle alors que le portrait tient tant de place dans son œuvre. Beaucoup moins connue aujourd'hui que ses amis, elle n'a pas moins choqué qu'eux ; elle a même été considérée comme celle qui ne « transigeait pas » avec les principes de l'impressionnisme dont elle est jugée digne représentant, et autant qu'eux sujette aux diatribes.

Par ses relations familiales, elle avait bénéficié dès ses premières apparitions au Salon de comptes rendus favorables de la part d'amis ou de connaissances. Elle a d'autant plus de mérite de rejoindre les « refusés » qu'elle aurait pu continuer à envoyer au Salon, à y être acceptée régulièrement sinon souvent, son art étant resté proche de celui de Manet. Elle va même essayer, mais en vain, à plusieurs reprises, d'obtenir le ralliement public de ce dernier par une participation aux expositions des impressionnistes – il n'y sera que par les prêts qu'il consent ce qui est tout de même une manière d'apporter publiquement son soutien à ces novateurs si décriés. Une trentaine des œuvres exposées avec les impressionnistes se retrouvent aujourd'hui sur les cimaises de Martigny ou de Lille ; certaines d'entre elles avaient été exposées du vivant de l'artiste dans d'autres manifestations. Une dizaine d'autres présentées ici l'ont été de son vivant à Paris, à Londres, à New York[1] ou à Bruxelles[2]. Dans les notices correspondantes du catalogue nous citons les critiques publiées alors sur chaque tableau. Ainsi cet essai étudie la réception de l'œuvre et non celle de chaque toile. En relisant aujourd'hui les critiques de l'époque, on voit tout le chemin parcouru par Berthe Morisot comme par les impressionnistes : elle est finalement devenue digne d'être exposée dans les musées, plus souvent à l'étranger que dans son propre pays qui la connaît mais tarde à lui consacrer l'honneur qu'elle mérite.

Succès d'estime en 1874

Lors de leur première exposition, en 1874, les impressionnistes avaient obtenu un certain succès d'estime. À l'exception de Cézanne qui est presque unanimement décrié[3], y compris par la majorité des amis impressionnistes, les autres artistes ont reçu un accueil beaucoup favorable qu'on ne le dit généralement. En effet, sur plus de soixante-dix articles et notices, seuls quelques-uns sont défavorables et deux franchement hostiles, quelques autres émettent des réserves tandis que nombre d'autres sont assez neutres alors qu'une bonne dizaine sont

1. Les critiques lors de ces expositions n'ont pas été étudiées de manière systématique.
2. Nous consacrerons un article spécifique à sa participation aux expositions des XX.
3. Voir Wilhelm, 2000, p. 451-490.

au contraire très favorables. L'influence des critiques qui les soutiennent et la longueur des articles plaident pour les impressionnistes contre leurs détracteurs, même si les critiques les plus influents et les plus en vogue, comme Albert Wolff, se sont tus. Cet accueil plutôt favorable sera perçu comme un défi par leurs détracteurs qui seront plus sévères encore lors des manifestations suivantes, ou qui critiqueront alors qu'ils étaient initialement silencieux.

Morisot expose dix œuvres dont deux présentées ici[4]. Parmi son envoi, *Cache-Cache* est prêté par Édouard Manet dont le nom figure au catalogue. C'est un acte public de soutien pour elle comme pour ses amis, même si Manet ne se joint pas à eux car il veut triompher au Salon.

Les œuvres exposées sont à vendre. Berthe Morisot ne demande que huit cents francs pour *le Berceau,* soit moins que Monet, Renoir, Pissarro et Sisley qui demandent généralement mille francs, ou que les non-impressionnistes qui pratiquent des prix plus élevés comme deux mille francs pour Giuseppe de Nittis, ou même deux mille cinq cents pour Gustave Colin[5].

La critique est favorable à l'envoi de Berthe Morisot, voire élogieuse. Seul Louis Leroy ne l'est pas. Il ironise, comme il le fait systématiquement même vis-à-vis d'artistes arrivés : « Parlez-moi de Mlle Morizot ! Cette jeune personne ne s'amuse pas à reproduire une foule de détails oiseux. Lorsqu'elle a une main à peindre (la *Lecture*), elle donne autant de coups de brosse en long qu'il y a de doigts, et l'affaire est faite. Les niais qui cherchent la petite bête dans une main n'entendent rien à l'art impressif, et le grand Manet les chasserait de sa république »[6].

Étienne Carjat lui conseille de quitter ses amis : « Mlle Morisot, [...] se révèle par des qualités de premier ordre. Le ton, chez elle, est d'une justesse, d'une délicatesse, d'une finesse exquise. Le motif est bien choisi, les silhouettes sont élégantes, les fonds pleins d'harmonie. [...] Que Mlle Morisot y songe. Il y a en elle l'étoffe d'une grande artiste. Qu'elle ferme seulement une oreille aux conseils de ses amis, et demain, l'heure de la célébrité sonnera pour elle[7]. » Il n'apprécie pas de la même manière ses aquarelles qui bien que « très puissantes de valeur, rentrent dans la catégorie des taches... ». Au contraire, Ernest Chesneau cite « ses aquarelles joliment pochées[8] » ; l'année suivante il en achètera une.

Les romanciers Villiers de l'Isle-Adam et Émile Zola ne trouvent pas les mots pour dire l'intérêt qu'ils trouvent dans sa peinture. Le premier se « borne à citer » ses « paysages, études, marines[9] », tandis que Zola « indique en outre [...] diverses toiles intéressantes[10] » sans même les désigner. Les autres critiques et journalistes sont plus élogieux et plus éloquents.

De Nittis, le peintre ami de Degas qui l'avait entraîné à exposer, annonce à ses lecteurs italiens qu'une toile d'elle, un portrait, justifie à lui seul la visite de l'exposition et le prix de un franc payé pour l'entrée !

Jules Castagnary, le défenseur du réalisme, est on ne peut plus élogieux : « Mlle Berthe Morisot enfin a de l'esprit jusqu'au bout des ongles, surtout au bout

4. Ce sont *le Berceau* (CMR 25), et *la Lecture* (CMR 14), voir les cat. 14 et 15.
5. Voir les annotations dans le catalogue en possession de Claude Roger-Marx, dans *Cent Ans d'impressionnisme,* 1974, p. 17.
6. *Le Charivari,* 1874.
7. *Le Patriote français,* 1874.
8. *Le Soir,* 1874, et *Paris-Journal,* 1874.
9. C. de Malte, 1874.
10. [Zola], 1874.

des ongles. Quel sentiment artistique ! On ne saurait trouver des pages plus gracieuses, plus délibérément et plus délicatement touchées, que le *Berceau* et *Cache-Cache*, et j'ajouterai qu'ici l'exécution est en rapport avec l'idée à exprimer[11]. »
Sur les dix œuvres de son envoi, la moitié sont citées, souvent longuement, et toujours aimablement par la critique. La réception de ses œuvres est plus favorable encore que celle de ses amis.

Cette même année, l'envoi de Berthe Morisot est refusé par le jury du Salon. On ne sait pour quelles œuvres. Léon Riesener lui écrit le 14 juin, une importante lettre, jusqu'ici inédite, dans laquelle il ne dit mot de l'initiative des impressionnistes mais, par sa critique du jury, justifie pleinement leur initiative : « Ma femme me reproche d'avoir marqué vis à vis de vous trop d'indifférence pour les injustices du jury – Croyez Mademoiselle que quand elles vous frappent je les abomine – Vous ne devriez jamais les ressentir parce que vous avez le talent qui a toutes les formes, celle d'Holbein, comme celle de Rubens et de Murillo – Il est naturel dans Holbein comme dans Rubens et ce naturel se sent, sans qu'on ait besoin de l'analyser parce qu'il est révélateur, sincère et profond – C'est ce fonds qui manque à nos jours et je le déplore, et j'exècre tout le talent qui se donne les gants de le dédaigner, et fait parade de la camisole de force que l'on appelle style, pour faire des grimaces anti-naturelles, mais est ce au talent que le jury s'en prend. Il exige aujourd'hui la preuve du travail – un tapissier jugerait de cela mieux que lui et à ce point de vue, refuserait avec équité les Daubigny et les Corot qui ne justifient aucun travail. Il n'y a pas besoin d'élire des artistes pour apprécier l'œuvre à la journée un compteur ferait l'affaire. Entre nous, le jury est un butor collectif. Je prie Madame votre mère de me pardonner ainsi que vous ma véhémence. Il ne me reste plus de jeunesse que dans ma mauvaise humeur[12]. »

11. *Le Siècle*, 29 avril 1874.
12. Lettre inédite, coll. part.

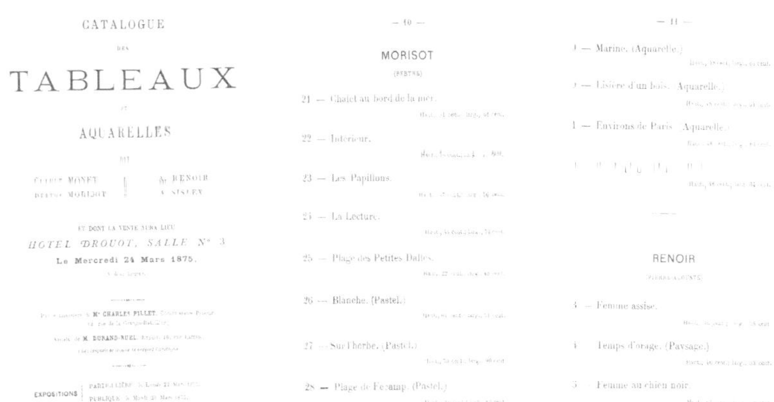
CATALOGUE

TABLEAUX

AQUARELLES

HOTEL DROUOT, SALLE N° 3

Le Mercredi 24 Mars 1875.

M. CHARLES PILLET

M. DURAND-RUEL

EXPOSITIONS

— 10 —

MORISOT

21 — Chalet au bord de la mer.

22 — Intérieur.

23 — Les Papillons.

24 — La Lecture.

25 — Plage des Petites Dalles.

26 — Blanche. (Pastel.)

27 — Sur l'herbe. (Pastel.)

28 — Plage de Fecamp. (Pastel.)

— 11 —

— Marine. (Aquarelle.)

— Lisière d'un bois. (Aquarelle.)

1 — Environs de Paris. (Aquarelle.)

RENOIR

3 — Femme assise.

4 — Temps d'orage. (Paysage.)

5 — Femme au chien noir.

Fig. 1. Catalogue de la vente impressionniste de 1875, collection particulière.

Les meilleurs résultats à la vente de 1875

Berthe Morisot se joint à ses amis Monet, Renoir et Sisley pour affronter – avec cinq huiles, trois pastels et quatre aquarelles[13] – l'épreuve des enchères lors de la vente qu'ils organisent le 24 mars 1875. Ils n'hésitent pas à faire de la publicité, notamment dans deux publications, *le Figaro*[14], et *la Chronique des arts et de la curiosité*[15] peu favorables à leur initiative. La tentative est audacieuse et divise autant la presse que les amateurs et l'opinion. Le 23 mars, *l'Écho universel* écrit : « Aux plus beaux jours des grandes luttes du romantisme contre l'académique, on n'a certainement pas entendu plus de malédictions et aussi plus d'expressions enthousiastes que cet après-midi devant les tableaux de Mlle Morisot, et de MM. Claude Monet, A. Renoir et Sisley. Cette diversion d'opinion n'étonnera personne, et les artistes actuellement sur la sellette de l'opinion ont assez de foi en eux-mêmes pour résister fermement ; parce qu'ils puisent leur foi dans la sincérité, sans laquelle il ne reste plus de l'art que le nom. La vente de mercredi présentera un aspect assez curieux : les admirateurs seront là, les détracteurs aussi ; la victoire sera aux plus tenaces. Nous croyons, nous, qu'elle restera en somme, aux amateurs éclairés qui ne seront pas fâchés de placer quelques bonnes toiles dans leurs galeries. »

Philippe Burty, le critique ami de Manet qui a préfacé le catalogue, annonce à ses lecteurs de *la République française* que « ces artistes ont raison » et qu'ils « sont décidés à ne plus subir ni l'injustice ni l'injure ». Il invite le public à visiter leur exposition car « les salons sont fermés depuis longtemps à toute tentative nouvelle », et parce que « ces paysages, ces marines, ces bouquets de fleurs, ces scènes de la vie moderne apportent dans nos sombres intérieurs infiniment de fraîcheur et de clarté »[16].

Les réactions les plus défavorables sont celles du *Figaro* et du *Charivari*. Dans *le Figaro,* l'ironie est de règle : « Tous ces tableaux nous font l'effet d'une peinture qu'on doit regarder à quinze pas en fermant les yeux à moitié [...] C'est en couleur ce que sont en musique certaines rêveries de Wagner. L'impression qu'éprouve les *impressionnistes* est celle d'un chat qui se promènerait sur le clavier d'un piano, ou d'un singe qui se serait emparé d'une boîte à couleurs. Cependant, il y a peut-être là une bonne affaire pour ceux qui spéculent sur l'avenir de l'art[17]. » Malgré l'ironie, cette dernière remarque ne pouvait qu'attirer favorablement l'attention sur leur initiative. Pour *le Charivari,* cette nouvelle école « n'a fait aucune impression sur le public. Cette peinture, à la fois vague et brutale, nous paraît être l'affirmation de l'ignorance et la négation du beau comme du vrai[18] ». Quelques semaines plus tard, Cham s'en moque dans deux caricatures.

La vente est chahutée et donne lieu à un affrontement entre adversaires et défenseurs de l'impressionnisme. *Le Figaro* note : « Quelques-unes des toiles

13. Deux de ces œuvres figurent à cette exposition ; voir les cat. 15 et 16.
14. 20 mars 1876, p. 4.
15. 20 mars 1876, n° 12, p. 103.
16. Anonyme, 23 mars 1875, p. 3.
17. Le Masque de fer, 24 mars 1875.
18. Girard, 26 mars 1875, p. 4.

adjugées étaient à ce point révoltantes, qu'elles ont soulevé de nombreuses marques d'improbation[19]. » Philippe Burty rend compte deux jours après de ces incidents : « ... la vente [...] a eu à triompher [...] des mauvaises volontés qui se sont traduites par un tumulte ridicule. Des amateurs quinteux et desoeuvrés qui avaient pris le mot d'ordre d'ateliers bien connus ont essayé d'interrompre les enchères qu'un groupe d'acheteurs sérieux soutenaient très bravement[20]. » Zola est plus précis sur ces incidents : « On s'écrasait dans la salle. [...] Depuis deux jours le monde artistique était en révolution, tout ce qui tient de près ou de loin à l'art, venait s'entasser dans la salle où étaient exposés les soixante et quelques toiles des jeunes peintres. La vente a été faite au milieu d'une véritable passion. Chaque tableau mis sur la table du commissaire-priseur, soulevait des huées et des applaudissements. On a été deux ou trois fois sur le point d'en venir aux mains. Je crois même qu'on s'est un peu souffleté. Ah ! la bonne chose que la passion ! et comme cela fait du bien de voir des gens qui se battent pour l'art[21] ! »

Dans *l'Art,* Léo Mancino commente ainsi cette agitation : « ... la salle était littéralement bondée et les enchères ont été plus d'une fois troublées par de fâcheux écarts en tout temps d'un goût douteux et cette fois tout particulièrement blâmables, puisqu'on oubliait que parmi ceux à qui s'adressaient ces sarcasmes, il y avait une femme, une femme très remarquablement douée, nous n'hésitons pas à le reconnaître. Naturellement un petit camp s'est constitué en opposition à ces troubles fêtes[22]... »

Au lendemain de la vente, on pense que celle-ci est favorable. Zola observe : « C'est sans doute peu quand on songe aux prix qu'atteignent certaines pauvretés artistiques. Mais il n'y en a pas moins là un véritable triomphe. La peinture mise à la porte du salon se vend. C'est tout un événement qui va bouleverser les ateliers. » Quelques années plus tard, on pensera que ce fut un échec. Paul Durand-Ruel qui était l'expert, se souvient : « Cette vente [...] provoqua des scènes inénarrables. Le jour de l'exposition et pendant la vente, Pillet fut obligé de faire venir les agents de police pour empêcher les altercations de dégénérer en véritables batailles. Le public, exaspéré contre les rares défenseurs des malheureux exposants, voulait empêcher la vente et poussait des hurlements à chaque enchère. Elles ne furent pas brillantes d'ailleurs[23]... » De son côté, le commissaire-priseur, Charles Pillet, raconte avec émotion : « ... ce fut une exécution. [...] Le soir de la vente en rentrant chez moi j'y trouvai une lettre, où les gros mots et les épithètes désagréables ne m'étaient pas épargnés, pour m'être chargé de vendre pareilles *monstruosités,* le mot y était ; mais la lettre n'était pas signée. En revanche, j'en reçus une autre, où l'on me disait : *Je ne saurais trop vous féliciter d'avoir eu la bonne grâce et le bon goût de donner votre nom à la vente qui s'est faite aujourd'hui. Les hardiesses dans l'art doivent toujours être encouragées quand elles s'appuient sur la sincérité et*

19. Le Masque de fer, 26 mars 1875.
20. « Chronique du jour », *la République française,* 26 mars 1875, p. 3.
21. [Zola], 27 mars 1875.
22. Anonyme [Léo Mancino], 1875, p. 335-336.
23. *Mémoires de Paul Durand Ruel,* dans Lionello Venturi, 1939, t. 2, p. 201.

quand elles marchent par un rayon de soleil. Les novateurs offensent les yeux ; mais n'oublions pas que les maîtres ont commencé par effrayer... Cette lettre était d'Arsène Houssaye[24]. » L'homme de lettres avait acheté soixante francs une toile de Renoir et cent francs un pastel de Morisot, *la Plage à Fécamp* (BW 429). Un autre critique, Ernest Chesneau, acquiert une aquarelle, *Lisière de bois* (BW 623).

Berthe Morisot reçoit l'accueil le plus favorable, à la fois par les prix atteints, mais aussi par les commentaires. Le journaliste de *l'Écho universel* avait écrit : « Au nombre des tableaux qui excitaient au plus haut point la curiosité, nous devons signaler : [...] "La Lecture" (nº 24), "Intérieur" (nº 22) de Mlle Berthe Morisot[25]... » Ernest d'Hervilly, le poète et dramaturge ami de Monet, témoigne : « Nous savons infiniment gré à ces peintres de réaliser avec leur palette ce que les poètes de leur temps ont su rendre avec un accent tout nouveau [...] Ce sont comme des petits fragments de la vie universelle, et les choses rapides et colorées, subtiles et charmantes, qui s'y reflètent, ont bien droit qu'on s'en occupe et qu'on les célèbre[26]. » Burty et Zola annoncent que Berthe Morisot a obtenu les prix les plus élevés.

Léon Mancino écrit : « Reste Mme Berthe Morisot, une transfuge, – inconsciente sans doute, – mais une transfuge certaine, n'en doutez pas un instant. Cette jeune femme possède une fleur de coloris d'une distinction suprême ; sous ce rapport elle est douce. Quand on l'est à ce point, madame, on se hâte de fausser compagnie à ceux parmi lesquels vous vous êtes fourvoyée ; apprenez bien vite tout ce qui vous manque ; intelligente comme vous l'êtes, cela vous sera plus aisé qu'à personne et vous devez être, nous le gagerions, la première à le désirer ardemment. Qu'il soit donc fait ainsi, et, au lieu de nous permettre de vous donnez des conseils, nous vous tresserions des couronnes[27]. » Une telle incompréhension de sa sensibilité et de sa vision impressionniste ne pouvait manquer de l'agacer, et l'a sans doute incitée, lors des expositions suivantes, à bien choisir ses envois quitte à y inclure, pour ne plus justifier de tels éloges empoisonnés, des œuvres qui seront jugées inachevées par ses détracteurs.

1876, une presse divisée

En 1876, lors de l'inauguration de l'exposition, le journaliste du *Figaro* a reconnu « beaucoup de visiteurs, artistes et gens du monde », et « remarqué les *salonniers* de la presse parisienne presque au complet »[28]. Dans *le Rappel,* Ernest d'Hervilly souligne que cette exposition « est la *great attraction* du moment pour le monde des artistes et des amateurs[29] ». Ce succès public évident dès l'ouverture permettra de réaliser un bénéfice avec sans doute plus de cinq mille visiteurs, mais hérissera les détracteurs qui en deviendront d'autant plus critiques,

24. Pillet, 1884, p. 3.
25. « Faits : Paris, Vente Morisot, Monet, Renoir et Sisley... », 1875, p. 1.
26. *Le Rappel,* 23 mars 1876.
27. Anonyme [Léo Mancino], *ibid., op. cit.,* p. 336.
28. Le Masque de fer, 1er avril 1876, p. 1.
29. Un passant [Ernest d'Hervilly], 2 avril 1876.

et les indifférents qui n'avaient pas jugé bon, en 1874, de rendre compte de l'exposition. À la veille de la clôture, le journaliste du *Figaro* doit bien reconnaître : « En attendant, beaucoup de monde va voir cette exhibition originale. Les équipages armoriés stationnent souvent devant la porte, et on a acheté à des prix fort convenables un certain nombre de toiles de MM. Renoir, Monet, Sisley, et de Mme Berthe Morisot[30]. » Nous n'en savons pas plus.

Les impressionnistes suivent avec attention la presse. Berthe Morisot écrit à l'une de ses tantes : « Si vous lisez quelques journaux parisiens, entre autres *le Figaro*, si aimé du bon public, vous avez dû savoir que je fais partie d'un groupe d'artistes ayant ouvert une exposition particulière, et vous avez dû voir aussi de quelle faveur cette exposition jouit auprès de ces messieurs. En revanche, nous avons des éloges dans les feuilles radicales ; mais vous ne les lisez pas ! Enfin, on s'occupe de nous et nous avons tant d'amour-propre que nous sommes tous très contents[31]. » Elle fait allusion à la critique d'Albert Wolff. C'est la plus souvent citée ; elle est aussi féroce qu'outrancière, et ne reflète pas l'opinion générale de la presse. Wolff dit en effet dans sa chronique parisienne : « La rue Le Peletier a du malheur. Après l'incendie de l'Opéra, voici un nouveau désastre qui s'abat sur le quartier. On vient d'ouvrir chez Durand-Ruel une exposition, qu'on dit être de peinture. Le passant inoffensif, attiré par les drapeaux qui décorent la façade, entre, et à ses yeux épouvantés, s'offre un spectacle cruel. Cinq ou six aliénés dont une femme, un groupe de malheureux atteints de la folie de l'ambition, s'y sont donnés rendez-vous pour exposer leur œuvre [...] Effroyable spectacle de la vanité humaine s'égarant jusqu'à la démence[32]... »

Avec seize œuvres au catalogue – dont six exposées ici[33] – son envoi est abondant ; il y a peut-être en plus de *la Jetée* (CMR 55) d'autres œuvres hors catalogue car Louis Énault dit qu'elle « en expose près de vingt[34] ».

Berthe Morisot n'est cette fois pas épargnée par la critique qui se déchaîne contre l'impressionnisme ; on lui reproche de gâcher son talent avec des touches incomplètes et de peindre de fines et délicates ébauches au lieu d'œuvres achevées.

Quatre critiques sont presque insultants. Boubée affirme : « ... la galanterie française nous empêche de dire ce que nous pensons de ses pastels[35] », tandis que Louis Énault persifle : « ... L'exposition de Mme Berthe Morisot ne laisse point de me causer quelque embarras. Mme Morisot est une femme, et j'ai lu quelque part qu'il ne fallait point frapper une femme, même avec une fleur ; il nous semble bien difficile de concilier les droits de la critique avec les devoirs de la galanterie. [...] en obéissant à une autre tendance et en suivant une autre direction, l'artiste si tristement dévoyée aujourd'hui, aurait pu nous offrir des œuvres acceptables[36]. » Henry Laujol ne voit dans ses œuvres que des tableaux où sont rendues « les impressions que l'on peut ressentir en regardant voler une mouche dans l'éther incolore[37] ». Wolff mélange ironie et fausses amabilités en essayant de faire de l'esprit : « Il y a aussi une femme dans le groupe, comme dans les

30. Le Masque de fer, 22 avril 1876.
31. *Corresp. B. Morisot*, p. 94.
32. Wolff, 1876.
33. Ce sont selon les titres du catalogue de 1876 : nº 166, *Au bal* (cat. 33), nº 170, *Vue de Solent, Ile de Wight* (cat. 26) ; nº 174, *Un chantier* (cat. 21) ; nº 175, *Un percher de blanchisseuse* (cat. 24) ; nº 179, *Avant d'un yacht*, aquarelle (cat. 29) ; nº 181, *Vue de la Tamise*, aquarelle (cat. 30).
34. *Le Constitutionnel*, 10 avril 1876.
35. *La Gazette de France*, 5 avril 1876.
36. *Le Constitutionnel*, 10 avril 1876.
37. *La République des lettres*, 20 mai 1876.

bandes fameuses, d'ailleurs ; elle s'appelle Berthe Morisot et est curieuse à observer. Chez elle la grâce féminine se maintient au milieu des débordements d'un esprit en délire[38]. » Eugène Manet, outré de tels propos, a voulu provoquer en duel l'auteur de telles lignes ; mais son frère Édouard qui connaît le critique et en fera même une esquisse bientôt abandonnée arrange l'affaire pour éviter le combat.

Parmi les critiques, plusieurs reprochent à Morisot de se contenter d'ébauches. Charles Bigot, dans l'influente *Revue bleue*, déplore : « Mlle Berthe Morizot est née avec un réel talent de peintre. Il faudrait bien peu de chose pour que sa couleur fût vraiment agréable. On peut dire qu'elle est victime du système [...] Il y a quelques-unes des esquisses de la rue Lepelletier avec lesquelles on ferait d'agréables tableaux : celles de Mlle Berthe Morizot sont du nombre ; quel dommage que jamais le tableau ne soit fait[39] ! » Pour Alfred de Lostalot qui finira par reconnaître son talent près de quinze ans plus tard, il est « bien regrettable de voir cette artiste si tôt satisfaite de son œuvre qu'elle abandonne à peine ébauchée[40]... ». D'Olby lui adresse le même reproche, mais de manière plus développée : elle « ne fait que des ébauches, mais elles sont parfois marquées par une indication très fines des rapports de tons et de valeurs délicatement opposées. C'est sommaire et touché par notes indépendantes. [...] l'œil du visiteur ne peut se contenter d'un si mince régal ; le morceau paraît vide, creux et médiocrement substantiel[41] ». Marius Chaumelin persifle en déclarant qu'elle « peint supérieurement pour qui ne regarde pas de trop près », ses œuvres sont comme vues « par un presbyte », de sorte que « de loin c'est quelque chose, de près ce n'est rien »[42] – une telle remarque à l'encontre des impressionnistes sera régulièrement reprise par leurs détracteurs. Ernest Fillonneau lui reproche de croire « tout exprimer en quelques traits enfantins[43] ». Émile Porcheron regrette qu'elle n'achève pas plus, qu'elle « s'arrête en bon chemin » de sorte que certaines « toiles [...] ne demanderaient que quelques touches habiles pour être supportables, mais c'est là la difficulté, ce n'est pas elle qui les donnera, elle est au bout de son rouleau... »[44]. Charles Bigot formule le même constat d'inachèvement, mais il n'en tire pas la même conclusion : elle « est née avec un réel talent de peintre. Il faudrait bien peu de chose pour que sa couleur fût vraiment agréable. [...] elle est victime du système auquel elle s'est attachée[45] ».

Gaston Vassy porte sur elle un jugement très ironique : elle « est la plus étonnante personnalité de cette étonnante école[46] », et ses œuvres sont les « chefs d'œuvre de la galerie[47] » ; il trouve que dans la vue de Jersey avec « une jeune femme vue de dos, au bord de la mer, et attendant l'arrivée d'un vapeur "le personnage" a des cheveux de foin, à donner faim à un cheval ».

Les louanges sont à l'aune des critiques. Jules Castagnary remarque ses « portraits si fins et si vifs[48] » et Zola, ses tableaux « extrêmement justes et délicats[49] » ; de « petits tableaux dont les notes sont d'une vérité exquise ». Pour

38. Wolff, 1876.
39. *La Revue politique et littéraire*, 8 avril 1876.
40. *La Chronique des arts et de la curiosité*, 1er avril 1876.
41. *Le Pays*, 10 avril 1876.
42. *La Gazette des étrangers*, 8 avril 1876.
43. *Le Moniteur des arts*, 21 avril 1876.
44. *Le Soleil*, 4 avril 1876.
45. *La Revue politique et littéraire*, op. cit.
46. *L'Événement*, 1er avril 1876.
47. *Ibid.*, 2 avril 1876.
48. *Le Siècle*, 6 mai 1876.
49. Zola, 1876.

Théodore de Banville, elle « reste fidèle aux traditions de l'école en les agrémentant d'une certaine délicatesse féminine qui n'est pas sans charme dans ce milieu violent[50] ».

Philippe Burty admire dans le grand salon, ses « scènes d'intérieurs de la plus exquise délicatesse[51] ». Le poète Armand Silvestre trouve « le panneau occupé par les petites toiles de Mlle Morizot [...] particulièrement agréable à l'œil. On dirait une série de jours ouverts dans la muraille sur un paysage bien brillant et bien ensoleillé[52] ».

Même G. d'Olby doit reconnaître des qualités au *Déjeuner sur l'herbe* : « Mme Morisot peut nous offrir [...] satisfaction quand elle le voudra : son *Déjeuner sur l'herbe* est bien près d'en témoigner ; il ne lui manque pas grand' chose pour satisfaire l'esprit, qui demande que les choses soient présentées dans leurs conditions de solidité et d'assiette, tout en réjouissant l'œil par un régal de tons printaniers pris dans cette gamme fondue en tendresse, qui va du lilas blanc au rose pâle de la fleur de pêcher, en passant par le beurre frais et les bleus de lin ; nuances de colorations délicates que la mode du jour a adoptées. »

Dans sa bien légère gazette rimée[53], Silvius succombe au charme de son œuvre :

« La touche, légère à coup sûr,
Fait valoir la palette fine.
L'œil satisfait s'arrête sur
La touche, légère à coup sûr.
Toilettes, fleurs, mer, grève, azur,
Un art féminin s'y devine.
La touche, légère à coup sûr,
Fait valoir la palette fine. »

Quelques œuvres sont remarquées et tout particulièrement le *Déjeuner sur l'herbe* qui est « fin et blond comme un beau Manet » pour Alexandre Pothey, et même « une perle rare » pour Georges Rivière[54] ; Eugène Murer trouve qu'elle y « montre quelques qualités brillantes[55] ».

Appréciée en 1877

En 1877, son envoi est choisi avec soin pour montrer son talent dans les diverses techniques. Des douze œuvres alors au catalogue, plusieurs ont été perdues[56], quatre sont exposées. Son succès tient surtout à la fraîcheur de sa palette, et à la grâce particulière de son œuvre.

Seuls quatre critiques sont défavorables ou hostiles. Gaston Vassy manque encore d'élégance : « ... comme nous nous piquons de galanterie, nous n'avons garde de parler de [...] Morisot, qui le dispute en étrangeté d'*impression* à M. Pissarro – ce qui n'est pas peu dire[57]. » Bernadille note : « Mlle Morisot fait

50. Baron Schop, 1876.
51. *La République française,* 1er avril 1876.
52. *L'Opinion nationale,* 2 avril 1876.
53. Silvius, 1876.
54. *L'Esprit moderne,* 13 avril 1876.
55. Gène-Mur [Eugène Murer], 1876, p. 1.
56. Notamment les deux autoportraits à l'aquarelle exposés. Voir les cat. 88, 109 et 110.
57. *L'Événement,* 6 avril 1877.

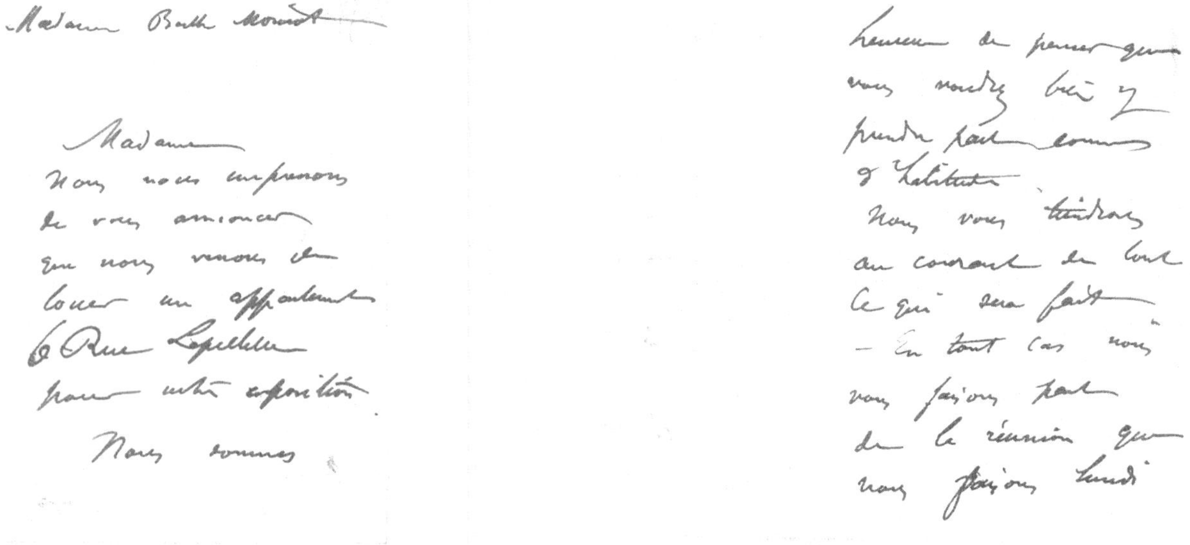

Madame Berthe Morisot

Madame

Nous nous empressons de vous annoncer que nous venons de louer un appartement 6 Rue Lepelletier pour notre exposition.

Nous sommes heureux de penser que vous voudrez bien y prendre part comme d'habitude.

Nous vous tiendrons au courant de tout ce qui sera fait — En tout cas nous vous faisons part de la réunion que nous faisons lundi

Fig. 2. Lettre de Pierre-Auguste Renoir et Gustave Caillebotte invitant Berthe Morisot à la 3e exposition des impressionnistes, collection particulière.

du Chaplin, comme d'autres, à côté d'elle font du Velasquez et du Ribera. Mais en parlant de dames, filons doux[58]... » Ernest Fillonneau observe quant à lui : « C'est toujours bien chancelant comme forme, mais dans ses aquarelles, on retrouve quelques réminiscences de Bonington, qui ne seraient point à dédaigner sans un pinceau moins inexpérimenté[59]. » Bertall reconnaît bien la spécificité de la palette de l'artiste et sa technique, mais il ne voit pas là des qualités, bien au contraire car pour lui « quelques jolis blancs harmonieux et argentins ne suffisent pas à faire un tableau, à remplir le dessin, la forme et le modelé. Quand elle voudra bien pousser plus loin son impression », elle « le verra bien »[60].

Les œuvres de Morisot[61] sont regardées avec un peu plus de nuances et de justesse par certains critiques pourtant hostiles au mouvement. Même Louis Leroy reconnaît la finesse de l'exécution et son talent particulier : « Mme Berthe Morisot lâche aussi la forme d'une façon charmante. Pourquoi sa couleur, dans les bleus surtout, a-t-elle conservé encore une certaine finesse répréhensible qui n'est pas de mise ici ? Que voulez-vous, on n'est pas parfait[62]. » Messire-Jean trouve qu'elle « a eu le bon esprit de se montrer moins déraisonnable que ses camarades[63] ». Paul Sébillot admet qu'elle « a fait des progrès[64] ».

Jugée plus raisonnable que ses amis, Berthe Morisot apparaît parfois égarée parmi les impressionnistes ou même digne de figurer au Salon. Henry Villebrun écrit ainsi : « ... c'est justement parce que les toiles signées par [...] Berthe

58. *Le Français*, 13 avril 1877.
59. *Le Moniteur des arts*, 20 avril 1877.
60. *Paris-Journal*, 9 avril 1877.
61. Sur les 12 exposées, 7 seulement sont identifiées, dont quatre figurent à l'exposition. Ce sont selon les titres du catalogue de 1877 : no 120, *Tête de jeune fille* (cat. 37) ; no 121, *la Psyché* (cat. 36) ; no 122, *la Terrasse* (cat. 20) ; no 124, *l'Amazone* (cat. 35).
62. *Le Charivari*, 11 avril 1877.
63. *Le Soir*, 10 avril 1877.
64. *Le Bien public*, 7 avril 1877.

à 5 h. chez M. Legrand 22 bis rue Laffitte.
Veuillez agréer Madame l'assurance de notre profond respect
Renoir G Caillebotte

Morisot m'ont paru à peu près raisonnables que je n'ai pas cru devoir les signaler[65] » Roger Ballu, malgré les réserves faites, sait malgré tout apprécier : « ... quel dommage que Mlle Berthe Morisot se soit égarée parmi les impressionnistes ! Les études premières manquent, le dessin fait défaut, mais il y a parmi les œuvres exposées un tact et un sentiment de la couleur qui ne peuvent se nier[66]. » Le journal féminin *les Gauloises* exprime le même sentiment, tout en jugeant plus favorablement son œuvre : « ... une femme peintre s'est fourvoyée dans ce cénacle, Mme Berthe Morisot, belle-sœur de M. Manet ; ses tableaux sont parmi les meilleurs ; ... [elle] a vu trois fois ses tableaux acceptés par le jury du salon. Pourquoi ne pas tenter un nouveau succès[67] ? »

Défavorable aux impressionnistes, le chroniqueur du *Télégraphe* considère que sa *Jeune Femme à la toilette* est une « toile certainement incapable d'éveiller la moindre idée coupable chez un collégien en vacances[68] ». Charles Bigot la trouve « en progrès sensible » et digne d'exposer au Salon[69].

Le reste de la critique est favorable et souvent élogieux. En cela elle est l'un des artistes le mieux accepté du groupe.

Émile Zola reste une nouvelle fois en retrait : « Je ne puis également donner que quelques lignes à Mlle Berthe Morisot dont les toiles sont d'une couleur si fine et si juste[70]. » Ernest d'Hervilly juge son envoi « de morceaux pleins de grâce et de finesse[71] ». Pour le librettiste Charles Flor O'Squarr, ami de Monet, « c'est blond, transparent, léger, coquet, plein de grâce[72] ». Aussi obtient-elle, selon Alexandre Pothey, « un véritable succès[73] ». De son côté, le critique resté anonyme de *l'Écho universel* salue son talent, ses « esquisses délicates et justes [...] et une grande justesse de vue[74] ». *La Petite République française* voit en elle « une impressionniste dans le meilleur sens du mot [...] Quelle supériorité de goût et d'arrangement ! Quelle harmonie discrète et voilée ! Quelle finesse de tons et quelle délicatesse de touche[75] ! ». Elle a, selon l'homme de lettres Arsène Houssaye qui écrit sous le pavillon neutre de Jacques, une double réputation « le talent et la beauté[76] ».

Même Émile Bergerat, pourtant hostile aux impressionnistes, reconnaît qu'elle est « le plus peintre de tous, dans le sens du don inné de la couleur », et il ajoute que cette artiste « a signé le meilleur tableau de l'exposition »[77] pour sa « touche libre et précise » avec le portrait de femme tenant un éventail. Paul Mantz, dans *le Temps*, n'admet, et encore avec réserves, que Caillebotte, Degas et Morisot ; malgré ses ébauches « on l'a déjà louée : il faut la louer encore », et « lorsqu'elle joue avec la gamme des tons clairs, elle trouve des gris d'une finesse extrême et des roses de la pâleur la plus délicate [...] Sa peinture [...] a toute la franchise de l'improvisation ? C'est vraiment là l'impression éprouvée par un œil sincère et loyalement rendue par une main qui ne triche pas »[78]. Philippe Burty n'est pas moins favorable que ses confrères en écrivant qu'elle est une « artiste bien douée, faite pour ramener le public et la critique[79] ». Au lendemain de la fermeture de l'exposition, les deux articles publiés par *l'Artiste* sont moins favorables que le reste de la

65. *Le Ralliement*, 13 avril 1877.
66. *La Chronique des arts et de la curiosité*, 14 avril 1877, p. 147.
67. *Les Gauloises*, 15 avril 1877, p. 6.
68. Monsieur de Partout, 1877.
69. *La Revue politique et littéraire*, dite aussi *Revue bleue*.
70. *Le Sémaphore de Marseille*, 12 avril 1877, p. 1.
71. *Le Rappel*, 6 avril 1877.
72. *Le Courrier de France*, 6 avril 1877.
73. *Le Petit Parisien*, 7 avril 1877.
74. *L'Écho universel*, 9 avril 1877.
75. *La Petite République française*, 10 avril 1877.
76. *L'Homme libre*, 12 avril 1877.
77. *Le Journal officiel*, 17 avril 1877, p. 2918. C'est malgré son titre un journal privé.
78. *Le Temps*, 22 avril 1877, p. 3.
79. *La République française*, 25 avril 1877, p. 3.

presse. La romancière à scandale Marc de Montifaud reconnaît sa candeur, sa sincérité, sa franchise et sa main qui ne triche pas, mais regrette que sa peinture n'ait que « commencements » et esquisses[80]. Frédéric Chevalier ne lui consacre que quelques lignes d'un long article tout en reconnaissant qu'elle expose « plusieurs œuvres très artistiques », comme les barques sur la Tamise et la femme sur le canapé[81].

Dans l'hebdomadaire *l'Impressionniste,* créé pour défendre l'exposition, Georges Rivière, ami de Renoir, ne consacre que vingt-deux lignes à Berthe Morisot, non qu'il ne l'apprécie pas mais parce que c'est « une artiste dont l'éloge n'est plus à faire[82] ». Il préfère prendre plus longuement le parti des peintres attaqués par la presse. Il lui reconnaît un « œil d'une sensibilité extraordinaire », et surtout d'avoir su « fixer sur ses toiles des notes fugitives, et cela avec une délicatesse, un esprit et une science qui lui font une fort belle place au milieu des autres impressionnistes »[83]. Il s'expliquera plus longuement sur la spécificité de son talent dans l'article que lui commande Arsène Houssaye pour *l'Artiste.* Il sait alors trouver les termes justes en quelques lignes pour caractériser son art et pour individualiser sa technique par rapport à celle des autres exposants : « Mme Morisot est élève de M. Manet, c'est à dire qu'elle voit la nature par la tache et non par l'irisation des tons, à la manière de M. Renoir. Elle copie M. Manet, mais sa nature délicate lui a fait transformer la facture mate qui fait du maître un grand peintre en une touche fine, délicate, féminine, qui lui crée une sorte d'originalité malgré son origine. Son œil est très sensible, plus sensible même que celui de M. Manet qui, entraîné souvent par la puissance de sa touche, néglige les tons. C'est surtout dans les pastels et dans les aquarelles que cette sensibilité d'œil [...] se fait le plus sentir[84]. »

Abstention en 1879

En 1879, fatiguée des suites de la naissance de sa fille Julie, et aussi occupée que préoccupée par ses premières maladies infantiles, Berthe Morisot n'a rien de nouveau à présenter. C'est pourquoi elle préfère renoncer à exposer avec ses amis quel que soit son regret, son exigence envers son art est trop grande pour retenir assez d'œuvres dont elle est pleinement satisfaite. Cette abstention ne passe pas inaperçue ; certains en profitent pour prétendre qu'elle déserte le mouvement. Toutes ces polémiques autour d'une absence montrent qu'elle n'est pas oubliée.

Philippe Burty trouve que l'exposition « n'offre pas le même attrait de curiosité qu'aux années précédentes. On n'y verra n'y Mlle Berthe Morizot, ni MM. Sisley et Renoir[85] ». Deux autres amis et défenseurs des impressionnistes déplorent son absence. D'abord Ernest d'Hervilly, mais aussi Edmond Duranty qui a « regretté de ne pas retrouver [...] les notes si sensitives et délicates de Mme Berthe Morizot[86]... ».

80. *L'Artiste,* 1er mai 1877, p. 340.
81. *Ibid., op. cit.,* p. 332.
82. *L'Impressionniste,* no 2, 11 avril 1877, p. 4.
83. *Ibid., op. cit.,* p. 6.
84. *L'Artiste,* 1er novembre 1877, p. 300.
85. *La République française,* 16 avril 1879.
86. *La Chronique des arts et de la curiosité,* 19 avril 1879.

Arsène Houssaye, sous le pseudonyme de F. C de Syène constate : « … depuis leur première exposition, quelques-uns, que l'on regrette, se sont éloignés du cénacle. M. Auguste Renoir, entre autres, a transigé, ainsi que Mlle Berthe Morisot. Dans la crainte de nouvelles désertions, sans doute, les Intransigeants d'autrefois, n'osent plus se nommer que les *Indépendants*. N'importe. À chaque campagne la phalange rallie des talents nouveaux et, hardiment, poursuit sa marche. Les recrues de cette année sont précieuses[87]. » Bien que favorable, ce journaliste est mal renseigné : si Renoir a « transigé » en exposant au Salon, ce n'est pas le cas de Morisot.
Wolff profite de l'occasion pour rallier et persifler ; il le fait de telle manière que l'on ne comprend pas aujourd'hui comment il a pu être considéré comme un esprit brillant et subtil. Il écrit : « Ces messieurs sont indépendants jusqu'au moment où ils deviennent soumis. Aussitôt que l'un d'eux fait un tableau à peu près propre, qui a quelque chance d'être reçu au Salon, il lâche les autres avec une désinvolture charmante. C'est ainsi que finissent les mieux doués, MM. Sisley, Renoir, et mademoiselle Berthe Morisot[88]. » On comprend pourquoi dans ses lettres Berthe Morisot parle du « stupide Wolff ».

1880, une large reconnaissance

Berthe Morisot envoie quinze œuvres dont quatre aquarelles et un éventail[89]. *Le Voltaire* nous apprend que le jour de l'ouverture le peintre Guiseppe de Nittis a acheté un portrait de femme ; c'est la *Jeune Femme en toilette de bal* – alors exposée sous le titre *Portrait*[90]. En plus de cette marque publique de reconnaissance par un artiste reconnu, Berthe Morisot bénéficiera d'une critique qui comprend mieux son œuvre et l'apprécie ; seuls quelques-uns s'obstinent.
Le plus étonnant est de trouver parmi ces irréductibles Huysmans qui voit trop en romancier ce qu'il devrait regarder en esthète : « Laissées à l'état d'esquisses, les œuvres exhibées par [Morisot] sont un pimpant brouillis de blanc et de rose. C'est du Chaplin manétisé, avec en plus une turbulence de nerfs agités et tendus. Les femmes que Mme Morizot nous montre en toilette, fleurent le *new mown hay* et la frangipane ; le bas de soie se devine sous des robes bâties par des couturiers en renom. Une élégance mondaine s'échappe, capiteuse, de ces ébauches morbides, de ces surprenantes improvisations que l'épithète d'hystérisées qualifierait justement, peut-être[91]. »
Même le redouté Albert Wolff lui reconnaît, sous l'influence de Manet et de ses premiers succès, des « qualités » ; dans toute cette exposition « … on ne contemple que des toiles sans la moindre valeur, œuvres de fous qui prennent des cailloux pour des pierres fines. Je fais une exception pour M. Degas et Mme Berthe Morisot. Tout le reste ne vaut pas la peine d'être vu et encore moins d'être discuté[92]… » Henri Esmond lui reproche le caractère inachevé :

87. *L'Artiste*, 1er mai 1879.
88. *Le Figaro*, 11 avril 1879.
89. Parmi cet envoi, 6 toiles sont présentées. Ce sont suivant les titres et les numeros de 1880 . nº 113, *Été* (cat. 40) ; nº 114, *Hiver* (cat. 50) ; nº 115, *Femme à sa toilette* (cat. 49) ; nº 116, *le Lac du bois de Boulogne* (cat. 42) ; nº 119, *Au jardin* (cat. 43) ; nº 120, *Portrait* (cat. 46). Les critiques de l'époque sont citées dans les notices correspondantes.
90. Voir le cat. 46.
91. Repris dans *l'Art moderne*.
92. *Le Figaro*, 9 avril 1880.

« Mme Morizot est l'ange de l'inachevé ; son dessin n'est qu'une ébauche dans une débauche d'indéfini[93]. »

Une dizaine de critiques sont plutôt favorables, même s'ils lui reprochent le caractère inachevé. Ce sera longtemps le principal reproche qui lui sera fait. Havard demande : « Que reste-t-il pour défendre les traditions de l'impressionnisme ? – Mlle Morizot. [...] Ses fraîches figures, à peine indiquées sur la toile, ont une délicatesse et un charme qu'on ne peut nier. Ce sont des très remarquables préparations [...] Mlle Morizot peut revendiquer l'honneur, grâce à cela, de tenir haut et ferme, le drapeau de l'impressionnisme[94]. » De même Georges Japy affirme : « Ce serait très bien si c'était dessiné. Mais Mme Morizot se moque bien du dessin ! Certains de ses tableaux semblent prêts à s'évanouir comme une fumée légère[95]. »

Une quinzaine de comptes rendus sont favorables ou très favorables. Parmi ceux-ci Firmin Javel écrit : « Berthe Morisot expose des portraits et des tableaux de genre d'une délicatesse et d'une poésie remarquables[96]. » Auguste d'Écherac avoue de son côté avoir été séduit « au plus haut point par le talent de Mlle Morisot », et n'avoir « rien vu de plus délicat en peinture »[97]. Les mots de charme, de finesse, et de délicatesse reviennent sous de nombreuses plumes.

Pour la première fois, la presse fait un rapprochement avec l'art de Fragonard. C'est une manière de légitimer la technique de Berthe Morisot sans l'accepter complètement ainsi que de l'opposer à celle de ses amis impressionnistes. Henry Trianon écrit : « Mme Berthe Morisot est, à nos yeux, l'impressionniste la plus attrayante du cénacle de la rue des Pyramides. Ses ébauches rappellent sans la moindre servilité mais par une sorte de filiation spirituelle les plus charmantes ébauches de Fragonard. Elle est, par ailleurs, très moderne de type et d'accent[98]. » Deux jours plus tard, Philippe Burty nuance cet argument pour en montrer les limites : « Mme Berthe Morisot manie la palette et le pinceau avec une délicatesse vraiment surprenante. Depuis le dix-huitième siècle, depuis Fragonard, on n'a jamais étalé avec une hardiesse plus spirituelle des tons plus clairs[99]. » En historien de l'art, Paul Mantz relève cette « finesse fragonardienne » qui provoque en lui un sentiment bien mitigé : « Rien qu'une musique vague, rien que des velléités, mais si délicates ! Watteau, Bonington et tous les sylphes comprendraient cet art qui existe à peine. Mme Berthe Morisot, dont nous ne recommandons pas les méthodes aux élèves de nos écoles, a une manière à elle de mettre la finesse dans l'indéfini. En présence de ces commencements de tableaux, on pense aux ébauches légères, aux frottis blonds de certains coloristes, et devant ces choses incomplètes et presque exquises, on s'arrête mélancolique et charmé[100]. » Le rapprochement est tout aussi nuancé chez Charles Ephrussi qui bien que venant d'acheter des œuvres de l'artiste ne veut sans doute pas choquer les lecteurs de *la Gazette des Beaux-Arts* qui ne comprennent pas cet art si novateur : « Cette légèreté fugitive, cette vivacité aimable, pétillante et frivole rappellent Fragonard, moins la science profonde, la solidité de la pâte et

93. *L'Europe artiste*, 2 mai 1880.
94. *Le Siècle*, 2 avril 1880.
95. *Ibid.*, 3 avril 1880.
96. *L'Événement*, 3 avril 1880.
97. *La Justice*, 5 avril 1880.
98. *Le Constitutionnel*, 8 avril 1880.
99. *La République française*, 10 avril 1880.
100. *Le Temps*, 14 avril 1880.

cette lumière diffuse qui donne au tableau du maître tant d'homogénéité[101]. » Pour répondre à ces remarques, Berthe Morisot sera encore plus personnelle et plus audacieuse l'exposition suivante.

1881, sixième exposition, vers la reconnaissance

Berthe Morisot n'envoie que huit œuvres à cette exposition dont une hors catalogue[102]. Subsistent les mêmes adversaires irréductibles. Plus significativement pour elle, plusieurs critiques deviennent enfin plus favorables ou moins négatifs. Huysmans est moins injuste ; s'il regrette « ses improvisations trop sommaires », il n'en reconnaît pas moins pour la première fois, qu'en « dépit de ces objections, Mme Morizot est une nerveuse coloriste, un des seuls peintres qui aient su comprendre les adorables délices des toilettes mondaines[103] ». Émile Cardon qui l'année précédente l'avait classée parmi « les intransigeants purs [...] dont les ouvrages ne supportent aucun examen sérieux et ne sont en résumé que des plaisanteries peu comiques[104] », trouve qu'il y a, chez elle, comme chez d'autres impressionnistes, « beaucoup d'observations, de sincérité et un sentiment, très juste de la nature[105] ». Même Wolff devient plus favorable ; il défend longuement Cassatt « sur le point de devenir une artiste considérable[106] », et déclare que ce qu'il vient dire d'elle s'applique aussi à Morisot comme à Degas. Un tel changement d'attitude n'est pas encore général.
Armand Silvestre observe qu'elle a « une vaillance incomparable servie par un réel talent[107] ». Gustave Geffroy dont l'influence commence à être significative apprécie la vie étrange qui anime les toiles de Morisot ; pour lui, « l'artiste a trouvé le moyen de fixer les chatoiements, les lueurs produites par les couleurs, les frissons qui passent sur les choses et l'air qui les enveloppe. [...] Nul ne représente l'impressionnisme avec un talent plus raffiné, avec plus d'autorité[108]... ».

1882, septième exposition : « vos tableaux intéressent le plus le public »

Restée à Nice, Berthe Morisot participe à cette exposition pour satisfaire ses amis et plaire à son époux Eugène Manet qui veut la mettre valeur, ce qu'il fait avec le plus grand succès. Une lettre d'Eugène à son épouse nous apprend : « Gustave prétend que ce sont vos tableaux qui intéressent le plus le public[109]. » Berthe Morisot est rassurée des premières réactions ; elle répond à son mari : « ... tout ce que vous me dites m'est agréable et me calme sur mon exposition que je croyais grotesque[110]. »
En plus des neuf œuvres figurant au catalogue, au moins trois autres sont exposées hors catalogue.

101. *La Gazette des Beaux Arts*, 1er mai 1880.
102. Malheureusement aucune figure aujourd'hui dans cette rétrospective.
103. Texte de revue repris dans *l'Art moderne*.
104. *Le Soleil*, 5 avril 1880.
105. *Ibid.*, 7 avril 1881.
106. Wolff, 1881, p. 1.
107. *La Vie moderne*, 16 avril 1881.
108. *La Justice*, 19 avril 1881.
109. *Corresp. B. Morisot*, p. 104.
110. *Ibid.*, p. 110.

Sept d'entre elles sont présentées à Martigny ou à Lille[111]. Le jour de l'inauguration, une seule toile d'elle est exposée, *À la campagne* (CMR 111), ce qui provoque quelques réactions de dépit de deux défenseurs de l'impressionnisme, Charles Flor et Ernest Chesneau, ainsi que de Sallanches. D'autres œuvres sont progressivement ajoutées ; elles sont présentées dans un cadre soit blanc, soit gris avec des ornements d'or.

Devant *À la campagne* qu'il juge « agréable à voir, bien clair et bien vivante », Charles Flor regrette son exposition « moins complète qu'à l'ordinaire », mais on l'assure « qu'elle a été prise au dépourvu, qu'après avoir arrêté antérieurement de ne pas prendre part à l'exposition, elle s'est tout à coup ravisée[112] » ; il raconte l'anecdote suivante : un des exposants – certainement son ami Monet – lui disait devant ce grand tableau : « Pour posséder çà, je consentirais à recevoir des coups de pieds au derrière. » Il commente : « Assurément, c'était une manière de parler… »

Plusieurs critiques reviennent à des jugements négatifs. Paul de Charry affirme qu'elle « a pris à tâche de perdre tout ce qu'elle possédait autrefois. Nous nous souvenons d'elle, des profils exquis, des silhouettes charmantes, qui ont aujourd'hui complètement disparu ». Huysmans est à nouveau aussi sévère qu'injuste : « … des ébauches expéditives, fines de ton, charmantes même, mais quoi ! – nulle certitude, nulle œuvre entière et pleine. Toujours les inconsistants œufs à la neige vanillés d'un dîner de peinture ! » À Bruxelles, *l'Art moderne* lui reproche de délayer « un peu trop ses colorations, d'une finesse excessive ; il n'en restera plus rien, ce qui serait dommage, car il y a certainement en elle l'étoffe d'un peintre de talent[113] ».

Au contraire, Louis Leroy reconnaît cette fois : « Sa palette a des finesses incontestables. On sent chez cette dame un tempérament de coloriste[114]. »

Les commentaires favorables sont les plus nombreux. Parmi ceux-ci, Henri Rivière admire ses « études et deux ou trois pastels d'une couleur vraiment ravissante[115] ». Philippe Burty écrit : « Sa peinture et ses pastels n'ont rien perdu de leurs charmes féminins. Elle est, dans le sens délicat du terme, l'impressionnisme par excellence[116]. »

1886, huitième exposition

L'envoi de Berthe Morisot est abondant, avec quatorze numéros, des séries de dessins[117], d'aquarelles[118] et d'éventails[119], plus au moins deux œuvres hors catalogue[120] ; sept des œuvres alors exposées sont présentées ici[121]. La presse est à la fois plus nombreuse, plus profonde et plus favorable.

Mis à part deux ou trois irréductibles, la critique n'ose plus dénigrer. Henry Fèvre est de ceux-là. Pour lui, l'impressionnisme « est un peu certainement l'hystérie de

111. Ce sont, selon le catalogue de 1882 : n° 93, *Blanchisseuse* (cat. 54) ; n° 94, *Baby* (cat. 55) ; n° 96, *Port de Nice* (cat. 59) ; n° 97, *Port de Nice* – en fait la plage (cat. 61) ; et hors catalogue : *Villa Arnulfi* (cat. 63) ; *Eugène et Bibi* (cat. 53) ; *Bibi et Pasie dans le jardin Robin* (cat. 56).
112. *Le National,* 3 mars 1882.
113. *L'Art moderne,* 19 mars 1882.
114. *Le Charivari,* 17 mars 1882.
115. *Le Chat noir,* 8 avril 1882.
116. *La République française,* 8 mars 1882.
117. Nous ne savons ni combien, ni lesquels.
118. Au moins trois sont connues : *Deux Bébés aux Tuileries* (BW 726), *le Lavoir sous bois* (BW 668), et des *Bateaux dans le port de Nice* (sans doute BW 660).
119. Ce sont BW 697, BW 702 et BW 703.
120. Une *Femme dans les champs avec des enfants* (CMR 156 ou 155), et un *Port de Nice,* mais nous ne savons pas lequel des trois (CMR 113, 114 ou 115), plus probablement le dernier.
121. Ce sont suivant les titres et numéros du catalogue de 1886 : n° 83, *Jardin à Bougival* (cat. 79) ; n° 84, *Enfants,* ou n° 86, *Portraits d'enfants* (sans doute cat. 103) ; n° 87, *le Lever* (cat. 99), n° 88, *Paysage à Nice* (cat. 63), n° 89, *Roses trémières,* (cat. 83), n° 93, série d'aquarelles, dont *Bateaux dans le port de Nice* (cat. 60), n° 94 bis, *Au bain* (cat. 97).

la couleur », aussi ne faut-il pas s'étonner lorsqu'il écrit à propos de Morisot qu'elle « barbouille beaucoup, mais faiblement ; sa peinture bafouille ; [...] il y a trop d'hésitation, de diluage dans les teintes[122] ». Pour Henry Havard, malgré « un certain charme », elle ne fait que des « ébauches » ou des « préparations »[123]. Le critique de *la Liberté* n'est pas en reste : « Mme Berthe Morisot est encore une artiste qui ne mourra très certainement pas dans l'impénitence finale de l'impressionnisme. Elle a trop d'intelligence et de distinction pour cela. Pour s'affranchir totalement d'une influence mauvaise, il lui suffira de suivre sa propre inspiration, d'étudier beaucoup les véritables maîtres et d'attacher plus de prix au fini de ses ouvrages. Sa manière est encore défectueuse, en bien des points ; elle a un sentiment exagéré de l'effet et de la couleur ; seulement elle a le charme et la facilité qui correspondent sans effort à des œuvres de saine venue[124]. »

Maurice Hermel lui reproche de rester impressionniste : « Je ne prétends pas que Mlle Morisot ait fait des chefs-d'œuvre ni même des œuvres complètes. Il manque à son art charmant et primesautier la décision des œuvres durables. Sa manière reste trop purement impressionniste et s'arrête à des intentions exquises, au charme flottant de l'ébauche[125]. »

Paul Adam remarque qu'elle « juxtapose les tons sans les mélanger[126] », mais que « sa touche large » n'est pas celle des pointillistes qui exposent alors avec eux[127] ; « la division des nuances ne s'en marque pas moins, et l'ensemble conquiert ». Félix Fénéon, l'ami de ces pointillistes, reconnaît que son art « est toute élégance : facture large, claire, alerte ; un charme féminin sans mièvrerie ; et malgré une allure d'improvisation, des valeurs d'une justesse rigoureuse[128] ».

Les louanges sont plus nombreuses. Ainsi, Georges Auriol écrit : « Il n'est pas nécessaire d'être très galant pour saluer d'abord dans ce petit groupe Mme Berthe Morisot. Ce qu'elle fait est si délicat, si distingué et si pénétrant, qu'on se sent immédiatement entraîné vers elle[129]. » Même le *Journal des artistes*, sous la plume de Jules Christophe, devient favorable : « Mme Morisot [...] se montre, à son ordinaire, fine, très charmante et vraiment libre[130]. » Gustave Geffroy admire « des pâleurs de perles, des taches diaphanes, des transparences d'eau » d'où se dégage un charme « qu'on pourrait appeler un charme atmosphérique »[131]. Le charme et la délicatesse sont relevés par plus d'un critique – ce qui fait écrire à Paul Adam : « Avec l'art d'un peintre expert, se joint, en l'œuvre de Mme Morisot, tout ce que la femme sait créer de grâce[131bis]. »

Déception chez Georges Petit

Persuadée par Renoir, mais aussi incitée par Whistler qui l'admire profondément, Berthe Morisot accepte de participer à l'exposition internationale de peinture qu'organise Georges Petit dans sa galerie de la rue de Sèze. Elle y expose

122. *La Revue de demain*, mai-juin 1886.
123. *Le Siècle*, 17 mai 1886.
124. *La Liberté*, 18 mai 1886.
125. *La France libre*, 28 mai 1886.
126. *La Revue contemporaine*, avril 1886.
127. Seurat présente notamment *Un dimanche à la Grande Jatte*, n° 175, Chicago, Art Institute.
128. *La Vogue*, 13-20 juin 1886.
129. *Le Chat noir*, 22 mai 1886.
130. *Le Journal des artistes*, 13 juin 1886.
131. *La Justice*, 26 mai 1886.
131bis. *La Revue contemporaine*, avril 1886.

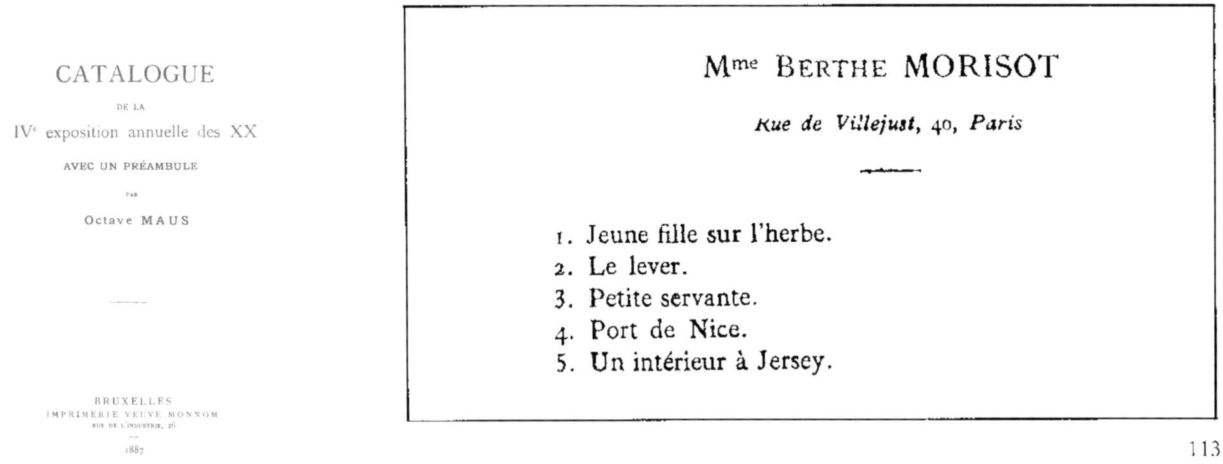

CATALOGUE

DE LA

IVe exposition annuelle des XX

AVEC UN PRÉAMBULE

PAR

Octave MAUS

BRUXELLES
IMPRIMERIE VEUVE MONNOM
RUE DE L'INDUSTRIE, 26

1887

Mme BERTHE MORISOT

Rue de Villejust, 40, Paris

1. Jeune fille sur l'herbe.
2. Le lever.
3. Petite servante.
4. Port de Nice.
5. Un intérieur à Jersey.

113

Fig. 3. Catalogue du Salon des XX de 1887, à Bruxelles, collection particulière.

sept œuvres, dont sa première sculpture[132]. Avant l'inauguration, elle est comme toujours inquiète, craint un four. Elle reçoit une nouvelle fois l'estime de ses confrères, même de non-impressionnistes, mais la presse qui ne rend pas beaucoup compte de l'exposition ne parle guère d'elle. Petit ne la « pousse » pas. Elle ne renouvellera pas l'expérience. Sa participation quelques mois plus tôt au Salon des XX à Bruxelles lui avait apporté plus de satisfaction et plus de reconnaissance[133].

L'article de Théodore de Wyzewa pour Durand-Ruel

Pour la mettre en valeur à la veille d'une exposition de groupe, Durand-Ruel lui fait consacrer, en mars 1891, par Théodore de Wyzewa, un article de deux pleines pages dans *l'Art dans les deux mondes* avec illustration en couverture et deux autres reproductions.

Le texte de Wyzewa mériterait d'être plus longuement cité : « Mme Morizot ne s'est point contentée de voir avec des yeux de femme les choses qu'elle peignait : elle a su encore adapter à sa vision personnelle les plus parfaits moyens qui seyaient à la rendre ; de sorte qu'elle a créé un art très homogène, très complet, constitué de toutes les qualités qui doivent constituer un art, et, de plus, absolument exquis. Oui, les œuvres de Mme Morizot sont, dans leur genre particulier, la perfection même ; rien n'y détonne, rien n'y manque de ce qui peut revêtir de la plus noble valeur artistique les délicates sensations d'une femme. [...] c'est

132. Trois sont exposées ici. Ce sont selon les numéros et titres du catalogue : n° 95, *Jeune Fille au bal* (cat. 33), n° 96, *Intérieur à Jersey* (cat. 102) et n° 100, *Buste d'enfant* (cat. 106).

133. Nous consacrerons un article spécifique à sa participation aux expositions des XX, à Bruxelles en 1886 (hors catalogue), et en 1887, puis à celle de la Libre Esthétique en 1894, et au salon d'Anvers en 1893.

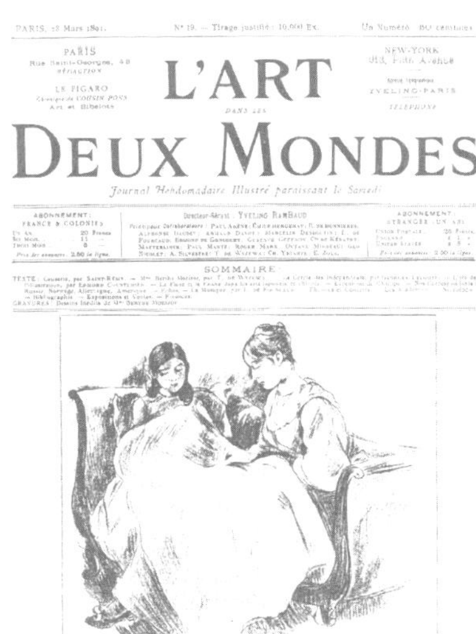

Fig. 4. Couverture de *l'Art dans les deux mondes*, collection particulière.

l'impression qui s'épanouit, aisée et parfaite, traduite par les moyens les plus sûrs et les plus délicats. Mais une impression si originale, si vive, si légère, si fraîche et si naturelle, que l'on ne songe en vérité jamais à demander autre chose, [...] Mme Morizot, cependant, continue à n'être point célèbre. À peine si le public connaît son nom ; et son art, qui au mérite de l'originalité et à celui d'une extrême perfection technique, joint encore le rare mérite d'être un enchantement pour les yeux, cet art doux et fort, n'est toujours apprécié que d'un petit nombre de curieux[134]... »

1892, sa première exposition personnelle

Eugène Manet avait négocié pour son épouse une exposition personnelle à la galerie Boussod et Valadon. Malgré son décès, Berthe Morisot ne renonce pas, en souvenir de l'abnégation d'Eugène qui s'est effacé souvent au profit de sa réussite personnelle. L'exposition est un succès tant pour l'estime qu'elle lui procure que pour les achats d'amis comme Monet ou Ernest Chausson, mais aussi par de collectionneurs comme Paul Gallimard ou Denys Cochin[135]. La presse reste plutôt silencieuse ; les quelques articles publiés sont très élogieux.
L'exposition, préfacée par Gustave Geffroy, a lieu du 25 mai au 18 juin, avec quarante-trois numéros au catalogue. Les pastels, aquarelles et dessins sont regroupés sous le même numéro, ce qui n'empêche pas de connaître avec exactitude le nombre d'œuvres exposées. Elle a fait appel à des collectionneurs connus comme Gallimard, Bérard, le Dr de Bellio, Charles Ephrussi, mais aussi à Durand-Ruel, à Portier et à Manzi, ainsi qu'à Mallarmé[136] ; de tels prêts montrent au public que Berthe Morisot est appréciée des amateurs avertis. C'est une véritable rétrospective, car elle a choisi à la fois des œuvres anciennes comme la *Vue de Paris*[137], des œuvres des années quatre-vingt comme *le Lever*[138], ainsi que des œuvres récentes comme *la Mandoline*, ou la *Bergère couchée*[139]. Dix des toiles alors exposées figurent aujourd'hui à Lille ou à Martigny[140].
La préface de Gustave Geffroy est importante pour faire comprendre son art. Le futur premier président de l'académie Goncourt est un critique écouté dont les jugements sont repris par ses confrères et suivis par certains lecteurs. Il étudie le traitement si personnel de la lumière : « Ici, la lumière solaire a été analysée et transformée par un vouloir et des mains de magicienne, elle a été conduite jusqu'à ces révélations par une série d'opérations où il y a le charme et la douleur d'un prestige. » Il insiste aussi sur son « sens pictural, la sûreté de ses indications », ses « recherches sincères ». C'est « un rare artiste et qui accomplit une chose rare entre toutes : une peinture de réalité observée et vivante, une peinture délicate, effleurée et présente, – qui est une peinture féminine ».

134. Wyzewa, 1891, p. 223-224.
135. Voir la « Biographie », p. 88.
136. Il prête, n° 37, une *Femme et enfant*, qui est une toile non identifiée car ce ne peut être l'aquarelle de *Bébé sur la plage* (BW 628) comme le propose M.-L. Bataille.
137. Voir le cat. 13.
138. Voir le cat. 99.
139. Voir les cat. 118 et 132.
140. Ce sont, en reprenant les titres de cette exposition de 1892 : n° 4, *le Lever* (cat. 99), n° 9, *Dame au manchon* (cat. 50), n° 10, *Femme à l'éventail* (cat. 33), n° 11, *Vue de Nice* (cat. 63), n° 16, *la Plaine de Gennevilliers* (cat. 24), n° 17, *Bergère couchée* (cat. 132), n° 19, *la Mandoline* (cat. 118), n° 23, *Vue de Paris* (cat. 13), n° 30, *le Lac du bois de Boulogne* (cat. 77), et n° 32, *Intérieur de cottage* (cat. 102).

Manzi avait eu raison de faire appel à Gustave Geffroy car sa préface est citée, parfois longuement. Raoul Sertat constate : « La lumière, tel a été, tel est encore pour Mme Berthe Morisot le but et comme la raison d'être de sa peinture. » Il reprend longuement Geffroy dans son article publié à la fois par *le Journal des artistes*[141] et par *la Revue encyclopédique*[142]. À Bruxelles, dans son hebdomadaire *l'Art moderne,* Octave Maus, le fondateur des XX, reprend l'essentiel de cette préface en avertissant qu'elle « constate [...] le sérieux intérêt artistique » de l'événement[143].

La Chronique des arts et de la curiosité est réticente. En effet, si Alfred de Lostalot reconnaît que ses œuvres « forment un ensemble d'une rare délicatesse où revit l'art impressionniste de Manet, affiné, quintessencié par une nature de femme qui lui imprime un cachet particulier de goût et d'élégance », c'est pour ajouter aussitôt : « Ce ne sont, d'ailleurs, que des esquisses ; la fraîcheur et le charme de ces peintures, si marquées dans les improvisations, s'évaporent sous les doigts de l'artiste dès qu'elle veut pousser un peu plus loin la réalisation objective, ainsi qu'en témoignent quelques-unes des œuvres exposées[144]. »

Dans *Le Mercure de France,* Albert Aurier l'imagine, comme toujours en termes poétiques, dans « la défroque du grand maître Manet ». Il y trouve « une singulière et charmante limpide atmosphère, faite d'un lumineux poudroiement de délicat bleu-gris et de vert trop tendre » ; « l'œuvre reste, malgré tout, intéressant, à cause même de cette légitime et savoureuse féminité, et si loin de la redoutable féminité de ces dames des "Femmes peintres"[145]... »

Jacques-Émile Blanche lui consacre une page dans une petite revue, les *Entretiens politiques et littéraires.* Il écrit qu'elle « reste toujours la petite nièce de Fragonard, qu'elle est de fait » ; cette affirmation qui sera reprise par Mallarmé en 1896 n'a jamais été prouvée[146]. Il poursuit : « Elle est la seule femme peintre qui ait su garder la saveur de l'incomplet et du joliment inachevé, dans des toiles très poussées, abandonnées par impatience, reprises avec rage et toujours fraîches comme au premier jour. Il y a de l'emportement et quelque chose de lassé, de la fougue et comme une paresse alanguie dans sa touche : on dirait que c'est tracé avec un roseau trempé dans du charme[147]. »

À l'étranger, George Moore rend compte de son exposition de manière particulièrement élogieuse. Cet admirateur de Manet, dans un article repris dans *Modern Painting,* n'hésite pas à écrire que Morisot est « la seule femme peintre dont la disparition causerait un hiatus dans l'histoire de l'art ».

Nécrologies

Berthe Morisot ne meurt pas inconnue, comme femme ou comme artiste, contrairement à ce que l'on écrit parfois sous prétexte que sa profession d'artiste ne figure pas sur le certificat de décès. D'abord, celui-ci porte les mentions

141. Sertat, 1892, p. 173-174.
142. Idem, 1896, col. 1109.
143. « Exposition de Mme Berthe Morisot », 5 juin 1892, p. 179-180.
144. A. DE L. [Alfred de Lostalot], 1892, p. 179.
145. Aurier, 1892, p. 259-260.
146. Le seul lien certain est un portrait de sa mère par Jean-Évariste Fragonard (Paris, coll. part.) reproduit dans la « Biographie », voir fig. 3, p. 89.
147. J. E. White [Jacques-Émile Blanche], 1892.

déclarées par la famille. Ensuite l'enterrement s'est déroulé dans l'intimité. Enfin, la presse n'est pas restée silencieuse au lendemain de sa disparition, au contraire, elle a même été élogieuse et relativement abondante. Quelques exemples suffisent à le prouver.

Son avis de décès est publié par plusieurs quotidiens, et l'un d'eux au moins annonce le service funéraire pour le mardi 5 mars à 10 heures en l'église Saint-Honoré d'Eylau dont le curé est l'abbé Hurel[148], un ami de la famille Manet. Alors qu'elle décède le samedi 2 mars 1895, dès le lundi, *le Figaro* indique parmi les deuils : « Nous apprenons la mort : [...] De Mme Berthe Morisot, l'artiste peintre, qui fut avec Renoir et Manet une des premières impressionnistes. Elle est décédée samedi à Paris. Le Musée du Luxembourg avait récemment fait acquisition d'un de ses tableaux : *Jeune femme au bal,* généralement réputé comme chef d'œuvre. Mme Berthe Morisot avait épousé M. Eugène Manet, le frère d'Edouard[149]. » Ces quelques lignes comparées aux autres nécrologies montrent que l'artiste, autant que la femme, est connue du Tout-Paris. Le même jour, le quotidien du soir *le Journal,* publie anonymement quelques lignes dues à Gustave Geffroy : « Hier, est morte, à peine âgée de cinquante-cinq ans, une femme de grand talent, Mme Eugène Manet, plus connue sous le nom dont elle signait ses toiles : Berthe Morisot. Elle était l'élève de son beau-frère, Édouard Manet. Boussod et Valadon organisèrent, en 1892, une exposition de ses œuvres, qui fut une révélation pour les amateurs en retard. L'année dernière, elle obtient le suffrage de l'État, qui acquit à la vente Duret une des œuvres les plus délicieuses de l'artiste : *Jeune femme en toilette de bal,* que l'on admire maintenant au Musée du Luxembourg. Sa peinture fut une peinture féminine, fine, subtile, d'une extrême élégance. On est stupéfait, aujourd'hui à relire les critiques autrefois formulées contre ces œuvres si distinguées, d'une réalité si rêvée, si exquisement nuancée, et qui témoignent si hautement pour l'art impressionniste[150]. »

En quelques lignes, Geffroy dit tout et lui rend le plus grand hommage. Il n'est pas le seul. Des revues peu favorables aux impressionnistes font de même. *La Chronique des arts et de la curiosité* lui consacre une nécrologie qui contient quelques lignes élogieuses relevant que « son art était tout ensemble fait de puissance et de délicatesse, c'est-à-dire que, malgré le maniement vaillant, presque viril de la brosse, le choix des tons délicats, pâlis, décelait bien une recherche et un goût tout féminins. Tour à tour, Berthe Morizot a abordé, dans ses tableaux, le portrait, l'intérieur, le paysage, créant dans chacun de ces genres, des œuvres exquises, par l'enveloppe, par l'accord des nuances adoucies, atténuées et *symphoniquement* assemblées. Ses notations à l'aquarelle, rapides, effleurées semble-t-il, étaient encore douées du plus grand charme. C'est en 1892, à l'exposition de plusieurs de ses œuvres chez Goupil, que la généralité prit conscience du talent affiné et foncièrement personnel de Berthe Morizot[151]. » L'auteur termine en souhaitant « qu'une exposition posthume, récapitulative, vienne marquer la

148. Sur lui voir la notice par Pickvance de son portrait par Manet dans le cat. exp. *Manet,* 1996, n° 45, reproduit p. 105, notice p. 191, et en anglais p. 231.
149. Anonyme, 4 mars 1895, p. 2.
150. Non signé [Gustave Geffroy], 5 mars 1895, p. 1.
151. Anonyme, 5 mars 1895, p. 92.

belle place qui appartient dans l'école moderne à l'artiste prématurément disparue ». *La Revue encyclopédique* publie une nécrologie dont la moitié est une citation ; l'auteur anonyme ajoute : « Son art, fait de puissance et de délicatesse, était très féminin, très distingué, très subtil, avec une sûreté de brosse presque virile. Parmi les peintres impressionnistes, il n'en est point qui ait un plus grand charme[152]. » Dans *le Journal des artistes,* d'habitude peu sympathique envers ces novateurs, Henry Nocq trouve des mots justes pour qualifier l'œuvre de celle qu'il désigne comme « un grand artiste ». Après avoir rappelé que tous les artistes connaissent sa *Jeune Femme en robe de bal* du musée du Luxembourg, il poursuit : « ... il est superflu de rappeler les qualités exquises de l'art de Berthe Morizot ; l'élégance de son dessin, la recherche harmonieuse et subtile des couleurs ; une divination de la loi des phénomènes lumineux, dont aucune autre femme ne possède le secret... » C'est « la seule femme qui ait victorieusement prouvé en ce siècle, qu'une femme peut devenir un peintre de grand talent »[153].
Ces quelques articles montrent que la critique a été généralement plus lucide que la revue féminine *la Grande Dame* qui, assez superficielle, affirme qu'elle « fut une femme charmante et une artiste distinguée [...] Nous la connûmes en sa prime jeunesse, alors qu'elle s'appelait Berthe Morizot, donnant déjà les espérances qu'elle devait réaliser plus tard. La mort qui l'a foudroyée a fermé ses jeunes mains, encore pleines d'œuvres et d'espérance[154] ».
Même la presse étrangère lui rend hommage. Ainsi à Londres, *The Art Journal* écrit qu'elle est « l'un des artistes féminins le plus brillant que la France ait produit [...] travaillant dans sa voie propre, très féminine, très raffinée et délicate, et profondément personnelle ». Son exposition, de 1892, chez Boussod et Valadon « fut une révélation pour beaucoup, et a placé sa réputation au premier plan. Elle a peint des portraits, des intérieurs et des sujets en plein air, et a été reconnue dans chacun d'eux[155] ».

Succès posthume chez Durand-Ruel

L'exposition posthume organisée chez Durand-Ruel par Degas, Monet, Renoir et Mallarmé pour l'anniversaire de son décès lui donne la reconnaissance unanime qui lui manquait de son vivant. Avec près de quatre cents numéros au catalogue[156], c'est, comme le dit Thiébault-Sisson dans *le Temps,* « presque entière son œuvre[157] ». Roger Marx observe avec justesse : « ... l'œuvre est offerte au jugement public intégralement presque, – et de la redoutable épreuve la renommée de Berthe Morisot sort fortifiée, agrandie, triomphante devant la postérité[158]. » Tant d'œuvres inconnues font dire à Claude Bienne qu'elle a pu « peindre selon son goût et pour sa propre joie, peindre uniquement pour le divin plaisir de peindre, peindre amoureusement, de la nature ce qu'elle aimait le plus[159]... ».

152. Anonyme, mars 1895, p. 162.
153. H. N. [Henry Nocq], 10 mars 1895, p. 955.
154. Consuelo, avril 1895, p. 108.
155. Anonyme, juin 1895, p. 190.
156. Parmi ceux-ci au moins 72 figurent aujourd'hui dans ce catalogue. Dans les notices nous citons, souvent longuement, les articles étudiant les œuvres correspondantes.
157. Thiébault-Sisson, 1896, p. 3-4.
158. Marx, 1896, nº 136, p. 247-250. L'article est illustré de six reproductions.
159. Bienne, 1896, p. 466.

Les nombreux articles retrouvés dans la presse – plus d'une trentaine dont huit particulièrement longs et souvent judicieux – confirment que des publications ou des critiques qui l'avaient éreintée ont enfin essayé de comprendre son art. Un seul, Schmitt, dans *le Siècle*[160], reste hostile. Peu de critiques l'étudient par rapport aux autres impressionnistes sinon par rapport à Manet ; ils sont plus nombreux à souligner sa parenté avec les artistes du XVIIIe siècle ; d'autres, étonnés de voir tant d'œuvres inconnues et presque cachées, s'interrogent sur son manque de notoriété alors qu'elle mérite la célébrité.

Une exposition préparée par Degas, Monet et Renoir et préfacée par Mallarmé constitue en soi un hommage que plusieurs critiques relèvent. Ainsi, Arsène Alexandre explique à ses lecteurs du *Figaro :* « Ce sont les amis particuliers de Mme Morisot qui ont organisé cette exposition : MM. Degas, Renoir, Monet, Mallarmé donnaient vraiment par leur ardeur et leur attention à bien présenter ces pages délicieuses, un spectacle réconfortant, et j'ai plaisir à le dire au risque de désobliger profondément leur modestie. De braves gens se dévouant pour de belles choses, sans arrière-pensée, sans intérêt, pour l'art et l'amitié, ce n'est pas un fait si courant qu'on ne doive le signaler[161]. » Gustave Geffroy écrit de même : « Quittant leur art, leur travail, tout ce qui est leur souci et leur joie, Mallarmé, Degas, Renoir, Monet, sont venus, actifs, attentifs, pour faire revivre par le legs de son esprit, devant tous, la grande artiste qui n'est plus[162]. » Le critique de *l'Estafette* juge que ce « témoignage d'admiration mérite d'être noté en ces temps d'ingratitude[163] ». La préface de Mallarmé est admirée par Natanson, Mellério et Marx, mais elle n'est pas du goût de tous, notamment du critique du *Moniteur des arts* qui la trouve « peu compréhensible ».

L'article de Paul Girard dans *le Charivari* est intéressant parce qu'il tranche avec tout ce que ce quotidien avait écrit : « Berthe Morisot fut une vraie artiste, vivant sans tapage ni réclame. Ce qui fit que son nom ne se popularisa pas. De pieuses amitiés ont réuni chez Durand-Ruel ses principales œuvres. Il y a, dans tout cela, une note d'une charmante personnalité. Elle donnait notamment aux enfants et aux jeunes filles une grâce dont elle a emporté le secret. Car on a beau regarder, on ne parvient pas à découvrir le procédé dans tous ses tableaux. C'est du XVIIIe siècle modernisé. Un hommage était dû à ce talent vraiment rare auquel justice ne fut pas rendue quand l'artiste était vivante[164]. » Outre la grande presse quotidienne, des périodiques comme la *Revue bleue, la Revue encyclopédique,* ou des publications comme *la Revue artistique, le Moniteur des arts,* peu favorables à la cause des impressionnistes, sont louangeurs à son égard.

Berthe Morisot est autant présentée comme élève de Manet que comme artiste impressionniste. C'est sans doute pour cela que quelques connaisseurs insistent sur sa filiation artistique et son indépendance. Arsène Alexandre précise que dans « quelques œuvres du début se constate une légère influence du maître, mais sans que soit entravée une personnalité qui ne tarde pas à se manifester

160. Il écrit notamment : « … elle eut le goût des harmonies colorées. Il lui arrive de peindre, uniquement pour son plaisir. Les ébauches et les croquis qu'elle a laissés sont exposés chez Durand Ruel. Il faut aller les voir. Rien ne permet de supposer, que Mme Eugène Manet fut jamais émue d'un besoin de perfection. Elle se contentait de la première fleur du coloris, ne modelait guère, ne dessinait pas. Mais cette fleur est charmante et fraîche. […] Aucune toile ici n'est un tableau. Le sens subtil ne supplée jamais au métier nécessaire » (Schmitt, 1896, p. 3).
161. Alexandre, 1896, p. 5.
162. Geffroy, 1896, p. 1.
163. Anonyme, 18 mars 1896, p. 3.
164. Girard, 13 mars 1896.

toute entière ». Pour André Mellério, il n'y eut qu'une influence ; il précise : « je devrais dire plutôt l'impression », car le talent « s'est plutôt reflété sur son tempérament qu'il ne l'a pénétré. Mme Morisot est restée doublement elle-même, comme personne et comme artiste, mêlant intimement ces deux faces de son être en une individualité originale[165].

Raoul Sertat a compris qu'elle est aussi bien que ses amis impressionnistes héritière de Manet : « Sous l'interprétation d'ailleurs très personnelle, sous la traduction raffinée d'une femme d'un goût délicat, c'est la doctrine de Manet que vous retrouverez dans l'œuvre de Mme Berthe Morisot. La lumière fut le but et comme la raison d'être de sa peinture ; elle vouait son meilleur effort à redire l'impalpable décor de l'atmosphère, à conter le jeu exquis des figures et des choses dans la poudre changeante du soleil[166]. » Elle a lutté avec les impressionnistes et, nous dit André Mellério, « elle en a partagé les tendances communes : étude du clair coloris, recherche de l'atmosphère, affection pour les aspects très lumineux. Mais comme les Monet, les Degas, les Renoir et d'autres, elle a fait son œuvre dans un sentiment qui lui est propre, avec un tempérament et des procédés siens ».

Dans sa préface, Mallarmé fait de Morisot « une arrière petite-nièce, en descendance, de Fragonard ». Raoul Sertat et Thadée Natanson reprennent cette affirmation. La parenté artistique est différente selon Octave Fidière car elle « traduit avec une grâce aisée, une finesse vaporeuse qui rappelle par certains côtés, les maîtres de la fin du XVIIIe siècle, Boucher, Greuze, Fragonard[167] ». Thiébault-Sisson précise bien qu'elle va au-delà de tels prédécesseurs : « On n'a su qu'au siècle dernier traduire la grâce féminine avec cette finesse aisée, vaporeuse, qui suffit, sans insister jamais, à tout dire, qui dégage d'un trait l'essentiel. Et cet essentiel, Berthe Morisot le dégage aussi sûrement que les Boucher, les Fragonard et les Greuze dont elle subit un temps l'influence ; mais, en s'appropriant leur secret, elle n'a ni plagié leurs recettes ni reproduit en la pastichant leur facture. Le fonds légué par eux, elle l'a varié, assoupli, modifié, enrichi par des recherches nouvelles. » *Le Moniteur des arts* souligne qu'elle à un « art délicat, charmant, bien féminin, et bien personnel et absolument moderne, bien que confinant aux délicieuses visions de XVIIIe siècle[168] ».

La spécificité de l'art de Morisot est comprise par une dizaine de critiques, tant pour sa manière que pour les sujets peints. Paul Vraine observe qu'elle est soucieuse de sincérité ; ses œuvres « sont prises sur le vif et rendues en toute simplicité, sans emphase, ni mièvrerie[169]... ». Elle rend, selon Thiébault-Sisson, « les moindres jeux de la lumière, [les] modulations les plus délicates des tons, elle en a traduit avec une justesse infaillible, avec une incomparable fraîcheur, toutes les nuances, et l'œuvre qu'elle laisse est d'un maître ». Camille Mauclair observe que le « public saura d'elle ses tableaux d'un coloris si vivant, d'un arrangement si sûr et si libre, d'un aspect si varié[170] » ; il souligne que les toiles

165. Mellério, 1896, p. 78.
166. Sertat, 15 mars 1896, p. 1380.
167. Fidière, 1896, n° 11, p. 98.
168. Anonyme, *Le Moniteur des Arts*, mars 1896, p. 125.
169. Vraine, 1896.
170. Mauclair, 1896, p. 157-158.

comme la *Jeune Femme en robe de bal*[171] « attesteront suffisamment pour l'avenir » son nom. C'est, nous dit Roger Marx, « une œuvre de femme tout entier consacré à la femme » – comme celle de Mary Cassatt ainsi que le remarque Thadée Natanson. Dans de tels sujets, nous dit Gustave Geffroy, « jamais âme ou esprit n'a démontré, la profondeur de sa songerie intérieure, la force de sa volonté spirituelle, avec plus d'intensité que cette vivante et délicate artiste acharnée à conquérir la complexité du réel et la poésie de la vérité ». Par cet art elle a, selon André Mellério, marqué « l'éternel féminin ».

Dans l'influent quotidien *le Temps,* Thiébault-Sisson invite ses lecteurs à ne pas manquer cette rétrospective en des termes que nous pourrions reprendre aujourd'hui : « C'est un enchantement que l'exposition Morisot [...]. Ce sera une révélation pour beaucoup. [...] Qu'on aille chez Durand-Ruel la goûter. L'initiation n'aura rien de pénible et le charme, dès la première minute, agira. Peintures ou pastels, crayons noirs ou sanguines parleront à vos yeux une langue autrement éloquente, autrement subtile que la mienne. C'est le poème de la femme moderne imaginé et rêvé par une femme. Elle l'a paré de toutes les grâces de son sexe, elle l'a dit avec une distinction sans pareille. »

171. Voir le cat. 46.

Biographie de Berthe Morisot

Hugues Wilhelm

Les souvenirs précis de sa fille, Julie Manet – Mme Ernest Rouart –, les nombreuses lettres avec sa famille et la correspondance entre sa mère et sa sœur Edma ont constitué la source presque unique des premières biographies de Berthe Morisot par Louis Rouart, par Armand Fourreau, puis par Monique Angoulvent. L'édition de la *Correspondance,* en 1950, par Denis Rouart a été ensuite la source essentielle des différents catalogues d'exposition comprenant une biographie de l'artiste ou des catalogues raisonnés (Bataille et Wildenstein en 1961 ; Clairet, Montalent et Rouart en 1997).

La biographie publiée dans ce dernier catalogue raisonné étant détaillée, nous n'avons retenu ici que les faits utiles pour comprendre son œuvre, ainsi que des faits jusqu'à présent méconnus permettant de mieux comprendre son œuvre, sa famille et ses amis.

Alors que nous possédons de nombreux détails concernant sa vie, nous ne connaissons guère l'activité d'Eugène Manet. À côté de la gestion du patrimoine familial, à laquelle il consacrait une partie de son temps, il avait une activité administrative liée à la vie politique et à ses amitiés, mais nous ne savons précisément pas quelles fonctions il avait occupées.

Chronologie

1841

Berthe Morisot naît le 14 janvier, à 3 heures, à la préfecture de Bourges. Elle est déclarée avec les prénoms Marie-Pauline Berthe. Elle est la troisième fille de Tiburce Morisot (1806-1874), préfet du Cher, et de Marie-Joséphine Thomas (1819-1876). Ses deux sœurs sont Yves (5 octobre 1838 – 8 juin 1893), et Edma (13 décembre 1839 – 1921).

À cette époque, en plus de son traitement, son père dispose de plus de 8 000 francs de rente annuelle.

27 janvier : Berthe est ondoyée, *in articulo mortis,* par l'abbé Rouault, vicaire de la cathédrale de Bourges.

Juillet : M. Morisot est nommé préfet de la Haute-Vienne, à Limoges. Il y restera jusqu'à la révolution de 1848.

1845

Naissance de son frère cadet, Tiburce (11 décembre 1845 – vers 1930)

1846

En avril, son père est promu officier de la Légion d'honneur ; il avait reçu la croix de chevalier en 1839, à trente-trois ans.

1848

À la suite de la révolution de février, son père démissionne de son poste de préfet. Il s'installe alors à Paris, cité Vendée.

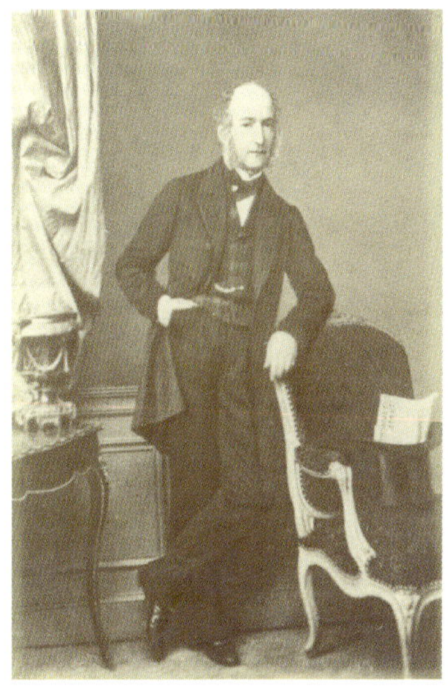

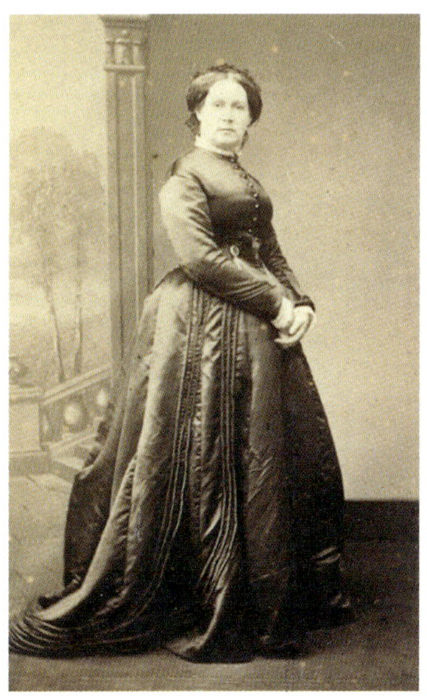

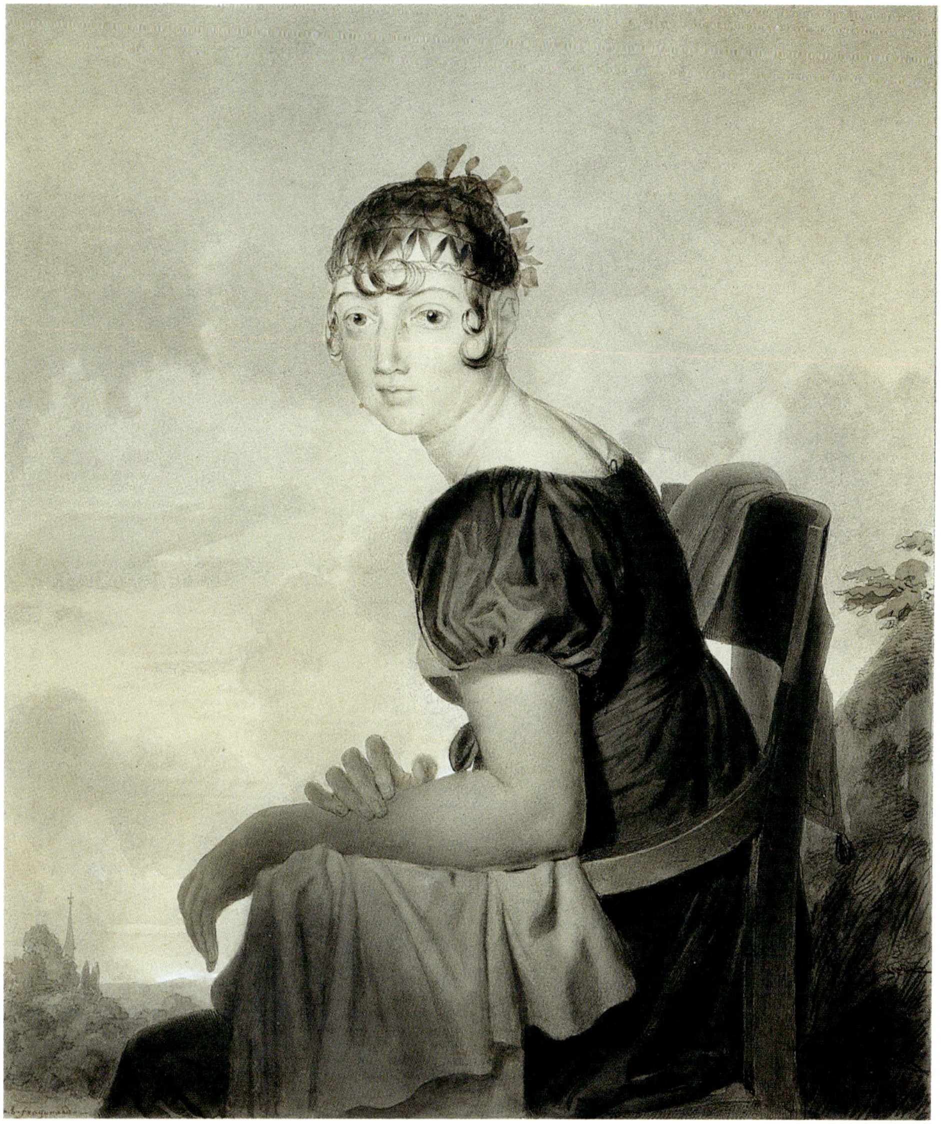

Fig. 1. Tiburce-Edme Morisot, père de Berthe, photographie inédite, collection particulière.

Fig. 2. Cornélie Morisot, mère de Berthe, photographie inédite, collection particulière.

Fig. 3. Évariste Fragonard, *Portrait de Mme Morisot*, inédit, plume, lavis et crayon, H. 32 ; L. 38, collection particulière.

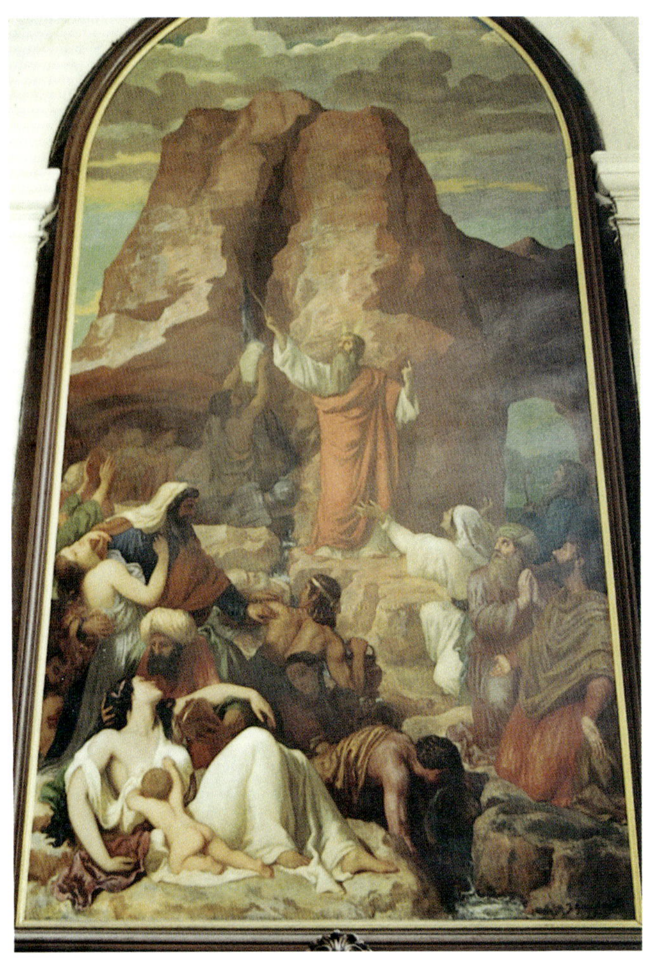

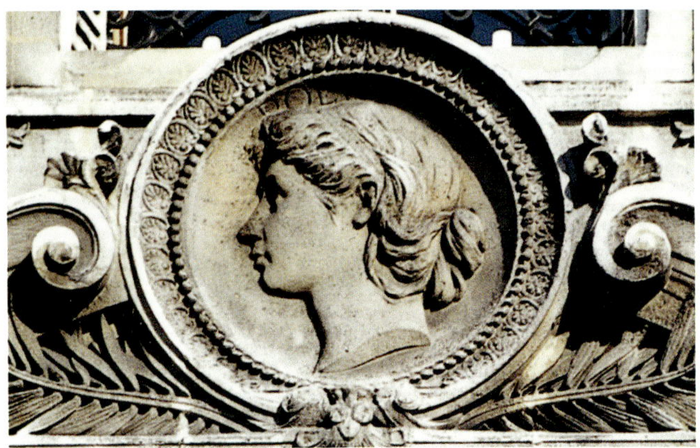

Fig. 4. Joseph Guichard, *Moïse au pied du mont Sinaï,* Paris, église Saint-Gervais.

Fig. 5. Aimé Millet, *Médaillon de Berthe en muse,* 1864, Paris, immeuble du 14, quai de la Mégisserie.

1849
Janvier : son père est nommé préfet du Calvados (Caen). Il reçoit alors un traitement annuel de 16 000 francs et 57 000 francs de frais de représentation.

1851
En décembre, M. Morisot est nommé préfet d'Ille-et-Vilaine, à Rennes.

1852
En mai, M. Morisot est révoqué pour avoir protesté contre la confiscation des biens des Orléans ; on lui verse une pension annuelle de 2 819 francs.
La famille s'installe définitivement à Passy, rue des Moulins.
Berthe et ses sœurs sont inscrites au Sacré-Cœur, rue de Varenne.
Mme Morisot lui fait prendre avec sa sœur Yves, sur les conseils de Rossini (1792-1868), des leçons de musique chez Stamaty fils (1819-1870) ; elles y découvrent un admirable dessin d'Ingres représentant cette famille.

1853-1855
Berthe et ses sœurs poursuivent leurs études au cours Lévi, alors l'un des plus réputés de Paris.
M. Morisot est secrétaire général du Crédit foncier de France.

1855
Berthe et sa sœur Edma prennent des leçons de dessins avec Chocarne, leur mère voulant que les trois enfants offrent un dessin à leur père pour son anniversaire.
1er décembre : son père est nommé conseiller à la Cour des comptes.

1857
Leçons avec Joseph Guichard (1806-1880) qui vient de peindre un grand tableau pour l'église d'Auteuil.

1858
Premières copies au musée du Louvre, toujours avec sa sœur Edma, de Titien et de Véronèse sous la direction de Guichard. Les sœurs Morisot y rencontrent Félix Bracquemond (1833-1914) et Henri Fantin-Latour (1836-1904).
22 mai : M. Morisot est promu à la 1re classe.

1860-61
Les parents de Berthe Morisot s'installent rue Franklin, au 12 ; à proximité des grands-parents Morisot.
Les deux sœurs prennent des leçons avec Corot (1796-1875).

1861
Été à Ville-d'Avray. Avec sa sœur Edma, Berthe travaille aux côtés de Corot.

1862
Été dans les Pyrénées.

1863
Edma et Berthe peignent sous la direction d'Achille Oudinot (1820-1891), présenté à leurs parents par Corot.
Été à Auvers, au Chou. Oudinot les introduit auprès de Charles-François Daubigny (1817-1878) et d'Honoré Daumier (1808-1879).

1864
Déménagement rue Franklin, au 16 (fig. 6). La famille Morisot y restera jusqu'en avril 1873.
Premier envoi de Berthe au Salon, tout comme sa sœur Edma. Elles exposent comme élève de Guichard et d'Oudinot.
M. Morisot est promu conseiller maître.
La famille Morisot passe l'été à Beuzeval, en Normandie, non loin de Deauville, louant le moulin du peintre Léon Riesener (1803-1878). Berthe Morisot copie dans un carnet des notes de ce dernier sur la peinture.
À leur retour à Passy, Riesener présente à Berthe Morisot la duchesse Colonna, sculpteur sous le nom de Marcello (1836-1879) qui deviendra une grande amie.
Berthe Morisot prend des leçons de sculpture avec Aimé Millet (1819-1891).
Aux dîners du mardi, sa mère reçoit notamment Charles Ferry et son frère Jules Ferry (1832-1893), Alfred Stevens (1823-1906), Carolus-Duran (1837-1917), Rossini.
Millet la représente en muse pour un médaillon qui figure sur la façade d'un immeuble situé au 14, quai de la Mégisserie à Paris (fig. 5).

1865
Dans le jardin de la rue Franklin, leur père fait construire un atelier pour Edma et Berthe.
Effectue des copies au Louvre, notamment d'après Rubens.
Berthe Morisot envoie deux toiles au Salon, en mai, où elle expose comme élève de Guichard et d'Oudinot.

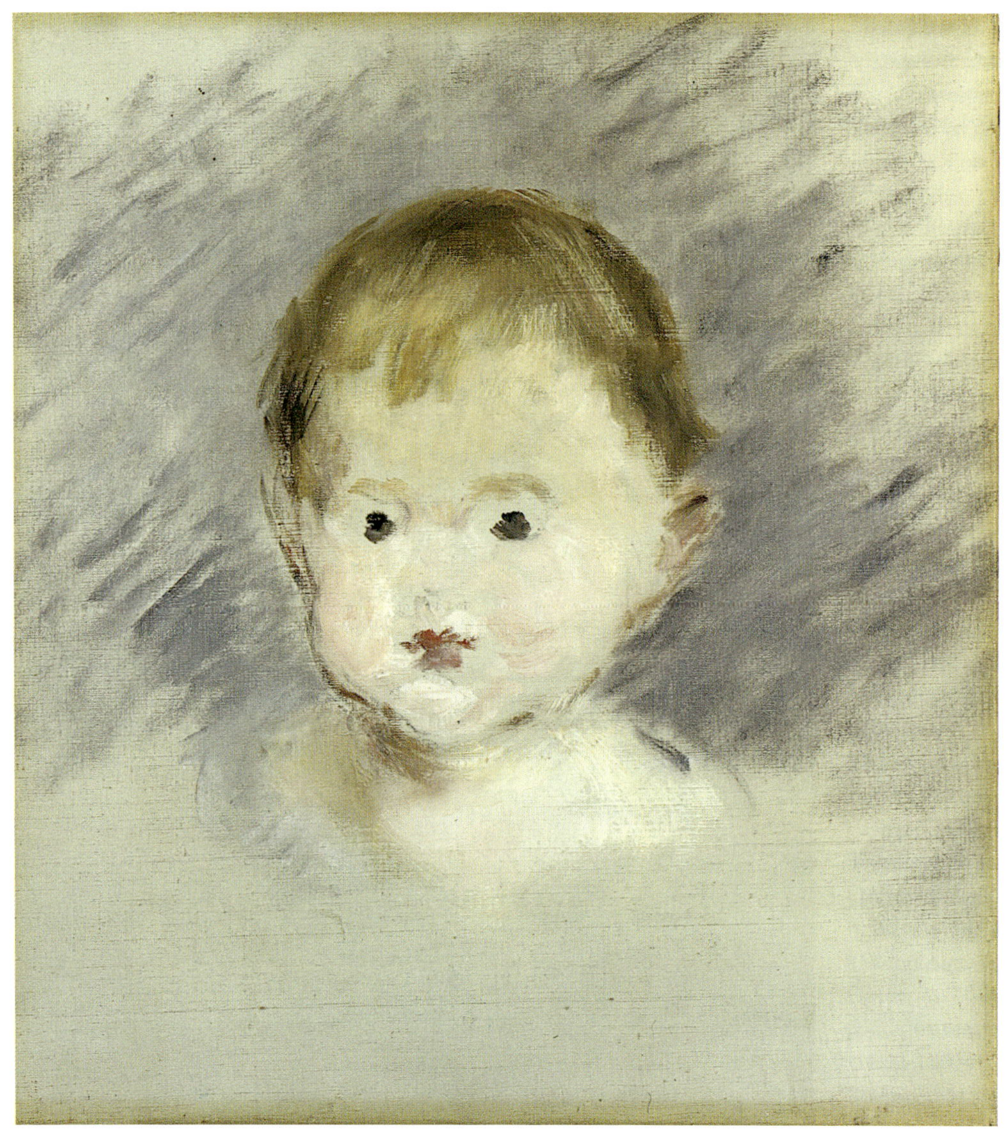

Fig. 9. Édouard Manet, *Portrait de Julie Manet bébé,* 1879, huile sur toile, H. 36 ; L. 33, collection particulière.

pour donner naissance, le 23 décembre, à Blanche, sa seconde fille.

1872

Manet peint le *Portrait de Berthe au bouquet de violettes.*

Expose un pastel au Salon, le *Portrait d'Edma Pontillon,* tandis qu'une toile est refusée.

Villégiature en compagnie de sa sœur Yves à Saint-Jean-de-Luz.

Puis avec elle, voyage en Espagne : visite Madrid avec Zacharie Astruc (1833-1907), l'Escorial, et Tolède.

1873

En mars, Durand-Ruel achète lors de la vente en faveur des réfugiés d'Alsace-Lorraine sa toile *la Jetée.*

Il lui prend en dépôt la *Vue de Paris des hauteurs du Trocadéro* qu'il achète en avril 500 francs pour la revendre aussitôt 750 francs à Ernest Hoschedé (1837-1891).

Durand-Ruel expose à Londres *le Berceau* dont il demande 1 500 francs.

En avril, la famille Morisot s'installe au 7, rue Guichard à Passy.

En juin, Alfred Stevens achète à Durand-Ruel 800 francs le portrait de *Mme Boursier et sa fille* (New York, The Brooklyn Museum of Art).

Au Salon, Berthe expose le pastel d'Edma, une autre œuvre étant refusée ; Manet présente *le Bon Bock,* ainsi que *le Repos* d'après Berthe.

Séjours aux Petites-Dalles et à Fécamp où elle peint notamment *La Lecture* ou *l'Ombrelle verte* (cat. 15).

Pendant l'été, elle expose à Fécamp plusieurs tableaux.

Été à Maurecourt avec Edma. Y peint *Cache-Cache.*

Son père, malade, demande à prendre sa retraite alors qu'il est doyen de la 3e chambre de la Cour des comptes (séance du 23 décembre).

1874

Mort de son père le 24 janvier.

Séjour chez les Pontillon.

Refuse de songer à épouser Puvis de Chavannes ; comme précédemment Jules Ferry.

Berthe Morisot participe à la première exposition impressionniste, du 15 avril au 15 mai, avec neuf numéros, dont *Cache-cache* prêté par Édouard Manet, plus un hors catalogue.

Elle est refusée au Salon.

Été entre Maurecourt, avec sa sœur Edma, et Fécamp où elle retrouve la famille Manet. Degas y peint le portrait d'Eugène Manet qu'il donnera comme cadeau de mariage ainsi qu'une aquarelle (Paris, musée d'Orsay).

Fiançailles avec Eugène Manet.

Épouse Eugène Manet le 22 décembre, à la mairie, puis en l'église Notre-Dame-de-Grâce de Passy.

1875

Pose pour son portrait à l'huile par son amie le sculpteur Marcello.

Avec Renoir, Monet et Sisley, participe à la vente impressionniste le 24 mars à l'hôtel Drouot. Elle y obtient le prix le plus élevé avec 480 francs pour *Intérieur,* acquis par Ernest Hoschedé, et une aquarelle de paysage de mer. Henri Rouart (1833-1912) y achète un tableau et une aquarelle.

Passe le printemps à Gennevilliers dans sa belle-famille.

Été : voyage en Angleterre, séjour à l'île de Wight. Ils louent Globe Cottage à West Cowes. En août, à Londres, Marylebone (Manchester Street). Elle admire Turner, mais aussi Gainsborough, Hogarth et Wilkie.

De retour à Paris, le ménage Eugène et Berthe s'installe rue Guichard.

Séjours à Cambrai chez sa sœur Yves et à Maurecourt chez Edma.

1876

Vente à Drouot : deux Morisot appartenant à Hoschedé – *Paris vu des hauteurs du Trocadéro* est acheté par le Dr de Bellio.

Desboutin grave son portrait.

Berthe Morisot participe à la 2e exposition des impressionnistes avec seize œuvres ; elle prête aussi la toile de Degas représentant Eugène Manet qui était leur cadeau de mariage.

Eugène veut provoquer Albert Wolff (1835-1891) en duel après son article dans *le Figaro* qu'il juge insultant pour Berthe. Son frère l'en dissuade.

Été à Maurecourt.

Mort de sa mère le 15 décembre.

Installation au 9, avenue d'Eylau.

1877

Berthe Morisot participe à la 3e exposition des impressionnistes avec douze œuvres.

Durand-Ruel achète *la Toilette.*

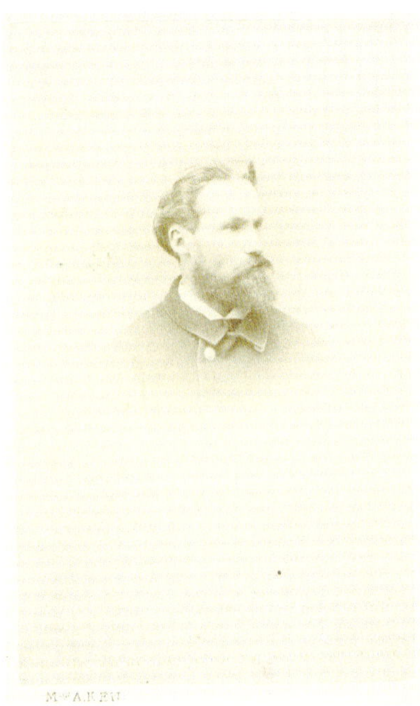

Fig. 10. Édouard Manet, photographie, collection Roberto Perazzone.

1878

5 juin, à la vente Hoschedé, Mary Cassatt (1844-1926) achète la *Femme à sa toilette* (95 francs) qu'elle garde pour elle tandis qu'elle donne à ses parents la *Plage de Trouville* de Monet (200 francs).

14 novembre, naissance de sa fille, Julie Manet. Elle sera baptisée par l'abbé Hurel, ami de la famille Manet.

1879

Édouard Manet lui offre, pour la nouvelle année, une boîte de pastels.

4e exposition impressionniste : Berthe Morisot n'y participe pas n'ayant rien de nouveau à exposer, ayant été malade puis fatiguée par la naissance de Julie.

Séjours à Beuzeval et à Houlgate.

1880

11 février, vente Dutuit : *la Psyché*.

Berthe Morisot participe à la 5e exposition des impressionnistes avec quinze œuvres.

Séjour estival à Bougival, à Beuzeval et à Houlgate.

Manet peint un portrait de Julie bébé (fig. 9).

Édouard Manet lui offre pour la fin de l'année un chevalet pour le pastel.

1881

6e exposition des impressionnistes Berthe Morisot est présente avec sept œuvres.

Achat d'un terrain rue de Villejust, pour y faire construire une maison.

En juillet, Durand-Ruel vend une *Femme à sa toilette* au marchand new-yorkais Moore & Curtis.

Été à Bougival, au 4, rue Princesse. La maison sera louée pendant quatre ans.

Hiver à Nice, à l'hôtel d'Angleterre, puis à l'hôtel Richemont.

Voyage à Gênes, Pise et Florence avec Eugène et Julie.

1882

Séjourne à Nice, jusqu'en avril, pendant qu'Eugène est rentré à Paris

Eugène Manet finance l'exposition des impressionnistes en avançant les 3 000 francs de la location

En mars, 7e exposition des impressionnistes, Berthe y expose douze œuvres

En avril, Portier vend à Brandon 300 francs le pastel *Village à Maurecourt*.

En juin, expose à Londres, à la galerie Marriott, des œuvres prêtées par Durand-Ruel.

Séjour estival à Bougival ; Édouard Manet est à Rueil, tandis que Mary Cassatt séjourne à Louveciennes.

Manet peint *Julie sur l'arrosoir* (fig. 1 ; cat. 66).

Reste à Bougival l'hiver.

1883

Mort de son beau-frère Édouard Manet le 30 avril.

Berthe expose trois toiles à Londres chez Dowdeswell and Dowdeswell

La famille passe l'été à Bougival.

À partir de l'automne, Eugène effectue de fréquents séjours auprès de son frère Gustave qui, malade, s'est installé à Nice puis à Menton où il décède.

Hiver : Eugène Manet et Berthe Morisot s'intallent dans l'hôtel particulier qu'Eugène a fait construire. Ils y recevront Renoir, Degas, Monet, Caillebotte, Puvis de Chavannes, Whistler, Mallarmé, Duret…
Berthe Morisot et son mari organisent tout l'hiver la rétrospective Manet à l'École des beaux-arts qui ouvrira le 5 janvier 1884.

1884
En janvier, exposition posthume Manet à l'École des beaux-arts.
En février, vente posthume, Berthe et son mari achètent à la vente de l'atelier de Manet huit toiles, deux pastels, des dessins et des estampes.
En souvenir de son beau-frère, elle donne à Degas le *Départ du vapeur de Folkestone,* à Pissarro *Sous les arbres,* plus connu aujourd'hui sous le titre *Une partie à la campagne.*
Dernier été à Bougival.

1885
En janvier, mort de Mme Auguste Manet.
Bal costumé d'enfants pour la mi-carême.
Séjour dans la forêt de Compiègne chez l'aînée de ses sœurs, Yves.
Voyage en Belgique et Hollande.
Le jeudi devient le jour de réception, rue de Villejust.

1886
En janvier, Morisot visite de l'atelier de Renoir. Elle y découvre et admire les *Grandes Baigneuses* qui seront exposées chez Georges Petit.
Berthe Morisot décline l'invitation de participer aux XX, à Bruxelles, où elle était invitée par Octave Maus (1856-1919) sur proposition de Raffaëlli (1850-1924), mais aussi de Cassatt qui avait suggéré son nom pour la remplacer. Elle y participe finalement, mais hors catalogue avec plusieurs toiles, en février. Parmi les invités, figurent Monet et Renoir.
Durand-Ruel l'expose à New York à la National Academy of Design, du 10 au 28 avril, avec neuf œuvres sur les trois cent dix présentées.
8e exposition des impressionnistes (15 mai – 15 juin), elle a envoyé quatorze œuvres. L'exposition est financée par les Manet, Degas, Cassatt et Rouart.
En juin, elle demande au directeur du Louvre d'autoriser sa nièce et élève Paule Gobillard (1869-1945) à dessiner et copier dans les galeries du musée.
Séjour à Jersey.
De décembre à janvier 1887, elle participe à l'exposition de *la Revue indépendante* qui présente aussi des œuvres de Manet, en compagnie de Pissarro, Seurat, Signac, Raffaëlli, Anquetin et Lucien Pissarro.

1887
Elle participe au Salon des XX, à Bruxelles, avec cinq toiles.
En avril, elle organise comme chaque année autour de Julie la représentation d'une pièce de théâtre jouée par des enfants d'amis, entre huit et treize ans.
8 mai – 8 juin : chez Georges Petit, participe à l'exposition internationale avec sept œuvres, dont le buste de Julie.
Voyage en Touraine et dans la Sarthe.
Eugène Manet commence la rédaction de son roman, *Victimes !*
Travaille, à la demande d'Édouard Dujardin (1841-1949), directeur de la *Revue indépendante,* à une illustration des poèmes de Mallarmé en même temps que Degas, Renoir et Monet. Seule celle de Renoir paraîtra. Monet remarque alors son *Nénuphar blanc* (de novembre 1887 à février 1889, au moins)

1888
25 mai – 25 juin : exposition d'impressionnistes chez Durand-Ruel, à Paris, cinq œuvres.
En mai, New York, galerie Durand-Ruel, exposition d'impressionnistes
Visite l'exposition Monet organisée par Théo van Gogh.
Séjour à Cimiez (villa Ratti), de l'automne au printemps suivant.

1889
En février, début de publication sous forme de feuilleton, dans un quotidien, du roman d'Eugène Manet, *Victimes !*
Elle aide Monet pour la souscription de l'*Olympia,* mais n'apparaît pas puisqu'il s'agit d'acheter la toile de sa belle-famille.
Séjour à Vassé chez des cousins de son mari.

1890
27 février, Stéphane Mallarmé lit dans son salon sa conférence sur Villiers de L'Isle-Adam prononcée quelques jours

avant à Bruxelles et dans plusieurs autres villes.
Berthe Morisot visite, le 7 mai, avec Mary Cassatt l'exposition des Japonais à l'École des beaux-arts. À la suite de cette visite, elle fera, tout comme Cassatt, des tentatives d'impressions en couleurs, mais déçue, contrairement à son amie, elle les détruira.
Été à La Blotière, près de Mézy où les Manet séjournent depuis avril. Renoir, en plusieurs séjours, y passe quelques semaines.
Avec Mallarmé, rend visite, le 13 juillet, à Monet à Giverny. De ce fait Théo van Gogh ne va pas à Giverny ni à Auvers et part directement en vacances en Hollande. À cette occasion, Monet offre au poète une toile qu'il lui laisse choisir ; Morisot intervient pour qu'il prenne sa toile préférée (*Paysage de Giverny*, W 912).
21 septembre : première communion de Julie avec l'abbé Hurel, ami de Manet, qui avait célébré le service d'Édouard Manet.
Berthe est à nouveau malade, elle souffre d'une grave crise de rhumatisme articulaire au cœur.

1891
Elle décline l'invitation à l'exposition des XX, à Bruxelles
En avril, exposition d'impressionnistes chez Durand-Ruel avec onze œuvres.
Théodore de Wyzewa lui consacre, avant l'inauguration, un article dans l'hebdomadaire de Durand-Ruel *l'Art dans les deux mondes.*
Morisot accepte, à la demande de Camille Pissarro, de participer à l'exposition londonienne de la *Panel Society.*
Été à Mézy. Renoir y vient avec son épouse qu'il présente pour la première fois.
Les Manet découvrent en se promenant la propriété du Mesnil, à Juziers.
Octobre : achat du Mesnil.

1892
Décline l'invitation des XX, à Bruxelles.
Travaille à nouveau à des lithographies en couleurs ; ne subsiste que *le Flageolet.*
Renoir peint un portrait de *Julie au chat.* Berthe en fait une pointe-sèche.
Mort de son époux, Eugène Manet, le 13 avril.
Stéphane Mallarmé devient le tuteur de Julie Manet. Me Hubbard conseille Berthe pour la succession. Le conseil de famille comprend outre Mallarmé, et Degas, trois autres personnes proposées par Berthe.
Berthe se retire au Mesnil, avant de quitter la rue de Villejust.
Georges Lecomte (1867-1958) lui consacre un chapitre dans *l'Art impressionniste, à travers la collection de M. Durand Ruel.*
Inauguration de l'exposition personnelle chez Boussod et Valadon, qui se tient du 25 mai au 18 juin, avec quarante-trois numéros et une préface de Gustave Geffroy. Plusieurs œuvres sont vendues *(la Jatte de lait,* 1 500 francs à Monet, *les Oies* 1 500 francs à Paul Gallimard, *la Véranda* à Ernest Chausson 3 000 francs, à Denys Cochin la *Vue du bois de Boulogne…).* La presse est favorable.
Berthe Morisot quitte Le Mesnil, loué pour trois ans, 2 500 francs.

1893
En mai, elle participe à la seconde exposition d'Anvers de l'*Association pour l'art*, créée sur le modèle des XX, avec une œuvre au catalogue, le *Portrait de Mlle Lucie Léon*, pianiste du *Concert Bleu.*
Renoir peint le portrait de Berthe Morisot et sa fille, un pastel préparatoire et un portrait de Julie ; il gravera le profil de Berthe.
8 juin : mort de sa sœur Yves Gobillard ; dès lors, sa fille cadette, Jeannie, future Mme Paul Valéry, vivra souvent avec sa tante et sa cousine.
En juin, Berthe Morisot expose à Londres au New English Art Club, à la demande de Camille Pissarro.
Morisot quitte la rue de Villejust pour le 40, rue Weber.
Avec Julie, elle effectue des séjours à Valvins près de Mallarmé.
Elle rend visite à Claude Monet à Giverny le 30 octobre ; elle admire la série des cathédrales.
Septembre-octobre : participe, avec un autoportrait, à l'exposition des *Portraits du prochain siècle* à la galerie Le Brac de Boutteville aux côtés d'œuvres de Manet, Cézanne, Gauguin, Van Gogh (*l'Autoportrait à l'oreille coupée,* F 529), mais aussi de Raffaëlli, Bernard, Filiger, Luce, Goeneutte, Baud-Bovy, Legros, Georges Morren, Niederhausen…

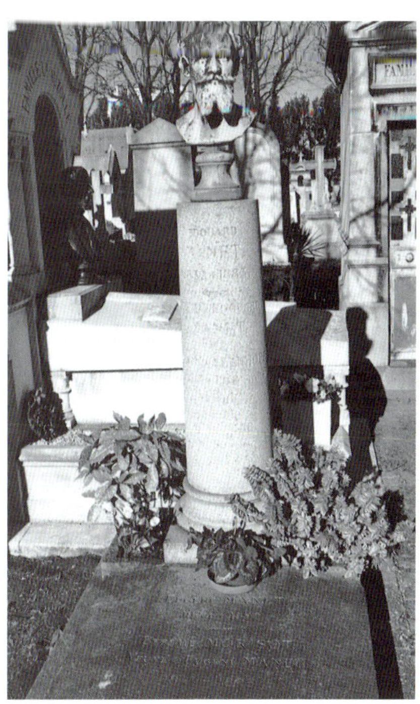

Fig. 11. Tombe de Berthe Morisot et de la famille Manet, photographie.

1894

Elle expose quatre toiles à la Libre Esthétique, à Bruxelles.

Elle se rend à Bruxelles avec Julie.

Avec le legs de la collection Caillebotte il n'y a aucune toile d'elle, mais son portrait entrera au musée du Luxembourg en février 1897, à travers un tableau de Manet, *le Balcon*.

En mars, lors de la vente Duret à la galerie Georges Petit, Berthe Morisot achète de Manet son portrait au bouquet de violettes 4 500 francs (5 100 francs avec les frais) tandis que Roujon, directeur des Beaux-Arts, sur intervention de Mallarmé fait acheter par l'État, pour le musée du Luxembourg, la *Jeune Femme en robe de bal,* pour 4 500 francs. C'est une consécration.

Exposition Manet chez Durand-Ruel ; Séjour estival en Bretagne, au Portrieux. Renoir les y rejoint.

En septembre, décès de son beau-frère Adolphe Pontillon.

1895

Julie est souffrante ; en la soignant, Berthe contracte sa maladie.

Émouvante lettre-testament à Julie le 1er mars.

Le samedi 2 mars, décès de Berthe Morisot, 10, rue Weber.

Après un service funéraire le mardi 5 mars à 10 heures à Saint-Honoré-d'Eylau, Berthe Morisot est inhumée au cimetière de Passy auprès de son époux et de son beau-frère Édouard.

1896

Exposition posthume à la galerie Durand-Ruel, du 5 au 23 mars, organisée par Mallarmé, Degas, Monet et Renoir. Le catalogue est préfacé par Stéphane Mallarmé.

Catalogue des œuvres exposées

Liste des abréviations

Berthe Morisot

Il existe à ce jour deux catalogues raisonnés de l'œuvre de Berthe Morisot. Pour les huiles sur toile, n'est donné ici que le numéro renvoyant au dernier catalogue de l'œuvre peint, paru en 1997 (CMR). Les pastels et aquarelles n'ont pas été catalogués depuis 1961 et sont répertoriés par leur numéro BW. L'œuvre graphique, à l'exception des pastels et aquarelles, n'a pas fait l'objet d'un catalogue raisonné.

BW
Bataille M.-L. et Wildenstein G., *Berthe Morisot. Catalogue des peintures, pastels et aquarelles,* avec une préface de Denis Rouart, Paris, Les Beaux-Arts, 1961.

CMR
Clairet A., Montalant D. et Rouart Y., *Berthe Morisot. 1841-1895. Catalogue raisonné de l'œuvre peint,* Montolivet, CERA-nrs, 1997.

Les dimensions sont exprimées en centimètres.

Les notices ont été rédigées par
Michèle Moyne (M. M.), attachée de conservation au palais des Beaux-Arts de Lille
Sylvie Patry (S. P.), conservateur du Patrimoine au palais des Beaux-Arts de Lille
Hugues Wilhelm (H. W.)

Les références abrégées utilisées dans ce catalogue renvoient le lecteur à la bibliographie générale.

Berthe Morisot, *Jeune Fille au miroir ou Jeune Fille de dos à sa toilette* (détail), 1880, cat. 49

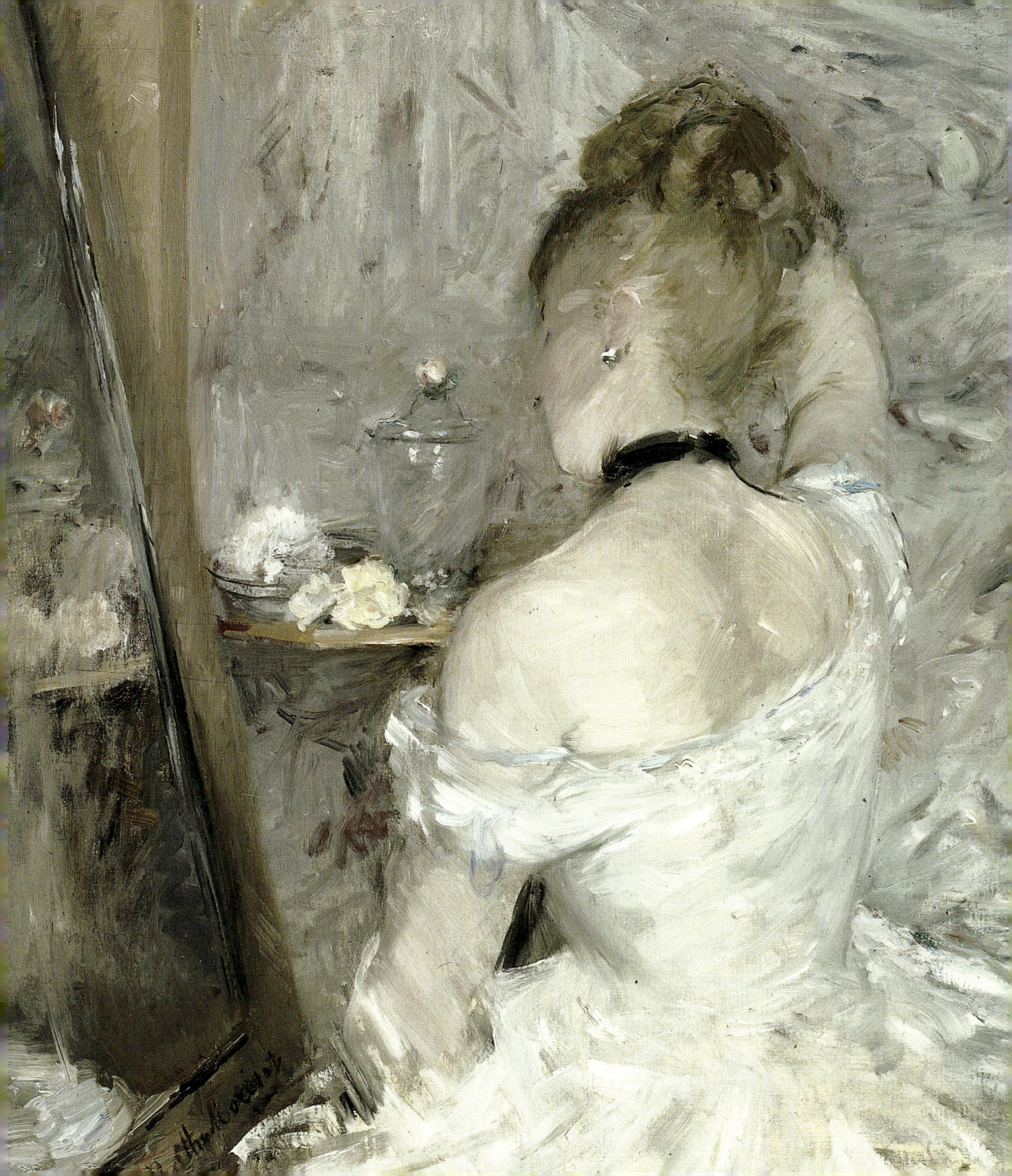

1 # Le Calvaire, copie d'après Véronèse, 1858

Huile sur toile
H. 70 ; L. 70
CMR 3
Collection particulière

Armand Fourreau écrit à propos de cette œuvre : « Il ne subsiste que fort peu d'études des débuts de Berthe Morisot et, chose curieuse, les plus anciennes que l'on connaisse sont précisément deux copies, l'une du "Calvaire" de Véronèse qu'elle fit en 1860 et l'autre du "Repas chez Simon" qu'elle peignit au début de 1861 alors qu'elle entrait dans sa vingtième année. La première de ces copies, que possède Mme Forget, l'une de ses nièces, présente le plus vif intérêt. Sa matière est grasse et généreuse et le travail du pinceau d'une grande souplesse. Mais elle témoigne surtout de rares qualités de coloriste : elle montre que l'artiste a vu et su parfaitement *rendre* la belle gamme de nuances de la couleur de Véronèse, depuis ses bleus verdissants et ses verts bleuissants jusqu'aux verts sombres presque noirs qu'elle a différenciés avec beaucoup de délicatesse sans altérer leur force » (1925, p. 15). En effet, tous les contrastes des couleurs entre les différents vêtements sont rendus avec la plus grande justesse.
Par de telles copies, selon Fourreau, Guichard « s'était particulièrement attaché à les initier à l'observation et à l'étude difficile des valeurs, et il semble que sa jeune élève ait admirablement profité de ses conseils, si l'on en juge par les deux bonnes copies de Véronèse [...] : très justes d'observation et finement nuancées, elles montrent chez Berthe un visible souci d'observer les plans, les volumes, les distances, afin de mettre en leur place respective objets et personnages, preuve du soin que le maître avait apporté à faire comprendre à ses élèves, dès leurs premiers essais, toute l'importance des valeurs. Il les avait mises ainsi dans la bonne voie, celle où Corot allait leur faire franchir la décisive étape » (*op. cit.*, p. 16). On sait par le registre des copies du musée du Louvre qu'elle a obtenu en 1858 l'autorisation de copier les deux toiles de Véronèse[1], ce qui modifie leur datation habituelle[2].
Le choix de cette œuvre de Véronèse qui avait fait partie de la collection de Louis XIV (n° 145) reflète bien le goût innovateur de Berthe Morisot, mais aussi l'influence de son ami Fantin-Latour, qui en effectua aussi deux copies[3], la première en 1854 et l'autre avant 1870 ; cette dernière, aujourd'hui au Louvre, est beaucoup moins précise et fidèle. Le catalogue du Louvre de Frédéric Villot écrivait alors à propos de la toile de Véronèse : « n° 106 – *Le Christ entre les larrons.* À gauche, Jésus crucifié entre les deux larrons, la tête penchée, paraît rendre le dernier soupir. Saint Jean soutient la Vierge évanouie. La Madeleine embrasse le pied de la croix et regarde avec douleur l'agonie du sauveur. Sur le premier plan, deux saintes femmes ; l'une tient la main de la Vierge, et l'autre cache sa figure. Dans l'angle à gauche, des bourreaux, dont un, vu de dos, a une main appuyée sur le cou d'un cheval pie. Dans le fond, à droite, Jérusalem.[4] » L'œuvre, l'une des treize de Véronèse dans le catalogue, est indiquée comme provenant des collections de Louis XIV. En présentant l'artiste, Villot écrit de Paolo Caliari, dit Paolo Véronèse : « Son dessin, ferme et noble, qui procède par de grands plans à la manière antique, le doux éclat de sa couleur argentine, la beauté et la grâce de ses têtes, la pompeuse magnificence de ses vastes compositions, enfin l'art admirable, et qui à lui seul possède à ce degré, de représenter sans sacrifice apparent et sans confusion de nombreuses figures enveloppées d'une atmosphère également lumineuse, toutes ces éminentes qualités font de Paul Véronèse un des plus rares génies dont la peinture puisse se glorifier[5]. »
Elle ne s'intéresse pas à Raphaël ou à Michelange que les défenseurs de l'esprit classique vénèrent alors, elle préfère la liberté de couleur et de rendu des Vénitiens. C'est ce que relève en 1896 le critique réputé Arsène Alexandre lorsqu'il écrit dans *le Figaro :* « Le Louvre est l'objet de fréquentes visites ; Berthe Morisot emploie de longues heures à y copier *les Petits Cavaliers* de Vélasquez, *le Calvaire* de Véronèse et d'autres tableaux encore du maître vénitien, lequel se trouve satisfaire à merveille l'instinct coloriste de la débutante[6]. »

H. W.

1. Reff, 1964, p. 552-559.
2. Dans son exemplaire annoté du catalogue de Mlle Bataille, Denis Rouart avait indiqué 1858 pour ce tableau.
3. Fantin-Latour Mme, 1911, n°s 21 et 351 ; pour cette dernière voir aussi Lacambre et *alii*, 1990, t. 1, p. 186, repr. p. 187.
4. Villot, 1863, p. 67.
5. *Ibid.*, p. 62.
6. Alexandre, 1896, p. 5.

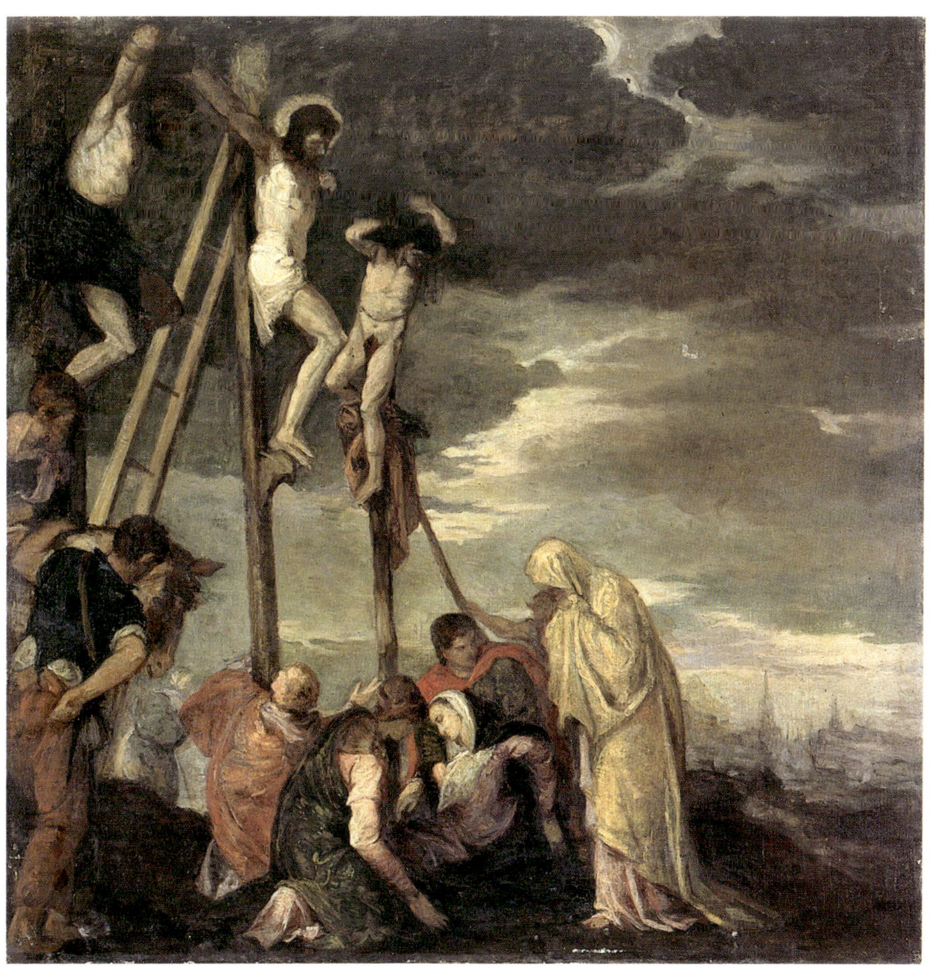

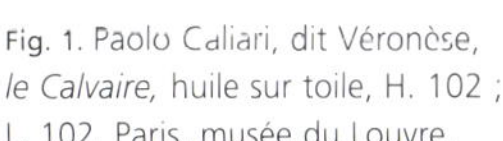

Fig. 1. Paolo Caliari, dit Véronèse, *le Calvaire,* huile sur toile, H. 102 ; L. 102, Paris, musée du Louvre.

Fig. 2. Henri Fantin-Latour, *le Christ entre les larrons* d'après *le Calvaire* de Véronèse, carton marouflé sur bois, H. 29,5 ; L. 30, Paris, musée d'Orsay.

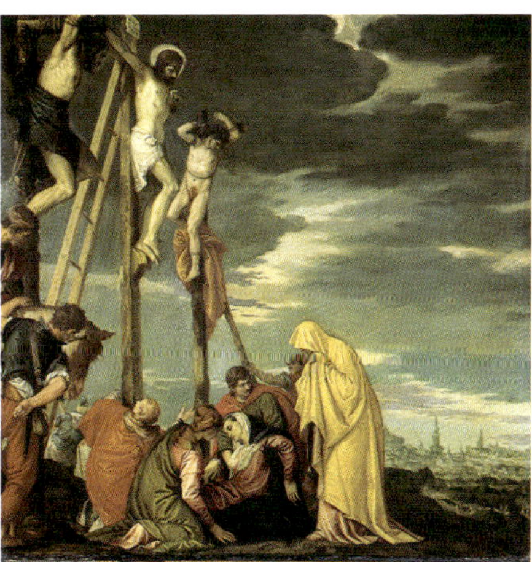

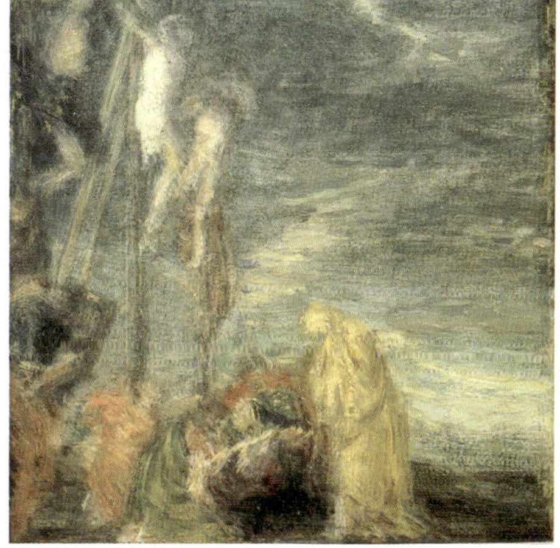

2 Ferme en Normandie, 1859

Huile sur toile
H. 30 ; L. 46
CMR 1
Collection particulière

Les œuvres anciennes de Berthe Morisot ne nous sont guère parvenues. Tandis que sa personnalité artistique s'affirmait, que son talent devenait incontestable, elle a détruit celles qui ne la satisfaisaient pas. Pendant le siège de Paris, son atelier est occupé dès septembre par les « mobiles » ; après il subit quelques dégâts lors des bombardements des batteries du Trocadéro : « ... tous les carreaux sont cassés, les petits rideaux, des plâtras par terre, il ne reste que trois intacts dans l'atelier, tous les tableaux ont été décrochés[1]. » Cette œuvre n'en est donc que plus intéressante. Monique Angoulvent avait catalogué de cette même époque un *Portrait de M. Thomas* qui n'a pas été retrouvé depuis[2].

Élève de Chocarne en 1855 et en 1856, puis de Guichard à partir de 1858, Berthe Morisot commence à effectuer des copies au musée du Louvre à partir du printemps de 1858 ; c'est ainsi qu'elle rencontre Bracquemond et Fantin-Latour. Cette œuvre de 1859 – elle n'a alors que dix-neuf ans – traduit l'influence lointaine de ses deux premiers maîtres, celle des copies et des œuvres qu'elle admire.

Cette petite ferme normande avec ses poules et son cochon en liberté exprime son intérêt pour l'éclairage, la lumière et le plein air. Elle n'a pas encore abandonné toutes les couleurs sombres qu'utilise Guichard ; mais elle le fait avec plus de modération que son maître qui aurait peut-être préféré une herbe plus rare devant la ferme. Même s'il s'agit d'une scène peinte en automne, le marron domine encore dans les arbres devant la ferme, comme chez de nombreux paysagistes de l'époque.

Par le choix du motif, la manière de le traiter, d'étudier les ombres et la lumière, et cette attention portée au coloris, cette toile traduit plus l'influence des maîtres de Barbizon que celle de ses professeurs dont les sujets sont, selon les cas, plus académiques ou plus anecdotiques. Déjà l'élève s'émancipe de ses premiers maîtres ; elle le fera complètement quelques années plus tard avec sa *Chaumière en Normandie* (1865 ; CMR 10).

Devant de telles œuvres de ses nouvelles élèves, Guichard comprend que Berthe et Edma Morisot ne pourront se contenter de peindre en simples amateurs, pour s'occuper, ou par violon d'Ingres. Il s'adressa à leur mère, lui demandant si elle avait bien réfléchi : « Avec des natures comme celles de vos filles, ce ne sont pas des petits talents d'agrément que mon enseignement leur procurera ; elles deviendront des peintres. Vous rendez-vous bien compte de ce que cela veut dire ? Dans le milieu de grande bourgeoisie qui est le vôtre, ce sera une révolution, je dirai presque une catastrophe. Êtes-vous bien sûre de ne jamais maudire un jour l'art qui, une fois entré dans cette maison si respectablement paisible, deviendra le seul maître de la destinée de deux de vos enfants ? » Armand Fourreau poursuit en écrivant : « Mme Morisot sourit et se déclara prête à affronter ces dangers chimériques[3]. »

Lorsque sa sœur Edma, qui suit exactement les mêmes enseignements particuliers qu'elle, peint des paysages de Normandie, ou d'Ile-de-France, elle reste plus proche des œuvres de ses maîtres et moins personnelle. Sa personnalité s'affirme moins et elle est plus docile à l'enseignement qu'elle reçoit. Dans la *Paysanne à l'orée d'un bois,* Edma est plus proche des œuvres de son maître Oudinot que de Corot qui influence plus Berthe.

H. W.

1. Lettre de C. Morisot à Berthe, 22 mai 1871, *Corresp. B. Morisot*, p. 56.
2. Angoulvent, n° 1, p. 117.
3. Fourreau, 1925, p. 11-12.

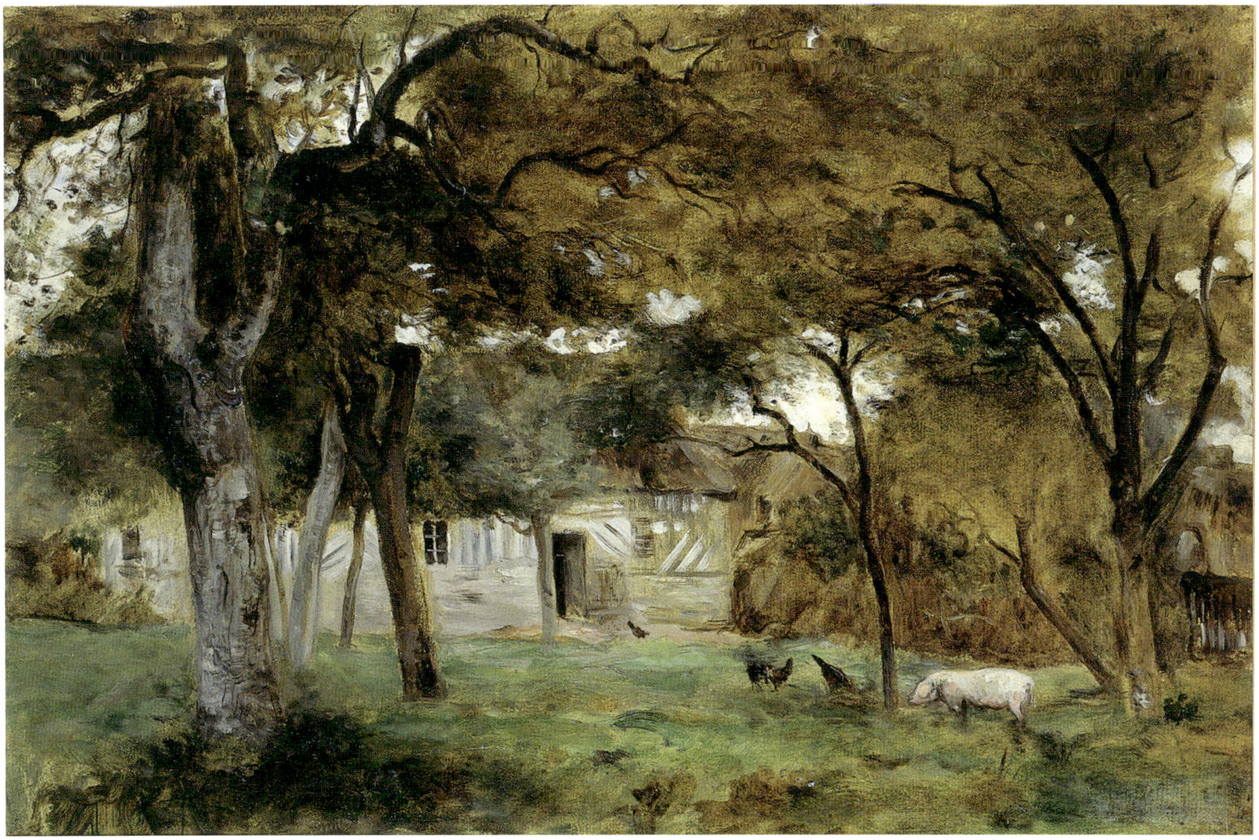

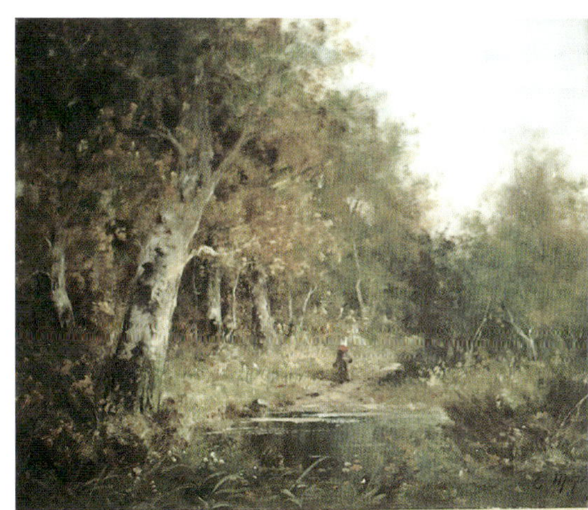

Fig. 1. Edma Morisot, *Paysanne à l'orée d'un bois,* huile sur toile, collection particulière.

3 La Vue de Tivoli, 1863

Huile sur toile
H. 42 ; L. 59
CMR 4
Collection particulière

Berthe et Edma « mettaient Corot au-dessus de tout[1] ». C'est après avoir manifesté auprès de leur professeur, et à son grand dam, le peintre Joseph Guichard, le désir de s'essayer au plein air, que les jeunes femmes entrent en contact avec Corot au début des années 1860. Depuis la fin des années 1850, la saveur lyrique et mythologique de ses paysages composés lui vaut une reconnaissance tardive. Surtout, c'est à son art que s'en réfèrent Sisley, Monet ou Pissarro, dès le milieu des années 1850.

Vers 1861, Berthe et Edma Morisot peignent à Ville-d'Avray en compagnie du maître, qui devient aussi un ami de la famille[2]. Outre le travail sur le motif, l'enseignement de Corot comporte l'exercice de la copie, que Berthe Morisot pratique au Louvre d'après les maîtres depuis la fin des années 1850. Elle choisit de copier un tableau d'Italie exécuté par Corot quelque vingt ans auparavant, œuvre méditée plutôt qu'étude sur le motif. Le tableau est alors entre les mains de Corot, qui le confie à son élève. La « merveille par excellence de toutes les études du maître[3] », « devant qui Degas s'est si souvent arrêté » chez Henri Rouart[4], n'est pas encore une des œuvres les plus célèbres de Corot.

La *Vue de Tivoli*, que Monique Angoulvent date des premiers temps de la rencontre avec Corot (1861)[5], est la seule copie d'après le peintre qui a échappé à l'insatisfaction destructrice de son auteur[6]. Négligeant l'exactitude des détails, les copies de Berthe Morisot suscitent en effet les critiques du professeur : « Vous allez me recommencer cela, lui dit-il, dans mon tableau, l'escalier a une marche de moins que dans votre étude[7]. »

Du même format que l'original, *la Vue de Tivoli* atteste un indéniable souci de fidélité à Corot : s'y révèle cependant la facture personnelle de Berthe Morisot. Les architectures, la végétation et la figure n'ont pas la solidité que leur confère l'agencement rigoureux des valeurs chez Corot. Berthe Morisot accentue les variations atmosphériques et se montre sensible à la domination des gris, autant de caractéristiques de ses compositions des années 1860. Ses premières œuvres témoignent d'une connaissance complète de l'art de Corot, des thèmes pittoresques aux compositions « poétiques[8] ».

Même si, contrairement à Pissarro, Berthe Morisot ne se présente pas dans les livrets des Salons comme une élève de Corot, mais de Guichard et d'Achille Oudinot, la critique décèle l'importance du maître et place ses premiers envois, en 1864, « sous l'invocation de M. Corot[9] ». Le sculpteur Aimé Millet s'en fait l'écho dans une lettre à Berthe Morisot quelques mois plus tard : « Oudinot m'a parlé du reproche qui vous est fait, dit-on, de faire du Corot ! D'abord, ce n'est pas vrai, absolument, ensuite ce qui prend la forme d'un reproche serait à mes yeux un éloge[10]. » Et dans le compte rendu du Salon de 1868, Émile Zola de persister : « Corot est leur maître, à coup sûr[11]. »

Significativement, cette copie a appartenu à Pissarro, qui évoque en 1902 son acquisition à sa compagne, Julie, en des termes louangeurs : « Je ne demande pas mieux de faire l'échange de la copie de Madame Berthe Morisot, copie superbe de Corot[12]. » À la mort de Pissarro, ce tableau revient à Julie Pissarro, qui le cède ensuite à Julie Manet-Rouart, probablement avant 1928[13]. Ainsi, Julie Manet réunit-elle pendant quelques années la copie et l'original. *La Villa d'Este* de Corot fit partie en effet de la collection d'Ernest Rouart à partir de 1912, et gagna le Louvre en 1943 grâce au don de Julie Manet et de ses enfants.

S. P.

1. J. Manet dans Bernier, 1959, p. 40.
2. Lettre de J.-B. Corot à C. Morisot, *Corresp. B. Morisot*, p. 11.
3. Robaut, Cartons, vol. 3, f° 162, cité dans *Corot*, cat. exp., 1996-1997, p. 252.
4. Lafargue, 1925, p. 34.
5. Angoulvent, 1933, n° 4, p. 117.
6. J. Manet dans Bernier, *op. cit.*, *loc. cit.* Fourreau compte une autre copie, qu'il intitule *Clairière* mais dont la description nous semble plutôt correspondre à *Ferme en Normandie* (cat. 2) ou, plus probablement, à *Chaumière en Normandie* (1865, loc. inc. ; CMR 10).
7. P.-A. Renoir dans Vollard, 1938, p. 228. Voir aussi Angoulvent, *op. cit.*, p. 11. Corot aurait préféré les copies plus scrupuleuses d'Edma, avec laquelle il échangea un tableau. Voir Fourreau, 1925, p. 18-19. Selon J. Manet, un paysage d'Edma Pontillon fut vendu avec l'atelier de Corot (citée dans *André Noufflard...*, 1982, p. 225).
8. Lettre de B. Morisot à E. Pontillon, mercredi 5 mai 1869, *Corresp. B. Morisot*, p. 28.
9. Asselineau, *la Revue nationale et étrangère*, Salon de 1864, cité par Angoulvent, *op. cit.*, p. 18.
10. Cité dans *Corresp. B. Morisot*, p. 12, datée par Fourreau et Angoulvent du 23 décembre 1864, p. 12.
11. Zola, 1991A, p. 216.
12. C. Pissarro, lettre à J. Pissarro, Dieppe, 21 juillet 1902, dans *Corresp. Camille Pissarro*, 1980-1991, t. V, p. 250-251. S'il s'agit comme nous le pensons de *Tivoli*, la copie n'a pas échappé à sa destruction par Berthe Morisot grâce à Pissarro (Rouart dans *Corresp. B. Morisot*, p. 14). Son acquisition serait beaucoup plus tardive.
13. Fourreau, 1925, p. 19 : Julie Manet y affirme tenir la copie de Mme Pissarro. Aucune œuvre de Berthe Morisot ne figure dans la 1re vente Pissarro, du 3 décembre 1928, à Paris, galerie Georges Petit, 8, rue de Sèze.

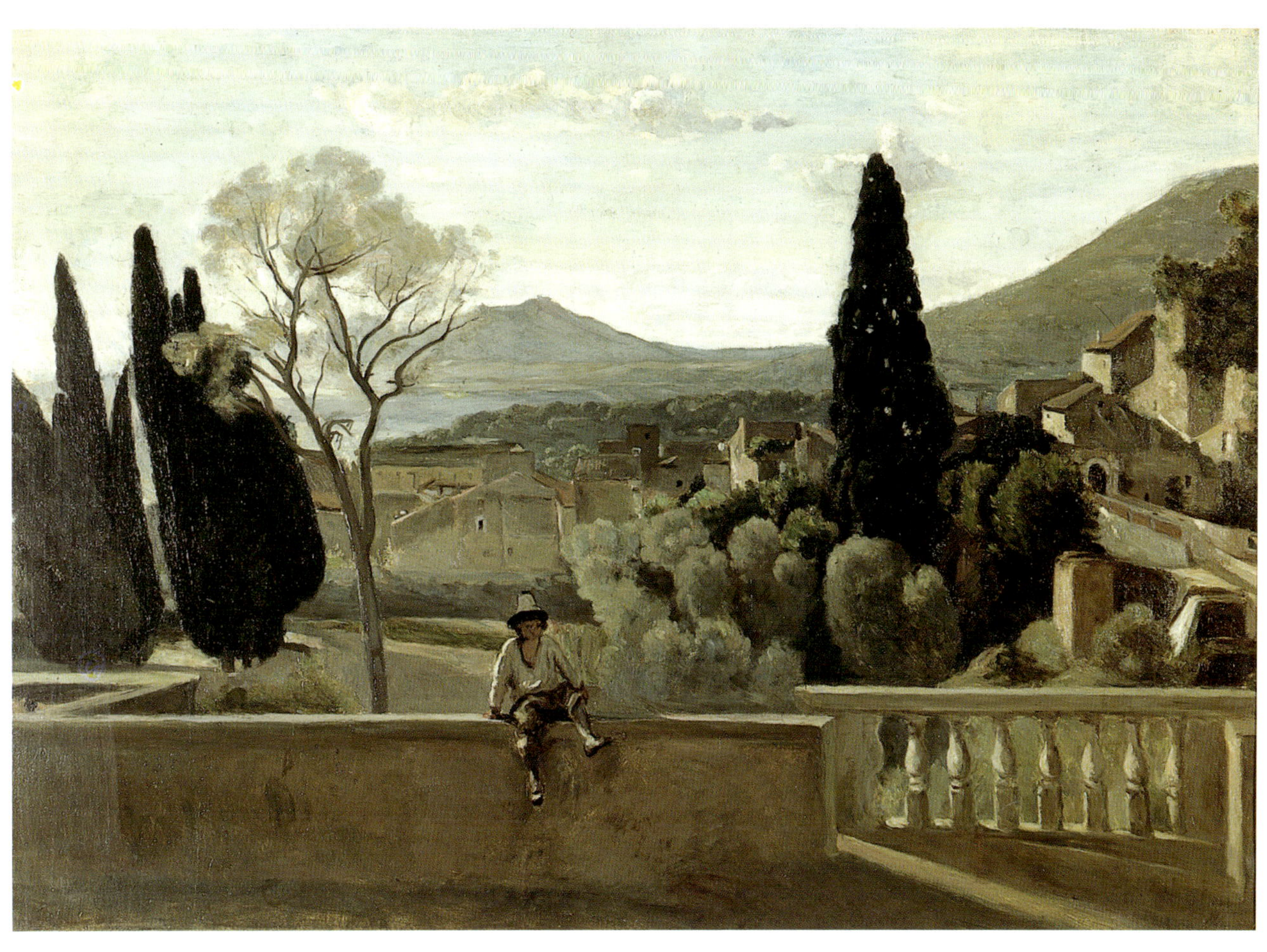

Fig. 1. Jean-Baptiste Corot, *Tivoli. Les jardins de la villa d'Este,* 1843, huile sur toile, H. 43,5 ; L. 60,5, Paris, musée du Louvre.

4 Vieux Chemin à Auvers, 1863

Vieux chemin à Auvers constitue un précieux témoignage de l'œuvre de jeunesse de Berthe Morisot, puisqu'elle a détruit la plupart des toiles du début de sa carrière. Il traduit son intérêt pour la peinture de plein air et l'étude du paysage auxquels Corot l'initie à partir des années 1860. L'influence du maître transparaît notamment dans l'application de l'élève à répartir ombres et lumières, à bâtir sa composition sur une opposition de masses sombres et de zones plus claires.
Le sous-bois représenté ici se situe à proximité du Chou, au bord de l'Oise, sur le chemin de halage entre Pontoise et Auvers. Les Morisot y avaient loué une maison de campagne pour passer l'été de 1863. Là, les sœurs Morisot travaillent avec le paysagiste Oudinot et rencontrent également Daubigny, qui habitait Auvers. Berthe Morisot est attentive aux réalisations de ce dernier : dans les paysages qu'il exécute à cette époque, certains personnages sont schématisés à l'extrême, disséminés dans la nature environnante. Chez Berthe Morisot, la jeune femme assise au pied de l'arbre est également à peine esquissée et diffère fondamentalement des figures, plus détaillées, qu'elle placera dans ses toiles la décennie suivante. Un coloris similaire, où les tonalités froides dominent, rapproche encore les œuvres des deux artistes. Cependant, *Vieux Chemin à Auvers,* par la vivacité de la touche, laisse pressentir l'une des caractéristiques du style de Morisot, la capacité à insuffler un dynamisme à la composition.
La toile est présentée au Salon de 1864, et les critiques sont encourageantes. Dans *la Revue nationale et étrangère,* les demoiselles Morisot apparaissent comme « deux sœurs qui s'avancent avec patience et intelligence dans l'étude sous l'invocation de M. Corot[1] ». *Le Courrier artistique,* lui, fait référence à « deux jeunes filles que ce Salon nous a révélées et auxquelles la vieille nature semble sourire dès leur début[2] ».

M. M.

Huile sur toile
H. 45 ; L. 31
Signé, en bas, à gauche :
Berthe Morisot
CMR 6
Collection particulière

1. Angoulvent, 1933, p. 18.
2. Idem, *op. cit.*

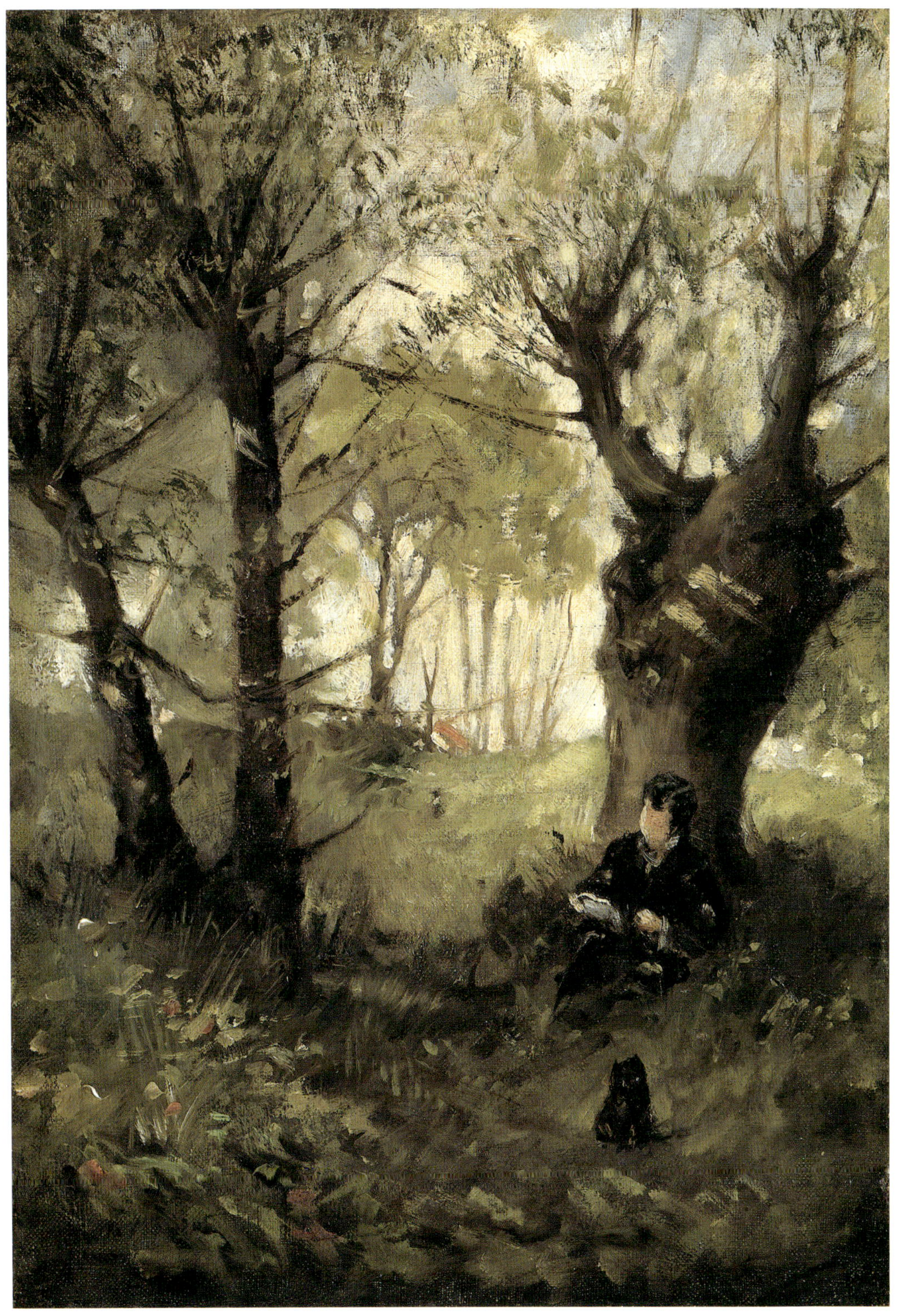

5 Rosalie Riesener, 1866

Aquarelle
H. 30 ; L. 24
En bas : ***Mon portrait par Berthe Morisot. Rosalie Riesener Pillaut***
BW 612
Paris, musée du Louvre, département des Arts graphiques, fonds du musée d'Orsay, don de Mme Pillaut
Inventaire : RF 31 284

Fille du peintre Léon Riesener (1808-1878), cousin de Delacroix et descendant du célèbre ébéniste, Rosalie Pillaut est avec sa sœur, Louise, l'une des amies les plus proches de Berthe Morisot. Les deux familles se sont rencontrées et liées en 1864 lorsque Cornélie Morisot loue pour l'été la maison de Riesener à Beuzeval en Normandie[1]. Le peintre s'intéresse à Berthe Morisot. Les préceptes esthétiques de Riesener, qui suscita aussi l'admiration de Fantin-Latour[2], Renoir[3] et Degas[4], ne sont pas sans importance dans la formation de Berthe Morisot, qui en copie de larges extraits dans un carnet[5].

Une similitude frappante de situation unit ici le modèle et sa portraitiste. Comme Berthe Morisot, Rosalie Riesener étudie la peinture, que lui enseigne son père. Elle copie les maîtres au musée du Louvre. En 1864, âgée de vingt-cinq ans, elle possède une carte d'élève[6]. Louise et Rosalie Riesener auraient même assisté à la rencontre au Louvre entre Fantin-Latour, Édouard Manet et les sœurs Morisot en 1868[7]. Berthe Morisot exécute le portrait de Rosalie au moment où celle-ci se lance aussi dans la carrière de peintre. Après une première participation au Salon en 1865[8], Rosalie présente en 1866 le portrait d'une autre amie artiste, un ambitieux portrait de la duchesse Colonna (nº 1653), qui expose au Salon depuis 1863 sous le pseudonyme de Marcello. Mais alors que Louise, devenue Mme Léouzon-le-Duc, continue d'apparaître dans l'existence de Berthe Morisot, qui réalisa son portrait en 1881 puis en 1888 (Paris, musée Marmottan, fondation Denis et Annie Rouart, CMR 100 et CMR 101, et Paris, musée d'Orsay, CMR 226)[9]. Rosalie paraît avoir joué ensuite un rôle moindre. Elle n'expose plus à partir de 1866 et, comme Edma Morisot, abandonne la peinture après son mariage[10].

Berthe Morisot la représente l'air rêveur, dans ce qui semble être une robe d'intérieur, contribuant encore à l'atmosphère d'intimité qui se dégage de cette étude, accentuée par les essais de palette aux marges de la feuille. Berthe Morisot a abordé l'aquarelle un an plus tôt par le plein air, se livrant à de nombreuses études d'après le motif à Beuzeval précisément[11]. Le portrait de Rosalie Riesener est la première, et magistrale, application de ce médium à une figure d'intérieur qui nous soit conservée.

S. P.

1. Viallefond, 1959, p. 39. Les familles Morisot et Riesener s'y retrouvent à l'été de 1865, confortant l'amitié entre Berthe Morisot et Rosalie Riesener (Rouart, dans *Corresp. B. Morisot,* p. 15).
2. Fantin-Latour organise deux expositions de l'œuvre de Riesener et portraiture Louise Riesener. Voir *Fantin-Latour,* cat. exp., 1982, p. 52, 249-251, 318-319.
3. Renoir grave en première page de *la Vie moderne* du 17 avril 1879 un *Hommage à Léon Riesener.*
4. Degas achète 79 dessins de Riesener lors de la vente après-décès du peintre, en 1879. Voir *The Private Collection of Edgar Degas,* cat. exp. 1997, t. I, p. 328, t. II, nºˢ 969-985.
5. Viallefond, *op. cit.*, p. 29.
6. Carte nº 2362, délivrée le 16 juin 1864, au nom de Mlle Riesener, élève de son père, résidant 18, cours la Reine, Registre des cartes d'élèves (1860-1865), Paris, archives des Musées nationaux, *LL10. Voir Rouart dans *Corresp. B. Morisot*, p. 21.
7. Monneret, 1979, t. I, p. 758.
8. *Rame, épagneul anglais*, nº 1832.
9. Louise Riesener est liée avec Mary Cassatt, le sculpteur Lenoir, voir *supra* p. 40.
10. Bessis, 1967, p. 155. Rosalie est citée dans une lettre inédite de Louise Riesener à Berthe Morisot, 16 septembre 1889, Paris, musée Marmottan, dépôt famille Rouart, inv. I-8-79.
11. BW 609 et 610.

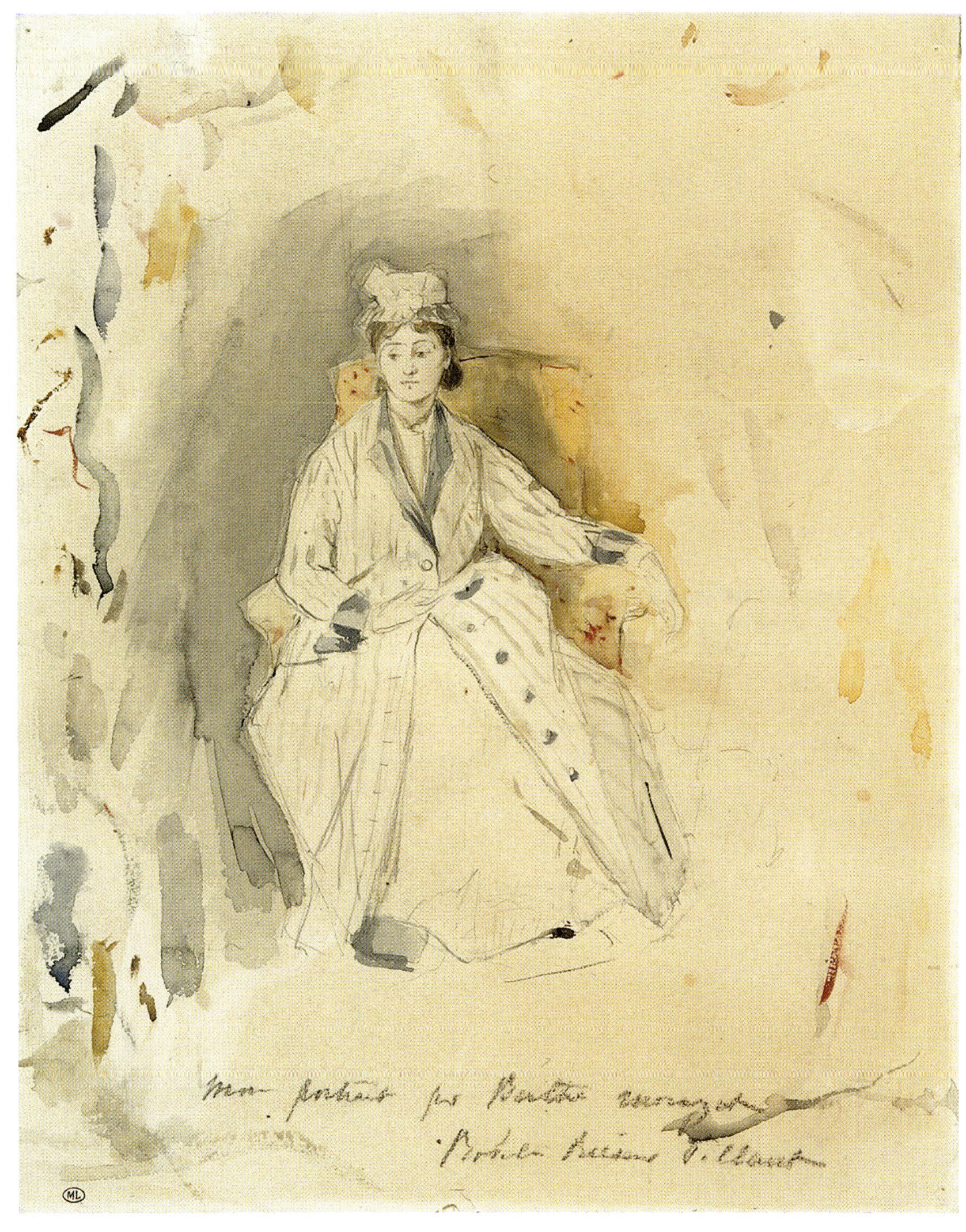

6 Portrait de Mme Pontillon ou Jeune Femme à sa fenêtre, 1869

Huile sur toile
H. 54,8 ; L. 46,3
CMR 18
Washington, National Gallery of Art, don de Mme Ailsa Mellon Bruce
Inventaire : 1970.17.47

« Les paysages m'ennuient[1]. » L'ambition nouvelle que Berthe Morisot met dans la peinture de figure est illustrée par sa contribution au Salon de 1870 : pour la première fois, les deux œuvres exposées, notre *Jeune Femme à sa fenêtre* (sous le nº 2040) et *la Lecture* (fig. 1) sont des tableaux de figure. La sœur de l'artiste, Edma, est au cœur de cette exploration : durant l'été de 1869, elle pose dans son appartement de Lorient, où elle s'est installée, après son mariage avec l'officier de marine Adolphe Pontillon, le 8 mars 1869[2]. Le séjour de Berthe Morisot, qui en rapporte aussi *la Vue de Lorient* (fig. 2 ; p. 44), s'est révélé fructueux. À son retour à Paris, en août 1869, elle écrit en effet à Edma : « Les Manet sont venus nous voir mardi soir, on a visité l'atelier ; à mon grand étonnement et contentement, j'ai recueilli les plus grands éloges[3]. » Manet semble s'accorder avec Cornélie Morisot, qui confie à deux reprises son admiration pour l'« esquisse » de Lorient[4]. Il invite Berthe à reprendre un tableau, qu'elle paraît très vite destiner au Salon : « Manet m'a tant recommandé de retoucher un peu à ce que j'ai fait de toi, qu'à ton arrivée ici, je te prierai de me laisser redessiner les mains et ajouter quelques finesses au bas de la robe et voilà tout. Il me dit que mon exposition est faite et que je n'ai pas besoin de me tourmenter, puis, immédiatement, il ajoute que je serai refusée ; de tout cela, je ne voudrais pas me soucier[5]. » Même si le « petit portrait de Lorient est placé à une telle hauteur qu'il est impossible d'en juger[6] », la jeune femme recueille l'assentiment de ses pairs à défaut d'être remarquée par la critique. Seule *la Revue internationale de l'art et de la curiosité* signale « la très lumineuse et limpide esquisse de Mlle Berthe Morisot, une *Femme à sa fenêtre*[7] ».

Berthe Morisot y pose un regard attristé sur celle qui fut l'indéfectible compagne de ses apprentissages artistiques et devient la proie de la « vie de province et de ménage[8] » : « À toi je peux dire ma chère Berthe que je m'ennuie franchement jusqu'à présent à Lorient [...]. Je suis seule une partie de la journée et depuis deux jours, il me semble que je suis au bout du monde. [...]. Dans une soirée d'hier, je me suis souvent postée par la pensée dans le salon Stevens[9]... » Scène de la vie moderne, la *Jeune Femme à la fenêtre* n'est pas sans évoquer la sensation d'étouffement et de vacuité qu'éprouve l'héroïne de *Madame Bovary,* « très intéressante [...] étude réaliste » illustrant le « côté supérieur de l'art de notre époque », que les deux sœurs lisent précisément au cours de l'été de 1869[10]. La « fenêtre sur la rue », chère à la « Nouvelle Peinture » de Duranty, accentue davantage ici l'impression de confinement. Au contraire de Berthe Morisot, que Manet a peinte un an auparavant s'exposant au spectacle de la rue dans *le Balcon* (cat. 159), Edma se tient en retrait. Dehors, quelques touches d'un vert cru rappellent l'audacieux vert du garde-corps du *Balcon.* Il n'est jusqu'à l'éventail qui ne perde pour la *Jeune Femme à la fenêtre* sa note d'élégance mondaine pour trahir le désœuvrement du modèle. En ce sens, si *Jeune Fille à la fenêtre* « procède moins de [Manet] que de Whistler et Fantin[11] », le tableau de Berthe Morisot emprunte une voie féconde, qu'explorera Caillebotte, associant bizarreries formelles[12], effet de réalisme et suggestion de l'ennui et de la solitude. Pourtant, *Jeune Femme à sa fenêtre* fut longtemps négligé. Comme l'ensemble des tableaux des débuts de Berthe Morisot, il bénéficie depuis quelques années de la sollicitude des *gender studies,* qui y ont vu l'illustration du primat de la sphère privée à laquelle les usages sociaux du XIXe siècle restreignent la peinture féminine[13].

S. P.

1. B. Morisot à E. Pontillon au sujet du Salon de 1869, *Corresp. B. Morisot,* p. 28.
2. Acte de mariage, Paris, archives de la Ville de Paris, V4E1966.
3. B. Morisot à E. Pontillon, [août 1869], *Corresp. B. Morisot,* p. 35.
4. C. Morisot à E. Pontillon, 7 août 1869, *ibid.*, p. 33 : « ... J'ai trouvé très jolies les deux peintures qu'elle a rapportées [...] et j'accrocherai ton esquisse avec plaisir bien qu'elle m'interdise de la mettre en aucun endroit visible. » Berthe Morisot a offert *la Vue de Lorient* à Manet. Voir aussi la lettre de C. Morisot a E. Pontillon, 22 mars 1870, *ibid.*, p. 38.
5. B. Morisot à E. Pontillon, [août 1869], *ibid.* Nous rattachons ce passage à *la Fenêtre* de Washington, car il semble que Berthe Morisot se soit séparée très vite de *la Vue de Lorient.* En outre, les mains et la robe y ont une importance plus grande, qui légitime que l'artiste les reprenne d'après le modèle. Enfin, il n'est question dans cette lettre que des tableaux de Lorient. Nous ne pensons donc pas qu'il s'agisse de *la Lecture* (fig. 1), pour laquelle Manet a prodigué des conseils jusqu'à corriger la toile.
6. B. Morisot à E. Pontillon, mai 1870, *ibid.*, p. 38-39.
7. « Étude complémentaire au Salon », p. 441-452.
8. B. Morisot à E. Pontillon, 23 avril 1869, *Corresp. B. Morisot,* p. 25.
9. Lettre d'E. Pontillon à B. Morisot, [1869], Paris, bibliothèque de l'Institut, dépôt famille Rouart, inv. I-5-63.
10. Lettre d'E. Pontillon à B. Morisot, 13 août 1869, *Corresp. B. Morisot,* p. 34.
11. Marx, 1907, p. 494. En 1875, Berthe Morisot évoque « Whistler que nous aimions tant » (B. Morisot à E. Pontillon, Londres, [été de 1875], *Corresp. B. Morisot,* p. 88).
12. La perspective du balcon, la position du modèle dans son fauteuil, par exemple.
13. Voir Pollock, 1988, p. 57-62 ; Adler et Garb, 1995, p. 28, p. 84-85. Pour une analyse plus radicale de ce tableau voir Reva Kessler, 1991, p. 26.

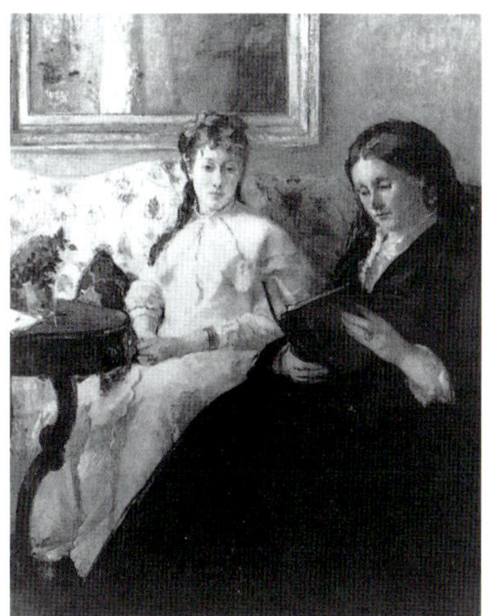

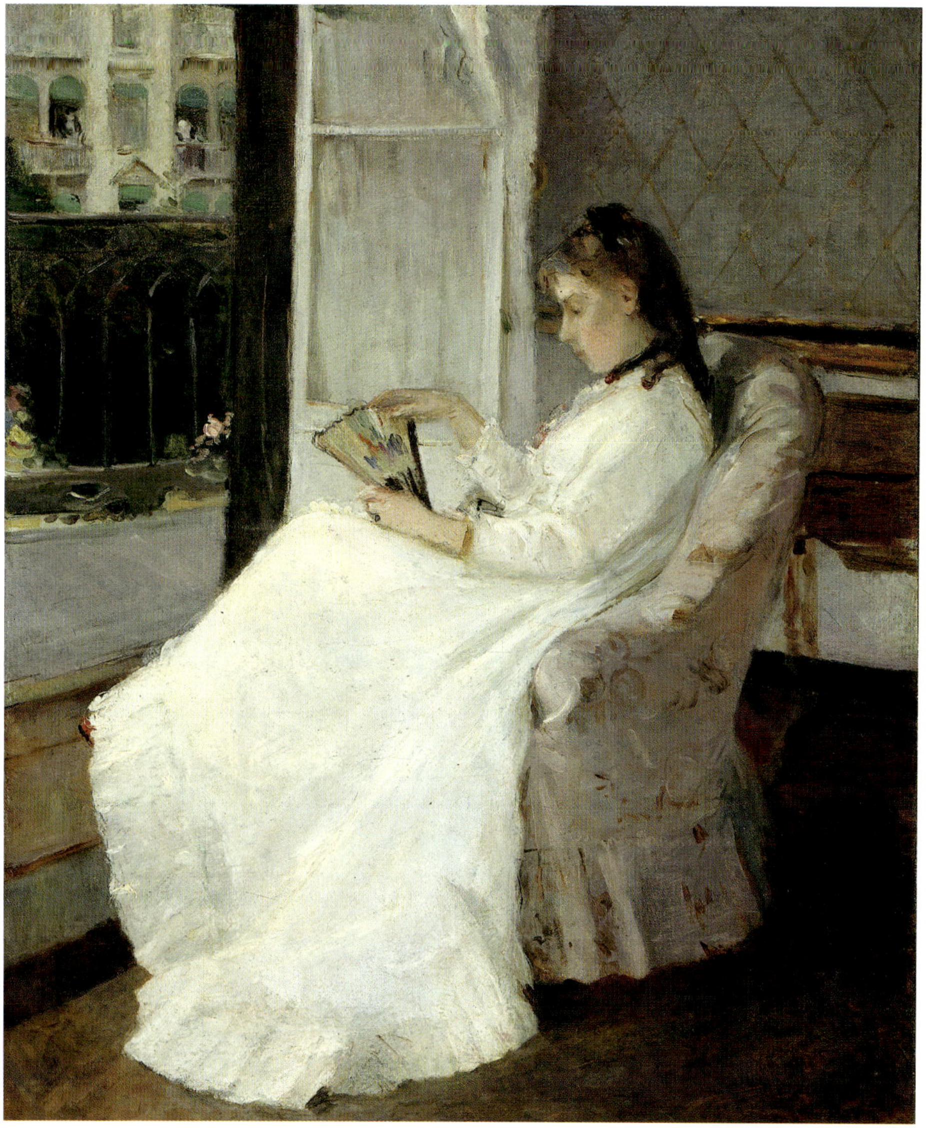

Fig. 1. Berthe Morisot, *Portrait de Mme Morisot et de sa fille Mme Pontillon* ou *la Lecture,* 1869, huile sur toile, H. 101 ; L. 81,8, Washington, National Gallery of Art.

7 Deux Sœurs sur un canapé, 1869

Huile sur toile
H. 52,1 ; L. 81,3
Signé, en haut, à droite :
Berthe Morisot
CMR 19
Washington, National Gallery of Art, don de Mme Charles S. Carstairs en 1952
Inventaire : 1952.9.2

Avec son scepticisme coutumier, Cornélie Morisot fait état à Edma Pontillon des projets de Berthe Morisot, dans une lettre du 14 mai 1869 : « Elle ne fait rien des petites Delaroche ; après deux séances en plein air, une dans l'atelier parce que le soleil les gênait, elles sont parties pour Houlgate. Aussi ce petit projet me paraît à vau-l'eau ; le travail dans l'atelier a déjà gâté un peu celui du plein air ; Berthe n'est pas contente de ce qu'elle fait[1]… » Les *Deux Sœurs* de Washington sont traditionnellement considérées comme le portrait des sœurs Delaroche, qui, au-delà de leurs noms, ne sont pas identifiées[2]. Le tableau avance péniblement, et Berthe Morisot semble avoir de guerre lasse renoncé au plein air pour l'atelier. Ainsi, le 10 septembre 1869, Edma écrit à Berthe : « Le travail dans le jardin doit être contrarié si tu as effectué ton projet avec la petite Delaroche[3]. » Et Berthe Morisot de douter souhaiter même mener l'œuvre à bien : « Les petites Delaroche sont venues trois fois pour poser ; c'est un cauchemar, je n'en entends plus parler de sorte que j'espère qu'elles sont à Houlgate et que mes essais en resteront là[4]. » Selon Charles F. Stuckey, le tableau n'est achevé que six ans plus tard, en 1875[5]. Berthe Morisot n'en est pas à son premier portrait, mais elle inaugure ici la formule du double portrait.

L'œuvre offre surtout un singulier compromis entre le soin de dénoter de façon réaliste un intérieur et les étrangetés formelles que multiplie Berthe Morisot. L'artiste insiste sur la transcription des motifs et des étoffes, des éventails au tissu du canapé[6]. Mais la précision dans la restitution de la toilette s'accompagne de son étrange duplication, chaque jeune fille étant vêtue de la même robe à pois, le cou serti d'un ruban noir, dans une similitude maniaque qui reproduit jusqu'à la coiffure et confond les traits des deux sœurs en une même inexpressivité un peu triste. Loin du portrait traditionnel, Berthe Morisot aboutit ici à un troublant effet de gémellité, comparable au tableau de Théodore Chassériau, *les Deux Sœurs* (1843, Paris, musée du Louvre), mais qui évoque surtout *Giovanna et Giulia Bellelli* peint par Degas, alors obsédé par ce motif (Los Angeles, County Museum of Art) ou *Deux Jeunes Femmes dans une loge* de Mary Cassatt (1882, Washington, National Gallery of Art)[7]. En fait de double portrait, *les Deux Sœurs* évoquent la juxtaposition sur la toile de deux études du même modèle pris sous deux angles différents, à la manière d'une étude préparatoire à une sculpture. Berthe Morisot ne se soucie à l'évidence pas de suggérer un quelconque lien entre les protagonistes, jumelant des solitudes, à la manière de Fantin-Latour, dont elle admirera au Salon de 1870 le portrait des sœurs Dubourg (fig. 1)[8]. Berthe Morisot ne s'attarde pas davantage à placer les sœurs Delaroche dans un espace commun plausible. Ainsi Charles F. Stuckey fait-il remarquer que la chaise sur laquelle est assis, sans la « remplir », le modèle de droite occupe une place bien improbable à côté du canapé. Il y voit un moyen de tempérer les réalismes de la scène et une parodie de *la Lecture* de Manet (1870, Paris, musée d'Orsay)[9]. Berthe Morisot renouvelle aussi le « tableau d'intérieur » en le soustrayant à l'anecdote et à la virtuose exhaustivité de Stevens ou de Tissot, qu'elle juge au Salon de 1869 décidément trop « chinois[10] ».

Visiblement insatisfaite, Berthe Morisot n'a jamais exposé cette œuvre, lui préférant, pour le Salon de 1870, un autre double portrait, celui de sa mère et de sa sœur (fig. 1 ; cat. 6). Le tableau représente cependant l'œuvre de Berthe Morisot à l'Exposition centennale de l'art français à Saint-Pétersbourg, en 1912. Si François Monod signale « les Deux Sœurs sur un divan de perse clair », cette « œuvre du début encore timide et appuyée », Louis Hautecœur reproduit l'œuvre sans la commenter, privilégiant un *Portrait de Berthe Morisot* par Manet[11]. Le portrait des *Deux Sœurs,* qui n'a pas été exposé en France depuis 1919, révèle une facette étrange et ambiguë de l'art de Berthe Morisot, si coutumièrement célébré pour sa limpide simplicité.

S. P.

1. Dans *Corresp. B. Morisot,* p. 33.
2. L'identification est mise en doute par Stuckey, 1987, p. 31.
3. Dans *Corresp. B. Morisot,* p. 34.
4. B. Morisot à E. Pontillon, [septembre 1869], *ibid.*, p. 35.
5. Stuckey, *op. cit.*, légende de la pl. 3.
6. L'éventail sur le mur a été offert par Degas (Stuckey, *op. cit.*, p. 33). Fourreau mentionne un éventail offert par Degas avant 1870 et que Berthe Morisot copie (1925, p. 34).
7. Voir Herbert, 1991, p. 100, sur ce thème du dédoublement d'une même figure.
8. B. Morisot à E. Pontillon, mai 1870, dans *Corresp. B. Morisot,* p. 38 : « Ton ami Fantin a un vrai succès ; les portraits des deux demoiselles Dubourg est un vrai bijou. » Voir *Fantin-Latour,* cat. exp., 1982, p. 92, 143-144.
9. Stuckey, *op. cit.*, p. 33.
10. B. Morisot à E. Pontillon, *Corresp. B. Morisot,* p. 28.
11. Monod, 1912, p. 318-319 ; Hautecœur, 1912, p. 30.

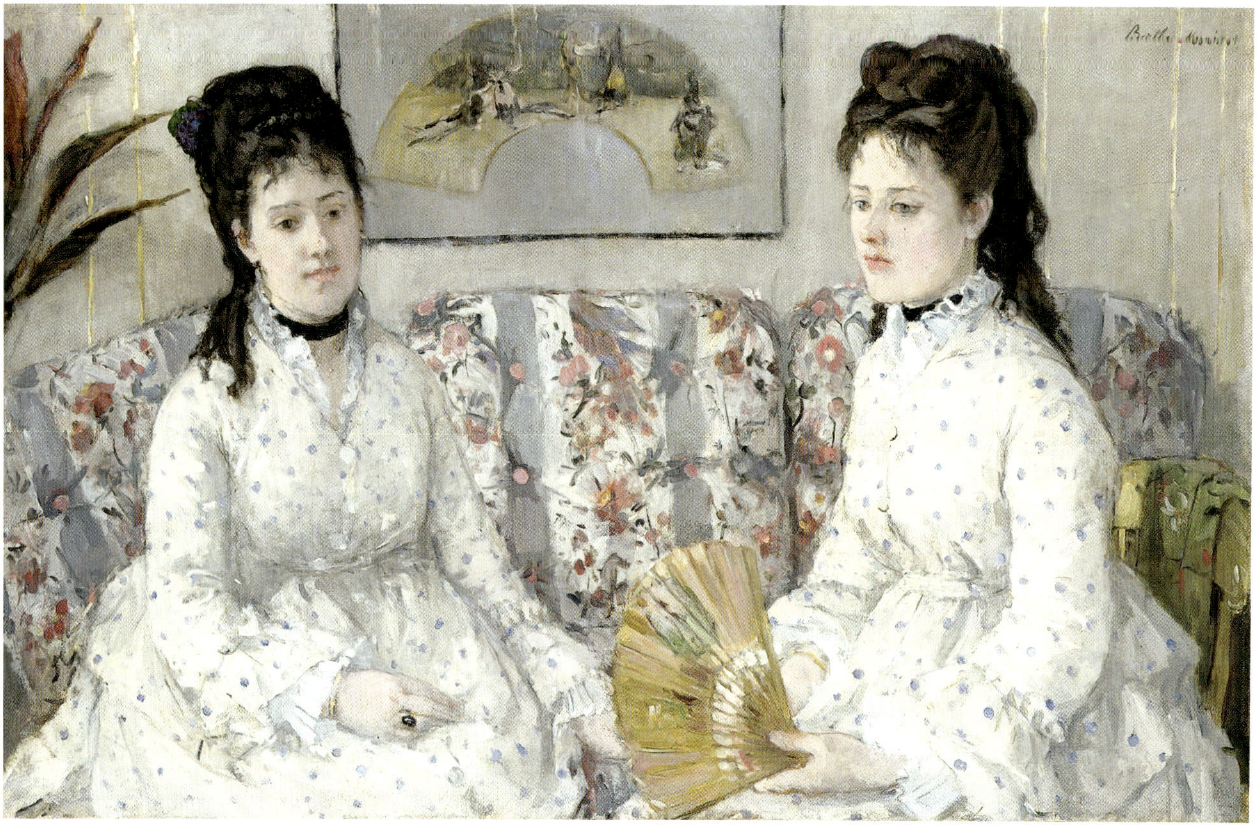

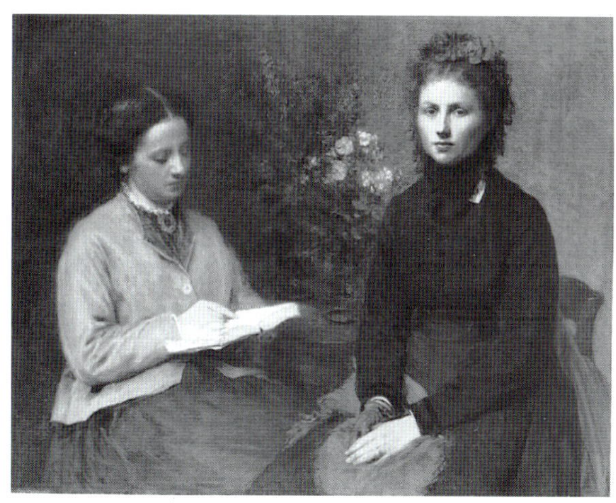

Fig. 1. Henri Fantin-Latour, *la Lecture*, 1870, huile sur toile, H. 97 ; L. 127, Lisbonne, Fondation Galouste Gulbenkian

8 Jeune Fille assise sur un banc, 1864 ou 1871 ?

9 Femme et enfant assis dans un pré, 1871

Aquarelle
H. 25 ; L. 15
Signé, en bas, à gauche :
Berthe Morisot
BW 611
Washington, National Gallery of Art, don de Mme Ailsa Mellon Bruce
Inventaire : 1970.17.159

Aquarelle
H. 19,5 ; L. 24
Signé, en bas, à droite :
Berthe Morisot
BW 615
Collection particulière

Tout au long de sa carrière, Berthe Morisot pratique l'aquarelle, « la plus triomphante aquarelle de l'impressionnisme », où elle donne, selon Roger Marx, « la meilleure mesure de ses dons »[1]. Armand Fourreau et Monique Angoulvent, ses premiers biographes, ont situé ses véritables débuts d'aquarelliste au moment du siège de Paris, en sorte de « dérivatif » à l'inaction que la guerre lui commandait[2]. Les destructions que Berthe Morisot a imposées à ses œuvres de jeunesse ne nous ont laissé que quelques maigres témoignages de ses premières activités graphiques, dont atteste une lettre de Cornélie Morisot[3]. Le catalogue raisonné de Marie-Louise Bataille et de George Wildenstein répertorie quelques rares pièces antérieures aux années 1870 : parmi elles, des paysages[4], le portrait de Rosalie Pillaut (cat. 5), et surtout *Jeune Fille assise sur un banc*. Si, dans l'éloge appuyé que Roger Marx adresse à l'aquarelliste, Berthe Morisot « découvre du premier coup une façon de s'exprimer définitive[5]... », la *Jeune Fille* de Washington s'apparente par son sujet, sa gamme chromatique, sa technique et la maîtrise du médium à des œuvres plus tardives du début des années 1870, telle la *Jeune Femme et enfant sur un banc* de 1872 (fig. 1). Edma est en effet, comme dans les huiles sur toile contemporaines, l'héroïne de ces recherches autour de la figure. « Il cherche ce que nous avons souvent cherché : mettre une figure en plein air », note Berthe Morisot, admirative de *la Vue de village* de Bazille (Montpellier, musée Fabre), présentée au Salon de 1869[6].

Edma pose, dans une confrontation de l'« artifice charmant de la Parisienne au charme de la nature[7] », seule pour l'aquarelle de Washington ou assise dans l'herbe accompagnée d'un enfant dans *Femme et enfant dans un pré*. Berthe Morisot y accomplit avec éclat un programme dont Fantin-Latour avait pressenti aussi dans les mêmes années les ressources : « Des figures en plein air sur le vert, comme on pourrait faire une belle chose[8] ! »

Berthe Morisot pratique alors l'aquarelle comme un médium autonome, sans lui donner une vocation strictement préparatoire au tableau : aquarelle et huile progressent au diapason, nourrissant des échanges nombreux, tant d'un point de vue iconographique que formel. Le premier professeur de l'artiste, Joseph Guichard, la met en garde contre cette fusion des techniques, préjudiciable à la qualité de ses huiles : « Comme peintre ami et médecin, voilà mon ordonnance : aller au Louvre deux fois par semaine, stationner trois heures devant Corrège pour lui demander pardon d'avoir faire dire à l'huile ce qui est exclusivement du domaine de l'eau. Être la première aquarelliste de son temps est un lot assez enviable[9]. »

Berthe Morisot semble avoir rencontré le succès plus rapidement avec ses aquarelles qu'avec ses tableaux. Dès le début, loin de les confiner dans le secret de l'atelier, elle les destine à l'exposition publique et à la vente. En août 1871, de retour à Paris, elle écrit à Edma : « L'aquarelle fait très bon effet encadrée ; le marchand qui est, à ce qu'il paraît, un des célèbres de Paris, m'en a fait beaucoup de compliments, me disant qu'elle avait été remarquée par tous les artistes qui étaient entrés chez lui. Je n'ai pas osé lui demander s'il voudrait m'en acheter. J'attends pour cela d'en avoir d'autres que j'irai lui proposer. » Enfin, elle poursuit avec ce qui pourrait concerner *Femme et enfant dans un pré*, exécuté d'après Edma à Cherbourg, durant l'été de 1871[10] : « ... Il paraît que l'aquarelle où tu es en gris est mon chef-d'œuvre, pas l'autre[11]. » *Femme et enfant dans un pré*, véritable chef-d'œuvre en effet, figura probablement à la première exposition impressionniste, en 1874, en même temps que *Jeune Femme et enfant sur un banc* et *Sur la falaise*[12] (fig. 2). Le premier fit ensuite partie de la

1. Marx, 1907, p. 496.
2. Fourreau, 1925, p. 34 ; Angoulvent, 1933, p. 37.
3. Dans *Corresp. B. Morisot*, p. 16.
4. BW 609-610, 613-614.
5. Marx, *op. cit.*, *loc. cit.*
6. *Corresp. B. Morisot*, p. 28.
7. Prouvaire, *le Rappel*, 20 avril 1874, cité dans *l'Impressionnisme...*, 1996, p. 29.
8. Fantin-Latour au printemps de 1865, cité par Jullien, 1909, p. 28-29. Fantin-Latour se montrera même par la suite extrêmement défavorable au plein air et réprouvera l'orientation nouvelle de Manet à partir du milieu des années 1870. Ainsi, Berthe Morisot écrit à Edma : « Je n'ai pas fait une aquarelle [...]. Rien n'est joli comme la mer hier soir et pourtant je n'ai pas songé à faire une esquisse ; [...], je suis un peu de l'avis de Fantin ; je me trouve bien bête m'installant là devant et m'imaginant qu'en une heure je vais rendre l'effet de la nature » ([été de 1872], dans *Corresp. B. Morisot*, p. 72).
9. Lettre de J. Guichard à C. Morisot, [avril 1874], *ibid.*, p. 76.
10. L'œuvre était exposée sous le titre *Cherbourg* en 1896 (n° 291).
11. B. Morisot à E. Pontillon, [août 1871], *ibid.*, p. 67.
12. D'après BW, p. 62, et *The New Painting*, cat. exp., 1986, p. 122. Sous les n°s 110-112.

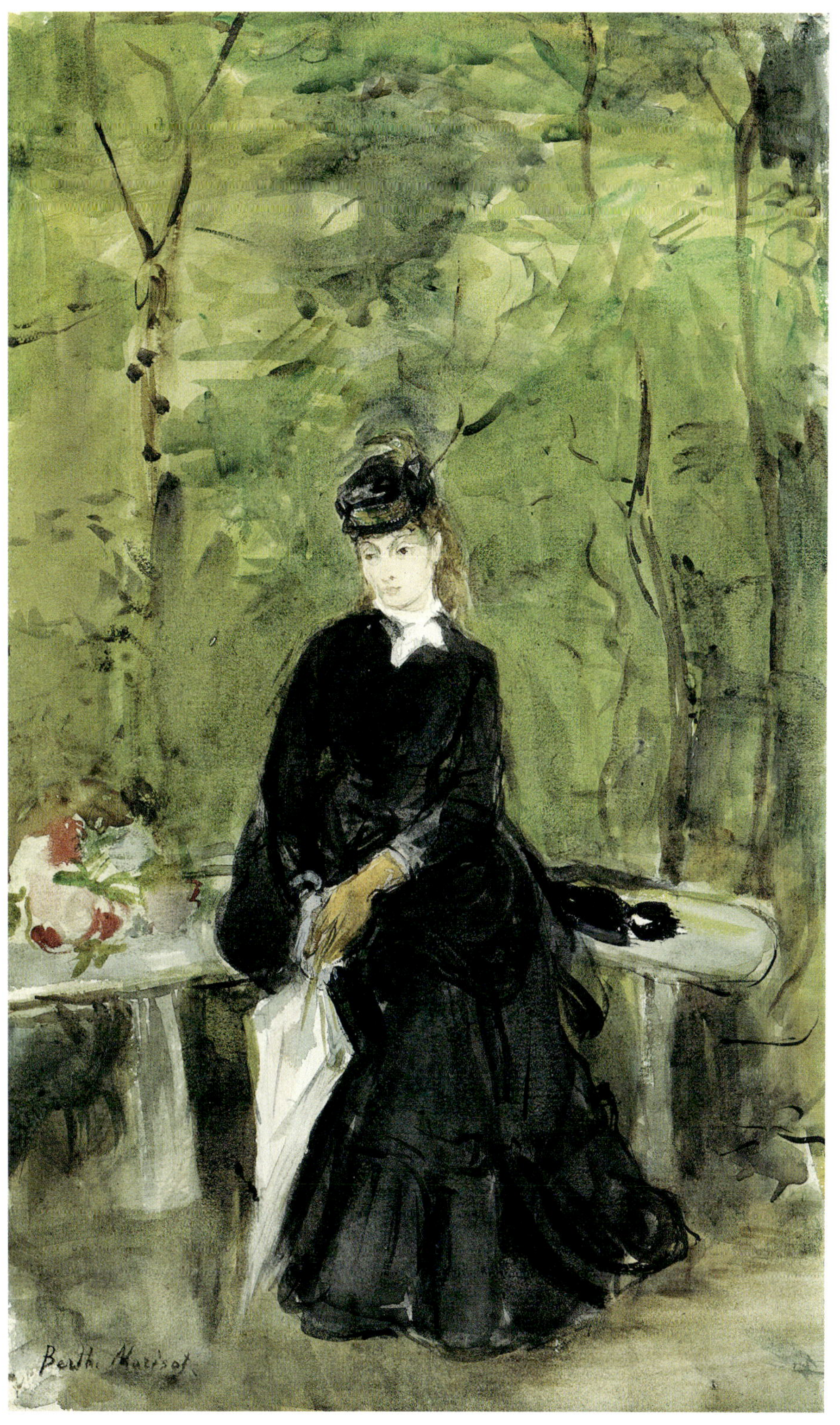
Berthe Morisot

collection d'Edgar Degas, qui l'a peut-être admiré dès 1871 : « M. Degas est venu un instant hier, il a fait des compliments, lui qui ne regardait rien, il avait une velléité d'amabilité ! La voilà passée artiste au dire de ces grands hommes[13] ! »; le deuxième appartint aux non moins prestigieuses collections de Charles Ephrussi, puis d'Étienne Moreau-Nélaton, qui posséda également *Sur la falaise*. Au même moment, Berthe Morisot a également songé à soumettre quelques aquarelles au Salon de 1874, ainsi qu'en témoigne une lettre de Puvis de Chavannes à Berthe Morisot : « C'est la guerre civile, tout bonnement la guerre civile, guerre imbécile s'il en fut, malheureusement vous n'avez pas pour vous de gros bataillons. Je ne sais pas encore ce qui a été décidé pour vos aquarelles – auront-ils quelques remords en les voyant – gardez-vous bien du reste d'en vouloir à tout le jury – ce que vous cherchez y compte des défenseurs mais en minorité, le fait est malheureusement trop certain – ils veulent avoir la tête de Manet, et ils la prennent sans façon[14]. »

S. P.

13. C. Morisot à E. Pontillon, [août-septembre ?] 1871, *Corresp. B. Morisot*, p. 69. Vente Degas, 26-27 mars 1918, nº 232 : voir *The Private Collection of Edgar Degas*, cat. exp., 1997, t. I, p. 12, t. II, nº 898.

14. Lettre de Puvis de Chavannes à B. Morisot, mardi 7 avril [1874], Paris, musée Marmottan, dépôt famille Rouart, inv. II-2-7. Cette lettre très intéressante de Puvis de Chavannes, non publiée par Denis Rouart dans la *Corresp. B. Morisot*, se réfère au Salon de 1874 : il est en effet question plus loin de « l'exposition qui se prépare dans la maison Nadar », dont il juge le moment mal choisi, car les « rejets [du jury] sont trop chauds ». Il évoque notamment le refus de Marcello *(la Conjuration de Fiasque)*.

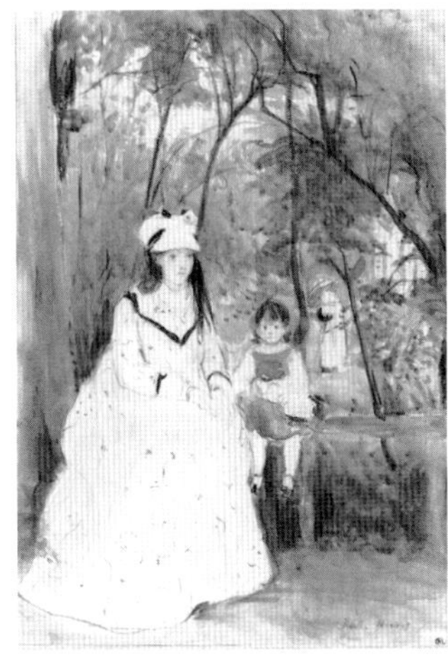

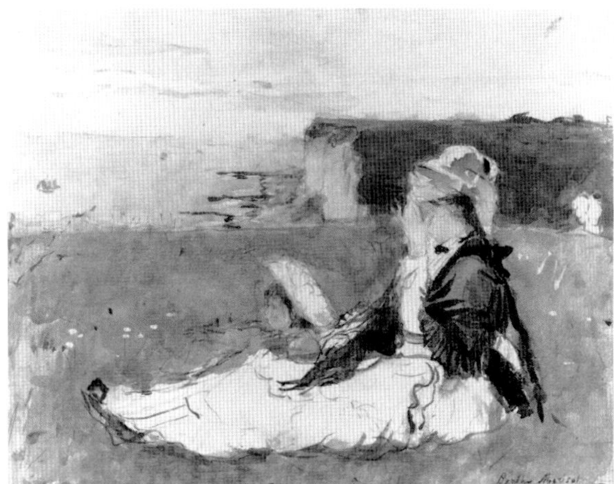

Fig. 1. Berthe Morisot, *Jeune Femme et enfant sur un banc*, 1872, aquarelle, H. 33 ; L. 23, Paris, musée du Louvre, département des Arts graphiques, fonds du musée d'Orsay, donation Moreau-Nélaton.

Fig. 2. Berthe Morisot, *Sur la falaise*, 1873, aquarelle, H. 18 ; L. 23, Paris, musée du Louvre, département des Arts graphiques, fonds du musée d'Orsay, donation Moreau-Nélaton.

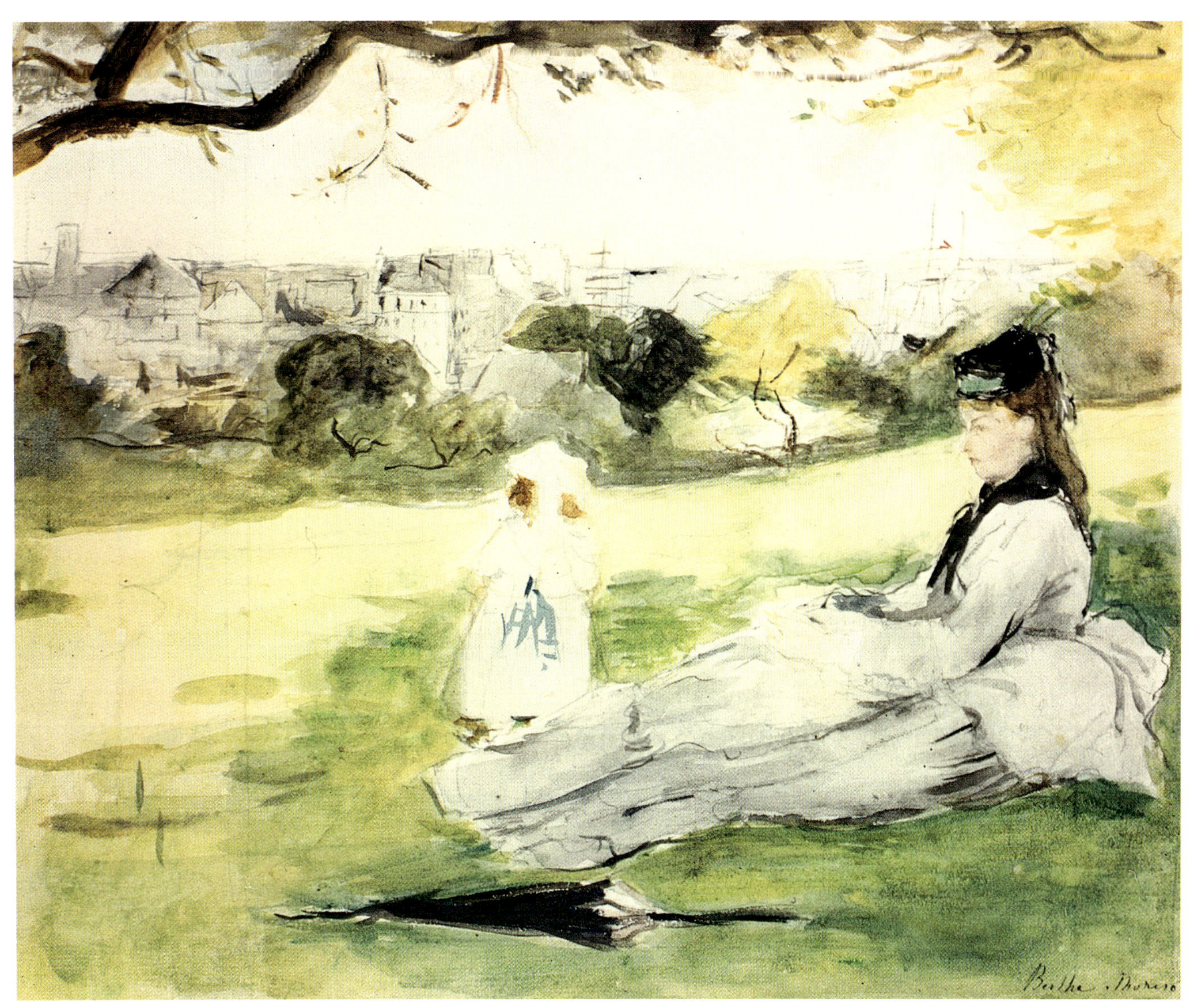

10 Sur le sofa, 1871

Les véritables connaisseurs de l'œuvre de Berthe Morisot « sont instruits, séduits aux grâces de son œuvre, et ils n'ignorent point les attributs discrets de son existence, qui furent d'être simple, – pure, – intimement, passionnément laborieuse – plutôt retirée, mais retirée dans l'élégance. » Ce retirement silencieux qu'exalte Paul Valéry en ouverture du catalogue de l'exposition de la galerie Dru, en 1926, et qui n'est pas sans évoquer l'œuvre de Vuillard, se traduit à merveille dans *Sur le sofa*. L'aquarelle illustrera en toute harmonie la parution du texte dans *la Renaissance de l'art français et des industries de luxe*[1].

Saisi de profil, le modèle, non identifié, est représenté en pied malgré la modestie du format. La mise en page contribue encore à éloigner du spectateur la jeune femme en proie à la rêverie, et à la reclure dans le fond de la feuille. Berthe Morisot évite cependant un effet de miniaturisation et associe non sans rigueur une élégante linéature à la transparence diaphane des couleurs.

S. P.

Aquarelle
H. 18,1 ; L. 14,1
Signé : *Berthe Morisot*
BW 616
Stockholm, Nationalmuseum
Inventaire : NMH 189/1949

1. Le texte de Paul Valéry est dédicacé à Édouard Vuillard.

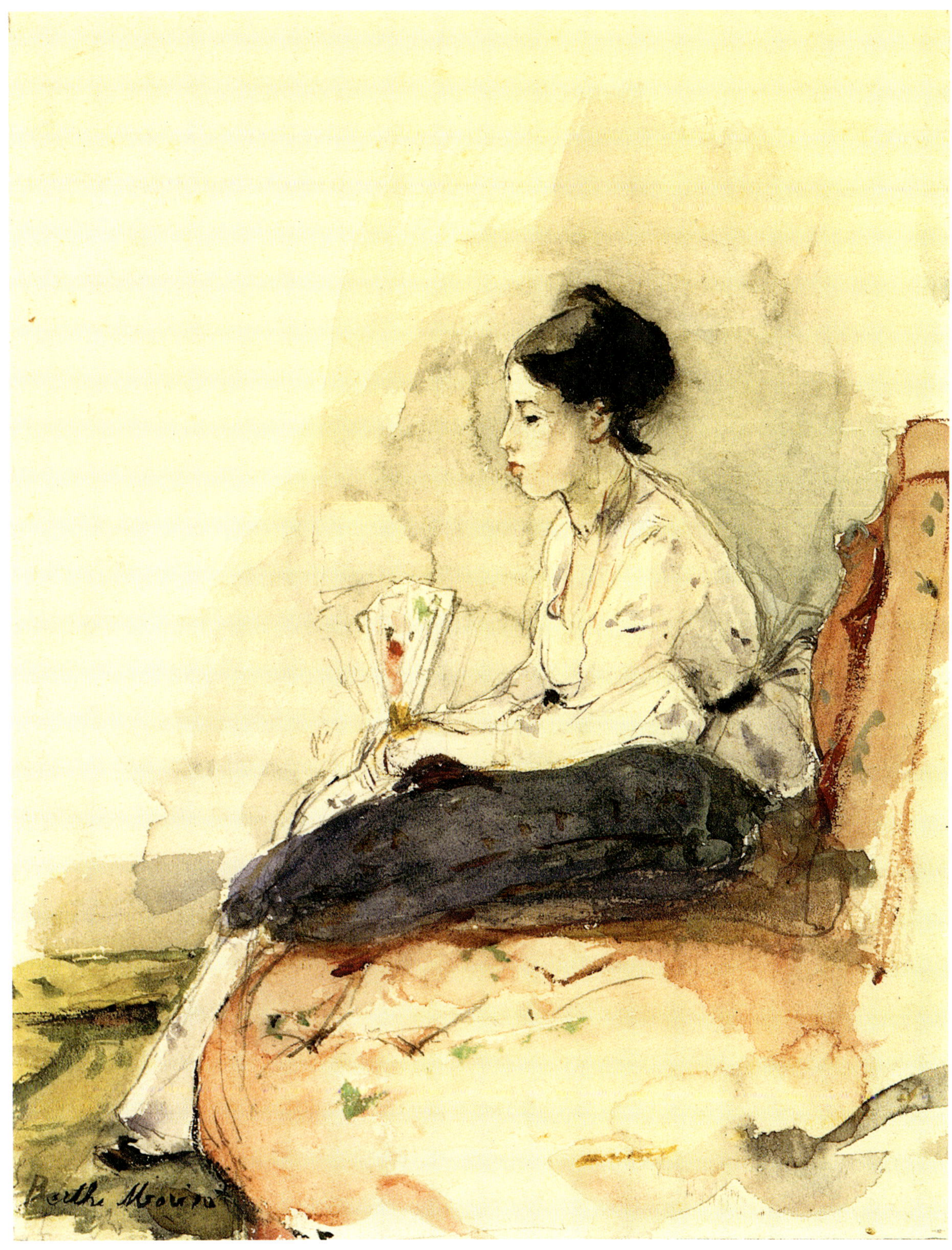
Berthe Morisot

11 Dame et enfant sur la terrasse des Morisot, rue Franklin ou Femme et enfant au balcon, 1871-1872

Huile sur toile
H. 60 ; L. 50
Signé, en bas, à droite :
B. Morisot
CMR 24
Collection particulière

Cette simple scène de la vie familiale donne lieu à un tableau très moderne quant au point de vue et à la perspective choisis, à la composition et à l'attitude des personnages. Edma Pontillon, sœur de l'artiste, et leur nièce Paule Gobillard sont dans le jardin des parents Morisot, rue Franklin, qui dispose d'une terrasse.

Les deux modèles tournent le dos, seule Edma, penchée en avant, légèrement tournée vers sa nièce, présente son profil. Elle est accoudée au balcon comme pour mieux attendre, mais aussi parler ou mieux écouter Paule. Toutes deux semblent espérer l'arrivée d'une tierce personne, sans doute la mère de Paule, à moins que ce ne soit une voiture qui les conduira en promenade. L'élégante tenue d'Edma, en robe de soie noire avec chapeau à plumes qui lui tombe sur le front, une ombrelle à la main, et celle de l'enfant indiquent qu'elles vont sortir.

La composition est audacieuse et très impressionniste. La balustrade de la terrasse est en diagonale. Le sol et la balustrade occupent plus de la moitié de la peinture. À droite, la scène est coupée par un gros pilier sur lequel est posé une corbeille de fleurs dont on ne voit qu'une petite partie. À la diagonale orientée vers le haut à gauche s'oppose une autre diagonale, non tracée et incomplète qui va de l'enfant au dôme des Invalides, donnant une impression de profondeur. À la masse du pilier à droite qui oblige à regarder vers le lointain ou sur la gauche, répond la robe d'Edma, qui replace le regard vers Paule ou vers le paysage.

Cette scène prise sur le vif bénéficie d'un éclairage tout particulier, impossible s'il s'agissait d'un balcon vu depuis l'intérieur de la maison.

La maison de la rue Franklin, sur les bords de la colline de Chaillot, domine un peu Paris tout en étant encore en pleine campagne. À l'époque, ni ce quartier ni, de l'autre côté de la Seine, les abords du Champ-de-Mars ne sont encore construits, d'où la vue sur des champs et des jardins. Berthe Morisot a très minutieusement préparé cette toile importante par plusieurs études préparatoires dont seule une aquarelle nous est parvenue. Elle a ensuite reporté sur la toile son modèle à l'aide d'un quadrillage, tout en apportant quelques modifications pour équilibrer les couleurs et les tons. Le passage de l'aquarelle à la toile lui occasionne beaucoup de soucis. Elle s'en ouvre dans une lettre à Edma : « Je fais Yves avec Bichette elles me donnent bien du mal et s'alourdissent sensiblement avec le travail puis comme arrangement cela ressemble à un Manet. Je m'en rends compte et en suis agacée[1]. » En effet, il y a une certaine parenté avec une œuvre de Manet peinte en 1871, *Sur une galerie à colonne* (Zurich, Collection-Fondation E. G. Bührle). Les personnages, accoudés et de trois quarts, regardent dehors. Chez Manet les constructions ne permettent pas une vue aussi dégagée que celle de Berthe Morisot.

Dans *le Balcon* de Manet (cat. 159), les personnages sont sur un balcon et regardent dehors, mais le point de vue du peintre est diamétralement inverse : il a planté son chevalet devant l'immeuble et regarde le balcon depuis la rue. Dans ce tableau de Morisot, l'artiste est dans le jardin situé à l'arrière la maison, et, comme ses modèles, regarde le paysage depuis ce point de vue. La situation du peintre derrière ses personnages se retrouve dans *Vue de Paris des hauteurs du Trocadéro* de Morisot (cat. 13), comme dans deux toiles de Manet, *Vue de l'exposition universelle de 1867* (fig. 1 ; cat. 13) et *Sur une galerie à colonnes à Oloron* (1872, Zurich, Collection-Fondation E. G. Bührle).

Il y a rapprochement entre les œuvres des deux artistes, inspiration et influence réciproques. Comme l'observera avec justesse Henry Nocq au lendemain du décès de Berthe Morisot : « … elle ne chercha pas à copier son illustre parent ; trop artiste pour pasticher quoique ce soit, elle comprit que la leçon donnée par les grands peintres est avant tout d'indépendance et d'honnêteté artistique[2]. »

H. W.

1. *Corresp. B. Morisot*, p. 67.
2. H. N., 1895, p. 955.

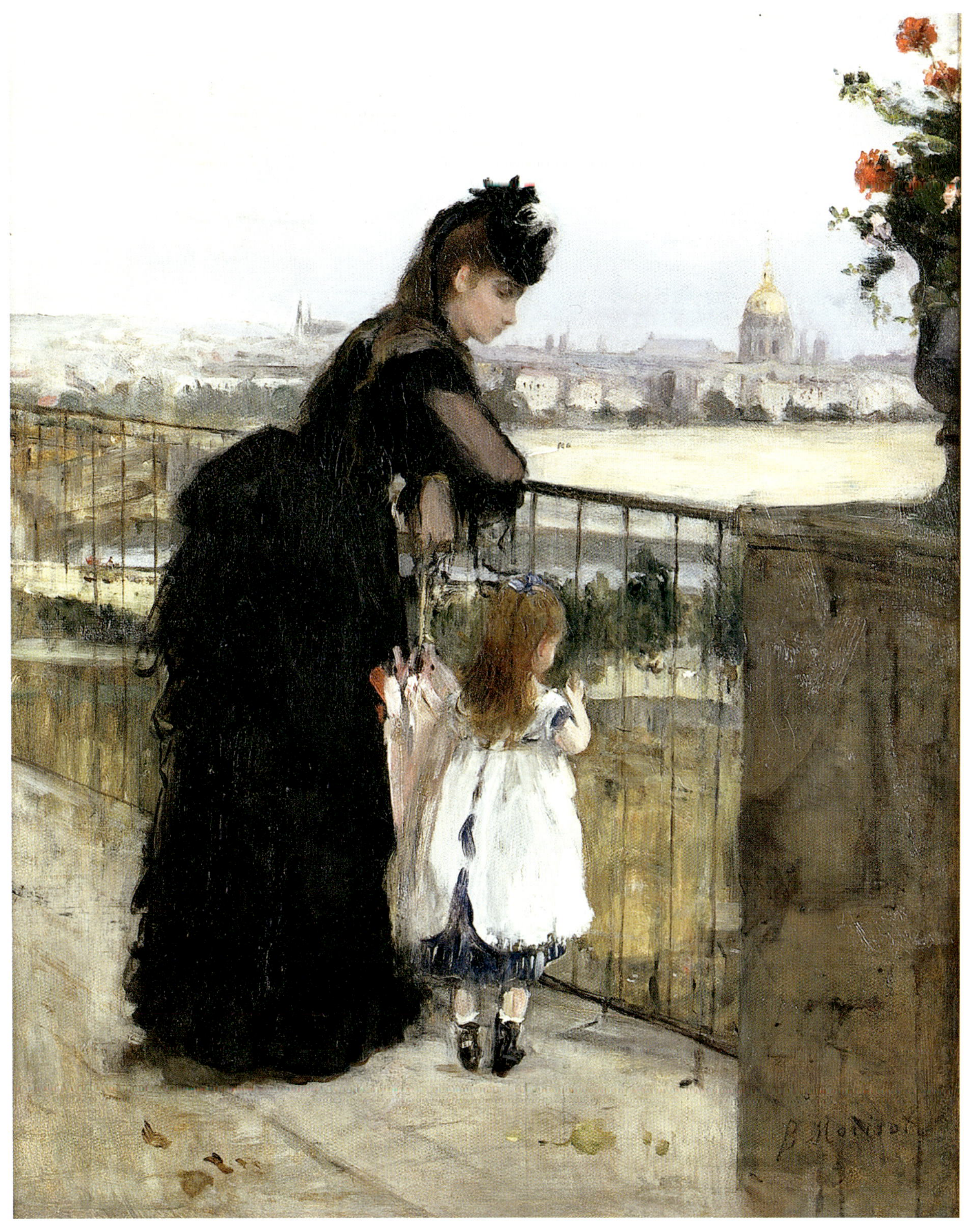

12 Dame et enfant sur la terrasse, rue Franklin ou Femme et enfant au balcon, 1871-1872

Aquarelle
H. 20,6 ; L. 17,3
Cachet des initiales, en bas, à droite : *B. M*
BW 618
Chicago, Art Institute of Chicago, don en 1933 de Mme Charles Netcher en mémoire de Charles Netcher II
Inventaire : 1933.1

Cette superbe aquarelle qui a conservé toute sa fraîcheur montre la technique de Berthe Morisot, son utilisation comme esquisse, et permet d'étudier le passage de l'étude à l'œuvre définitive.
La scène n'est pas composée mais saisie sur le vif comme s'il s'agissait d'une photographie de l'intimité familiale. Compte tenu de l'orientation du terrain rue Franklin, cette vue a dû être peinte dans l'après-midi puisque la lumière vient de la droite, un peu sur le côté. Par rapport à l'artiste, les personnages accoudés ne sont pas à contre-jour, car ils ne sont pas les uns sur un balcon et Berthe Morisot à l'intérieur de la maison. En effet, dans le jardin de la maison de la rue Franklin, avant la descente assez à pic du reste du jardin, se trouvait une petite terrasse munie d'un parapet en ferronnerie ; elle constituait un agréable point de vue sur la Seine et la rive gauche. À cause de cette particularité d'aménagement du jardin des Morisot, cette aquarelle a souvent été intitulée *Femme et enfant au balcon ;* en 1896, elle était exposée sous le titre *Dame et Enfant* (n° 306) ; nous lui donnons un titre tenant compte de celui de 1896 et conforme au lieu représenté.
Comme ce n'est pas une scène d'extérieur vue de l'intérieur, Berthe Morisot n'a pas eu besoin d'adoucir les contrastes. Sur l'aquarelle plus particulièrement, elle saisit une lumière douce montrant bien par là que la scène se déroule sur une terrasse munie d'une balustrade et non sur un balcon.
Berthe Morisot a d'abord saisi sa sœur et sa nièce, avant d'ajouter, sans doute un peu plus tard, la vue de l'autre côté de la Seine. En effet, celle-ci est trop détaillée pour avoir été exécutée en même temps ; de plus, l'esplanade du Champ-de-Mars et le dôme des Invalides sont plus éloignés qu'ils ne le paraissent dans l'aquarelle. En reprenant le motif à l'huile, cet aspect sera rectifié, donnant ainsi une vue plus campagnarde depuis le balcon.
Par ses dimensions réduites, cette feuille est celle d'un album destiné à des croquis, ou, comme souvent alors, à des souvenirs de voyage.
L'aquarelle permet de saisir la scène sans trop faire poser les modèles, ce qui est bien commode avec une petite fille de l'âge de Paule qui n'a pas encore cinq ans. Morisot évite ainsi de contraindre sa nièce à des séances de pose trop longues pour une enfant. Le passage de l'aquarelle à la toile s'effectue à l'atelier. Les dimensions de l'œuvre sont multipliées par plus de trois – et la surface par près de dix, ce qui nécessite un quadrillage de la toile pour respecter les proportions de la composition. Lors de la transposition sur la toile, il n'y a que fort peu de changements : la composition est recadrée un peu sur la droite en supprimant la première arche du pont (un trait vertical sur l'aquarelle l'indique) ; l'ombrelle d'Edma est de couleur plus vive ; de l'autre côté de la Seine, les Invalides et les autres bâtiments sont éloignés conformément à la perspective depuis cet endroit ; enfin, la corbeille de géraniums est un peu différente.

H. W.

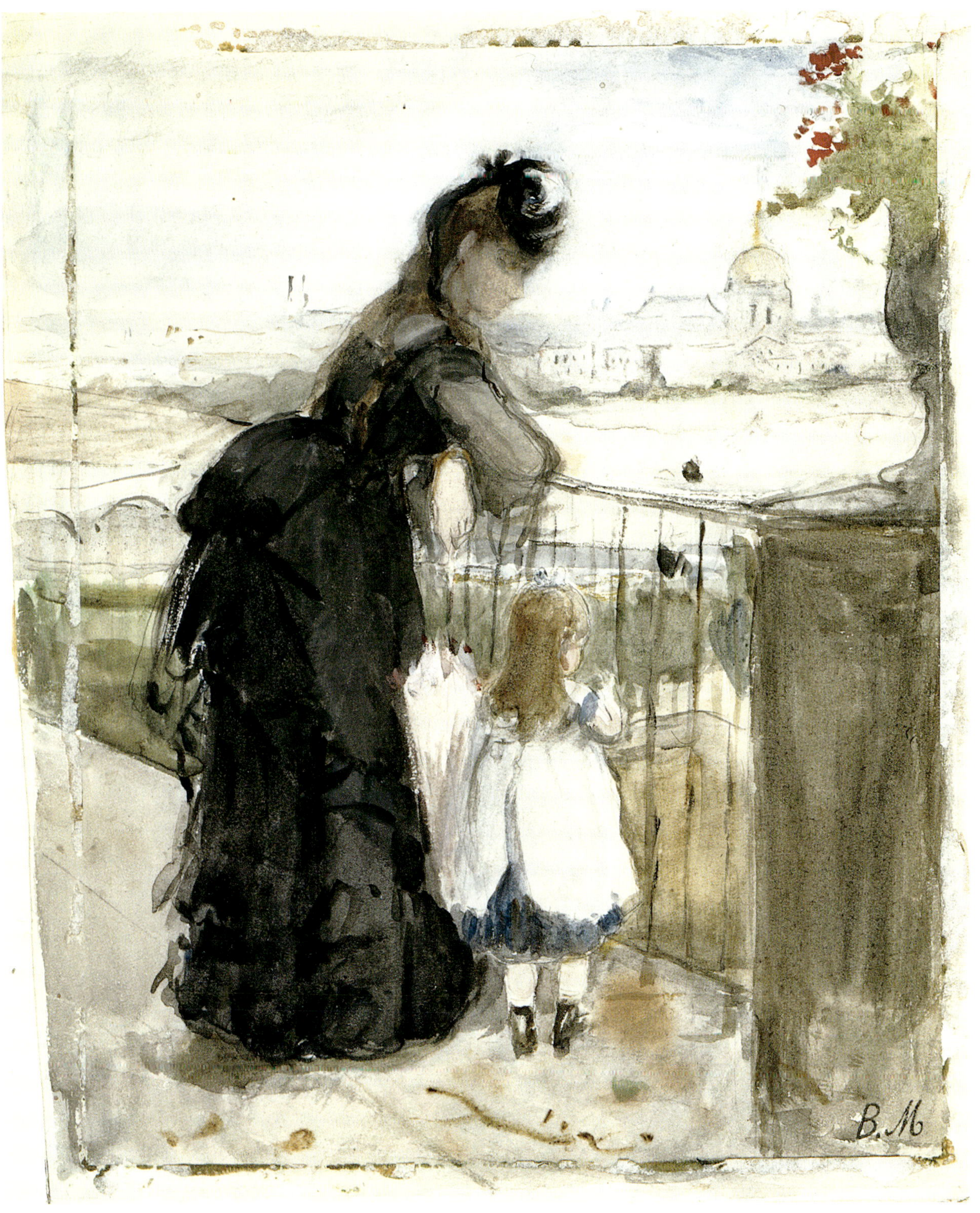
B.M

13 Vue de Paris des hauteurs du Trocadéro, vers 1871-1873

Huile sur toile
H. 46,1 ; L. 81,5
Signé, en haut, à gauche :
Berthe Morisot
CMR 23
Santa Barbara, Santa Barbara Museum of Art, don de Mme Hugh N. Kirkland en novembre 1974
Inventaire : 1974.21.2

« Cela ressemble à un Manet ; je m'en rends compte et en suis agacée[1]. » La lettre de Berthe Morisot à Edma ne concerne pas précisément la *Vue de Paris,* mais elle reflète les préoccupations de l'artiste au tout début des années 1870. La fortune critique du tableau s'est appliquée à lui donner tour à tour raison et tort, en démêlant priorités et influences entre la composition de Berthe Morisot et *l'Exposition universelle de 1867* d'Édouard Manet (fig. 1)[2].

Les points de vue sont sensiblement les mêmes : Paris est embrassé depuis la colline du Trocadéro, à l'angle de la rue Vineuse et de la rue Franklin[3] pour Manet, légèrement en contrebas par rapport à l'intersection de la rue Franklin et des jardins du Trocadéro, où se place Berthe Morisot selon Katleen Adler[4]. Berthe Morisot partage avec Monet, Renoir, à la même époque, puis Caillebotte quelques années plus tard, le goût pour un point de vue surélevé et une approche panoramique du paysage urbain, qui se traduit en dépit des grandes différences de format par un rapport semblable chez Manet et Morisot entre la hauteur et la longueur de la toile. Mais « panorama » pour Morisot comme pour Manet ne signifie pas pour autant représentation exhaustive d'un site. Chez Manet, l'échelle du paysage urbain et des figures, la « compression » des distances en contrebas du Trocadéro stigmatisent un refus de la description topographique, dont se ressent également une peinture urbaine comme *l'Enterrement* (vers 1867-1870, New York, The Metropolitan Museum of Art). *La Vue de Paris* de Berthe Morisot surplombe davantage la ville et pousse jusqu'aux lointains l'évocation du paysage urbain dans une lumière aurorale qui évoque Corot. Procédé que l'on retrouve dans *le Balcon* (cat. 11).

Après les dévastations du Siège et de la Commune, Berthe Morisot se tourne vers des sujets parisiens sans pour autant dépeindre les traces des conflits. En 1872, le pastel *Coin de Paris vu de Passy* (coll. part. ; BW 471) épouse ce point de vue surélevé, consommant la rupture que les premières représentations de Lorient ou de Cherbourg, en 1869-1871, avaient engagée avec *Vue de la Seine en aval du pont d'Iéna* (1866-1867, coll. part. ; CMR 11), encore très proche de Daubigny. Les modèles, élégamment vêtus, Edma Pontillon, Yves Gobillard et sa fille Paule selon Théodore Reff, Valentine et Marguerite Carré dans les catalogues raisonnés de l'artiste, ces véritables figures et « putcheuses » de Passy d'après Jacques-Émile Blanche[5], contribuent à l'évocation de la vie urbaine[6]. Berthe Morisot a probablement peint la *Vue depuis le Trocadéro* entre la fin de 1871 et mars 1873, année où Durand-Ruel achète ce chef-d'œuvre[7].

S. P.

1. Dans *Corresp. B. Morisot,* p. 67.
2. À la suite de Fourreau (1925, p. 28), qui identifiait l'œuvre au tableau exposé au Salon de 1867 (il s'agit en fait de *la Seine en aval du pont d'Iéna ;* CMR 11), Jamot attribuait l'antériorité à Berthe Morisot (1927, p. 29). Le catalogue raisonné BW a daté ensuite *Vue du Trocadéro* de 1872. La *Vue* de Manet est demeurée dans son atelier jusqu'à sa mort ; c'est vers 1872-1873 que Berthe Morisot pose fréquemment pour le peintre. Selon J.-É. Blanche, Berthe Morisot regarda Édouard Manet peindre sa *Vue de l'Exposition universelle* (Blanche, 1921, p. 76 ; Stuckey, 1987, note 56, p. 179). Le tableau a pu constituer un point de référence pour Berthe Morisot.
3. Willoch, 1976, p. 108 ; Mainardi, 1980, p. 110 ; Reff, 1982, p. 36.
4. Adler, dans Edelstein, 1991, p. 35.
5. Identification des modèles : BW, p. 24, et CMR, p. 124. Blanche, 1928, p. 52.
6. Au point que, selon Adler (1990), ce tableau n'est pas une vue urbaine, mais une illustration de ce « *woman's land* » qu'est Passy, point de vue choisi par Berthe Morisot.
7. Stuckey, *op. cit.,* note 124, p. 180.

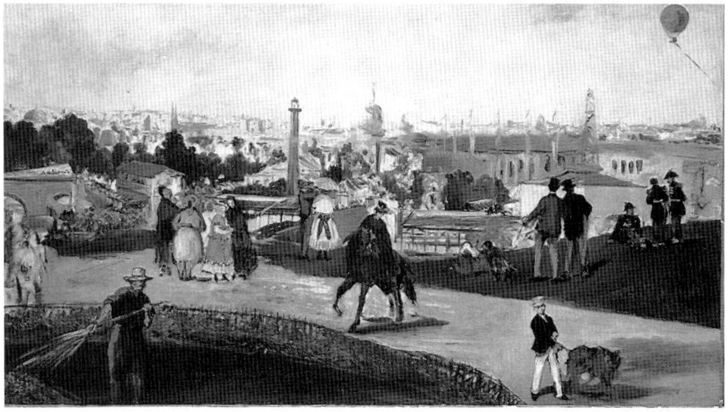

Fig. 1. Édouard Manet, *l'Exposition universelle de 1867,* 1867, huile sur toile, H. 108 ; L. 196,5, Oslo, Nasjonalgalleriet.

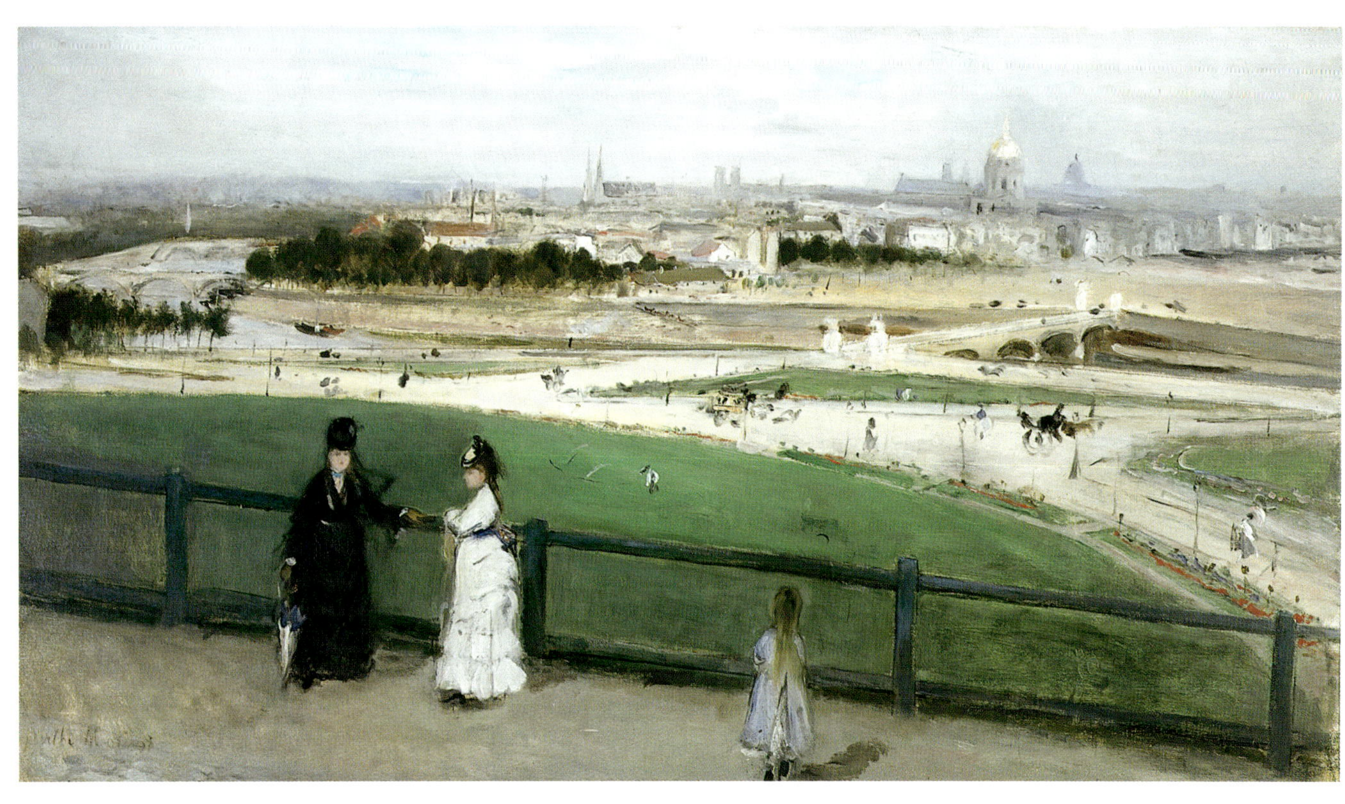

14 Le Berceau, 1872

Huile sur toile
H. 56 ; L. 46
CMR 25
Paris, musée d'Orsay
Inventaire : RF 2849

Sans conteste l'œuvre la plus célèbre de Berthe Morisot, véritable icône de l'impressionnisme, *le Berceau* ne fut pourtant plus exposé du vivant de l'artiste après le coup d'éclat de l'exposition impressionniste de 1874. Il y côtoyait alors – inconvenante proximité – *Une moderne Olympia* de Paul Cézanne (1874, Paris, musée d'Orsay). Sans en susciter l'ire, le tableau de Berthe Morisot n'emporta pas la conviction de la critique, qui se borna, comme Jules Castagnary, à en relever la grâce et la délicatesse[1]. Berthe Morisot échoua en outre à vendre l'œuvre, qu'elle destinait au marché dès 1873, selon Charles F. Stuckey[2]. Le tableau demeura ensuite dans la famille des modèles, Edma Pontillon et sa fille Blanche, jusqu'à son acquisition par le musée du Louvre, en 1930. Pour saluer l'achat, Julie Manet et son époux, Ernest Rouart, firent don au musée du *Portrait de Nina de Callias* d'Édouard Manet (fig. 2 ; cat. 171)[3].

Peint en 1872, lors d'un séjour d'Edma dans sa famille à Paris, *le Berceau* est la première évocation dans l'œuvre peint de Berthe Morisot du thème de la maternité, auquel son art est aujourd'hui si fortement associé. En 1867, Claude Monet avait traité le thème de l'enfant dans son berceau, mais Berthe Morisot lui donne un développement tout différent (*Jean Monet dans son berceau,* 1867, Washington, National Gallery of Art)[4]. Le regard que porte la mère sur son enfant endormi, le geste de la main posé sur le berceau, le jeu protecteur et virtuose des voiles et des rideaux : la composition invite à la célébration de la maternité au point d'avoir été souvent interprétée comme la transposition profane d'une « ... Vierge à l'enfant, tant [elle] dégage de religieuse tendresse, de pudeur sacrée[5] ». Le contraste avec un pastel de Degas de dix ans postérieur (1881-1882, coll. part.) est éloquent. Les mêmes éléments formels (la mère à gauche du berceau, le voile, la délicatesse des coloris) y sont au service d'une vision pour le moins inattendue de l'amour maternel, où les semelles de Mme May s'exposent et attirent le regard mieux que l'enfant, disparu derrière les voiles[6]. Témoin pictural de préoccupations plus personnelles[7], *le Berceau* offre néanmoins une image assez rare dans l'œuvre de Berthe Morisot, où, le plus souvent, l'enfant tourne le dos et occupe un espace distinct de celui de la mère ou de la nourrice qui en a la charge (cat. 71)[8].

S. P.

1. Voir la lettre de J. Guichard, scandalisé par le voisinage de Cézanne, à C. Morisot, *Corresp. B. Morisot,* p. 76. Castagnary, « le Siècle », 29 avril 1874, dans *l'Impressionnisme...,* 1996, p. 51.
2. 1987, p. 54 et surtout note 129, p. 180.
3. Procès-verbal du comité consultatif, séance du 26 juin 1930, *3BB3, dossier du Ber*ceau,* P6, 7 août 1930, Paris, musée du Louvre, archives des Musées nationaux. Voir Jamot, 1930, p. 157-161.
4. La scène dépeint le fils de Monet en compagnie de Julie Vellay, la compagne de Pissarro (voir *Claude Monet,* cat. exp.,1995, n° 14).
5. Vaudoyer, 1930. Sur la comparaison de la maternité chez Berthe Morisot et Mary Cassatt et l'iconographie de la Vierge à l'Enfant, voir Brahimi, 2000.
6. Pickvance, dans *De Greco à Mondrian,* cat. exp., 1996-1997, p. 94-96.
7. La correspondance entre Edma et Berthe accorde une très large place à la maternité.
8. Et ce, d'autant que Berthe Morisot réserve la proximité nourrisson-adulte à la nourrice à partir de 1878. Voir Nochlin, 1993, p. 59-84.

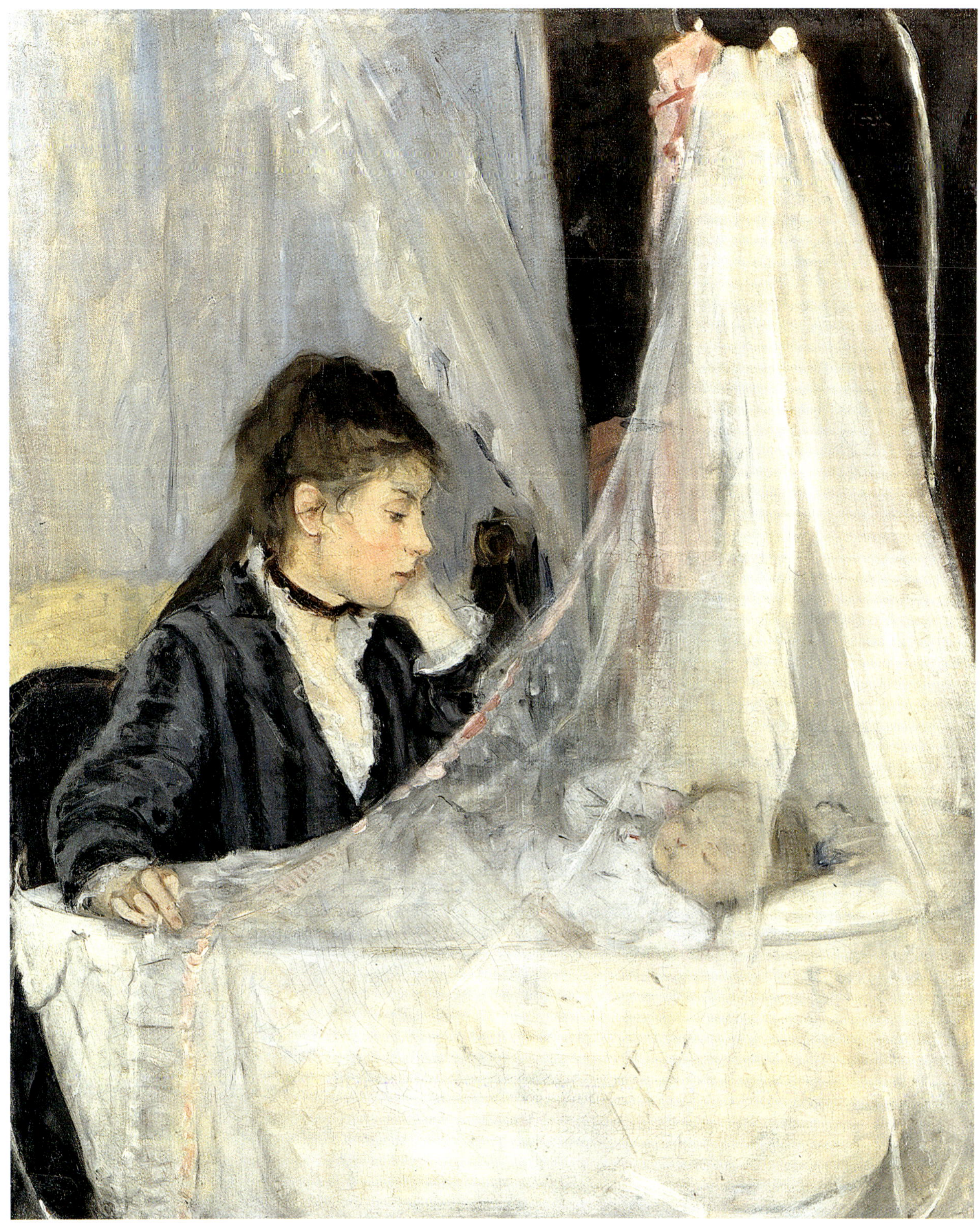

15 La Lecture ou l'Ombrelle verte, 1873

Huile sur toile
H. 45,1 ; L. 72,4
Signé, en bas, à droite :
Berthe Morisot
CMR 14
Cleveland, Cleveland Museum of Art, don du Hanna Fund
Inventaire : 1950.89

Une jeune femme, Edma Pontillon, sœur de l'artiste, est assise dans l'herbe verte du jardin de l'une des maisons situées sur les falaises des Petites-Dalles.

Armand Fourreau attache beaucoup d'importance à ce tableau qu'il publie en 1925 sous le titre *Sous la falaise aux Petites-Dalles*. Dans cette œuvre « s'accuse un nouveau progrès du peintre de la vie moderne et du coloriste : c'est un paysage qu'anime la charmante silhouette de Mme Pontillon vêtue d'une élégante toilette blanche et coiffée d'un amusant chapeau de paille blonde. Elle est assise dans la prairie, sur un pliant recouvert d'un mantelet dont un bout du revers en soie rouge lance sa note claironnante dans la froide mais douce harmonie des colorations, blanches du personnage et vertes du paysage, tandis qu'une ombrelle bleu sombre jetée tout ouverte dans l'herbe y pique sa note pimpante de couleur. Une douce clarté enveloppe paysage et personnage et décèle l'œuvre d'un peintre sensible au jeu de la lumière[1]. »

Edma ne pouvait pas tenir à la fois son ombrelle, son éventail, son livre, et en même temps lire. Nous ignorons quel ouvrage elle lit, mais à sa couverture nous pouvons sans doute reconnaître les volumes alors publiés par Charpentier. Elle a pu poser d'un côté son éventail et de l'autre l'ombrelle parce qu'elle n'est plus au soleil, en raison du passage d'un nuage, comme nous en jugeons par le soleil qui tombe encore devant elle, mais aussi derrière elle, un peu plus loin dans le champ suivant. Nous avons ainsi une alternance de plans au soleil (le bas de la robe), puis à l'ombre (Edma et la prairie derrière elle), et à nouveau au soleil pour le reste du paysage.

Des fleurs près d'elle, à côté d'elle ou le long de la clôture de la prairie constituent autant de taches de couleurs, selon les préceptes de Corot. Elles donnent encore plus d'intensité à la composition et aux effets de lumière.

La composition est particulièrement impressionniste par sa mise en page, avec le modèle au premier plan sans aucun recul, l'ombrelle coupée par la toile, par sa technique, avec les touches longues ou plus petites mais juxtaposées sans qu'elles se fondent les unes aux autres, et par les oppositions de tons. Tous les détails – les fleurs dans la prairie, celles de la barrière, la charrette qui passe sur le chemin, les moyettes dans le champ juste derrière le sommet du chapeau – sont traités avec une technique impressionniste qui indispose les adversaires de cette avant-garde picturale.

Berthe Morisot a eu des repentirs ou fait des retouches en peignant cette toile. Elle a reculé deux fois l'ombrelle, puis modifié l'inclinaison de son manche. Elle a surtout fait baisser le regard d'Edma sur le livre[2] ; aujourd'hui ses paupières sont presque closes, car elle est peut-être gênée par la réverbération. En bas à gauche, se voit encore le B d'une première signature. Elle signe finalement en bas à droite d'une manière toute particulière en alternant les couleurs entre majuscules en noir et minuscules en rouge : B (noir) erthe (rouge) M (noir) orisot (rouge).

La datation de cette toile ne fait pas l'unanimité. Dans les trois catalogues raisonnés, elle est publiée comme ayant été exécutée en 1867. Dans sa monographie, Armand Fourreau avance la date de 1872. Charles F. Stuckey dans le catalogue de l'exposition de Washington[3] propose 1873. À cause de la parenté avec *Cache-cache* (coll. part. ; CMR 27), exécuté à Maurecourt en 1873, et d'un séjour aux Petites-Dalles attesté par des lettres et par la toile *Plage des Petites-Dalles* (cat. 16), nous retenons également cette dernière datation.

Berthe Morisot choisit cette toile pour son envoi, en 1874, à la première exposition des impressionnistes, où elle figure sous le numéro 105 avec comme titre *la Lecture* que nous reprenons ici de préférence aux différents titres utilisés après sa mort : *les Petites-Dalles* chez Bernheim-Jeune en 1919, *Sous la falaise aux Petites-Dalles* dans la monographie de Fourreau ou *l'Ombrelle verte*

1. Fourreau (1925, p. 36) date l'œuvre de 1872.
2. Voir sur ce point Francis, 1950, p. 208-209.
3. *op. cit.*, p. 55 et p. 57, repr. p. 58 ; trad. fr., p. 56-57, et repr. p. 58.

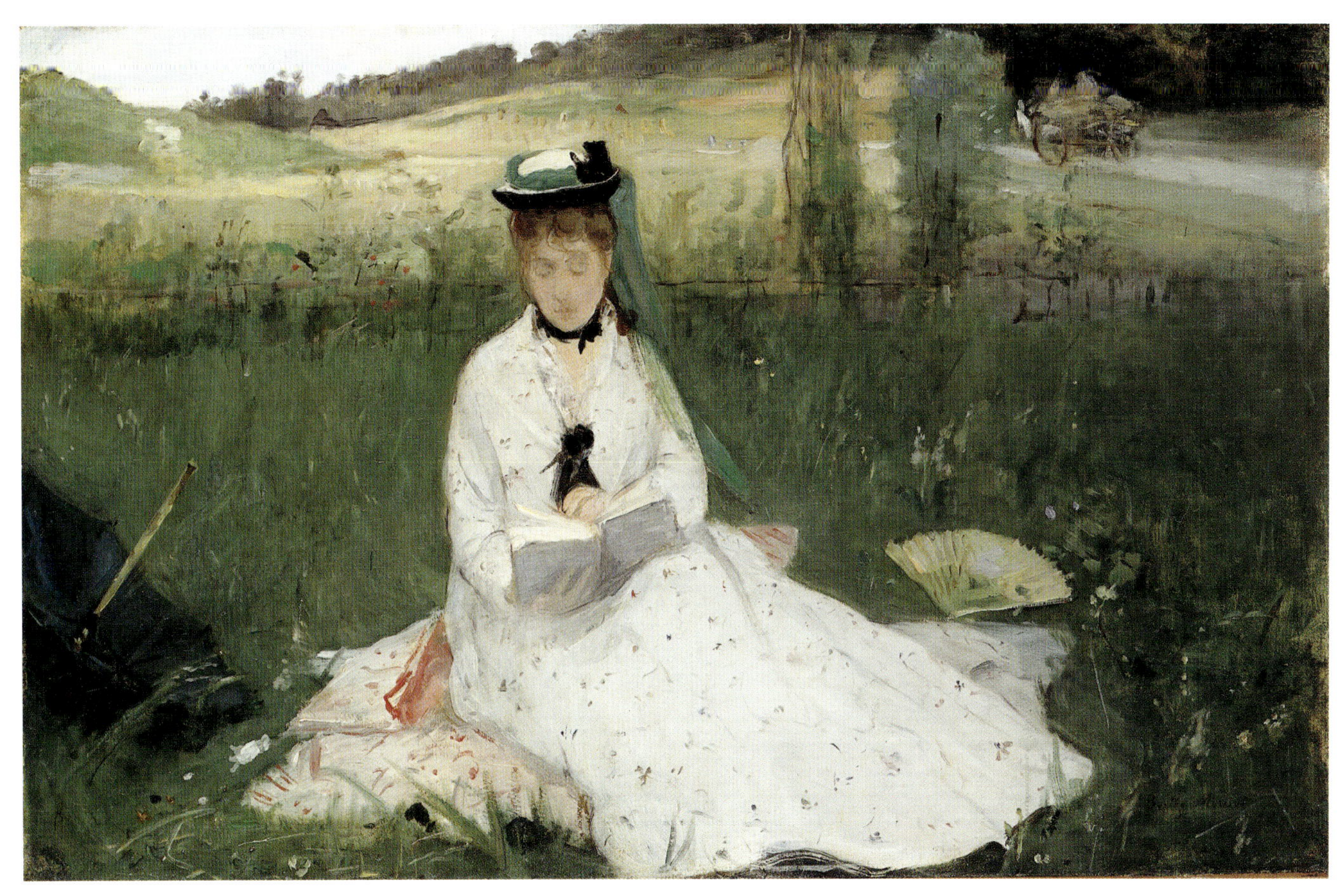

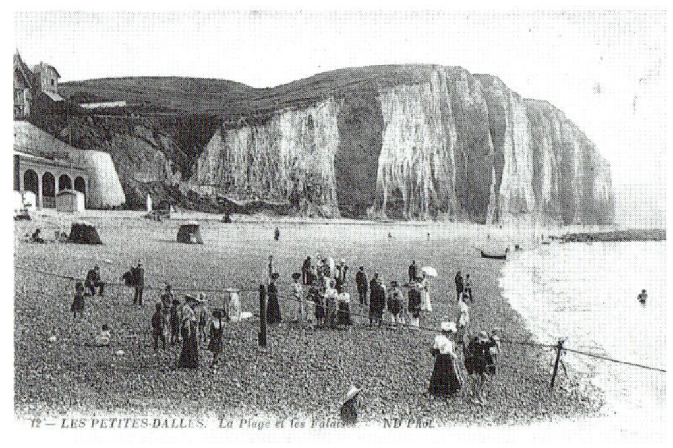

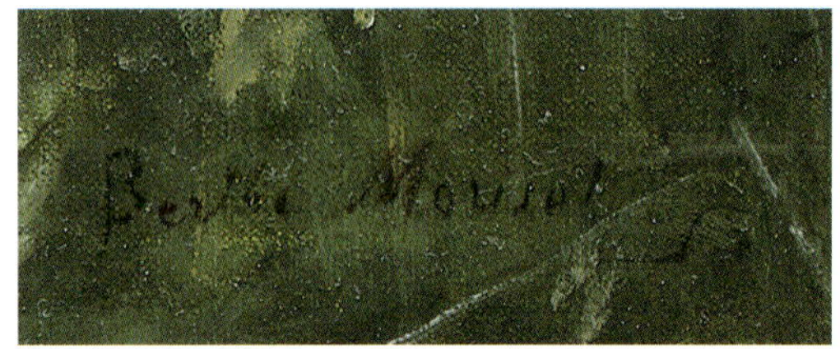

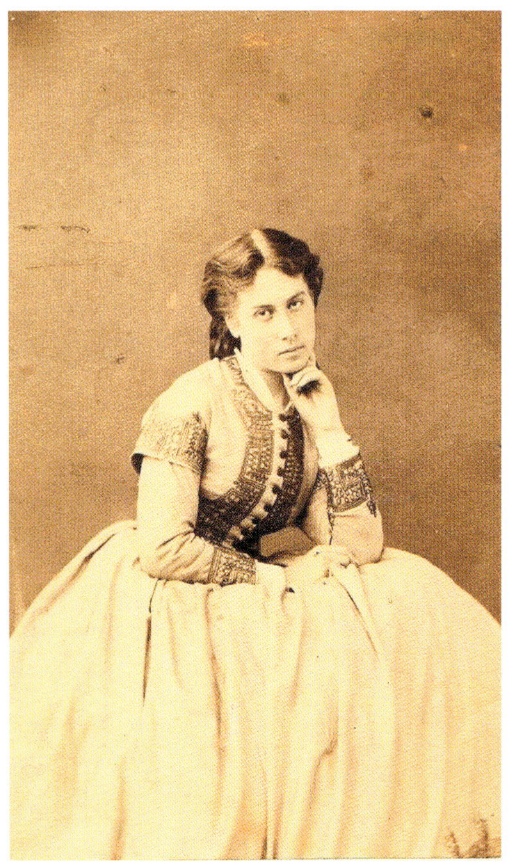

Fig. 1. *La Plage et les falaises des Petites-Dalles,* carte postale, vers 1900, collection particulière.

Fig. 2. Détail, la signature du tableau.

Fig. 3. Edma Pontillon, photographie carte de visite, collection particulière.

4. Carjat, 1874.
5. Leroy, 1874.
6. Lora, 1874.
7. Prouvaire, 1874.

à partir de l'exposition chez Bernheim-Jeune en 1929. C'est l'une des dix œuvres de son envoi, et, avec *le Berceau* et *Cache-cache,* la plus remarquée. Seuls deux chroniqueurs sont défavorables, les autres sont soit indifférents, soit louangeurs.

Étienne Carjat apprécie trois autres tableaux, mais pas celui-là, dont il dit : « Nous aimons moins *la Lecture,* une esquisse à revoir quand elle sera plus faite[4]. » Louis Leroy ironise à sa manière habituelle : « … Parlez-moi de Mlle Morisot ! Cette jeune personne ne s'amuse pas à reproduire une foule de détails oiseux. Lorsqu'elle a une main à peindre la *Lecture*, elle donne autant de coups de brosse en long qu'il y a de doigts, et l'affaire est faite. Les niais qui cherchent la petite bête dans une main n'entendent rien à l'art impressif, et le grand Manet les chasserait de sa république[5]. » Compte tenu du genre satirique de l'article et de l'hebdomadaire, cette dernière citation est en fait assez favorable car l'auteur traite de la même manière des artistes reconnus et célébrés au Salon.

Pour Léon de Lora, dans le quotidien très lu *le Gaulois,* cette « *femme assise dans un pré et lisant,* […] mérite des éloges[6] » ; il sera nettement moins favorable lors des expositions suivantes.

Le commentaire le plus long et le plus précis est celui de Jean Prouvaire : « Loin des coulisses, Mlle Berthe Morisot nous conduit dans les prés mouillés par la rosée marine. Dans ses aquarelles comme dans ses peintures à l'huile, elle aime les grandes herbes où s'assied, un livre à la main, quelque femme auprès d'un enfant. Elle confronte l'artifice charmant de la Parisienne au charme de la nature. C'est une des tendances de l'école qui naît, de mêler Worth au bon Dieu, mais un Worth excentrique, assez peu soucieux des gravures de modes, et produisant des robes vaguement chimériques. Mlle Berthe Morisot n'est certes pas un artiste parfait. Pourtant que d'instinct heureux dans la façon dont cette écharpe de mousseline groupe sa bordure rose à côté d'une ombrelle bleue ou verte[7]… »

La presse a bien compris, dès 1874, que c'était là une œuvre majeure de l'artiste et de l'impressionnisme.

H. W.

16 Plage des Petites-Dalles ou Sur la plage, 1873

Huile sur toile
H. 24 ; L. 51
Signé, en bas, à droite :
Berthe Morisot
CMR 28
Richmond, Virginia Museum of Fine Arts, collection de M. et Mme Paul Mellon
Inventaire : 83.39

Présentée lors de l'exposition organisée en 1874 à Londres par le marchand Durand-Ruel[1], cette marine figure également parmi les toiles impressionnistes vendues aux enchères le 24 mars 1875 à l'hôtel Drouot. À l'occasion de cette vente, le tableau, adjugé quatre-vingts francs, est acheté par Gustave Manet[2]. L'œuvre apparaît à nouveau, en 1883, chez les marchands londoniens Dowdeswell and Dowdeswell sous le titre *Sur la Plage* et son prix est fixé à quarante livres[3].
La scène, peinte pendant l'été de 1873, que Berthe Morisot passe aux Petites-Dalles, près de Fécamp, se rapproche, d'après Pinkney Near[4] d'une toile exécutée par Édouard Manet, en 1869, *Sur la plage, Boulogne-sur-Mer* (fig. 1). Les deux œuvres, de format similaire, offrent une vue plongeante sur la plage et ses occupants. Cette possible influence reste pourtant limitée. Le paysage de Manet prend des tonalités plus froides, et les promeneurs qu'il disperse sur la grève sont parfaitement identifiables, beaucoup moins esquissés que ceux de la *Plage aux Petites-Dalles*. Chez Morisot, l'ensemble de la toile est recouvert d'une préparation ocre sur laquelle les autres couleurs sont ajoutées. La scène semble ainsi baignée d'une douce lumière répartie uniformément sur toute la surface. Au bord de l'eau, les passants, réduits à quelques touches noires, bleues, rouges et blanches, viennent rompre cette unité chromatique. Disposés le long du rivage selon une ligne horizontale, à la manière d'Eugène Boudin, ils traduisent le travail sur l'espace mené par l'artiste. Elle adopte un point de vue en hauteur – elle travaille certainement depuis la jetée qui domine la plage – et construit la représentation à l'aide de plusieurs lignes horizontales qui paraissent converger vers un hypothétique point situé en dehors du tableau. Cette composition souligne l'arbitraire du cadrage et démontre que la vue proposée n'est qu'une partie d'un panorama plus vaste. Contrairement à Eva Gonzalès ou à Eugène Delacroix, qui travaillent également aux Petites-Dalles, Berthe Morisot ne représente pas la falaise, pourtant imposante et caractéristique du site.

M. M.

1. Stuckey, 1987, p. 57.
2. Bodelsen, 1968, p. 335.
3. *Paintings, drawings and pastels by members of « la Société des impressionnistes »*, Dowdeswell and Dowdeswell, Londres, 1883.
4. Near, 1985, p. 58.

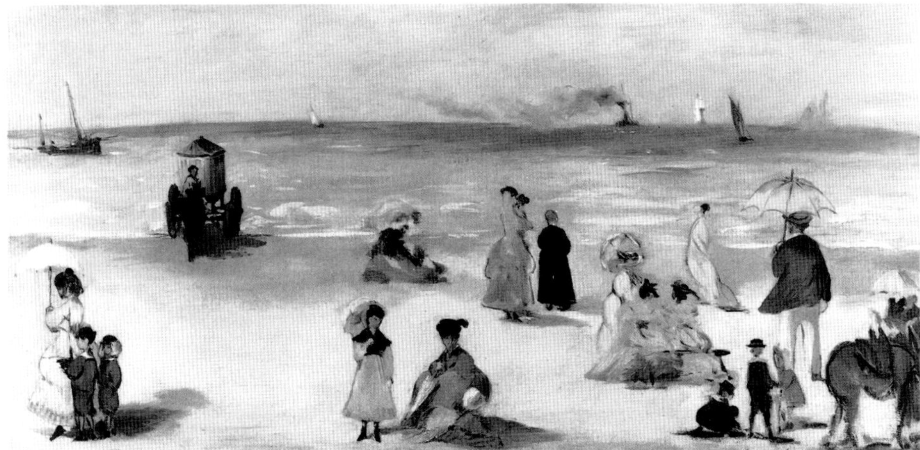

Fig. 1. Édouard Manet, *Sur la plage, Boulogne-sur-Mer,* 1869, huile sur toile, H. 32 ; L. 62, Richmond, Virginia Museum of Fine Arts, Collection de M. et Mme Paul Mellon.

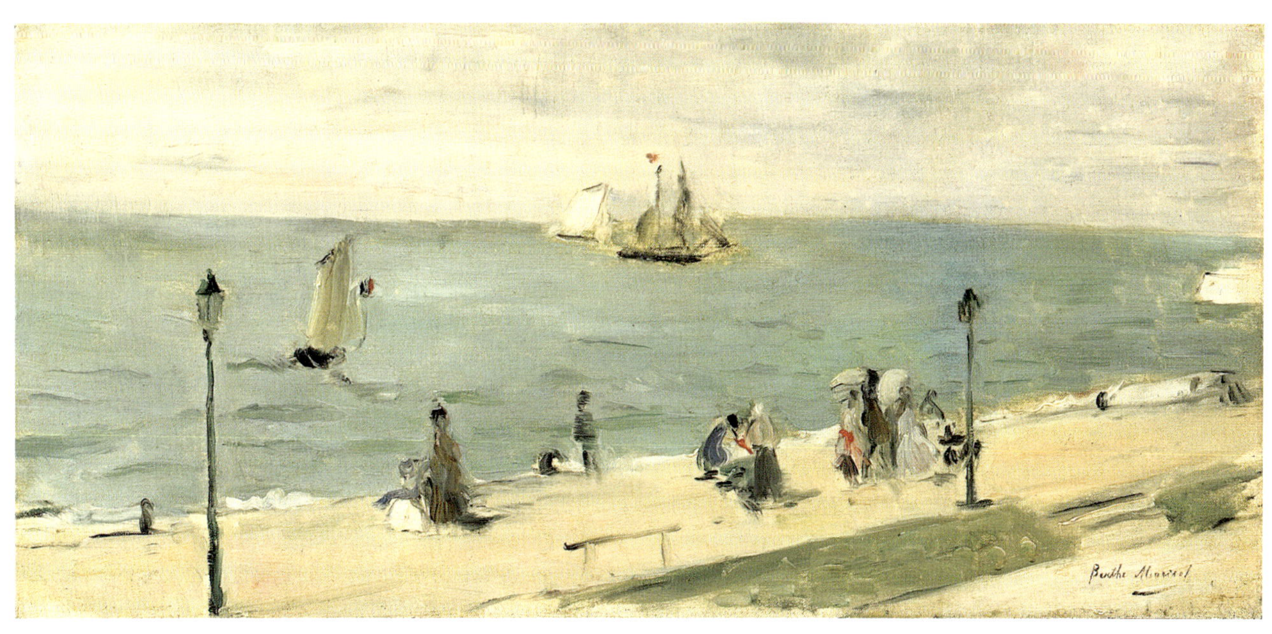

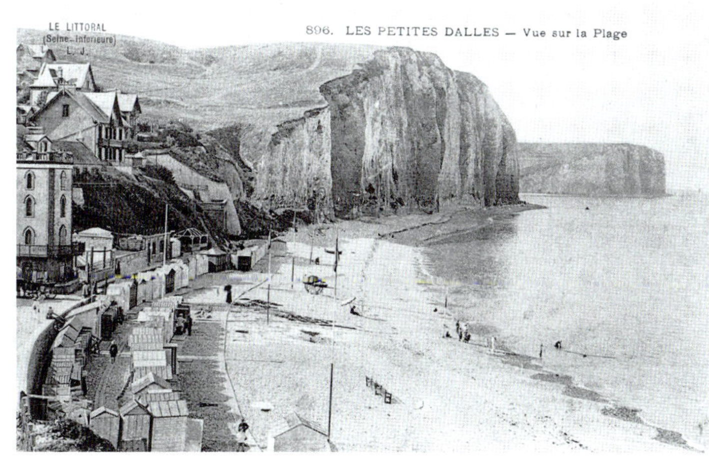

Fig. 2. *Les Petites-Dalles, Vue sur la plage,* photographie, Rouen, archives départementales de Seine-Maritime, fonds 2 fi, Sassetot-le Mauconduit 24.

17 Jeune Fille en robe de bal ou Portrait de Marguerite Carré, 1873

Huile sur toile
H. 37 ; L. 31
Signé, en bas, à droite :
Berthe Morisot
CMR 32
Collection particulière

La jeune fille en robe de bal est un thème familier dans l'œuvre de Berthe Morisot, tout au long de sa carrière. Le modèle est encore chez lui et non dans la soirée, ou, s'il l'est, nous ne voyons pas les autres invités, ni la foule et l'atmosphère correspondante. Le modèle est Mlle Carré, une amie d'enfance de Berthe et Edma. Elle est vêtue d'une robe de soie blanche que parent quelques roses sur le côté droit. Sur ses cheveux, coiffés en un grand chignon qui descend aussi dans son cou, est posée une couronne de fleurs. Elle ne porte ni collier, ni boucles d'oreilles, mais a, au bras droit, un bracelet en or, et porte une alliance qui indique qu'elle est mariée. Elle tient à la main un éventail à moitié ouvert. Elle est assise dans un fauteuil crapaud violet. Derrière elle figurent une grande plante dans une jarre et à gauche des boiseries.

La perception reste intime. D'autres scènes, celles de toilette et d'habillage nous livrent aussi la préparation de la femme du monde avant les réceptions. L'attente de la soirée ou du bal est plus émouvante et moins grisante ; la scène est plus intime, plus personnelle et surtout moins spectaculaire. C'est aussi une manière de se démarquer des scènes d'un Lami ou de Tissot.

Dans la représentation du sujet, Berthe Morisot se différencie aussi de ses contemporains. Il n'y a rien de comparable avec les toiles de portraitistes alors à la mode et représentés au Salon comme Chaplin, Courtois ou Dubuffe.

Berthe Morisot avait connu dans les années cinquante les sœurs Valentine et Marguerite Carré dont le père était magistrat à Passy. Marguerite Carré avait introduit, en 1867, le jeune Jacques Émile Blanche auprès de la famille Morisot. Malgré de telles relations, la famille Carré ne posait pas naturellement même pour un peintre de leur relation. Ainsi, en mai 1870, Berthe écrivait à Edma : « Jalouse moi, je suis bien malheureuse ! Je me suis promené un jour au Salon avec la grosse Valentine Carré. Manet qui l'a aperçue est demeuré dans l'admiration et depuis ce temps-là, il me poursuit pour venir faire quelque chose d'après elle à l'atelier. Je n'en ai envie qu'à moitié, mais lorsqu'il a quelque chose dans la tête, il est comme Tiburce ; il faut que cela se passe tout de suite. Le plus joli de l'affaire, c'est que ce projet agace Puvis et qu'il me le donne à entendre. Adieu, Je t'embrasse[1]. » Valentine Carré avait ainsi posé pour Manet dans l'atelier de Berthe puis dans le jardin de la rue Franklin en compagnie de Tiburce qui était assis derrière elle (fig. 1). Mme Carré avait été très choquée, peut-être parce que sa fille était assise dans l'herbe, mais plus probablement par le rôle que le peintre lui faisait tenir, celui d'une mère de famille avec son époux derrière elle et à gauche un enfant dans une poussette. Manet acheva le tableau en faisant poser Edma, mais le visage n'est celui d'aucun des deux modèles.

Dans son *Journal,* Julie avait observé lors de la rétrospective de 1896 : « *Robe de bal,* Mlle Carré en blanc très gentille. » Elle ne précisait pas le prénom du modèle. Or, il existe un autre portrait connu comme étant celui de Valentine Carré, *la Jeune Femme en rose* (Collection Annenberg ; CMR 31). Les deux toiles ont été peintes en 1870, toutefois les modèles se ressemblent mais n'ont pas le même âge. Cette *Jeune Fille en robe de bal* a été identifiée par Bataille comme étant Valentine Carré. Il s'agit plus probablement de sa sœur Marguerite car, au contraire de Valentine, elle ne mérite pas d'être qualifiée de « grosse », selon les termes de la lettre de Berthe à Edma de mai 1870 ! Marguerite Carré est d'ailleurs l'annotation portée par Julie Manet dans les années trente sur un exemplaire du catalogue de l'exposition rétrospective de 1896, où ce tableau était présent. Cette toile figurait encore dans la collection de Julie qui était restée en relation avec les sœurs Carré après le décès de Berthe ; elle savait donc bien que le modèle était Marguerite Carré.

1. Lettre sur papier de deuil, partiellement publiée dans *Corresp. B. Morisot*, p. 40.

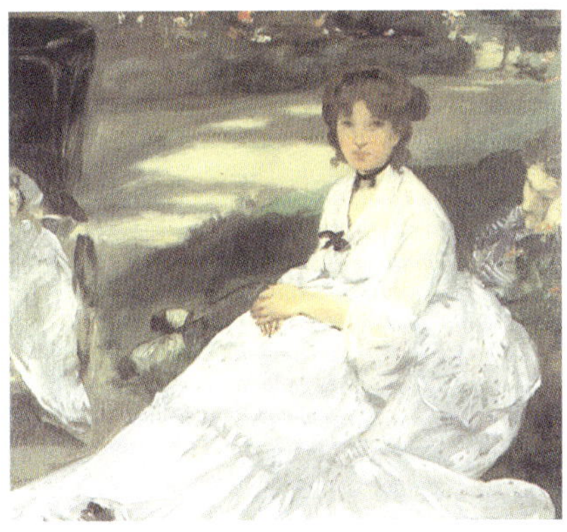

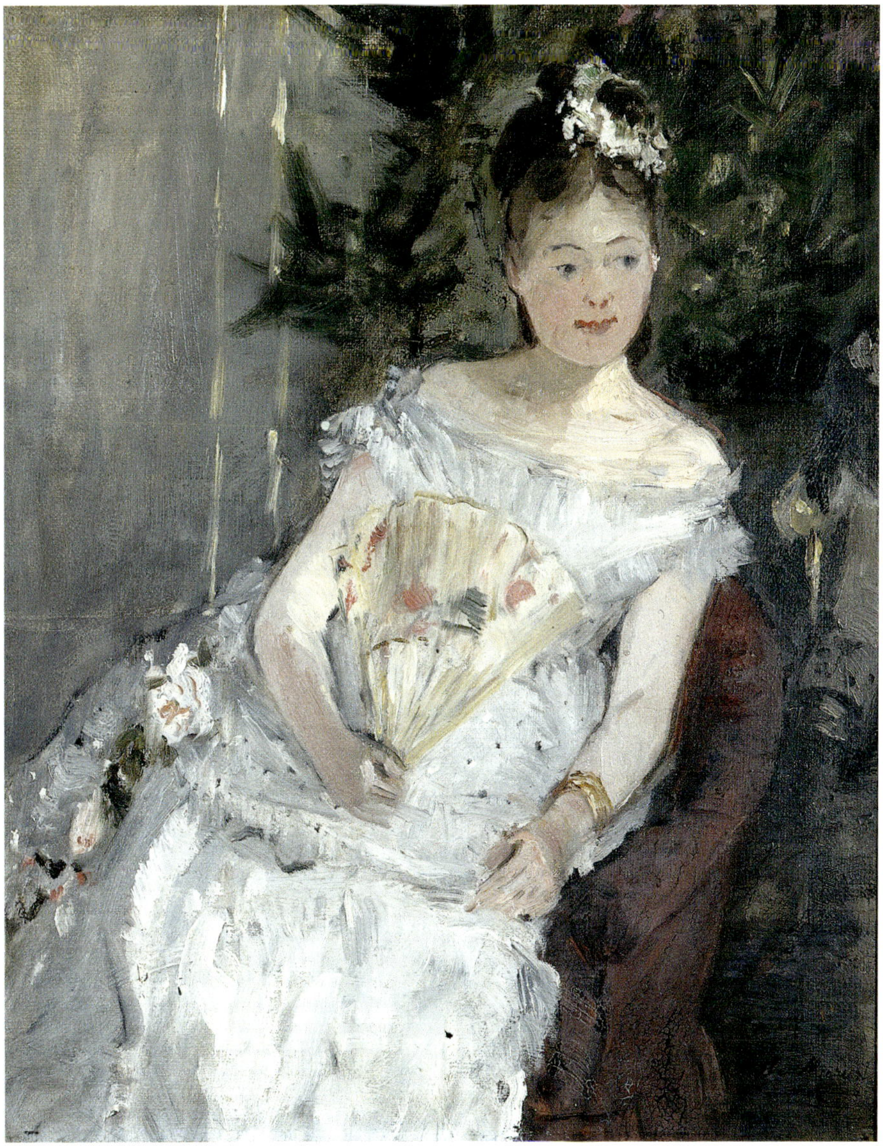

Fig. 1. Édouard Manet, *Au jardin,* 1870, huile sur toile, Shelburne, Shelburne Museum, don Watson-Wabb.

En 1896, lors de la rétrospective posthume, le célèbre critique Arsène Alexandre écrit dans *le Figaro* des lignes qui s'appliquent parfaitement à ce tableau exposé sous le titre *Robe de bal :* « Mme Morisot avait des dons admirables. Elle voyait du premier coup l'élégance d'une jeune silhouette frêle et pensive », elle « a rendu la poésie si simple, la grâce si inexprimable de cette attitude, vraie la femme ou la jeune fille assise, s'abandonnant à la rêverie ou à la contemplation, les mains à peine jointes sur les genoux. Ce n'est rien et c'est toute l'expression d'une façon de voir et de dessiner »[2].

2. Alexandre, 1896, p. 5.

H. W.

18 Portrait de Mme Boursier et de sa fille, 1873-1874

Huile sur toile
H. 74 ; L. 52
Signé, en bas, à gauche :
Berthe Morisot
CMR 34
New York, Brooklyn Museum of Art
Inventaire : 2930

Vers 1873-1874, Berthe Morisot se livre à une série de portraits féminins où les modèles, le plus souvent assis, cadrés à mi-corps, sont dépeints dans un intérieur, par opposition aux premiers portraits de la fin des années 1860 où la figure se détachait sur un fond neutre. C'est la formule qu'avait choisie Berthe Morisot en 1867 pour sa première effigie conservée de Mme Boursier (coll. part. ; CMR 13). Marie Boursier était l'épouse de Lucien Boursier, neveu d'Edme-Tiburce Morisot, le père de Berthe[1]. Elle est portraiturée ici en compagnie de sa fille.
La simplicité de la pose, frontale, s'oppose à la complexité de l'arrière-plan, rythmé par les motifs des meubles et du miroir. Berthe Morisot ne vise cependant pas la restitution précise de l'environnement et joue du contraste entre une mise en page structurée, traditionnelle[2], et une facture très libre, n'hésitant pas à abandonner des zones de la composition à l'esquisse, brossant d'un même pinceau large et vigoureux figures et fond. Ce portrait aurait appartenu au peintre Alfred Stevens, proche de Berthe Morisot, dont il admirait l'art et qui possédait *les Lilas à Maurecourt* (cat. 19)[3].

S. P.

1. Documentation du musée de Brooklyn reprise dans CMR, p. 130.
2. Adler et Garb, 1987, p. 92.
3. Stuckey, 1987, note 140, p. 181.

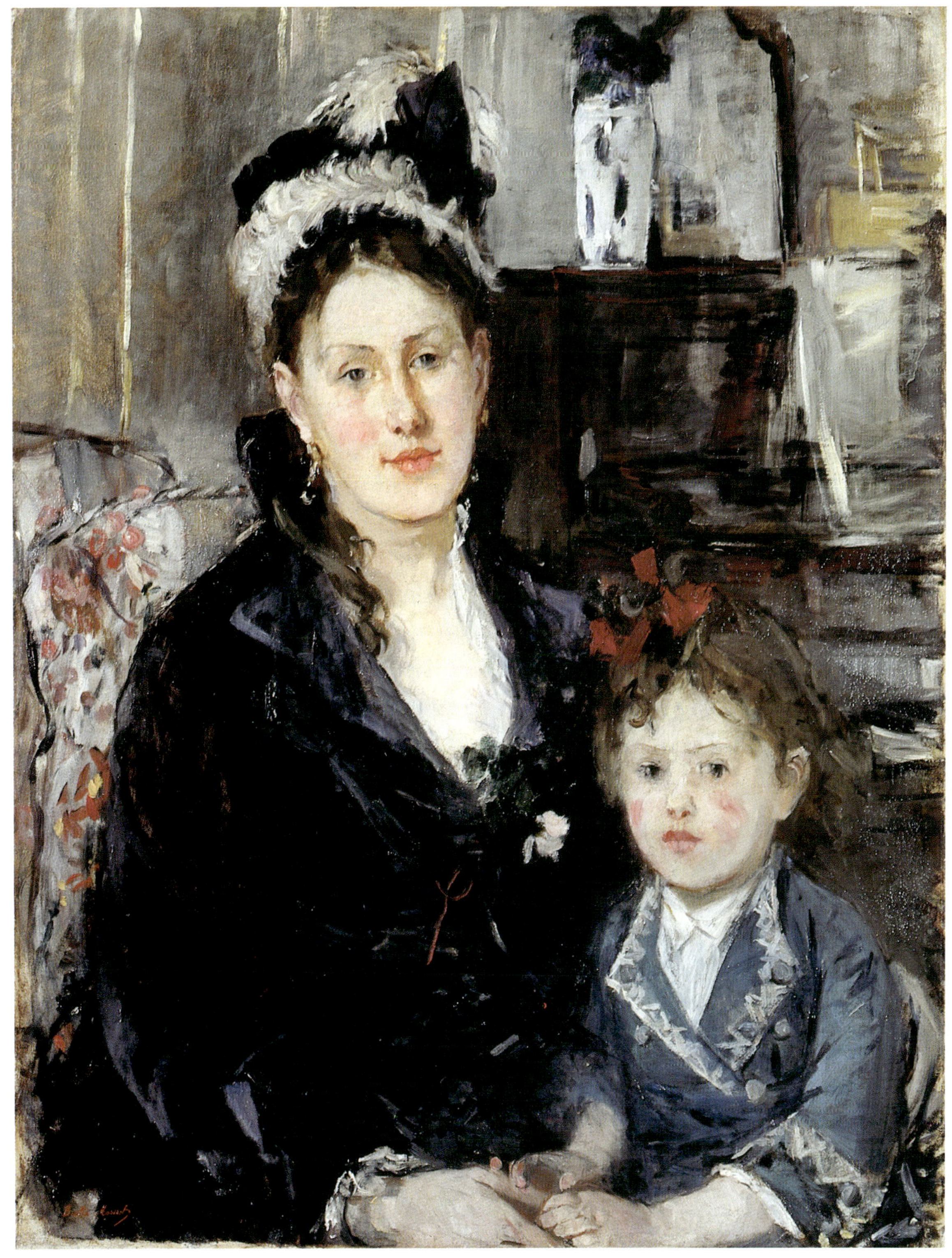

19 Les Lilas à Maurecourt, 1874

Huile sur toile
H. 50 ; L. 61
Signé, en bas, à droite :
Berthe Morisot
CMR 35
Collection particulière

En 1874, après la première exposition impressionniste, le séjour estival de Berthe Morisot à Maurecourt chez sa sœur Edma est l'occasion de deux œuvres majeures, *les Lilas à Maurecourt* et *la Chasse aux papillons* (fig.4 ; p. 47), qui traduisent le bonheur familial. Sa sœur Edma Pontillon et ses deux jeunes enfants, Jeanne et Blanche, en sont le thème.

Edma et ses enfants se reposent à l'ombre d'un vieux lilas aux grandes fleurs roses et aux feuilles abondantes. Edma est assise sur un coussin rouge dont on voit dépasser une extrémité à droite sous son élégante robe. Blanche est assise sur les genoux tandis que Jeanne est debout à côté d'elle. Au premier plan à gauche, un chapeau de paille orné d'un long ruban bleu et une ombrelle sont posés sur l'herbe. À droite un peu en retrait, au bord de la toile, un grand panier d'osier dont le contenu est recouvert d'un linge ; un peu plus loin, au milieu de l'herbe, l'une des deux fillettes a laissé tomber son chapeau ou abandonné un ballon. On pourrait croire Edma en train de coudre alors quelle prépare un bavoir pour Blanche, Jeanne en ayant déjà un. Le panier posé à droite est celui du goûter. Le chapeau du premier plan ne peut être celui d'Edma car elle en porte déjà un, ni celui d'un enfant car il serait sans doute trop grand. En posant son chevalet, Berthe Morisot a aussi posé son ombrelle et son chapeau ; l'artiste est présente non seulement par son regard sur la scène, mais aussi par ses objets qui sont destinés à montrer qu'elle est là, avec ses nièces.

La composition du tableau est originale. Il n'y a guère de ciel car l'artiste est près de ses modèles, assis dans l'herbe, de sorte qu'elle les surplombe, et parce que les branches du lilas protègent tout ce petit monde de leur ombre et ne permettent pas d'être debout, un peu comme dans les tableaux de Monet (fig. 1 et 2). Les personnages sont au premier plan à l'ombre, ils sont de taille modeste ou petite ; le second plan est en plein soleil alors qu'il ne comporte aucun motif essentiel pour le sujet, ce qui est pour le moins paradoxal. La luminosité du gazon, les fleurs plus blanches de l'autre lilas boule, à l'arrière-plan, sont là pour mettre en valeur la scène du premier plan, moins éclairée et comme distante, vu la taille des principaux personnages. Chez Monet ou chez Renoir, le lilas ne permet pas d'abriter plusieurs personnes, il est comme un bosquet fermé.

Au cours du printemps de 1874, Manet, Monet et Renoir ont peint dans le jardin de Monet à Argenteuil leurs modèles à l'ombre, sous la frondaison des arbres. C'est ce dont s'est souvenue Morisot quelques mois plus tard avec ce délicieux tableau. La manière de choisir le motif est bien différente de celle, affectée et peu naturelle, par exemple d'un Firmin Girard qui expose au Salon de 1875 une toile qui obtient un certain succès, au point que *l'Illustration* la reproduit sur une page entière (fig. 3).

Lorsque *les Lilas à Maurecourt* sont exposés, en 1896, sous le titre *Femme et enfants sur le gazon,* Julie note dans son *Journal :* « … c'est encore tante Edma et ses filles toutes petites dans le jardin de Maurecourt, sous les lilas aux fleurs ravissantes et enveloppant les figures d'un vert merveilleux. Sur l'herbe un grand panier, un chapeau de paille avec la note si jolie d'un ruban bleu et une ombrelle fermée légèrement teintée de rose ; c'est un tableau des plus jolis, ancien comme presque tous ceux qui se trouvent ici [dans cette petite salle du côté de la rue Lafitte] ; M. Degas l'a découvert chez Stevens. » Ce dernier l'avait acheté à Durand-Ruel, qui l'avait exposé à plusieurs reprises, et notamment à Londres en 1883. À cette occasion, le critique, resté anonyme, de la revue *The Artist* avait écrit : « Mdme Morizot's " Femme dans un jardin " is another out-of-the door study of thoroughly accurate tone, and is rendered with

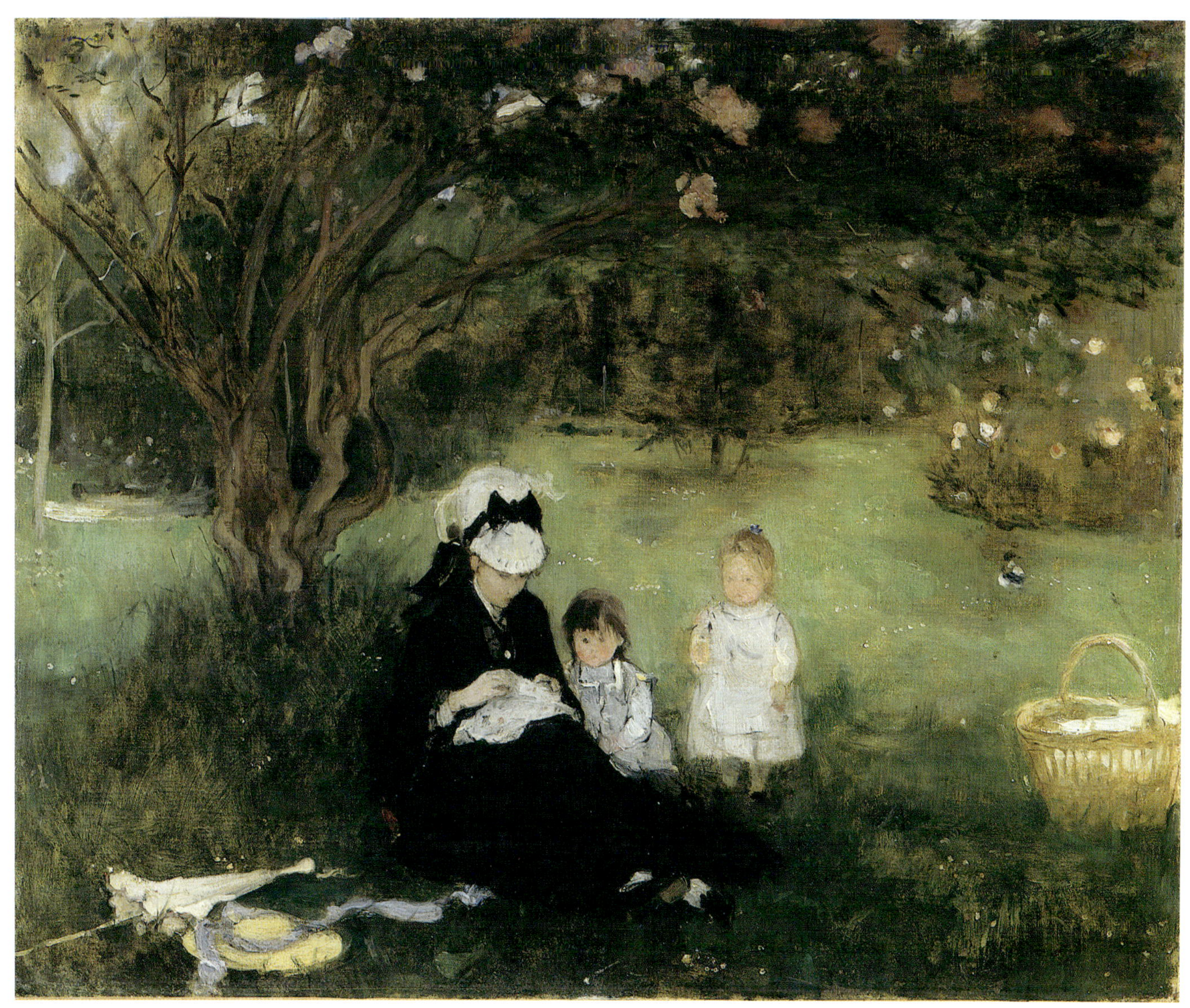

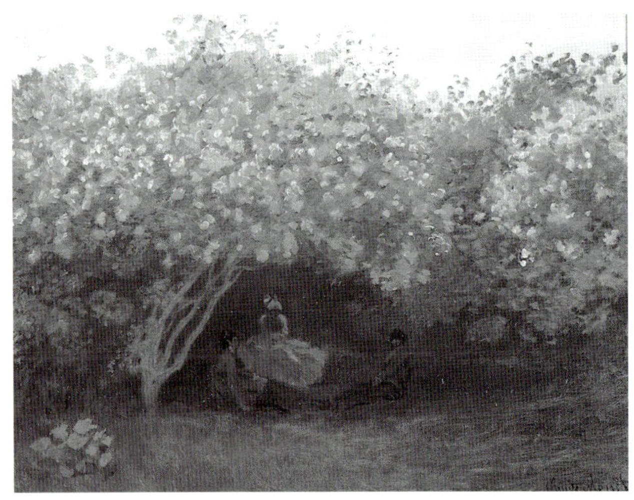

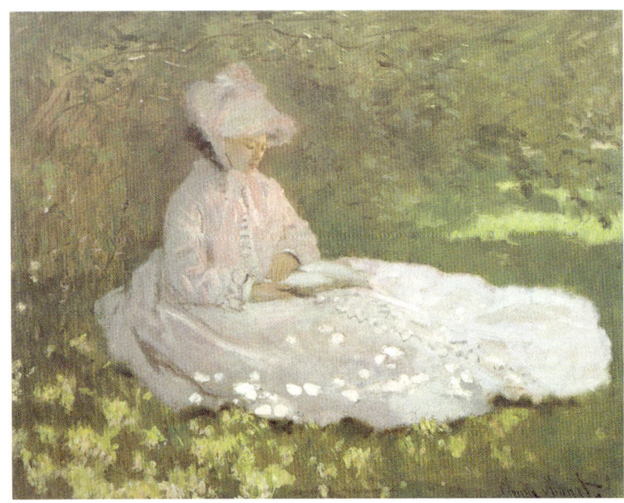

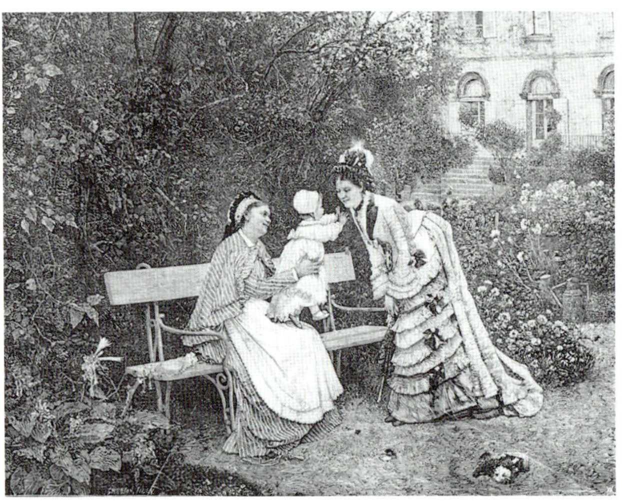

Fig. 1. Claude Monet, *le Repos sous les lilas,* 1872, huile sur toile, H. 50 ; L. 65,5, Paris, musée d'Orsay, donation Moreau-Nélaton.

Fig. 2. Claude Monet, *la Liseuse* ou *les Lilas,* Baltimore, Walters Art Gallery.

Fig. 3. Firmin Girard, *Premières Caresses,* Salon de 1875, reproduit d'après *l'Illustration,* 15 mai 1875, p. 324.

1. Anonyme, 1er mai 1883, IV, p. 137-138. Cité par Flint, *Impressionist in England.*
2. Voir notamment sa toile *le Salon de l'artiste* (1880), reproduit par Higonnet, 1992, ill. 57, p. 154.
3. Montmartre, 1882, p. 6.
4. Lettre inédite de Georges d'Espagnat à Mme Ernest Rouart, archives Rouart.

a judicious subordination, though at the same time with a complete suggestion of detail that is worthy of the highest praise[1]. »
Alfred Stevens qui était très lié à la famille Manet et connaissait Berthe Morisot a préféré, par discrétion, acheter ce tableau auprès de Durand-Ruel, ainsi que le *Portrait de Mme Boursier et son enfant,* plutôt que de le négocier avec l'artiste qui le lui aurait sans doute offert comme elle en avait offert à Manet (la *Vue du port de Lorient,* CMR 17 ; fig. 2 ; p. 44), à Monet (le *Nu de dos,* CMR 172) ou à Pissarro (une *Nature morte,* CMR 186 ; cat. 93).
Ce tableau de Morisot était bien en évidence au milieu d'un panneau sur la troisième rangée dans le salon des Stevens. Alfred Stevens l'a d'ailleurs représenté dans plusieurs toiles figurant son intérieur[2]. Compte tenu de la position mondaine des Stevens, admis dans la meilleure société et invités dans le salon de la princesse Mathilde, c'était là un soutien public et une marque de reconnaissance importante pour l'art, injustement méconnu, de Berthe Morisot. On peut comparer cette acquisition par Stevens avec la commande à Renoir du *Portrait du portrait de Madame Charpentier et de ses enfants ;* certes, ce n'était pas une commande et l'œuvre n'était pas destinée au Salon, mais de la même manière il s'agissait d'apporter une caution personnelle et mondaine à un artiste insuffisamment reconnu et de le faire découvrir aux nombreux invités d'un salon très réputé, y compris auprès du grand public car la presse rendait très souvent compte des réceptions qui s'y donnaient ; même un hebdomadaire satirique comme *Beaumarchais* en parle : « Fort belle réception samedi dernier dans l'atelier de M. de Nittis. Chez un artiste, c'est un terrain neutre ; et l'on y vient avec empressement de toutes les régions politiques. Le rédacteur du *Figaro* y coudoie le rédacteur du *XIX Siècle.* Voici Mme Juliette Adam et le général Pittié ; voilà M. et Mme Alphonse Daudet, M. et Mme de Hérédia, etc. Mme de Nittis a fait les honneurs avec sa bonne grâce habituelle. Le piano a été tenu successivement par MM. Esposito et Raoul Pugno ; puis on a entendu le célèbre violoncelliste Holmann[3]. »
Julie Manet aimait tant ce tableau que sa mère avait vendu qu'elle décida de le racheter quand, en 1907, elle sut par Georges d'Espagnat, que connaissait bien Paule Gobillard, que le propriétaire pourrait accepter de l'échanger. D'Espagnat lui écrit ainsi, le 27 octobre 1907 : « Chère Madame, Les Bernheim m'ont fait savoir que leur client lord B... désirerait voir les toiles parmi lesquelles il pourrait choisir pour échanger *Les Lilas.* Ils désireraient donc que vous leur indiquiez, quelques jours d'avance l'endroit et l'heure où ils pourraient conduire leur client pour voir ces toiles : quant à eux, ils insistent bien pour vous dire qu'ils ne demandent aucune commission, et désirent seulement vous être agréables. Voilà la commission faite... De tous côtés, j'entends proclamer le grand succès de l'exposition, et notamment chez les Bernheim. À vous d'en faire les déductions possibles. [...] Si vous avez quelque occasion de vous servir de moi, vous me ferez plaisir en en usant. Cependant, il me semble – C'est une impression – que les B. ne seraient pas fâchés d'entrer en relations avec vous. J'espère que vos santés sont bonnes ; les nôtres vont. Toutes mes amitiés à Rouart, et croyez à mon affectueux respect[4]. »
C'est ainsi, que les Bernheim entrèrent en relation avec Julie Manet et purent ensuite supplanter Durand-Ruel qui avait organisé une grande exposition en 1902 après celle, posthume, de 1896 et venait de contribuer à la rétrospective des Indépendants.

H. W.

20 Sur la Terrasse, 1874

Huile sur toile
H. 45 ; L. 54
Timbre de la signature, en bas, à gauche
CMR 37
Tokyo, Fuji Art Museum
Inventaire : AB.085

Au cours de l'été de 1874, Berthe Morisot est en villégiature à Fécamp auprès de sa tante Boursier. La famille Manet y séjourne aussi. C'est là que se forme l'ébauche de fiançailles avec Eugène Manet qui aboutira à leur mariage quelques mois plus tard, en décembre 1874. Cette œuvre a été peinte dans la villa des Boursier, située sur la falaise.

La composition est audacieuse car elle adopte certains éléments classiques pour les traiter de la manière la plus impressionniste. Cela ne pouvait que choquer encore plus les défenseurs de l'art officiel. Trois plans composent ce paysage : au premier plan, Marie Boursier assise dans un fauteuil, une chaise et la balustrade du balcon ; au second plan, la mer à marée haute et les falaises ; au troisième, le ciel. Tout converge vers Mme Boursier, sur laquelle le regard se concentre naturellement : la balustrade mais aussi l'arrête de la falaise au-dessus de la mer. Le premier plan est fermé par ce balcon de bois peint ; cette grande masse sombre rend plus lumineuse encore la robe bleue à rayures rouges et bleu foncé, elle est de surcroît éclaircie tant par la chaise et les deux objets de couleur qui y sont posés que par l'herbe et le gazon visibles entre les balustres.

Malgré des couleurs sombres couvrant la moitié du tableau, celui-ci reste très gai et très lumineux. À travers les quelques nuages, le soleil éclaire la mer et aussi la falaise. Le toit du bâtiment de la plage est à l'ombre d'un nuage, comme la mer autour du visage de Marie Boursier. Cette dernière est éclairée par la lumière estivale, son chapeau ne la protège qu'incomplètement des rayons.

Mme Boursier n'occupe que le huitième de la surface de la toile alors qu'elle en est le centre : la construction de l'œuvre, la lumière, l'équilibre des couleurs et des tons. Coiffée d'un chapeau, une ombrelle noire dans la main gauche, elle s'est assise pour attendre une autre personne avec laquelle elle doit sortir. Cette dernière a posé sur une chaise son chapeau et un sac rouge, resté ouvert, car elle est sans doute rentrée chercher dans la maison une chose qu'elle avait oubliée.

À la terrasse de la villa, Mme Boursier est comme en observation à un point de vue, mais au lieu de regarder le paysage, vers l'extérieur, comme le font les modèles de *Dame et enfant sur la terrasse des Morisot, rue Franklin* (cat. 11), elle lui tourne le dos, regardant vers l'intérieur de la maison. Le spectateur, au contraire, voit ce paysage : la falaise, avec son sentier des douaniers qui apporte une touche jaune au milieu de l'herbe et ses quelques promeneurs, surplombe la plage, dont nous ne voyons qu'un bâtiment adossé à la falaise, avec bien peu de sable devant celui-ci, et les mâts de la promenade ; sur la mer, trois voiliers donnent d'autres touches, plus sombres. Par rapport aux peintures du Salon officiel, les grandes touches de la mer et du ciel en font une esquisse car il n'y a ici rien de léché et nous pouvons distinguer toutes les touches juxtaposées de nuances différentes. En cela elle est plus proche encore de Monet que de Manet.

Si nous mettons en parallèle la toile de Berthe Morisot et, sur le même thème, *Sur une terrasse au bord de la mer* de Stevens (fig. 3), un peintre qu'elle connaît bien et qui apprécie son œuvre, nous saisissons toute l'audace et la modernité de Morisot dans la composition, la place du sujet comme dans sa tenue vestimentaire, et pas uniquement dans le rendu et la touche. Comparée à celle de Morisot, l'œuvre de Stevens, peinte huit ans plus tard, pourrait évoquer une élégante publicité pour une grande maison de couture, tant la splendide robe paraît primordiale.

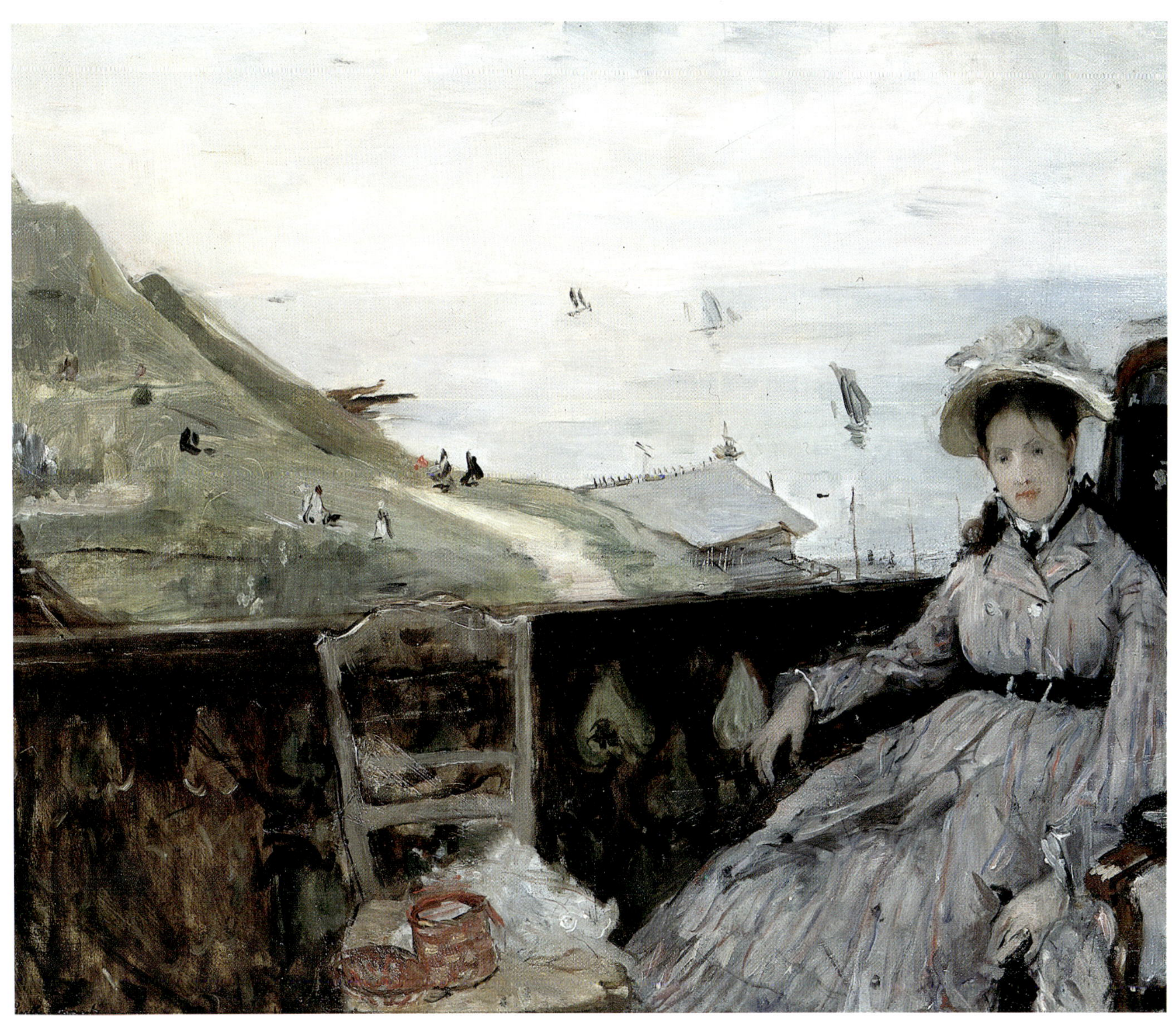

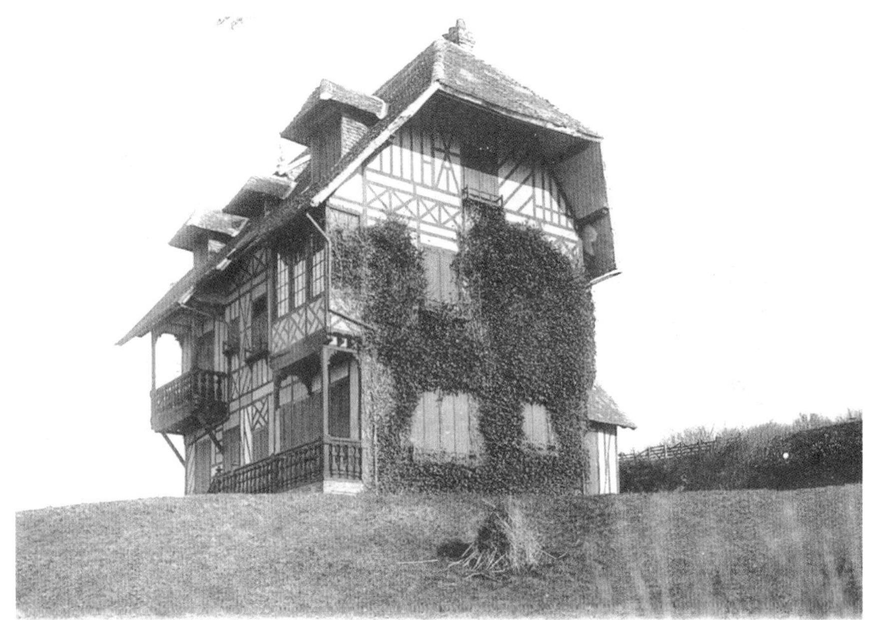

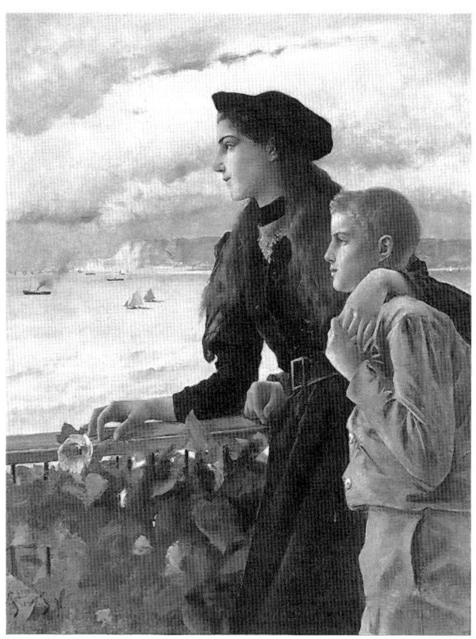

Fig. 2. *Villa normande sur la falaise de Fécamp,* carte postale, vers 1900, d'après une photographie plus ancienne, collection particulière.

Fig. 3. Alfred Stevens, *Sur une terrasse au bord de la mer,* 1882, huile sur toile, H. 110,1 ; L. 66, MNR 729, en dépôt au musée d'Orsay.

1. Lora, 1877.
2. Sébillot, 1877.
3. Ph. M., 1877.
4. Rivière, 1877A.

Cette toile de Berthe Morisot est l'une des cinq parmi les douze numéros de son envoi à la 3e exposition impressionniste, en 1877. L'œuvre est remarquée même si elle n'est pas jugée aussi importante que la *Tête de jeune fille* ou surtout *la Psyché.* Seul un critique n'apprécie pas l'œuvre, Louis de Fourcaud, peintre à ses heures – oublié aujourd'hui à juste titre – qui écrit sous le pseudonyme de Léon de Lora dans l'influent *Gaulois :* « Mais, avec toute la volonté de louer possible, il me serait difficile d'approuver la *Psyché,* la *Terrasse,* et autres tableaux de genre à l'huile[1]. » Les autres critiques signalant cette toile à l'attention du public sont au contraire louangeurs. Ainsi Paul Sébillot : « Mlle Morisot a, cette année, fait des progrès : [...] La *Jeune femme à sa toilette* offre des blancs d'une finesse extrême, et les mêmes qualités, avec un peu plus de dessin, se retrouvent dans sa *Terrasse*[2]. » Dans la *Revue des idées nouvelles,* un certain Philippe Marsal cite cette toile parmi celles qui possèdent « de sérieuses qualités[3] ». Le jeune ami de Renoir, Georges Rivière, chargé de défendre la cause des impressionnistes dans l'hebdomadaire créé à cet effet, remarque cette toile accrochée au-dessus de *la Psyché :* « ... un charmant petit paysage plein de verdure, et de soleil avec une femme en robe bleue[4]. »

Au cours du même séjour à Fécamp, Morisot avait peint un autre tableau, un peu plus grand (H. 51 ; L. 61) sur le même thème, *Villa au bord de la mer* (fig. 5 ; p. 47). Cette seconde toile avait été acquise deux cent trente francs par Henri Rouart lors de la vente des impressionnistes du 24 mars 1875 (no 21). Lorsque, peu de temps après la vente, Henri Rouart céda cette toile sur l'insistance extrême de Degas qui voulait la lui échanger, il acheta alors à Berthe Morisot la première version, actuellement conservée au Tokyo Fuji Art Museum, pour remplacer celle qu'il avait laissée par amitié à Degas. Cela montre tout le prix que ce grand collectionneur attachait à l'œuvre de Berthe Morisot.

H. W.

21 Bateaux en construction, 1874

L'œuvre, présentée à l'exposition impressionniste de 1876 sous le titre *Un chantier*, a certainement conservé une valeur sentimentale aux yeux de Berthe Morisot. Selon Denis Rouart[1], c'est alors qu'elle préparait cette toile qu'Eugène Manet lui aurait fait part pour la première fois des sentiments qu'il éprouvait pour elle.

En 1874, les familles Morisot et Manet passent ensemble l'été à Fécamp. À cette occasion, Eugène, qui s'intéressait à la peinture, travaille aux côtés de Berthe et l'encourage à continuer ses recherches en plein air. Rentré à Paris, il évoque le souvenir agréable qu'il garde de ce séjour : « Combien je regrette Fécamp et les jolies promenades que nous y avons faites. Là au moins, on était toujours sûrs de se rencontrer. [...] Paris foisonne de peinture mais de la plus mauvaise [...] Vos tableaux auraient bien du succès[2]. »

Parmi les témoignages que Berthe Morisot laisse de son passage à Fécamp, plusieurs vues du port offrent un vaste panorama sur la ville et la baie. *Bateaux en construction* constitue l'un des rares exemples qui privilégient une perspective plus restreinte. Ici, l'artiste change d'échelle et s'inspire de quelques détails d'un chantier naval, auxquels elle confère une force particulière. Le cadrage retenu, le recours au raccourci traduisent une impression de gigantisme : au centre de la toile se dressent deux coques de bateau, imposantes, soutenues par de multiples pieux dont certains, par leur taille, occupent presque tout le premier plan. Seules quelques taches colorées éparses évoquent la présence humaine, qui semble effacée par la monumentalité de l'ensemble. Les couleurs appliquées en couches successives sans avoir eu complètement le temps de sécher se mêlent parfois, estompant les contours. À l'arrière-plan, les habitations, à peine visibles, témoignent de la rapidité d'exécution.

M. M.

Huile sur toile
H. 32 ; L. 41
Signé, en bas, à droite :
Berthe Morisot
CMR 39
Paris, musée Marmottan, Fondation Denis et Annie Rouart
Inventaire : 73

1. Rouart, dans *Corresp. B. Morisot*, 1950, p. 77.
2. Idem, *ibid.*

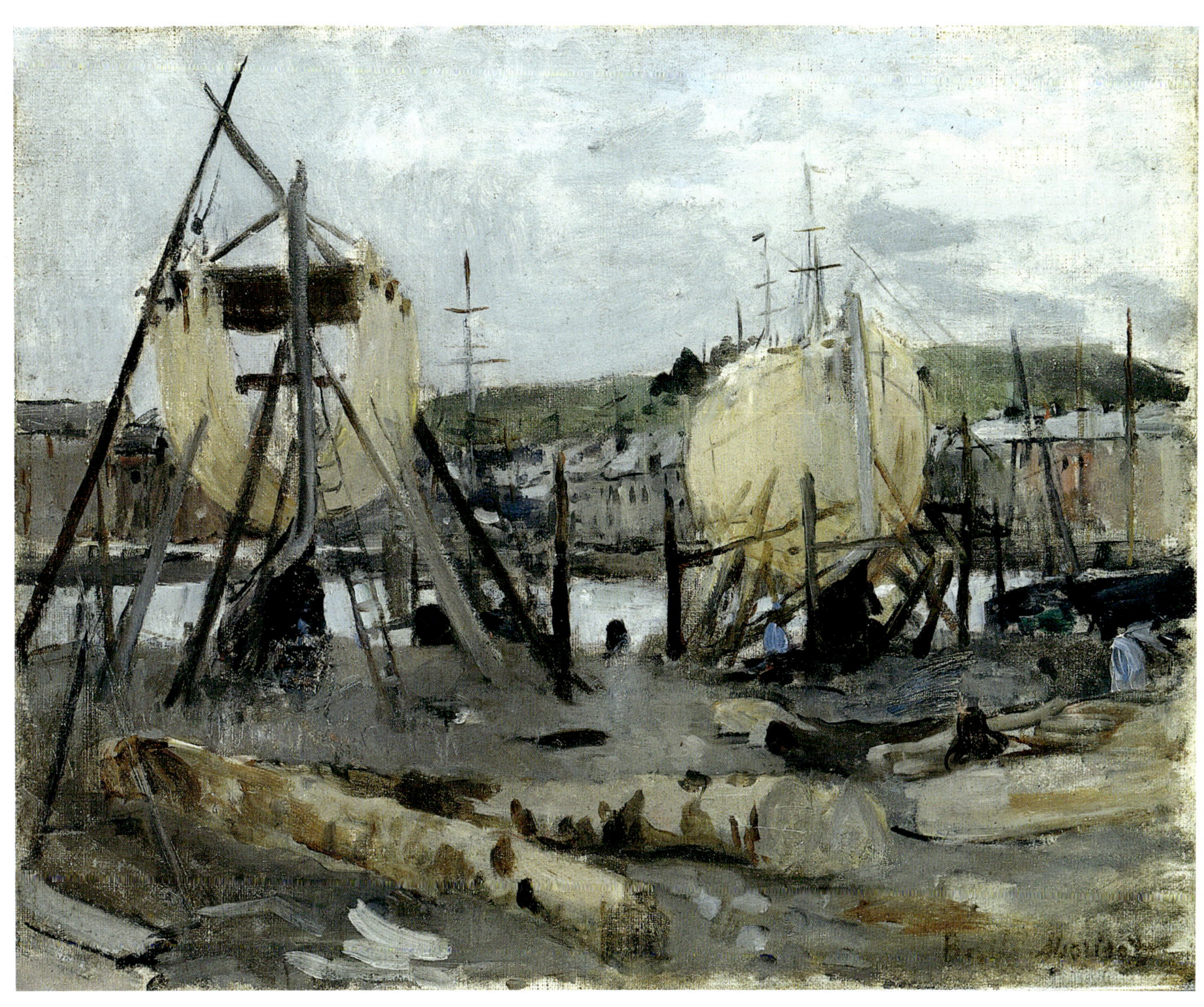

22 Le Petit Moulin à Gennevilliers, 1875

Huile sur toile
H. 32 ; L. 45
Timbre de la signature, en bas, à droite
CMR 43
Collection particulière

Cette vue de Gennevilliers, exclusivement consacrée à la représentation d'une scène de travaux des champs, évoque les paysages ruraux de Pissarro. Derrière les cultures, un moulin et quelques maisons se dressent, seuls édifices dans la vaste plaine environnante. Il s'agit du Moulin de la Tour, construit en 1748[1] et qui reste en activité jusqu'à la fin du XIXe siècle. Dans le lointain, on aperçoit la butte Montmartre. Berthe Morisot dépeint l'endroit avant qu'il ne soit touché par les opérations d'urbanisme menées autour du moulin dès 1880. Elle donne du lieu une vision paisible, éloignée de l'animation traduite par *Percher de blanchisseuse* (cat. 24). Dans cette dernière œuvre, l'artiste mêlait différentes techniques, utilisant la brosse ou le pinceau. Ici, les couleurs sont appliquées directement sur la toile non préparée à l'aide de coups de brosse horizontaux qui balaient énergiquement la surface. La couche picturale s'épaissit par endroits, et certains éléments, les nuages, les cultures au premier plan, prennent davantage de relief. Morisot parvient à une simplification des formes qui rapproche la scène d'une huile peinte par John Constable, *Spring*. Pour ce paysage, Constable utilise une technique similaire, disposant la couleur en couche épaisse et réunit des motifs semblables. L'esquisse fut gravée par David Lucas et reproduite dans un recueil des œuvres les plus caractéristiques de Constable, *English Landscape Scenery*.

M. M.

1. Quiqueré, 1994, p. 24.

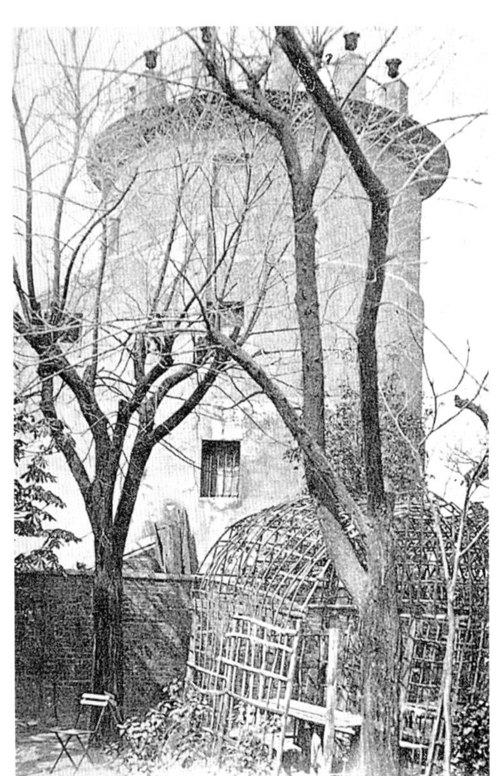

Fig. 1. Le Moulin de la Tour à Gennevilliers, fin du XIXe siècle, Gennevilliers, archives municipales.

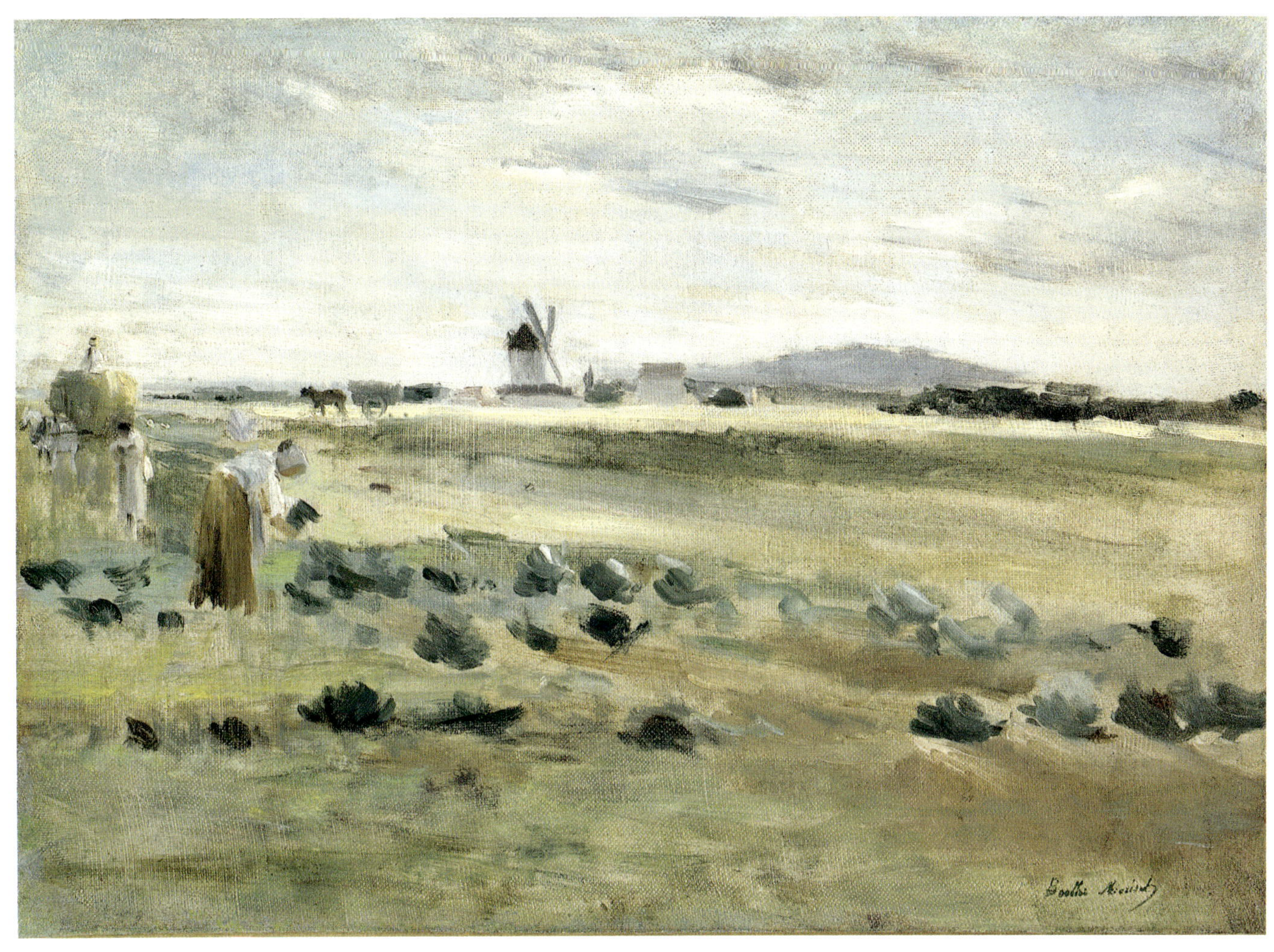

23 Paysage à Gennevilliers, 1875

Huile sur toile
H. 32 ; L. 41
Signé, en bas, à droite :
B. *Morisot*
CMR 44
Collection particulière

Contrairement au *Petit Moulin à Gennevilliers* (cat. 22), qui présente une scène de vie rurale traditionnelle, Berthe Morisot choisit de refléter ici l'influence du développement industriel sur les communes proches de Paris. Elle juxtapose un paysage de cultures à la représentation d'activités industrielles. Les champs occupent un vaste espace travaillé en larges bandes horizontales. À l'opposé, dans le lointain, une frange étroite regroupe les cheminées et leurs usines. Là, des touches plus fines ponctuent la toile d'éléments verticaux et traduisent la densité de l'habitat. La différence entre ces deux formes d'utilisation du territoire est renforcée par un emploi judicieux de la couleur. Les verts appliqués à la brosse sur un fond jaune à peine sec contrastent avec les teintes plus foncées des industries, dont les fumées se perdent dans la pâleur du ciel.

Berthe Morisot exécute ce paysage lors du séjour qu'elle effectue au printemps de 1875 chez les Manet. Implantée depuis le XVIIIe siècle dans la région, la famille possédait plusieurs propriétés ; il est probable que ce soit rue Saint-Denis à Gennevilliers, dans la plus grande des demeures familiales, que Berthe et son mari, Eugène Manet, aient été hébergés.

L'artiste retranscrit ici l'industrialisation naissante que connaît Gennevilliers. Si l'intérêt qu'elle porte à cette partie de la région parisienne la rattache à d'autres impressionnistes, comme Monet, elle révèle néanmoins une approche très personnelle, un souci d'évoquer son environnement le plus fidèlement possible. Rares sont les impressionnistes qui ont dépeint les transformations que subissent les campagnes à cette époque. Ni Monet, qui peint au Petit Gennevilliers un an auparavant, ni Pissarro, particulièrement attaché à représenter la vie dans les campagnes, ne se sont intéressés à cette mutation du paysage rural. Comme le souligne Richard Brettell, la plupart « se sont inspirés des champs hors du monde moderne – qu'il s'agisse de celui des usines ou du matériel perfectionné. Ils ont préféré glorifier la richesse de la France sous une forme générale mais traditionnelle[1] ».

M. M.

1. Brettell, 1985, p. 261.

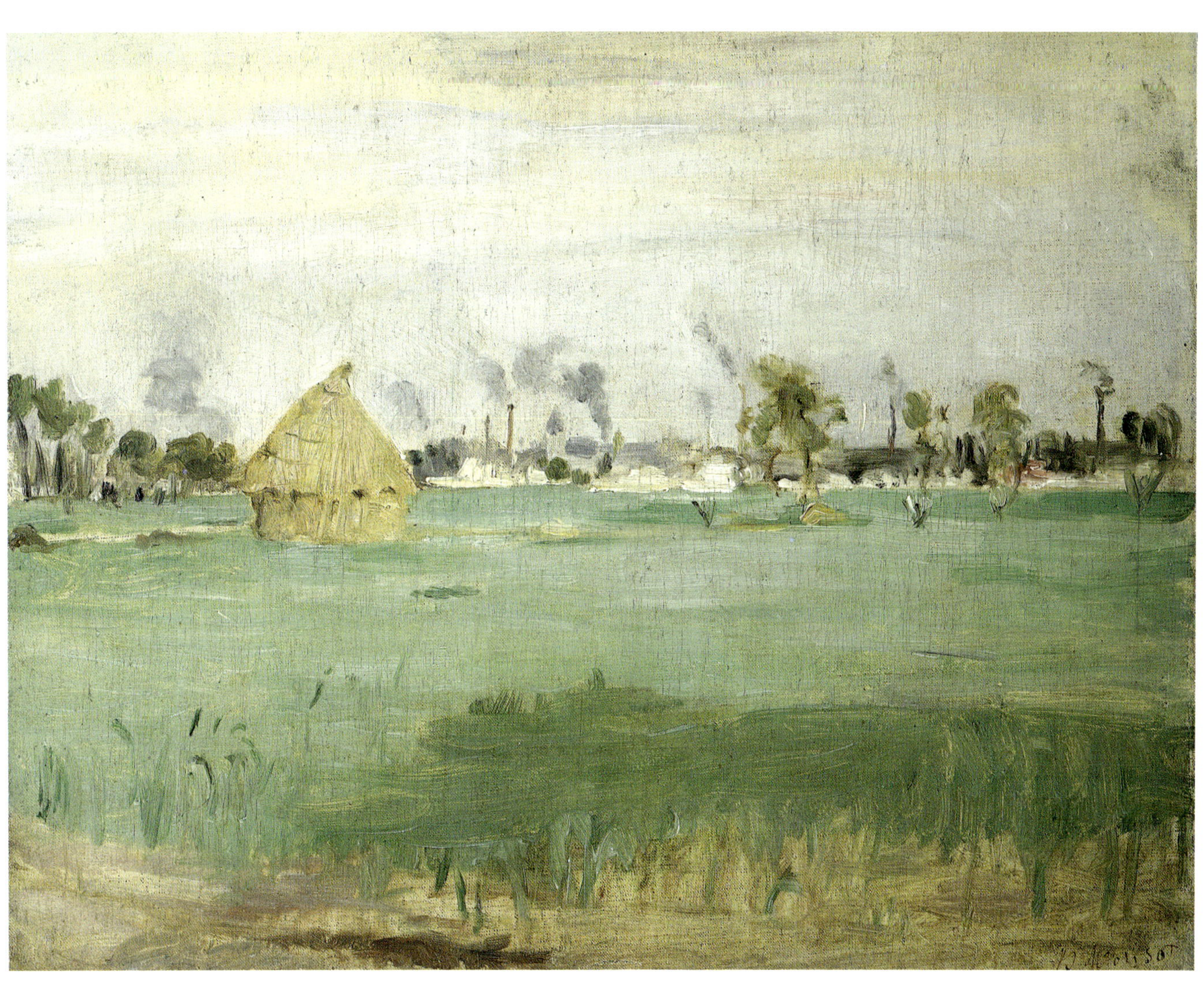

24 La Plaine de Gennevilliers ou Percher de blanchisseuse, 1875

Huile sur toile
H. 33 ; L. 40,6
Signé, en bas, à gauche : *Berthe Morisot*
CMR 45
Washington, National Gallery of Art, Collection de M. et Mme Paul Mellon
Inventaire : 1985.64.28

Berthe Morisot offre une approche différente de celle des autres vues qu'elle réalise à Gennevilliers, *Paysage à Gennevilliers* et *Petit Moulin à Gennevilliers* (cat. 22 et 23). À l'image de certains artistes du groupe impressionniste, Pissarro ou Sisley, elle anime ce paysage par la représentation d'une scène de travail, celui des blanchisseuses, dont l'activité était particulièrement répandue dans cette partie de la région parisienne. Chez Berthe Morisot, l'œuvre conserve la spontanéité d'une esquisse et témoigne d'une recherche audacieuse, qui séduit Georges de Bellio lorsqu'il achète la toile, en 1876. Né à Bucarest, originaire d'une riche famille de boyards, cet amateur d'art s'intéresse à des sujets variés, la conservation des estampes et la photographie notamment. Il découvre vraisemblablement l'art impressionniste lors de l'exposition de 1876 et il achète deux autres œuvres de Berthe Morisot, *Au bal* (cat. 33) et *Déjeuner sur l'herbe* (coll. part. ; CMR 47). Il acquiert par la suite des œuvres de Monet, Pissarro, Sisley, mais Berthe Morisot est la première artiste du groupe à laquelle il s'intéresse. Si ses goûts le conduisent davantage vers les vues urbaines, le choix de cette toile révèle une sensibilité pour d'autres sujets. Selon Remus Niculescu, Georges de Bellio appréciait particulièrement la spontanéité de la démarche impressionniste, « fruit d'expériences hardies et d'un scrupuleux respect des données de la sensation[1] ». L'originalité du travail de Berthe Morisot réside précisément dans la position qu'elle adopte face au débat relatif au degré d'achèvement des œuvres exposées. Parmi les autres impressionnistes elle fait figure de pionnière dans sa capacité à promouvoir l'esquisse au statut d'œuvre d'art. Le paysage représenté relève effectivement davantage de l'étude : les éléments constitutifs de l'arrière-plan – bosquets, cheminées, habitations – sont à peine discernables, réduits à la juxtaposition de masses colorées. Quelques traits de pinceau, trois couleurs différentes, suffisent à identifier les blanchisseuses soumises à un processus de schématisation similaire. Seuls quelques détails, la charrette et la maison, à droite, d'un rendu plus minutieux, ramènent l'attention vers le premier plan, où l'œil est entraîné dans une symphonie de couleurs rythmée par une alternance de teintes blanches et grises. La démarche impressionniste, comme traduction d'une émotion visuelle, prend ici toute son ampleur. Un sentiment de légèreté domine l'ensemble, accentué par la finesse des piquets de bois sur lesquels le linge semble flotter. La vue plongeante choisie et la barrière couvrant toute la largeur du premier plan instaurent une distance vis-à-vis du spectateur, caractéristique des paysages réalisés par l'artiste à cette époque.

M. M.

1. Niculescu, 1964, n° 1, p. 244.

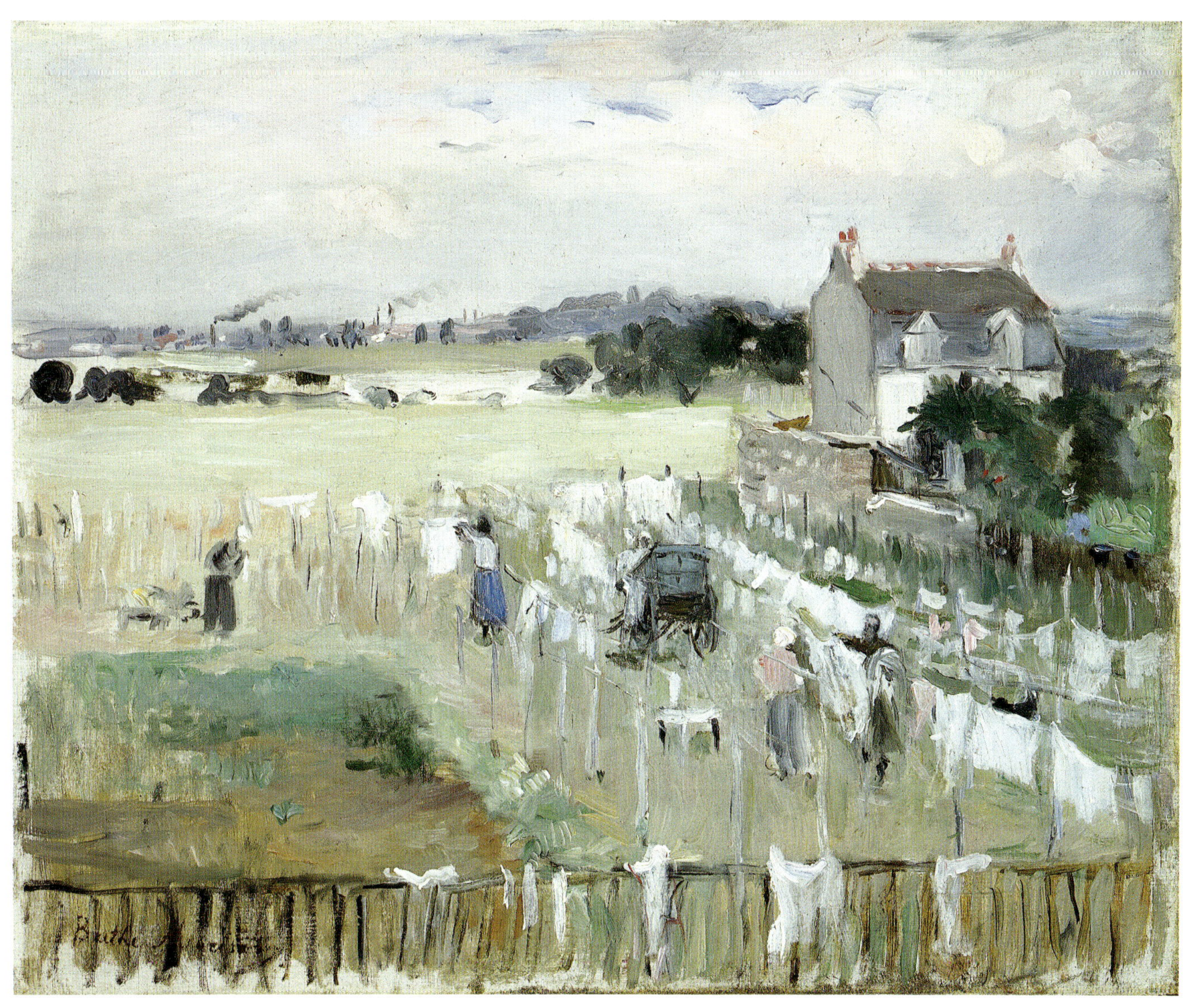

25 À Gennevilliers, 1875

À Gennevilliers, Berthe Morisot est dans sa belle-famille qui y détient encore un patrimoine foncier que son mari, Eugène, gère et fait fructifier. Elle y séjourne à plusieurs reprises l'été. Elle y peint surtout en 1875, cinq toiles, et au moins une aquarelle, celle-ci. Ce sont essentiellement des paysages ; à l'époque, cela était encore possible, l'environnement restant encore principalement rural, même si l'urbanisation progresse très rapidement, ce qui accroît la fortune des Manet.

Une paysanne de face, derrière un pied de vigne, porte un bonnet qui la protège du soleil, un tablier marron-beige sur une longue jupe noire. Derrière elle, une barrière marque les limites du champ. Au-delà, plusieurs prairies avant un bosquet, et, sur la droite, une percée vers quelques maisons et les collines. Un tel paysage reflète le caractère toujours agricole de cette commune qui n'a pas encore été gagnée par l'urbanisation de la banlieue.

Fourreau écrit à propos de cette œuvre : « Elle passa le printemps de 1875 à Gennevilliers qui était alors une charmante localité suburbaine. Une délicate aquarelle... intitulée *A Gennevilliers,* et datant de cette époque, prouve qu'elle était là en possession du plus beau, du plus souple métier[1]. »

Cette aquarelle est signée parce que l'artiste l'avait exposée, peut-être à la 3e exposition impressionniste, en 1877. À cette occasion, Ernest d'Hervilly, un ami de Monet, poète et dramaturge qui sera élu à l'Académie française, remarque : « Mlle Berthe Morisot a envoyé des toiles et des aquarelles qui sont, comme celles que nous avons déjà vues, des morceaux pleins de grâce et de finesse[2]. » Georges Rivière, ami de Renoir choisi par les impressionnistes pour diriger la revue hebdomadaire *l'Impressionniste, journal d'art* publié lors de leur exposition pour soutenir leurs vues, écrit quelques mois après la fin de l'exposition dans l'influente revue *l'Artiste,* fondée par Houssaye : « C'est surtout dans les pastels et dans les aquarelles où quelques notes jetées avec esprit donnent aux choses un charme particulier. Malheureusement, cet art charmant est limité à ces notes fugitives, il s'arrête au brio de la touche, aux à peu près dans les tons, enfin il n'est supportable que lorsqu'il est une boutade spirituelle. Quiconque voudrait suivre M. Manet et Mme Morisot sur ce terrain, se trompant fort, les gens d'esprit étant les seuls qui soient inimitables[3]. »

H. W.

Aquarelle
H. 16,5 ; L. 14,5
Signé à la plume, en bas, à gauche : *Berthe Morisot*
BW 629
Collection particulière

1. Fourreau, 1925, p. 42.
2. Non signé, [Ernest d'Hervilly], 1877.
3. Rivière, 1877B.

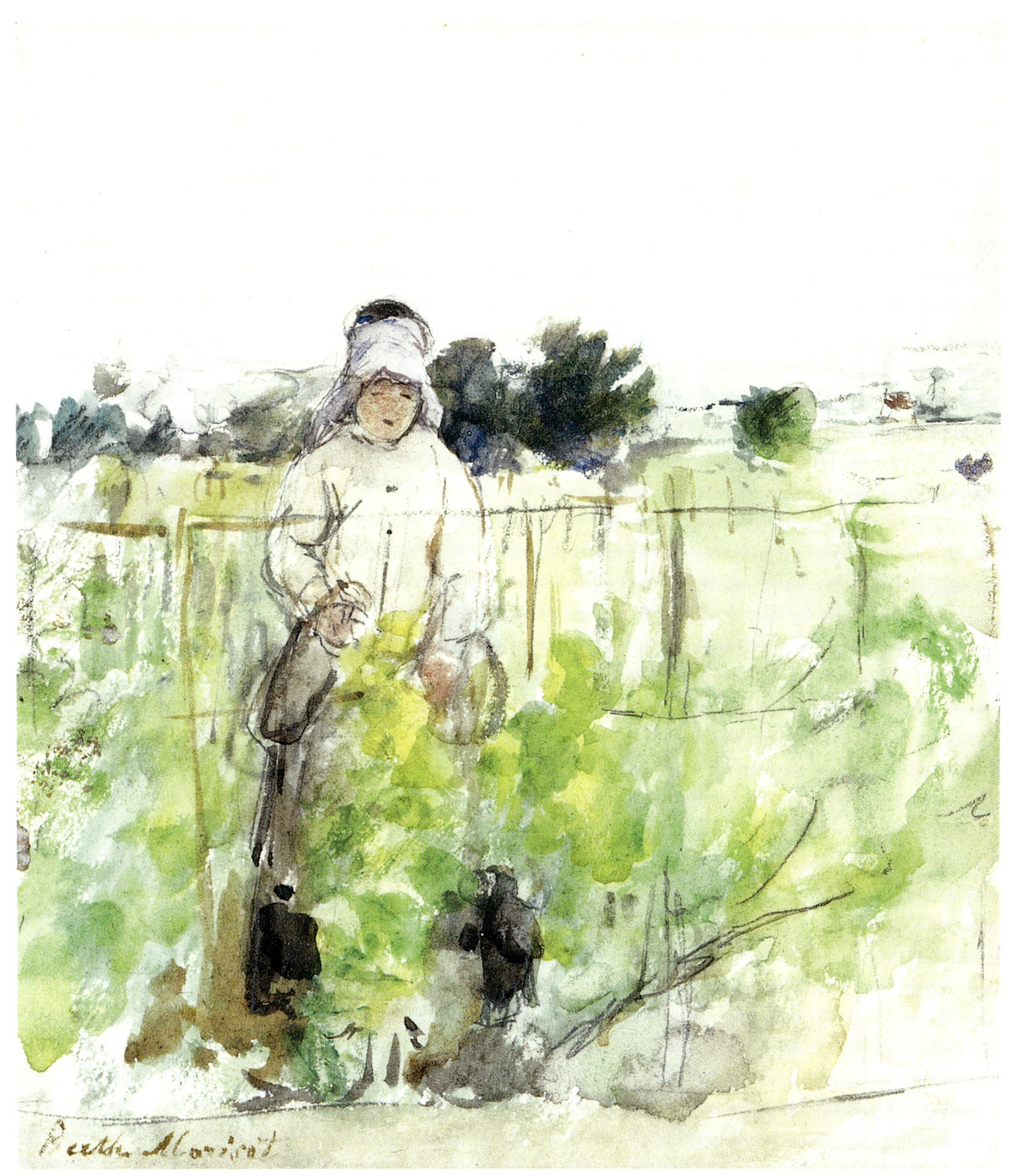

26 Vue du Solent (île de Wight) ou Marine en Angleterre, 1875

27 Marine en Angleterre, 1875

Huile sur toile
H. 38 ; L. 46
CMR 53
Collection particulière

Huile sur toile
H. 43 ; L. 64
Timbre de la signature, en bas, à gauche
CMR 54
Newark, Newark Museum
Inventaire : 79.6

La localisation de ces deux marines soulève des interrogations. Si le catalogue de l'exposition impressionniste de 1876 mentionne deux vues de l'île de Wight, *Vue du Solent* et *West Cowes,* lors de la rétrospective de l'œuvre de l'artiste en 1896, les marines sont exposées sous le nom *Vues d'Angleterre,* sans aucune précision supplémentaire. Les publications qui succèdent, l'ouvrage de Monique Angoulvent ou le catalogue d'Armand Fourreau, ne font pas davantage référence à l'île de Wight. Pour ce dernier, la *Vue du Solent* se situe à Ramsgate et il lui donne comme titre *Coin de plage à Ramsgate,* localisation également reprise par Bataille-Wildenstein. Aucune identification n'est proposée pour la seconde toile, qui est répertoriée comme *Marine en Angleterre.* Ce n'est qu'à partir de 1987 que Charles F. Stuckey et William Scott rapprochent ces deux œuvres des vues peintes à l'île de Wight[1].

Il semble que ce soit le port de Cowes dans l'île de Wight qui soit effectivement représenté ici. La place accordée par Berthe Morisot à la description de son séjour à Cowes dans la correspondance relative à son voyage en Angleterre et la topographie du site plaident en faveur d'un rapprochement.

À partir des années 1850, la reine Victoria effectue de nombreux séjours dans sa résidence d'Osborne, à proximité de Cowes, ce qui favorise le développement de l'île. Cowes devient un lieu de villégiature à la mode et connaît un essor rapide. Dans une lettre qu'elle adresse à sa sœur Edma, Berthe Morisot décrit l'engouement dont l'endroit bénéficie : « Cowes est devenu extrêmement animé, depuis quelques jours toute la Fashion a débarqué dans un yacht. Le jardin du

1. Stuckey, 1987, p. 68-69.

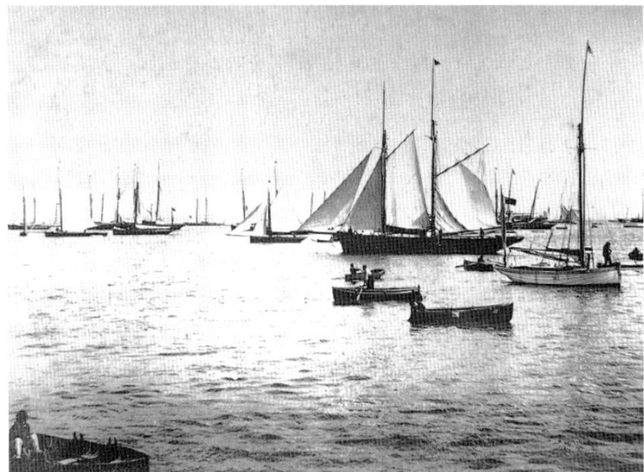

Fig. 1. *Cowes, Isle of Wight, Queen's road,* vers 1880, Newport, archives de l'Ile de Wight.

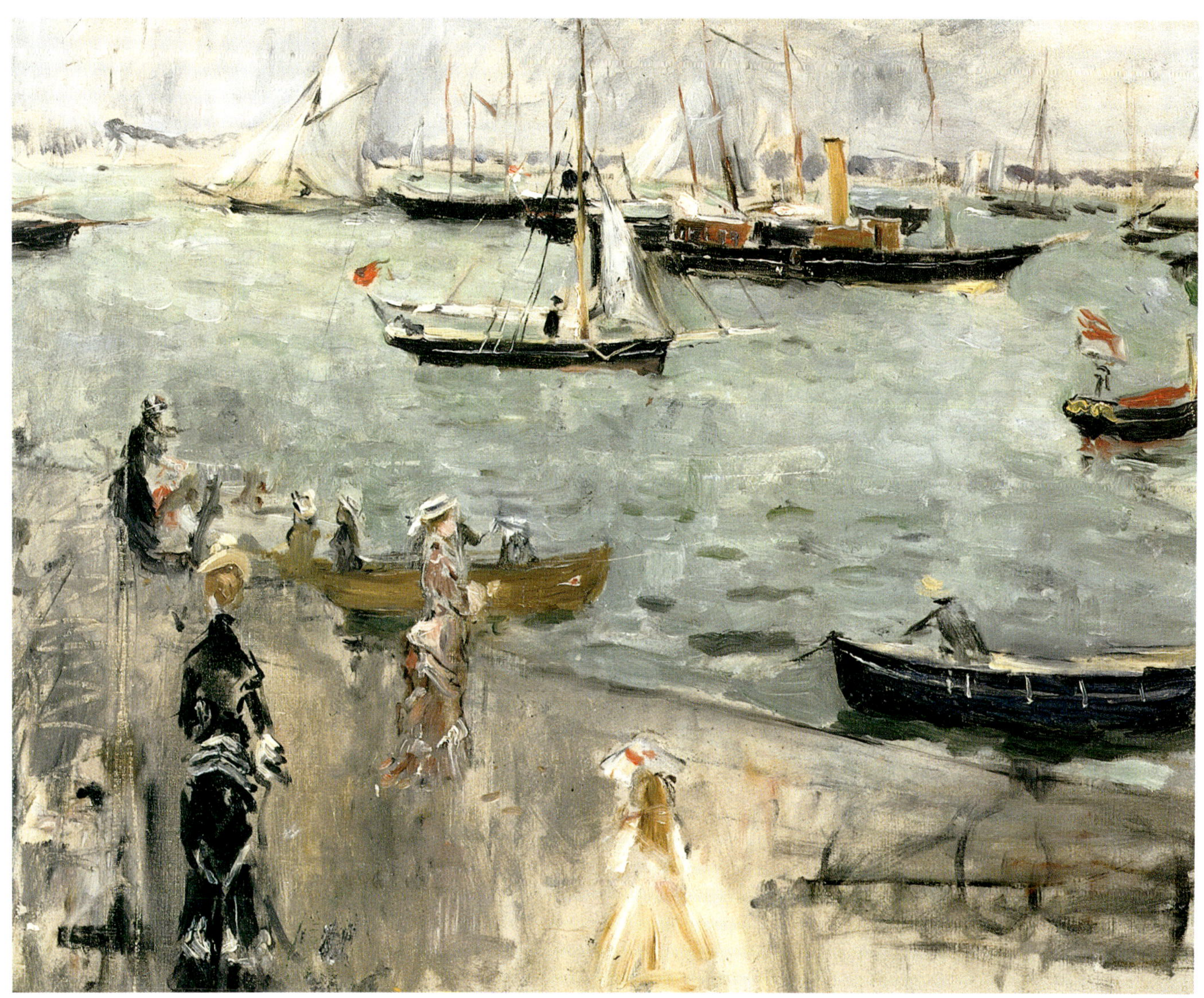

Yachting-club est rempli d'élégantes ; à l'heure de la marée, c'est un mouvement inouï[2]. » Les opérations de promotion immobilière qui sont menées à Cowes conduisent à l'aménagement d'un quai surplombant le port et la plage. Dans le guide de l'île publié, en 1870, par Charles Lockhart[3], la partie consacrée à Cowes vante les charmes de la promenade qui conduit depuis la « Marine Parade », près du port, jusqu'à la plage à l'ouest : « Une agréable marche le long de la Marine Parade en allant vers l'Ouest jusqu'à l'Egypt offre une vue agréable [...] sur la vaste étendue de la Baie de Southampton, le Solent, chargé de toutes sortes de vaisseaux. »
C'est probablement depuis la partie du quai surplombant la plage que Berthe Morisot a réalisé ces deux scènes. Les versions qu'elle propose sont très dissemblables. *Vue du Solent* révèle toute l'importance accordée à la couleur qui différentie chaque bateau, donne à chaque promeneur son individualité. *Marine en Angleterre,* en revanche, présente une palette plus restreinte, limitée presque exclusivement aux teintes noires et grises. Seules quelques taches rouges, vertes et blanches éclairent la toile par endroits, rompant l'uniformité. Ici, la couleur semble s'effacer pour laisser s'exprimer la vivacité du trait, la liberté de la touche. Si les deux œuvres sont similaires par la diversité des moyens utilisés, peinture frottée directement sur la toile, zigzags réalisés au pinceau ou avec le manche de la brosse, morceaux de toile restés vierges évoquant la plage, *Marine en Angleterre* s'attache davantage à traduire le mouvement, et l'ensemble possède un caractère spontané. La correspondance de Berthe Morisot avec sa sœur Edma rend compte des difficultés de l'artiste pour exprimer l'animation du port : « J'ai déjà commencé mais c'est difficile ; les gens vont et viennent sur le quai sans qu'on puisse les saisir ; les bateaux également ; c'est un mouvement, une vie extraordinaire, mais le moyen de la rendre[4]. » Cette capacité à rendre le mouvement par la nervosité du trait, ce désir d'expérimenter des techniques nouvelles frappent l'un des critiques lors de la présentation des œuvres à l'exposition impressionniste de 1876. Arthur Baignères écrit dans *l'Écho* du 13 avril : « Plusieurs de ses toiles représentent des vues de l'île de Wight et il est impossible de ne pas reconnaître, quand on regarde rapidement et en clignant des yeux, que la verdure, le ciel, les maisons de l'Angleterre sont là devant nous. Il ne faut par exemple ni s'approcher ni se prendre aux détails, sans quoi le prestige s'efface et on se trouve en présence d'êtres monstrueux, de touches incohérentes et de perspectives folles. Melle Morisot est une impressionniste de si bonne foi qu'elle veut peindre jusqu'au mouvement des objets inanimés. »

M. M.

2. Rouart, dans *Corresp. B. Morisot*, p. 87.
3. Lockhart, 1870, p. 12.
4. Rouart, dans *ibid.*, p. 85.

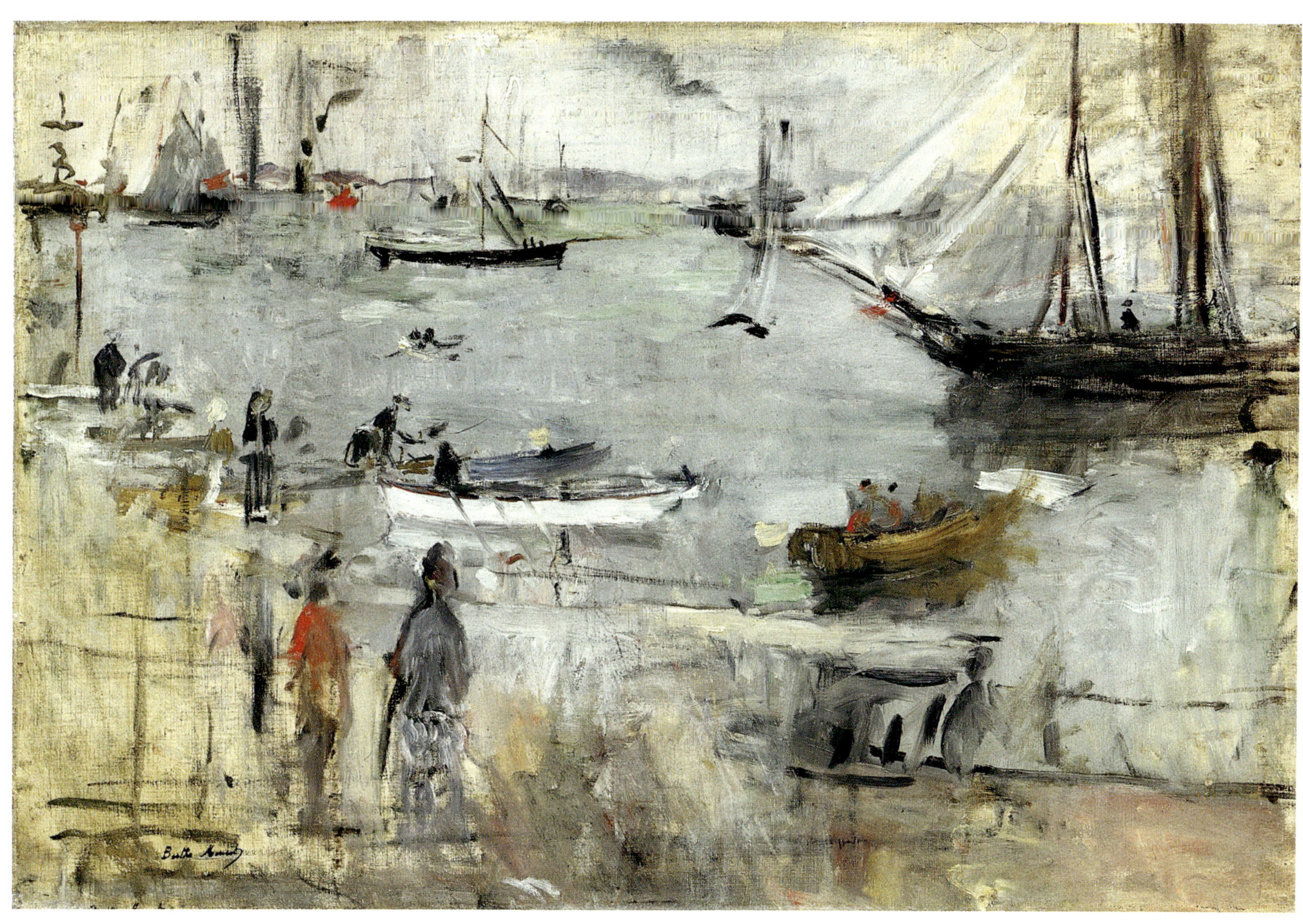

28 Eugène Manet à l'île de Wight, 1875

Huile sur toile
H. 38 ; L. 46
CMR 51
Paris, musée Marmottan, Fondation Denis et Annie Rouart
Inventaire : 6029

L'œuvre est présentée en 1896 à la galerie Durand-Ruel sous le titre très général *En Angleterre*. Les indications proposées par les catalogues d'exposition postérieurs sont plus précises, comme celles qui figurent dans le catalogue de la rétrospective organisée par le musée de l'Orangerie en 1941 : *Intérieur. Ile de Wight,* l'intitulé reste vague mais une note sous le titre apporte davantage d'informations : « Par la fenêtre d'un cottage, Eugène Manet regarde la mer[1]. »
Rares sont les toiles de Berthe Morisot dans lesquelles Eugène Manet apparaît. Ici, le sujet diffère des scènes d'extérieur précédentes exécutées à Cowes. Il illustre une volonté de diversifier les points de vue et d'enrichir les recherches picturales menées par l'artiste. Cet intérieur de cottage constitue, d'après Monique Angoulvent[2], l'un des témoignages du séjour dans l'île de Wight, où l'habileté de Berthe Morisot s'affirme particulièrement. Elle s'attache à traduire les effets de transparence, les jeux de lumière sur les rideaux de mousseline, la perception du paysage à travers les vitres entrouvertes, qui dévoilent le jardinet près de la maison puis le quai et le port à l'arrière-plan. Elle parvient à une unité chromatique qui enveloppe la scène d'une tonalité grise et blanche rompue seulement par le vert des plantations et celui de la mer. Cette capacité à réduire la gamme des couleurs étonne l'un des critiques de l'exposition de 1896 : « ... Ses colorations qui se renferment volontairement dans une gamme assez restreinte, ont des notes limpides et lumineuses qui donnent un charme très réel à ses compositions[3]. »
Berthe Morisot réalise cette scène depuis l'hôtel où elle réside, *Globe Cottage*, offrant une perspective sur Queen's Parade, quai principal longeant le port de Cowes. Là encore, elle évoque les difficultés rencontrées, dans sa correspondance avec sa sœur Edma : « J'ai commencé quelque chose dans le sitting-room avec Eugène ; ce pauvre Eugène te remplace ; mais c'est un modèle moins complaisant ; il en a tout de suite trop[4]... »

M. M.

1. *Berthe Morisot*, cat. exp., 1941, p. 6.
2. Angoulvent, 1933,p. 53.
3. *Le Journal des arts*, 7 mars 1896.
4. Rouart, *Corresp. B. Morisot*, p. 85.

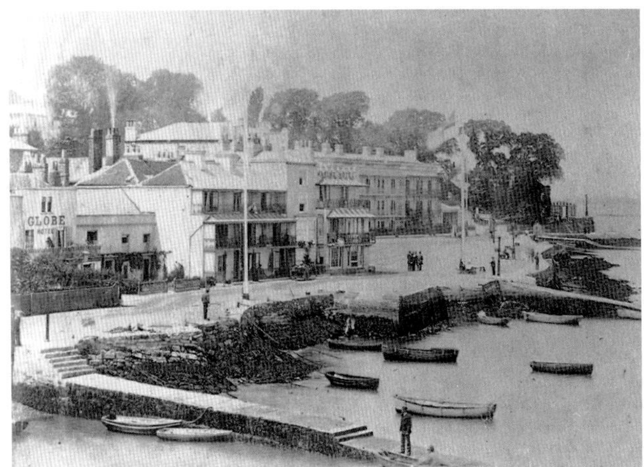

Fig. 1. *Cowes, l'hôtel Globe,* vers 1880, Newport, archives de l'Ile de Wight.

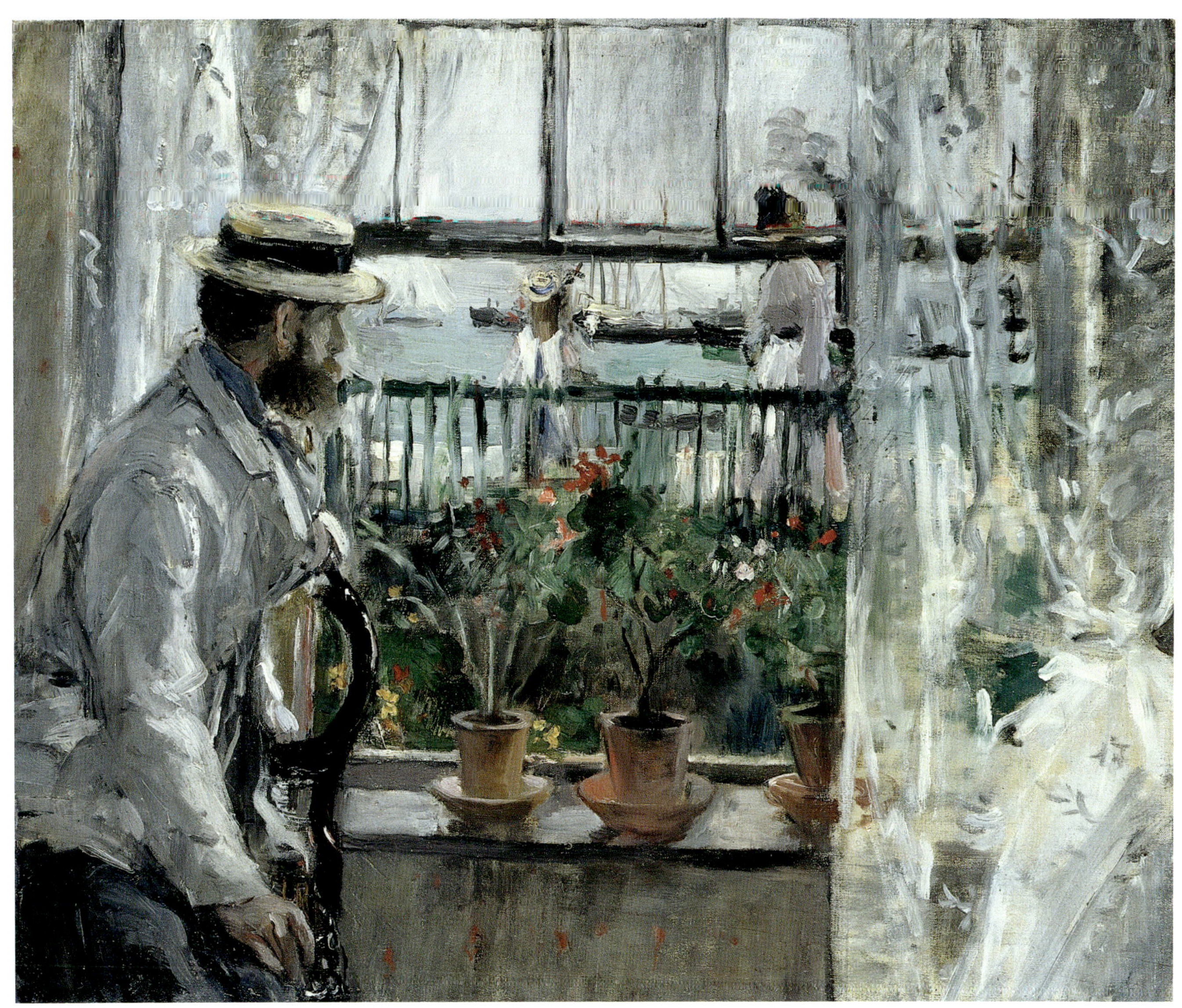

29 Avant d'un yacht, 1875

30 Bateau à quai, 1875

Enchevêtrement de mâts et yachts dont les trajectoires se croisent traduisent la densité du trafic maritime et la rapidité de la circulation. Cette aquarelle, la plus aboutie parmi celles que Berthe Morisot expose en 1876, présente un cadrage particulièrement novateur. Sur la droite, la proue d'un navire s'avance, imposante, et menace de cacher le reste de la scène. Le choix qu'opère l'artiste, audacieux, exprime de façon pertinente l'animation du port mais aussi la vélocité avec laquelle il lui faut travailler. Si, là encore, aucune indication topographique n'est précisée, il est permis de supposer que la scène a été exécutée dans l'île de Wight, peut-être à Cowes, et qu'elle est contemporaine d'une autre vue du port, *Entrée de la rivière Midina dans l'île de Wight* (fig. 1). Ayant dû travailler installée dans une embarcation, Morisot relate les difficultés rencontrées : « En bateau, c'est un tout autre genre, tout branle, c'est un clapotement infernal ; on a le soleil, le vent ; les bateaux changent de place à toute minute[1]. »
L'aquarelle, médium adapté à l'étude de plein air et en particulier à l'observation depuis une embarcation, connaît un véritable engouement dans l'île depuis le début du siècle. William Turner, John Constable, Richard Parkes Bonington, parmi les plus célèbres des paysagistes anglais, viennent y travailler. Robin Mc Innes[2], dans l'ouvrage qu'il consacre aux artistes en résidence à l'île de Wight, évoque même l'existence d'une « École de l'île de Wight » particulièrement active au milieu du XIXe siècle. Contrairement à James Tissot, à qui elle rend visite à Londres et qui est un fervent chroniqueur des séjours de la bonne société britannique dans l'île, Berthe Morisot ne retrace pas la vie mondaine qui anime l'endroit au mois d'août, lors de la semaine des régates. L'aquarelle illustre davantage l'activité portuaire, l'artiste approche chaque bateau sous un angle spécifique et le distingue des autres par un coloris différent. Lorsqu'il observe les œuvres de Morisot présentées à l'exposition impressionniste de 1876, Arthur Baignères est frappé par l'utilisation de la couleur : « Quand nous jetons un regard rapide sur un paysage, les objets vivement colorés paraissent plus volumineux [...]. Les mêmes qualités se retrouvent dans les aquarelles : toujours des tons fins et une couleur juste, mais quel dessin, grand Dieu[3] ! »
Berthe Morisot utilise une palette similaire lorsqu'elle réalise une autre aquarelle liée à l'activité portuaire, *Bateaux sur la Seine*. Celle-ci est exécutée peu de temps avant la précédente et est également exposée en 1876 sous le titre *Vue de la Tamise*. Lassés de leur séjour à Cowes, Berthe et Eugène Manet se rendent à Londres, où ils parviennent à travailler avec plus de facilité. Une lettre adressée à sa sœur Edma relate le regain d'activité que suscite la nouvelle destination : « Ici nos caractères se sont un peu remis, nous marchons beaucoup : nous voyons beaucoup de choses, nous travaillons même. Au moins, voici deux jours de suite que nous faisons des tentatives sur la Tamise qui ont eu pour résultat une aquarelle manquée et un pastel très réussi au dire d'Eugène[4]. »

M. M.

Aquarelle
H. 20,6 ; L. 26,7
Signé : *Berthe Morisot*
BW 630
Williamstown, The Sterling and Francine Clark Art Institute
Inventaire : 1955.1964

Aquarelle
H. 17 ; L. 23
BW 631
Paris, musée Marmottan, Fondation Denis et Annie Rouart
Inventaire : 6039

1. Lettre de B. Morisot à E. Pontillon, *Corresp. B. Morisot*, p. 87.
2. Mc Innes, 1990, p. 8.
3. Baignères, 1876.
4. *Corresp. B. Morisot*, p. 88.

Fig. 1. *Cowes, la rivière Midina*, vers 1875, Newport, archives de l'Ile de Wight.

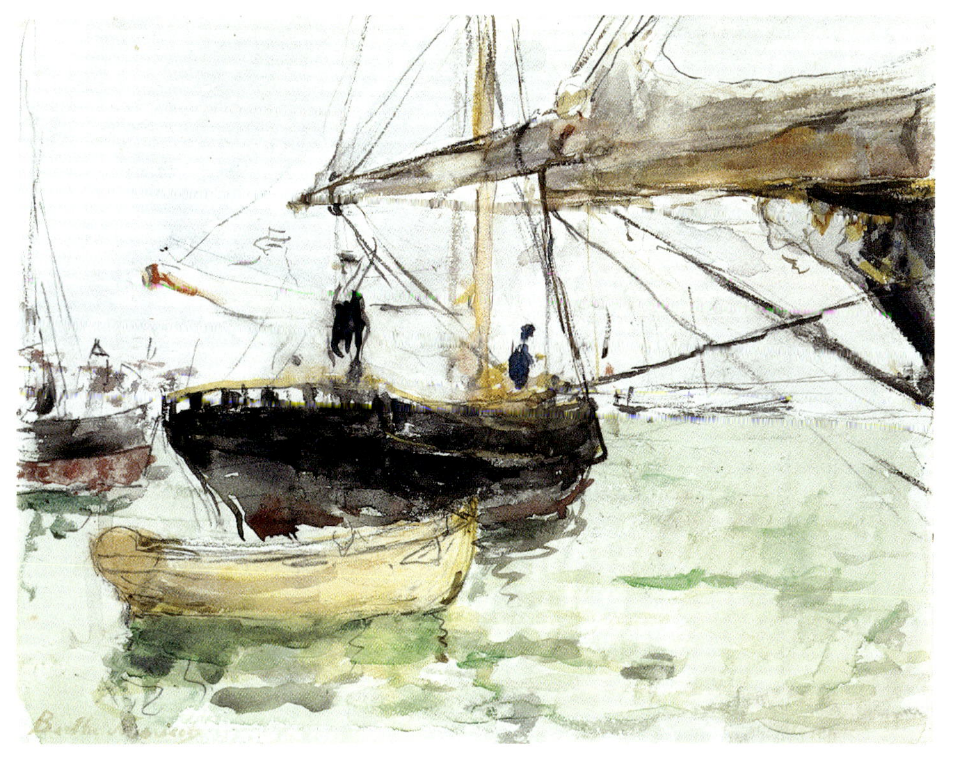

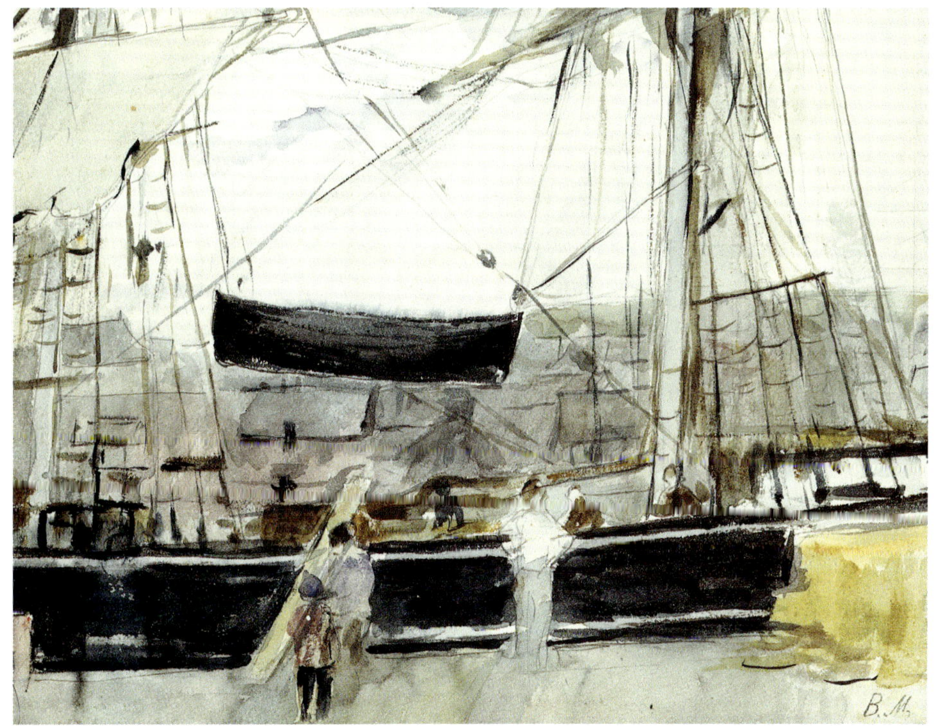

31 Paysage aux environs de Valenciennes, 1875

32 Jeune Femme et enfant dans l'herbe, 1875

Durant l'automne de 1875, Berthe Morisot séjourne chez sa sœur Yves Gobillard, à Cambrai, et c'est à cette occasion qu'elle réalise quelques vues des alentours de Valenciennes. Dans l'aquarelle *Jeune Femme et enfant dans l'herbe* (cat. 32), elle place les enfants Gobillard et leur mère (ou peut-être leur gouvernante) dans un pré, pour reprendre un motif qui lui est cher : la jeune femme est assise près de l'enfant, une ombrelle et un chapeau posés près d'elle. Dans le lointain, des moulins et quelques constructions limitent les éléments de décor pour concentrer l'attention sur les figures.

Paysage aux environs de Valenciennes (cat. 31), en revanche, ne présente aucune habitation. La campagne est réduite à une juxtaposition d'aplats de couleurs où formes et contours disparaissent. Les traces laissées par la brosse qui parcourt la toile en mouvements désordonnés, les contrastes entre zones claires et foncées animent le paysage et permettent à Morisot de délimiter l'espace et d'évoquer le relief. La scène, très schématisée est proche de l'abstraction. La façon dont l'artiste bâtit sa composition, s'appuyant sur les nuances de coloris pour traduire les volumes, rappelle l'enseignement de Corot. Celui-ci prône en effet la simplicité comme « seule voie qui conduise au vrai et au sublime[1] » et souligne « la nécessité de tout subordonner au dessin par masses[2] ». Une autre influence est perceptible, celle de Léon Riesener, chez qui les Morisot passent l'été en 1864. Les deux familles restent liées et Berthe s'inspire des réflexions de Léon Riesener sur la peinture. Elle recopie certains passages parmi les notes du peintre pour qui « tout le charme de la peinture est dans l'ébauche, dans le croquis du pinceau[3] ». Riesener mentionne également dans ses écrits les contributions de John Constable aux Salons parisiens de 1824 et de 1827, production qu'il considère comme le point de départ d'un réveil de la peinture française. La conception du paysagiste britannique, qui valorise l'étude d'après nature et l'expression spontanée des impressions, n'était certainement pas inconnue de Morisot. Certaines études qu'il réalise de la campagne anglaise, celles de Dedham Vale notamment, parviennent à une simplification des formes similaire.

M. M.

Huile sur toile
H. 24 ; L. 51
Signé, en bas, à droite :
Berthe Morisot
CMR 58
Paris, collection particulière

Aquarelle
H. 16 ; L. 22
Signé, en bas, à gauche :
Berthe Morisot
BW 634
Collection Eugène Thaw
Pierpont Morgan Library

1. Marx, 1952.
2. Idem, *op. cit.*
3. Viallefond, 1955, p. 77.

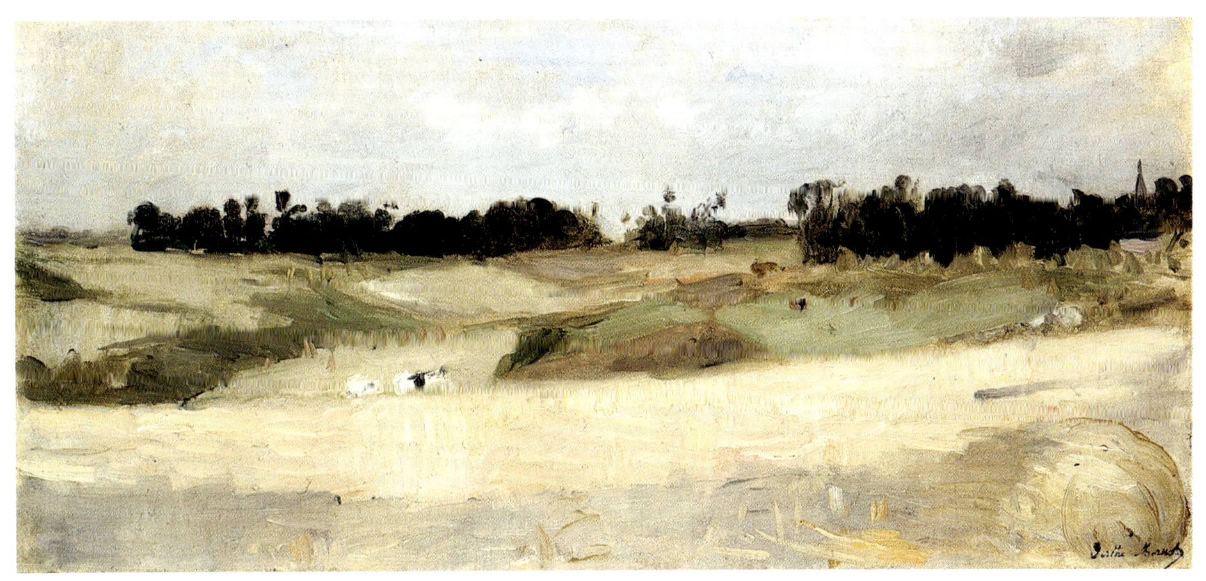

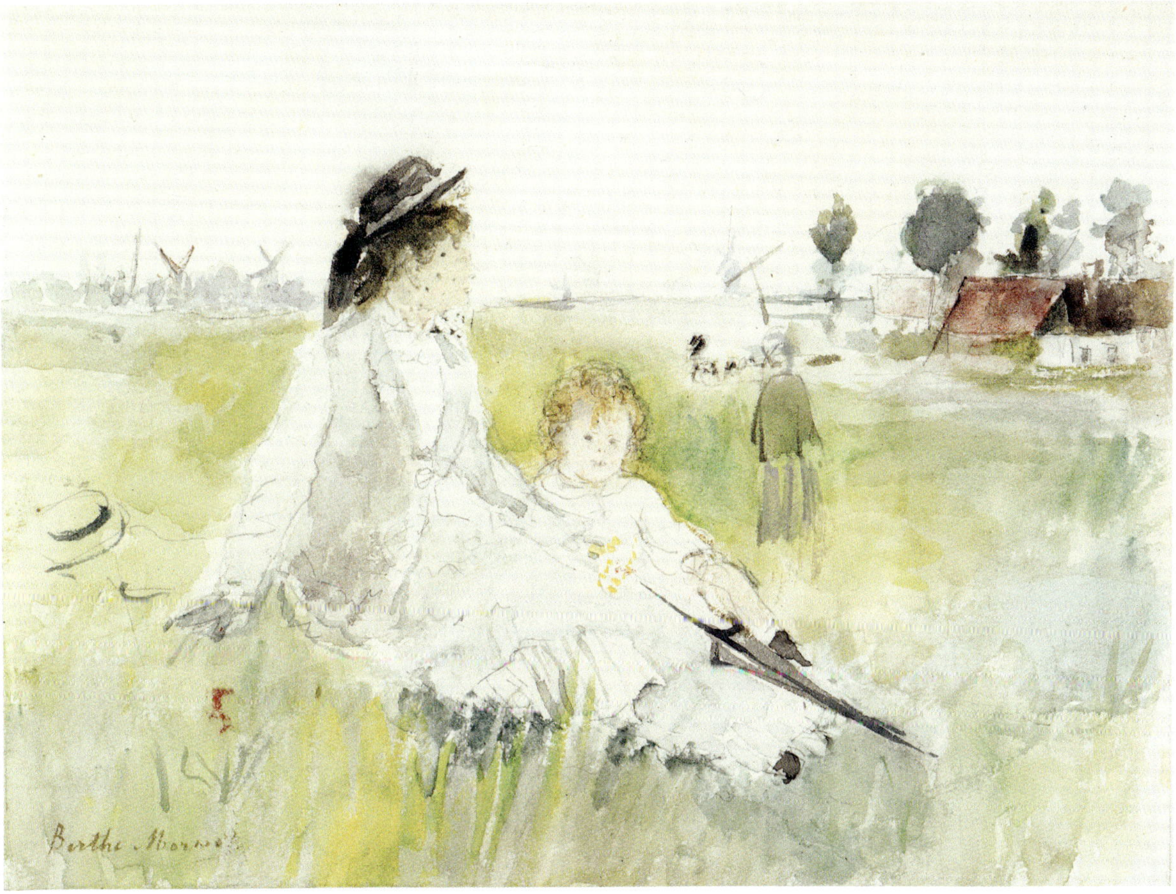

33 Femme à l'éventail ou Au bal, 1875

Dans la seconde moitié des années 1870, Berthe Morisot exécute une série de toiles autour du thème du bal, idiome de la Nouvelle Peinture. Cependant, on chercherait en vain, ailleurs dans son œuvre, une évocation de l'univers de la danse, de la mondanité du bal ou des intrigues amoureuses qui s'y nouent, comme chez Henri Gervex ou James Tissot. L'artiste explore le thème à partir de portraits féminins en buste, après une première *Jeune Fille en robe de bal* (cat. 17), au cadrage plus large. *Au bal* du musée Marmottan est la première illustration de ce parti de mise en page, qui se resserre autour du modèle, brouillant la frontière entre tableau de genre, étude de figure et portrait.

L'identité de la jeune femme qui prêta ici ses traits ne nous est pas parvenue (elle posa également pour *Femme en noir* en 1875 [coll. part. ; CMR 59]). Probablement faut-il y voir un de ces modèles professionnels vers lesquels se tourne Berthe Morisot après avoir si souvent peint sa sœur Edma. Derrière la jeune femme, une jardinière, motif que Berthe Morisot prise pour ses portraits féminins, offre un contrepoint chromatique à l'éventail. Accessoire d'élégance et de mode, celui-ci est ici traité de façon inhabituelle chez Berthe Morisot, comme un tableau dans le tableau. La scène, qui renvoie à la peinture du XVIIIe siècle à laquelle les critiques ont tant rattaché l'œuvre de Berthe Morisot à partir des années 1880, représente un couple assis sous des frondaisons, dans ce qui évoque une scène galante à la Watteau. Berthe Morisot nous semble ainsi, et c'est ce qui distingue ce tableau par ailleurs si célèbre de l'artiste, introduire exceptionnellement un élément de narration et de commentaire, à la manière d'Alfred Stevens et de Tissot. La toile fut présentée à la 2e exposition impressionniste, en 1876[1]. Elle y fut acquise par Georges de Bellio, qui réunit une prodigieuse collection de tableaux impressionnistes. À la même exposition, il acheta à Berthe Morisot *Un Percher de blanchisseuse* (cat. 24) et le *Déjeuner sur l'herbe* (coll. part. ; CMR 47)[2].

S. P.

Huile sur toile
H. 62 ; L. 52
Signé, en bas, à droite :
Berthe Morisot
CMR 60
Paris, musée Marmottan,
legs Donop de Monchy en 1957
Inventaire : 4020

1. N° 166 – *Au Bal.*
2. Niculescu, novembre 1970, p. 67.

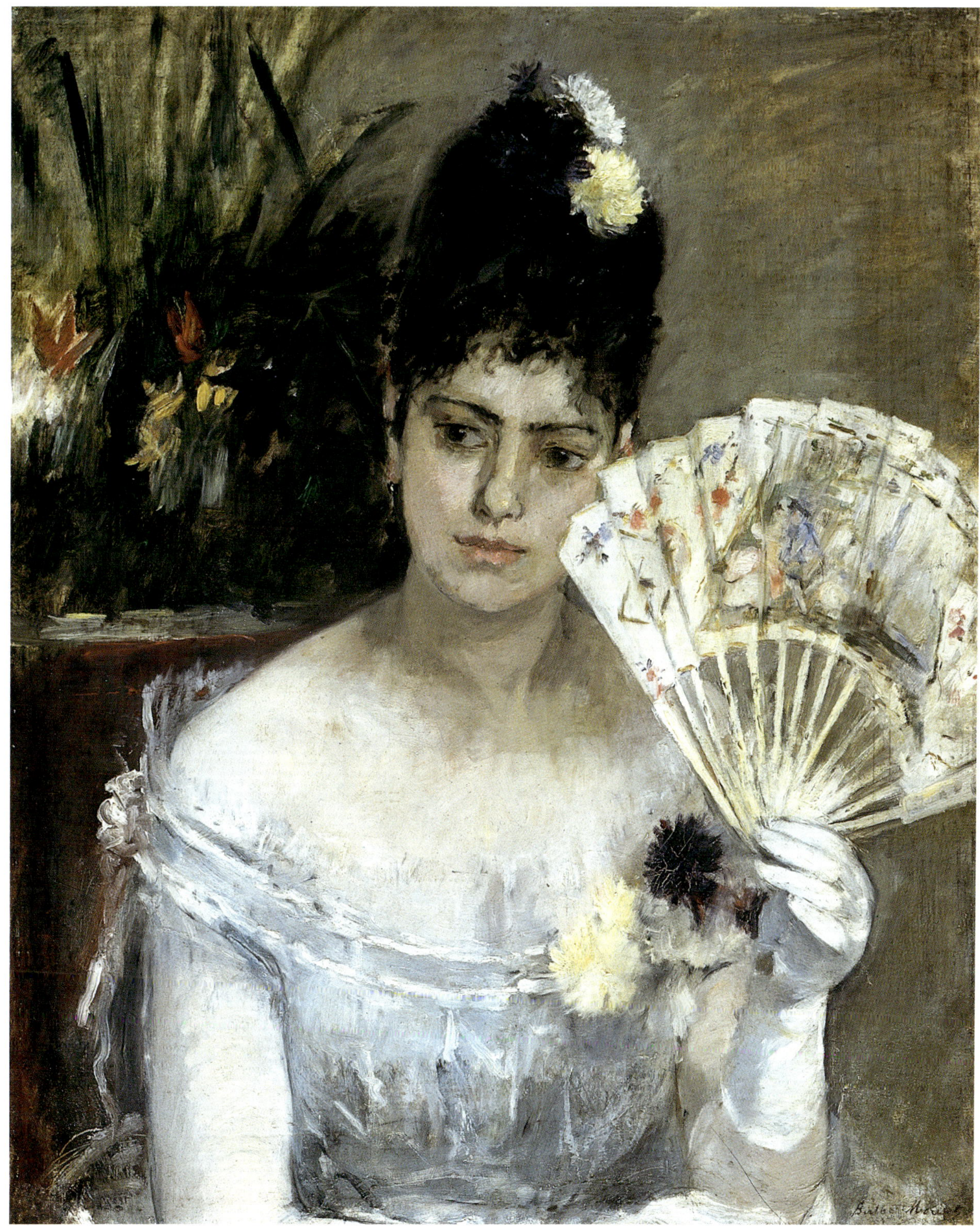

34 Jeune Femme en robe noire, 1876

Aquarelle
H. 12,5 ; L. 8
Signé, en haut, à droite :
Berthe Morisot
BW 636
Collection particulière
Inventaire : 15

La *Jeune Femme en robe noire* suggère par sa mise sombre et son châle une figure venue d'Espagne. Il faut dire que la pose, la mise en page font songer, la référence appuyée à Goya en moins, à l'estampe de Manet *Fleur exotique – la Femme à la mantille* (1868). L'Espagne, où elle entreprit un voyage pour y admirer ses peintres un an avant l'exécution de cette aquarelle, n'a pas laissé de trace dans l'œuvre de Berthe Morisot, sauf dans *Avant le théâtre* (1875, coll. part. ; CMR 59).

Comme souvent à partir du milieu des années 1870, lorsque Berthe Morisot peint de plus en plus à partir de modèles professionnels, l'identité de la jeune femme ne nous est pas connue.

Jeune Femme en robe noire semble être une composition autonome, sans relation directe avec une œuvre peinte. Elle se rattache aux figures familières qui peuplent les intérieurs de Berthe Morisot dans les compositions de la première moitié des années 1870, par la robe noire et le geste des mains croisées tels le modèle d'*Intérieur* (coll. part. ; CMR 26) ou Edma dans son portrait au pastel du Salon de 1872 (Paris, musée d'Orsay ; BW 419). L'expression de la *Jeune Femme en robe noire* y est cependant dénuée de la mélancolie et de la sévérité dont sont empreintes ces deux œuvres. En dépit du format extrêmement réduit, Berthe Morisot parvient ici à une monumentalisation de la figure.

S. P.

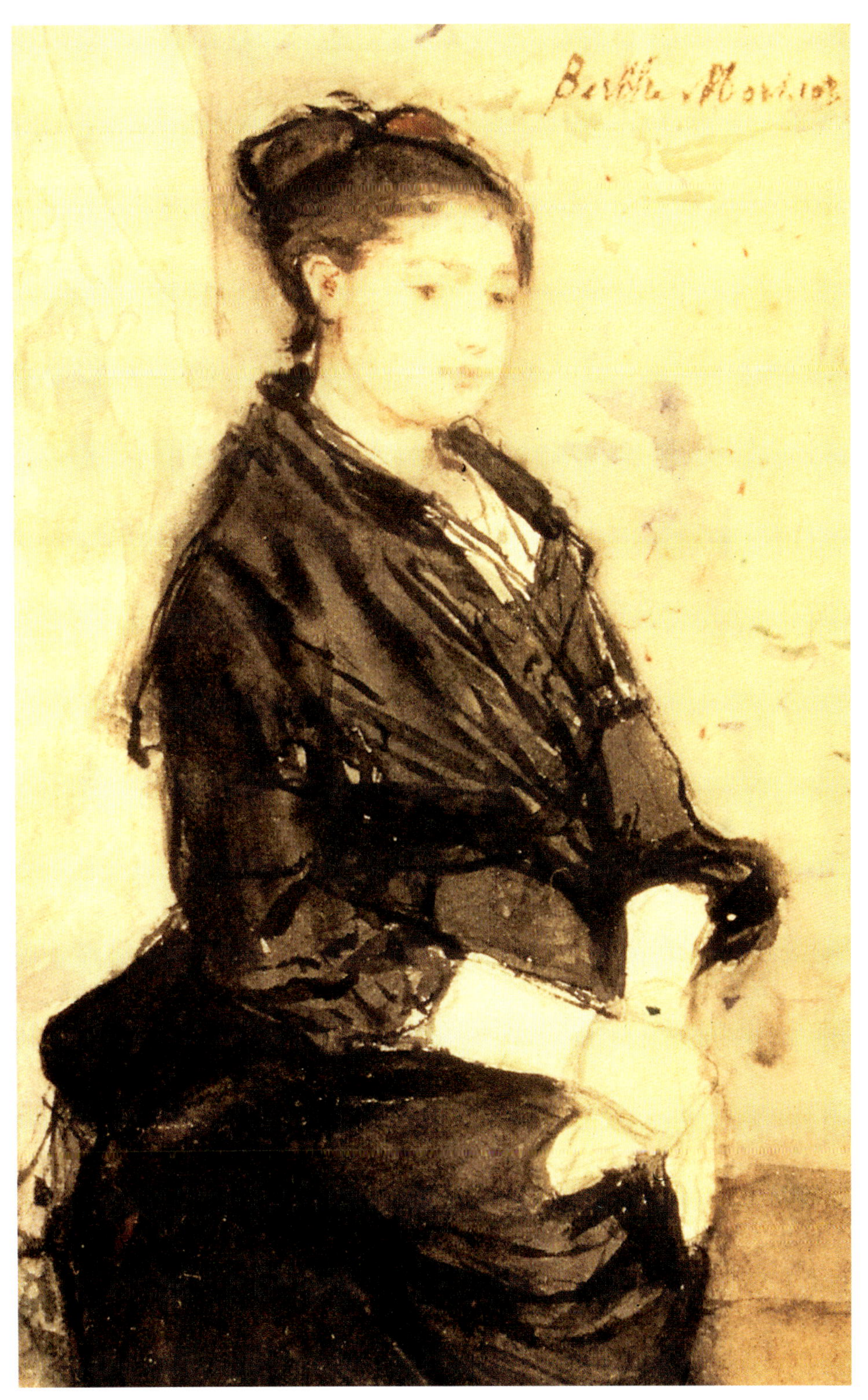
Berthe Morisot

35 Jeune Femme arrosant un arbuste, 1876

Jeune Femme arrosant un arbuste est exemplaire de la peinture du quotidien à travers laquelle Berthe Morisot redéfinit vers 1875-1876 le tableau de genre. De ces épisodes « sans qualités » émane, selon Paul Valéry, « le charme très particulier d'une étroite, presque indissoluble relation entre un idéal de l'artiste et l'intimité d'une existence » [1]. La facture de *Jeune Femme arrosant un arbuste*, comme le registre des teintes, volontairement pâle et restreint, ranimé par endroits de touches de couleur, rattache cette toile aux femmes à leur toilette exécutées autour de 1876 (cat. 36). Mais ici, alors que Berthe Morisot choisit de dépeindre son modèle en pied et l'espace qui l'entoure, elle opte pour un format des plus réduits, « prouesse » typique du tableau de genre. La scène aurait été posée par sa sœur Edma sur la terrasse de l'appartement familial de la rue Guichard. Exceptionnellement, Berthe Morisot représente la jeune femme de dos, parti qu'elle a plutôt tendance à réserver aux enfants, pour mieux associer peinture de l'intimité et paysage urbain. Bien que dépeint sur fond d'immeubles parisiens, suggestion lointaine du monde de la rue, le modèle est en effet vêtu d'une tenue qu'Anne Schirrmeister a identifiée comme une « robe d'intérieur », à ses yeux fonction et métaphore de l'intime dans la peinture de Berthe Morisot[2]. Ce tableau n'a pas été exposé en France depuis la grande rétrospective du musée de l'Orangerie, en 1941.

S. P.

Huile sur toile
H. 40 ; L. 31,7
Signé, en bas, à gauche :
Berthe Morisot
CMR 62
Richmond, Virginia Museum of Fine Arts, don de M. et Mme Paul Mellon
Inventaire : 83.40

1. Valéry, 1941, p. VI.
2. Schirrmeister, dans Edelstein, 1990, p. 112.

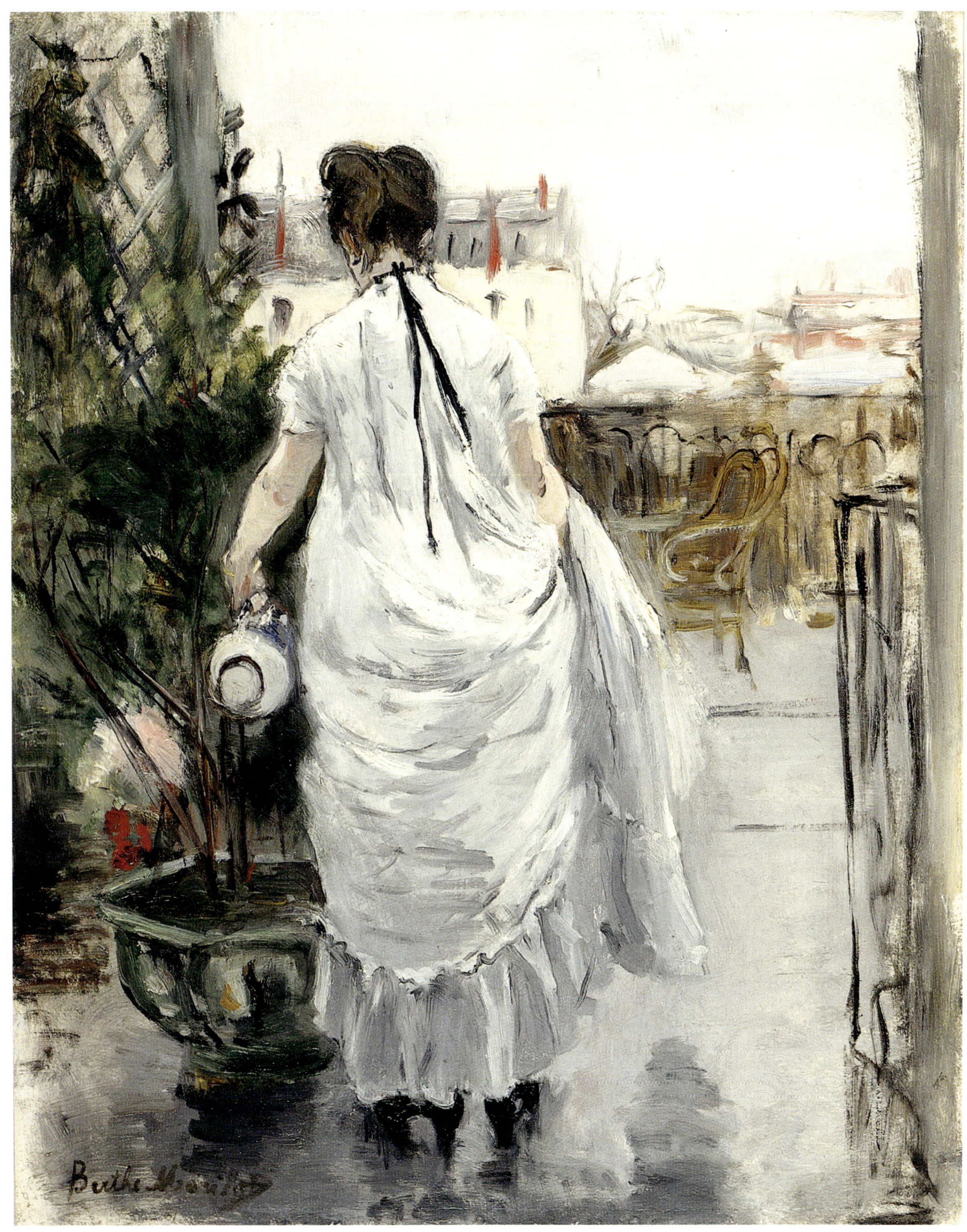

36 La Psyché, 1876

Berthe Morisot fait poser un modèle dans sa chambre rue Guichard. La psyché Empire se trouve entre deux fenêtres[1]. Tout l'aménagement traduit le bon goût et la prospérité, avec cette moquette à fond rouge, ce canapé coordonné au tissu crème et à l'imprimé des rideaux, ce fin voilage et ces poignées dorées aux fenêtres. La lumière qui encadre le modèle envahit la pièce ; le soleil arrive du côté gauche éclairant la femme. Le miroir de la psyché reflète aussi le mur tapissé du même tissu que les rideaux et le canapé. Nous sommes chez une femme de goût et d'éducation.

Le modèle, vêtu d'une élégante robe de soie claire, porte des chaussures beiges à talons ornées d'une boucle plus foncée sur le dessus. Un ruban est noué autour de son cou. Cette touche de couleur comme celle du bois de la psyché accentuent les contrastes entre le rose de la chair, les blancs de sa robe, le crème du tissu et le reflet dans le miroir.

Par ses couleurs et ses tons, ce tableau est comme un manifeste de la couleur claire par opposition aux bitumineux des tableaux du Salon.

La jeune femme n'a pas encore achevé son habillage. L'épaulette gauche est tombée sur son bras, le corset n'étant pas encore agrafé ; elle n'a pas encore mis de boucles d'oreilles, ni de bijoux.

Le thème de la psyché a été traité par de nombreux peintres depuis la Renaissance. Le public comme la critique s'attendent toujours à une œuvre plus classique et moins personnelle. Comme le disait Degas, pour peindre un nu, au lieu de peindre une *Suzanne et les vieillards* ou une *Diane au bain,* comme autrefois, il peint une femme au tub. La *Psyché* de Morisot n'a rien d'une *Toilette de Diane*. La représentation de Morisot diffère de celles de ses contemporains.

Dans *la Psyché,* rien ne peut choquer comme dans la *Nana* (Hambourg, Hamburger Kunsthalle) de Manet[2], refusée la même année par le Salon et exposée dès le 30 avril 1877 à la vitrine de Giroux. Le poète Théodore de Banville avait alors dénoncé l'attitude du jury : « ... le jury a commis un crime : il a refusé un tableau de Manet, œuvre d'un réalisme contemporain, représentant une jeune femme dénudée à la fois de préjugés et de costume, ouvrant la porte à un monsieur dépourvu de discrétion. Le jury n'a pas voulu de cette œuvre transcendante[3]. » La présence du monsieur suggère que le modèle en jupon est une cocotte, une actrice ou même une héroïne de roman, c'est ce qui choque. Pourtant, le Salon expose d'autres nus, moins pudiques. Rien de tel dans la toile de Berthe Morisot qui est une scène privée dans l'intimité du boudoir.

Des toiles de Berthe Morisot exposées à la 3e exposition impressionniste, en 1877, *la Psyché* est celle qui obtient l'accueil le plus favorable. Si elle est généralement critiquée par les adversaires de l'impressionnisme, certains détracteurs ne lui sont pas totalement hostiles bien que lui reprochant un manque de finition. Il faudra longtemps avant que ses adversaires abandonnent cette dernière remarque qui nous semble aujourd'hui incompréhensible devant une telle œuvre.

Le critique et illustrateur Bertall ne peut comprendre, malgré l'attention qu'il lui porte : « Melle Morisot est fort admirée par les fidèles, pour une sorte de scène de fille en chemise qui met son corset, et une esquisse de femme d'un ton gris lumière assez élégant. Quelques jolis blancs harmonieux et argentins ne suffisent pas à faire un tableau, à remplacer le dessin, la forme et le modèle. Quand elle voudra pousser plus loin son impression, Melle Morisot le verra bien[4]. »

Léon de Lora est cette année défavorable : « ... avec toute la volonté de louer possible, il me serait difficile d'approuver la *Psyché,* la *Terrasse,* et autres tableaux de genre à l'huile. Peignez-moi, si vous voulez, des jeunes femmes en chemise se mirant dans leur glace, et des objets semblables ; mais ayez le courage de les peindre jusqu'au bout. Une ébauche ne sera jamais qu'une ébauche[5]. »

Bernadille trouve un air malheureux au modèle. Il affirme « ... la personne peinte par [...]

Huile sur toile
H. 64 ; L. 54
Signé, en bas, à gauche :
Berthe Morisot
CMR 64
Madrid, Fundation Colleccion Thyssen-Bornemisza
Inventaire : 1977.87 (686)

1. Ce meuble a été légué par Thérèse et Julien Rouart au musée Marmottan.
2. À la mort de Manet, cette toile sera acquise par le Dr Robin, dans le jardin duquel Berthe Morisot peint plusieurs toiles (cat. 56 et 80).
3. Baron Schop, 1877, p. 2.
4. Bertall, 1877.
5. Lora, 1877.

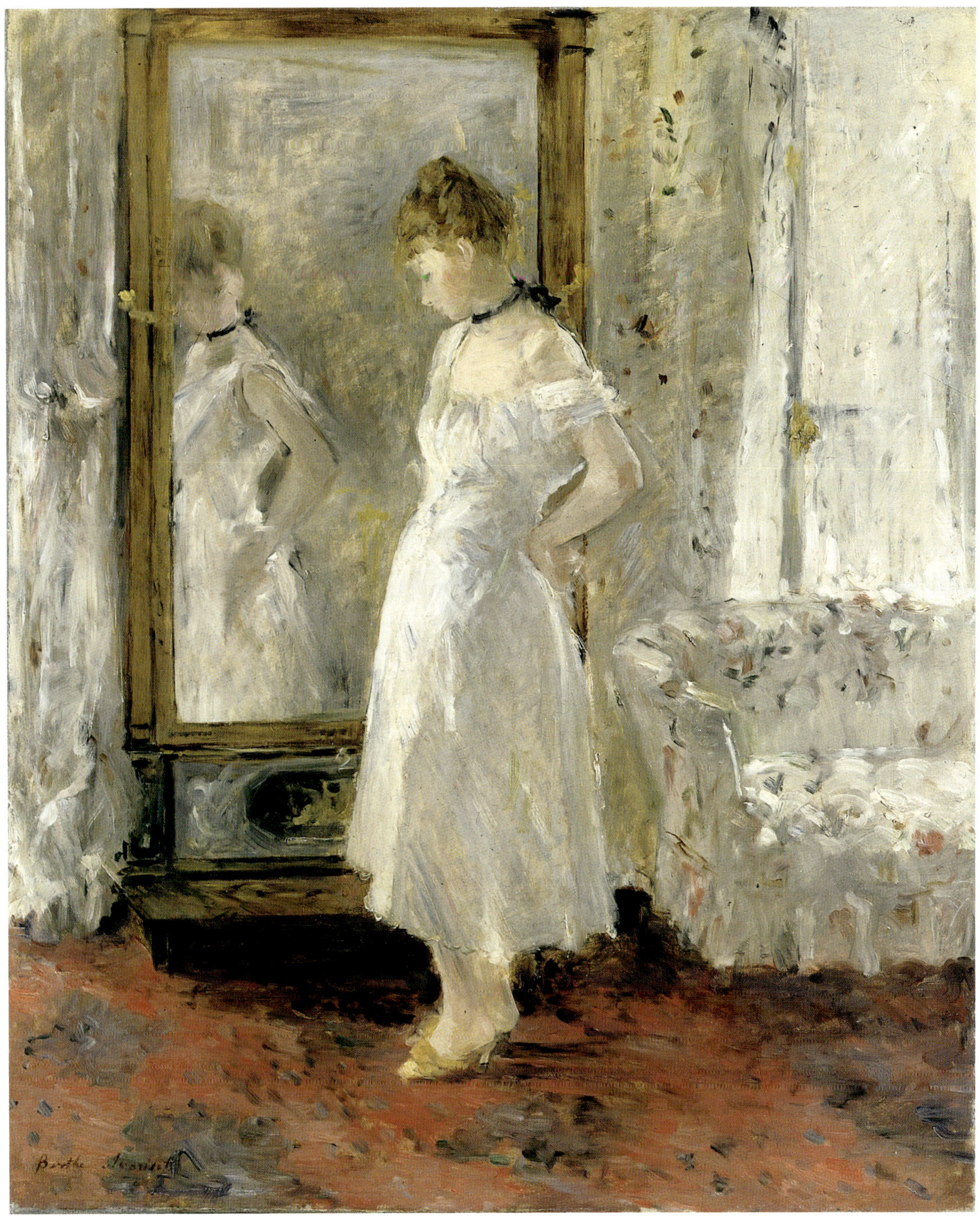

Mlle Berthe Morisot, [celle] qui se regarde dans une psyché, porte sur sa physionomie l'empreinte d'une véritable consternation, et il y a de quoi. Mlle Morizot fait du Chaplin, comme d'autres, à côté d'elle, font du Vélasquez et du Ribéra. Mais, en parlant des dames, filons doux, comme dit le maître[6]. »

Plusieurs adversaires de l'impressionnisme trouvent certaines qualités à ce tableau ; toutefois, dans l'esprit de l'artiste, deux d'entre eux atténuent la portée de leur jugement en regrettant qu'elle expose avec les impressionnistes et non pas au Salon. Ainsi, Roger Ballu s'exclame : « Quel dommage que Melle Berthe Morisot se soit égarée parmi les impressionnistes ! Les études premières manquent, le dessin fait défaut, mais il y a parmi les œuvres exposées un tact et un sentiment de la couleur qui ne peuvent se nier. Les blancs de sa *Psyché* sont d'une qualité charmante[7]. » De la même manière, l'auteur anonyme du périodique *les Gauloises* affirme : « Une femme peintre s'est fourvoyée dans ce cénacle, Mme Berthe Morisot, belle-sœur de M. Manet ; ses tableaux sont parmi les meilleurs ; sa *Psyché* (Jeune fille en chemise se mirant dans son armoire à glace), n'est qu'une toile ébauchée, mais le dessin a de la vigueur et de la correction. Mme Morisot a vu trois fois ses tableaux acceptés par le jury du Salon. Pourquoi ne pas tenter un nouveau succès[8] ? »

Une autre critique, celle de Messire-Jean, n'a pas manqué d'agacer l'artiste par son absence de discernement même si elle sait à quoi s'en tenir quant à la perspicacité de la critique. Il déclare en effet : « Quant à la muse du cénacle impressionniste, Mlle Berthe Morisot, elle a eu le bon esprit de se montrer parfois moins déraisonnable que ses camarades en culottes. Sa *Tête de jeune fille* et *la Psyché* en sont la preuve. Je crois donc que si elle voulait apprendre à dessiner et à peindre, elle pourrait arriver à peindre et à dessiner[9]. »

Des tenants de l'art officiel, un grand spécialiste de la Renaissance lui accorde du charme, Charles Bigot, dans l'influente *Revue politique et littéraire,* écrit : « L'artiste qui continue à signer Mlle Berthe Morisot est, elle aussi, en progrès sensible. Il y a dans son pinceau un charme incontestable, de la grâce et de l'élégance », et il cite parmi les trois œuvres qui « l'emportent sur tout ce qu'elle avait montré jusqu'ici »[10].

Les défenseurs de l'impressionnisme lui rendent hommage. Le revuiste à la mode Charles Flor O'Squarr, un ami de Monet, trouve « charmante » cette *Psyché,* « c'est blond, transparent, léger, coquet, plein de grâce »[11]. Le jeune Georges Rivière, l'ami de Renoir mis à la tête de la revue *l'Impressionniste,* créée pour la circonstance, ne lui consacre que quelques lignes car elle a moins que ses amis besoin d'être défendue : « ... une artiste dont l'éloge n'est plus à faire [...] Et quelle ravissante chose que [...] cette petite femme devant la glace[12]... » L'homme de lettres reconnu Arsène Houssaye explique que « cette artiste se consacre à célébrer la coquetterie de son sexe. Debout, le regard légèrement tourné vers une psyché, une jeune fille s'admire, blanche, elle se profile sur les tentures grises de sa chambre, que meuble, avec le miroir, un canapé. Elle se trouve évidemment accomplie et son examen est complaisant. Les ondulations de sa taille sont exquises et presque chastes[13] ». Le romancier Émile Zola ne l'oublie pas même s'il est très bref : « Je ne puis également donner que quelques lignes à Mlle Berthe Morisot, dont les toiles sont d'une couleur si fine et si juste. Cette année, la "Psyché" et "Jeune Femme à sa Toilette" sont deux véritables perles, où les gris et les blancs des étoffes jouent une symphonie très délicate[14]. »

Avant la publication de ces critiques, la réaction des peintres et des visiteurs le jour de l'inauguration était favorable à Berthe Morisot, particulièrement devant cette *Psyché.* C'est pour cela

6. Bernadille, 1877.
7. Ballu, 1877.
8. Anonyme, 15 avril 1877.
9. Messire-Jean, 1877.
10. Bigot, 1877.
11. Flor, 1877.
12. Rivière, 1877B, p. 4.
13. Jacques, 1877.
14. Zola, 1877.

15. A. P., 1877.
16. Voir Wilhelm, 2000, p. 453-454, p. 485, note 11.

qu'Alexandre Pothey pouvait dire dans le populaire et très lu quotidien *le Petit Parisien* « Mme Berthe Morisot obtient un véritable succès avec la *Psychée*[15]. »
Pendant ou au lendemain de l'exposition impressionniste, ce tableau est acheté par le comte Armand Doria. Ce collectionneur averti avait noté, en 1874, « talent à suivre » dans son catalogue face au nom de Berthe Morisot, et « remarquable » devant *Cache-Cache*[16] ; il avait acquis alors *Maison du pendu à Auvers-sur-Oise* de Cézanne (Paris, musée d'Orsay, legs Camondo) qu'il échangera plus tard avec Chocquet contre *Neige fondante à Fontainebleau* (New York, The Metropolitan Museum of Art, legs Meyer). À la vente de Chocquet, Monet acquiert ce dernier Cézanne ainsi que l'une des œuvres de Morisot, *le Bateau à vapeur* (CMR 56), *la Psyché* étant achetée par Durand-Ruel. Comme Monet possédait déjà plusieurs Morisot, dont deux scènes de toilette, *Nu de dos* (fig. 1 ; cat. 96) et *le Bain* (cat. 97), il est logique qu'il ait préféré acquérir un paysage, n'en ayant aucun, plutôt que cette *Psyché*.

H. W.

Femme à l'éventail ou Tête de jeune fille, 1876 37

Huile sur toile
H. 62 ; L. 52
Signé, en bas, à droite :
Berthe Morisot
CMR 67
New York, Collection de Mme Alexander Lewyt

1. Lettre inédite de B. Morisot et de J. Manet à E. Manet (coll. part.). Nous remercions la famille de nous avoir autorisé à citer ces quelques lignes.

Le portrait nécessite un modèle consentant ou professionnel. Dans le premier cas, il faut trouver un membre de la famille, un ami ou un commanditaire ; dans le second, il ne peut trouver acquéreur. Nous ignorons dans quelle catégorie ranger cette *Femme à l'éventail* car nous n'en connaissons pas l'identité. Bien des années après ce tableau, dans une lettre inédite, adressée en mars 1882 depuis Nice à Eugène, rentré à Paris, Berthe Morisot explique cette difficulté rencontrée avec les portraits. Elle lui confie : « Je n'ai pas encore commencé la dame brune, on ne sait jamais si les gens sont disposés ou non, ils disent oui, puis paraissent ne plus s'en soucier. Je crois qu'il y a toujours une arrière pensée qui les préoccupe, c'est de savoir ce qu'on fera de leur visage, s'ils seront obligés de le prendre chez eux, etc.[1]. »
Une jeune fille dans une réception mondaine, au bal, dans une loge de théâtre ou d'opéra, tel est le sujet de cette toile. Contrairement à des portraits comparables, mais postérieurs de quelques années, de Mary Cassatt, nous ne pouvons identifier le lieu où fut peint le portrait, ce qui donne un petit air énigmatique à l'œuvre. La jeune fille est vêtue d'une robe de soirée en soie provenant d'une grande maison ou d'une très grande couturière. Elle porte de longs gants noirs en cuir ornés de deux bandes de broderies du même motif que sa robe. Cet avant-bras ganté et ce noir de la robe soulignent plus encore la nudité du bras et du coude. De la main droite elle tient ouvert un éventail noir aux bois en nacre. Elle a été coiffée pour la circonstance à la mode du jour : une frange tombant sur le front, un serre-tête en velours noir orné d'une fleur jaune – peut-être une pivoine – et terminé par une aigrette.

Elle est assise, bien calée un peu en arrière, dans le fauteuil crapaud recouvert du même motif à fleurs sur fond beige que le canapé de la *Jeune Femme au miroir* (1876 ; CMR 61 ; ancienne collection Ernest Hoschedé puis Chocquet), de *la Psyché* (cat. 36) et de *la Rêveuse* (fig. 1 ; cat. 41). Cette répétition de certains éléments du décor montre que Berthe Morisot, contrairement à de nombreux artistes de son temps, n'inventait pas un intérieur ou ne le reconstituait par rapport à un modèle, mais qu'elle recourait à son environnement. Les familles Morisot et Manet avaient le goût du beau mobilier, il n'était donc pas nécessaire de créer un décor artificiel.

Le modèle, assez jeune, est peut-être l'une des domestiques de la famille Morisot à laquelle elle a fait revêtir, pour la circonstance, ses vêtements ou ceux de l'une de ses sœurs. D'ailleurs, dans une photographie prise par Reutlinger, Berthe Morisot porte les mêmes gants que son modèle, comme si elle lui avait fait porter les siens ou si elle avait peint les siens.

Ce tableau a été exposé à la 3e exposition impressionniste, en 1877, sous le titre *Tête de jeune fille* (no 120). Berthe Morisot l'avait choisi pour prouver qu'elle savait traiter les noirs et les opposer aux autres couleurs aussi bien que les artistes admis au Salon et reconnus. Il a été très bien accueilli par la critique. Seul Messire-Jean, un pseudonyme, désapprouve : « Quant à la muse du cénacle impressionniste, Mlle Berthe Morisot, elle a eu le bon esprit de se montrer parfois moins déraisonnable que ses camarades en culottes. Sa *Tête de jeune fille* et *la Psyché* en sont la preuve. Je crois donc que si elle voulait apprendre à dessiner et à peindre, elle pourrait arriver à peindre et à dessiner[2]. » Arsène Houssaye, sous le pavillon neutre Jacques, constate qu'elle s'est « donné la mission de reproduire Paris », et qu'elle a choisi « le boudoir » se consacrant « à [...] célébrer la coquetterie de son sexe ». C'est ainsi qu'il remarque « un buste de jeune fille pensive, vêtue de noir, courbant légèrement son visage d'expression japonaise, bien que d'un tissu fin et rosé »[3]. Émile Bergerat qui a défendu a plusieurs reprises certains des impressionnistes et quelques-unes de leurs œuvres est même élogieux quant à l'artiste et à ce tableau : « Le plus petit peintre de tous, dans le sens inné de la couleur, est une femme, Mlle Berthe Morisot. C'est une artiste qui a signé le meilleur tableau de l'exposition, un portrait de femme tenant un éventail. La touche y est libre et précise, et l'œuvre rappelle, par le ton et l'allure les recherches de M. Stevens[4]. » Du fait des relations amicales de sa belle-famille avec Stevens, un tel rapprochement ne pouvait que l'amuser et lui apporter de la notoriété compte tenu du succès mondain et d'estime de celui qui, lors de l'enterrement d'Eugène Manet, sera admis à tenir les cordons du poêle.

H. W.

2. Messire-Jean, 1877.
3. Jacques, 1877.
4. Bergerat, 1877.

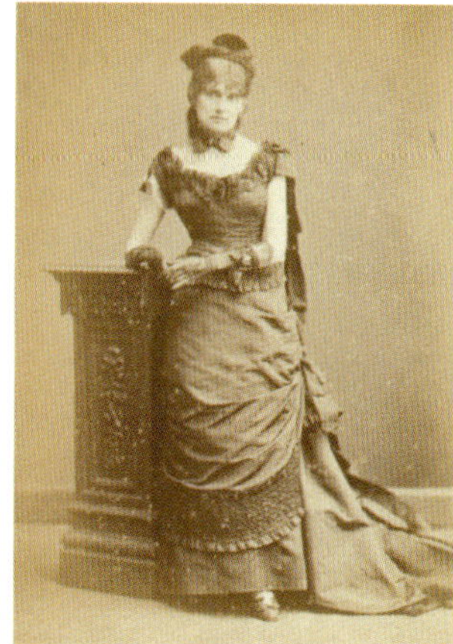

Fig. 1. Berthe Morisot, photographie de Reutlinger, collection particulière.

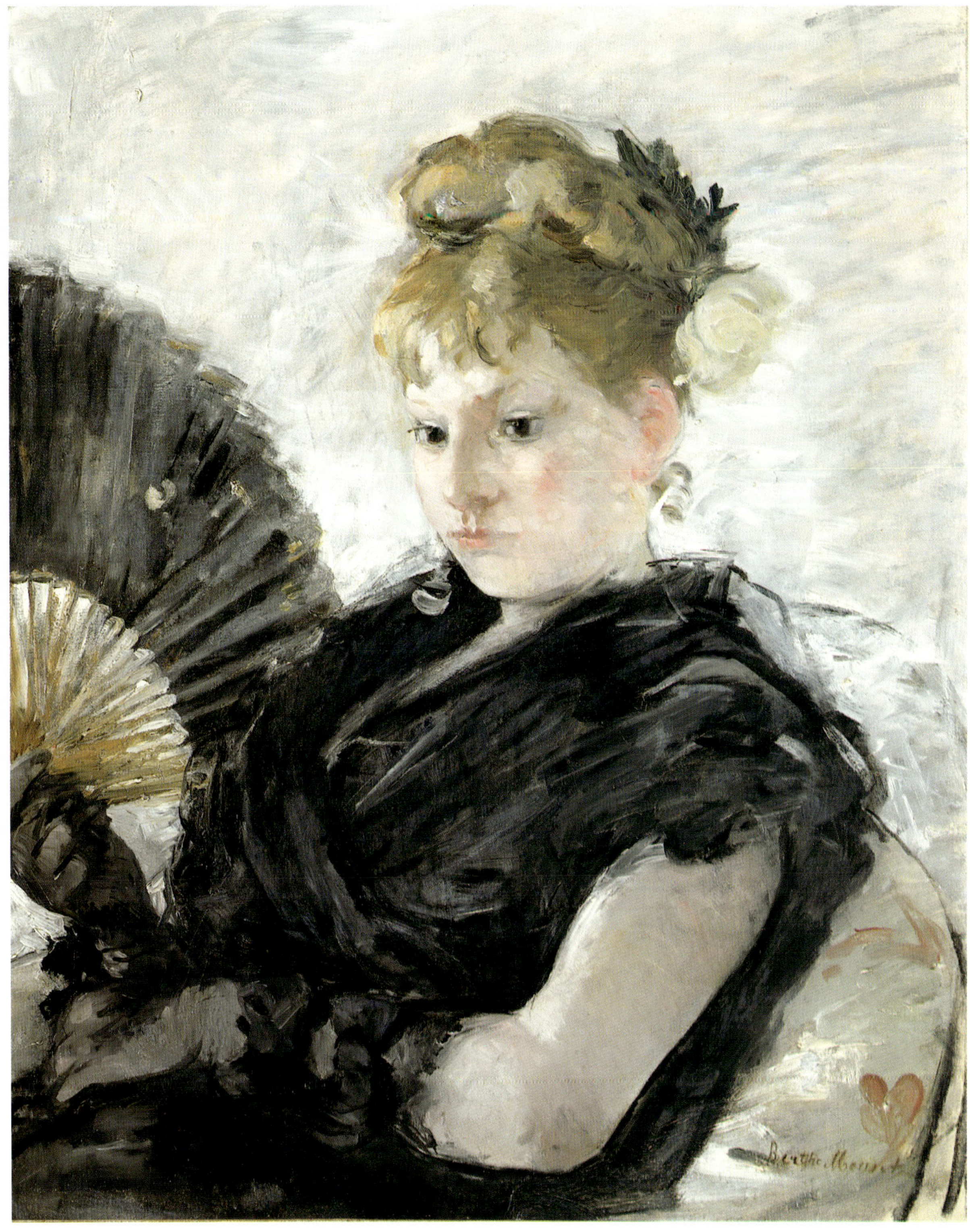

38 Soupière et pomme, 1877

Huile sur toile
H. 56 ; L. 46
Timbre de la signature, en bas, à gauche
CMR 70
Denver, Denver Art Museum

Datée de 1878 par Angoulvent et de 1877 par Bataille et Wildenstein puis par Clairet, Montalent et Rouart, cette nature morte est peut-être même antérieure à cette dernière date.

De toutes les natures mortes de Berthe Morisot, c'est sans doute l'une des deux qui traduit le plus l'influence de Manet. Nous retrouvons, comme souvent chez ce dernier, une jolie commode sur laquelle sont posés une soupière en faïence de Rouen, un drageoir en cristal, un élégant couteau à fruits au manche de porcelaine et à la lame d'argent et un fruit, une simple pomme verte, sans doute une granny. Avec discrétion, tous les éléments du décor suggèrent le raffinement et le savoir-vivre autant que l'aisance mais sans aucune ostentation, contrairement à tant d'autres natures mortes des peintres des Salons de cette époque. La composition n'est pas perçue légèrement en hauteur comme souvent dans de telles natures mortes, mais comme si nous étions assis dans un fauteuil placé près de la commode, de sorte que nous nous trouvons juste quelques centimètres au-dessus du plateau du meuble. De ce point de vue, c'est une scène intime, sans fioritures comme dans les tableaux du Salon.

Berthe Morisot n'a jamais exposé cette nature morte de son vivant, sans doute parce qu'elle était insuffisamment achevée. Elle n'a pas non plus figuré à sa rétrospective posthume, pour la même raison.

L'artiste attachait beaucoup d'importance à ses natures mortes ; ses amis aussi. Deux de ses amis impressionnistes – Pissarro et Renoir, qui en possédait deux – avaient choisi de telles œuvres d'elle. D'ailleurs, lors de la rétrospective posthume, sa fille et ses amis – Degas, Mallarmé et Renoir – regroupent, sous les numéros 158 à 173, seize de ses vingt-trois natures mortes, c'est-à-dire les deux tiers de sa production ; cela montre que c'est un genre à part entière dans son œuvre, même s'il est moins connu, au même titre que les marines (quinze numéros), ou les paysages (trente-deux œuvres), qui constituent eux aussi une section spécifique de l'exposition de 1896.

Dans deux natures mortes de Manet, *Brioche fleurie, pêches et prunes* (1870, New York, The Metropolitan Museum of Art), peint au cours de l'été de 1870, et *Panier de fleurs* (1880, coll. part.), inachevé, un bureau plat Louis XV orné de beaux bronzes sert de support aux éléments de la composition ; pour protéger le meuble, dans la première toile, une serviette à franges est posée sur le cuir qui en gaine le plateau.

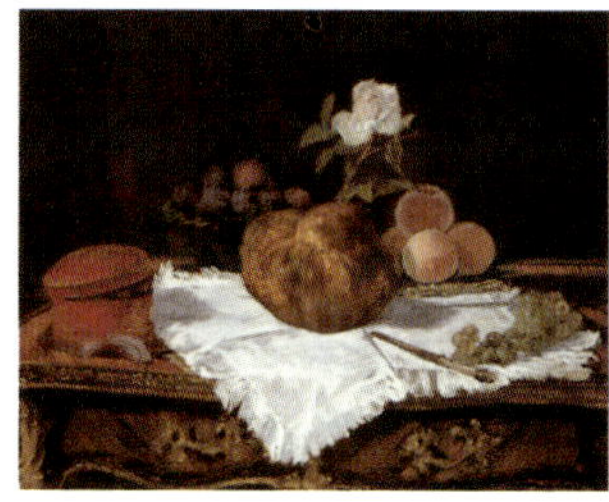

Fig. 1. Édouard Manet, *Brioche fleurie,* 1870, huile sur toile ; H. 65 ; L. 81, New York, The Metropolitan Museum of Art.

Cette même table Louis XV qu'employa Manet pour *Brioche fleurie* servira dans une nature morte de Morisot, *Pommes* (1887 ; CMR 218). Entre-temps, Eugène Manet avait hérité ce meuble de son frère ; Julie l'offrira à Renoir après l'exposition posthume pour le remercier de son aide.

Ici, il s'agit d'une commode au plateau de marbre ; il n'est donc pas nécessaire, comme le fait souvent Manet, de poser une nappe blanche damassée ou une serviette pour protéger le dessus du meuble.

La nature morte de Berthe Morisot est moins composée, elle est disposée de manière plus naturelle. C'est comme un instant saisi, mais avec un cadrage non symétrique et un peu décentré qui est celui des impressionnistes : si la soupière se trouve presque au milieu de la composition, l'angle de vue se situe au niveau de la commode et non d'en haut, avec au premier plan la commode, sa marqueterie et le bronze dans l'angle droit, qui nous place de biais et non face au sujet.

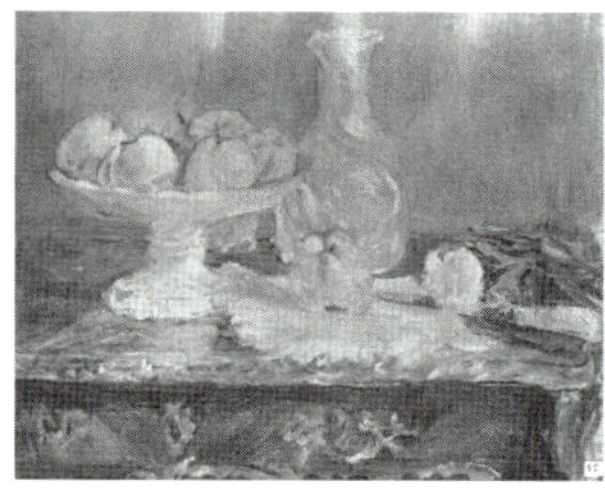

Fig. 2. Berthe Morisot, *Pommes,* 1887, huile sur toile, H. 50 ; L. 61, CMR 218, ancienne collection Renoir, disparu pendant la Seconde Guerre mondiale.

Par rapport aux œuvres à la mode exposées au Salon, les natures mortes de Berthe Morisot adoptent souvent un point de vue très « photographique », saisi sur le vif, et donc bien éloigné des compositions étudiées, si riches et anecdotiques, alors en vogue.

H. W.

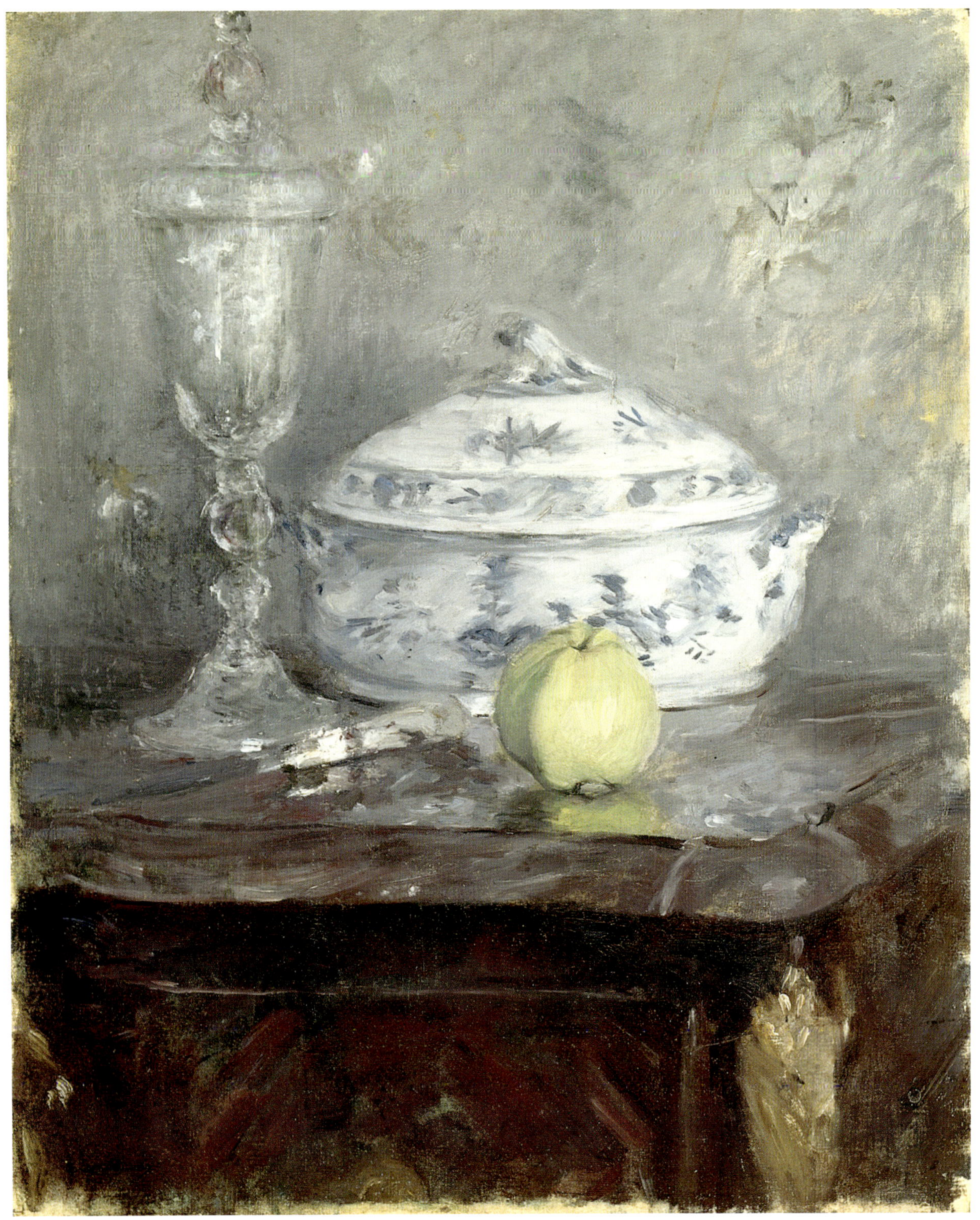

39 Le Corsage noir, 1878

Huile sur toile
H. 73 ; L. 59,8
CMR 74
Dublin, National Gallery of Ireland
Inventaire : NGI 984

« Une aspiration inédite à réveiller la pâleur des harmonies grises par les irisations de l'opale et de la nacre, sans jamais sortir cependant de la gamme éteinte[1]. » C'est ainsi que Roger Marx qualifie la nouvelle manière de peindre de l'artiste à la fin des années 1870, renouvellement illustré en particulier par notre toile, qu'il associe à un autre portrait de femme, *Jeune Femme en toilette de bal* (cat. 46). Le décor choisi et la pose du modèle, une jeune femme en robe décolletée assise devant un ensemble de fleurs, invitent effectivement à un rapprochement de ces deux portraits en buste.

La jeune femme est ici vêtue d'une robe de soirée et porte une étole, comme si elle s'apprêtait à sortir. Contrairement à Mary Cassatt, qui réalise elle aussi des portraits en buste à la même époque, Berthe Morisot ne place pas son modèle dans un lieu public, loge d'opéra, théâtre, mais elle choisit un endroit plus intime ; elle aménage son atelier dans l'appartement qu'elle partage avec Eugène Manet, avenue d'Eylau, réduisant le décor à un paravent et à un bouquet de fleurs. La robe du modèle a été rapprochée par Anne Schirrmeister[2] de celle que porte Berthe Morisot sur une photographie prise vers 1875. Morisot s'en inspire aussi pour un autre tableau, *Femme en noir avant le théâtre* (1875)[3]. Ici, le costume est traité comme un élément du décor : des coups de brosse en zigzags forment l'étole qui couvre à peine les bras de la jeune femme. Ces traits vigoureux d'un coloris similaire au paravent et au mur de la pièce rapprochent l'arrière-plan du vêtement, qui se fond dans le reste du tableau. L'harmonie des tons, du gris clair au noir, l'effet de fondu obtenu font penser à un pastel et témoignent de l'influence de cette technique sur l'œuvre de Morisot. Les morceaux de toile apparents par endroits, la dynamique du trait confèrent au portrait vivacité et spontanéité. Seuls le visage et les épaules, baignés d'une lumière qui s'apparente à celle d'un studio photographique et d'un rendu plus lisse, semblent échapper au tourbillon pour capter l'attention du spectateur.

Cette toile apparaît dans une autre scène peinte par Morisot en 1894, *la Coiffure* (cat. 145), décorant l'un des murs de la pièce. Elle reste en la possession de Julie Manet jusqu'en 1936.

M. M.

1. Marx, 1907, p. 499.
2. Schirrmeister, 1990 p. 113.
3. CMR 59.

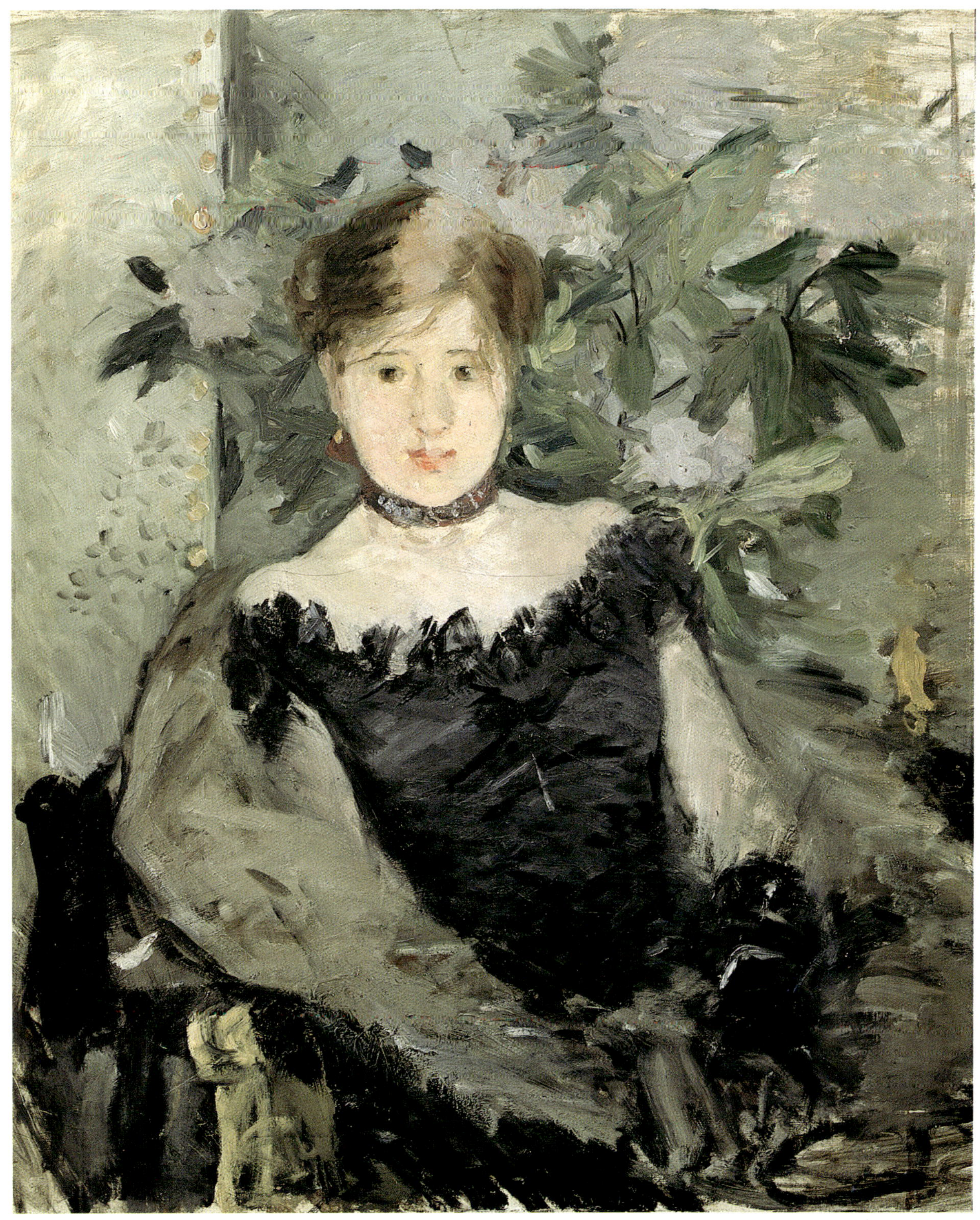

40 Jeune Femme près d'une fenêtre, 1878

Généralement identifiée comme l'*Été,* présenté à la 5e exposition impressionniste (sous le nº 113), la *Jeune femme près d'une fenêtre* formerait un pendant à l'*Hiver* (cat. 50). Berthe Morisot rassemble pour l'occasion deux toiles exécutées à deux années d'intervalle, afin de former un diptyque autour des saisons. L'idée était en vogue : James Tissot[1], mais encore Alfred Stevens, que Berthe Morisot fréquentait depuis les années 1860, ne peignaient-ils pas dans les années 1870 des jeunes femmes savamment vêtues, telles des gravures de mode, personnifiant les saisons. Vers 1878, Stevens exécute l'*Été* (fig. 1). Un an après l'exposition de 1880, Manet présente le *Printemps* au Salon de 1881 et se lance dans un projet de saisons pour Antonin Proust avec l'*Automne*[2]. C'est un parti tout différent cependant que Berthe Morisot adopte.

Si la *Jeune Femme près d'une fenêtre* incarne avec grâce le « dandysme féminin », la « beauté de l'être en toilette », selon le mot de Jules Laforgue, le cadrage à mi-corps et la facture laissent peu de place à la restitution des détails, du costume et de l'environnement, en dehors des accessoires de celle qui semble être ici en visite (l'ombrelle, le chapeau). Lorsque chez Morisot la fenêtre annoncée par le titre est à peine suggérée, le spectateur ne situant le modèle dans un intérieur que par le secours du dossier de la chaise, la fenêtre est chez Stevens un élément de narration et de démonstration. La jeune femme cherche à s'y rafraîchir de la chaleur de l'été. La référence à la mode et à l'élégance, signalée par la plupart des critiques en 1880 jusqu'à l'impitoyable Huysmans[3], appartient toutefois chez Berthe Morisot au vocabulaire courant de la peinture de la vie moderne, définie par Charles Baudelaire, puis par Edmond Duranty ; elle s'efface devant l'esthétique de l'esquisse, la fusion de la figure, du fond, et de la lumière autour de cette « femme-fleur ». Les fleurs chez Stevens étaient un attribut et un accessoire, elles définissent par analogie jusqu'à la technique de Berthe Morisot : « ... elle broie sur sa palette des pétales de fleurs, pour les étaler ensuite sur la toile en touches spirituelles, soufflées, jetées un peu au hasard, qui s'accordent, se combinent et finissent par produire quelque chose de fin, de vif et de charmant qu'on devine plutôt qu'on ne le voit[4]. »

La *Jeune Femme à sa fenêtre* fait partie des tableaux que Julie Manet céda aux musées français dans l'espoir d'y voir la peinture de Berthe Morisot mieux illustrée. La toile fut donnée en 1907 au musée Fabre, à Montpellier, après que Jules Valéry eut joué les intermédiaires entre Julie et le conservateur de l'époque, M. G. D'Albenas. L'intervention de Jules Valéry, frère de Paul Valéry[5], explique probablement le choix de Montpellier, ville à laquelle rien ne paraissait rattacher Berthe Morisot[6]. Il semble qu'en acceptant ce généreux don, la commission du musée ait caressé l'espoir de recueillir par la même occasion une toile de Manet[7]. À nouveau, le sort de l'œuvre de Berthe Morisot se trouvait lié à celui de son illustre beau-frère[8]. En entrant au musée Fabre, la *Jeune Femme à sa fenêtre* rejoignait *Vue de village* de Bazille, que Berthe Morisot avait tant admiré au Salon de 1869.

S. P.

Huile sur toile
H. 76 ; L. 61
CMR 75
Montpellier, musée Fabre
Don de M. et Mme Ernest Rouart
Inventaire : 07.5.1

1. James Tissot expose par exemple en 1878 *Printemps,* qu'il diffuse aussi par la gravure (*James Tissot,* cat. exp., 1984-1986, p. 77).
2. *Manet,* cat. exp., 1983, nos 214 et 215.
3. « Laissées à l'état d'esquisses, les œuvres exhibées par cette artiste sont un pimpant brouillis de blanc et de rose. C'est du Chaplin manétisé, avec en plus une turbulence de nerfs agités et tendus. Les femmes que Mme Morisot nous montre en toilette fleurent le new mown hay et la frangipane ; le bas de soie se devine sous ses robes bâties par des couturiers en renom. Une élégance mondaine s'échappe, capiteuse, de ces ébauches morbides, de ces surprenantes improvisations que l'épithète d'hystérisées qualifieraient justement, peut-être » (Huysmans, « L'exposition des Indépendants en 1880 », 1975, p. 114).
4. Ephrussi (1880, p. 487) ou Duret (« de légers coups de pinceau comme si elle effeuillait des fleurs », 1906, p. 143) ont recours à la métaphore de la touche et du pétale.
5. Jules Valéry, avocat à Montpellier. Paul Valéry a épousé, en 1900, Jeannie Gobillard, la cousine de Julie Manet. Il devint ainsi le neveu par alliance de celle qu'il appela, dans un célèbre texte de 1926 « tante Berthe ».
6. Lettre de J. Valéry à M. G. D'Albenas, Montpellier, 10 mars 1907, Montpellier, documentation du musée Fabre.
7. Voir le compte rendu de la commission du 5 novembre 1907, Montpellier, documentation du musée Fabre.
8. Voir les cat. 14 et 46.

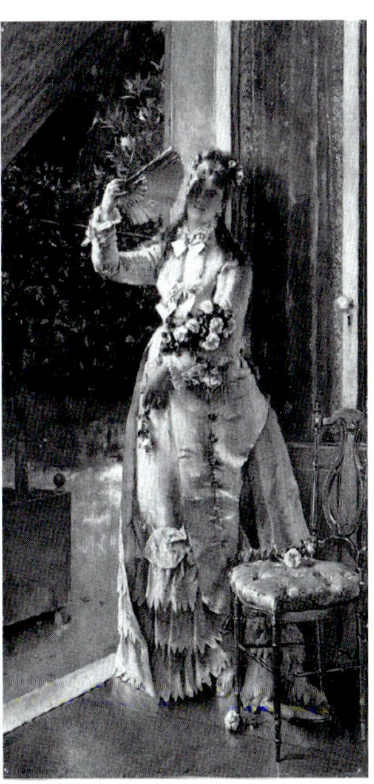

Fig. 1. Alfred Stevens, *Été,* vers 1878, huile sur toile, H. 118 ; L. 59,5, Williamstown, The Sterling and Francine Clark Art Institute.

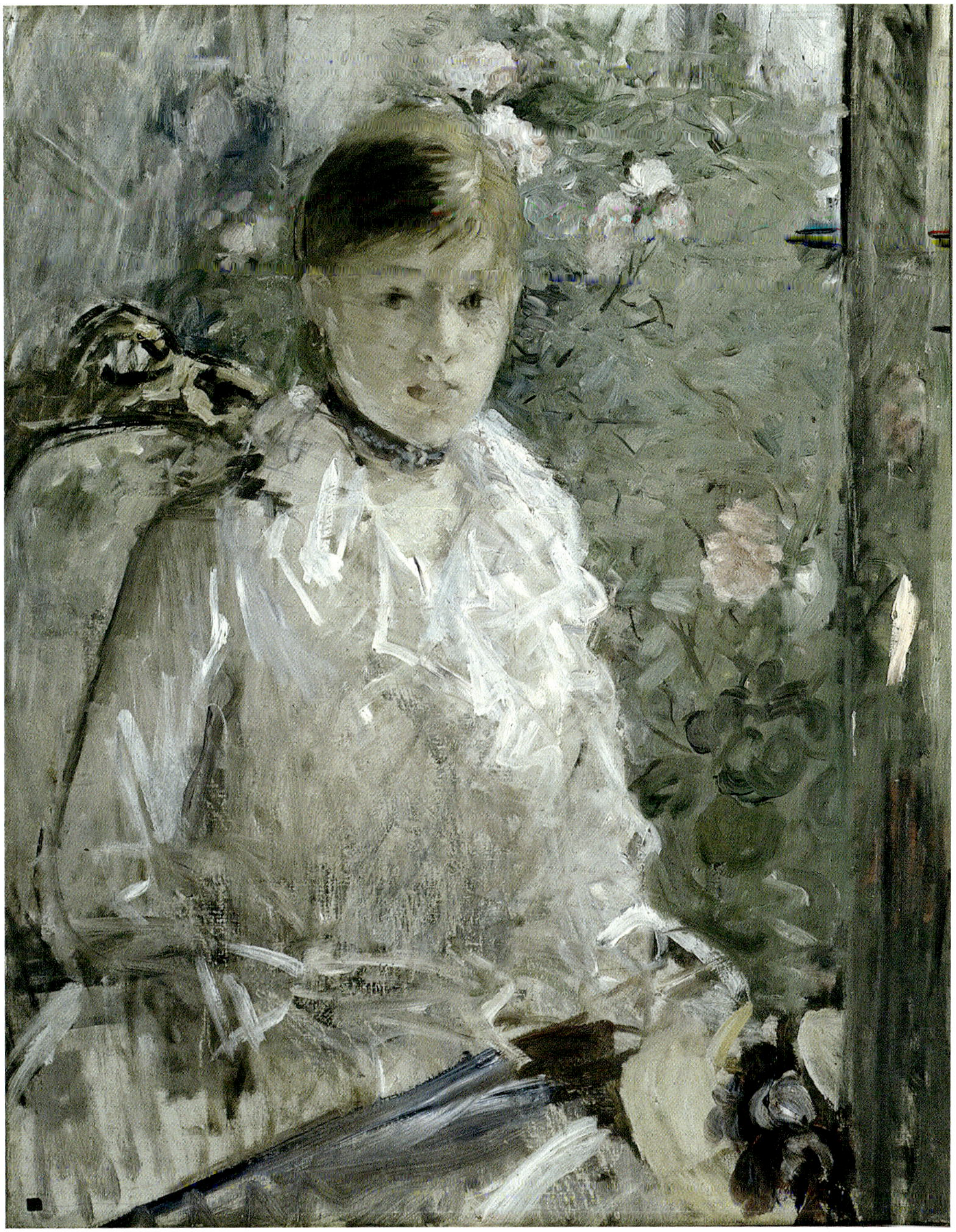

41 Jeune Femme en gris étendue, 1879

Huile sur toile
H. 60 ; L. 73
CMR 77
Collection particulière

« Le divan, asile de repos dans la pénombre silencieuse[1]. » Berthe Morisot, dès le début des années 1870, explore le thème de la femme allongée sur un sofa, à l'instar de Renoir et surtout de Manet, qui choisit de la portraiturer dans cette attitude en 1873 (cat. 169)[2]. En 1874, Berthe Morisot peignit un splendide portrait de son amie Mme Hubbard, puis elle exécute, en 1877, la *Dame à l'écran* et le pastel de *la Rêveuse* présenté à l'exposition impressionniste de 1877 (fig. 1). Vers 1873-1874, Berthe Morisot peut admirer dans l'atelier de Manet le *Portrait de Nina de Callias* (fig. 2 ; cat. 171), pour lequel elle nourrit une vive admiration : « Avais-tu vu à l'atelier *Madame de Callias,* une femme en noir, couchée sur un divan avec des écrans japonais sur la tenture du fond. C'est une merveille qui ira au Louvre[3]. » En outre, Carolus-Duran, que Berthe Morisot connaît depuis les années 1860, expose au Salon de 1877 *Mademoiselle de Lancey,* couchée sur un divan (fig. 2). *Jeune Femme en gris* semble en tout point répondre à ce portrait d'apparat : le modèle, inversé, y adopte la même pose, la toilette, très proche, a cette même élégance mondaine, éloignée des tenues d'intérieur dont Renoir ou Berthe Morisot, dans les versions ultérieures de ce motif, revêtiront les modèles[4]. C'est dire que *Jeune Femme en gris* reflète une prédilection de Berthe Morisot et des préoccupations communes aux artistes de son cercle. Elle atteste également les échanges entre les recherches de Berthe Morisot et les portraits qu'Édouard Manet fit d'elle autour de 1873-1874.

La raison pour laquelle ce portrait, exécuté d'après un modèle professionnel dans l'appartement du 9, rue d'Eylau, est demeuré inachevé ne nous est pas connue[5]. La ressemblance et la similitude de la toilette invitent à rapprocher la *Jeune Femme en gris* de la *Jeune Femme assise* qui lui est contemporaine (1879, New York, The Metropolitan Museum of Art, don de M. Douglas Dillon). Peut-être Berthe Morisot décida-t-elle de redresser son modèle, d'abandonner les fonds neutres ou la suggestion des intérieurs pour explorer la voie qu'elle venait si brillamment d'ouvrir avec *Jeune Femme près d'une fenêtre* (cat. 40), et de peindre dans un intérieur des figures gagnées par la lumière extérieure de fenêtres ou de persiennes. Œuvre de transition, *Jeune Femme en gris* possède une vigueur, une liberté de facture et une qualité de coloris emblématiques des recherches de l'artiste à la fin des années 1870. Le premier biographe de Berthe Morisot, Armand Fourreau, accordait une place de choix à ce tableau rare, dont il louait les « ... harmonies plus finement nuancées, plus rares, plus fleuries, qui allaient désormais sortir de ses pinceaux, telle qu'en a la fougueuse étude "Femme en gris" appartenant à M. et Mme Rouart, où le peintre a créé une sobre harmonie de colorations de la plus haute distinction à base d'un gris lilas tantôt doucement rosé tantôt légèrement bleuissant sous l'action d'une vibrante lumière diffuse qui enveloppe le gracieux modèle dont la figure, finement modelée et toute frémissante de vie, émerge d'un savant chaos de soie et de dentelle[6]. »

S. P.

1. Marx, 1907, p. 498-499.
2. Sur l'importance du motif de la femme allongée chez Manet, voir Farwell, dans Edelstein, 1990, p. 45-56.
3. B. Morisot à E. Pontillon, [février 1884], *Corresp. B. Morisot,* p. 120.
4. Pierre-Auguste Renoir, *Portrait de Madame Claude Monet,* 1872, huile sur toile, H. 53,3 ; L. 71,8, Lisbonne, Fondation Galouste Gulbenkian. Pour Berthe Morisot, voir CMR 343 et 344.
5. CMR, p. 151.
6. Fourreau, 1925, p. 48.

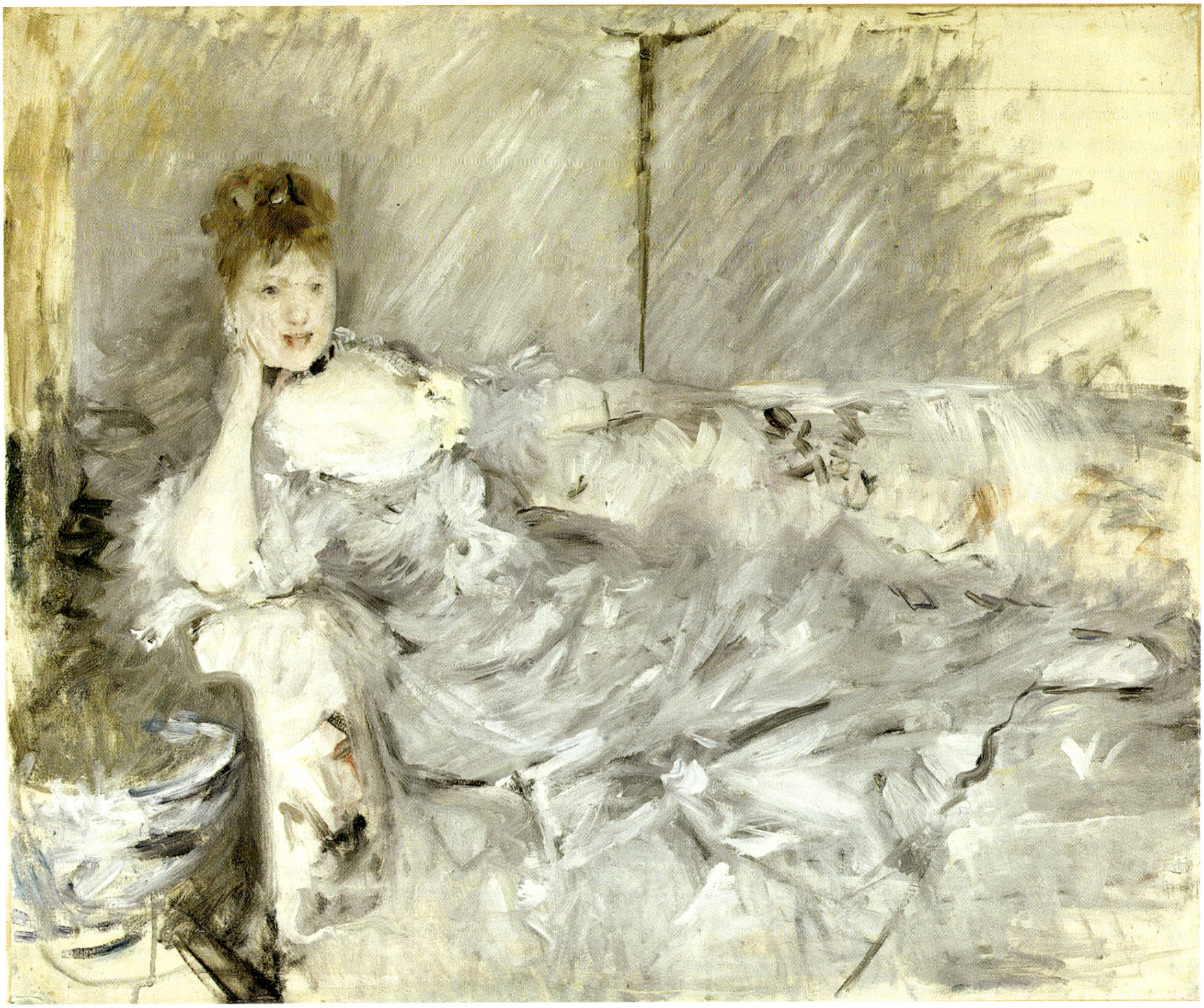

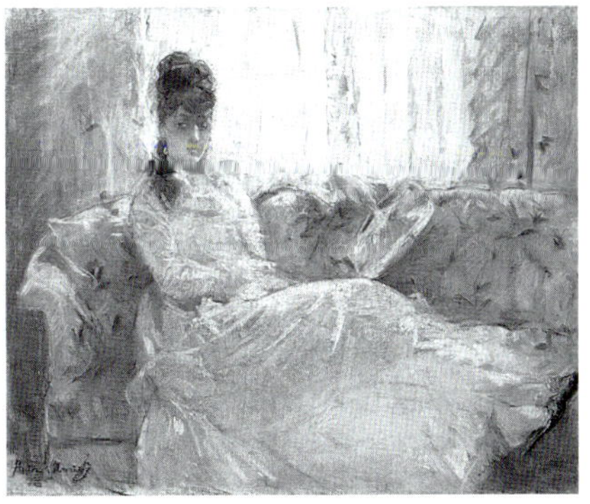

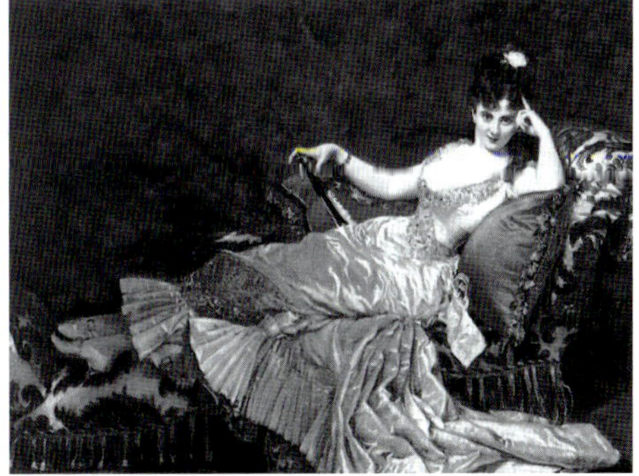

Fig. 1. Berthe Morisot, *la Rêveuse,* 1877, pastel, H. 50 ; L. 61, Kansas City, The Nelson Atkins Museum.

Fig. 2. Carolus-Duran, *Mademoiselle de Lancey,* 1876, huile sur toile, H. 157,5 ; L. 211, Paris, musée du Petit Palais.

42 Jour d'été, 1879

Jour d'été est emblématique des thèmes, des méthodes et des lieux de prédilection de l'impressionnisme : deux jeunes femmes, accotées dans une embarcation qui file sur l'eau, se livrent au plaisir du canotage au bois de Boulogne, ou empruntent un bac qui dessert les îles du lac Inférieur du bois[1]. La mise en page, par un dispositif semblable à celui d'*En bateau* de Manet, présenté au Salon de 1879 (1874, New York, The Metropolitan Museum of Art), laisse supposer que le peintre partage la barque de ses modèles, et, en effet, Berthe Morisot, ainsi que Daubigny ou Monet, peignait parfois dans un bateau[2].
Durant l'été de 1879 et l'hiver de 1880, Berthe Morisot, qui habite à proximité du bois de Boulogne, peint une première série autour du lieu, où elle reviendra régulièrement travailler ensuite. À l'exposition impressionniste de 1880, Berthe Morisot présente au côté de *Jour d'été* deux autres scènes de Boulogne, *Au jardin* ou *Dames cueillant des fleurs* (cat. 43) et l'*Avenue du bois de Boulogne, effet de neige* (coll. part. ; CMR 86). Significativement, la toile de Londres est alors intitulée *le Lac du bois de Boulogne*. La topographie n'y joue cependant pas le rôle annoncé par le titre tant s'impose encore ici le primat de la figure.
Les modèles professionnels, non identifiés, auraient également posé le tableau de Stockholm, *Dames cueillant des fleurs,* ainsi que le suggère la similitude des toilettes. L'hypothèse renforcerait l'idée de « pendant » en dépit des différences de format, Berthe Morisot procédant, dans la répétition des lieux et des motifs, de plus en plus par ensembles[3]. Charles F. Stuckey propose de voir dans la protagoniste placée de face le modèle de *la Prune* de Manet (vers 1876-1877, Washington, National Gallery of Art)[4], soustraite au monde inconvenant du café pour l'élégance des loisirs des « dames du high life » ou de la « moyenne bourgeoisie »[5].
Mais dans *le Lac* comme dans les autres tableaux de figures de la seconde moitié des années 1870, l'identité des protagonistes paraît importer peu à l'artiste, qui les délie de toute individualisation et psychologie. Berthe Morisot semble plutôt vouloir mettre les corps et les visages à l'épreuve d'une lumière d'été, de l'eau environnante, autant de prétextes à faire vibrer et zigzaguer avec audace le pinceau : « c'est à conter l'adorable jeu des figures et des choses dans la poudre changeante du soleil » que Berthe Morisot « donne son meilleur effort »[6]. La toile se présente comme un travail en cours. Berthe Morisot s'attache à préserver les traces de la mise en œuvre du tableau, abandonnant des morceaux à l'état d'esquisse (la robe du modèle de gauche), laissant apparaître la préparation d'une toile ordinaire achetée dans le commerce, masquant à peine les trous qui ont permis de transporter le tableau encore humide (en bas, à gauche de la toile)[7]. Toutefois, le désordre apparent de la touche, loin de menacer l'intégrité de la figure, œuvre à sa construction. C'est peut-être ce que signifiait Degas lorsqu'il disait que la peinture de Berthe Morisot, « un peu vaporeuse cach[ait] un dessin des plus sûrs[8] ». Son opinion vient à rebours du sentiment général : « Mme Morisot expose, par exemple de jolies ébauches de femmes, il y a beaucoup de talent et de vie dans ces lignes vaporeuses et à peine tracées. [...] Pourquoi avec ce talent là ne se donne-t-elle pas la peine de finir[9] ? »

S. P.

Huile sur toile
Signé, en bas, à droite :
Berthe Morisot
H. 45,7 ; L. 75,3
CMR 79
Londres, The National Gallery, legs de M. Lane en 1917
Inventaire : NG 3264

1. Herbert, 1991, p. 152. La localisation exacte serait l'extrémité nord du lac Inférieur (Alley, 1959, p. 27).
2. Voir cat. 29, 30 et 68.
3. Voir cat. 40 et 50.
4. Voir Stuckey, 1987, p. 82.
5. Voir Herbert, 1991, p. 146.
6. Sertat, 1892.
7. *Impressionism...*, cat. exp., 1990-1991, p. 178-179.
8. Rouart, dans *Corresp. B. Morisot*, p. 169. Le catalogue Bataille-Wildenstein reproduit une aquarelle supposée préparatoire au tableau : BW 641, fig. 621. On y retrouve la même association du dessin et du flou.
9. Chary, 1880.

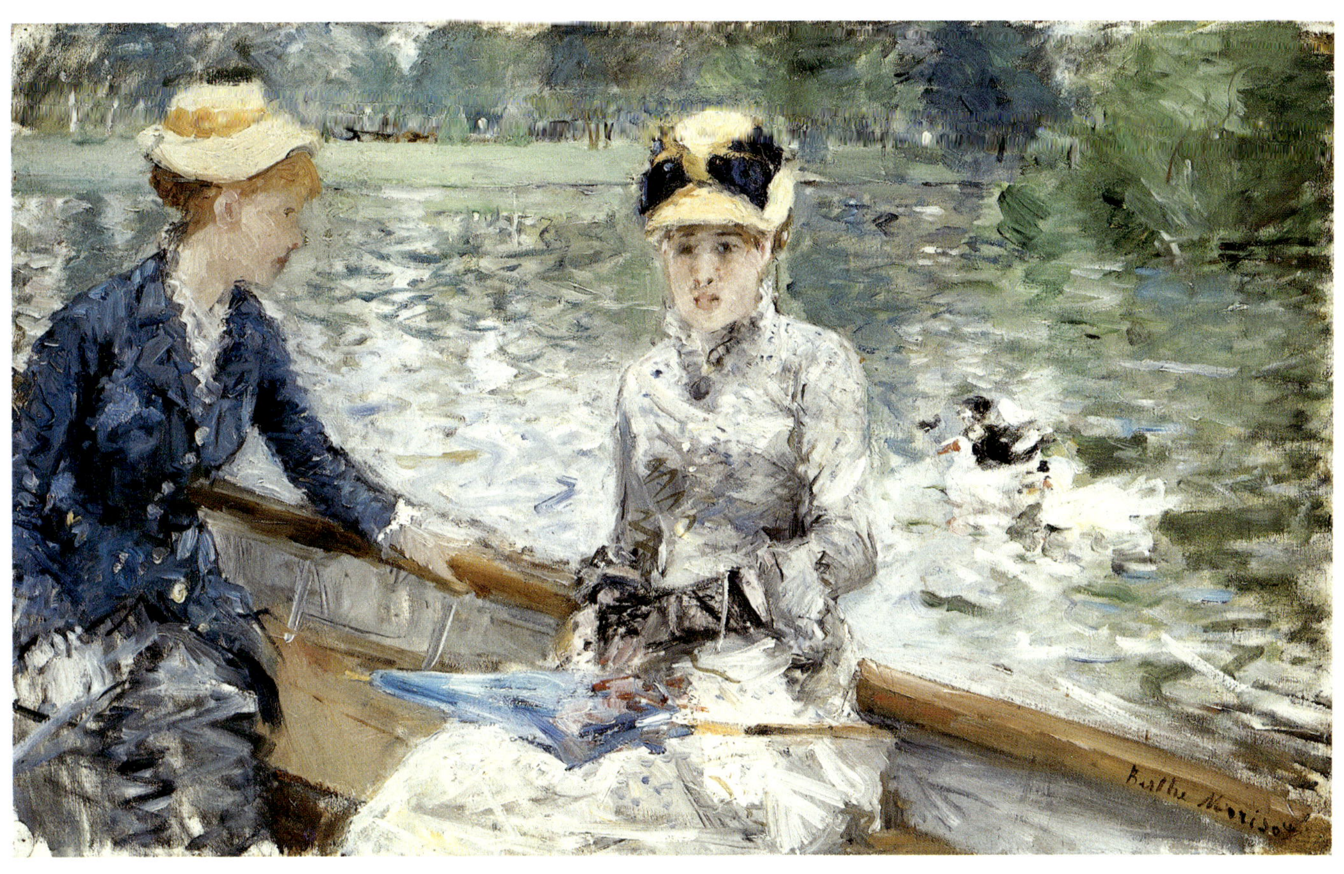

43 Dames cueillant des fleurs, 1879

Huile sur toile
H. 61 ; L. 73,5
CMR 80
Stockholm, Nationalmuseum
Inventaire : NM 5525

Juxtaposition de fines touches désordonnées, harmonie de verts rompue par endroits de plages colorées, le jardin auquel le titre fait allusion importe peu. Il n'est que prétexte à l'observation de deux jeunes femmes occupées à cueillir des fleurs que l'on devine à peine. Leurs vêtements, semblables à ceux qu'elles portent dans une autre scène peinte au bois de Boulogne, *Jour d'été* (cat. 42), suggèrent que les deux toiles ont pu être réalisées la même journée. La rapidité de l'exécution est soulignée par Charles Stuckey et William Scott[1], qui définissent l'œuvre comme la plus audacieuse parmi celles qui sont présentées à l'exposition impressionniste de 1880. Ce sentiment d'inachevé qui accorde moins d'importance à la représentation figurative traduit une évolution visible dans les toiles postérieures. Par la diversité de sa technique, et en dépit d'une gamme de coloris restreinte, Morisot parvient à identifier chaque endroit du parc. À l'arrière-plan, une zone travaillée en aplats évoque une prairie ; tout autour les frondaisons sont construites de petites touches arrondies. Dès que l'on s'approche des jeunes femmes, les traits s'allongent et s'espacent, les contours de leurs robes s'estompent et s'achèvent par des lignes courbes qui dissolvent les personnes dans le jardin environnant. L'unité chromatique, la lumière qui baigne uniformément la scène frappent Charles Ephrussi, pour qui les modèles « sont vues toutes à travers des tons gris fins, blancs mats et rose clair, sans aucune ombre, relevées de petites tâches multicolores, l'ensemble donnant l'impression de teintes opalines vagues et incertaines[2]. »

M. M.

1. Stuckey, 1987, p. 82.
2. Ephrussi, 1880.

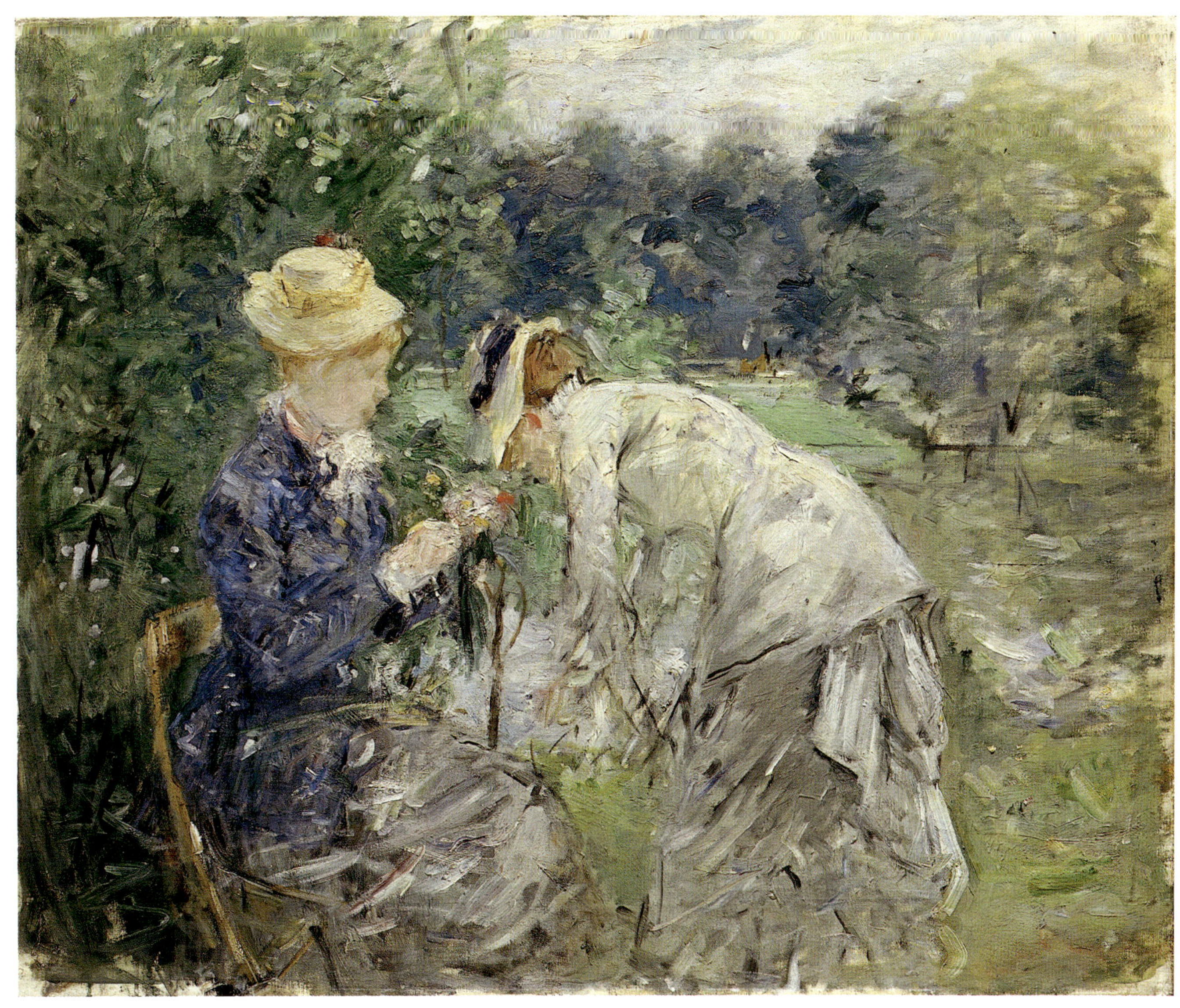

44 Au bord de l'eau, 1879

45 Le Déjeuner à la campagne, 1879

Lors de son voyage en Angleterre, durant l'été de 1875, Berthe Morisot écrit à Edma : « Je n'ai de ma vie vu quelque chose d'aussi pittoresque que ces luncheons en plein air[1]. » La même année, elle peint le somptueux *Déjeuner sur l'herbe* (coll. part. ; CMR 47). En 1879, Berthe Morisot revient à ce thème. Elle livre une composition proche de l'huile du *Déjeuner* dans *Au bord de l'eau,* introduisant de façon exceptionnelle dans son œuvre une figure masculine. Probablement le modèle est-il ici Eugène Manet. *Le Déjeuner à la campagne,* exécuté à Meudon[2] représente vraisemblablement Julie et sa nourrice, à gauche de la composition.

La vigueur de la mise en place s'accommode de la modestie des formats. Berthe Morisot oriente son art vers une économie de moyen toujours plus grande, accordant au support par le jeu des surfaces laissées en réserve un rôle croissant. Armand Fourreau célèbre ces « études », au nombre desquelles *le Déjeuner en plein air,* « pages étincelantes où vibre, dans la lumière, la gamme la plus fine des gris, des bleus, des verts décolorés, des citrins vifs, et où l'écriture du pinceau [...] parfois griffe et parfois caresse mais est toujours imprévue et amusante[3]... ». Le pinceau n'applique plus des plages diaphanes de couleurs transparentes comme dans les aquarelles du début des années 1870 : il se met au service d'une sténographie elliptique, expéditive, qui a toutes les qualités de l'instantané. Berthe Morisot ne confiait-elle pas son admiration en la matière pour la technique de Manet et des Japonais : « Il n'y a que lui et eux capables d'indiquer une bouche, des yeux, un nez avec un seul trait de pinceau[4]... »

S. P.

Aquarelle
H. 21 ; L. 28
Signé, en bas, à gauche :
Berthe Morisot
BW 640
Collection particulière

Aquarelle
H. 14. ; L. 22
Signé, en bas, à droite :
Berthe Morisot
BW 642
Collection particulière

1. *Corresp. B. Morisot,* p. 87.
2. BW, p. 63. L'aquarelle est intitulée *le Déjeuner à Meudon* dans *Morisot,* cat. exp., 1941, n° 164.
3. Fourreau, 1925, p. 34.
4. Cité par Angoulvent, 1933, p. 69-70.

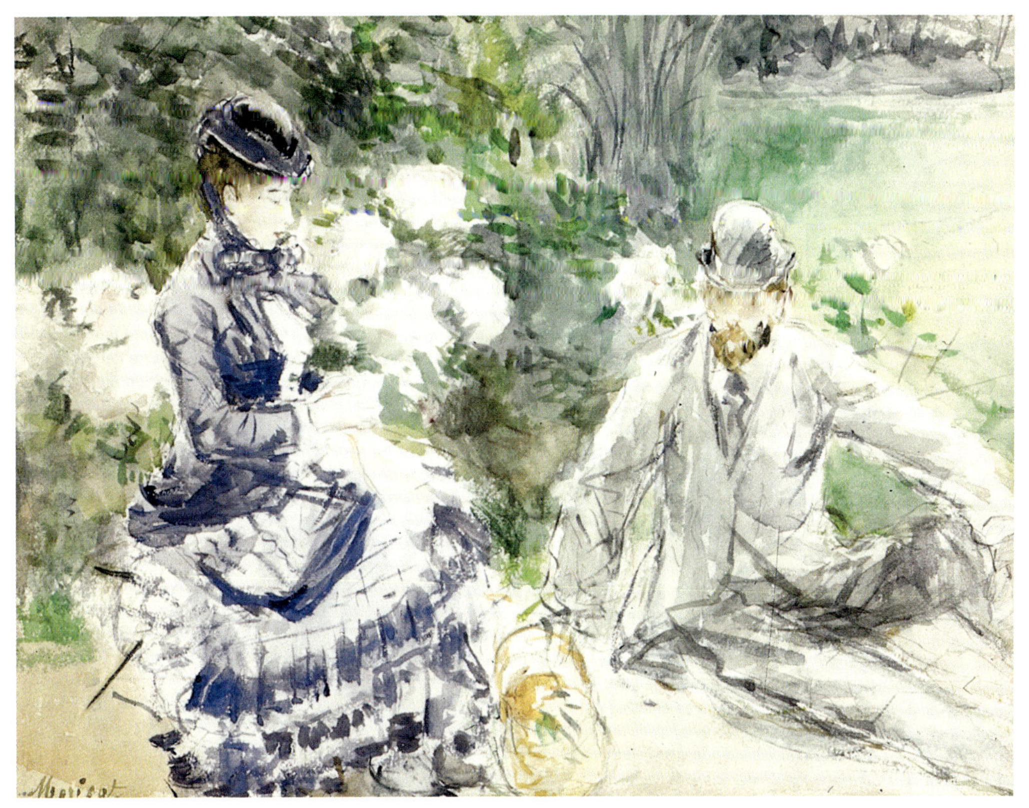
Morisot

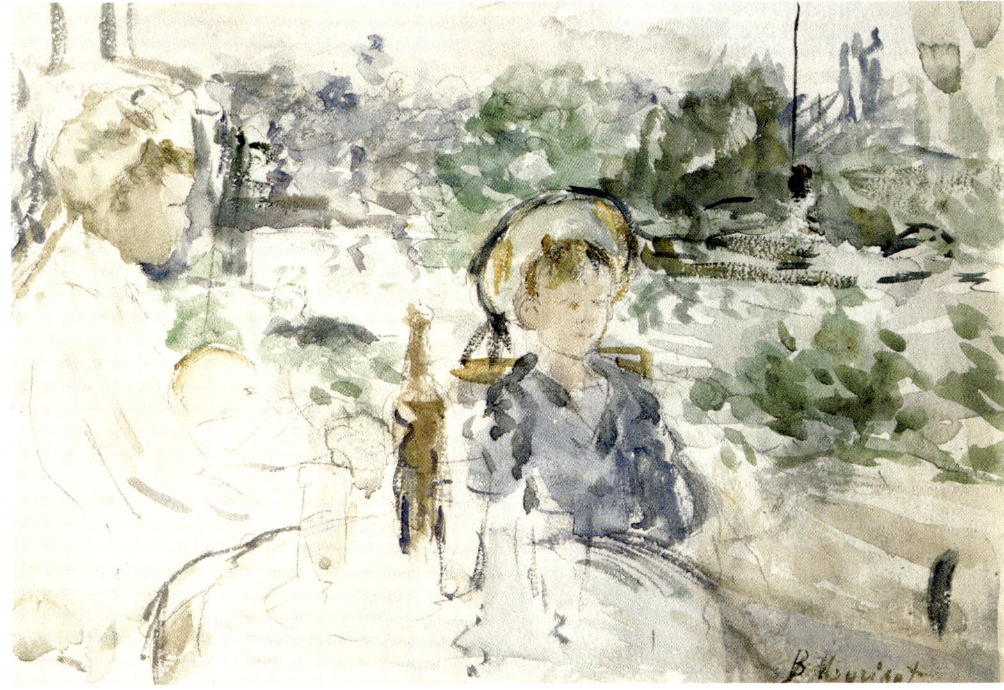
B. Morisot

46 Jeune Femme en toilette de bal, 1879

Huile sur toile
H. 71 ; L. 54
CMR 81
Paris, musée d'Orsay
Inventaire : RF 843

« Mme Morisot excelle au mélange de pâleurs fines. Elle peint le portrait d'une femme décolletée assise dans un jardin. Les chairs sont blondes, des fleurs, vagues, mettent dans les verdures grises du fond de légères notes d'un lilas rosé ; tout flotte, rien ne formule, le ton lui-même hésite indécis, et il y a là une finesse fragonardienne, avec le sentiment d'un monde chimérique où les couleurs n'ont pas encore pris leur accent, où les tons indistincts ne savent pas qu'ils auront plus tard une individualité et un état civil. » Ainsi Paul Mantz, qui fut l'un des premiers à remarquer Berthe Morisot lorsqu'il commenta le Salon de 1865, salue-t-il à la 5e exposition impressionniste, en 1880, la *Jeune Femme en toilette de bal*[1].

Berthe Morisot présente la toile sous le titre laconique *Portrait* (n° 120). Et en effet, Roger Marx y voit « une poursuite énergique de son effort [qui] l'amène à [ne] plus offrir une image réduite [de la figure] et à s'instituer portraitiste[2] ». L'élégance mondaine, l'équivalence décorative et chromatique établie entre le fond et la figure qu'ornent les mêmes motifs floraux contrarient toutefois la vocation traditionnelle du portrait et contribuent à le priver de toute charge psychologique. En ce sens, au-delà d'une indéniable proximité iconographique, Berthe Morisot se distingue de Mary Cassatt, toujours soucieuse de particulariser les figures[3].

Au cours de la nuit de l'ouverture de l'exposition, De Nittis se porte acquéreur de la toile de Berthe Morisot. Dans ses souvenirs, en forme de plaidoyer, De Nittis se défend ainsi du soupçon d'opportunisme dont on accable sa sympathie pour les impressionnistes : « La vérité, c'est que j'ai acheté quatre tableaux tout à fait *lumineux et beaux,* de M. Claude Monet, sur le désir exprimé par M. Caillebotte et deux études de Berthe Morisot d'une jolie tonalité. Voilà toute ma collection[4]. » Le critique et ami d'Édouard Manet, de Berthe Morisot, qui fut aussi l'un des premiers historiens de l'impressionnisme, Théodore Duret, raconte qu'il fit ensuite l'acquisition de l'une de ces études, *Jeune Femme en toilette de bal,* après la mort de De Nittis, survenue en 1884 : « Je le tenais chez moi à la meilleure place, et quand Mallarmé venait me voir, nous nous extasiions ensemble sur son charme[5]. » Prestigieux amateurs de ce tableau, l'un des chefs-d'œuvre de Berthe Morisot, qui fut aussi la première toile de l'artiste à gagner les collections publiques françaises.

Le 19 mars 1894, Théodore Duret organise une vente pour disperser sa collection. Berthe Morisot y est présente comme peintre et comme modèle, car le critique se sépare également du *Repos* et du *Portrait de Berthe Morisot au bouquet de violettes* (cat. 161 et 165)[6]. C'est alors que selon les témoignages de Duret, Stéphane Mallarmé intercède auprès du directeur des Beaux-Arts pour le convaincre d'acquérir la toile de Morisot[7]. Et en effet, Mallarmé écrit à Henry Roujon pour lui annoncer la mort de Berthe Morisot « en souvenir de ce que vous avez fait pour l'admirable artiste, quand vous mîtes une œuvre d'elle dans un musée de l'État[8] ». Sous l'impulsion de Roujon, directeur entre 1891 et 1903, conseillé par Mallarmé, mais aussi de Léonce Bénédite, conservateur du musée du Luxembourg, l'administration manifeste alors le souci de faire entrer des toiles impressionnistes dans les collections nationales[9]. « Lorsque ma vente survint, raconte Duret, Stéphane Mallarmé, qui éprouvait pour Mlle Morisot – Mme Eugène Manet – une vive amitié et qui tenait son talent en grande admiration, se mit en rapport avec M. Roujon. Il lui représenta que la *Jeune Femme au bal* de ma collection offrait un excellent exemple de son auteur, et que le musée comblerait avec elle une lacune regrettable. M. Roujon, qui connaissait le goût fin de Mallarmé, se laissa facilement convaincre et, d'accord avec M. Bénédite, le conservateur de musée du Luxembourg, décida de

1. Mantz, 1880. Le modèle n'est pas dans un jardin, mais les tonalités grises et le décolleté évoqués par Mantz nous semblent bien renvoyer au tableau d'Orsay et non à celui du musée Fabre.
2. Marx, 1907, p. 498.
3. Voir Farr, 1991, p. 213 et *sqq.*
4. De Nittis, 1895, p. 236. Voir Matteucci, 1990, note 12, p. 45-46. Dans l'essai de reconstitution de la collection de De Nittis, Matteuci n'a pas identifié la deuxième étude.
5. Duret, 1906, p. 146.
6. *Catalogue des tableaux et des pastels...*, lundi 19 mars 1894, n° 30 : *Jeune Femme au bal,* adjugé 4 500 francs.
7. Duret, *op. cit., loc. cit.*
8. *Corresp. inédite S. Mallarmé et H. Roujon,* 1949, p. 49.
9. Vaisse, 1995, p. 160-161.

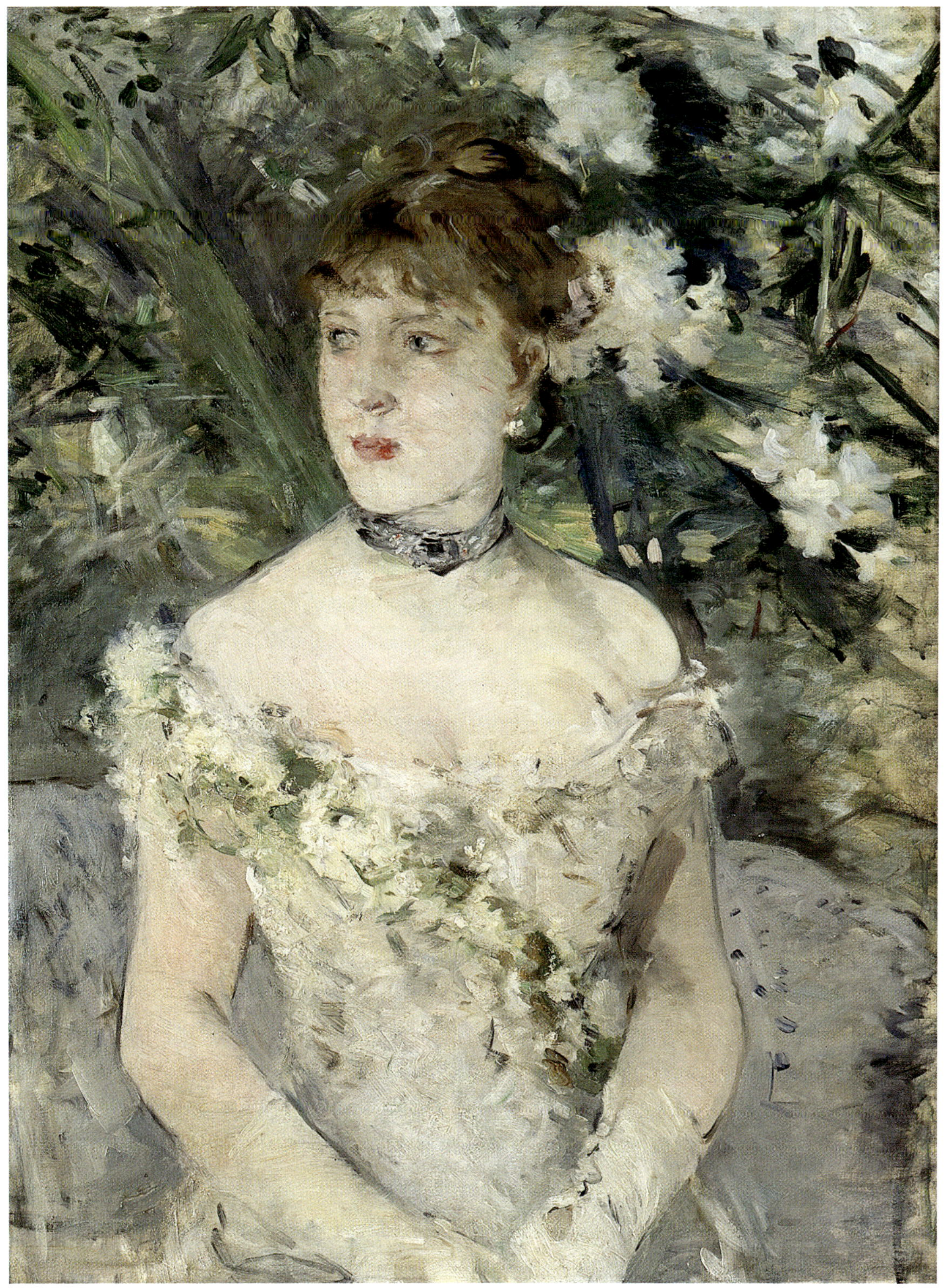

l'acquisition de l'œuvre signalée[10]. » L'acquisition du tableau de Berthe Morisot intervient au moment où l'administration des musées est saisie du legs Caillebotte – qui ne comporte pas de toile de Morisot –, mais elle ne semble guère avoir suscité de débats particuliers. Nulle trace en tout cas de discussions ou de réticences au sein du comité consultatif des musées nationaux[11]. C'est que, autant que la volonté de l'État, le hasard des enchères et la détermination de Duret et de Mallarmé, ont fortement contribué à l'achat. Le critique se porta acquéreur du tableau à sa propre vente pour l'État, à un prix convenu auparavant avec l'administration et relativement élevé, dans le souci de soutenir la cote de l'artiste[12]. Surtout, une lettre de Duret le lendemain de la vente révèle qu'il s'en est fallu de quelques centaines de francs pour que ce ne fût Renoir ou Manet qui entre alors au Luxembourg. Duret évoque en effet « les deux toiles de même ordre à peu près et qui lui faisaient pendant, la *Femme au chapeau noir* de Manet et le *Buste de femme* de Renoir[13] ». La *Femme au chapeau* n'était autre que Berthe Morisot portraiturée par Édouard Manet (cat. 165).

S. P.

10. Duret, 1926, p. 223-224.
11. La seule mention concernant le tableau rapporte : « M. Bénédite présente deux tableaux offerts au musée du Luxembourg par la direction des Beaux-Arts : [...] 2e une étude de mademoiselle Berthe Morisot » (compte rendu de la séance du 7 juin 1894, Paris, archives des Musées nationaux, *1BB31).
12. Duret, 1906, p. 146. Voir lettre de Léonce Bénédite au ministre de l'Instruction publique et des Beaux-Arts, 5 juillet 1894 et certificat pour paiement du 22 août 1894, Paris, AN, F21 2131 (l'État reverse les 4 500 francs à Duret).
13. Paris, archives des Musées nationaux, 2HH1 1894.

Huile sur toile
H. 25,5 ; L. 50
Signé, en bas, à droite :
Berthe Morisot
CMR 84
Cologne, Wallraf-Richartz Museum, Fondation Corboud

Le titre de l'œuvre, très général dans la collection de Mary Cassatt, ne donne aucune indication topographique. Une comparaison avec la toile peinte par Sisley en 1872, *le Pont de Villeneuve-la-Garenne* (fig. 1) permet d'identifier le site. Le pont suspendu est celui que Berthe Morisot choisit de représenter, ce que confirme la famille[1]. Certains détails architecturaux sont reproduits fidèlement par les deux artistes : au bout du pont, deux petits édifices – que l'on aperçoit en partie chez Sisley – en bordent l'entrée. Ils servaient de lieu de péage. À la droite du pont, le rez-de-chaussée d'une maison est pourvu d'un rectangle vert, peut-être un hangar, que l'on retrouve chez Morisot dans une tonalité plus pâle. Nulle trace ici de péniche ou d'activité industrielle, Morisot comme Sisley retiennent du lieu l'image d'un village paisible d'agriculteurs, animé par la pêche et les loisirs nautiques. Cette vision correspond à celle d'Adolphe Joanne[2], qui, en 1878, décrit Villeneuve-la-Garenne comme « un hameau réuni à l'île St Denis par un pont et habité presque exclusivement par des pêcheurs ». Le voisinage de Saint-Denis amène de nombreux Parisiens venus profiter d'une promenade au bord de l'eau. La présence de barques de pêche et de canots, particulièrement mise en évidence par Morisot, confirme la vocation de l'endroit.

Si les deux artistes présentent ce village, qui dépend alors de la commune de Gennevilliers, sous l'angle des loisirs et de la pêche, leurs compositions diffèrent sensiblement : Sisley s'attache essentiellement à la description du pont, qui, vu de dessous, devient plus imposant. Il réduit également le champ de vision et sélectionne quelques habitations dont il brosse minutieusement les détails. L'œuvre de Morisot, elle, a la fraîcheur et la légèreté de l'esquisse. L'architecture du pont est réduite à de fins traits noirs. Le long de la rive, les habitations se chevauchent, rendues avec la même économie de détails. Seule l'embarcation visible à l'avant du pont possède une solidité qui contraste avec l'ensemble. Par ses dimensions, elle valorise le premier plan selon une habitude

1. Dans son exemplaire du catalogue Denis Rouart a corrigé le titre et localisé la toile à Villeneuve-la-Garenne.
2. Joanne, 1878, p. 203.

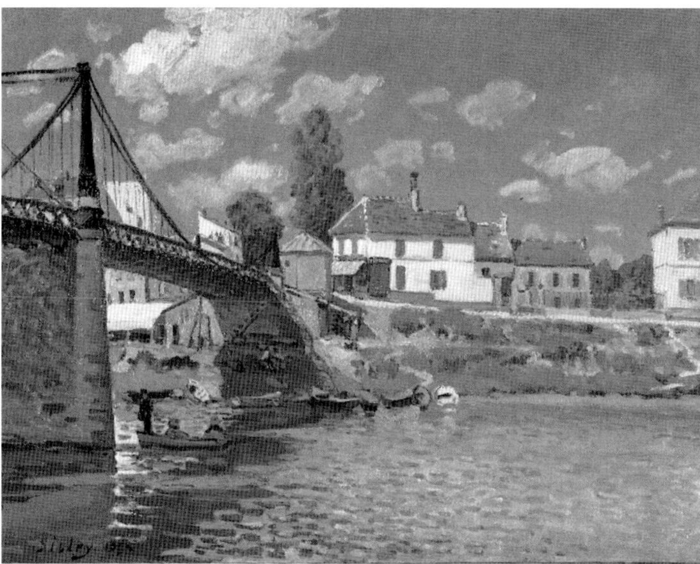

Fig. 1. Alfred Sisley, *le Pont de Villeneuve-la-Garenne*, huile sur toile, 1872, New York, The Metropolitan Museum of Art, don de M. et Mme Henry Ittleson en 1964.

chère à cette artiste. L'arbitraire du cadrage, qui coupe audacieusement les canots, caractéristique de la démarche impressionniste, est repris par Morisot dans une version différente qu'elle offre du lieu, *Pont sur la Seine*[3] (fig. 2). Les deux toiles dont l'aspect se rapproche de l'ébauche, évoquent une œuvre exécutée non loin de là, en 1875, *Percher de blanchisseuse* (cat. 24).

Ce tableau aujourd'hui dans la Fondation Corboud a une histoire importante car il vient de la famille Cassatt. Dans ces années, les deux artistes étaient très liées et se voyaient souvent notamment dans leurs diverses résidences estivales. Nous ne savons ni quand ni comment Mary Cassatt est entrée en possession de cette toile, qui appartiendra ensuite à son frère aîné Alexander (1839-1906) et restera dans sa famille pendant un peu plus d'un siècle. Nous pouvons supposer que cette œuvre a été acquise par l'artiste américaine pour son frère au début de 1881, à peu près en même temps qu'un Pissarro, une marine de Monet et un Degas. Au cours des années suivantes, elle achètera d'autres œuvres pour lui, notamment des Manet ; en avril 1886, il sera l'un des prêteurs de l'exposition *Works in Oil and Pastel by the Impressionists of Paris,* organisée par Durand-Ruel pour la New York Art Association à la National Academy of Design. À la mort de son frère, elle sera mécontente du comportement de ses neveux, qui vendent une partie significative de la précieuse collection constituée sur ses conseils – mais ils conservent ce Morisot. C'est en réponse à cette attitude que Mary Cassatt décidera alors de vendre progressivement les œuvres de sa propre collection, dont ses neveux ne se montraient pas dignes par leur comportement.

M. M. et H. W.

3. Les deux œuvres, *Bateaux sur la Seine* (CMR 84) et *Pont sur la Seine,* (CMR 93) sont datées de 1880 dans le catalogue CMR.

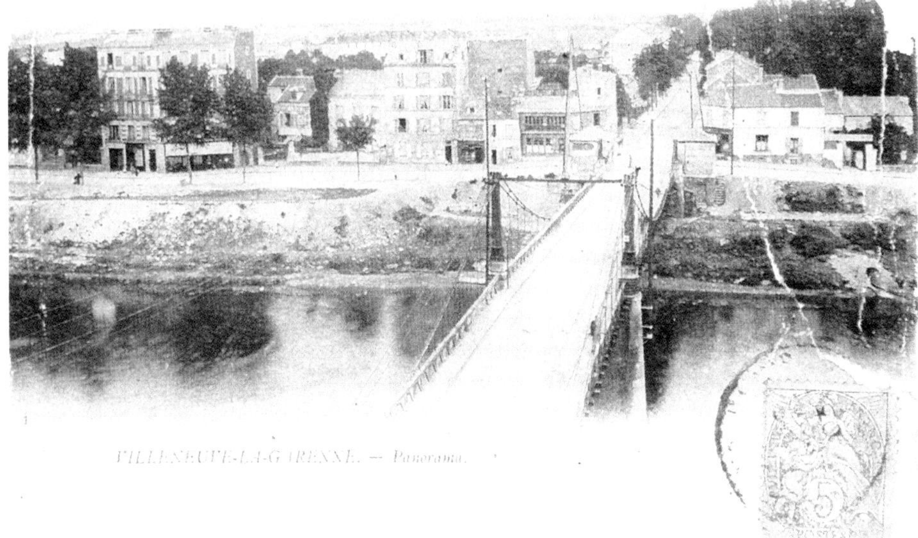

Fig. 2. Villeneuve-la-Garenne et son pont, carte postale, vers 1900, Villeneuve-la-Garenne, archives municipales.

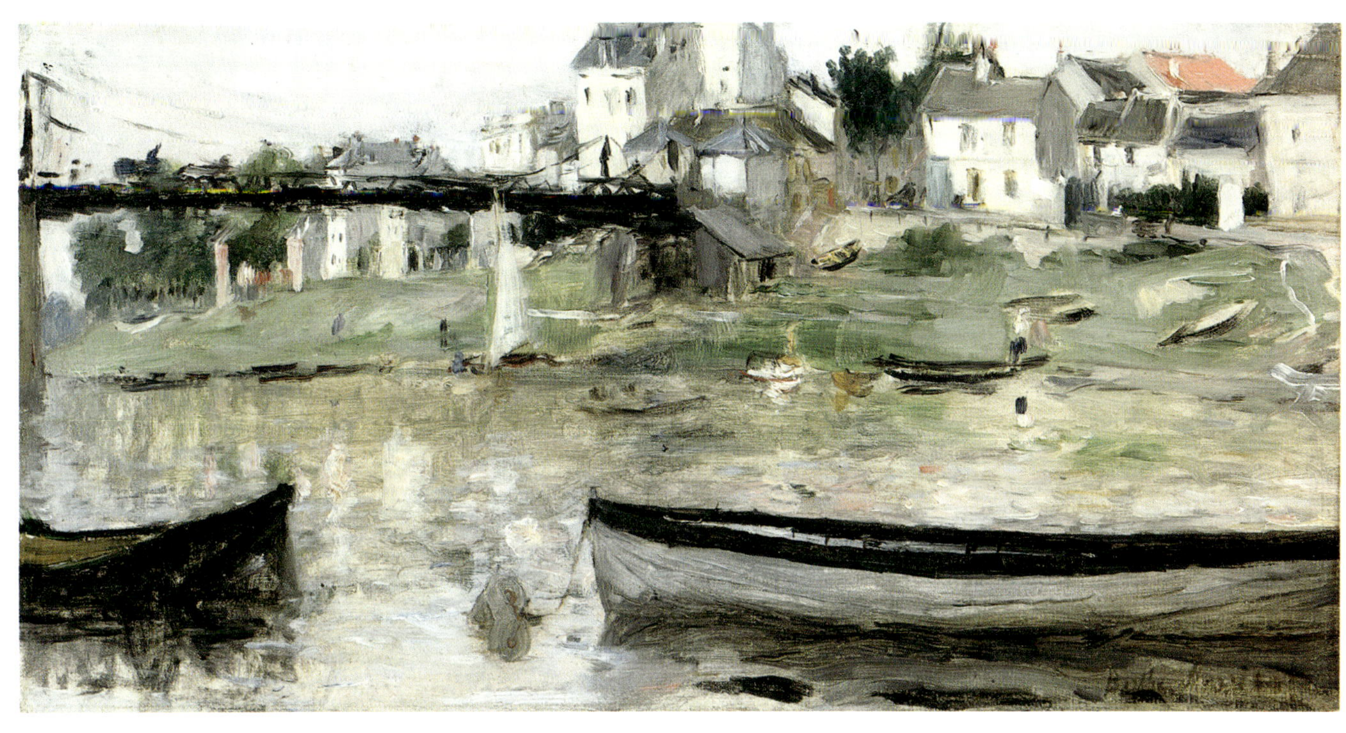

48 Paysage de neige ou la Gelée, 1880

Aquarelle
H. 24 ; L. 32
BW 645
Collection particulière

Cette aquarelle d'assez grande taille par rapport à celles de l'artiste traduit, avec une remarquable économie de moyens, tout l'art de Berthe Morisot. Elle fait regretter qu'après une étude si concluante le tableau correspondant n'a pas été peint ou a été perdu.

Quelques arbres pas encore complètement dénudés, quelques buissons au bord d'une rivière gelée, et plus loin un premier pont enjambant celle-ci, puis un second à l'horizon, tel est le thème de cette aquarelle. Traiter un tel sujet qui fait inévitablement penser aux maîtres hollandais est d'autant plus un défi au jugement de ses contemporains que, même avec cette technique de l'aquarelle, la touche de Berthe Morisot conserve son « style » personnel.

Cette aquarelle démontre toute la maîtrise technique de l'artiste. C'est sans doute pour faire taire les critiques qui lui reprochaient – comme aux autres impressionnistes d'ailleurs –, de ne savoir ni peindre ni dessiner qu'elle expose systématiquement – sauf en 1881 et en 1882 – quelques aquarelles aux expositions impressionnistes. Certains de ses détracteurs les admirent alors mais pour dénigrer les autres œuvres, jugées trop inachevées.

Si, en 1880 et en 1881, elle avait choisi de joindre à son envoi aux expositions impressionnistes trois ou quatre aquarelles – comme en 1874, en 1876, et en 1877 –, celle-ci aurait sans doute été présentée tant elle synthétise son œuvre, faite de scènes saisies sur le vif, d'équilibre des tonalités et de couleurs délicates.

Lorsque cette aquarelle figure à l'exposition posthume, en 1896, les critiques reconnaissent tous ses dons exceptionnels d'aquarelliste par lequel elle dessine alors plus par la couleur que par la forme. Même Schmitt doit reconnaître ce talent qui lui est spécifique ; il écrit ainsi : « Rien ne permet de supposer, que Mme Eugène Manet fut jamais émue d'un besoin de perfection. Elle se contentait de la première fleur du coloris, ne modelait guère, ne dessinait pas. Mais cette fleur est charmante et fraîche. Il ne faut pas essayer de comparaison. Aucune toile ici n'est un tableau. Le sens le plus subtil ne supplée jamais au métier nécessaire. Et pourtant Mme Eugène Manet atteignit au virtuose dans l'aquarelle et le crayon de couleur. Pour elle, l'instrument semblait ne pas compter ; pourtant, elle y trouvait des ressources qu'ignorèrent de plus habiles[1]. » Un tel compliment à propos de ses aquarelles, ainsi que ses dessins, est d'autant plus intéressant qu'il vient d'un critique pour le moins adversaire de sa peinture.

H. W.

1. Schmitt, 1896, p. 3.

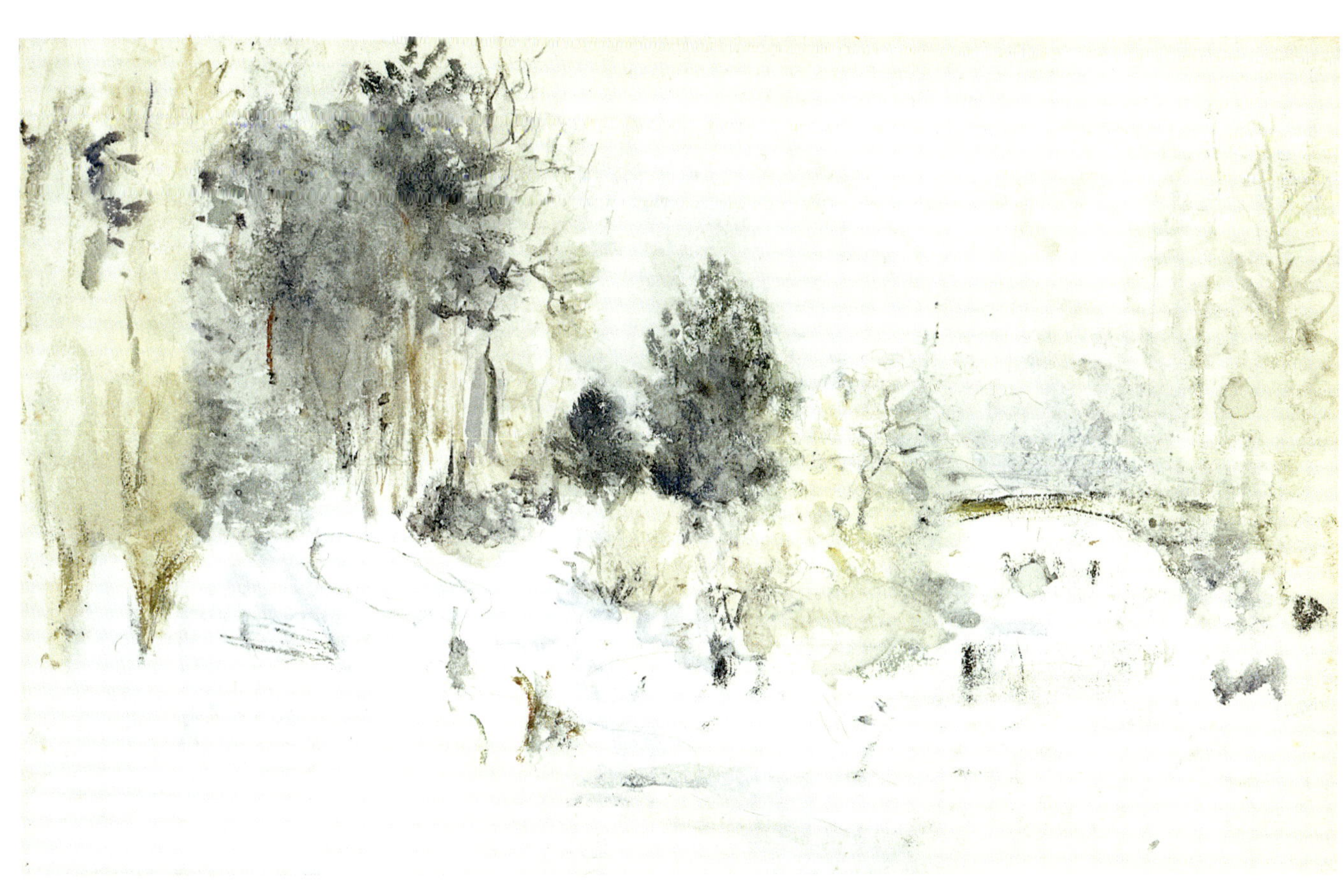

49 Jeune Fille au miroir ou Jeune Fille de dos à sa toilette, 1880

Huile sur toile
H. 60,3 ; L. 80,4
Signé, en bas, à gauche, sur l'encadrement de la psyché :
Berthe Morisot
CMR 85
Chicago, Art Institute of Chicago, The Stickney Fund
Inventaire : 1924-27

Ce tableau symbolise tous les contrastes qui caractérisent l'œuvre de Berthe Morisot ; il est un chef-d'œuvre à la fois d'audace stylistique et en même de temps de mesure et de discrétion par la manière de traiter un tel sujet, qui pourrait pour le moins prêter à équivoque. Par la disposition du sujet, par la technique et par le choix des tons, une telle toile situait l'artiste aux antipodes du Salon officiel.

En présentant une personne de dos, selon le plaidoyer de Degas repris par Duranty dans sa célèbre brochure de 1876, *la Nouvelle Peinture,* Morisot symbolise la modernité dans ce tableau qui est comme un manifeste. Duranty avait en effet conseillé : « Ce qu'il nous faut, c'est la note spéciale de l'individu moderne, dans son vêtement, au milieu de ses habitudes sociales, chez lui ou dans la rue [...] Avec un dos, nous voulons que se révèle un tempérament, un âge, un état social... »

Le modèle, une jeune fille élégante, est assis sur un siège à droite d'une glace ou d'une psyché et devant une table de toilette. Vêtue d'une robe de soirée qui semble provenir d'un grand couturier comme le remarque le romancier Joris-Karl Huysmans qui constate que « le bas de soie se devine sous des robes bâties par des couturiers en renom ». Cette robe a une broderie anglaise avec des effets de passeruban ; le même bleu des rubans se retrouve dans les nœuds des manches. Sur la petite table de toilette, à côté d'un flacon en cristal dont le bouton du couvercle est une fleur et devant une houppette à poudre posée dans une coupelle en porcelaine, elle a laissé les quelques fleurs blanches et jaunes dont elle va orner son chignon ; elle s'est rapprochée de la psyché dont elle a incliné la glace pour mieux les fixer. Ce sont les derniers préparatifs de la toilette. Tout indique le raffinement, depuis le ruban de velours bleu marine autour du cou, qui en souligne la minceur, jusqu'à la boucle d'oreille en argent ornée d'une pierre précieuse.

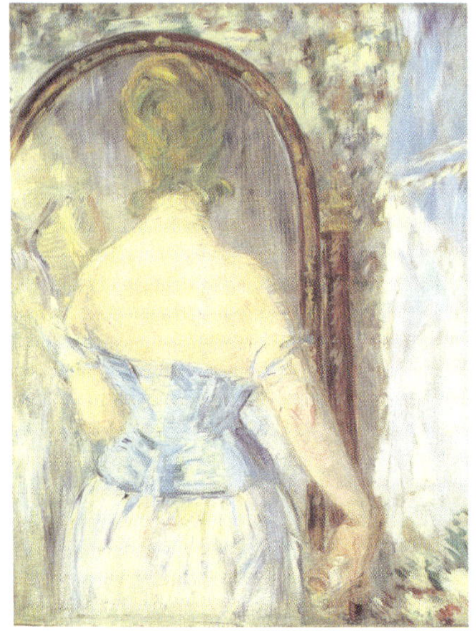

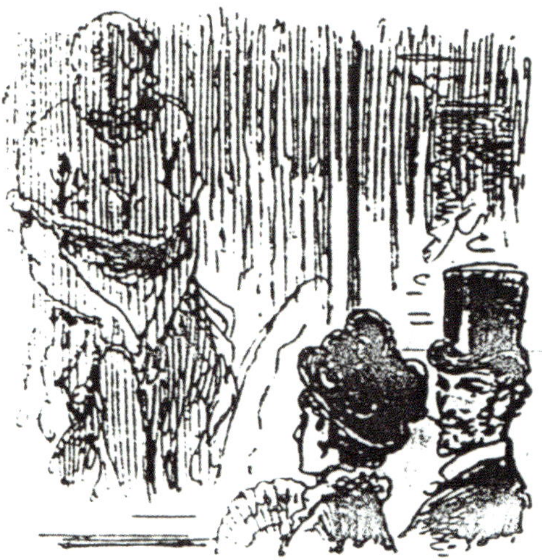

Fig. 1. Édouard Manet, *Devant la glace,* 1876-1877, New York, Guggenheim Museum, collection Thannhauser.

Fig. 2. Pif, caricature d'un nu de Manet, « Croquis », *le Charivari,* 25 avril 1880, p. 3.

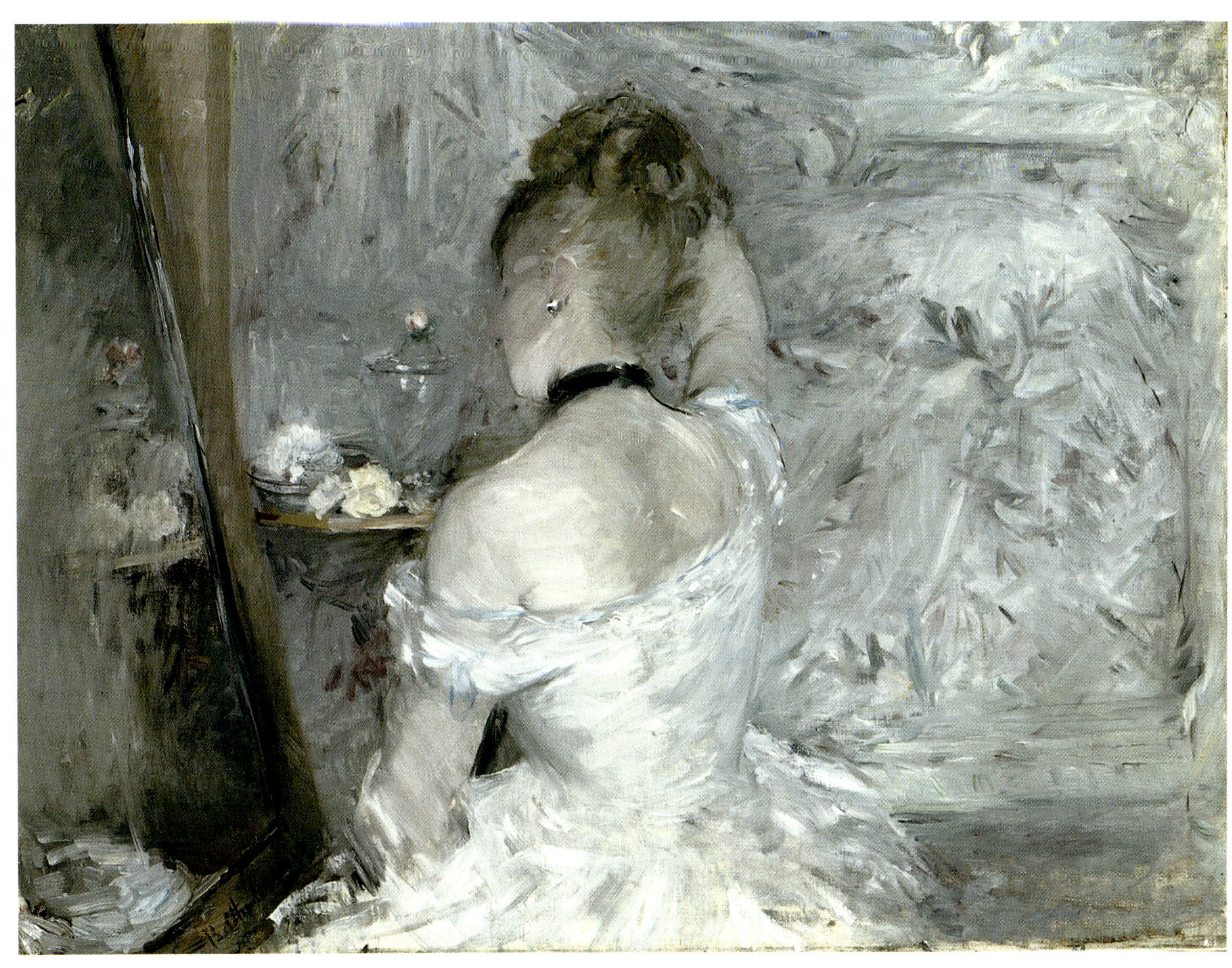

Devant elle, le grand et haut lit Louis XVI – celui de Berthe (fig. 1 ; cat. 99) – avec son dessus-de-lit richement orné d'un motif à fleurs. Au fond de cette chambre, la fenêtre, jusqu'à la gauche du visage du modèle, emplit la pièce de lumière. Les voilages et les rideaux laissent apparaître les croisillons de la fenêtre. Indépendamment de cette fenêtre, l'éclairage de la scène suggère une autre source lumineuse – sans doute une fenêtre avec une autre exposition – derrière le modèle, et aussi l'artiste et le spectateur. Les photographies de la maison des Morisot rue Franklin, avant sa démolition, montrent que plusieurs pièces bénéficiaient d'une telle double exposition (fig. 6 ; p. 90).

Tout autre peintre aurait fait tourner un tout petit peu la tête du modèle vers la gauche afin de peindre et de mettre en valeur son profil. Mais, pour souligner que le portrait du modèle n'est pas le sujet, Berthe Morisot a choisi cette position et cette attitude si particulières que l'on retrouve parfois chez Degas.

Par rapport à Manet, à Degas ou à Cassatt, toute la personnalité de Morisot se dégage dans sa manière si personnelle et discrète de traiter un tel sujet. Lorsque Manet expose *Devant la glace* (fig. 1) et la *Femme à la jarretière* (Copenhague, Ordrupgaard Sammlingen) – par la touche une toile particulièrement impressionniste – en 1880, à la galerie de *la Vie moderne* de Georges Charpentier, l'éditeur des naturalistes, le caricaturiste Pif ne se trompe pas et devine dans cette dernière femme devant la glace le corset pas encore complètement noué, un tout autre modèle de nu. Pourtant à l'inverse des nombreux nus du Salon, celui de Manet est chaste et discret, mais les épaules dévêtues dans un modèle moderne sont moins acceptées qu'un nu dans un sujet historique ou mythologique.

La célèbre *Jeune Fille à sa toilette* de Cassatt exposée six ans plus tard à la 8e exposition impressionniste où elle avait provoqué l'admiration de Degas est tout aussi discrète en apparence, mais la jeune servante, malgré un cadre bourgeois que traduisent le meuble de toilette et le papier peint du cabinet de toilette, apparaît plus effrontée que le modèle, plus mondain, de Morisot.

Comparée à un peintre reçu au Salon comme Chaplin ou Toudouze, elle se distingue par sa vision autant que par sa technique, toute impressionniste. Néanmoins, Huysmans considère son envoi comme « du Chaplin manétisé, avec en plus une turbulence de nerfs agités et tendus ». La toile de Morisot n'a rien de commun avec aucune de ces œuvres si prisées au Salon. Elle a, par sa technique et ses couleurs, tout pour choquer les tenants de l'art officiel et rien pour plaire.

Cette toile est exposée en 1880, lors de la 5e exposition des impressionnistes, sous le numéro 115, avec comme titre *Jeune Fille au miroir,* que nous reprenons plutôt que le titre utilisé aujourd'hui, *Jeune Fille de dos à sa toilette.* L'œuvre est remarquée, même si elle ne fait pas l'unanimité, car les adversaires de l'impressionnisme y trouvent tout ce qu'ils détestent. Ils insistent sur ses coloris si inhabituels et sa touche si personnelle. Selon Georges Japy, dans *le Soir,* « ses tons gris d'une finesse extrême [...] semblent prêts de s'évanouir comme une fumée légère[1] ». Pour le poète Arthur Baignères, elle « assemble des brouillards gris qui se condensent avec des apparences de portraits de femme[2] ».

Mais certains d'entre eux sont obligés de reconnaître au moins un certain talent. Ainsi le poète Armand Silvestre : « ... ayant pris mon parti de ne voir dans cet art qu'un principe et non une fin, ses envois me ravissent absolument. Ils me semblent réaliser à merveille l'idéal de ce genre de recherches. Sa femme à sa toilette, vue de dos dont les chairs enlèvent leur blancheur ambrée sur un fond presque aussi clair, me parait un des meilleurs[3]. »

1. Japy, 1880, p. 3.
2. Baignères, 1880.
3. Silvestre, 1880, p. 262.

Fig. 3. Émile Toudouze, *Étude, Femme devant la glace,* Salon de 1888, reproduit d'après le *Salon illustré de 1888,* p. 72.

4. Ephrussi, 1880.
5. Mantz, 1880, p. 3.
6. Renoir, 1880, p. 3.
7. Dalligny, 1880, p. 1.
8. Dayer Gallati, 2000, p. 42, et note 25, p. 48.

Le collectionneur et banquier Charles Ephrussi est assez favorable, pourtant sa dernière phrase peut être prise comme une critique sévère : « Mme Berthe Morisot est Française par la distinction, l'élégance, la gaieté, l'insouciance ; […] Les minois sont jeunes et frais, les poses ont l'aisance, les mouvements de la grâce. De jeunes femmes bercées dans une barque […] celle-là à sa toilette, sont vues toutes à travers des tons gris fins, blancs mats et rose clair, sans aucune ombre, relevées de petites taches multicolores, l'ensemble donnant l'impression de teintes opalines vagues et incertaines. Cette légèreté fugitive, cette vivacité aimable, pétillante et frivole rappellent Fragonard, moins la science profonde, la solidité de la pâte et celle lumière diffuse qui donne au tableau du maître tant d'homogénéité[4]. »

Même Paul Mantz, le spécialiste de Raphaël et grand défenseur des peintres officiels, remarque ce tableau : « … c'est le rêve de l'inachevé […] Mêmes impossibilités, même séduction dans la *Femme à sa toilette*. Elle est d'un blond cendré, et se montre de profil perdu. L'ensemble joue dans des gris piqués ça et là de tâches d'un rose pâle. Et partout, le dédain le plus avoué pour tout ce qui ressemble à l'écriture, pour tout ce qui implique le désir de se faire comprendre de ses contemporains. Rien qu'une musique vague, rien que des velléités, mais si délicates ! Watteau, Bonington et tous les sylphes comprendraient cet art qui existe à peine. » Il admire ces toiles comme des ébauches. Devant elles, il « s'arrête mélancolique et charmé »[5]. De la part de ce grand connaisseur de la Renaissance si proche des maîtres de l'art officiel, c'est en fait un grand hommage.

Edmond Renoir, frère du peintre, ne lui consacre que quelques mots, mais très élogieux : « … je me complais dans la contemplation des adorables *impressions* de cette artiste sincère et originale. Que de talent, d'esprit, d'observation, dans ces œuvres exquises ! Le chatoiement des étoffes, les touches délicates des chairs, dont, jusqu'à la pose des personnages et leur "note" dans la nature en fait des chef-d'œuvre de grâce et de charme[6]. » Auguste Dalligny admire la « finesse de tons », la « blancheur de coloris », et trouve que cette *Femme à sa toilette* « exerce un irrésistible attrait »[7]. Les allusions de Paul Mantz à « la finesse fragonardienne », ses références à Watteau et à Bonington, ou, selon Henry Trianon, la « filiation spirituelle » avec « les plus charmantes ébauches de Fragonard » sont, de la part d'adversaires de l'impressionnisme, une manière de la placer au-dessus des critiques de l'école en faisant d'elle une héritière, même indirecte, d'une tradition française. Pour ces critiques, c'est une façon d'admettre son art et son talent, sans renier leurs convictions foncièrement anti-impressionnistes. Nous retrouvons de tels commentaires aussi bien lors de son exposition personnelle chez Boussod et Valadon, en 1892, que lors de sa rétrospective posthume, en 1896, chez Durand-Ruel, où ce tableau est également exposé.

L'impressionniste américain William Merritt Chase acquiert cette toile sans doute après son exposition par Durand-Ruel en avril 1886, à New York[8]. Elle figure, en janvier 1896, à la vente de sa collection qu'organise l'American Art Association (nº 1093). C'est à cette occasion qu'elle est achetée par Durand-Ruel et que Mary Cassatt peut ensuite en devenir propriétaire. En 1905, sa vue faiblissant et craignant de devenir presque aveugle, elle se résout à vendre certaines œuvres de sa collection pour mettre de l'argent en réserve – pensant inutile de laisser cette collection à des neveux qui n'ont pas su conserver toute la collection réunie sur ses conseils par son frère. C'est ainsi que Durand-Ruel peut l'exposer à Londres, sous le titre de *Before the miror,* à la grande rétrospective qu'il organise à la Grafton Galleries ; il en demande alors six cents francs.

H. W.

50 Dame au manchon ou Hiver, 1880

À l'occasion de la 5e exposition impressionniste de 1880, c'est à Berthe Morisot que s'adressent les éloges de la critique. Édouard Manet s'en fait l'écho, qui dans une lettre à Berthe Morisot se réjouit : « Ma chère Berthe, Je sors de l'exposition [...]. Vous y avez beaucoup de succès et vous enfoncez vous savez bien qui [illisible] Ephrussi a acheté la *Femme au manchon*[1]. » En cette période de reflux du marché de l'art, dont souffrent tout particulièrement les impressionnistes, la nouvelle est d'importance. L'œuvre de Berthe Morisot rejoint en outre l'une des plus prestigieuses collections impressionnistes du moment, grâce à laquelle des écrivains comme Jules Laforgue et Marcel Proust se familiarisèrent avec l'impressionnisme : Charles Ephrussi rassemble en effet entre 1879 et 1882 des chefs-d'œuvre de Monet, Renoir, Degas et Manet[2]. Non content d'acheter l'œuvre, il publie une élogieuse recension de la participation de Berthe Morisot à l'exposition.
Ainsi, *Dame au manchon* est-il placé sous le double et prestigieux patronage d'un grand critique-collectionneur de l'époque et de Manet. Le portrait de Dallas trouve plusieurs prolongements dans l'œuvre du peintre. En 1881, Manet aborde lui aussi le thème des saisons qu'incarnent des modèles féminins à la mode : Méry Laurent vêtue d'une pelisse, les mains jointes dans un manchon, représente l'automne (1881, Nancy, musée des Beaux-Arts). Surtout, *Dame au manchon* de Berthe Morisot apparaît comme une réponse tardive au portrait que Manet fit d'elle en 1869 (cat. 162). Mais le modèle de Dallas impose la distance de son impassibilité et l'irréprochable élégance de sa pose, quand Berthe Morisot paraît saisie presque malgré elle par le peintre. Manet la portraiture dans des atours hivernaux tout en la maintenant dans l'univers de l'atelier, formule à laquelle il reste attaché dans le portrait d'*Isabelle Lemmonier au manchon,* exécuté entre 1879 et 1882 (Dallas, The Dallas Museum of Fine Arts). Berthe Morisot préfère entourer son modèle d'une atmosphère vibrante et floconneuse et semble appliquer à la figure « l'aspect de la nature modifiée [...] suivant le climat », révolution dont Joris-Karl Huysmans aurait aimé créditer les impressionnistes en 1880[3]. En ce sens, autant qu'avec *l'Été,* du musée Fabre (cat. 40), *Dame au manchon* s'apparente à l'*Avenue du bois, effet de neige* (coll. part. ; CMR 86) et forme à l'occasion de cette cinquième exposition un diptyque hivernal, où la saison est traitée sous le double aspect du paysage et du tableau de figure. Le modèle, une patineuse du bois de Boulogne, privée néanmoins de l'évocation de son loisir, contrairement aux *Patineurs* de Renoir et à la composition que Berthe Morisot esquisse en 1880, rattache *Dame au manchon* au très bel ensemble autour de Boulogne formé pour cette 5e exposition impressionniste (cat. 42 et 43)[4].

S. P.

Huile sur toile
H. 73,5 ; L. 58,5
Signé, en bas, à droite :
B. Morisot
CMR 87
Dallas, Dallas Museum of Fine Arts, don de la Meadows Foundation Inc. en 1981
Inventaire : 1981-129

1. Lettre d'É. Manet à B. Morisot, Paris, bibliothèque de l'Institut, dépôt de la famille Rouart, inv. II-1-1.
2. Kolb et Adhémar, 1984.
3. Huysmans, « L'exposition des Indépendants en 1880 », 1975, p. 95.
4. Berthe Morisot, *Jeune Femme remettant son patin,* 1880, CMR 88 (fig. 1 ; cat. 51). L'artiste reprend le thème de la patineuse vers la fin de sa vie, en 1893, mais ne laisse que des compositions inachevées (CMR 328-331).

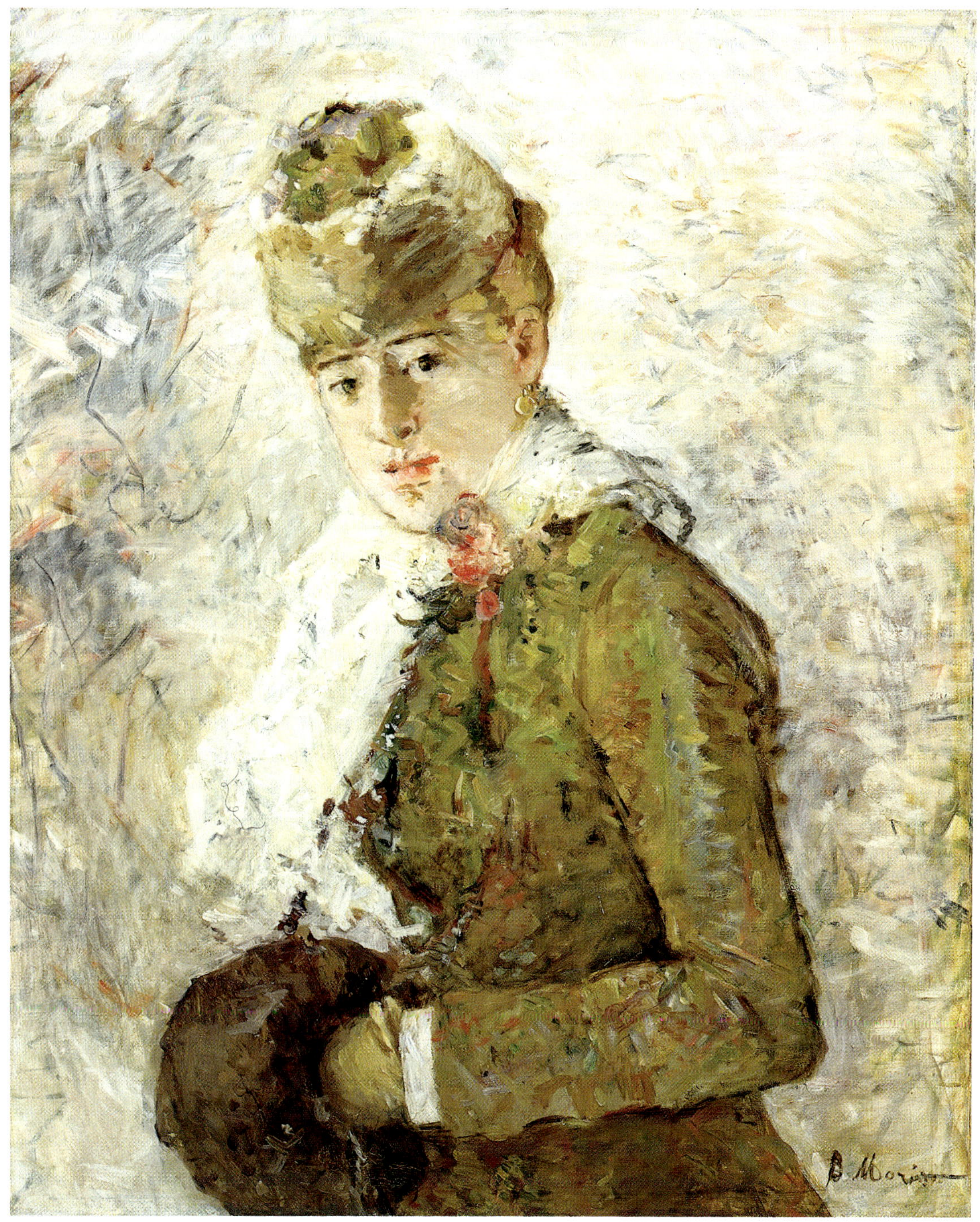

51 Femme s'habillant ou Jeune Fille mettant son bas, vers 1880

Huile sur toile
H. 55 ; L. 46
CMR 98
Collection particulière

Ce tableau a été exposé avec des titres très variables : *Femme s'habillant* en 1896, en 1907 et en 1929, puis *Femme à sa toilette* à partir de 1941, avant d'avoir depuis 1957 le titre plus précis *Jeune Fille mettant son bas.*

Le critique resté anonyme de *l'Estafette* rend à Berthe Morisot, en 1896, un hommage si perspicace que son auteur mériterait d'être connu pour la justesse de son propos : « Cet ensemble [...] nous transporte en plein dix-huitième siècle, par l'élégance du dessin, la clarté et la fraîcheur du coloris. La pureté des lignes, l'aisance, la simplicité et la vérité des expressions, des attitudes, charment tout d'abord en ces colorations argentines, tendrement bleutées, vertes ou rosées. Une harmonie poétique s'en dégage. On se croirait à une fête de fleurs, de jolis visages, de paysages fraîchement épanouis. La grâce se mêle aux yeux de lumière, à la vision personnelle de l'artiste qui traduit si sûrement, si délicatement et avec vigueur, l'émotion de son esprit, le charme offert à ses yeux. Un frisson de vie parcourt ces portraits de femmes et de fillettes dont Mme Morisot sait rendre la grâce des formes, des physionomies. Et quelle vérité dans les poses, en ces scènes d'intérieur baigné de lumière brillante, tamisée ! Quel charme en ces visages de jeunes filles traduites dans les différentes occupations du jour en une tendresse d'expressions de bonheur, de rêverie, d'attente[1]. » Ces dernières lignes s'appliquent particulièrement bien à cette œuvre.

Dans sa chambre une jeune femme, après avoir achevé sa toilette et brossé ses cheveux, s'habille. Elle a déjà revêtu un déshabillé blanc, dont l'épaulette droite est tombée sur le bras ; sa femme de chambre n'est donc pas encore venue l'aider pour fermer les derniers boutons ou fixer l'agrafe dans son dos. Elle s'est assise sur une haute chaise pour enfiler son bas gauche. Avant de passer sa robe, elle a déjà enfilé ses mocassins, beiges, à talon et boucle. Sa coiffure n'est pas encore totalement terminée ; la frange sur le front est déjà faite, un cerceau assorti à ses mocassins est posé sur sa tête, mais elle doit sans doute encore faire un chignon ou brosser ses longs cheveux.

Derrière elle, à sa droite un grand fauteuil – tapissé du même motif que les canapés vus dans plusieurs autres toiles[2] – sur lequel est posé un vêtement aux tons roses – sans doute un chemisier – et la psyché précédemment utilisée pour sa toilette[3] ou pour ajuster un vêtement[4]. Un tapis à fond blanc, motifs géométriques et bordure rouge, donne un sentiment de confort et de chaleur à cette pièce. Traduisant le raffinement du décor et le goût de la maîtresse de maison pour les fleurs, à droite près de la fenêtre, dans une grande vasque en faïence a été planté un arbuste dont les premières feuilles et les premiers boutons n'ont pas encore poussé ce qui suggère que l'on est encore à la fin de l'hiver. Comme dans plusieurs autres œuvres de l'artiste, cette vasque est coupée sur le bord de la toile. Au fond, à droite, les voilages laissent passer les premiers rayons du soleil et la lumière et permettent d'apercevoir le balcon de la chambre, qui offre une ouverture à la composition de l'œuvre.

Le tableau est composé d'une série de subtiles harmonies de blancs, entre celui du déshabillé, celui, lumineux et transparent, du voilage de la fenêtre, celui, plus sombre, du fond du tapis, et en arrière à gauche celui, plus argenté, du reflet du miroir de la psyché.

Octave Bienne, un ami de Mallarmé, dans un très bel article d'hommage publié à l'occasion de la rétrospective posthume relève : « Dans un pareil ensemble, [...] nous voudrions, au contraire faire sentir l'unité, des œuvres prises isolément. Mais voyez ces souples et jeunes corps de femmes et de fillettes, comme ils sont, aussi, représentés dans le charme inattendu d'un mouvement,

1. Anonyme, 18 mars 1896, p. 3.
2. Voir notamment le cat. 37.
3. Voir le cat. 49.
4. Voir le cat. 36.

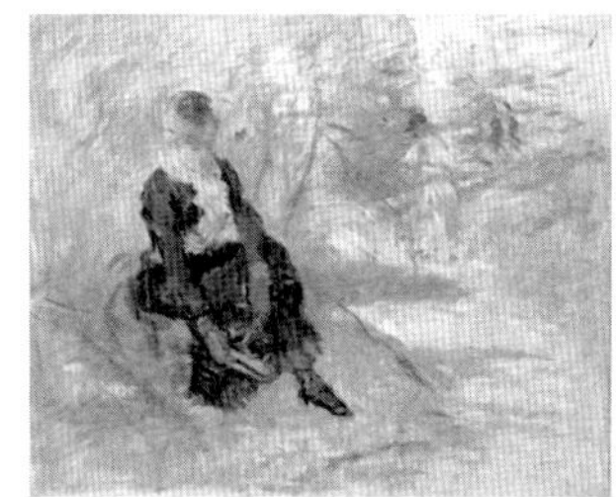

Fig. 1. Berthe Morisot, *Jeune Femme remettant son patin,* 1880, collection particulière.

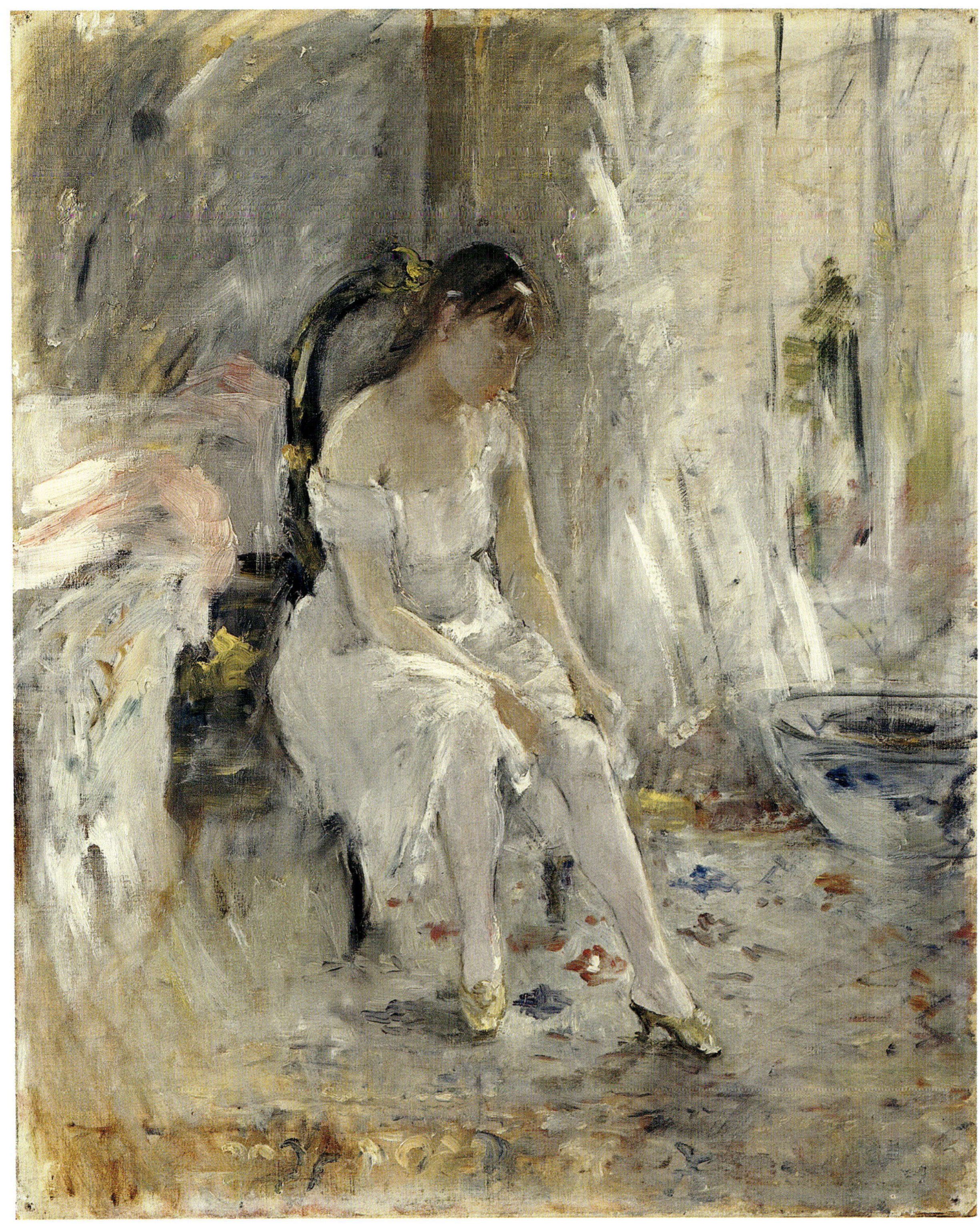

d'une pose instantanément surprise, d'une attitude de vie intime et vraie, et toujours harmonieuse[5] ». En effet, c'est bien une attitude autant qu'un univers que Berthe Morisot a voulu représenter dans cette toile. La femme assise en déshabillé est le même modèle avec la même pose et presque les mêmes gestes que celui de *Jeune Femme remettant son patin* (fig. 1). Dans ce dernier tableau, la femme aussi chaudement qu'élégamment vêtue se prépare à faire du patin sur la glace du lac du bois de Boulogne. Parmi ses amis impressionnistes, Degas a souvent repris la même position d'un personnage d'une œuvre à l'autre, il s'agit alors de variations sur la lumière ou plus souvent encore sur la couleur. C'est aussi ce que fait Berthe Morisot avec *Jeune Femme remettant son patin* et *Femme s'habillant* ou *Jeune Fille mettant son bas.*

5. Bienne, 1896.

H. W.

52 Petit Garçon debout ou Portrait de Marcel Gobillard, 1880

Pastel
H. 53 ; L. 35
BW 451
Illinois, collection Robert et Barbara Woodward

Cet intéressant pastel révèle l'une des manières de travailler de Berthe Morisot. Elle esquisse d'abord l'œuvre au pastel – dans d'autres cas l'étude préparatoire est à l'aquarelle, comme dans *Sur la terrasse* (cat. 20) – avant de la reporter sur toile. Ici, elle veut saisir une attitude caractéristique de son neveu. Dans le pastel, il est à gauche du fauteuil jaune. Il est vêtu de la même manière que dans la toile, mais son attitude diffère. Sa pose est plus nonchalante, la jambe droite en avant, il s'appuie plus franchement contre le dos du fauteuil, met sa main, droite cette fois-ci, dans sa poche – ce qui paraît lui être une attitude bien habituelle quoique familière. Il semble se préparer à sortir, ayant sur l'avant-bras gauche son imperméable et à la main son chapeau de paille.

L'enfant est dans la moitié gauche de la composition, tandis que la droite est occupée par le grand fauteuil, resté vide. Comme dans de nombreuses toiles de Morisot, nous avons là un cadre bien habituel chez les impressionnistes, avec une scène décentrée et des éléments coupés – ici le fauteuil vide. Nous pouvons nous demander si le fauteuil n'attend pas la mère de l'enfant, à laquelle il serait venu demander quelque chose. Même pour sa famille cette scène était encore trop peu classique pour être tout à fait acceptable – du moins pour le beau-frère concerné. Le portrait final (CMR 89) est un peu plus figé car l'attitude du jeune modèle est moins désinvolte, mais il traduit encore l'attitude un peu familière de Marcel, sans rien concéder de la modernité de la touche et de la palette de l'artiste.

H. W.

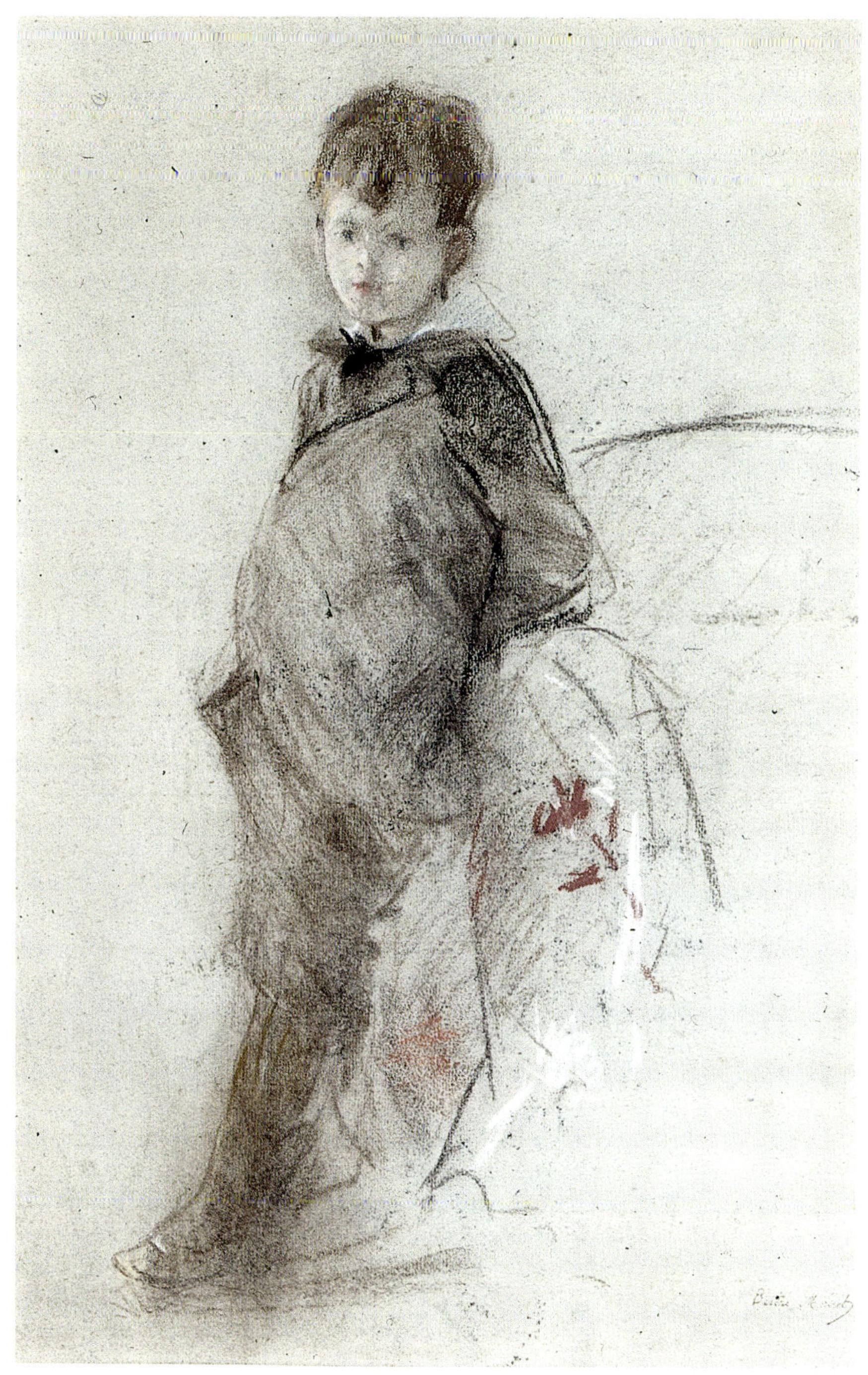

Eugène Manet et sa fille dans le jardin de Bougival est l'un des seuls portraits masculins de Berthe Morisot. Elle le représente d'abord à l'île de Wight (cat. 28), puis une troisième fois, également avec Julie, deux ans plus tard (cat. 69). À trois reprises, elle recourt au jeune Marcel Gobillard (cat. 52), et, en 1891, réalise un autre portrait masculin sous les traits d'un *Saint Jean Baptiste* peint d'après un petit enfant de Mézy qui a fait sa première communion en même temps que Julie. Elle avait peint, en 1860, un tableau, perdu, de M. Thomas. Comme chez Cassatt, les portraits masculins sont extrêmement rares dans son œuvre.

En 1896, dans un article important le critique Claude Bienne le souligne et explique très bien pourquoi : « Main caressante de femme heureuse de vivre et d'aimer ! douce main de mère adorant les enfants ! Ce que Mme Berthe Morisot exprime, ce qu'elle a éprouvé intensément, c'est la joie de vivre ; son œuvre en est toute claire, toute nacrée, toute chatoyante : jeunesse et santé des êtres, beauté fragile et vive des fleurs épanouies, agilité des eaux miroitantes, frémissement radieux des verdures, et toute la poésie du jour, du soleil ami à travers stores et vitrages visitant la maison, ou versant au dehors sur les champs, sur les jardins, sa lumière alerte et bienfaisante. Ainsi, bornant son univers à son intimité, à son voisinage, elle a eu une vision familiale et joyeuse ; c'est bien une joie qui est exprimée par son œuvre : la joie de la jeunesse et du jour. Tout ce qu'il y a de plus jeune, de plus agile et de plus souple, tout ce qu'il y a de plus suavement frais et brillant, c'est cela qu'elle a exclusivement aimé : à part son mari, pas une figure d'homme n'apparaît, pas une figure vieillie non plus, entre toutes ces adorables images de bébés, de fillettes adolescentes, de jeunes femmes aux carnations délicates[7]. »

H. W.

7. Bienne, 1896, p. 468.

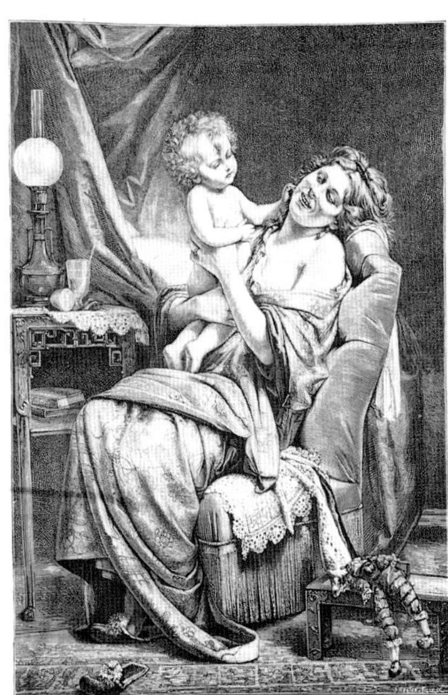

Fig. 1. Perrault, *les Joies maternelles,* Salon de 1873, reproduit d'après *l'Illustration, 3 mai* 1873, p. 301.

Huile sur toile
H. 46 ; L. 67
Timbre de la signature, en bas, à droite
CMR 106
Copenhague, Ny Carlsberg Glyptotek
Inventaire : NCG MIN 2715

Cette importante toile a été régulièrement exposée du vivant de l'artiste. D'abord à la 7e exposition impressionniste, puis à plusieurs reprises par Durand-Ruel, qui l'avait achetée, à Londres en 1882 et en 1883, puis à New York en 1886. Cela montre à la fois la considération de Durand-Ruel pour Berthe Morisot et l'intérêt qu'il portait à cette œuvre.

En 1882 à Paris, cette *Blanchisseuse* est remarquée notamment par Armand Silvestre qui écrit : « Mlle Berthe Morisot a toujours une palette d'une finesse exquise. Mais le dessin devient vraiment, chez cette charmante artiste, par trop imaginaire. Ses toiles ne sont plus que de délicieux ragoûts de couleurs. Je citerai à ce point de vue le *Baby* peint dans une gamme d'une fraîcheur et d'une délicatesse incomparables, les *Blanchisseuses* dont la tache est vraiment ingénieuse et jolie[1]. » Le satiriste Louis Leroy ironise à son propos, ce qui est une marque de reconnaissance, écrivant dans *le Charivari :* « Mme Berthe Morisot, par exemple ? Il ne dépendrait que d'elle de sortir de l'impression. Sa palette a des finesses incontestables. On sent chez cette dame un tempérament de coloriste. Mais son amour du *plein-air* lui interdit les valeurs un peu montées. Tout se passe chez elle en sous-entendus, en demi-teintes, en préparations. Elle se garderait bien d'accentuer une figure ; cela la ferait tomber dans la banalité, et le maître serait mécontent[2] ! »

Selon les expositions, la toile figure sous des titres différents : « Blanchisseuse », « Femme étendant du linge » ou « Paysanne étendant du linge ». Ce dernier semble le mieux correspondre au motif du tableau peint dans le jardin de Bougival. Il s'agit sans doute d'une jeune paysanne des environs qui venait comme domestique faire la lessive pour la famille Manet. Elle étend le linge sur un fil tendu dans le jardin, un peu à l'écart de la maison. Les quatre pièces déjà pendues sur le fil et le fichu de la servante rompent avec la verdure environnante ; les deux serviettes blanches séparent deux vêtements de couleurs, l'un grenat, l'autre bleu clair. La lumière nous vient de face, de sorte que le linge est à l'ombre, d'où ces reflets violets ; cela correspond à une observation qu'elle notera plus tard, en 1886, dans son *Carnet vert :* « Degas dit : l'orange colore, le vert neutralise, le violet ombre. » On ne voit pas le panier dans lequel le linge a été transporté, la scène étant vue de très près. Quelques

1. Silvestre, 1882.
2. Leroy, 1882.

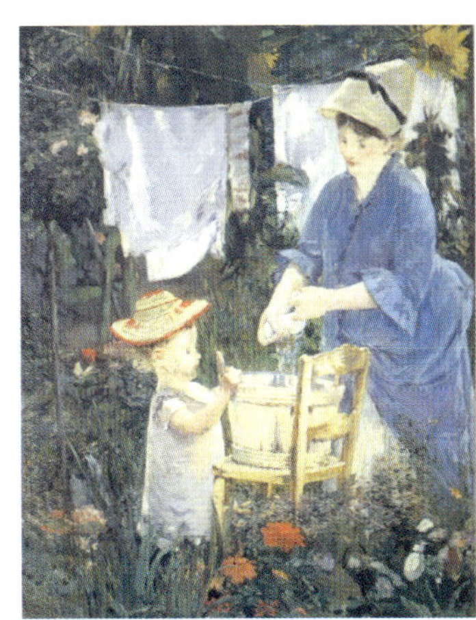

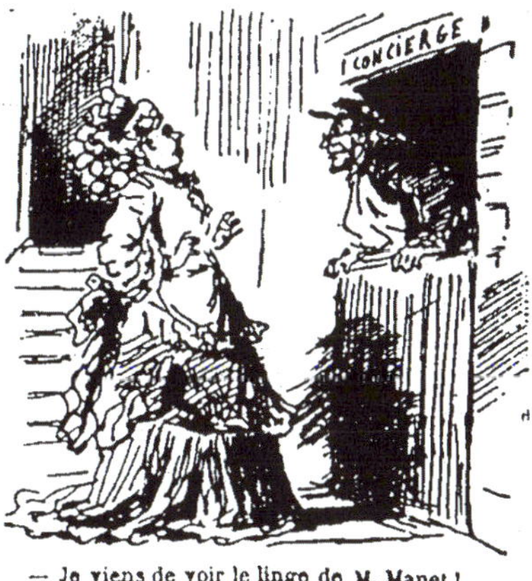

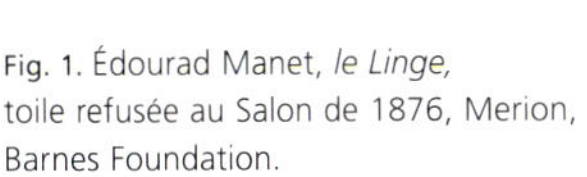

Fig. 1. Édourad Manet, *le Linge*, toile refusée au Salon de 1876, Merion, Barnes Foundation.

Fig. 2. Cham, caricature à propos de l'exposition du *Linge* dans l'atelier de Manet, « Croquis », *le Charivari*, dimanche 30 avril 1876, p. 3.

mètres plus loin, une première rangée de linge a déjà été accrochée sur un fil plus près du sol ; le drap blanc aux reflets bleutés accentue l'effet de perspective et souligne à la fois le vert du massif qui la sépare de la jeune femme et celui plus clair du massif suivant et les couleurs de la maison, au dernier plan. Toute la composition est un délicat équilibre entre les couleurs, mais avec des tons que les peintres du Salon officiel n'acceptent pas. Au dernier plan, les toits de tuiles ou d'ardoises marquent l'horizon. Comme souvent dans les œuvres de Morisot, il n'y a presque pas de ciel, ce qui l'oppose une nouvelle fois aux artistes du Salon.

Comme pour presque toutes les œuvres de cette période, nous ne connaissons aucune étude préparatoire de ce tableau car elles n'ont pas été conservées par l'artiste.

Manet avait traité ce dernier thème dans la célèbre toile *le Linge* (fig. 1), refusée au Salon de 1876 et exposée dans son atelier de la rue de Saint-Pétersbourg pour protester contre l'attitude du jury à son encontre. Par la suite, cette peinture est restée bien en évidence dans son atelier. Lors de la vente de l'atelier de Manet, c'est-à-dire après la réalisation de sa propre toile, Berthe Morisot acheta l'œuvre. Le motif est traité par elle d'une tout autre manière.

Dans les toiles exposées dans ces années-là au Salon, le thème de la blanchisseuse est plus souvent traité au lavoir qu'étendant du linge comme ici. Toutefois, au Salon de 1883, Max Liebermann et D. Laugée exposent chacun une grande scène de blanchisseuses étendant le linge. Par rapport à ces peintres, admis avec les honneurs au Salon, le premier étant médaillé et le second hors concours, Berthe Morisot traite le sujet différemment, entre autres d'un point de vue technique.

Elle peint cette œuvre au dos d'une autre toile, comme l'a noté Julie dans son *Journal*. Une nouvelle fois elle utilise – ce qu'elle fait souvent à Bougival – une toile non apprêtée ; nous pouvons le remarquer sur les bords et en bas.

H. W.

Fig. 3. Max Liebermann, *les Blanchisseuses de Zwedoo,* H. 130 ; L. 175, 1882, Paris, Salon de 1883, reproduit d'après le *Salon illustré de 1883,* p. 160.

Fig. 4. Laugée, *Les femmes ont blanchi le linge de la ferme,* H. 108 ; L. 152, 1882, Paris, Salon de 1883, reproduit d'après le *Salon illustré* de 1883, p. 170.

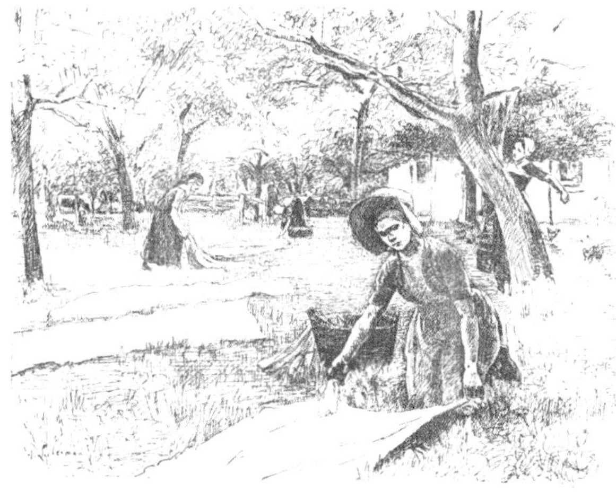

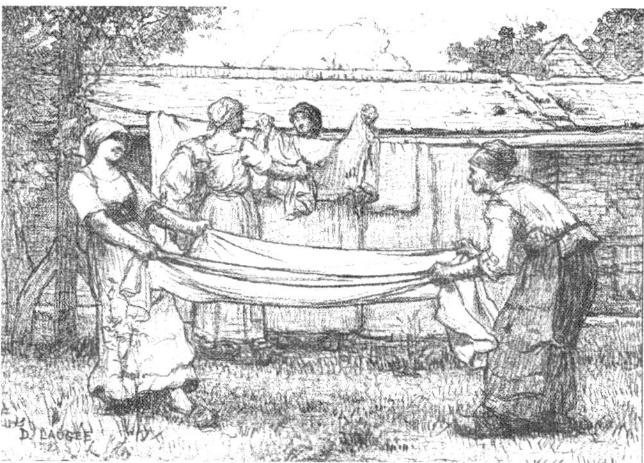

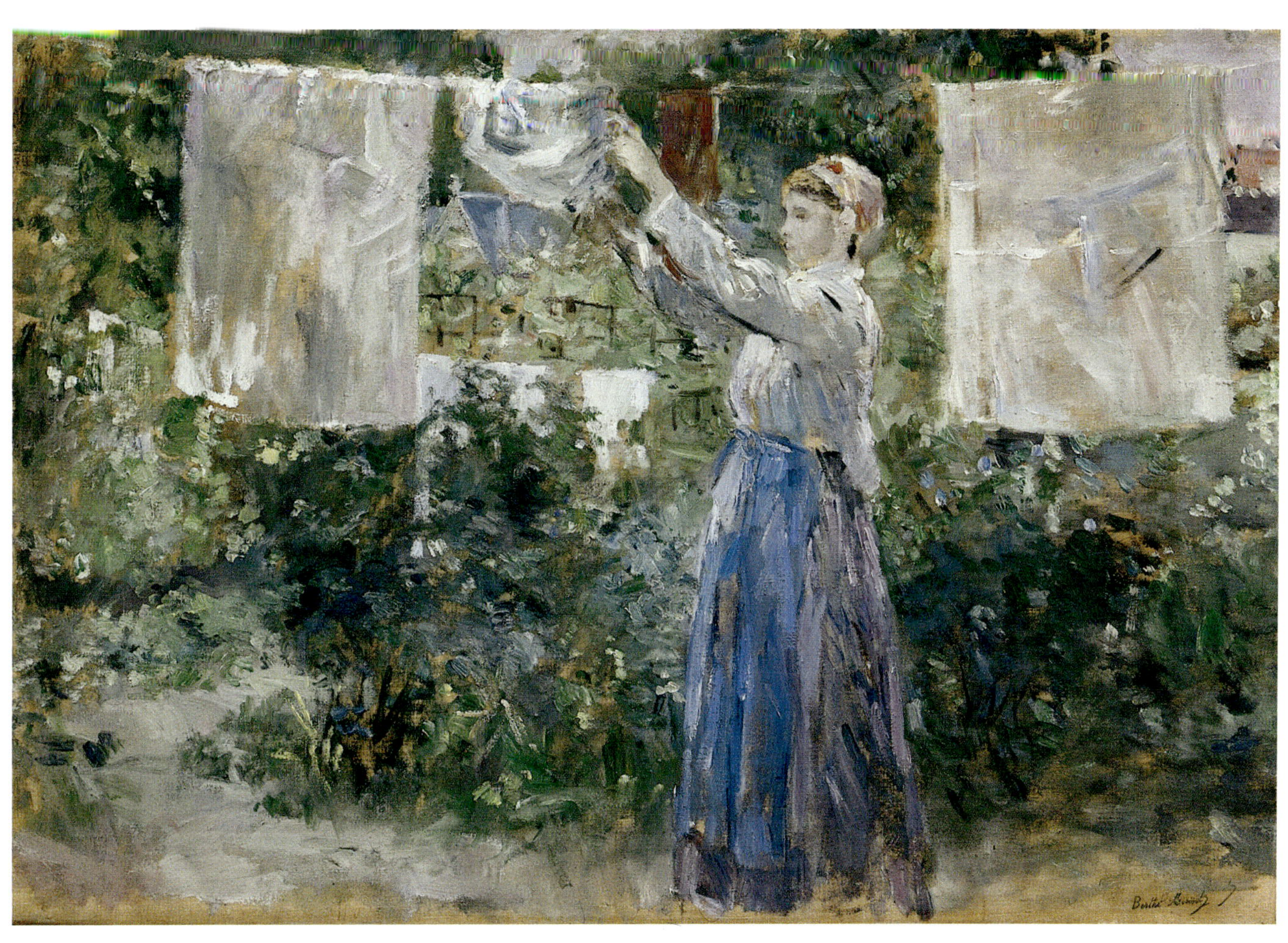

55 Baby ou Enfant dans les roses trémières, 1881

Huile sur toile
H. 50 ; L. 42
Timbre de la signature, en bas, à droite
CMR 108
Cologne, Wallraf Richartz Museum, Fondation Corboud
Inventaire : Dep. FC 614

Il faut toute l'attention d'une mère, en veillant sur les jeux de Julie dans le jardin de Bougival, pour trouver dans cette scène le motif d'un tableau si charmant. Cela tient plus de l'instant saisi par un photographe que de la vision habituelle d'un peintre. D'ailleurs Berthe Morisot possédait un appareil photographique, mais nous ne savons pas l'usage qu'elle en faisait, ni celui que quelques années plus tard Julie aura du sien.

Dans le jardin de Bougival, derrière la maison, entre les massifs de fleurs et les roses trémières, Julie joue avec son tonneau, qu'elle pousse devant elle. Plus loin, en contrebas, le linge étendu sèche ; au-delà, quelques maisons du village laissent entrevoir un pan de mur, un toit d'ardoises ou de tuiles. Cette toile est à la fois peinte sur le motif et à l'atelier. Dans plusieurs esquisses au pastel, elle avait saisi l'attitude de Julie jouant avec son tonneau (BW 457 ; BW 461 ; BW 467) avant d'intégrer la scène au milieu des fleurs de sorte que l'enfant jouant devient, avec la plus grande discrétion, un motif dans le motif.

Dans cette toile, Julie n'est que le prétexte de l'œuvre. Dans *les Pâtés de sable* (cat. 66), comme dans la toile de Manet *Julie assise sur l'arrosoir* (fig. 1 ; cat. 66), elle en est, de manière plus traditionnelle mais non moins originale, le sujet tout entier.

Berthe Morisot étant restée à Nice et Eugène Manet étant de retour à Paris, elle le charge d'organiser sa participation à l'exposition des impressionnistes : « Puisque vous êtes là bas, occupez vous de tout cela, vous me rendrez grand service, mais surtout, je vous en prie, ne me laissez pas exposer, si vous jugez tout ce que j'ai fait horrible. Je crains beaucoup un four personnel d'autant plus grand qu'on est mieux entouré...[1] » Eugène Manet choisit les œuvres, les unes chez Portier, les autres parmi les œuvres laissées à Bougival dont celle-ci pour la faire figurer sous le titre *Baby* à la 7e exposition des impressionnistes. Alors que Berthe s'interroge plusieurs fois dans sa correspondance quotidienne avec son mari sur la présence de certaines toiles, elle n'a aucun doute sur la qualité de celle-ci. La toile est exposée entourée d'un cadre blanc et or réalisé par Nivard, avec sur un même chevalet « en haut la *Villa Arnulfi,* au milieu la *Blanchisseuse,* et en bas *Baby et son tonneau* ». Eugène demande cinq cents francs de cette petite toile.

1. Lettre inédite de B. Morisot à E. Manet copiée par J. Manet.

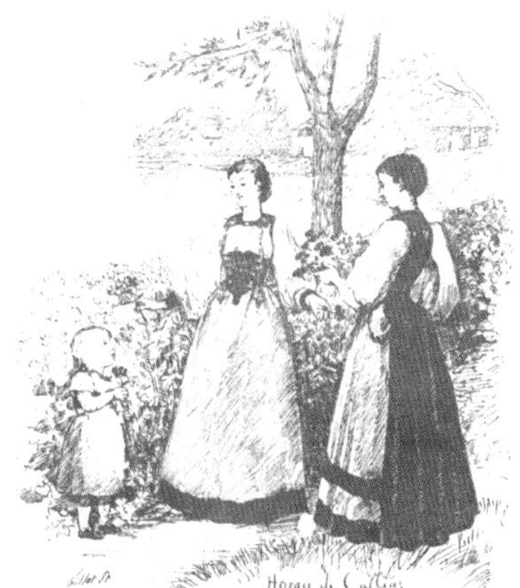

Fig. 1. H. de Callias, *Dans l'Oberland Bernois,* Salon de 1884, reproduit dans *le Salon illustré de 1884,* p. 36.

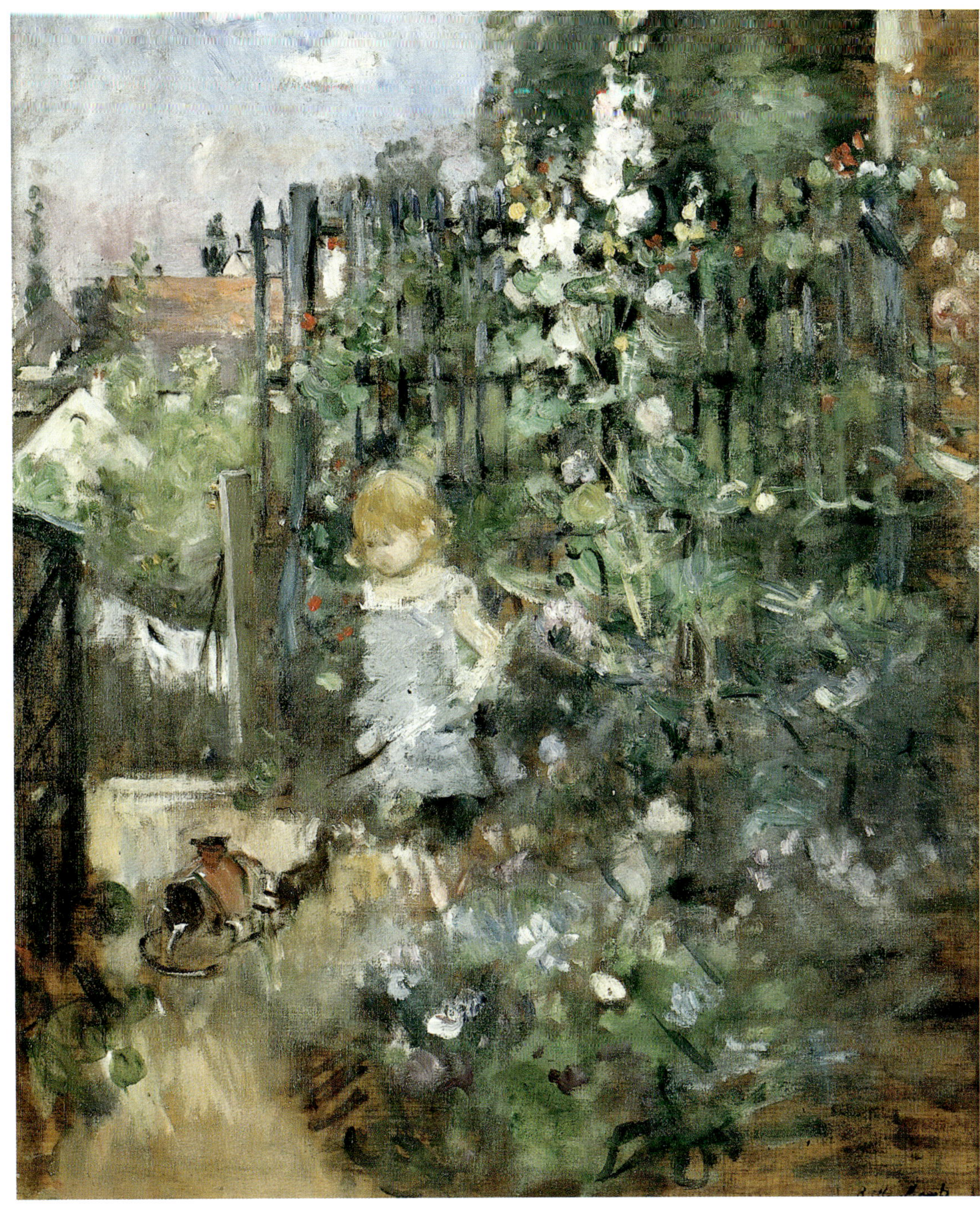

qui protègent et collectionnent les impressionnistes, le poète Armand Silvestre qui l'a souvent défendue écrit cette fois sa déception : « Mlle Berthe Morisot a toujours une palette d'une finesse exquise. Mais le dessin devient vraiment, chez cette charmante artiste, par trop imaginaire. Ses toiles ne sont plus que de délicieux ragoûts de couleurs[4]. » Même la revue *l'Art moderne* n'est pas si favorable : « Mlle Berthe Morisot délaie un peu trop ses colorations, d'une finesse excessive ; il n'en restera bientôt plus rien, ce qui serait dommage, car il y a certainement en elle l'étoffe d'un peintre de talent[5]. » Le romancier Huysmans n'est pas en reste quand il écrit : « Mademoiselle Morisot. Toujours la même, – des ébauches expéditives, fines de ton, charmantes même, mais quoi ! – nulle certitude, nulle œuvre entière et pleine. Toujours les inconsistants œufs à la neige vanillés d'un dîner de peinture[6] ! »

L'autre tableau peint dans le jardin du Dr Robin (cat. 30) est aussi très novateur, tant dans le choix du sujet que dans la manière de le traiter. Peut-être, en contact avec ce voisin – de Manet à Paris et d'elle à Bougival –, ami et collectionneur de Manet, voulait-elle lui montrer – ce qu'elle fait dans trois toiles de Bougival[7] – jusqu'où elle pouvait mener l'impressionnisme.

H. W.

4. Silvestre, 1882.
5. Anonyme, 19 mars 1882, p. 93.
6. Repris dans *l'Art moderne*, 1883.
7. Voir CMR 151 (cat. 79) et CMR 154 (cat. 80).

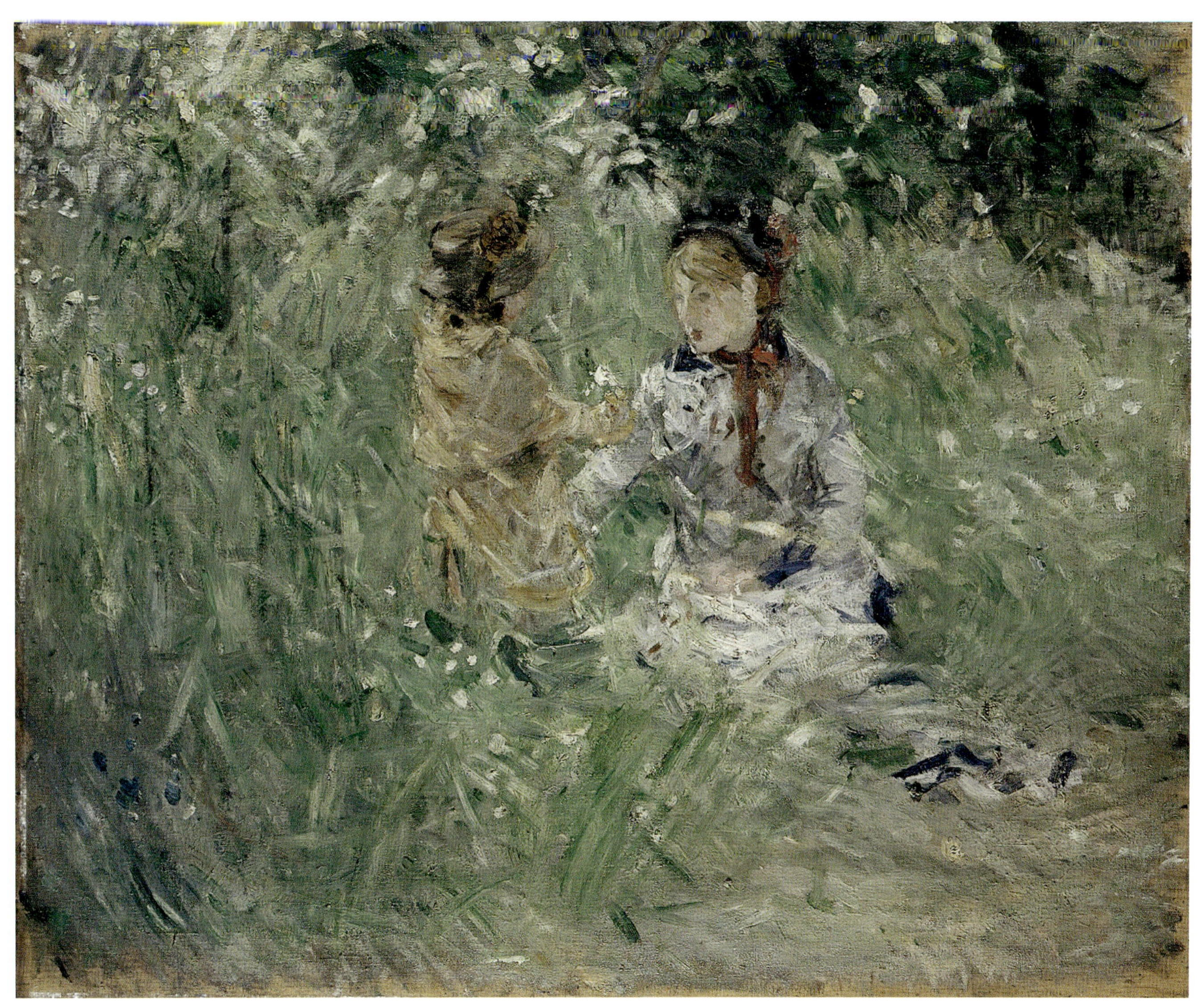

57 Le Balcon
ou Sur le balcon de la chambre d'Eugène Manet à Bougival, 1881

Huile sur toile
H. 38 ; L. 46
CMR 125
Timbre de la signature, en bas, à droite
Collection particulière

Lors de la rétrospective posthume, ce tableau, exposé sous le titre *le Balcon* (n° 100), est daté de 1882. Si nous comparons cette toile avec celles de Nice datant de 1882, nous constatons que la nôtre est antérieure, Julie paraissant plus jeune. Il faut donc dater cette toile avant le départ des Manet pour Nice, et donc de 1881. De plus, la couleur des arbres suggère que l'œuvre a été peinte à l'automne de 1881.
Dans son commentaire de cette exposition, Julie Manet note dans son *Journal* à propos de cette œuvre : « ... *Le balcon de la chambre de Papa à Bougival,* Pasie cousant et moi à côté très blonde sur le fond des arbres roux et jaunes[1]. » Nous pouvons donc retitrer plus précisément ce tableau *Sur le balcon de la chambre d'Eugène Manet à Bougival.* Dans le tableau *le Jardin de Bougival* (CMR 151, Paris, musée Marmottan, Fondation Denis et Annie Rouart) peint en 1884, depuis le jardin en regardant la maison couverte de verdure et de fleurs, nous pouvons voir, à gauche de la maison, à l'étage, le bas du balcon de cette chambre d'Eugène Manet. C'est de là qu'a été prise cette scène de Julie assise regardant Pasie coudre.
Compte tenu de cette localisation très précise de l'œuvre, elle ne peut être identifiée avec le portrait de Bibi et Pasie peint selon la lettre d'Eugène Manet dans le jardin Robin[2], le tableau de Cardiff (cat. 56).
Dans ce charmant tableau, Berthe Morisot s'intéresse, une fois encore, plus à l'équilibre des tons, aux rapports entre les masses qu'aux détails méticuleux. Pour les adversaires de l'impressionnisme, et ils le lui reprocheront avec insistance lors de l'exposition de 1882, c'est un véritable fouillis. Même Armand Silvestre qui l'a défendue trouve que « ses toiles ne sont plus que de délicieux ragoûts de couleurs[3] ». Avec un pilier à droite, et sur toute la longueur du tableau les barreaux du balcon, Berthe Morisot a aussi choisi un point de vue singulier, contraire aux habitudes des peintres du Salon.
Même si Eugène Manet était alors à Paris pour ses activités professionnelles, Pasie ne pouvait s'installer sur le balcon de sa chambre sans l'accord de sa maîtresse. C'est donc Berthe Morisot qui a décidé d'exécuter là cette peinture. La lumière spécifique, la vue plongeante sur le jardin et l'étonnante perspective qui en résulte l'ont inclinée à choisir cet endroit. La scène ne semble absolument pas posée, mais prise sur le vif, comme toujours dans sa peinture.
Pasie a sorti une chaise de la chambre d'Eugène Manet pour s'installer sur le balcon et coudre comme si elle y cherchait la douceur de l'air et la lumière. Julie, vêtue d'un manteau marron à col et poignets de velours, l'observe avec beaucoup d'attention. Les subtilités des couleurs des vêtements sont autant de féeries de couleurs, avec du bleu, du rouge et du blanc chez Pasie, ce qui renforce la luminosité de la composition.
Du premier étage de la maison la vue est d'autant plus plongeante sur le jardin que celle-ci se trouve sur un petit monticule. Une jardinière accrochée à la balustrade du côté extérieur modifie la perception des différents plans et accentue la perspective vers une percée au milieu de la végétation, comme pour mieux surveiller le petit chemin d'accès à la maison. Derrière la tête de Julie, dans cette percée, nous apercevons, au bord de l'allée, le jardinier au travail. Ce grand jardin plein d'arbres et de fleurs nécessitait un soin constant. Ce jardin est aussi pour Julie le domaine de nombreux jeux.
Lors de l'exposition posthume chez Durand-Ruel, en mars 1896, ce tableau est accroché sous le *Port de Lorient* (fig. 2 ; p. 44), et entre, d'un côté, *le Berceau* (cat. 14) et, de l'autre, la *Salle à manger* (fig. 3 ; p. 46). Un voisinage si prestigieux montre l'importance de cette œuvre pour Julie Manet, mais plus encore pour Degas, Monet et Renoir, qui effectuent avec elle l'accrochage.

H. W.

1. J. Manet, *Journal,* p. 82.
2. Contrairement à ce que propose Charles F. Stuckey, dans *Berthe Morisot Impressionist,* cat. exp., 1987, p. 92.
3. Silvestre, 1882.

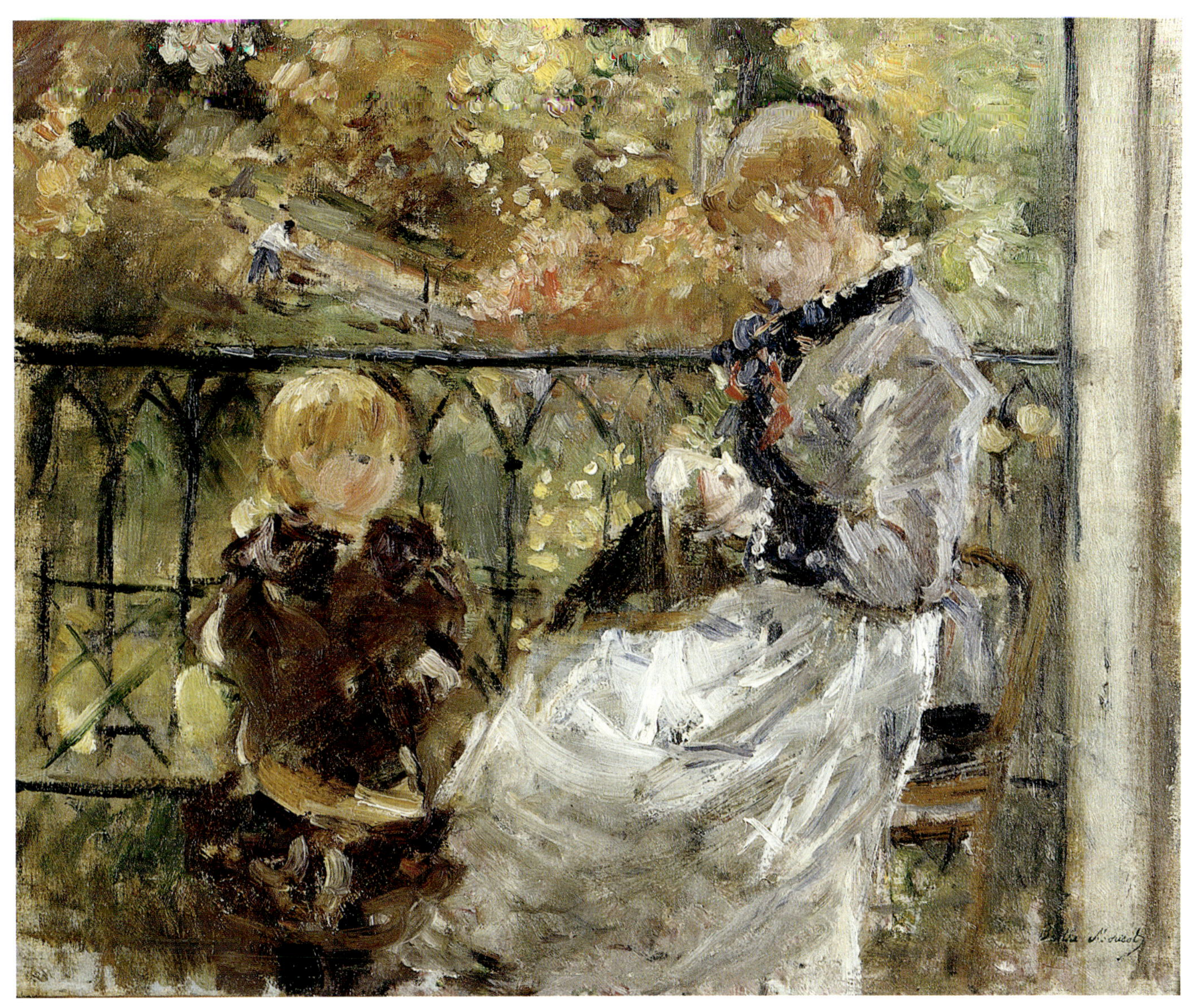

58 Pasie cousant dans le jardin, 1881-1882

Huile sur toile
H. 81 ; L. 100
CMR 109
Pau, musée des Beaux-Arts, don de M. et Mme Ernest Rouart, 1907
Inventaire : 07.10.1

À Bougival, Berthe dispose au moins d'une cuisinière, d'une nourrice pour Julie, et de sa bonne Pasie. C'est surtout cette dernière qu'elle utilise comme modèle car elle aime son attitude et son chignon. Elle semble d'ailleurs avoir pris plaisir à poser vu le nombre de toiles la représentant alors que les autres domestiques de Bougival n'ont pas cet honneur, sauf de rares fois les deux nourrices successives de Julie.

Contrairement aux représentations alors habituelles d'un tel thème, Pasie ne fait pas de sa couture à l'intérieur mais dans le jardin, assise sur un banc près de la maison. Elle ne surveille pas Julie, même distraitement car nous ne voyons ni l'enfant, ni aucun jouet pouvant suggérer sa présence à proximité. Bien coiffée, très correctement vêtue et sans tablier, Pasie pourrait très bien passer pour une maîtresse de maison, plus modeste certes, mais non pour une domestique. Rien ne la distingue de ces jeunes femmes bourgeoises qui s'occupent avec un peu de couture, le plus souvent de la broderie, comme dans certaines toiles de Fantin-Latour ou de nombreux autres peintres du Salon.

La façon dont l'artiste compose et traite cette scène est novatrice, elle aussi, par rapport à celles qu'adoptent ses contemporains. Pasie est assise sur un banc situé derrière un massif touffu de roses, le long de la maison dont nous n'apercevons que deux pans d'un mur et un appui de fenêtre. Sauf un peu d'allée, en bas à gauche, tout le reste de la toile est occupé par Pasie, le banc ou la végétation. Le visage, la corbeille à ouvrage et les massifs sont les parties le plus travaillées. Lorsque Eugène Manet se rend à Bougival, la veille de l'inauguration de la 7e exposition impressionniste, pour choisir les toiles restées dans la maison, il lui télégraphie le 1er mars : « J'ai trouvé Pasie cousant sur un banc très bien. Gustave a été de mon avis. Faut-il l'exposer[1] ? » Berthe Morisot lui répond : « … Vous êtes allé à Bougival et c'est bien du grand tableau de Pasie cousant que vous me parlez. J'avais le souvenir d'avoir effacé la tête la dernière fois que j'y ai travaillé. Pissarro et Édouard l'ont vu et ni l'un ni l'autre n'en ont paru émerveillé. Cependant, s'il paraît moins mal que les autres, mettez-le. Je n'en veux pas avoir beaucoup : cinq ou six suffisent[2]. » Ayant revu la toile, Eugène écrit : « J'ai revu la figure de Pasie à Bougival où je suis retourné dans l'après-midi, elle ne m'a pas paru assez faite[3]. » Finalement, la toile n'a pas été exposée car quelques jours après Eugène lui écrit : « Vous aurez douze toiles […] Il n'y en a que neuf portées sur le catalogue[4]… » ; or, cette toile ne correspond pas au titre des œuvres au catalogue, et une autre lettre nous donne celles qui figurent hors catalogue.

Le visage gratté – ce que Berthe Morisot a fait à plusieurs occasions pour d'autres toiles – a donc été complété, sans doute au retour de Nice, c'est-à-dire au lendemain de cette exposition de 1882. Pourtant, par ses dimensions, cette toile, l'une des grandes de l'artiste, était destinée à une exposition, mais elle n'a pas été intégralement achevée, sans doute à cause du renvoi du modèle[5]. Elle sera exposée, en 1896, lors de la rétrospective posthume sous le titre « Cousant dans le jardin ». Dans son *Journal,* Julie Manet n'écrit rien sur cette toile, qui avait été ajoutée à une première liste et figurait ainsi à l'exposition sous le numéro 370.

H. W.

1. *Corresp. B. Morisot,* p. 103.
2. *Ibid.,* p. 105.
3. *Ibid.,* p. 104.
4. *Ibid.,* p. 107.
5. Sur ce point, d'après une correspondance inédite, se reporter au cat. 100.

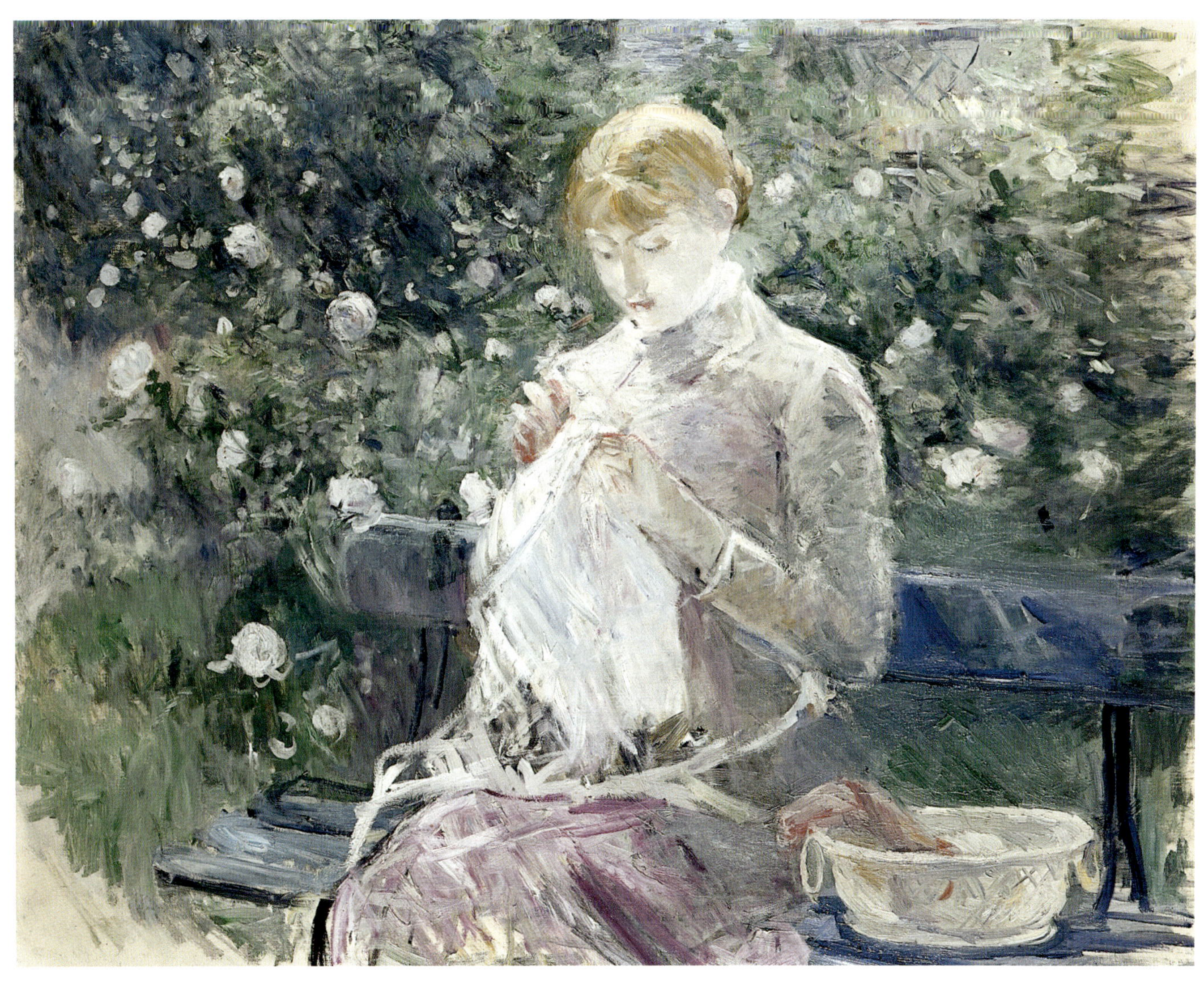

59 Le Port de Nice, 1882

Huile sur toile
H. 41 ; L. 55
Signé, en bas, à droite :
berthe Morisot
CMR 114
Cologne, Wallraf Richartz Museum, Fondation Corboud
Inventaire Dep. FC 710

À Nice, Berthe Morisot se consacre d'abord à sa santé et à celle de Julie qui, comme elle l'écrit à sa belle mère, « grandit beaucoup et perd son air gros bébé. Le climat lui réussit admirablement, jamais elle n'a eu aussi bonne mine[1] ». Elle cherche des motifs nouveaux. C'est ainsi qu'elle fait quelques croquis et peint des aquarelles en vue de toiles. Une dizaine de toiles datent de ce séjour, dont trois signées. Celles qui ont été achevées furent expédiées à Bougival, lorsque son mari dut regagner son administration parisienne ; elles figureront à l'exposition impressionniste de 1882.

Une toile de petit format comme celle-ci, un format non standard comme toutes ses autres œuvres de Nice, permettait d'aller peindre sur le motif, et même de se trouver au milieu du port et des embarcations, ce qui est plus discret pour une femme que d'être au milieu de la foule. Pour peindre cette œuvre, elle n'a pas manqué de demander à un pêcheur de la conduire dans son embarcation au milieu des petits bateaux de pêche amarrés le long de la jetée. Là, elle est à l'abri tant du bruit, de la gêne, que des regards indiscrets ou des commentaires. Elle aimait particulièrement cette tranquillité. Julie Manet précise dans son *Journal* les conditions dans lesquelles cette toile a été exécutée : « Maman peignait en barque au milieu du port et moi je la regardais du quai, ayant bien envie d'aller avec elle dans le bateau puis en même temps ayant très peur[2]. » Lors de son séjour à l'île de Wight, elle s'était plainte dans une lettre à Edma de la difficulté de trouver un endroit pour travailler au calme et de l'impossibilité de peindre depuis un bateau où « tout branle, c'est un clapotement infernal ; on a le soleil, le vent ; les bateaux changent de place à toute minute, etc[3]... ». À l'abri dans le port de Nice, elle ne retrouve pas ces inconvénients et peut même en achever trois vues.

1. B. Morisot à Mme Manet, lettre inédite, archives Rouart. Nous remercions la famille de nous avoir autorisé à citer ce passage.
2. J. Manet, *Journal*, p. 82.
3. *Corresp. B. Morisot*, p. 87.

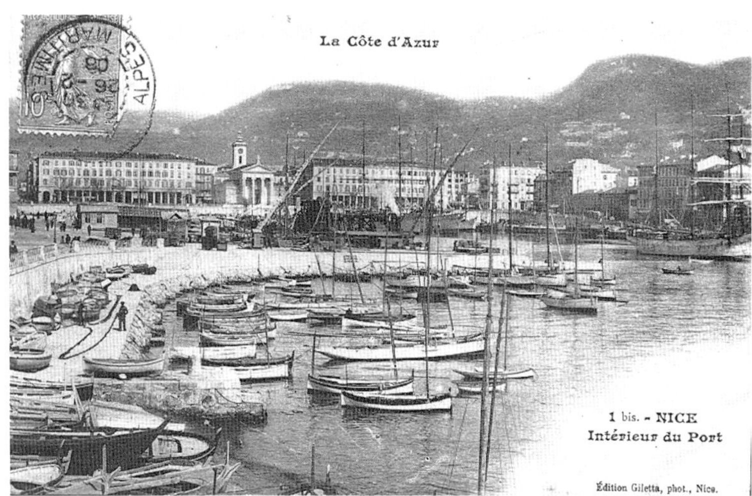

Fig. 1. Le Port de Nice, carte postale, collection particulière

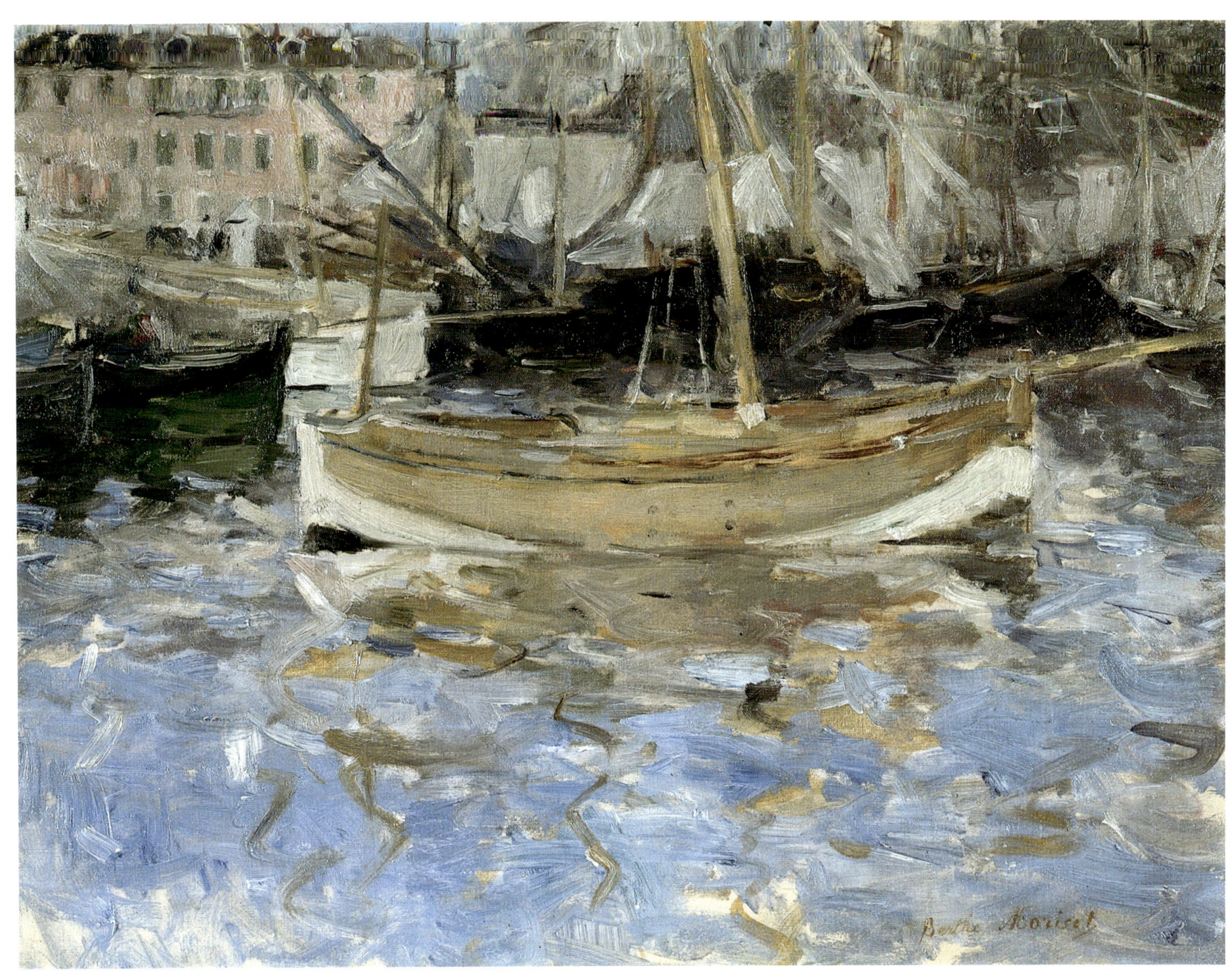

La toile est audacieuse par la composition autant que par la technique. Son point de vue, sa facture et sa technique en font, en 1882, une toile à l'avant-garde de l'impressionnisme. Pour les tenants de l'art officiel, son caractère esquissé et les tons utilisés et posés par grandes touches en font plus une étude qu'une œuvre achevée.

Une nouvelle fois, Berthe Morisot peint presque sans faire apparaître de ciel. La lumière envahit près des deux tiers de la composition. Toute la clarté provient de la mer, non du ciel. En cela, ce tableau s'oppose à toutes les toiles de *vedute* à la mode. Pour peindre, Berthe Morisot s'est installée dans une barque de pêcheur, assise, calée au fond ; pour être à l'abri du vent et ne pas lui donner prise sa toile ne dépasse guère du bord. Placée au milieu de la composition, le voilier amarré du pêcheur est comme le sujet central de ce tableau ; les autres voiliers et les bâtiments le long du quai apparaissent éloignés, plus en arrière-plan qu'en second plan. À gauche au fond, le bâtiment rose du port donne une profondeur au sujet tandis qu'à droite, au fond, mâts et voiles s'entremêlent.

Cette toile possède toute la fraîcheur et la spontanéité d'une aquarelle ; comme dans celle-ci les touches juxtaposées traduisent la rapidité et la maîtrise de l'exécution. Tout cela ne pouvait que choquer ses contemporains.

Berthe Morisot est suffisamment satisfaite de cette toile pour la signer de manière bien visible, contrairement à son habitude, en bas à droite, employant la même couleur que pour la coque du voilier du premier plan ou son reflet. D'ailleurs, la signature est comme le prolongement de certains des reflets du navire.

En choisissant cette toile pour l'exposer à la 6e exposition des impressionnistes, Eugène Manet a voulu présenter un ensemble moderne et cohérent pour défendre l'œuvre de son épouse. Si elle figure au catalogue, la toile n'en est pas moins accrochée à sa place définitive et avec son cadre spécifique après l'inauguration. En effet, dans une lettre à Berthe, restée à Nice, Eugène qui est à Paris, où il a organisé sa participation à l'exposition impressionniste, écrit le 5 mars 1882 : « La Marine, la plage de Nice seront placés demain sur un panneau à côté de mon portrait. Duret qui arrivait de Londres m'a fait compliments de vos tableaux. Je ne doute pas que le succès ne vous vienne[4]. » En cela il était bien optimiste, car l'œuvre choque.

Il ne faut pas oublier que les critiques qui s'étaient moqué des impressionnistes avaient jugé, notamment en 1876 et en 1877, que c'était « l'école du petit bleu », et leur reprochaient d'utiliser du cobalt pur. Ainsi, non seulement les touches mais aussi le ton de la mer irritaient les défenseurs de l'art officiel. Il n'est pas étonnant que cette toile trouve alors plus de détracteurs que de défenseurs. C'est plus en pensant à cette toile qu'aux autres que Jacques de Biez a pu écrire : « Mlle Berthe Morisot nous fait courir tous les dangers d'une palette mal essuyée[5]. » Paul de Charry qui l'avait précédemment défendue ne comprend plus et il le dit avec franchise : « Le *Port de Nice* est quelque chose d'incompréhensible et d'insensé, et c'est certainement cela qui fait écrire sur la rampe de l'escalier, d'une main colère et rageuse, par un monsieur horripilé, ces seuls mots : *Je proteste !...* Nous ne nous mettons pas dans l'état de ce malheureux exaspéré, mais nous disons franchement à Mme Morisot que, lorsque l'on a comme elle du bon sens et du talent, il n'est pas permis de se moquer ainsi du public[6]. » Les vrais défenseurs de l'impressionnisme préfèrent, pour éveiller la curiosité et l'intérêt, s'attarder plus longuement sur une autre toile, *À la campagne*. Toutefois, dans deux quotidiens le tableau est signalé au lecteur parmi les œuvres remarquées[7], ou parmi celles « qui méritent le plus de fixer l'attention du public[8] ».

4. Citée partiellement dans *ibid.*, p. 108, archives Rouart. Nous remercions la famille de nous avoir autorisé à publier un extrait de ce document.
5. Biez, 1882.
6. Charry, 1882.
7. Durand, 1882.
8. Alq, 1882.

9. Marx, 1896.

Lorsque cette toile est exposée lors de la rétrospective posthume, en 1896, Roger Marx note l'atmosphère qui s'en dégage et écrit à son propos dans l'influente *Revue encyclopédique* : « Sans tapage, mais non sans émotion, écartant d'elle-même tout ce qui pouvait offenser sa délicatesse native, Berthe Morisot a reproduit l'image de ses proches, des scènes d'intimité, les sites et les aspects qui l'avaient ravie lors de ses séjours à la mer, aux environs de Paris, lors de ses voyages en Angleterre et à Nice. Dans ses tableaux, que n'attriste aucune ombre, tout n'est que paix, calme et sérénité, tout sourit et tout enchante[9]... »

H. W.

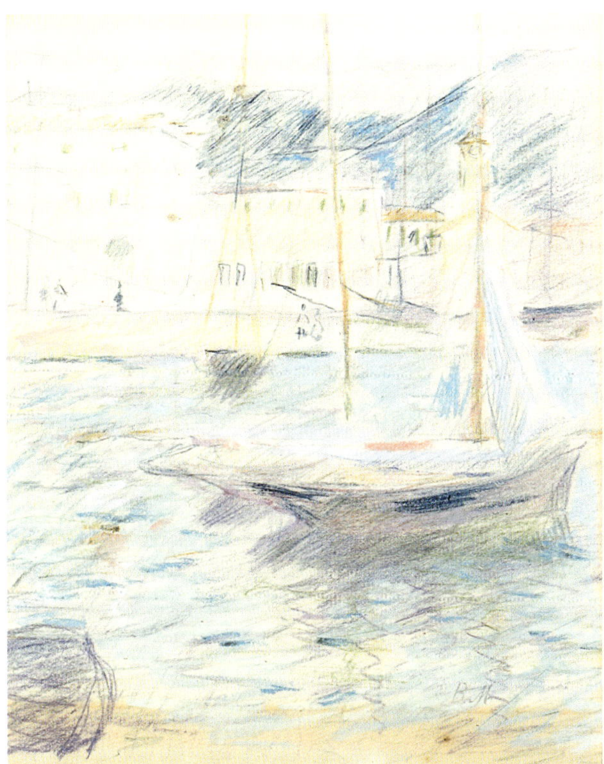

Fig. 2. Berthe Morisot, *le Port de Nice,* crayon de couleur, signé en bas, à droite des initiales, collection particulière.

60 Port de Nice, 1882

Aquarelle
H. 15 ; L. 23
Cachet des initiales,
en bas, à droite
BW 660
Collection particulière

De Nice comme de Bougival, il reste de nombreux dessins, des esquisses et des aquarelles des motifs ayant intéressé Berthe Morisot sans pour autant aboutir à une toile. Elle cherche de nouveaux sujets et des thèmes bien personnels. Alors que ses amis Monet et Renoir vont s'attacher à la lumière du midi que Cézanne leur fait voir, elle ne s'y attarde guère. Cette différence de perception et d'intérêt s'explique par sa propre vision artistique et le peu d'attrait qu'elle a pour l'ombre. Comme le souligne, en 1891, Théodore de Wyzewa, chez elle « les harmonies de couleurs y sont plus douces, les figures s'y fondent mieux dans le décor[1] ». Chez elle, la lumière n'est jamais brutale, comme l'explique longuement Gustave Geffroy dans sa préface de l'exposition de 1892 chez Boussod et Valadon : « Ici, la lumière solaire a été analysée et transformée par un vouloir et des mains de magicienne, elle a été conduite jusqu'à ces révélations par une série d'opérations où il y a le charme et la douceur d'un prestige. » Chez elle, cette « clarté de nature [...] se propage en palpitations nouvelles qui frémissent et étincellent ». Cette aquarelle, avec son eau aux reflets bleus et verts, indique que ce n'est pas en plein soleil ni pendant les chaleurs estivales que Berthe Morisot peint cette scène. Le premier plan, avec, sur la gauche, le mât de beaupré et son bout-dehors de foc en une composition très particulière est comme issu d'une perception photographique[2].

Dans la toile de la collection Reves (Dallas Museum) dont cette aquarelle est une étude préparatoire, elle retiendra ce bateau du premier plan, avec la proue comme sujet principal. Vers 1900, de nombreuses cartes postales, fréquemment tirées à partir de photographies déjà anciennes, souvent de dix ou vingt ans, montrent le port de Nice avec une multitude de voiliers et de mâts (fig. 1).

H. W.

1. Wyzewa, 1891, p. 234.
2. On sait que Berthe Morisot possédait, tout comme Degas, un appareil photographique, mais nous n'avons pas retrouvé, pour l'instant, de photographies prises par elle.

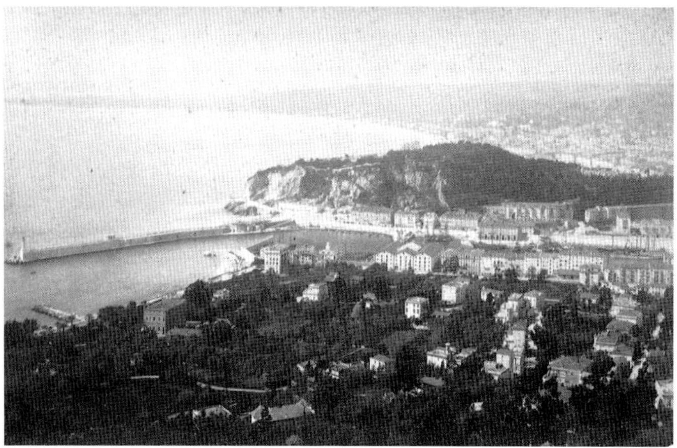

Fig. 1. *Voiliers dans le port de Nice*, photographie, sans date.

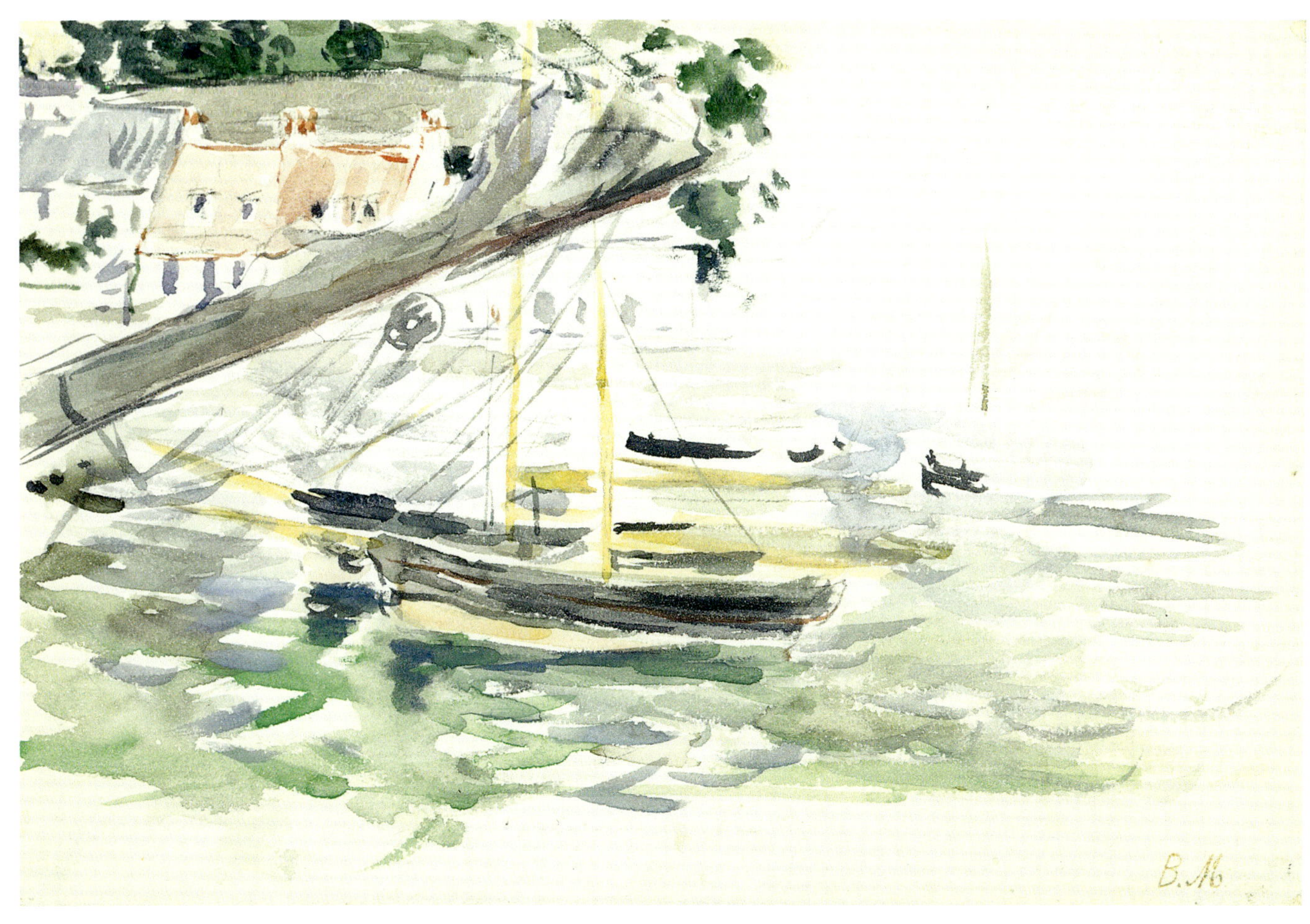

61 La Plage de Nice, 1882

Huile sur toile
H. 46 ; L. 56
Timbre de la signature, en bas, à gauche
CMR 117
Collection particulière

Plusieurs études sur la plage de Nice précèdent la réalisation de ce tableau qui se situe presque au bout de l'actuelle promenade des Anglais. L'artiste choisit un point de vue particulier qu'elle va rendre avec son art tout personnel ; dans ce cadre, elle représente de manière non conventionnelle Julie jouant sur la plage.
Par rapport à l'aquarelle préparatoire de Stockholm (cat. 62), Berthe Morisot a modifié son point de vue pour donner plus d'importance à Julie. Elle s'est d'abord reculée de quelques pas et a ajouté deux chaises vides. La cabine sur le côté droit n'est donc plus au premier plan. Le tableau a été travaillé sans doute dans sa chambre à partir de l'aquarelle exécutée sur le motif. Berthe Morisot écrit, en effet, à son mari : « Il est impossible de s'installer à cause du vent. J'ai travaillé dans ma chambre et trop ; avec un modèle comme Bibi, on ne peut aller que très lentement si on ne veut risquer de tout compromettre. Cela a marché et cela ne marche plus ; je ne désespère pas de la remettre sur pied ; mais ce sera plus long que vous ne pensez[1]. » Nous ne savons pas à quel tableau elle fait ici allusion, mais cette lettre montre qu'il lui est difficile de travailler sur le motif.
Les cabines projettent leur longue ombre violette sur le sable. En cette saison le contraste est considérable entre la grande clarté de l'atmosphère et de l'air et l'étendue des ombres portées.
Le premier plan, avec le sable, terrain du jeu de Julie qui fait des pâtés et a abandonné à côté d'elle un ballon, comporte aussi à sa droite deux chaises tournées vers le spectateur, mais laissées vides ; elles sont sans doute destinées à l'artiste et à sa fille. Comme sa bonne, assise sur une troisième chaise orientée de l'autre côté lui tourne le dos, Julie est, au moins pour quelques instants, sous la seule surveillance directe de sa mère. À gauche, une balançoire à bascule, peut-être un peu trop grande pour Julie qui ne peut y jouer étant seule, indique que sa mère a loué une cabine près de l'ère de jeux des enfants. Pourtant Julie est le seul enfant de toute la plage, comme elle est la principale préoccupation de sa mère.
Il y a d'autres personnes sur la plage. Derrière la balançoire, un parasol est ouvert. Un peu derrière l'escalier de bois qui mène du quai sur la plage, plusieurs personnes sont installées à l'abri d'un coupe-vent. Un peu plus loin, des barques ont été remontées sur le sable.
Cette *Plage de Nice* a aussi un intérêt historique. En effet, Berthe Morisot a représenté dans le fond le pont qui relie le quai au palais de la Jetée, ou palais des Fêtes dit aussi Jetée-promenade, alors en cours de construction. Érigée dans la mer sur pilotis et reliée au quai par un long pont de bois, ce palais sera détruit lors d'un incendie, le 4 avril 1883, jour de son inauguration. Il sera reconstruit en 1891 et finalement détruit par les allemands le 8 mars 1944 pour en récupérer le cuivre et les autres métaux.
Ce tableau a été exposé au moins trois fois du vivant de l'artiste. D'abord en 1882 à la 7e exposition impressionniste sous le titre erroné *Port de Nice* (nº 97), puis la même année à Londres par Durand-Ruel chez Dowdeswell and Dowdeswell (nº 57), enfin, à New York en 1886, par Durand-Ruel dans la très importante exposition qu'il organise à la National Academy of Design (nº 144). Malgré son intérêt, cette toile n'a guère été commentée tant il y avait d'autres œuvres.

H. W.

1. *Corresp. B. Morisot*, p. 108.

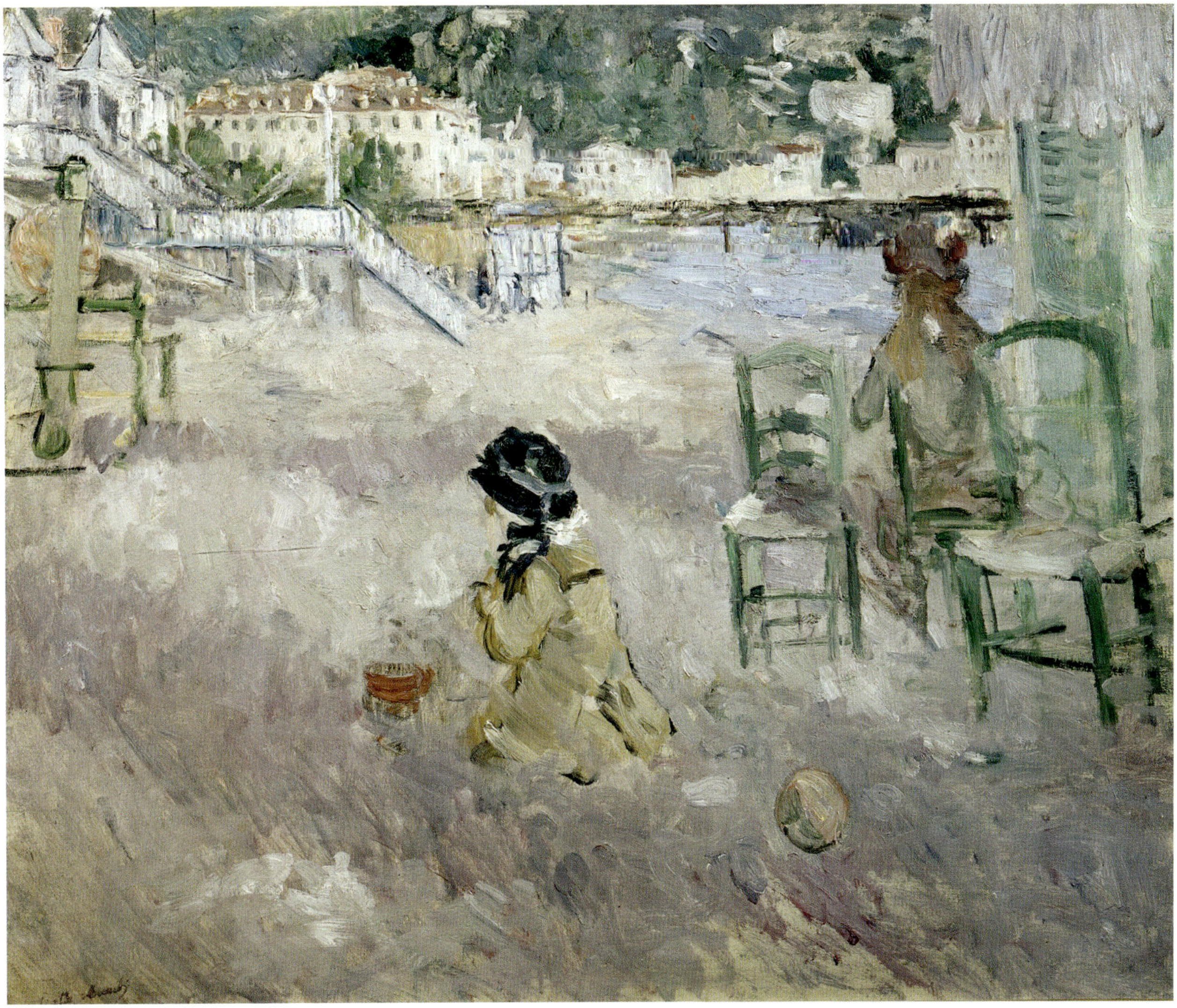

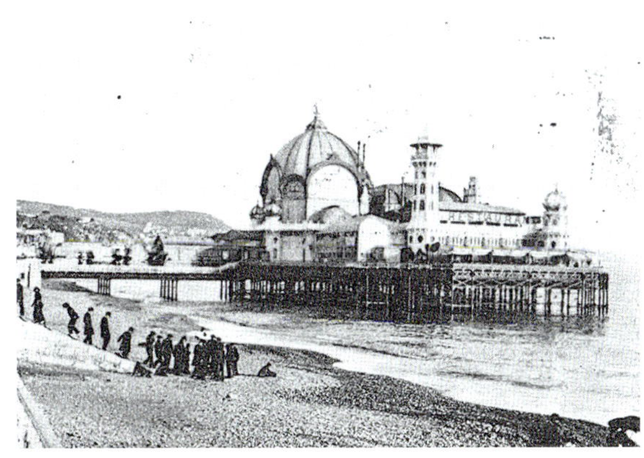

Fig. 1. Vue du casino de Nice, carte postale.

62 Plage de Nice, 1882

Aquarelle
H. 12,8 ; L. 19,7
Cachet des initiales,
en bas, à gauche
BW 662
Stockholm, Nationalmuseum,
Inventaire : NMH 190/1949

L'aquarelle est souvent pour Berthe Morisot une étude destinée à fixer une impression ou une attitude fugitive. Certaines sont ainsi reprises pour des tableaux ou des pastels. Cette *Plage de Nice* en est un intéressant exemple.

Une étude de cette taille permet à l'artiste de travailler en toute tranquillité à l'abri des regards indiscrets et de la curiosité du public.

Pour une scène de plage, Berthe Morisot a retenu un point de vue très particulier. On ne voit guère la mer – tout juste quelques touches au-delà des deux personnes du premier plan – et les maisons le long des quais suggèrent plus une ville qu'une station balnéaire. Sur la plage de Nice, au lieu de peindre la mer et le lointain, elle se tourne sur le côté, gardant au premier plan, à droite, une cabine de bain dont la porte est entrouverte, avec, au fond, la ville, ses villas et ses maisons le long de la côte. Juste devant, des passerelles – à gauche pour descendre de l'avenue de bord de mer sur la plage, à droite pour accéder au palais des Bains – donnent l'impression d'un tout autre lieu. Pourtant, cette scène prise sur le vif est très exacte.

Le point de vue est tout à fait inhabituel. À côté de la cabine, de dos, et assise sur une chaise, la bonne de Julie, vêtue de violet un chapeau sur la tête, pourrait aussi bien être dans un jardin. À côté d'elle, nous faisant face, Julie a quitté ses jeux pour retrouver sa bonne ; le jaune de sa robe éclaire toute l'œuvre – cet effet est accentué par son chapeau à fleurs. Au premier plan, à l'emplacement du sable, l'ombre violette de Julie et de sa bonne, et peut-être aussi celle de la cabine, apporte cette tonalité si particulière à cette aquarelle de plage où le sable n'est pas représenté.

Berthe Morisot reprend certains éléments travaillés ici pour son tableau *la Plage de Nice* (cat. 61), mais elle change le sujet principal, qui devient Julie jouant dans ce même environnement, et non plus parlant à sa bonne.

H. W.

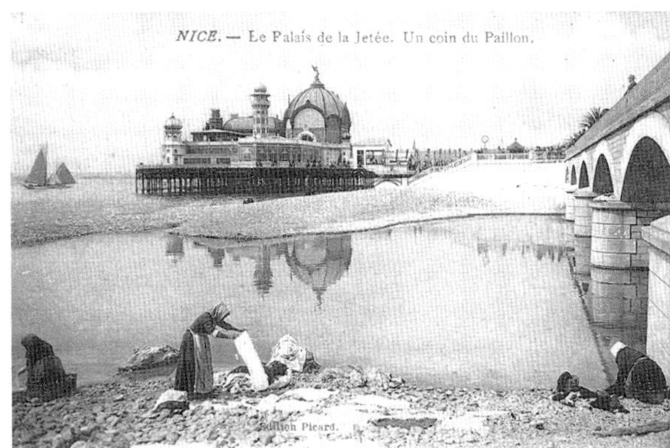

Fig. 1. La plage de Nice, carte postale.

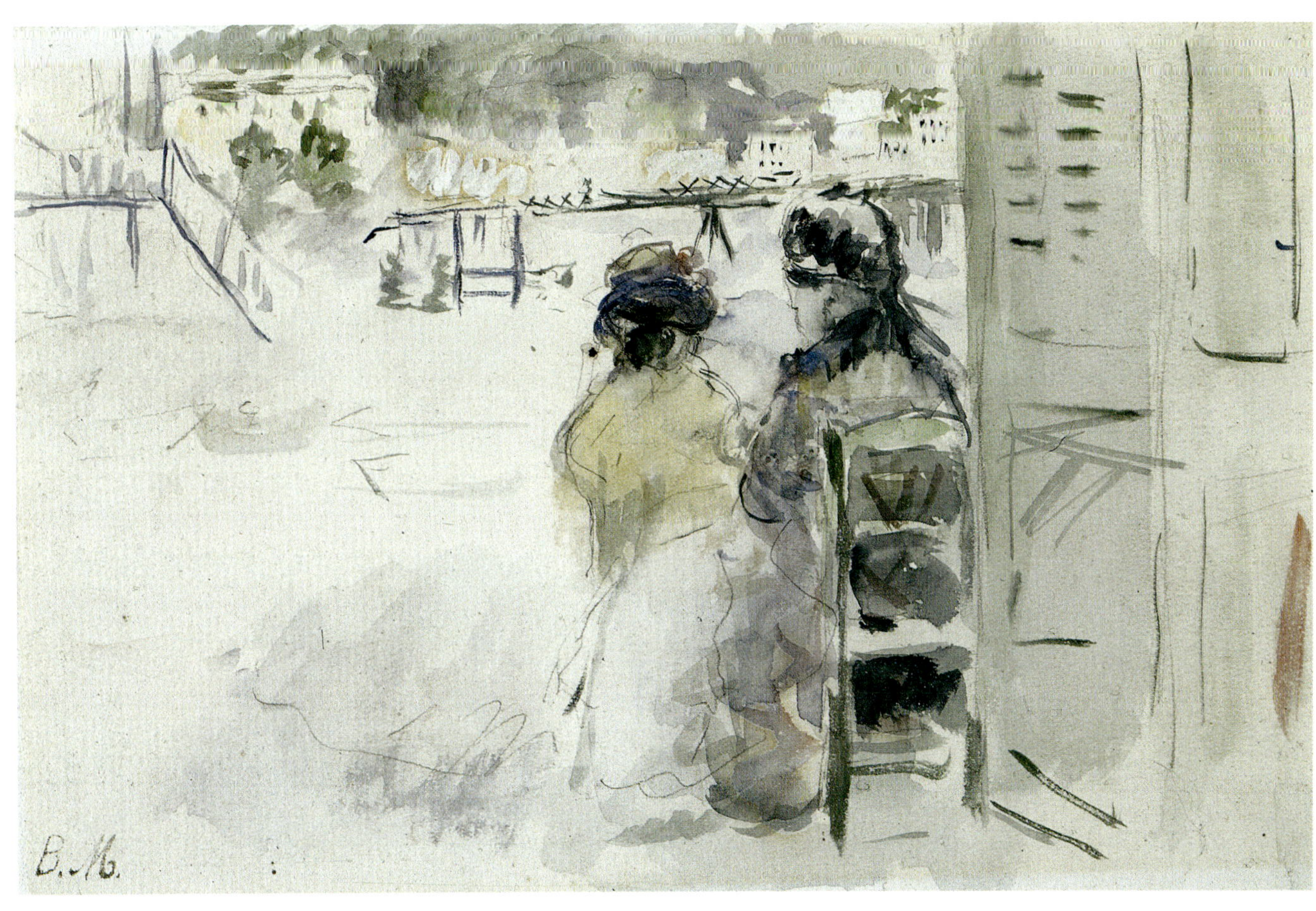
B. M.

63 Villa dans les orangers, Nice, 1882

Huile sur toile
H. 55 ; L. 43
Signé, en bas, à gauche :
B. Morisot
CMR 119
Collection particulière

Petite par la taille, cette toile n'en est pas moins importante par la qualité et la place qu'elle tient dans l'œuvre de Berthe Morisot.

Située sur les hauteurs de Nice, la villa Arnulfi domine la ville et dispose d'un joli point de vue. Ce n'est pas cet aspect qui a retenu l'attention de l'artiste, mais, au contraire, la villa cachée et protégée derrière ses orangers que précède une haie bien dense. Pour peindre ce paysage, Berthe Morisot s'est installée dans le terrain voisin qui semble peu entretenu si l'on en juge par l'état du sol et à gauche par la souche dont l'ombre allongée montre qu'il s'agit d'une fin de journée. Trois ou quatre orangers seulement portent des fruits qui brillent au soleil. La silhouette italianisante de la villa se dresse au-dessus des orangers ; son crépis légèrement rosé et le toit de tuiles forment un contraste de ton et de luminosité avec le vert des arbres fruitiers et, au-dessus, le bleu du ciel. La composition est une nouvelle fois assez audacieuse : la villa n'occupe pas plus du huitième de la toile, et pourtant c'est vers elle que le regard se tourne ; le jardin, au premier plan, remplit la moitié de la toile, mais il n'est là que pour orienter le regard vers les oranges, puis vers la villa. Le premier plan du jardin un peu plus profond sur la gauche et la percée au-dessus de la haie laissant voir des communs avant la villa orientent la perspective vers le haut de la composition et vers la gauche. Au second plan, la villa se trouve légèrement décalée par rapport à cette première perception de l'espace. Dans un paysage au motif italianisant une telle construction ne pouvait que choquer les tenants du classicisme.

Berthe Morisot avait étudié ce motif dans deux aquarelles, l'une de plus loin, sans doute depuis l'entrée de la propriété, l'autre de près. Dans cette dernière, la villa Arnulfi est vue du parc, avec quelques arbustes au premier plan qui laissent voir les trois étages de cette grande demeure qui est tout le sujet.

Eugène Manet choisit cette toile pour la joindre, mais hors catalogue, à l'envoi de son épouse à la 7e exposition des impressionnistes. Le 2 mars 1882, il lui écrit : « Votre paysage de la villa Arnulfi est charmant. Vous l'avez enlevé. » Comme une grande partie de son envoi, elle est accrochée après l'ouverture de l'exposition, c'est ainsi que nombre de critiques ne peuvent en rendre compte, notamment ceux qui sont favorables car présents le jour du vernissage. La *Villa Arnulfi* est dans un cadre « gris avec des ornements d'or ». Une fois l'accrochage complété, Eugène peut enfin lui écrire : « Édouard qui est venu ce matin à l'exposition, a trouvé votre envoi un des meilleurs... » Malheureusement, il ne rapporte pas les commentaires faits devant chaque œuvre.

Berthe Morisot devait beaucoup aimer cette toile puisqu'elle choisit de l'exposer deux autres fois. D'abord, en 1886, à la 8e exposition impressionniste, sous le titre *Paysage à Nice ;* à cette occasion, Maurice Hermel la remarque pour « une justesse de valeur, une fraîcheur de coloris, une légèreté de touche incomparable. La lumière y voltige, les tons y prennent la transparence de l'aquarelle[1] ». En 1892, lors de son unique exposition personnelle, chez Boussod et Valadon, le titre est *Vue de Nice* (no 11). Ce tableau figure ensuite à la rétrospective posthume, en 1896. Julie note alors dans son *Journal :* « *Villa dans les orangers* fait aux environs de Nice la première fois que nous y sommes allés ; au milieu des orangers d'un vert jauni où brillent les pommes d'or s'élève une villa rose au toit de tuiles qui se détache sur le ciel si bleu, le ciel du Midi, ce magnifique paysage est aussi accroché dans ma chambre. » Au lendemain de la mort de sa mère, Julie avait donc choisi cette toile pour sa chambre.

1. Hermel, 1886, p. 2.

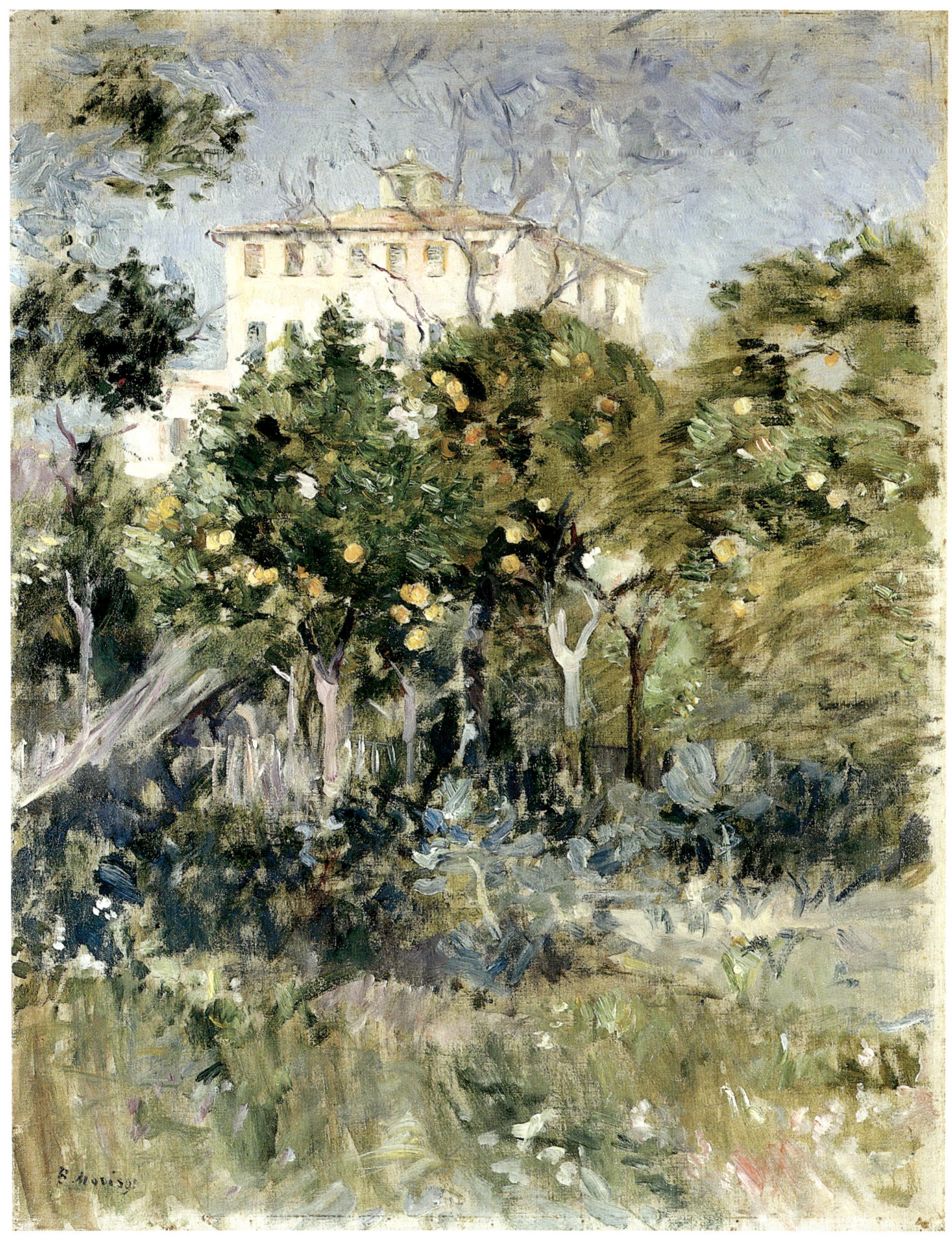

Il est amusant de constater que l'année suivante, Eugène Manet, alors qu'il séjournait dans le Midi auprès de son frère Gustave malade et qui décédera quelques mois plus tard à Menton, s'est intéressé à cette maison et a même songé à l'acheter. Il s'en ouvre à son épouse. Le 9 novembre 1883, Berthe lui répond : « Mon cher ami, votre lettre me laisse bien perplexe. Je ne doute pas que la spéculation ne soit bonne surtout si l'on pouvait détacher un morceau du terrain et le revendre immédiatement, mais 1.000 mètres ne représentent peut-être pas assez pour cela. D'après votre croquis je vois la villa Arnulphi, une grande maison plate, rose, entourée d'orangers, perchée sur la hauteur, est-ce cela ? – Mais où diable trouver de l'argent ? J'irai chez Durand demain, et j'en sortirai comme devant. Je proposerais la spéculation à Yves, ce qu'il me faut n'est ce pas c'est quelque chose qui puisse se réaliser à bref délai avec bénéfice. Dépenser 40.000, en jouir un peu, revendre 80.000. » Elle lui avoue : « Vous me manquez beaucoup », et précise aussi « Je reviens à vos projets d'achat. Il y a une chose qu'il faut bien considérer c'est si l'on peut vous boucher la vue vous enterrer. Ils ont une manière de construction déplorable. Au revoir. Je vous embrasse »[2]. La famille Manet n'était pas étrangère aux affaires et avait su faire fructifier habilement les terrains de Gennevilliers ; comme la construction de la maison rue de Villejust absorbe une grande partie des disponibilités, Eugène ne peut pas aisément financer cette autre acquisition. Ces considérations financières sous la plume de Berthe tout comme ces propos tendres envers son mari – que l'on retrouve souvent dans des passages inédits – la montrent sous un jour méconnu.

H. W.

2. Lettre inédite de B. Morisot à E. Manet, 9 novembre 1883, collection Rouart.

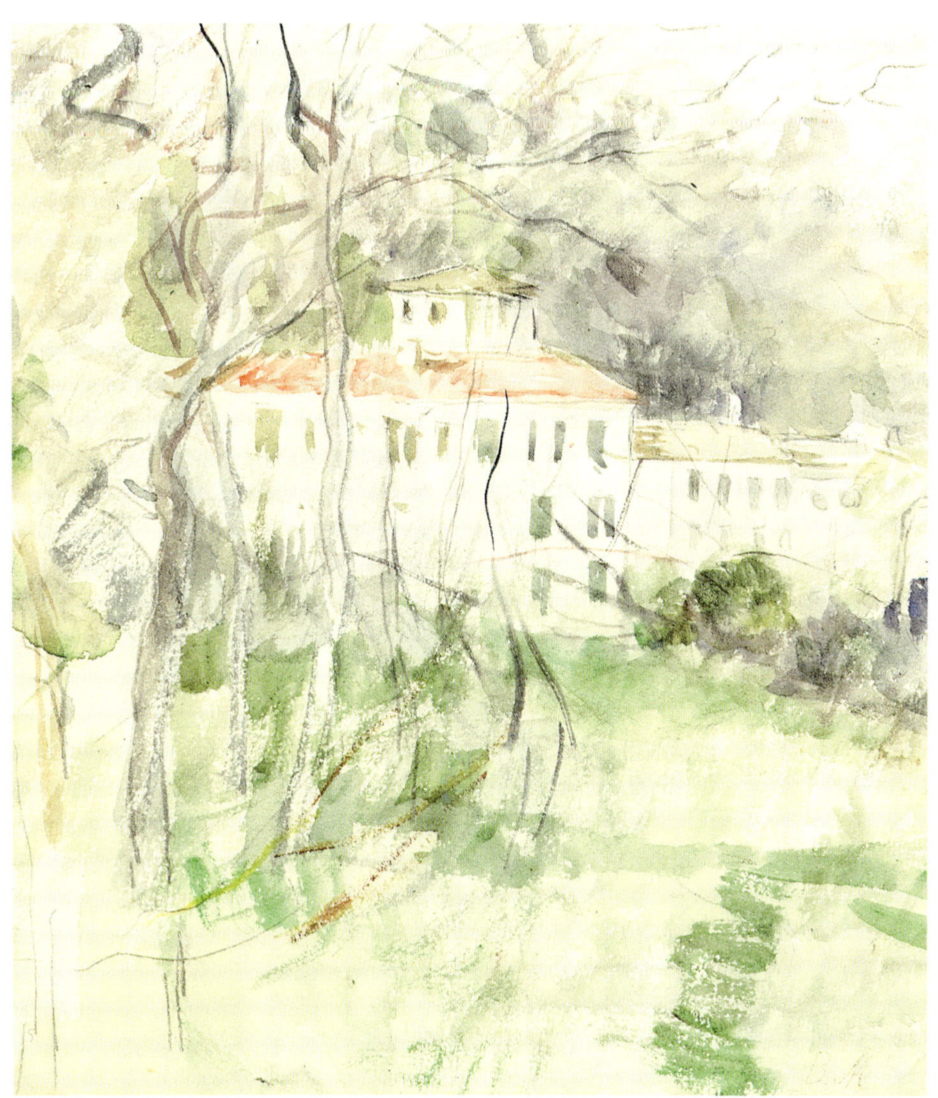

Fig. 1. Berthe Morisot, *Villa Arnulfi*, aquarelle, H. 55 ; L. 46, collection particulière.

64 Julie ou la Petite Fille endormie, 1882

Crayon et aquarelle
H. 15 ; L. 12
BW 673
Collection particulière

Berthe Morisot se plaignait souvent, tout en la comprenant parfaitement, de la lassitude de Julie qui ne se prêtait pas volontiers aux séances de pose, si courtes soient-elles, juste le temps de retrouver seulement une attitude, un regard ou encore une forme manquante pour achever une œuvre. Cette petite fille endormie aurait pu donner lieu à une aquarelle totalement achevée et méticuleusement travaillée, l'enfant laissant sans doute à sa mère le temps d'achever sa composition. Ce ne fut pas le cas alors que Berthe Morisot en avait eu l'occasion. Cela montre bien sa méthode. L'aquarelle est une œuvre en soi – et alors elles sont destinées à être exposées – ou des notes rapides pour garder le souvenir d'une scène, fixer un mouvement, une attitude, ou un rapport de tons et de couleurs.

Julie Manet à Bougival est habillée pour sortir, à moins qu'elle ne vienne de rentrer bien fatiguée. Elle dort profondément, bien calée dans l'angle d'un canapé, son petit chapeau blanc encore sur la tête. Elle porte en bandoulière un petit sac sur lequel repose sa main droite, comme si, avant de s'endormir, elle ne voulait pas que l'on y touche. Quelques touches de couleurs suffisent pour indiquer l'équilibre de la composition : la blondeur des cheveux et le rose des joues de Julie, le chapeau blanc, une bandoulière violette. Quelques petites touches – presque des gouttes – rappellent à l'artiste les tons du mur ou du canapé.

Berthe Morisot sait trop ce que cette œuvre achevée pourrait avoir de mièvre, ou de trop personnel ; elle préfère garder toute la fraîcheur de cette vision rapide de l'enfant endormie, et non d'une composition achevée à l'atelier.

H. W.

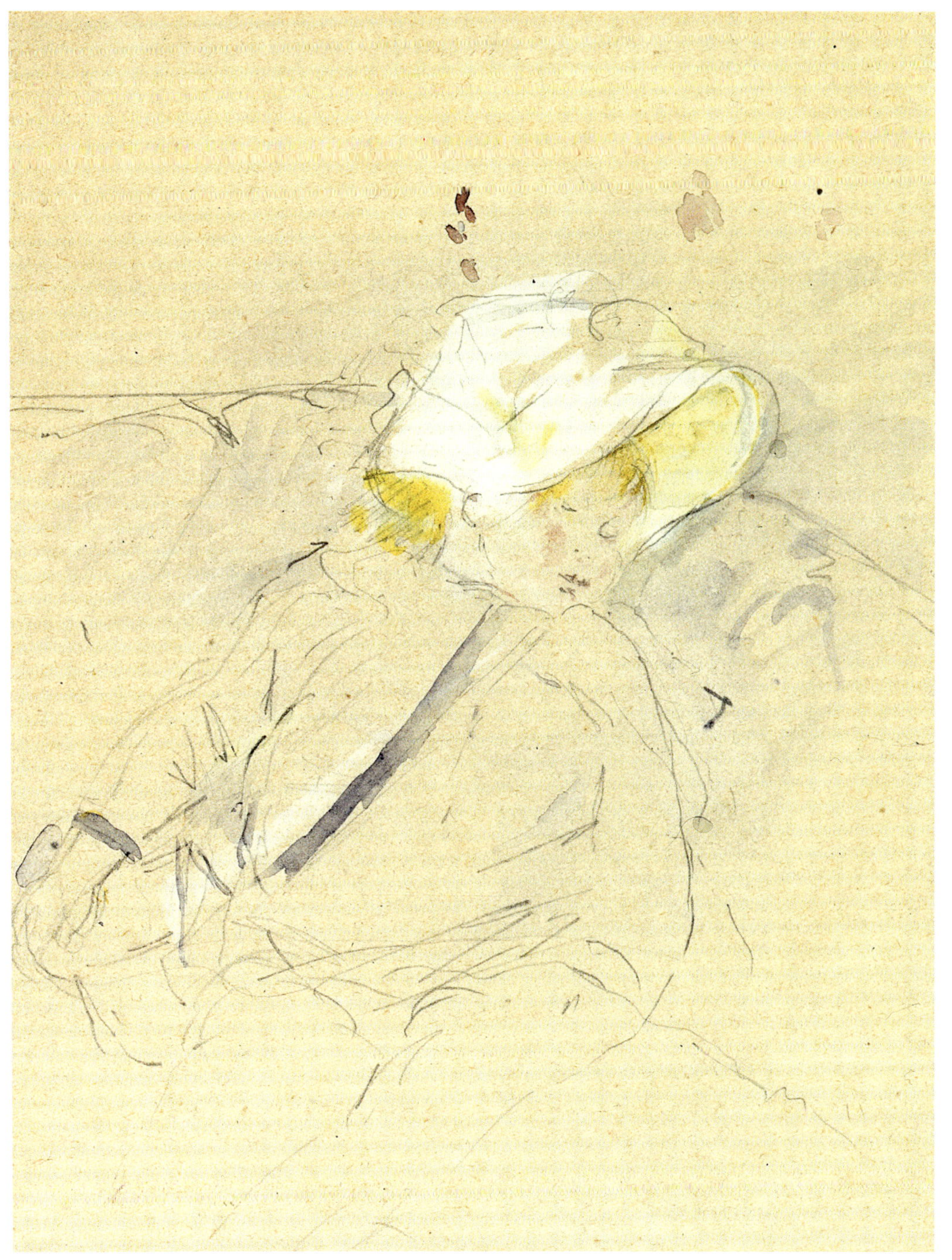

65 Petite Fille assise dans l'herbe, 1882

Aquarelle
H. 16 ; L. 22
BW 674
Collection particulière

Bougival constitue une période particulièrement abondante et heureuse dans la production de Berthe Morisot. On y sent autant la tranquillité pour travailler que le bonheur de peindre comme de vivre. Cette aquarelle en est le reflet typique.

La technique de l'aquarelle s'adapte spécialement bien à sa contrainte de mère qui veille avec attention et soin sur la santé, alors fragile, de Julie. Certes, elle pourrait se consacrer plus à sa peinture car elle est secondée alors par au moins une femme de chambre, une nourrice, et à Bougival, une cuisinière, mais les ennuis de santé de Julie incitent Berthe Morisot dont la santé est aussi assez délicate à la prudence pour sa fille.

Dans une autre aquarelle (fig. 1), Julie est assise dans une autre partie, plus plane, de la prairie. Cette autre aquarelle n'a pas été peinte le même jour car Julie est habillée différemment et ne porte pas le même chapeau.

De telles aquarelles sont admirées lorsqu'elles sont exposées en 1896. Ainsi, Octave Fidière écrit dans *la Chronique des arts et de la curiosité,* le supplément de *la Gazette des Beaux-Arts :* « Les sujets qui plaisent à l'artiste sont, en général, peu : c'est une jeune femme dans l'intimité de son *home ;* une fillette […] un enfant qui joue dans les herbes ; tout cela traduit avec une grâce aisée, une finesse vaporeuse qui rappelle, par certains côtés, les maîtres de la fin du XVIIIe siècle, Boucher, Greuze et Fragonard[1]. »

H. W.

1. Fidière, 1896, p. 98.

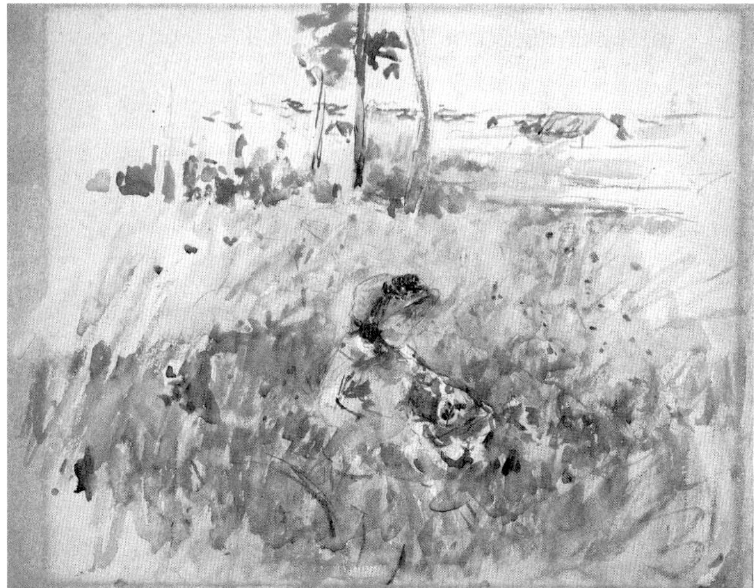

Fig. 1. Berthe Morisot, *Petite Fille assise dans l'herbe,* 1882, aquarelle, H. 48 ; L. 55, Paris, musée Marmottan, Fondation Denis et Annie Rouart.

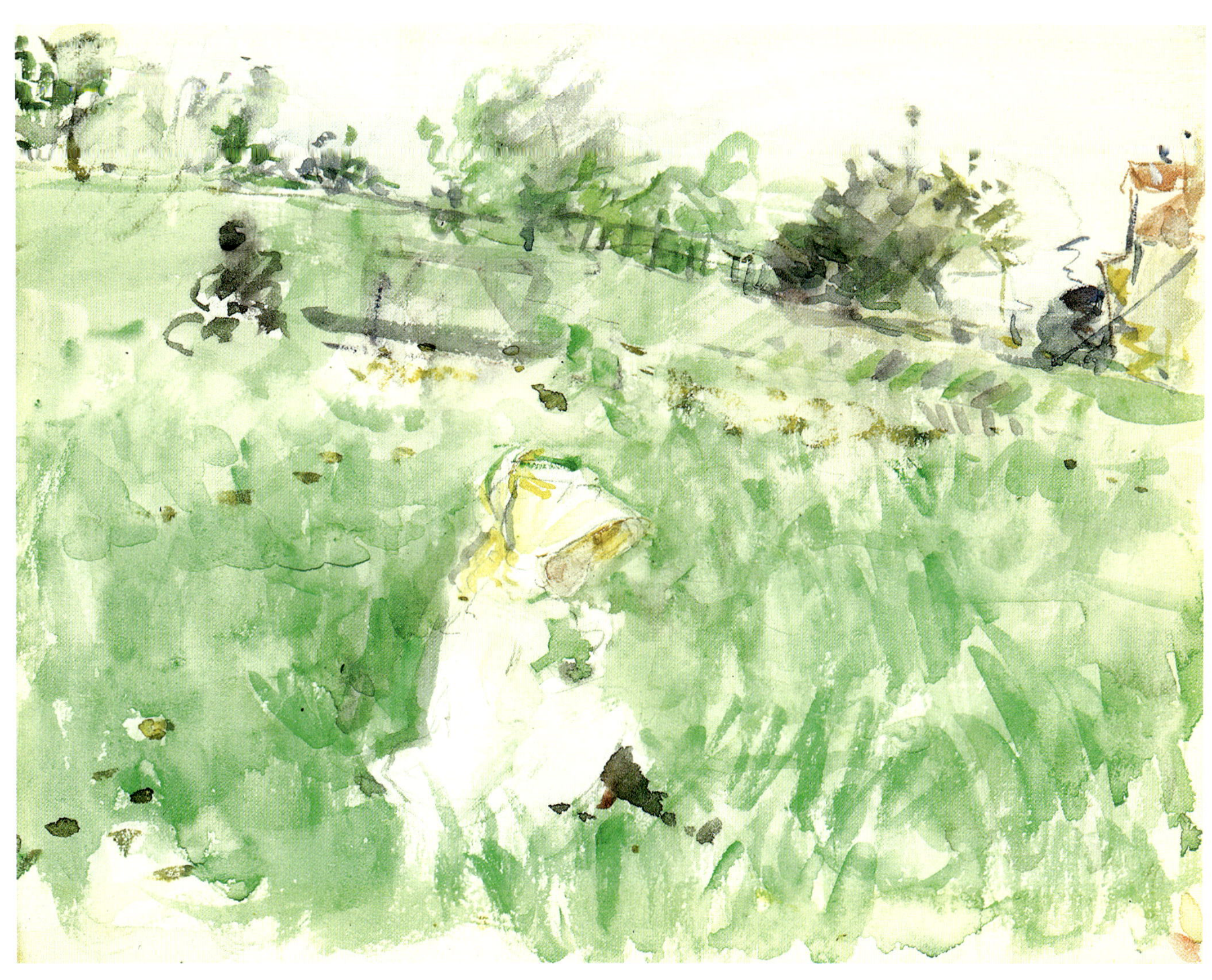

66 Les Pâtés de sable, 1882

Huile sur toile
H. 92 ; L. 73
CMR 121
Collection particulière

Rien de plus familier que cette simple scène de Julie jouant aux pâtés de sable ; rien de plus banal comme épisode, et pourtant cette œuvre est particulièrement originale et attachante.

Lors de l'exposition posthume, en 1896, Julie Manet note dans son *Journal* : « *Les pâtés de sable,* encore Bibi en rose, petite capote brune faisant des pâtés à Bougival ; ce qui était pour moi le suprême bonheur, si " Maman était perdue, me disait-elle, que ferais-tu ? " – " Je jouerais à pâtés. » Ce tableau est ravissant, c'est tellement l'allure d'un enfant[1]. »

Julie, vêtue d'une légère robe en coton, est accroupie devant un petit seau marron près d'un arrosoir. Au milieu d'une allée, dans le jardin, elle fait des pâtés de sable. La présence de cet arrosoir bleu coupé par la toile peut sembler saugrenue ; au lieu d'un autre seau généralement employé, il sert à humidifier le sable pour réaliser des constructions. Julie ne joue donc pas seule, un adulte est avec elle, non pour la surveiller, mais pour l'aider.

Au bord de l'allée, un parterre fleuri occupe tout le fond de la toile, sans horizon ni ciel. À nouveau, Berthe Morisot procède dans sa composition comme s'il s'agissait d'une photographie instantanée de sa fille, centrée sur elle, d'où à droite l'arrosoir coupé et le fond constitué des plates-bandes de fleurs de l'allée. Une telle disposition n'est pas celle des peintres officiels de l'époque.

Les touches larges et juxtaposées, posées rapidement sur la toile sont typiquement impressionnistes et ne pouvaient manquer d'étonner le public habitué aux toiles fades mais léchées du Salon. Le sujet est trop intime pour que l'artiste accepte de l'exposer ; aussi lorsque son mari choisit son portrait avec Julie dans le jardin de Bougival pour l'exposition impressionniste de 1882 (cat. 53), elle s'étonne et craint un tel choix. L'exposition suivante des impressionnistes, en 1886, est trop lointaine pour que Berthe Morisot songe à y présenter ce tableau ; elle a peint depuis de nombreuses autres œuvres parmi lesquelles elle peut sélectionner son envoi.

Ce tableau est à la fois toute la quintessence de l'art de Berthe Morisot et un témoignage exceptionnel de son dialogue artistique permanent avec Manet.

En effet, en réponse au *Baby dans les roses trémières* qu'il avait vu à l'exposition impressionniste de 1882 (voir cat. 55), Édouard Manet avait peint à Rueil, au cours de l'été de 1882, un portrait de *Julie Manet assise sur l'arrosoir*[2] (fig. 1). Il est malade. Sa jambe gauche le fait souffrir et ne lui permet guère de se déplacer, il doit ménager ses efforts, utiliser une canne et recourir à une voiture pour tout autre déplacement. Julie, coiffée d'un petit chapeau marron avec deux fleurs rouges piquées sur un ruban, porte une robe bleue décolletée à collerette et manches courtes. Elle est assise en équilibre précaire sur le bord d'un arrosoir, sur lequel est posé un panier en osier. La composition est audacieuse avec cet arrosoir au premier plan et cette petite fille qui tourne le dos sinon la tête. C'est la seule œuvre peinte par lui à Reuil comportant une personne.

Pour faire suite à la toile de Manet, Berthe Morisot peint ces *Pâtés de sable.*

Dans *Baby* ou *Enfant dans les roses trémières,* Julie n'est que le prétexte de l'œuvre, tandis que chez Manet, elle en est le sujet tout entier ; le jardin, son allée, les roses trémières environnantes occupent tout l'espace chez Morisot, alors que ce n'est que le fond chez Manet. Le regard ému sur l'activité innocente et imprévue de la petite Julie est au centre de l'esquisse de Manet. Le regard de l'oncle sur la nièce est plus attendri que celui de la mère ; Manet saisit dans cette position inattendue la vivacité de l'enfant comme il l'avait déjà fait, au cours d'une séance de pose d'une heure, en février 1879, dans un petit portrait de Julie à quinze mois (voir fig. 9 ; p. 94).

1. J. Manet, *Journal,* p. 85.
2. Sur ce tableau de Manet voir Wilhelm dans *Montmartre...,* cat. exp., 1998, p. 23-36.

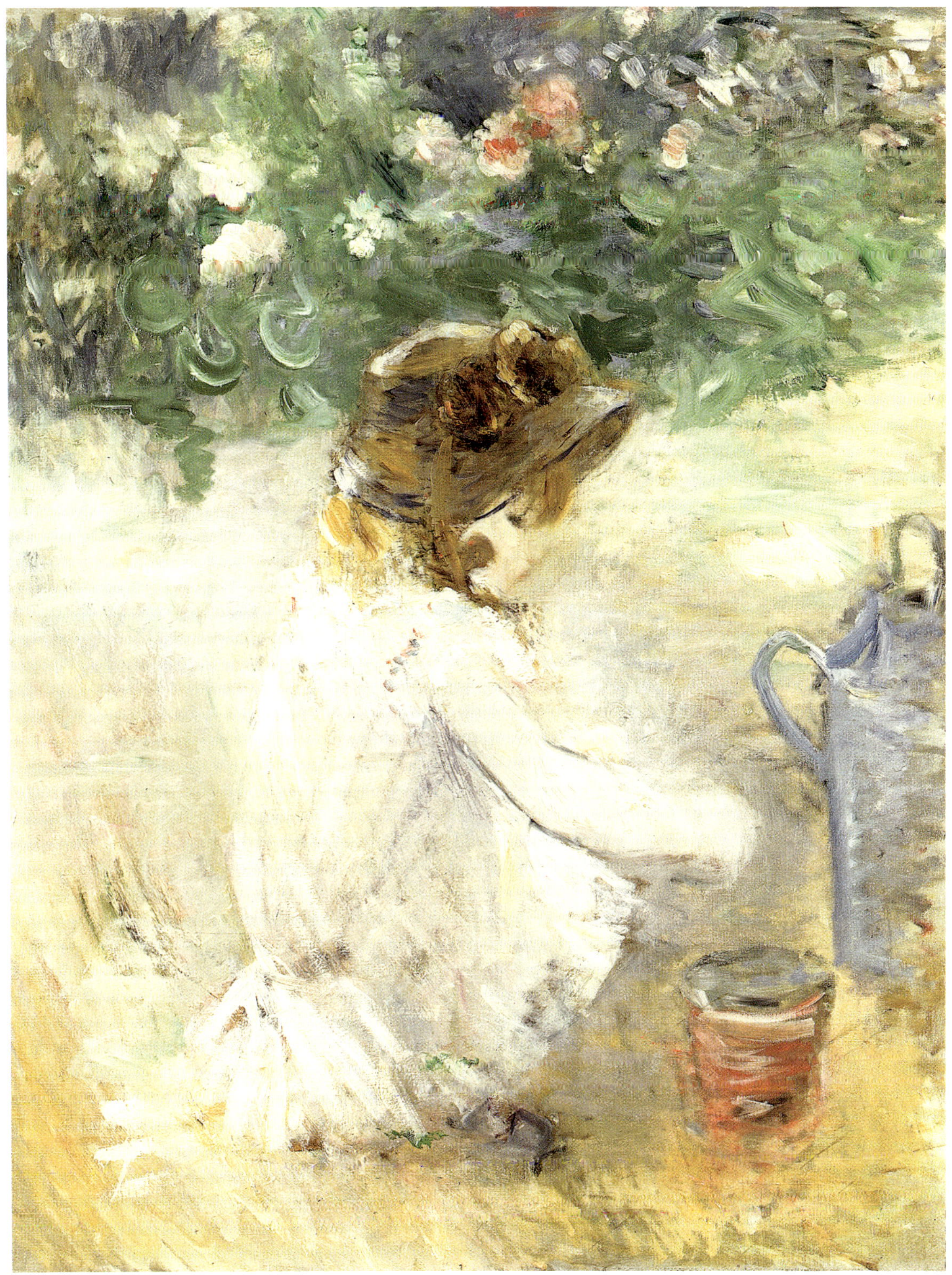

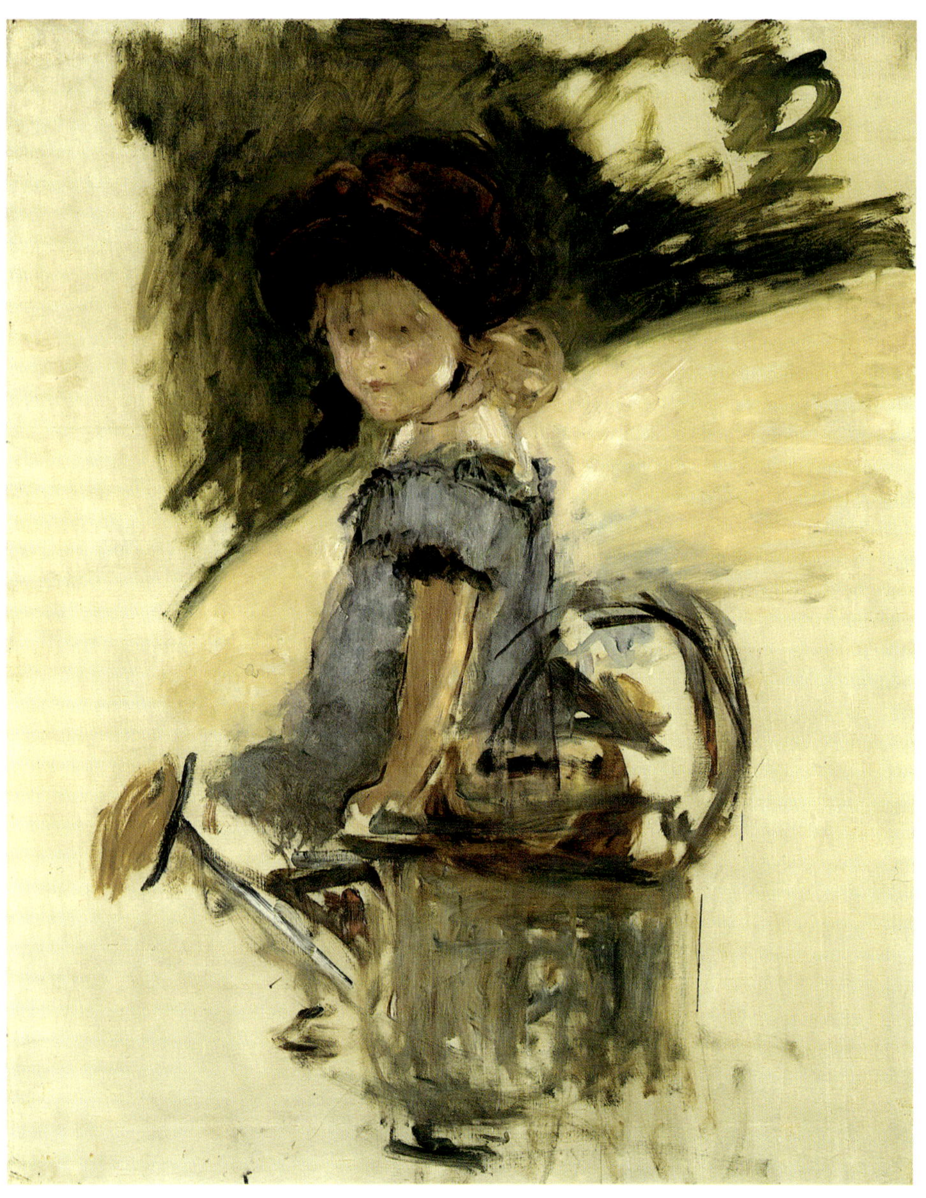

Fig. 1. Édouard Manet, *Julie Manet sur l'arrosoir*, 1882, huile sur toile, H. 100 ; L. 81, collection particulière.

3. Blanche, 1921, p. 83.

Alors que le tableau de Manet est peint à Rueil, ceux de Morisot le sont sans doute tous les deux à Bougival. Les deux toiles de l'été de 1882 – celle de Manet et celle de Morisot – ne peuvent avoir été peintes en même temps car l'arrosoir n'est pas le même et la tenue de Julie diffère.

Dans les deux œuvres, Julie est vue avec la position et le regard d'un adulte, un grand format est utilisé (H. 100 ; L. 81 chez Manet, et H. 92 ; L. 73 chez Morisot), même attitude de l'enfant, totalement absorbée dans ses jeux, même parterre de fleurs en fond, même vue plongeante qui aboutit à une absence d'horizon et de ciel.

À la différence de Manet qui est malade et ne fait qu'esquisser sa toile – et avec quel talent – car il n'a pas dû voir assez souvent sa nièce pour achever l'œuvre, Berthe Morisot a pu étudier différentes attitudes de Julie avant de passer à la toile. Dans une feuille, elle a fixé six fois le visage de Julie, sans doute avec la même robe que dans la toile de Manet et un chapeau marron (fig. 3). Dans un pastel, elle a représenté Julie jouant avec son petit tonneau, accroupie comme dans *les Pâtés de sable,* et vêtue de la même manière (fig. 2). Comme Manet, Berthe Morisot a dû saisir rapidement la scène et l'ébaucher, mais elle disposait des esquisses et des études lui permettant d'autant plus d'achever que le modèle est avec elle.

Ces *Pâtés de sable* montrent, comme l'avait observé Jacques-Émile Blanche, que « Berthe Morisot a bien plus influencé son beau-frère, qu'elle ne s'est soumise aux habitudes traditionnelles d'Édouard Manet[3] ».

H. W.

Fig. 2. Berthe Morisot, *Étude de Pâtés de sable,* pastel, H. 42 ; L. 52, collection particulière.

Fig. 3. Berthe Morisot, *Études de tête de Julie,* aquarelle et gouache, H. 20 ; L. 26, collection particulière.

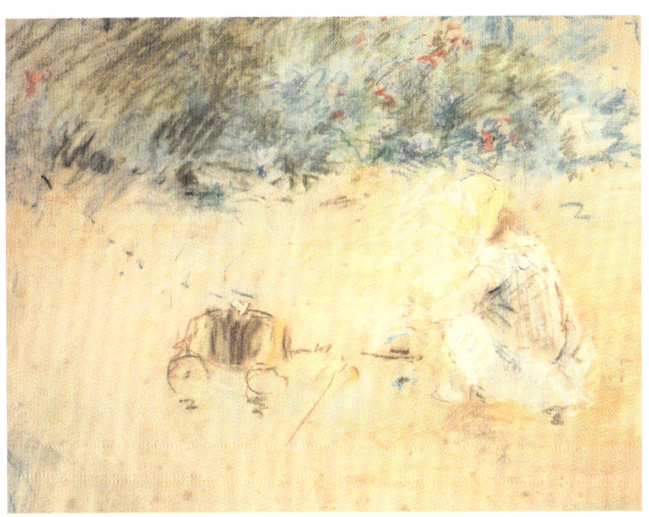

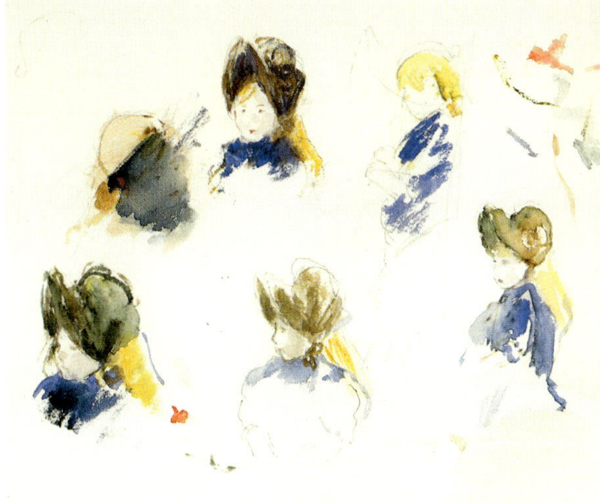

67 Les Foins à Bougival, 1883

Huile sur toile
H. 50 ; L. 60
CMR 133
Paris, musée Marmottan,
Fondation Denis et Annie Rouart
Inventaire : 6015

Avec un peu moins de trois mille habitants, 2 896 selon le Guide Joanne de 1889[1], Bougival reste une bourgade rurale même si de plus en plus de Parisiens y élisent résidence. Ses nombreux hôtels-restaurants, sept, dont trois sur les quais, indiquent que le site est apprécié depuis longtemps[2]. La proximité de Paris, par le chemin de fer, des omnibus et des tramways, en a fait un séjour déjà fréquenté par certains peintres depuis plus de cinquante ans. D'ailleurs, deux des restaurants sont réputés pour leur décoration. Ainsi, le restaurant Roche (ancienne maison Souvent) possède une « salle basse décorée de beaux paysages, par Corot, Français, Desjobert, Anastasi, Jules Héraut, etc.[3] », et, près de la machine de Marly, *le Coq Hardy* est « à visiter ». Les bords de Seine, la machine de Marly, les bois environnants sont des motifs pour les peintres, pas seulement pour Corot[4] ou Sisley.

Les différentes vues de Bougival depuis les collines montrent que la végétation, celle des arbres ou des jardins, domine le paysage. Morisot choisit volontairement une vue atypique.

À Bougival, entre 1882 et 1884, Berthe Morisot peint surtout Julie et sa vie. Il n'existe que deux tableaux de la Seine (cat. 68 et 81), quelques pastels et des aquarelles dont une, le *Bateau-lavoir,* fut exposée à la 8e exposition impressionniste, en 1886. Les scènes de meules ou de travaux des champs représentent plus de la moitié des œuvres autres que celles qui furent consacrées à Julie, à Pasie ou au jardin de sa maison. L'activité agricole, outre quelques vignes sur les collines, est soit plus loin derrière le vallon, soit sur l'autre rive de la Seine. De sa maison, au-delà des habitations voisines et de leurs jardins, Berthe Morisot peut apercevoir les champs. Pour peindre un tel motif, il lui faut plus de disponibilité le temps de rejoindre le motif ; même si elle est bien servie, Julie est son premier souci et sa principale préoccupation.

En 1883, Berthe Morisot peint deux toiles des foins à Bougival avec leur meule. Elle privilégie ainsi l'activité la moins connue des Parisiens en villégiature. C'est un aspect de la vie moderne qu'elle représente de manière toute personnelle. En effet, son point de vue est osé par rapport aux critères académiques. La meule de foin, presque au milieu de la toile, en occupe toute une partie, au point qu'elle éclipse presque les quatre paysans qui y travaillent et les maisons de Bougival. Les arbres du second plan puis ceux de la colline sont là pour rappeler le cadre de cette activité qui n'a qu'une place secondaire, même si elle reste la première occupation.

Les couleurs de la composition sont étudiées pour leur équilibre, avec cette variation des verts entre la prairie et les arbres, et de jaune entre les foins et les barrières des champs. Le ciel, avec ses nuages un peu grisâtres, d'un bleu bien pâle, laisse les verts dominer toute la toile.

Les touches, longues, dans différents sens, plus précises pour le paysage du second plan, traduisent une technique impressionniste caractéristique de sa peinture. Elles montrent ici la rapidité de l'exécution. Avec une telle technique, nous sommes très loin des Corot peints dans les environs, et même des toiles de Sisley. Berthe Morisot va plus loin encore dans l'avant-garde. Elle montre la voie.

H. W.

1. *Environs de Paris,* 1899, p. 84.
2. *Ibid.,* p. 240.
3. *Ibid.,* p. 85.
4. Sur Corot dans les environs, se reporter notamment au cat. exp. de Pickvance, *Corot...,* Madrid, 2001.

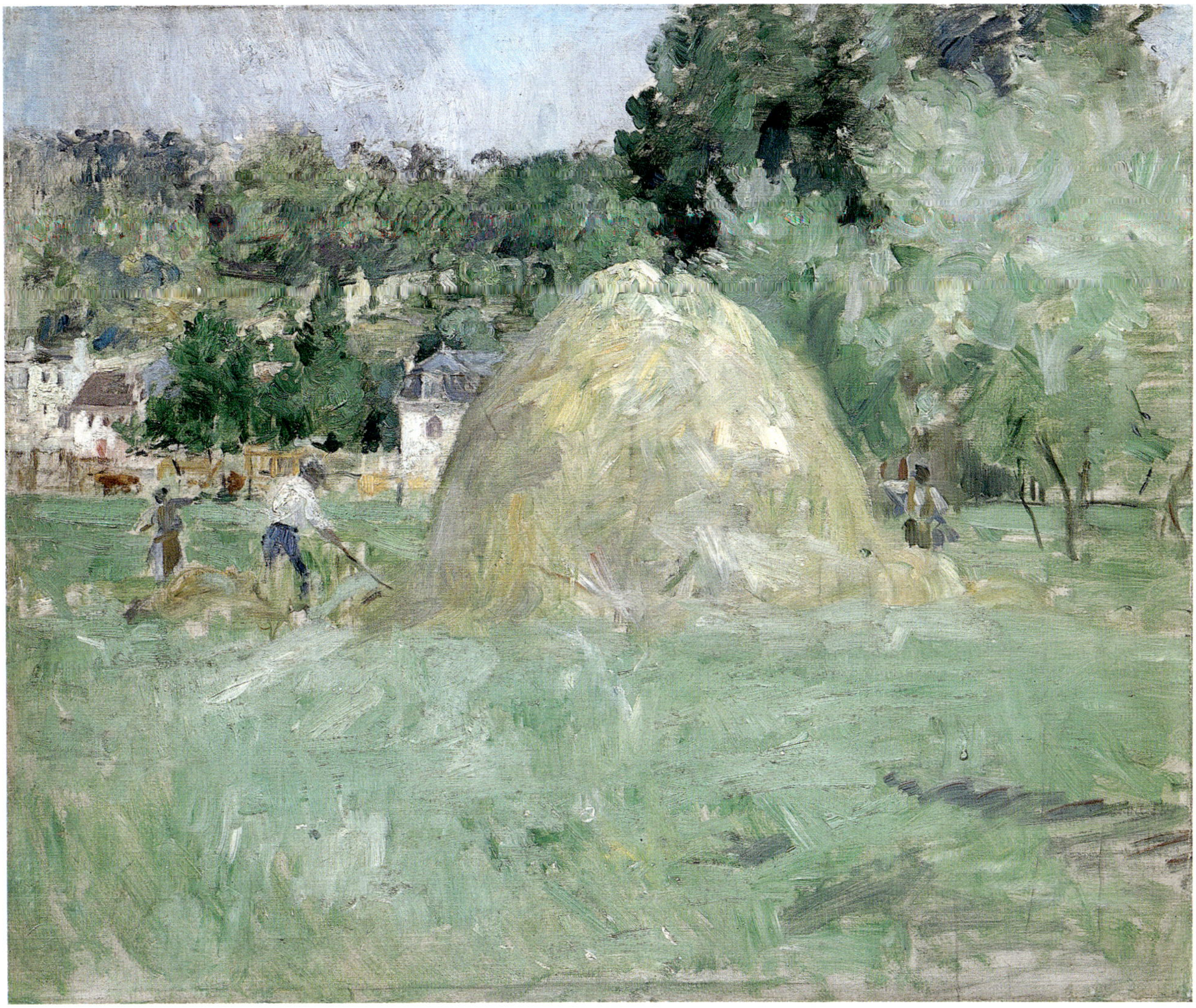

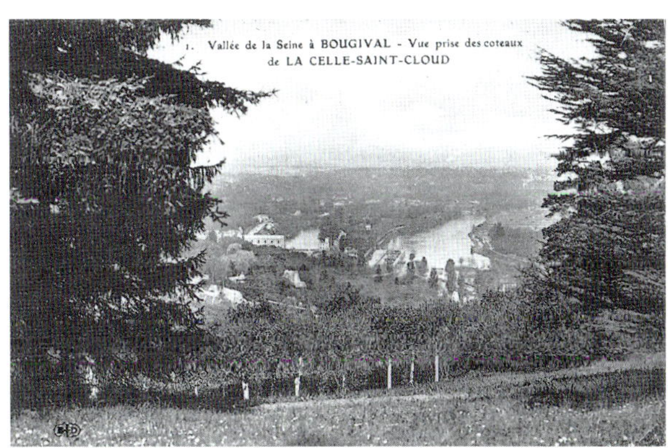

Fig. 1. Bougival, depuis les collines, carte postale, vers 1900.

68 Le Quai à Bougival, 1883

Ce *Quai à Bougival* n'a pas été exposé du vivant de l'artiste. Le point de vue retenu et la technique ne pouvaient être compris. Lors de l'exposition posthume, en 1896, Julie Manet note laconiquement dans son *Journal :* « ...*Quai de Bougival,* des maisons et quelques arbres sur le ciel bleu, des enfants au bord du quai regardent Maman qui peignait dans un bateau sur la Seine. »
Pour peindre cette petite toile, Berthe Morisot s'est installée dans une barque au milieu de la Seine et regarde vers Bougival et le quai Sganzin. Au premier plan se trouve la Seine, puis le quai avec son parapet, et derrière quatre passants dont deux enfants accoudés à la balustrade et regardant vers la rivière, donc vers Berthe Morisot en train de peindre dans sa barque. Au second plan elle représente huit maisons du bord de Seine, et plus particulièrement les deux premières sur la droite. Celle au toit d'ardoises a, sur sa gauche, un petit jardin avec deux arbres qui font une double tache de verdure dans ce paysage. À gauche, une rampe donne accès du quai vers la Seine ; c'est elle qu'empruntent les plaisanciers et les pêcheurs dont les bateaux sont amarrés à proximité, le long de la berge.

La toile a été peinte un matin, le quai étant à l'ombre et la Seine la reflétant. Le parapet du quai indique que la Seine est relativement basse, sur le mur les marques que laissent les hautes eaux sont visibles.

Si l'on ne connaît pas la topographie des lieux ni l'existence de cette rampe d'accès vers le fleuve et vers un étroit chemin en contrebas le long du fleuve, on ne comprend pas la représentation du quai ni les effets d'ombre et de lumière le long de celui-ci ou les reflets dans la Seine. Contrairement à son habitude, Berthe Morisot a étudié ici très attentivement les ombres et les reflets.

La manière dont elle peint la Seine avec de larges et longues touches juxtaposées de couleurs parfois presque pures s'apparente aux vues de la Seine de Monet ou de Renoir, bien qu'elle utilise beaucoup plus de couleurs différentes qu'eux, mais, contrairement à ses amis, les coups de pinceaux ne sont pas tous donnés dans le même sens. Cette technique et ces couleurs font, sous cet aspect aussi, de ce tableau une œuvre d'avant-garde.

Huile sur toile
H. 55,5 ; L. 46
Timbre de la signature, en bas, à droite
CMR 136
Oslo, Nasjonalgalleriet
Inventaire : NGM.01544

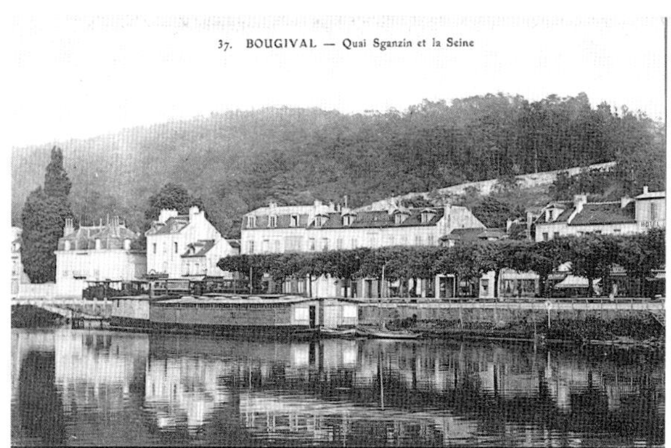

Fig. 1. Bougival, le quai Sganzin, carte postale, vers 1900, collection particulière.

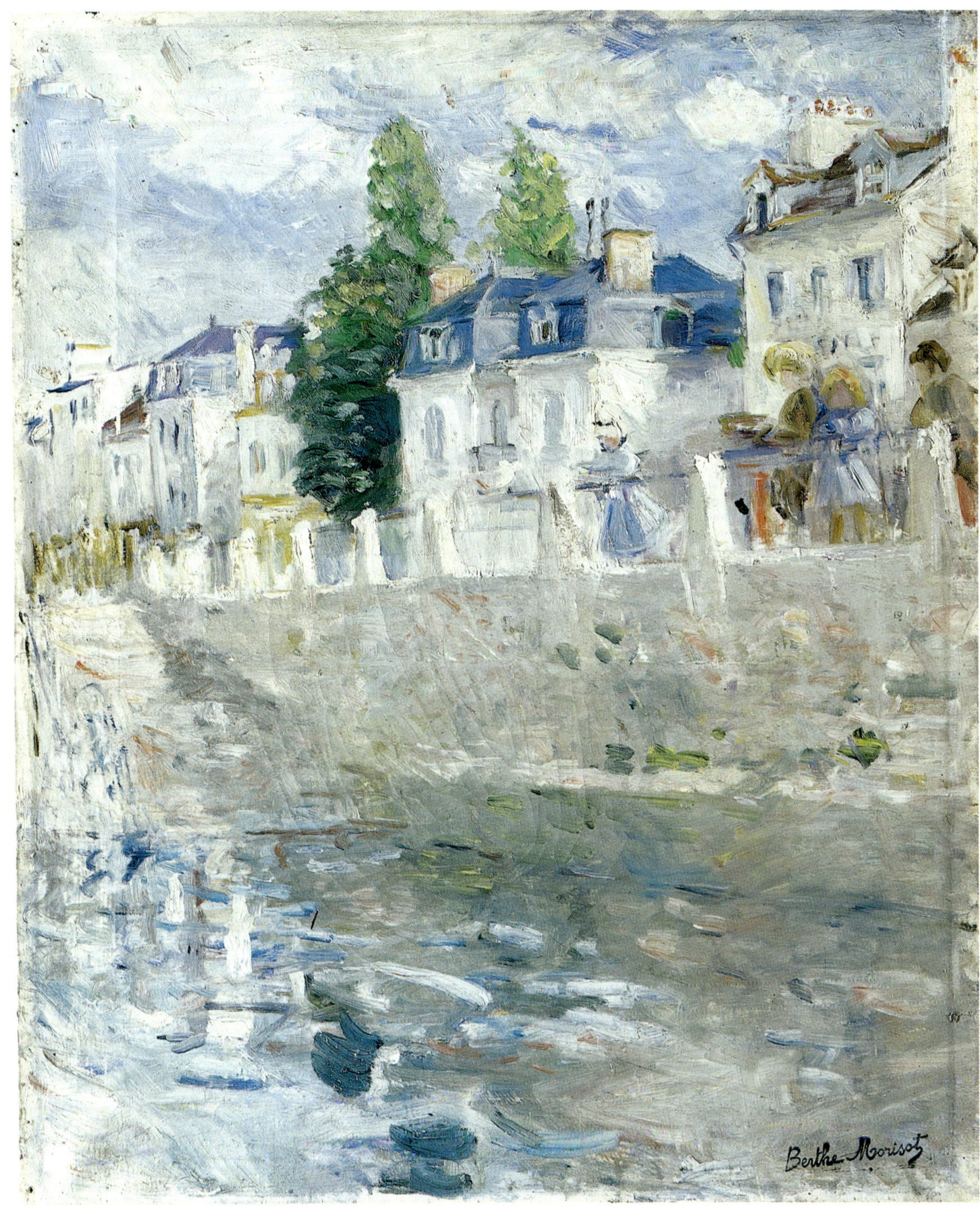
Berthe Morisot

Une carte postale postérieure d'une vingtaine d'années montre les maisons peintes par Morisot avec les mêmes deux arbres qui entre-temps ont grandi et cette rampe d'accès à la Seine (fig. 1). À droite de la partie peinte par Morisot, au-delà du bateau-lavoir, le mur du quai indique les différents niveaux des eaux et le petit chemin de halage le long de la berge. Sa représentation topographique est donc exacte ; comme tous ses amis impressionnistes, elle ne crée pas un paysage idéal à partir d'éléments pris à la réalité. Comme tous les peintres de plein air, elle représente la nature telle qu'elle la voit et non idéalisée. Elle suit en cela la leçon de Corot qui disait qu'il faut peindre la nature telle qu'elle est, et peindre une branche pour qu'un petit oiseau puisse s'y poser et chanter.

Le point de vue adopté par Morisot n'est pas peint depuis l'autre rive mais depuis un bateau au milieu du fleuve, sinon plus près encore du quai. De la sorte, la rivière et le mur du quai occupent plus de la moitié inférieure de sa composition. Avec si peu de recul et un regard un peu vers le haut, elle a choisi, comme Degas le fait souvent, une perception très photographique de son motif. En cela aussi elle est très moderne.

H. W.

Huile sur toile
H. 60 ; L. 73
CMR 138
Collection particulière

Comme d'autres scènes de la vie familiale, cette peinture intime correspondrait de nos jours plus à une photographie qu'à un tableau.

Nous savons que Berthe Morisot possédait un appareil photographique, et que Julie en reçut un très tôt. Mais on ne connaît malheureusement aucune photographie prise par Berthe. Nous ignorons dans quelle mesure des photographies ont pu l'aider pour réaliser certaines de ses œuvres. Il est cependant indiscutable qu'elle a, comme Degas, et plus que les autres impressionnistes, souvent une vision photographique de ses sujets. Son cadrage est comme photographique. Elle saisit des scènes de l'intimité de la vie familiale et quotidienne qui relèvent plus de l'instantané que de la peinture.

Dans son *Journal,* Julie est encore attendrie, en 1896, par ce tableau où « papa [...] est extrêmement ressemblant ; il regarde avec les yeux d'un père cette petite fille blonde en robe blanche très occupée à faire marcher des petits bateaux sur une pièce d'eau ».

Eugène Manet et Julie sont dans un coin du jardin de Bougival ; contrairement au tableau exposé en 1882, dans celui-ci aucune maison ne figure au second plan, entièrement occupé par la végétation. Julie, à gauche de la composition, est assise sur un tabouret pliant, elle nous tourne le dos tout entière occupée par son petit voilier voguant dans un bassin rond. Son père, près d'elle, est également assis, mais sur une chaise pliante ; il la regarde, ainsi que le spectateur, et tient à la main un carnet de dessins. On oublie en effet trop souvent qu'Eugène faisait aussi, mais comme amateur éclairé, quelques pastels, des aquarelles et des dessins, souvent aux côtés de son épouse. Peut-être représentait-il alors Julie de face tournant le dos à sa mère, peignant ce tableau ? En tout cas, cette passion pour l'art lui a permis de reconnaître tout le talent de son épouse et d'accepter qu'elle y consacre du temps et de l'énergie, et même souvent de s'effacer devant elle afin de permettre à sa personnalité de s'épanouir et à sa vocation de se réaliser pleinement. Au XIXe siècle, peu d'hommes de leur milieu et de leur éducation l'auraient accepté. Il avait le même attachement et le même dévouement pour Julie que pour Berthe. À sa mort, cette dernière écrira, le 8 octobre 1892, à son amie Sophie Canat : « Vous l'avez bien compris chère amie, je n'écris pas parce que j'ai le cœur gonflé de chagrin. Votre lettre était pourtant parmi celles que j'avais rangées pour y répondre. Le souvenir affectueux que vous avez gardé d'Eugène me touche ; tout le monde ne devinant pas ce qu'il avait en lui de bonté et d'intelligence[1]. »

La tenue des deux modèles est moins élégante que dans le tableau de 1881. Julie n'a qu'une robe ornée d'une ceinture avec un gros nœud bleu dans le dos, mais pas de chapeau ; son père porte un chapeau de paille, et non plus un élégant chapeau gris, sa veste ressemble plus à une longue veste d'intérieur, comme on pouvait en porter à l'époque, qu'à l'élégante veste de tweed de 1881. Il fait beaucoup plus chaud ; c'est sans doute l'été, et la tenue est moins stricte.

Le tableau est comme inondé d'une lumière qui accentue la composition circulaire autour du bassin. Sur Eugène, en partie à l'ombre de feuillages, des ombres violettes courent tant sur son pantalon que sur sa veste. Cela rappelle ce que Berthe Morisot avait noté dans un carnet de 1882 : « Degas dit : l'orange colore, le vert neutralise, le violet ombre. »

Ce tableau est très certainement une commande d'Eugène qui aimait particulièrement la version précédente de ce thème, *Eugène Manet et sa fille à Bougival.* Si ce tableau de 1883 est partiellement esquissé un peu à gauche de Julie – ce qui explique qu'il n'a pas été exposé du vivant de Berthe –, il n'en est pas moins achevé car l'artiste a tout dit et tout représenté.

1. Lettre inédite de B. Morisot à son amie S. Canat, le 8 octobre 1892, archives Rouart.

Les portraits masculins sont très rares dans l'œuvre de Berthe Morisot, comme d'ailleurs dans celle de son amie Mary Cassatt. Eugène apparaît dans la moitié d'entre eux : il n'est seul que dans le portrait peint à l'île de Wight (cat. 28) ; dans le *Déjeuner sur l'herbe* (1875, coll. part. ; CMR 47) il est en compagnie d'autres personnes, dans les deux derniers, dont celui-ci, il est en compagnie de Julie. Les autres portraits masculins sont les trois de Marcel Gobillard et l'enfant peint en *Saint Jean Baptiste* à Mézy. Eugène est aussi à nouveau en compagnie de Julie dans deux scènes peintes dans le jardin de la rue de Villejust, *la Leçon au jardin* (CMR 204 et 205), dans laquelle les personnages ne sont que le prétexte, et le jardin presque le vrai sujet. Comme le remarqueront plusieurs critiques, en 1896, lors de la rétrospective posthume, l'univers de Berthe Morisot est celui de la femme et de la mère.

H. W.

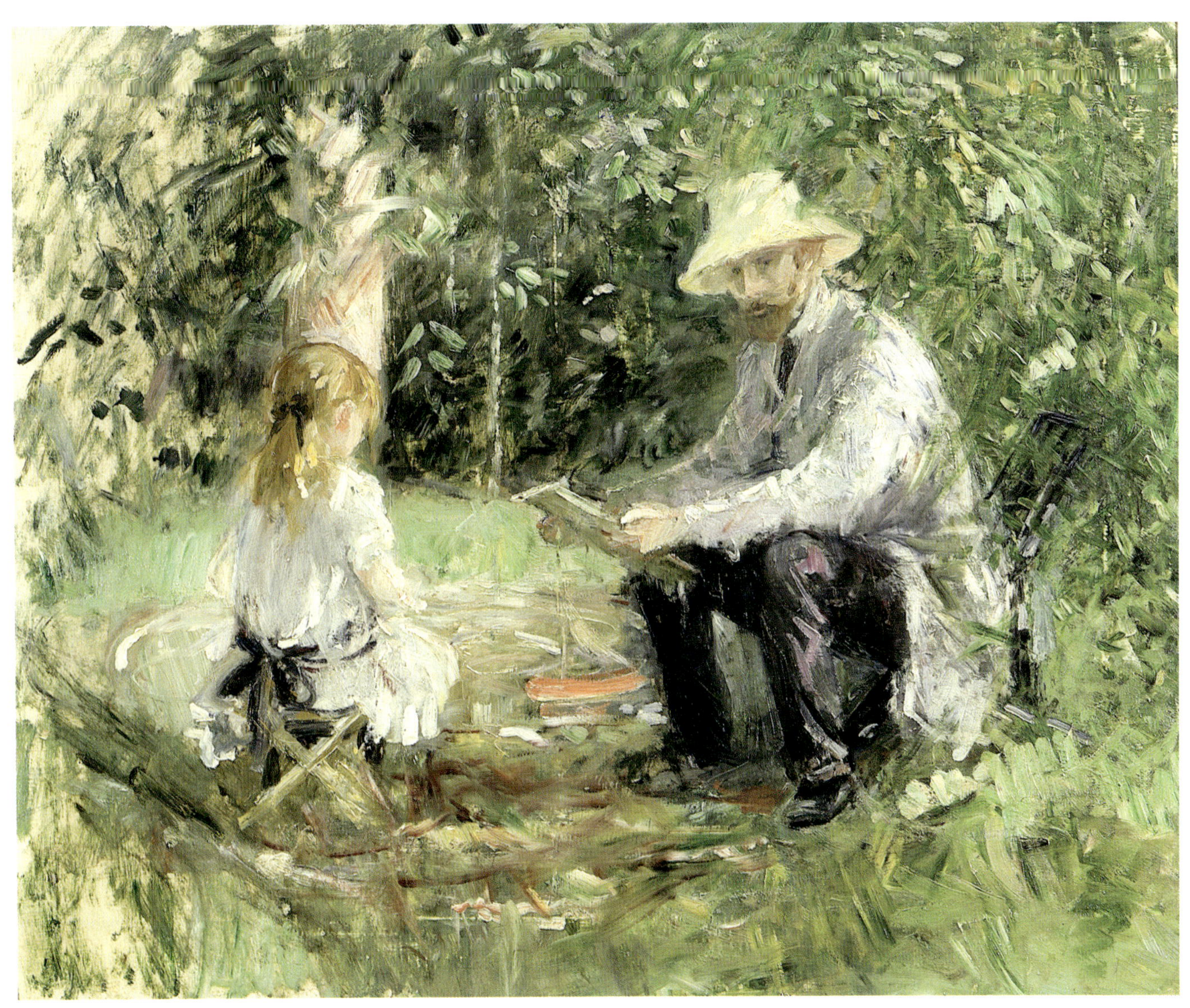

70 La Fable, 1883

Huile sur toile
H. 65 ; L. 81
CMR 139
Collection particulière

Julie et Pasie sont dans le jardin de la maison de Bougival. Pasie est assise sur un banc attenant à la maison – autre que celui sur lequel elle faisait de la couture (cat. 58) ; elle est vêtue de bleu avec un tablier plus clair. À côté d'elle, à sa droite sur le banc, un panier en osier jaune – également différent de celui qui figure sur le tableau du musée de Pau – fait pendant à Julie, qui porte une robe rose, face à elle à gauche, assise sur un pliant. Pasie a interrompu ses occupations pour écouter Julie. L'attitude concentrée de cette dernière, bien droite sur son tabouret contraste avec la position un peu nonchalante de Pasie, assise sur les reins, les pieds croisés sous le banc. Non loin derrière elles, un grand tabouret vert pliant en X laisse une place pour un tiers. Julie a délaissé ses jouets pour être avec Pasie, un sous le banc, un autre à ses pieds et un ballon multicolore en arrière au bord du tableau.

C'est une œuvre pleine de lumières et de notes de couleurs. À l'abri de la maison la lumière est douce ; toutefois, au premier plan, trois taches blanches traduisent l'intensité de la lumière en cet après-midi estival.

Les couleurs sont utilisées le plus souvent selon deux tons, l'un clair, l'autre plus foncé. Ils se répondent, se complètent et s'opposent, deux à deux : le bleu du corsage de Pasie avec celui plus clair de son tablier, le vert foncé du banc et des treillages avec celui plus clair des volets, le rose pâle de la robe de Julie avec celui un peu plus soutenu et plus vif des roses grimpantes. Julie porte dans les cheveux un nœud un peu plus clair que le corsage de Pasie tandis que cette dernière a un tablier dont les reflets rosés rappellent la robe de Bibi ; l'enfant et sa bonne sont liés par la vie comme elles le sont par les couleurs portées.

La composition de l'œuvre est étonnante. Une diagonale divise le tableau : une partie avec la maison couverte de ses fleurs, l'autre avec le jardin, dont on ne voit que le sable et le gravier. Dans la première zone se trouve Pasie, dans l'autre Julie.

Dans son *Journal,* Julie écrit lors de l'exposition posthume, en 1896, à propos de ce tableau : « *La Fable,* dans le jardin de Bougival, Pasie en bleu clair assise sur un banc, un panier à ouvrage à côté d'elle et devant assise sur un pliant sur le fond de fleurs Bibi de dos avec sa tête blonde ; ce tableau est une merveille, celui-là aussi était roulé et caché dans une armoire[1]. » Elle écrit aussi que Mallarmé a donné le titre du tableau ; mais ne l'explique malheureusement pas.

Ce titre, *la Fable,* a rendu ce tableau assez énigmatique. Julie tient quelque chose à la main. Peut-être un livre, mais elle ne le lit pas et regarde Pasie. En 1896, personne ne commente cette toile. En 1941, le catalogue en donne une description prudente : « Dans un jardin une jeune femme est assise sur un banc ; à ses pieds, une petite fille sur un pliant semble réciter sa leçon[2]. » Nous ne savons pas si Julie récite une leçon, une poésie, raconte une histoire, lit une fable[3], ou écoute une histoire que lui raconte Pasie. En fait, et c'est le sens allégorique du titre mallarméen, il faut voir, comme le dit Paul Vraine, dans cette toile comme dans de nombreuses autres « un reflet de cette vie de famille que Mme Morisot a chérie et dont elle a rendu les gracieux aspects en des toiles d'une tonalité douce et apaisée comme le cœur de ces jeunes femmes, dont la simplicité est imprégnée d'un charme aussi naturel que celui de la rose épanouie au soleil[4] ».

H. W.

1. J. Manet, *Journal,* p. 89.
2. *Berthe Morisot,* cat. exp., 1941, p. 11, n° 42.
3. Bien que Julie ne regarde pas ce qu'elle tient dans la main c'est l'interprétation de Brahini, 2000, p. 97-98.
4. Vraine, 1896.

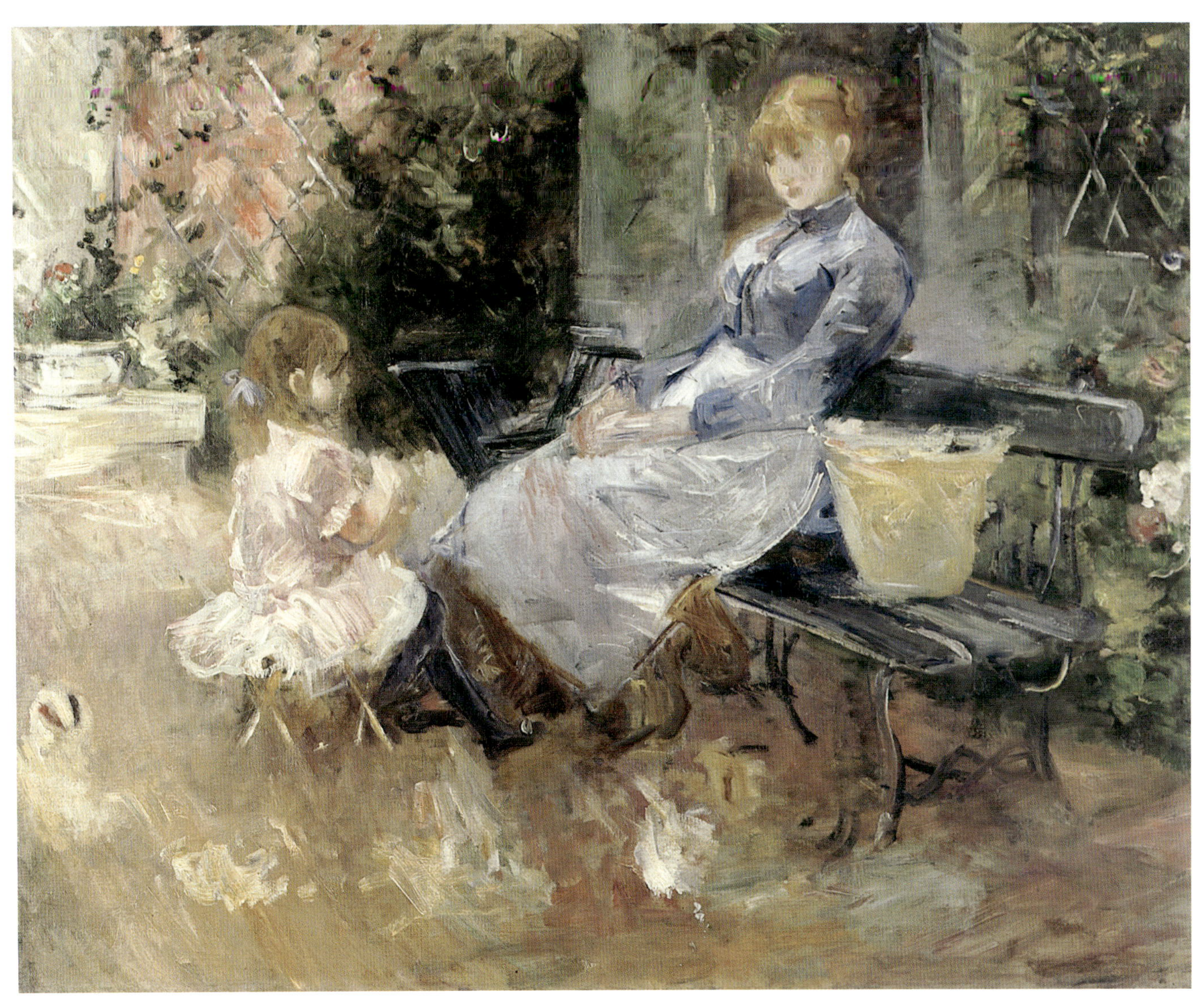

71 Jeune Femme cousant dans le jardin, 1883

Huile sur toile
H. 50,2 ; L. 60
Timbre de la signature, en bas, à gauche
CMR 144
New York, The Metropolitan Museum of Art, don de Mlle Adélaïde Milton de Groot, 1967, Inventaire : 67.187.89

Une jeune femme cousant est un thème banal que l'on retrouve souvent dans les Salons ; il l'est déjà moins lorsque la scène se passe dehors ou dans un jardin, car c'est traditionnellement une scène d'intérieur. Dans les recueils des *Salons illustrés* de ces années nous trouvons plusieurs coutures, ou plus souvent des leçons de couture, mais se déroulant dans des intérieurs rustiques ou bourgeois, pas à l'extérieur, dans un jardin. À la modernité du lieu choisi pour situer une telle activité, Berthe Morisot allie la modernité tant de sa manière de composer que de ses tonalités et de sa touche.

Nous ignorons dans quel jardin se situe cette *Jeune Femme cousant*. Toutefois, les élégantes chaises de jardin suggèrent qu'il s'agit de la demeure de quelque ami, et non d'un jardin public. Ce sont les chaises typiques d'une véranda ou d'un petit salon estival. En tout cas, ce jardin est particulièrement soigné, avec son allée ratissée, ses massifs de fleurs, sa jardinière de roses, ses glaïeuls pas encore ouverts et ses arbustes.

La jeune femme est très élégamment habillée d'une veste jaune, d'une grande jupe de soie rose à volants en faille. Le col de sa veste laisse passer le grand nœud blanc de son chemisier. Elle porte un chapeau jaune assorti à sa veste et orné d'un large ruban de couleur. Ce chapeau, porté en avant sur le front, permet d'apercevoir un chignon. Tout dans l'association subtile des teintes et des couleurs révèle la délicatesse et le bon goût. Cette jeune femme a posé sur ses genoux un sac jaune et rouge, dont elle a tiré son nécessaire à couture.

Pour bien montrer que le sujet du tableau n'est pas un portrait du modèle, son visage reste un peu imprécis, contrairement à son oreille. Degas procède souvent de même avec ses danseuses dont seul le profil est dessiné.

Une seconde chaise, de dos, un peu à droite du modèle, coupée par le bord du tableau indique que la jeune femme attend une tierce personne – peut-être Julie ou l'une de ses cousines ; le modèle est sa bonne ou, plus vraisemblablement vu sa tenue, un autre membre de la famille. La présence, sur la droite, de la chaise vide modifie l'équilibre de la composition par rapport à une œuvre classique ; elle en fait une toile typiquement impressionniste. Cela est accentué par l'absence de ciel et d'horizon. Comme la jeune femme s'est placée dans un tournant du chemin, il n'y a pas de point de fuite, ce qui à nouveau va à l'encontre des règles.

Ce tableau subtil évoque plusieurs œuvres de Mary Cassatt datant des années 1880-1882. Comme les deux artistes étaient très liées, se voyaient souvent et s'appréciaient, Berthe Morisot connaissait les nombreuses toiles de Mary Cassatt représentant sa sœur Lydia faisant de la couture, dans le jardin, assise sur un banc ou sur une chaise[1]. Chez Cassatt, la maladie qui emportera Lydia, en novembre 1882, donne un caractère plus grave à l'œuvre. Loin de ce drame familial, la toile de Morisot peut rester plus sereine et plus légère.

H. W.

1. Voir *Lydia seated in the garden with a dog on her lap* (1880 ; Breeskin, 1970, n° 95), *Lydia crocheting in the garden at Marly* ou *The Garden* (1880 ; idem, *op. cit.*, n° 98 ; New York, The Metropolitan Museum of Art, legs de Mme Gardner Cassatt), *Lydia seated on a porch, crocheting* (1881, *idem, op. cit.*, n° 102). Ces œuvres sont respectivement datées vers 1880, 1881-1882 et 1880 dans *Mary Cassatt...*, cat. exp., 1999.

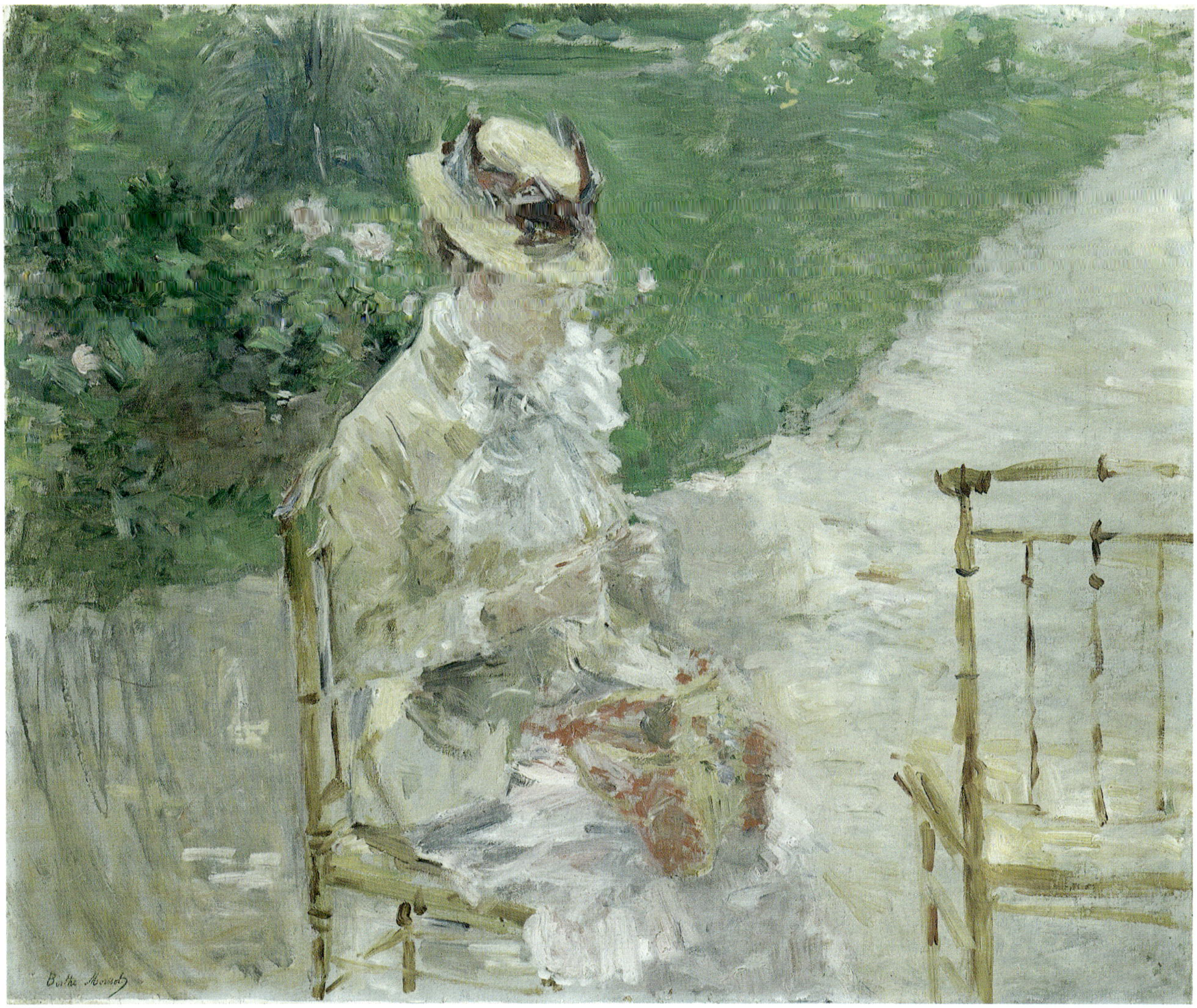

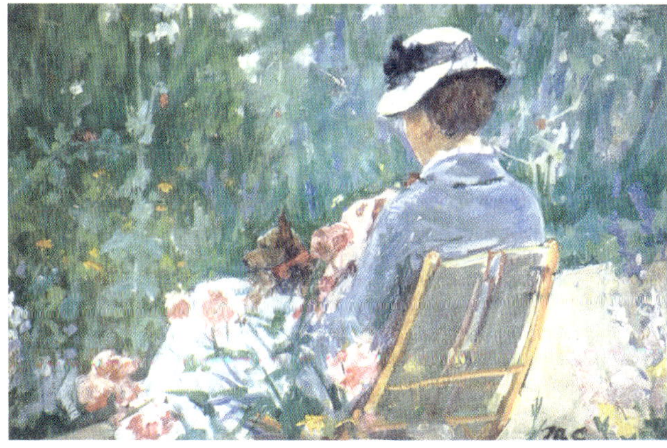

Fig. 1. Mary Cassatt, *Lydia assise dans un jardin un chien sur les genoux*, 1880, collection particulière.

72 Jeune Femme et enfant dans l'île, 1883

Huile sur toile
H. 61 ; L. 50
CMR 140
Collection particulière

Le bois de Boulogne est un motif presque inépuisable pour les peintres, qui représentent ses allées cavalières, comme le fait Renoir avec le portrait de Mme Darras (Hambourg, Kunsthalle), les attelages qui s'y rendent – thème favori des artistes du Salon, les scènes de courses à l'hippodrome, fréquenté par Manet comme par Degas, les dîners galants dans les divers restaurants, qui retiennent l'attention de Gervex aussi bien que de Toulouse-Lautrec. Berthe Morisot y trouve un thème bien personnel : le lac, ses barques, ses cygnes et canards ainsi que les enfants qui s'y amusent. Contrairement aux peintres officiels, ce n'est pas la foule parisienne, mondaine ou populaire qui l'intéresse, mais les amusements d'une petite fille, comme si ce lieu ouvert à tous était le domaine réservé de Julie.

Dans les deux îles du lac Inférieur – l'un des deux lacs du bois qui compte aussi plusieurs étangs –, les attractions sont le chalet servant de restaurant et la guinguette, et, à une extrémité, le kiosque. Ce n'est pas ce qu'en retient Berthe Morisot, qui peint une scène intime et familiale de distraction autant que de repos.

Ces îles ont été replantées lors des grands travaux de la monarchie de Juillet puis du second Empire, redessinant le bois. En regardant vers la rive, l'artiste tourne le dos aux arbres et ne s'intéresse pas, contrairement aux photographes de l'époque, tel Marville, à l'aménagement du lieu. Une femme et une petite fille sont assises dans l'herbe au bord du lac, dont nous ne voyons pourtant pas les rives. La jeune femme s'abrite du soleil sous une ombrelle claire, qu'elle tient un peu à l'écart sur la droite alors que le soleil vient de l'autre côté, faisant ainsi de l'ombre pour Julie et non pour elle. Sa tête est protégée par un chapeau beige au bord bleu retenu par une languette bleue. Elle tourne la tête à droite pour surveiller Julie ou s'adresser à elle. La lumière éclaire le bas de son visage ; son chapeau et son ombrelle ne la protègent donc pas complètement du soleil. Nous ignorons si le modèle tient le rôle de la bonne ou celui de la mère. Julie, vêtue d'une robe bleu-noir, porte un grand chapeau qui la protège du soleil tout en le laissant éclairer le bas de son visage ; elle est assise dans l'herbe, la jambe droite repliée sous la cuisse. Elle regarde devant elle sans prêter attention au modèle qui pose avec elle. Un canard est monté sur le talus et s'est approché d'elles pour trouver quelque nourriture. Les eaux du lac, dans les autres toiles de cette série, sont bleu-vert à cause de l'ombre et du reflet des arbres ; dans cette esquisse, le vert domine car elle n'a pas été achevée. Cela indique que Berthe Morisot a obtenu pour les autres œuvres de ce sujet cette couleur si particulière de l'eau du lac en mettant d'abord du vert et un peu de bleu, puis en éclaircissant par du bleu. C'est pour cela que Gustave Geffroy évoque, en 1896, « la glauque transparence de l'eau ».

Le tableau est une étude de composition et d'harmonie entre les verts du gazon, de la végétation, et les bleus des vêtements. La peinture est rapidement esquissée à grands coups de pinceaux, comme pour ne pas lasser une fois de plus Julie. Il révèle la manière de travailler de Berthe Morisot, sur une toile fine, non préparée. Les deux personnages sont achevés tandis que le paysage ne l'est pas.

Cette composition, comme plusieurs œuvres de Bougival, ne comporte pas de ciel. Pour regarder les deux modèles assis sur le gazon, l'artiste dirige son regard vers le bas limitant son champ de vision. Une nouvelle fois, Berthe Morisot recourt à une vision photographique de son motif, bien éloignée de ce que les peintres officiels peuvent tolérer.

Des cinq toiles sur ce sujet peintes entre 1883 et 1884, celle-ci est la seule laissée inachevée. Berthe Morisot reprendra ce thème ultérieurement, en 1887 et en 1889, puis en 1892. Dans d'autres œuvres, elle ne retiendra que les cygnes ou les oies (voir cat. 91).

H. W.

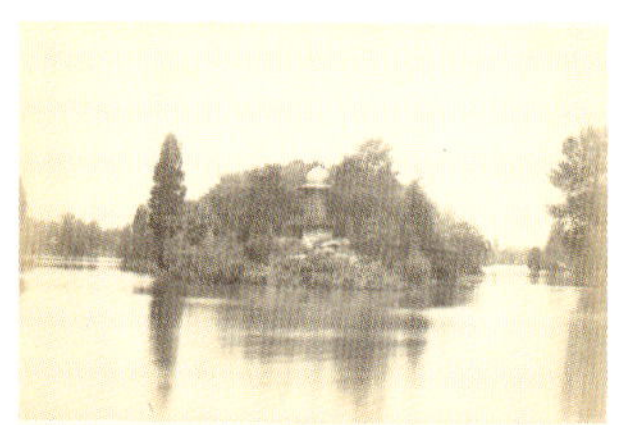

Fig. 1. Le lac et l'île du bois de Boulogne, photographie, vers 1875-1880, collection particulière.

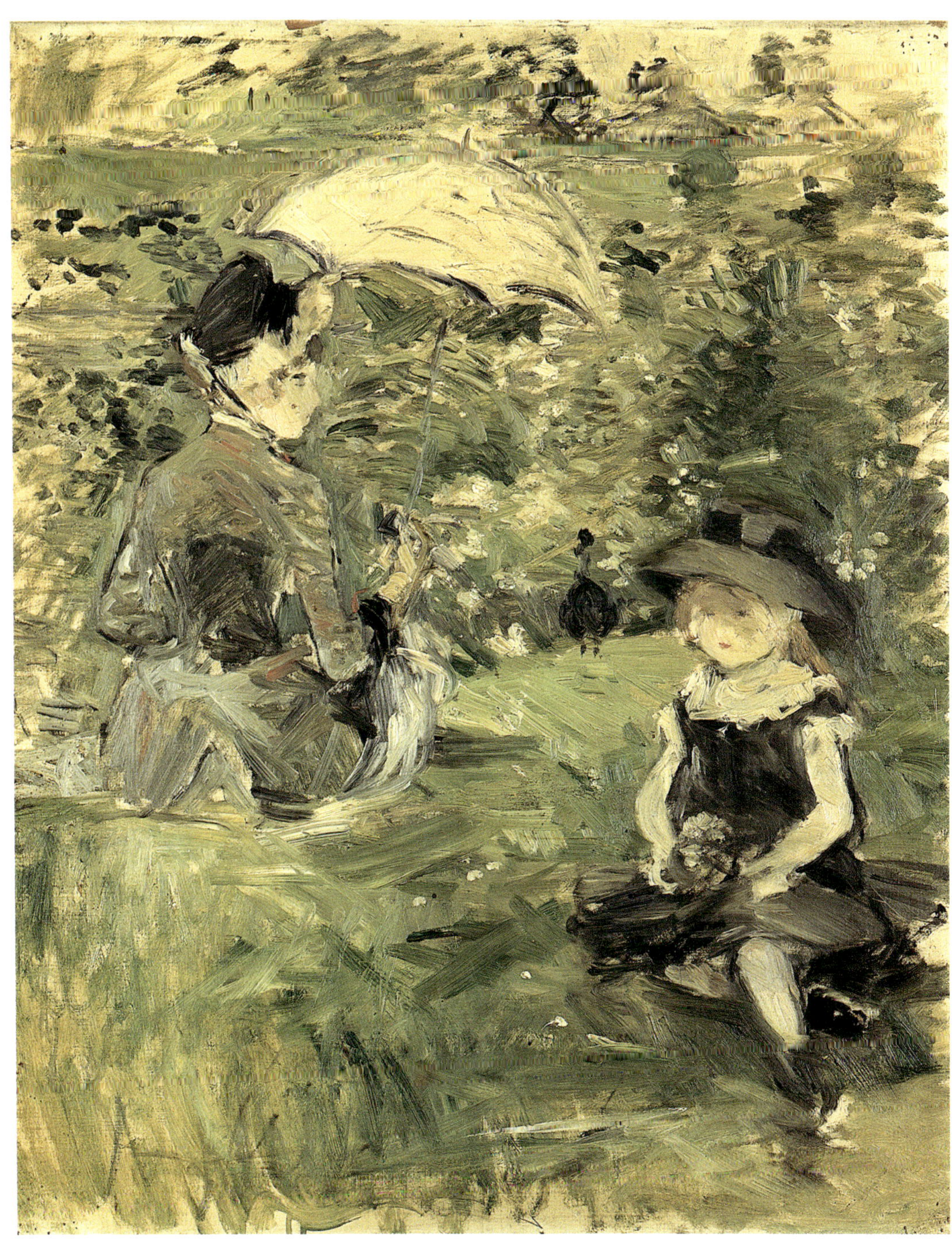

73 Petite Fille aux cheveux blonds, 1883-1884

Huile sur toile
H. 43 ; L. 37
CMR 110
Collection particulière

Cette *Petite Fille aux cheveux blonds* est l'un des rares portraits d'enfant peint en tant que portrait par Berthe Morisot. Dans de nombreuses autres œuvres, elle représente Julie ou ses nièces en compagnie d'adultes, ou Julie jouant seule, comme dans *Baby* ou *Enfant dans les roses trémières* (cat. 55), et, mis à part les trois portraits de Marcel Gobillard (cat. 52), elle n'exécuta pas d'autre portrait d'enfant que celui-ci. C'est le seul dans lequel la petite fille est à elle seule tout le thème du tableau, et dans lequel elle pose comme un adulte le ferait aussi bien pour un portrait mondain que pour un portrait officiel. La pose est naturelle, saisie sur le vif, et non très étudiée ou artificielle comme dans les portraits d'enfant exposés au Salon, à l'instar de celui que peignit, par exemple, Degrave.

La petite fille est assise dans un fauteuil crapaud ou dans un canapé. Elle est vêtue d'une veste au col blanc qui fait ressortir tant son visage et ses cheveux blonds que sa veste.

Le jeu des tons et des couleurs entre le vêtement, le fauteuil et le mur derrière correspond à des tons et à des associations que seuls les impressionnistes utilisent ainsi.

La tête est bien travaillée, particulièrement quand on la compare à la veste de l'enfant ou au reste du tableau. Berthe Morisot dut aller vite, car tout jeune modèle s'impatiente. Le vêtement peut toujours être complété plus tard en l'absence de l'enfant.

L'identification du modèle reste encore incertaine, et sa datation ne l'est pas moins. Les uns suggèrent un portrait de Julie, d'autres celui de sa cousine Jeannie Gobillard car la toile appartenait à Paule Gobillard. Quel que soit le modèle, la toile ne peut dater de 1881, mais de 1883 ou 1884. Si cette œuvre représente Julie Manet, elle porte une veste du même modèle que celle de la *Jeune Fille à la poupée* (cat. 86), mais avec des rayures rouges. En 1881, Julie Manet avait alors quatre ans, mais elle paraît être plus âgée que cela. Monique Angoulvent avait, semble-t-il, daté l'œuvre de 1884.

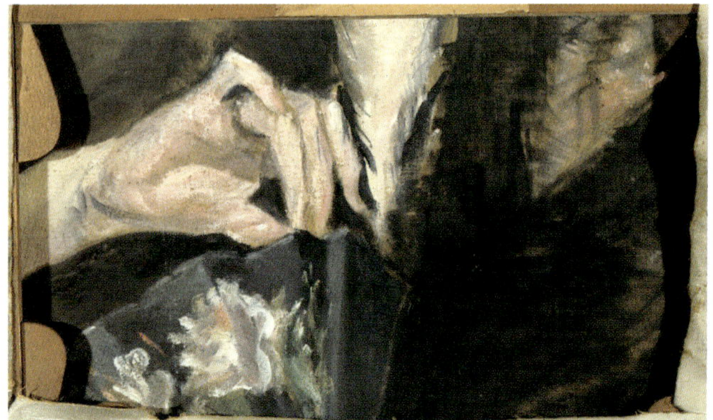

Fig. 1. Détail du dos du tableau, copie par Berthe Morisot du portrait *Berthe Morisot à l'éventail* par Manet (voir cat. 171).

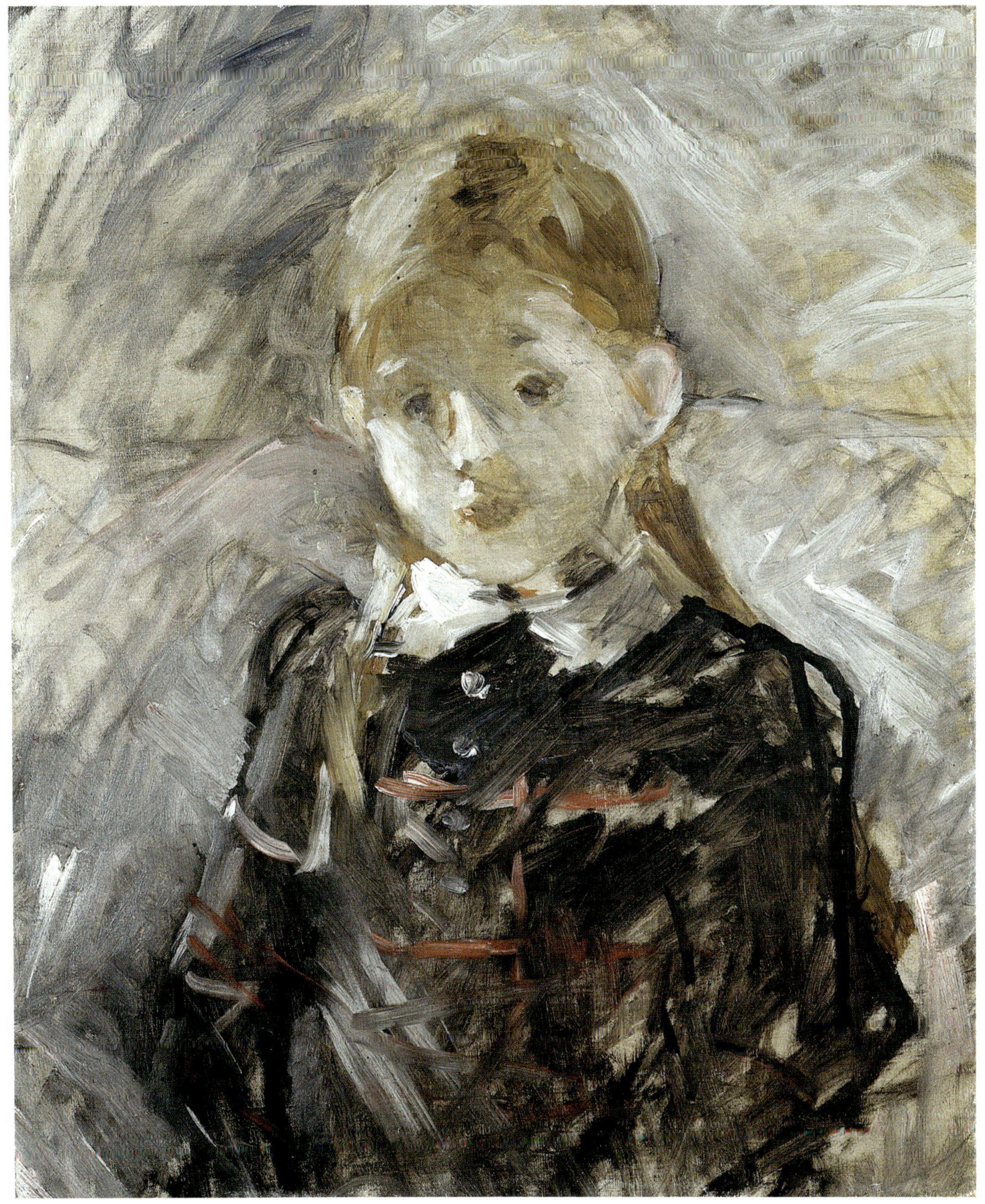

Sa cousine Jeannie n'était que d'un an son aînée. Dans un tableau de 1883, *Jeannie à la poupée* (Seattle, Charles and Emma Frye Art Museum ; CMR 128), le modèle est plus jeune que dans notre tableau, qui serait antérieur de deux ans ! Dans ce cas, soit la date doit être repoussée, soit le modèle n'est pas Jeannie.

Dans une exposition consacrée, en 1995, à Paul Valéry et les arts au musée de Sète, notre toile a été exposée comme un portrait de Jeannie Gobillard. Nous n'avons pas de photographie de Jeannie jeune nous permettant d'identifier le modèle ou d'écarter cette possibilité.

Ce tableau était accroché dans le salon de l'appartement du troisième étage de la rue de Villejust, où Julie vécut avec ses cousines après la mort de sa mère. Il était non loin du *Portrait de Paule Gobillard* (cat. 85), du portrait d'Yves Morisot par Degas, et de la célèbre photographie de Mallarmé et Renoir par Degas.

En l'absence de document, nous avons renoncé provisoirement à trancher entre Julie et Jeannie. Même si l'identification du modèle n'est pas certaine, cette œuvre reste un charmant tableau de famille, un portrait plein de vie et de vivacité.

Cette tête d'enfant est une étude pour une œuvre plus grande, abandonnée, qui avait des dimensions supérieures (H. 75 ; L. 50 environ) si nous en jugeons par la partie de la toile repliée au dos et découpée de manière irrégulière. Berthe Morisot a délaissé ce portrait non par insatisfaction, mais pour réutiliser la toile pour une autre œuvre. En effet, elle peint au dos une copie, jusque-là inédite, de son dernier portrait par Manet, *Berthe Morisot à l'éventail* (cat. 171). Peut-être au lendemain du décès de Manet ou de l'exposition rétrospective qui lui est consacrée à l'École des beaux-arts, Morisot a-t-elle voulu effectuer cette copie en hommage au défunt, soit pour son frère ou pour un autre membre de la famille, sinon pour elle. Julie Manet disait toujours que ce tableau était le plus ressemblant de tous les portraits de sa mère peints par Manet. Une étude plus approfondie de la copie complète permettra de répondre à quelques-unes des nombreuses questions qu'elle soulève.

La qualité de la copie dans les détails de cette main et de l'éventail montre à la fois sa maîtrise technique et son art personnel quand elle s'éloigne de Manet.

H. W.

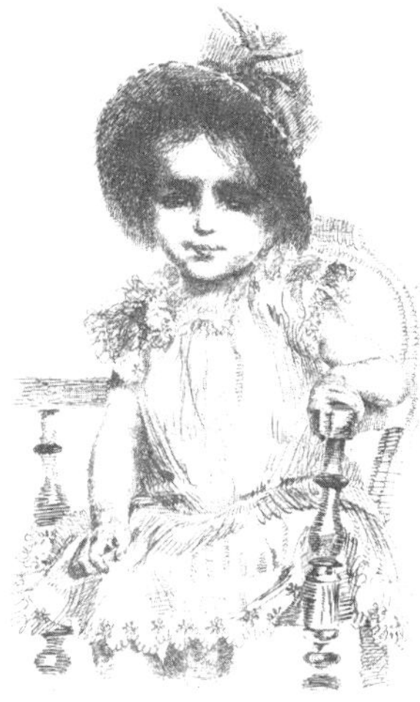

Fig. 2. Degrave, *Portrait de Mlle H. D.*, Salon de 1886, reproduit d'après le *Salon illustré de 1886*, p. 39.

Huile sur toile
H. 114 ; L. 138
Timbre de la signature, en bas, à droite
CMR 145
Collection particulière

Lorsque Berthe et son mari emménagent dans leur maison au 40 de la rue de Villejust à la fin de l'automne de 1883, l'architecture intérieure a été étudiée pour obtenir une luminosité qui mette en valeur les œuvres de leur collection, mais non celles de l'artiste. La seule œuvre de Morisot alors exposée est cette copie d'après *Vénus va demander des armes à Vulcain*, un tableau de Boucher conservé au musée du Louvre, en fait un carton de tapisserie créé pour la Manufacture des Gobelins que commanda le marquis de Marigny.

Lorsque cette toile est présentée en 1896 chez Durand-Ruel, Julie Manet note dans son *Journal :* « … la grande salle : panneau de droite en entrant (par la rue Laffitte) : au milieu " Copie d'après Boucher " deux grâces dans les nuages toutes enveloppées de bleu et de rose ; du grand tableau qui est au Louvre " Vénus va demander des armes à Vulcain " qui avait été fait après notre entrée rue de Villejust vers 83 ou 84 pour être mis dans le salon blanc au-dessus de la grande glace Louis XIV qui elle-même était sur la cheminée. Mais quelques années après la copie fut remplacée par un grand paysage de Monet fait dans le midi qui est maintenant au-dessus de la porte de notre salon en pendant du Boucher. »

Par le choix de cette copie pour décorer son intérieur, et d'un fragment seulement de la toile de Boucher, Morisot prend le contre-pied du goût de ses contemporains qui n'ont pas encore réhabilité l'œuvre de Boucher même si les Goncourt commencent à remettre à la mode cette époque en publiant, en 1881, *l'Art du XVIIIe siècle*. Une telle œuvre, caractéristique de l'esthétique rococo, était incomprise de la génération néoclassique. Pour cela l'œuvre n'en intéressait que plus Morisot. L'usage décoratif de ce carton de tapisserie ne pouvait que séduire l'artiste qui destinait sa copie à un autre usage décoratif : un dessus de cheminée. La dimension de la copie a été choisie en fonction de l'endroit pour lequel elle était peinte. D'ailleurs, la toile de Monet, *les Villas de Bordighera,* qui la remplacera[1] avait pratiquement les mêmes dimensions (H. 115 ; L. 135 ; fig. 12 ; p. 54) ; nous comprenons que, après la mort de Berthe Morisot, sa fille ait fait de ces deux œuvres des pendants comme dessus-de-porte, respectant le point de vue avec lequel on doit les contempler. Pour rendre indépendant le fragment choisi, Morisot supprime les deux Amours avec le casque, ce qui met plus en valeur les deux tourterelles se becquetant.

Parmi les œuvres de Boucher exposées dans les galeries du Louvre, Frédéric Villot ne mentionne dans son guide, à l'époque très à la mode et véritable ouvrage de référence, que sept œuvres. Le musée possède deux œuvres relatives à Vénus et Vulcain. Dans la première, de 1735, Vénus commande des armes à Vulcain, dans l'autre, plus grande, de 1757, Vénus reçoit les armes de Vulcain. Il décrit ainsi cette première toile de Boucher : « N° 25 – *Vénus commandant à Vulcain des armes pour Enée.* Au premier plan, à gauche, Vulcain assis sur un rocher, tenant une épée dont il touche la pointe, lève la tête vers Vénus portée sur des nuages, ainsi qu'un amour tenant un casque d'or. Au milieu, dans les airs, le char de la déesse et les cygnes. À gauche, également sur des nuages, un groupe de trois figures de femmes (les trois Grâces sans doute), dont l'une tient des colombes. Au pied de Vulcain, un carquois, des pièces d'armures ; derrière lui, un cyclope, et à droite, dans le fond, deux autres cyclopes vus à mi-corps près de la forge. Signé F. Boucher 1732[2]. » Certaines éditions de ce guide contiennent un appendice consacré aux écoles françaises et anglaises dans lequel l'autre tableau de Boucher est ainsi décrit : « n° 708, *Vulcain présentant à Vénus des armes pour Enée.* À droite, Vulcain assis, au milieu Vénus et les Grâces sur les nuages, au premier plan le char, les colombes et des amours, dans les airs d'autres amours[3]. »

1. Voir *Claude Monet,* cat. exp., 1931, p. 56, n° 75.
2. Villot, 1883, p. 18.
3. Idem, 1892, appendice p. 4-5. Des différentes éditions consultées, seul un exemplaire de l'impression de 1892 de la collection Smith-Lesouef à la BNF contient cet appendice, qui décrit sommairement près de deux cents toiles (n°s 703-892).

Pourquoi Berthe Morisot a-t-elle choisi cette œuvre moins connue et négligée par la critique ? Pourquoi n'en a-t-elle copié qu'un fragment ? Et pourquoi celui-là ? Son attention sur cette œuvre a dû être attirée par Fantin-Latour qui en avait fait une copie, aujourd'hui à Dijon, au musée Magnin[4]. Enfin, Villot avait interprété les figures de femme dans les airs comme étant les Grâces ; elles devenaient ainsi un motif particulier pouvant être à lui seul copié.

Edma ayant aimé cette œuvre de sa sœur en fit une copie au pastel[5].

Par ailleurs, même lorsque Berthe Morisot en entreprend la copie, Boucher n'était pas encore réhabilité, comme l'indique le commentaire de Villot au sujet de la vie de l'artiste : « À la suite d'une de ces révolutions de la mode, trop fréquentes dans les beaux-arts, [ses ouvrages] tombèrent bientôt, après sa mort, dans un discrédit complet. Les noms de Boucher et de van Loo devinrent, en quelque sorte, un terme de mépris, une appellation injurieuse que la critique appliquait aux artistes dont les œuvres n'exhalaient pas une admiration plus fervente que judicieuse des statues antiques. David avait beau répéter aux fanatiques de son école : “ n'est pas Boucher qui veut ”, on ne le croyait pas. Les détracteurs d'alors ont disparu à leur tour, et Boucher, malgré ses défauts, son afféterie, son manque de naturel, son dessin et sa couleur trop souvent factices, a repris un rang honorable qu'il méritait parce qu'il est né vraiment peintre et créateur[6]. » Dix ans plus tard, Boucher est à nouveau à la mode ; aussi, lors de la rétrospective posthume, en 1896, Roger Marx remarque cette copie et écrit : « Tout l'œuvre de Berthe Morisot légitime cette ascendance [avec Fragonard]. Ne s'est-elle pas prise, vers la fin de sa vie, à brosser d'après Boucher des copies d'une pénétrante compréhension[7] ? »

Nous constatons que Morisot choisit avec goût les œuvres qu'elle copie. Comme le *Calvaire* de Véronèse (cat. 1), qui avait fait partie de la collection de Louis XIV (n° 145), ce Boucher exposé au Salon de 1757 figurait dans celle de Louis XV, après avoir été dans celle du marquis de Marigny.

Pour Monique Angoulvent, cette copie s'explique par l'affinité de Berthe envers la peinture de Boucher : « Nul mieux qu'elle ne pouvait le comprendre et rendre toute la beauté de son exécution. L'atmosphère azurée, les tons nacrés des chairs, le moelleux du dessin, sont autant de preuves de l'affinité naturelle qui, à travers les générations, reliait Berthe aux peintres du XVIIIe siècle[8]… » À cela il faut ajouter ses liens avec Fantin-Latour et le choix d'une peinture décorative.

Jacques-Émile Blanche, qui connut bien l'artiste et fréquenta son salon, parle ainsi de cette œuvre : « Sa maîtrise garda, jusqu'à la fin de sa vie, la saveur de la jeunesse, les colorations du printemps, l'odeur du seringua et des lilas blancs sous la pluie. Déjà parvenue à la maturité du talent, copie-t-elle un plafond de Boucher, au Louvre ? C'est une transcription qu'elle en fait, un panneau bleu-rose et blanc, pour décorer son atelier-salon de la rue de Villejust[9]. »

H. W.

4. Cette œuvre n'est pas répertoriée par Mme Fantin-Latour.
Dans le catalogue récent des peintures françaises de cette collection, cette peinture est seulement attribuée à Fantin-Latour.
5. Citée par Angoulvent, 1933, p. 21, note 1. Cette copie n'est pas localisée.
6. Villot,.*op. cit.*, p. 16-17.
7. Marx, 1896, p. 247-250.
8. Angoulvent, *op. cit.*, p. 72.
9. Blanche, 1931, p. 62.

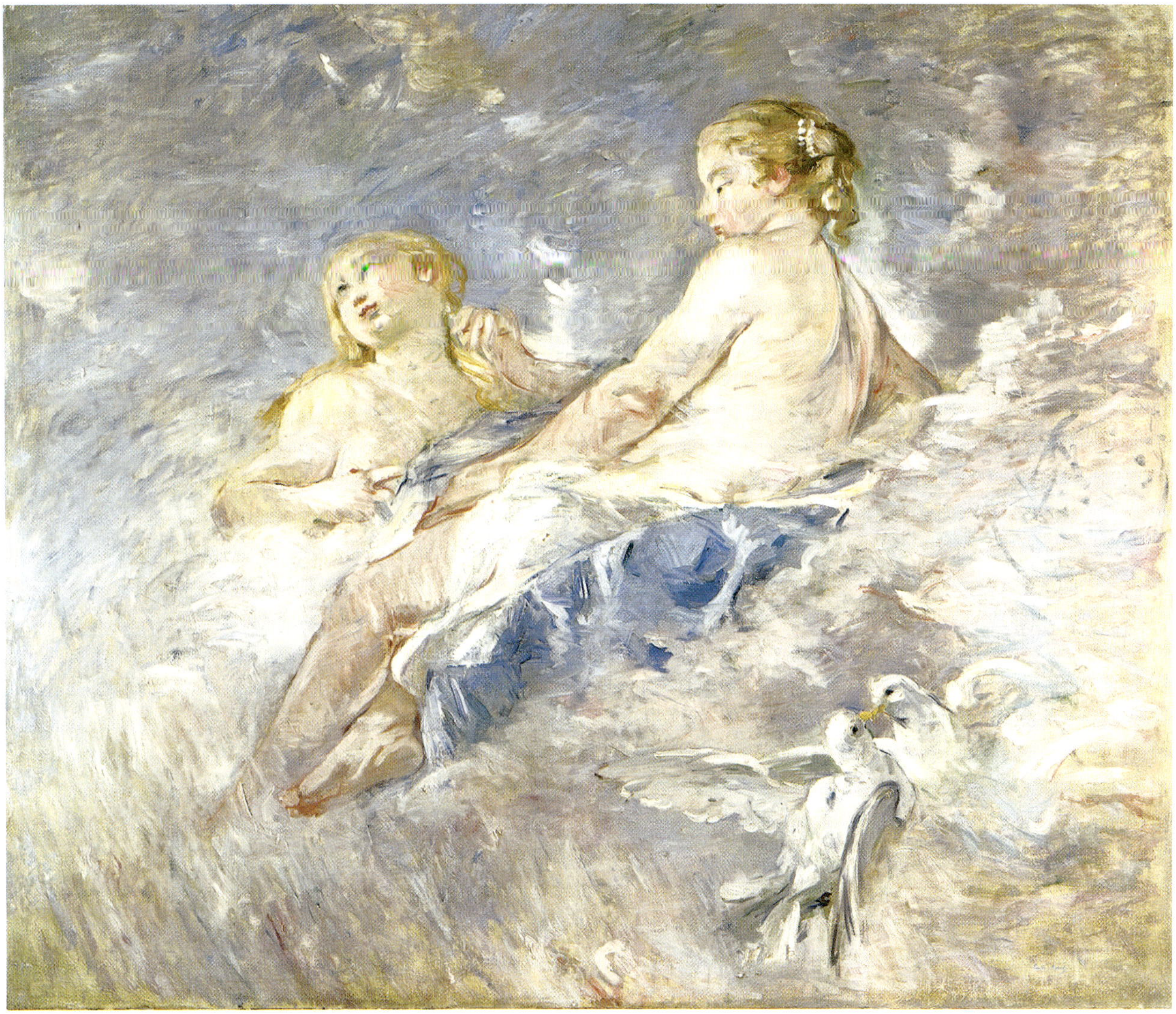

Fig. 1. Boucher, *Vulcain présentant à Vénus des armes pour Énée,* 1732, huile sur toile, H. 252 ; L. 175, Paris, musée du Louvre.

Fig. 2. Henri Fantin-Latour, *Nymphes dans les nuages,* huile sur carton, H. 47 ; L. 57,5, Dijon, musée Magnin.

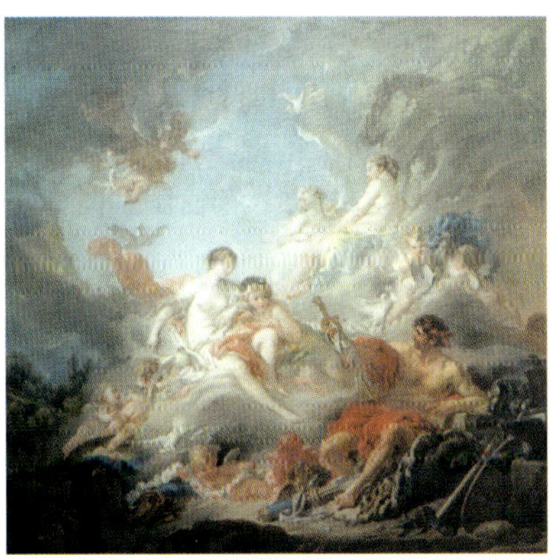

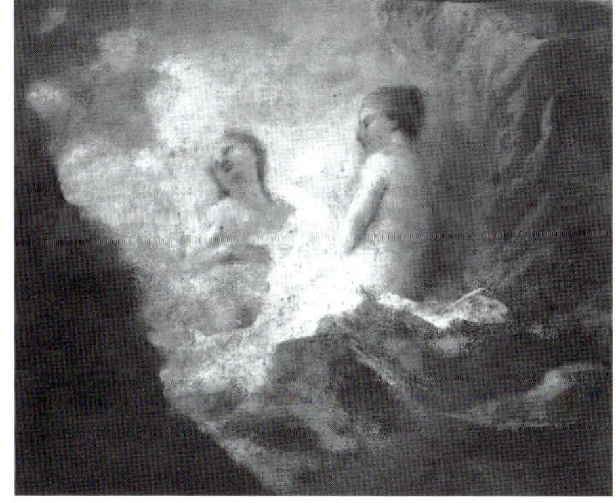

75 Julie et son bateau, 1884

En novembre 1884[1], quelques mois après le tableau de Julie Manet jouant au bateau en compagnie de son père, Berthe peint cette aquarelle de Julie jouant au bois de Boulogne avec un autre bateau, à la coque si claire – le précédent était rouge. Julie, vêtue d'un manteau bleu marine, avec un chapeau assorti et des collants, est à nouveau assise sur une petite chaise, tournant le dos à un petit bassin ou au bras d'un lac. Nous ne savons pas si elle se repose ou, au contraire, si elle se prépare à jouer et à mettre son bateau à l'eau. Elle est seule cette fois devant le spectateur, mais elle n'est pas pour autant tout à fait seule car sa bonne n'est pas loin et sa mère la peint.

Comme de nombreuses autres aquarelles, celle-ci est traitée à grands traits, plus pour saisir rapidement la pose du modèle que par volonté technique. En effet, quand nous la comparons aux autres aquarelles de ces années – celles qui n'ont pas Julie pour modèle –, nous constatons que Berthe Morisot a dû aller plus vite pour ne pas lasser Julie de cette séance supplémentaire de pose.

Lorsque cette aquarelle figure à l'exposition rétrospective posthume, en 1896, un critique, malheureusement resté anonyme, écrit à propos de l'œuvre Berthe Morisot quelques lignes inspirées par des œuvres comme *Julie et son bateau :* « Cet ensemble de dessins, d'aquarelles, de pastels et de peintures, nous transporte en plein dix-huitième siècle, par l'élégance du dessin, la clarté et la fraîcheur du coloris. La pureté des lignes, l'aisance, la simplicité et la vérité des expressions, des attitudes, charment tout d'abord en ces colorations argentines, tendrement bleutées, vertes ou rosées. Une harmonie poétique s'en dégage. [...] Ses aquarelles dénotent une vision profondément juste, personnelle, aux notations franches, poétiquement exprimées. [...] Elle dit le bonheur de la nature, les caresses de l'air, l'harmonie des couleurs fragiles en des pages inoubliables qui enchantent et font vibrer nos sens. Son œuvre d'art parfait, délicatement nuancé, la place définitivement parmi les chercheurs de beauté et de vérité qui ont eu la satisfaction de réaliser leur rêve[2]. »

Lors de la rétrospective du Salon d'Automne, en 1907, Ambroise Vollard avait prêté, parmi six toiles lui appartenant, sous le numéro 168, un tableau de *Petite Fille au bateau* aujourd'hui perdu qui pourrait avoir été peint d'après cette si belle et touchante aquarelle.

H. W.

Aquarelle
H. 23 ; L. 16
Cachet du monogramme, en bas, à gauche
BW 707
Collection particulière

1. Cette date précise de l'aquarelle est indiquée, sans doute dans les années vingt, par Julie Manet dans ses annotations du catalogue de l'exposition rétrospective de 1896.
2. Anonyme, 18 mars 1896, p. 3.

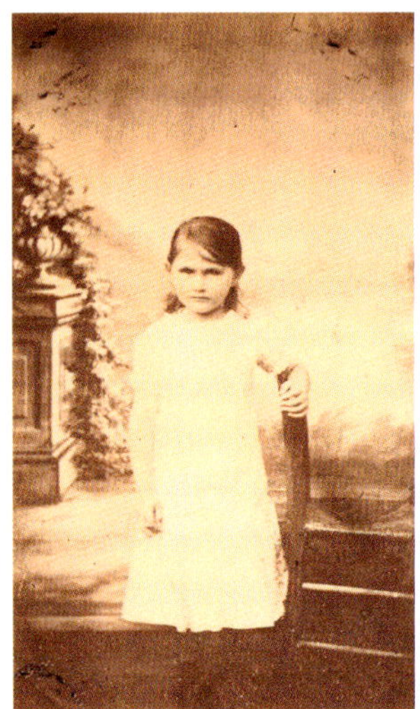

Fig. 1. Julie Manet enfant, photographie, collection particulière.

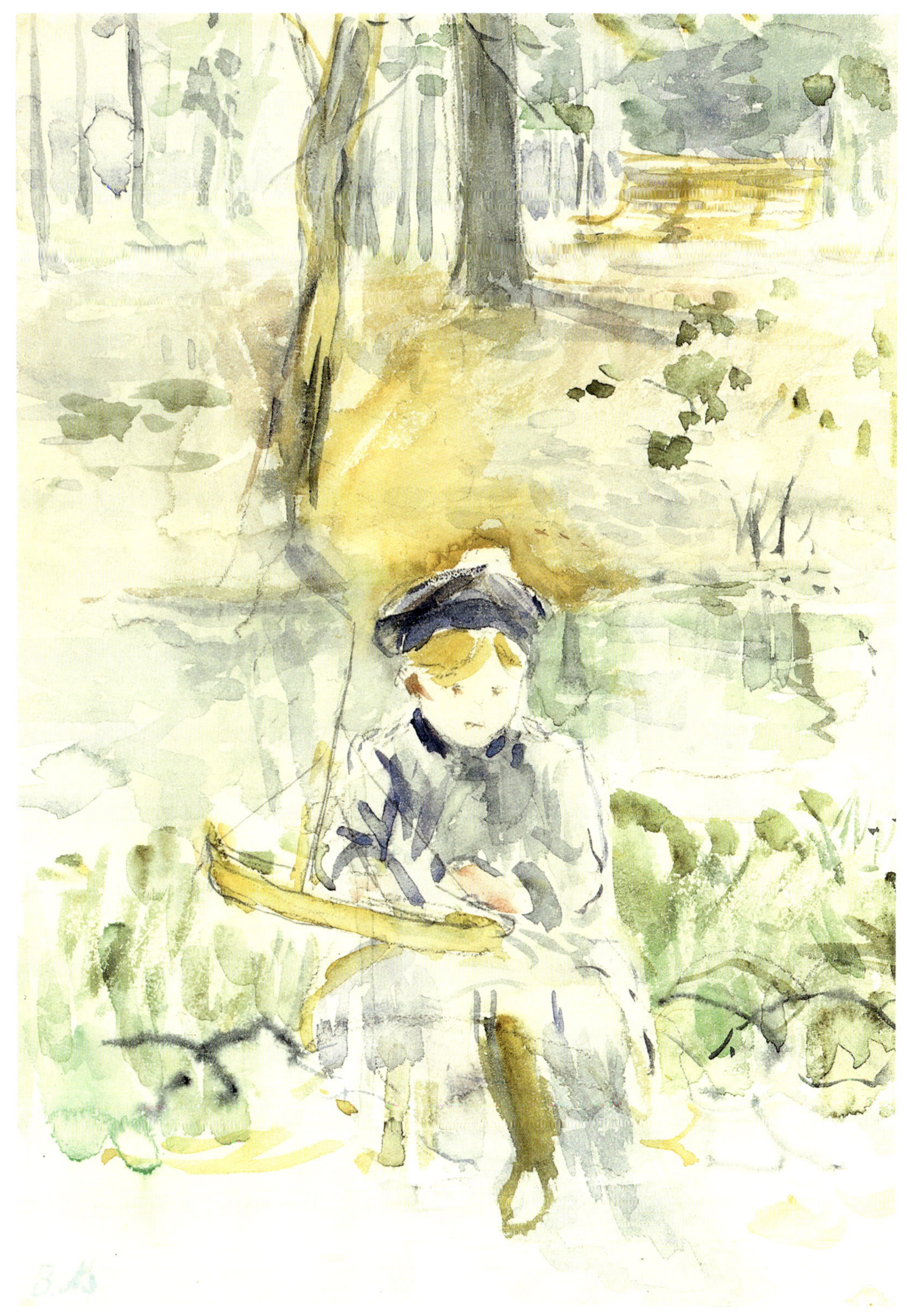

76 La Leçon de couture, 1884

Huile sur toile
H. 59 ; L. 71
Timbre de la signature, en bas, à gauche
CMR 147
Minneapolis, Minneapolis Museum of Arts, fonds John R. Van Derlip
Inventaire : 96.40

Sur un thème traité par d'autres artistes de son temps Berthe Morisot réalise une peinture impressionniste tant par la composition, l'harmonie des couleurs que par la technique. Sur un tel sujet assez conventionnel, sa modernité n'en est que plus frappante pour ses contemporains ; c'est sans doute pour cela, semble-t-il, qu'elle n'a pas exposé cette toile de son vivant.

L'œuvre est peinte sur une toile fine non apprêtée et marron clair comme elle en utilise le plus souvent à Bougival. Avec le temps, la toile de lin a foncé, modifiant les rapports entre les tons et entre les couleurs de sorte que notre vision de la toile ne correspond pas à celle de l'époque ; il faut l'imaginer plus claire, et les couleurs plus vives encore.

Julie est avec Pasie dans la véranda de la maison de Bougival. Toutes deux en buste sont assises à côté de la fenêtre afin de mieux distinguer et de mieux montrer la broderie qu'exécute Pasie. Sur ses genoux le blanc transparent de l'organdi reçoit directement la lumière de l'extérieur, ajoutant encore de la clarté au tableau. Le bleu des robes, plus foncé pour celle de Julie, met en valeur la blondeur de ses cheveux et la rousseur de ceux de Pasie. Un collier de corail sur le col de Julie souligne à la fois le rose aux joues, les cheveux et le bleu de sa robe. Le tableau a été peint avec l'éclairage du matin car derrière la vitre le jardin est lui aussi envahi de lumière. Dans ce jardin, on retrouve la hotte d'osier qui figure dans une scène de jardin (Houston Museum, collection Audrey John Beck ; CMR 185). Du jardin dont on ne voit guère la végétation, on distingue surtout le mur mitoyen. Derrière ce mur, recouvert d'un treillage en losange, on aperçoit la maison voisine qui procure une touche rouge qui répond à celle, blanche, de l'ouvrage en cours. Julie regarde attentivement le travail de Pasie dont les lèvres entrouvertes – ornées de rouge à lèvres – suggèrent qu'elle lui explique son travail.

Malgré tout le charme de la composition, Berthe Morisot n'a pas achevé cette toile, comme nous le constatons surtout avec la robe de Julie et l'ouvrage.

Cette *Couture* n'est pas celle d'une dame qui s'occupe, ni seulement celle d'une domestique, c'est celle d'une jeune bonne qui fait de la couture tout en s'occupant de sa jeune maîtresse, à laquelle elle commente son travail. Chez Fantin-Latour, la facture est plus classique et la pose plus conventionnelle ; on a même rapproché plusieurs toiles de ce motif avec des œuvres des maîtres hollandais du siècle d'or. Chez Louise Breslau, l'attitude de la mère et de la fille est plus figée, la pose n'est guère naturelle, et elles semblent toutes les deux s'ennuyer considérablement. Lorsque Mary Cassatt peint une femme à la couture une enfant auprès d'elle, c'est plus la mère qui est symbolisée que la domestique, même si Cassatt, comme Morisot, ne peint pas l'enfant auprès de sa mère cousant.

Cette toile fut offerte par Julie Manet à Moirinat, le marchand de couleurs de sa mère en souvenir d'elle. Il la céda ensuite à Ambroise Vollard, qui la vendit à l'homme de lettres et critique anglais George Moore (1852-1933). Le choix de cette toile par cet amateur éclairé est très intéressant. Cet ami de Manet, peint trois fois par lui – assis à la terrasse d'un café coiffé d'un chapeau melon (New York, The Metropolitan Museum of Art), en buste au pastel (New York, The Metropolitan Museum of Art) et assis dans le jardin de la rue d'Amsterdam (collection Mellon) –, est un familier aussi bien des impressionnistes qu'il a rencontrés au *Café,* que de Mallarmé, chez lequel il est souvent reçu. Dans ses différentes publications, il juge toujours Berthe Morisot avec bienveillance. Ainsi, en 1893, dans un article rendant compte de l'exposition chez Boussod et Valadon puis dans son livre *Modern Painting,* il n'hésite pas à écrire que Morisot est « la seule femme peintre dont la disparition causerait un hiatus dans l'histoire de l'art ».

H. W.

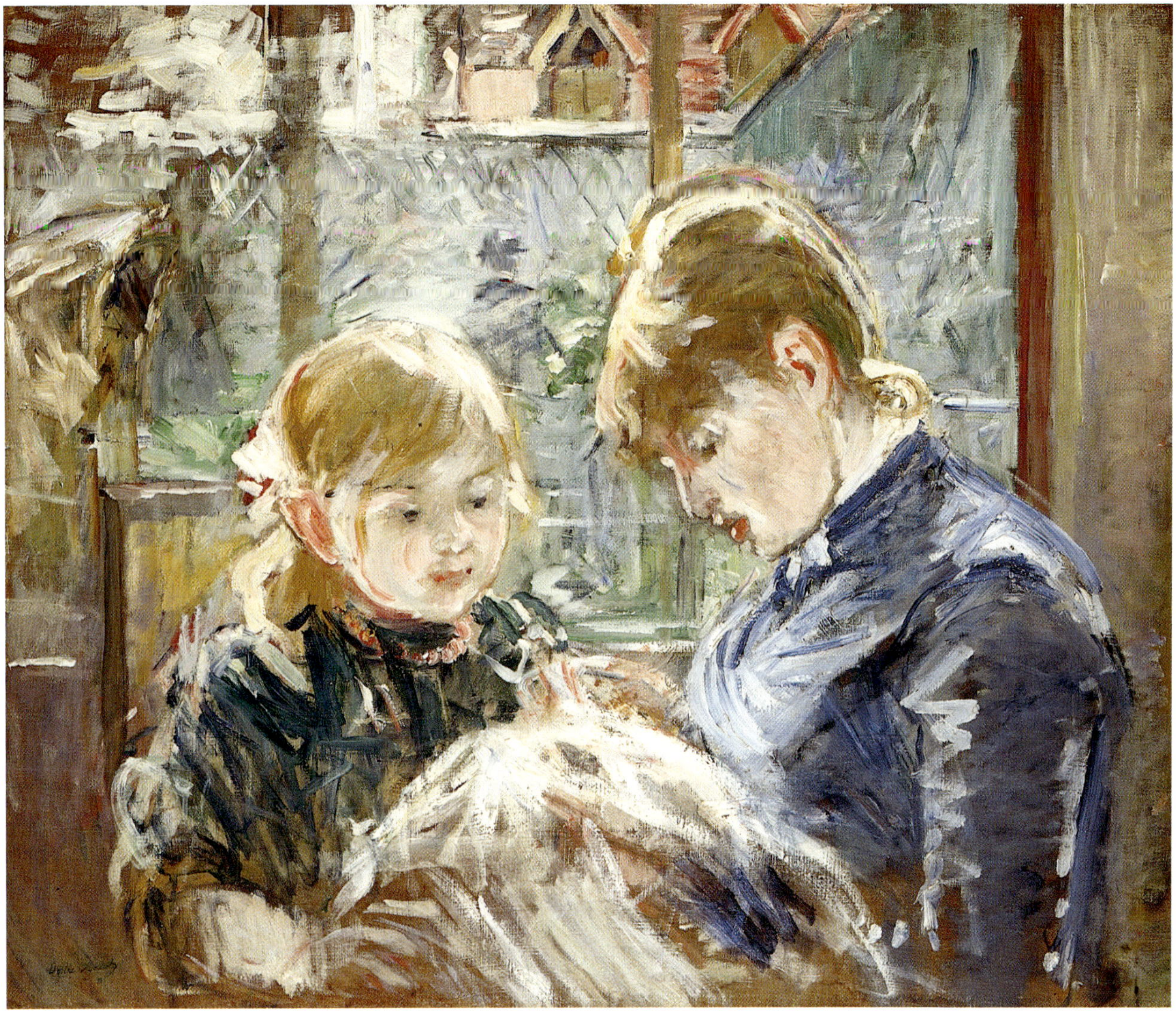

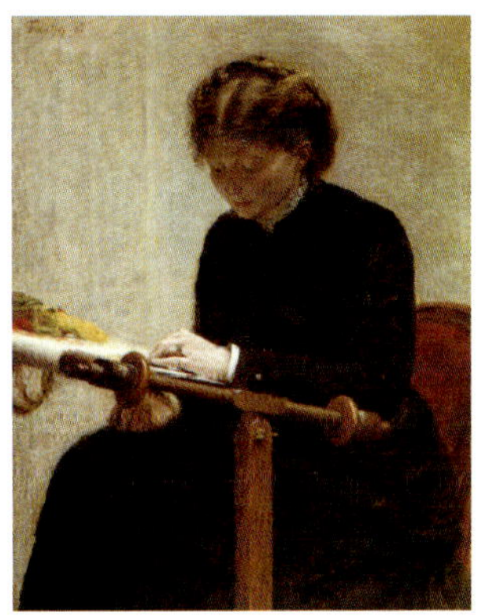

Fig. 1. Fantin-Latour, *la Couture*, huile sur toile, H. 103 ; L. 82.

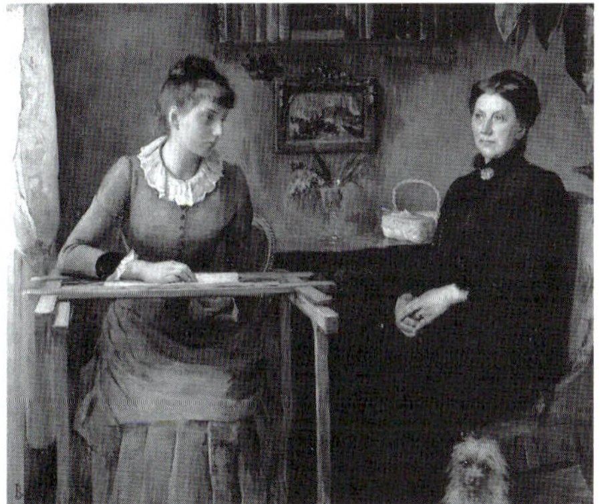

Fig. 2. Louise Breslau, *Chez soi*, huile sur toile, H. 127 ; L. 154, Salon de 1885, nº 362, Paris, musée d'Orsay.

77 Sur le lac du bois de Boulogne, 1884

Huile sur toile
H. 60 ; L. 73
Timbre de la signature, en bas, à gauche
CMR 148
Collection particulière

Ce tableau est particulièrement réussi pour l'équilibre de la composition, des couleurs et des tons. C'est pour cela que, comme son ami Degas dans de nombreuses scènes de danseuses, Berthe Morisot s'intéresse peu aux détails des visages des deux personnages. En cela l'œuvre peut paraître incomplètement achevée à un adversaire de l'impressionnisme. Pour Berthe Morisot, elle l'était. Elle ne veut pas cette minutie photographique ou de miniaturiste que recherchent tant d'adversaires des impressionnistes.

Au bord du lac, dans une barque qui accoste ou qui va prendre le large, une jeune fille en robe violette avec un chapeau de paille et une petite fille en beige portant un chapeau de paille d'une forme plus simple ont lancé à manger aux cygnes et aux canards qui se sont approchés. Julie observe tandis que Milly, le modèle qui pose avec elle, casse du pain.

Trois plans successifs partagent le tableau : la barque, le lac et l'autre rive. Par leurs couleurs, Julie appartient au premier et Milly au second. S'aperçoit dans l'eau le reflet foncé des arbres de l'autre rive ; nous ne les voyons pas, nous devinons leurs bases. Une nouvelle fois, il n'y a pas de ciel, et donc pas d'horizon. Ces derniers aspects se retrouveront plus tard, variés à l'infini, développés et amplifiés dans les séries des paysages d'eau de Monet avant d'aboutir aux *Nymphéas*. Avec une telle composition, Berthe Morisot innove de manière discrète. De plus, elle a adopté un cadrage quasi photographique de cette scène, vue un peu en surplomb et saisie sur le vif depuis la rive.

La toile porte au dos le cachet du fournisseur : Moirinat, rue du Faubourg-Saint-Honoré, qui lui a vendu la toile pour *Jour d'été* (cat. 42)[1], auquel Julie donnera en souvenir de sa mère *la Leçon de couture* (cat. 76).

Cette toile est choisie par l'artiste pour figurer dans la seule exposition personnelle qui lui est consacrée de son vivant, chez Boussod et Valadon, en 1892. Dans sa préface, Gustave Geffroy explique longuement comment elle analyse et transforme la lumière « par un vouloir et des mains de magicienne ». Cette lumière est traitée de manière toute personnelle : « ... vers le lac et vers la rivière, la voici encore, assombrie et glauque dans la transparence, si mystérieusement mélangée à cette masse à la fois compacte et fluide de l'élément qui stationne ou qui s'enfuit ». Geffroy admire ces « eaux lumineuses où voguent les cygnes blancs et bleus, – toutes ces visions du dehors, d'allures si rapides, d'apparences si légères, où les choses, pourtant, ont leur juste importance, leur vrai poids, où l'eau a sa densité, le feuillage sa masse, la terre sa solidité, les personnages leur mouvement ».

À cette occasion, Jacques-Émile Blanche, sous le pseudonyme amusant de J. E. White, lui consacre une page bienveillante dans la revue littéraire d'avant-garde *Entretiens politiques et littéraires ;* il observe ces « figures d'enfants, jeunes femmes, cygnes, lacs, [...] tout est scintillant, transparent, fluide et pourtant nerveux et plein de solidité. La grâce de ces êtres et de ces choses est toute spéciale, très française, poudrée, du siècle dernier et pourtant moderne, parisienne du quartier de l'Étoile. Cela a le charme d'un ouvrage de tapisserie dû au caprice d'une jeune mère qui mène ses enfants jouer dans l'avenue du Bois de Boulogne, après avoir beaucoup étudié la salle Lacaze[2] ». De son côté, Albert G. Aurier, le critique du *Mercure de France* qui a eu le génie de reconnaître celui de Van Gogh en lui offrant de son vivant le premier article individuel, voit dans cette série du *Lac du bois de Boulogne* le symbole de l'autonomie de sa création ; il admire « ces *Cygnes,* toutes ces apriliennes apparitions de gamines roses, de babies rieurs, surgis en cet air si transparent et si tendre[3] ».

H. W.

1. Voir *Impressionism...*, cat. exp., 1990-1991, fig. 34, p. 49 et fig. 86, p. 178.
2. J. E. White, 1892.
3. Aurier, 1892, p. 259-260.

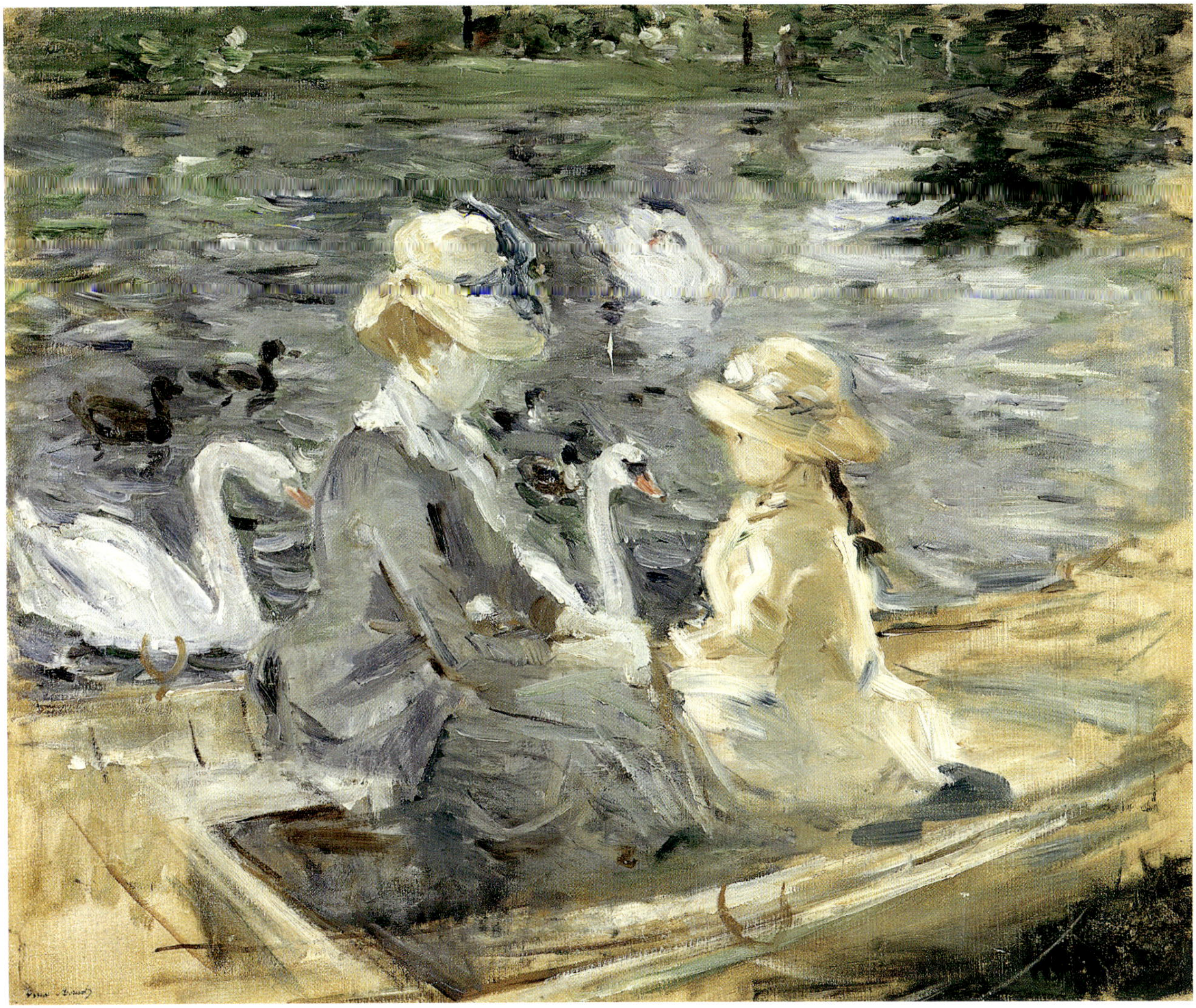

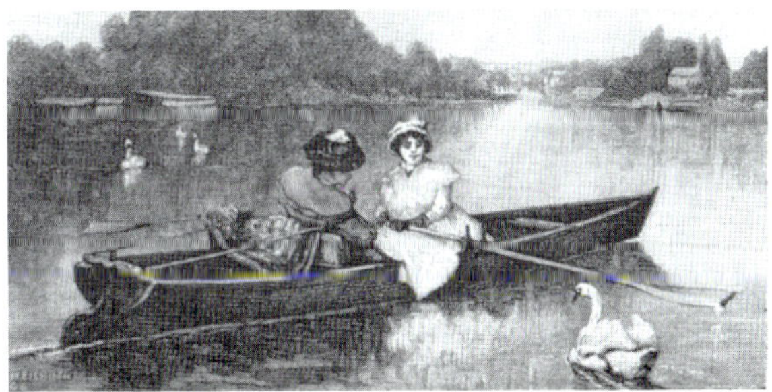

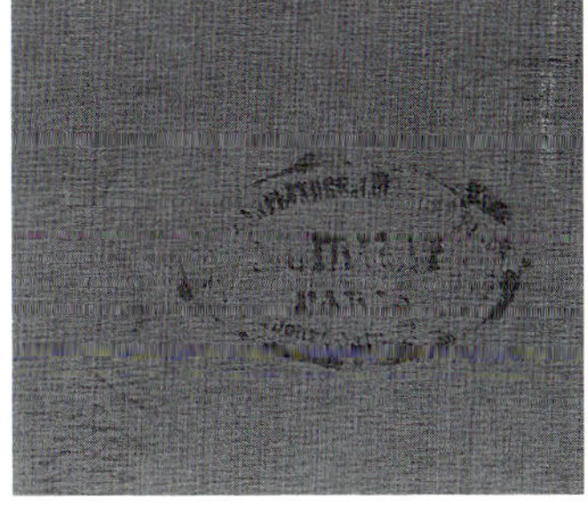

Fig. 1. François Heilbuth, *Beau Temps,* Salon de 1881, d'après *l'Illustration,* 14 mai 1881, p. 327.

Fig. 2. Photographie du dos de la toile : cachet du fournisseur.

78 Sur le lac, 1884

Huile sur toile
H. 65 ; L. 54
CMR 149
Collection particulière

Julie a grandi. Elle a maintenant plus de cinq ans et peut rester presque seule dans la barque encore amarrée le long de la berge pour donner du pain aux cygnes et aux canards pendant que sa mère la peint, et qu'à la proue sa bonne la surveille. Ce tableau de 1884 est la suite de *l'Été* (cat. 40) peint cinq ans plus tôt, exposé et remarqué à la 5e exposition impressionniste. Julie a remplacé les deux modèles. Ce n'est pas encore l'été mais le printemps, le ciel est moins lumineux, la lumière moins forte, les eaux du lac sont encore sombres.

Dans cet endroit choisi par Berthe Morisot pour peindre son tableau, le lac n'est pas large, aussi les arbres de deux rives se reflètent dans l'eau qu'ils assombrissent encore. Le banc à gauche sur l'autre rive montre combien elle en est proche. La non-transparence de l'eau de ces deux lacs du bois de Boulogne – toujours actuelle – se traduit par une eau ressemblant plus à celle d'une mare qu'à celle d'un lac dont l'eau est courante et transparente. L'observateur véridique ne peint donc pas l'eau telle qu'elle devrait être mais telle qu'elle est ; en cela, l'impressionniste est plus réaliste que les paysagistes du Salon officiel qui représentent une eau pure et idéale.

Julie est assise sur le banc de la barque, de profil, la main droite sur le bord. Vêtue d'un manteau beige et d'un petit chapeau assorti, elle porte une queue de cheval comme dans le buste que sa mère sculptera d'elle deux ans plus tard (cat. 106). Elle ne regarde pas les cygnes ou les canards, comme dans *Sur le lac du bois de Boulogne* (cat. 77). Elle porte le même manteau beige que dans ce dernier tableau, mais pas le même chapeau. Dans une troisième version, elle est habillée de la même manière[1].

Un peu plus loin, à droite, une barque blanche passe avec quelques passagers, dont une femme tenant une ombrelle. Sur la rive opposée, le long de la berge, on aperçoit deux promeneurs.

Sur le lac est une étude de l'harmonie des tons et des couleurs, de la lumière même tamisée, et de ses reflets. Un soleil doux venant de la droite irise. Il donne reflet et blondeur tant aux arbres qu'à Julie.

L'eau du lac, comme dans les autres toiles de cette série, est bleu-vert, et même plus verte que bleue, à cause de l'ombre et du reflet des arbres ; dans cette esquisse, le vert domine car elle n'a pas été achevée. Cela indique que Morisot a obtenu, pour les autres œuvres de ce sujet, cette couleur si particulière de l'eau du lac, en mettant d'abord du vert et un peu de bleu, puis en éclaircissant par du bleu. En 1896, lors de la rétrospective posthume, Gustave Geffroy évoque cette série du bois de Boulogne où « la verte lumière des forêts revient se combiner avec la glauque transparence de l'eau, avec le fluide bleu de l'éther et la flamme rose du soleil[2]. »

H. W.

1. CMR 247, ce tableau est reproduit en couleurs dans *Mujeres Impresionistas,* cat. exp. 2001-2002, p. 17, n° 683.
2. Geffroy, 1896, p. 1.

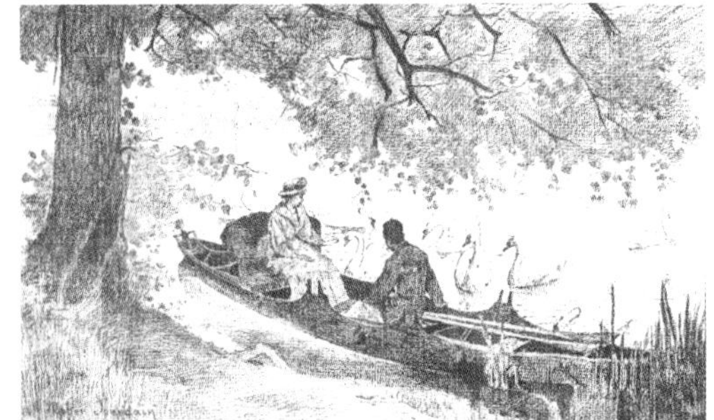

Fig. 1. R. Jourdain, (HC), *les Cygnes sur la Tamise,* Salon de 1883, n° 1289, d'après le *Salon illustré de 1883,* p. 44.

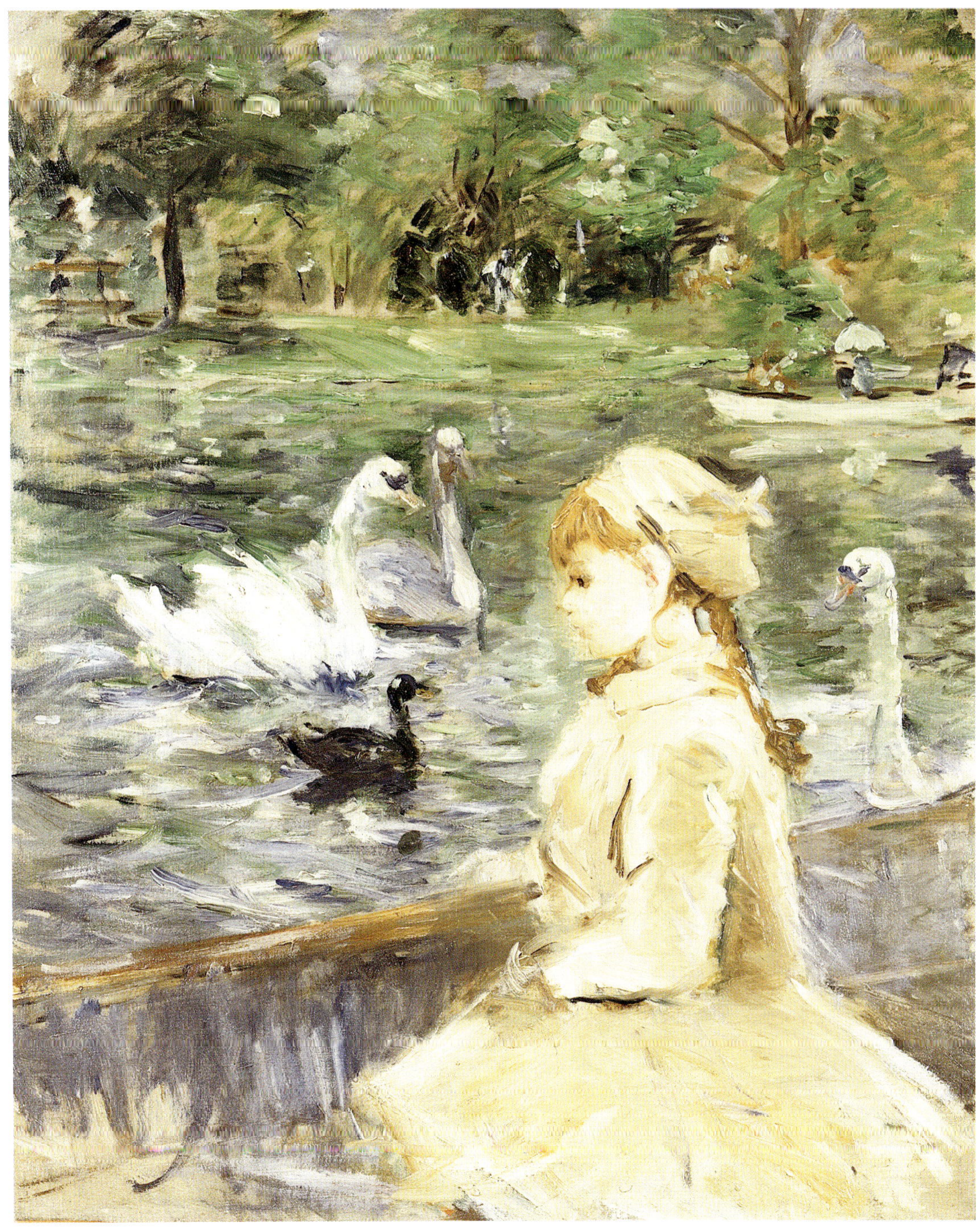

79 Le Jardin à Bougival, 1884

Huile sur toile
H. 72 ; L. 92
CMR 151
Paris, musée Marmottan,
Fondation Denis et Annie Rouart
Inventaire : 6017

Par ses dimensions, cette toile est ambitieuse car d'un format beaucoup plus grand que celles que Berthe Morisot utilise habituellement. Elle la destinait à une exposition.

La composition est particulièrement audacieuse, tant par le choix et la disposition du motif que par la facture et la touche.

Le sujet en est autant le jardin que la maison. Tout autre peintre aurait pris du recul pour montrer le charme de celle-ci. Au contraire, Berthe Morisot ne représente qu'une toute petite partie de la façade sans que l'on puisse reconnaître le lieu. De la maison nous ne voyons que la porte d'entrée, fermée, puis une fenêtre aux volets clos, à l'angle une véranda et au-dessus quelques éléments d'un balcon ; le chemin d'accès est plein des reflets de la lumière. À gauche, au-delà de la barrière, les maisons du village sont peintes de manière plus compréhensible pour un tiers. La maison louée par la famille Manet n'est qu'un prétexte pour la peinture dont le motif est la treille, ses fleurs et le parterre de roses.

Pour les partisans des artistes officiels, une telle composition reste confuse et semble plus une esquisse qu'une œuvre achevée.

En comparant cette œuvre à des toiles figurant des jardins ou des massifs de fleurs exposées au Salon dans ces années-là, comme celle de Courtois, par exemple, nous constatons toute la modernité et l'audace de la composition de Berthe Morisot.

Cette toile est généralement identifiée avec le *Jardin à Bougival* exposé sous le numéro 83 à la 8e exposition impressionniste, en 1886. Trois critiques remarquent l'œuvre parmi plusieurs autres. Ainsi, le journaliste de *la Liberté* considère que « sa manière est encore défectueuse, en bien des points ; elle a un sentiment exagéré de l'effet et de la couleur ; seulement elle a le charme et la facilité qui correspondent sans effort à des œuvres de saine venue », et il cite le *Jardin de Bougival* parmi les toiles qui « attestent les qualités ainsi que les défauts de cette intéressante artiste[1] ». Octave Maus, l'organisateur à Bruxelles du Salon des XX puis de la Libre Esthétique note aussi ce jardin parmi d'autres toiles ; elles « montrent la variété d'un tempérament qui ne redoute point les difficultés du métier et qui porte la marque d'une réelle aristocratie de sentiments et de goûts[2] ». Seul Georges Auriol, le critique de l'hebdomadaire *le Chat noir,* précise : « Voici maintenant ses toiles *Jeune fille* écrivant ; *Jeune fille aux fleurs ; Femme dans les champs avec des enfants.* Il y a dans tout cela une vie extraordinaire. Ces enfants, ces champs, cette femme semblent appartenir à un monde particulier, et l'on a la nostalgie de ce petit coin[3]. » Soit cette *Femme dans les champs avec des enfants* est un autre tableau alors exposé hors catalogue, soit ce titre correspond à la description de l'œuvre exposée. Dans ce dernier cas, le *Jardin à Bougival* peut être identifié avec une autre toile, soit avec celle qui est intitulée aujourd'hui *la Barrière à Bougival* (CMR 155) soit avec *Jeune Femme et enfant dans le jardin de Bougival* (CMR 156), toutes deux signées.

Avec deux autres toiles peintes à Bougival (cat. 56 et 80), cette œuvre montre jusqu'où Berthe Morisot pousse l'audace et la modernité. D'ailleurs, devant tant d'audace, sans doute peu comprise même de ses amis, elle ne poursuit pas dans cette voie.

H. W.

1. X [anonyme], 18 mai 1886.
2. Maus, 1886.
3. Auriol, 1886.

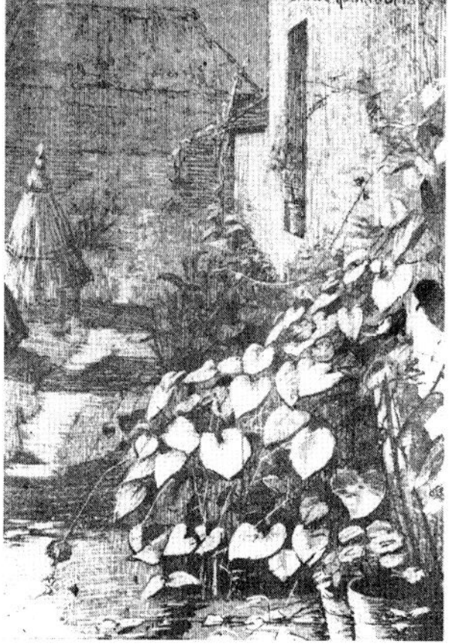

Fig. 1. Courtois, *Coin de jardin,* Salon de 1888, *Salon illustré de 1888,* p. 98.

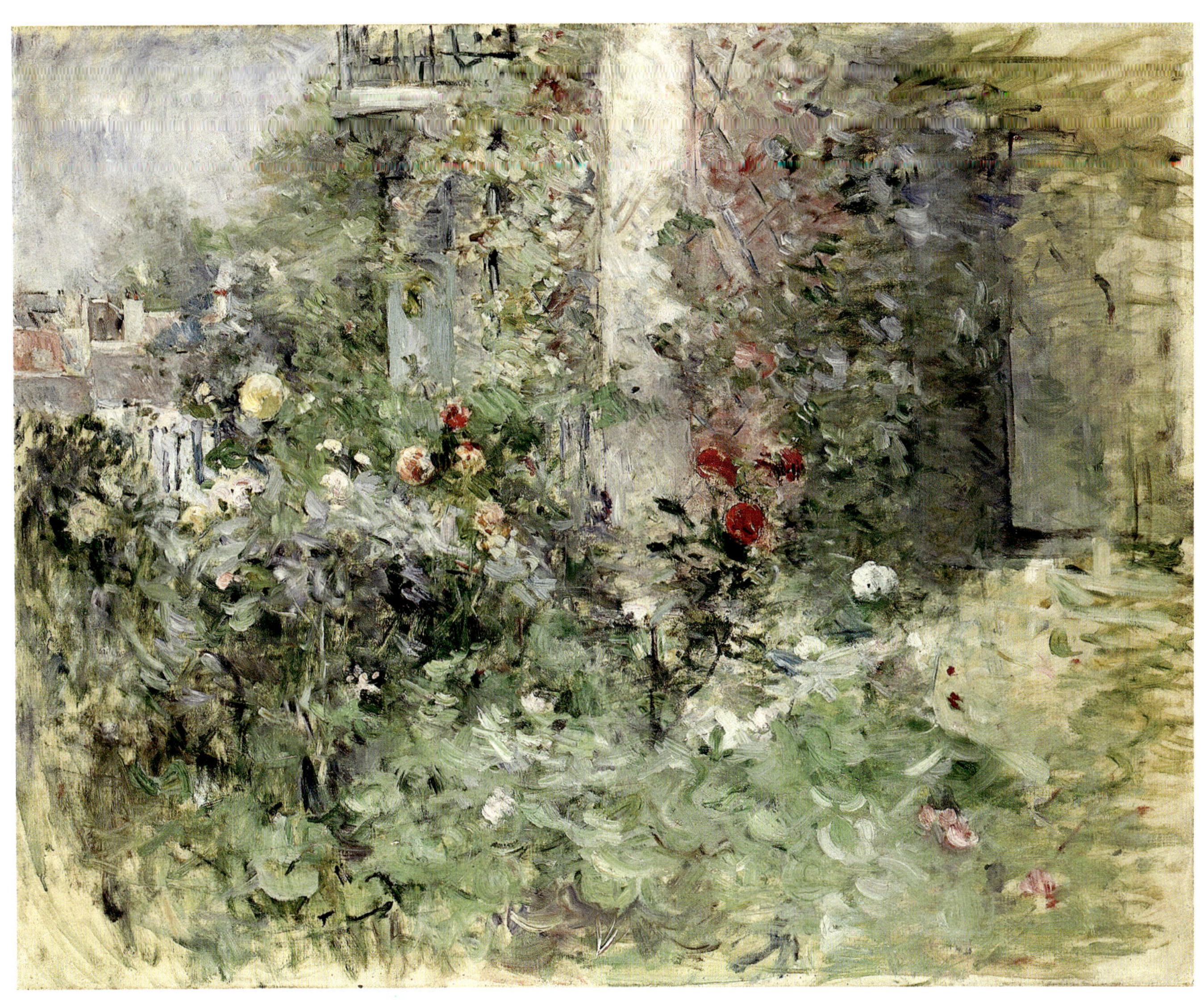

80 Jardin Robin à Bougival, 1884

Huile sur toile
H. 48 ; L. 55
CMR 152
Collection particulière

Ce jardin de Bougival est, comme le tableau de Cardiff (cat. 56), caractéristique des essais d'avant-garde que réalise Berthe Morisot.
Peint lors du dernier séjour estival des Manet à Bougival, il est, tant par son sujet que par sa technique, d'une grande modernité. Par la dilution du sujet en de délicates taches de couleurs il anticipe certaines toiles de Monet. À la différence de ce dernier, Berthe Morisot peint avec peu de couches de couleurs et ne poursuivra pas dans cette voie.
En 1896, ses amis Degas, Monet et Renoir jugèrent sans doute plus prudent de ne pas exposer cette toile parmi les quatre cents œuvres de la rétrospective posthume tant elle pouvait encore apparaître trop d'avant-garde et incompréhensible pour le public. La même attitude de prudence, vis-à-vis du public et de l'administration, avait fait écarter par Renoir certaines toiles – notamment de Cézanne ou même certaines de ses œuvres – de la collection Caillebotte pouvant être jugées inachevées ou des esquisses et par là risquaient de dévaloriser les peintres que cette donation voulait honorer.
Aujourd'hui au contraire, nous admirons qu'une œuvre puisse exprimer tant avec si peu de moyens et de touches. En 1896, le critique André Mellério avait compris que c'était là une spécificité de son talent ; il écrivait dans *la Revue artistique* : « Mme Morisot possède une qualité rare chez les femmes, qui d'habitude s'arrêtent au détail et y reviennent à satiété. Elle donne en quelques touches simples l'essentiel, sans effort lourd ni pénible. Tel est le secret du charme de tant de tableaux qui ne semblent point *finis,* dans le sens d'achèvement où on le prend d'ordinaire. Elle pousse le travail jusqu'à ce qu'elle ait exprimé la substance des choses délicates qu'elle perçoit. Non plus avant parce qu'elle ne peut pas, qu'elle ne doit pas le faire, nous ayant donné toute sa sensation, sous peine de lui enlever sa vérité et sa fraîcheur[1]. »
Ces saules sont peints à Bougival dans le jardin du Dr Alfred Robin (1847-1928). Celui-ci était un voisin et ami de Mallarmé qu'il avait connu par Méry Laurent. Il habitait en effet au 4 de la rue de Saint-Pétersbourg où le poète lui adressa en guise d'adresse le quatrain suivant[2] :

> « Prends ta canne au bec de corbin
> Vieille Poste (ou je vais t'en battre)
> Et cours chez le docteur Robin
> Rue, oui, de Saint-Pétersbourg, 4. »

Il possédait une maison à Bougival au-dessus de celle des Eugène Manet, avec un petit domaine comportant un grand jardin, des terres, des vignes et des groseilliers dans un lieu-dit les Ravissements qui correspond au 26, route de Louveciennes, à l'emplacement actuel d'une école primaire. Ce médecin réputé, professeur agrégé à la faculté de médecine de Paris, membre de l'Académie de médecine, était un savant amoureux de la littérature. Il possédait plusieurs œuvres de Manet et en acheta cinq à la vente d'atelier dont *Devant la glace* (fig. 1 ; cat. 49)) et surtout *Nana* (Hambourg, Kunsthalle). Il sera caricaturé par Léon Bloy dans son roman *le Désespéré* sous les traits du Dr Chérubin des Bois. En 1886, Mallarmé lui adressa son ami Villiers de l'Isle-Adam dont il diagnostiqua le cancer des voies digestives.
Dans sa préface à l'exposition rétrospective consacrée à Berthe Morisot à l'Orangerie, en 1941, Paul Valéry écrit les lignes suivantes, qui s'appliquent tout particulièrement à cette peinture qu'il connaissait bien : « Cela est fait de rien, un rien multiplié, un rien multiplié par l'art suprême de la touche, un rien [...] Cet effleurement donne tout : l'heure, le lieu, la saison, le savoir, la promptitude qu'il confère, le grand don de réduire à l'essentiel, d'alléger à l'extrême la matière et par là, et par là de porter au plus haut point l'impression de l'acte de l'esprit[3]. »

H. W.

1. Mellério, 1896, p. 78.
2. Quatrain repris dans Mallarmé, 1920, p. 26.
3. Valéry, dans *Berthe Morisot,* cat. exp., 1941, p. VII-VIII.

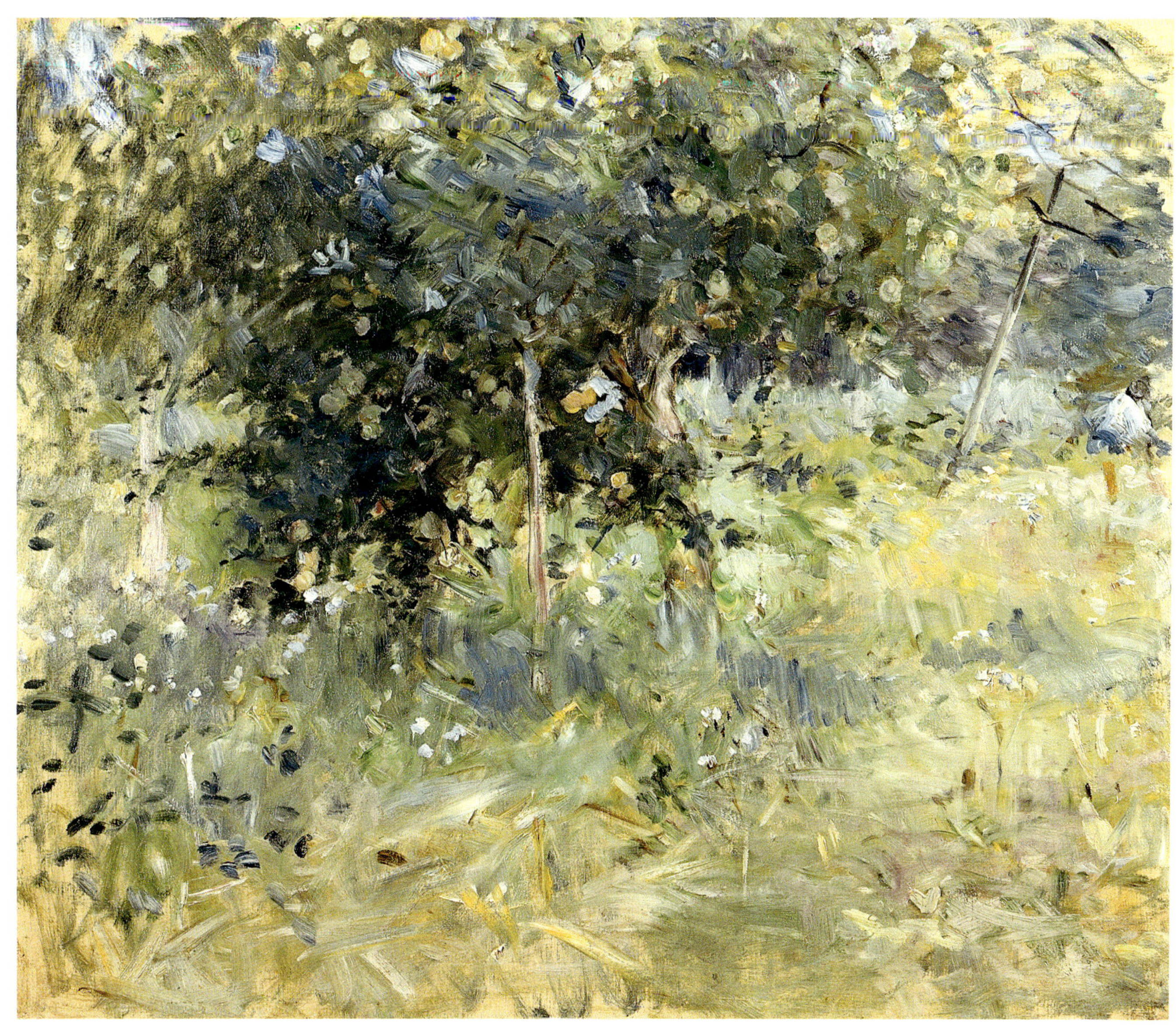

81 La Seine à Bougival, 1884

Huile sur toile
H. 38 ; L. 46
CMR 154
Lausanne, collection particulière

À Bougival, la Seine est le point de rencontre, le lieu de promenade, et dans certains cas celui des festivités. Alors que c'est le thème le plus représenté par les peintres qui s'y arrêtent, Berthe Morisot n'évoque ce lieu que dans deux toiles (voir aussi le cat. 68).

Nous n'avons pas identifié l'endroit de Bougival représenté ici. Des mâts et des hangars suggèrent que nous nous trouvons près d'un cercle nautique. Le rameur dans sa yole, les deux personnes sur la rive qui pêchent ou peut-être attendent le rameur illustrent les activités de loisirs qui se pratiquaient à Bougival, même si le lieu n'avait pas la réputation d'Asnières ou d'Argenteuil comme rendez-vous des canotiers.

Les amis impressionnistes de Berthe Morisot avaient fréquenté près de Bougival, dans l'île de Croissy, *la Grenouillère* dès l'avant-guerre et y avaient exécuté, en 1869, des œuvres mémorables. Dans les mêmes années d'après-guerre, ils avaient dépeint ensemble les activités nautiques, entre autres à Argenteuil. Manet s'était alors joint à eux.

Nous ignorons quels furent les amis peintres invités à Bougival par elle ou par Eugène qui était très lié notamment avec Pissarro, et nous ne connaissons pas d'œuvre exécutée par des artistes amis à cette occasion.

Cette toile montre, plus que toute autre, ses relations, étroites, avec Monet et avec Renoir dans cette période.

Nous ne savons pas pourquoi Berthe Morisot n'a pas exposé, semble-t-il, de son vivant, cette œuvre et encore moins pourquoi elle n'a pas figuré à l'exposition posthume rétrospective. Plus tard, Julie a voulu privilégier des toiles de sa mère plus spécifiques aussi bien par la technique que par le sujet ; ainsi elle ne l'a prêtée que trois fois. Pourtant cette toile méconnue illustre plus que de nombreuses autres le dialogue de Berthe Morisot avec ses amis ; elle traduit à la fois leur proximité, mais en même temps son indépendance foncière, une caractéristique trop peu comprise de son art et de son talent.

H. W.

82 Dans le jardin de Maurecourt, 1884

Huile sur toile
H. 54 ; L. 65
Signé, en bas, à gauche :
Berthe Morisot
CMR 157
Toledo, Toledo Museum of Art, acheté avec les fonds du Libbey endowment donnés par Edward Drummond Libbey
Inventaire : 1930. 9

À Maurecourt, Berthe Morisot a passé certains de ses meilleurs séjours à la campagne. En dehors de chez elle, elle y peint volontiers et avec le plus de plaisir. D'ailleurs toute la famille Morisot apprécie ce lieu. Dans une lettre de 1872 partiellement inédite, Berthe avait écrit à sa sœur : « Ma chère Edma, [...] je veux répondre d'abord à ce que tu demandes, mon père est très bien. Loin d'être fatigué par son voyage de Maurecourt il en est revenu enchanté et se propose de recommencer. Il trouve tout cela très gentil et rêve une installation semblable. Moi aussi je le trouve très bien, et j'ai grand désir d'aller y passer quelques jours... » Cette atmosphère de petit village campagnard qu'aime y retrouver la famille Morisot se sent encore dans deux cartes postales publiées vers 1900 à partir de photographies déjà anciennes.

De Madrid, Berthe Morisot confie à Edma : « Je t'assure que Maurecourt est tout aussi favorable au travail et même plus. » Pour elle, Maurecourt symbolise, comme elle l'écrit à sa sœur, « le repos absolu ».

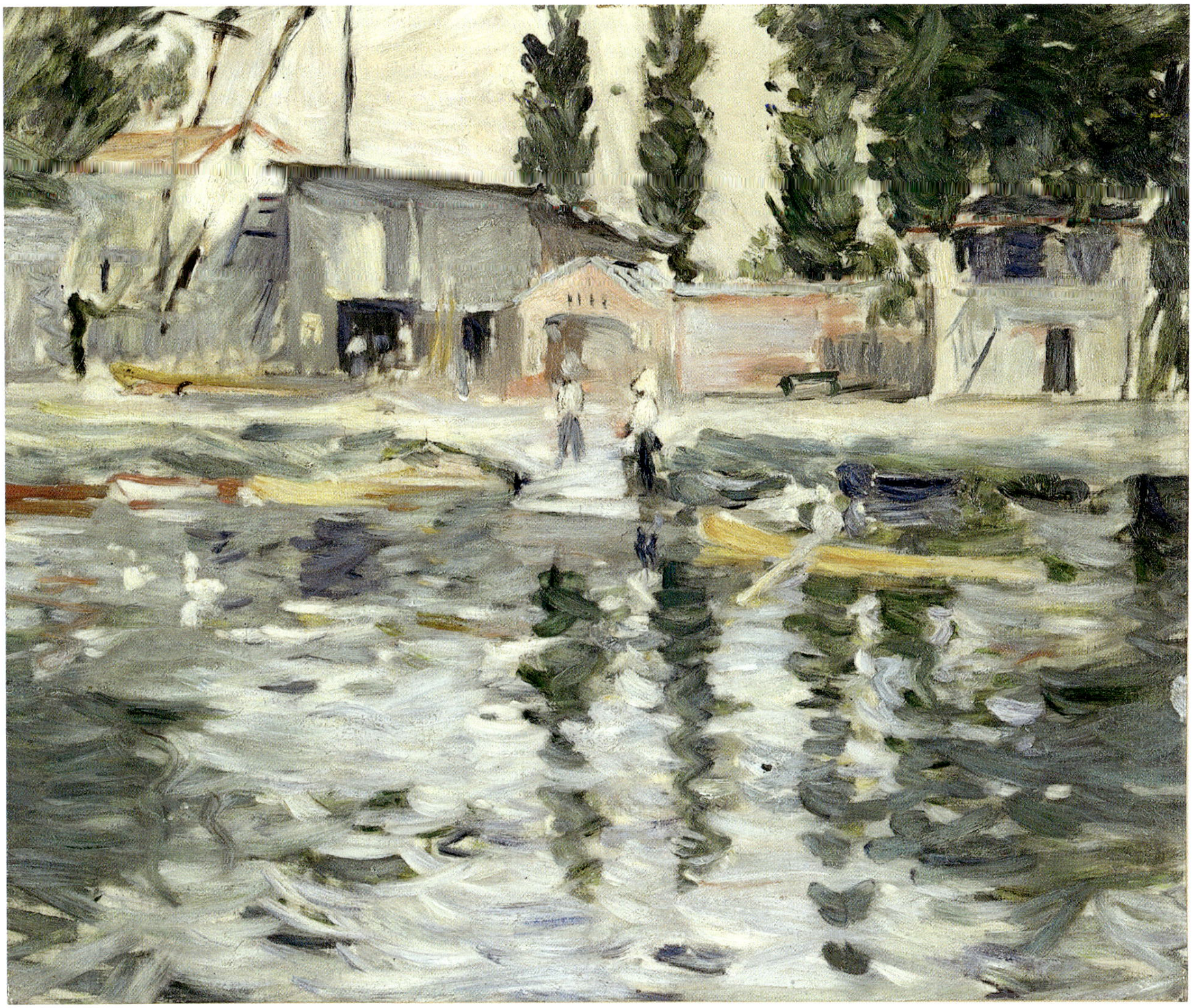

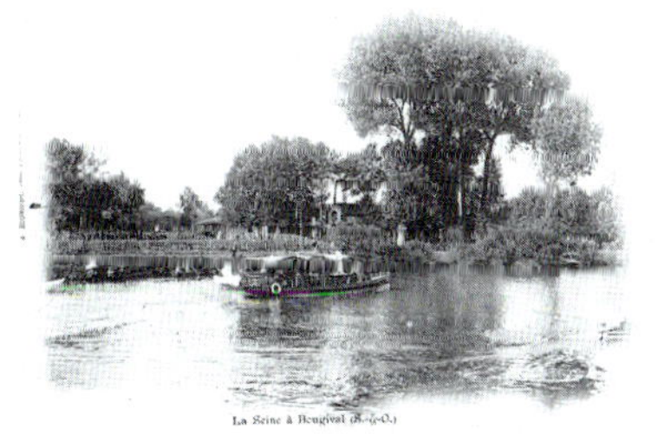

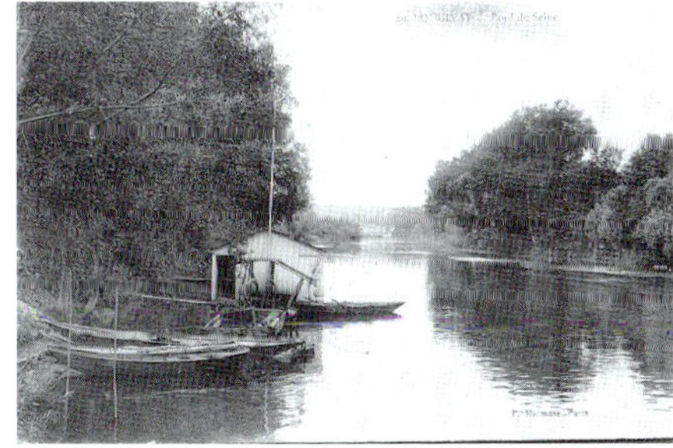

Fig. 1. et 2. La Seine à Bougival, cartes postales.

Malgré ces considérations pour le lieu, le nombre d'œuvres réalisées à Maurecourt est assez limité, mais de qualité exceptionnelle : quatre toiles, trois pastels, cinq aquarelles et quelques dessins. Les œuvres datent de 1874, de 1876 ou de 1884. Deux scènes de jardin dont une esquisse de 1884 peut être pour notre toile, sont perdues. Les premières œuvres de Maurecourt traduisaient l'enfance de ses nièces avant que Berthe Morisot ne se consacre à celle de Julie, notamment dans les œuvres de Bougival.

Quand Berthe Morisot peint cette toile, cela fait plus de dix ans qu'elle se rend régulièrement à Maurecourt, chez sa sœur Edma et son beau-frère. Dans ce tableau, ses deux nièces Jeanne et Edme Pontillon sont assises dans l'herbe, un peu à l'écart dans le jardin. La plus jeune, Edme, dont les longs cheveux tombent sur les épaules, est vêtue d'un élégant jersey, avec un chapeau de paille orné d'un ruban mauve. Elle montre résolument son dos comme si elle avait refusé une nouvelle fois de poser, tandis que son aînée, plus raisonnable, a fini par accepter de tourner un peu le buste et la tête pour regarder vers le spectateur et l'artiste. La position n'étant sans doute pas très agréable, elle appuie son bras droit dans l'herbe pour ne pas perdre l'équilibre ou pour garder plus facilement cette pose aussi peu habituelle que confortable. Ce premier plan est vu avec un peu de hauteur par l'artiste qui peint à son chevalet posé tout près ; comme Morisot voit ses nièces presque à ses pieds, il n'y a pas du tout de ciel dans la composition, et le jardin, son gazon et les arbres forment tout l'univers du tableau. Au second plan, nous apercevons en même temps, à gauche, un panier d'osier, et, à droite, deux chaises – dont la présence semble un peu incongrue car ce ne sont pas des meubles de jardin –, sorties pour une grande occasion que nous ne connaissons pas et mises devant des massifs de roses.

Avant d'exécuter cette toile, Berthe Morisot avait réalisé au moins une aquarelle (BW 704) dans laquelle elle avait fixé la position des deux personnages et étudié les rapports des tons et des couleurs.

Les critiques ont souvent reproché à Berthe Morisot de peindre sans aucune ombre, ce n'est pas le cas dans cette œuvre, comme dans quelques autres. Elle y étudie l'ombre et la lumière, s'attardant plus sur cette dernière. Berthe Morisot peintre de la lumière et de la transparence sera admise par la critique après la publication de l'importante préface de Gustave Geffroy pour son exposition personnelle, la seule de son vivant, à la galerie Boussod et Valadon, en 1892.

La vision de l'artiste installée à son chevalet, regardant au premier plan près d'elle, sans introduire ni horizon ni ciel, est très moderne ; elle est comme photographique. La finition du visage de Jeanne, celle des vêtements des deux sœurs, le soin apporté aux deux fauteuils, au panier et aux rosiers contrastent avec la rapidité avec laquelle le reste est peint. L'équilibre des tons est très délicat : entre les différents verts du gazon et celui des arbres ; entre les roses, les rouges et les beiges des vêtements des deux enfants et leur chapeau ; entre ces derniers et leurs nœuds, rouge ou violet ; entre ces deux personnages et les verts environnants. Toutefois, pour les tenants de la peinture officielle, cela était là bien osé, autant par la composition que par la touche et les coloris utilisés.

H. W.

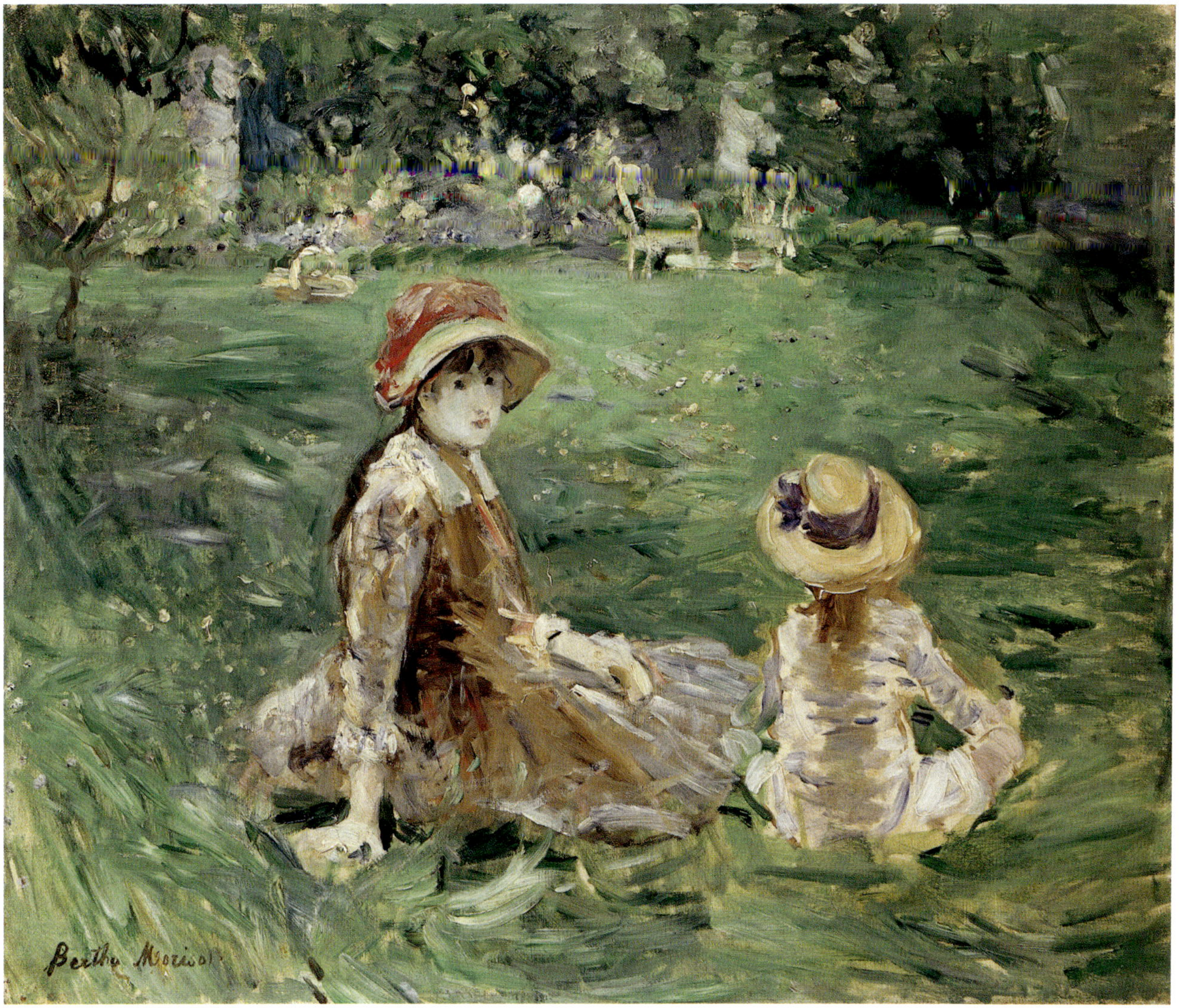

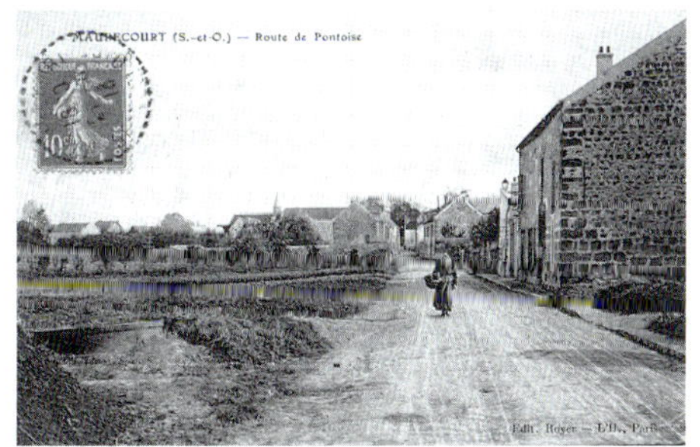

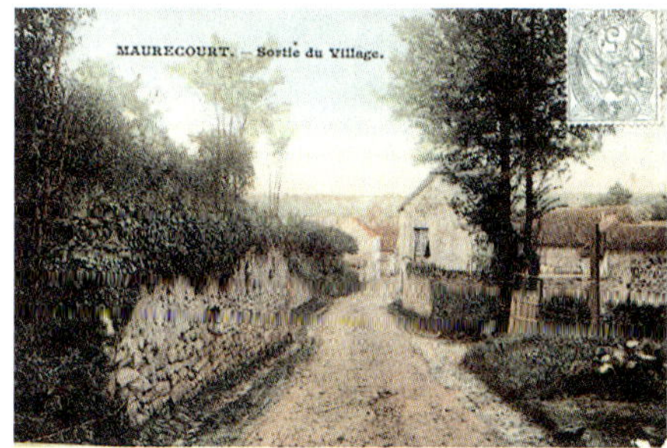

Fig. 1. et 2. Maurecourt, cartes postales.

83 Roses trémières, 1884

Huile sur toile
H. 65 ; L. 54
CMR 160
Paris, musée Marmottan, Fondation Denis et Annie Rouart
Inventaire : 6027

Au croisement de deux allées, à droite, une petite table de jardin, une chaise vide et un arrosoir abandonné sont à proximité d'une palissade contre laquelle poussent des roses trémières blanches ou rouges. Une porte dans la palissade permet de passer à côté ; à cet endroit, les plans de fleurs s'interrompent, mais, comme le passage est peu fréquent, la nature a repris ses droits et occupé une partie de l'espace. Au-delà, une prairie puis des arbres laissent apparaître dans le lointain deux pans de toit. La composition est audacieuse avec ces trois plans successifs – le chemin, la barrière et ses roses trémières – puis les arbres voisins. La présence des meubles de jardin sans aucune personne, même tout près est plus audacieuse encore. C'est peut-être une évocation discrète d'Eugène qui s'installe souvent en ce lieu pour méditer ou travailler, mais a dû regagner son bureau parisien et ne peut être à Bougival aussi souvent que toute sa famille le souhaiterait. Par une telle composition, centrée sur les fleurs du jardin, Berthe Morisot anticipe, à sa manière, les féeries du jardin de Giverny de son ami Monet.

Des *Roses trémières* ou d'autres fleurs dans un jardin sont un thème que traitent aussi les peintres du Salon. Mais outre la touche bien différente, ce sujet est généralement l'occasion d'introduire quelques personnes dans la composition, comme le fait Knight, par exemple, un étranger hors concours au Salon, dans son envoi de 1895. Sans présence humaine, comme dans le tableau de Biva, un médaillé, exposé au Salon de 1890, la composition devient assez artificielle. Avec ces table, chaise et arrosoir, Berthe Morisot introduit une présence qui change l'atmosphère de la composition. Le tableau de Biva de 1890, ou celui de l'année précédente, devient plus encore un bouquet en pied, ou une nature morte sur pied.

Ces *Roses trémières* sont exposées sous ce titre à la huitième et dernière exposition impressionniste, en 1886 (n° 89). Cette peinture est non seulement remarquée, mais appréciée selon des modes différents et avec des formules qui traduisent la sensibilité propre à chacun ; il n'y a pas un seul critique pour la dénigrer. Dans la revue poétique *la Pléiade,* Rodolphe Darzens reconnaît qu'elle « s'écarte de cet art propre aux peintres de Salon. Son talent est quasi-littéraire ; l'artiste saisit la fugitive impression d'un instant et la fixe sans paraître user d'un *procédé* quelconque ». Il poursuit, trouvant les *Roses trémières* « également remarquables »[1]. Dans la *Revue moderne,* publiée à Marseille, Jean Ajalbert qui a compris toute la modernité et la spécificité de la touche et de la composition de Morisot remarque : « De quelques taches, elle compose un paysage gai où foisonnent les fleurs parmi la verdure et l'inextricable fouillis des branches » et constate, selon une expression amusante et pas dénuée de fondement, qu'elle a « comme un style télégraphique »[2]. Une fois de plus, Gustave Geffroy défend son œuvre pour ses « pâleurs de perles, des taches diaphanes, des transparences d'eau » et admire ce tableau empreint « du même charme, – qu'on pourrait appeler un charme atmosphérique » [3]. Octave Maus cite ces *Roses trémières* parmi cinq toiles qui toutes « montrent la variété d'un tempérament qui ne redoute point les difficultés du métier et qui porte la marque d'une réelle aristocratie de sentiments et de goûts[4] ».

H. W.

1. Darzens, 1886, p. 91.
2. Ajalbert, 1886.
3. Geffroy, 1886.
4. Anonyme [Octave Maus], 1886.

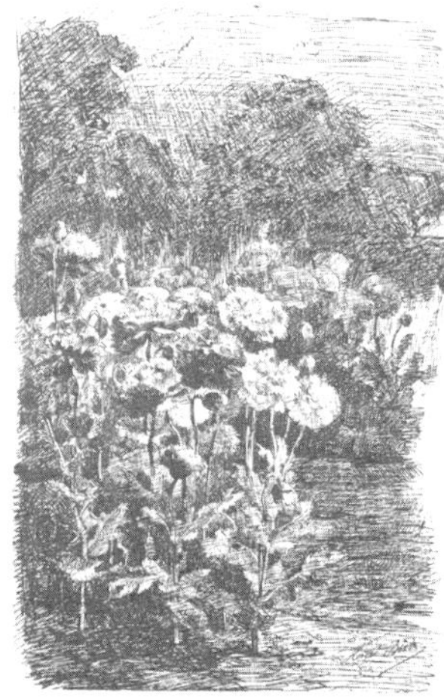

Fig. 1. H. Biva, *Pavots,* Salon de 1890, reproduit d'après le *Salon illustré de 1890,* p. 223.

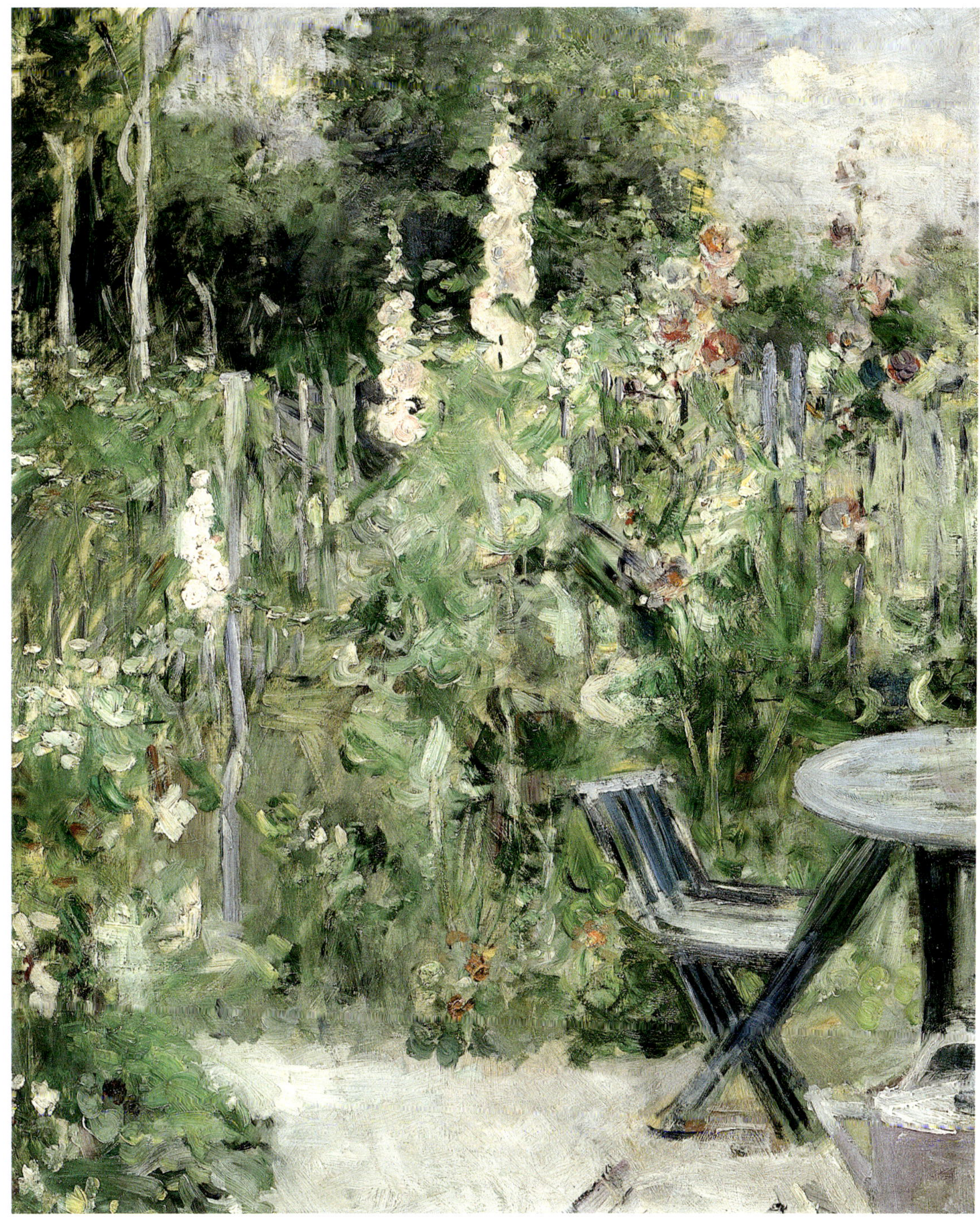

84 Jeune Fille cousant dans un jardin, 1884

Huile sur toile
H. 60,5 ; L. 73
Cachet de la signature, en bas, à droite
CMR 161
Édimbourg, National Gallery of Scotland
Inventaire : NG2269

Cette scène peinte pendant l'été dans le jardin de Maurecourt n'a jamais été exposée du vivant de l'artiste, n'étant pas complètement achevée, alors qu'il suffisait de peu pour pouvoir l'exposer. L'occasion ne se présentant pas, Berthe Morisot n'a pas eu besoin de terminer l'œuvre. Plus tard, pour l'exposition du groupe des impressionnistes de 1886, elle avait d'autres toiles plus récentes. La complexité et la modernité de cette composition expliquent aussi qu'elle a renoncé à montrer une œuvre qui n'aurait pas manqué d'être incomprise du public, et même de certains des défenseurs de l'impressionnisme. Les réactions à ses envois en 1882 et en 1884 l'ont convaincue qu'elle devait choisir avec soin les œuvres exposées pour ne pas perdre le soutien de ses défenseurs.

Plusieurs scènes se déroulent dans ce tableau : à droite, celle d'une petite fille au bord d'un bassin jouant avec un bateau à voile ; à gauche, celle d'une jeune femme cousant.

Au premier plan à droite, entre le gazon et une terrasse, un panier rectangulaire a été posé. Quelques mètres plus loin, en second plan, la petite fille jouant avec son bateau est de dos. Elle porte une robe bleu clair à manches courtes avec un grand nœud dans le dos ; son canotier est décoré d'un ruban plus foncé. Toute son attention est concentrée sur son bateau de bois aux voiles blanches. Le bassin circulaire dans lequel son bateau évolue est assez grand ; il se trouve du côté qui reçoit les rayons du soleil, comme le montrent les reflets du voilier dans l'eau, mais il se poursuit à gauche au-delà de la femme assise.

Au premier plan à gauche, une femme est assise sur un tabouret pliant. Elle porte une robe violette à pois blancs et un grand chapeau. Elle est de trois quarts et semble absorbée par ses travaux de couture sans s'occuper de l'enfant qui est derrière elle. Elle s'est adossée à un arbre. Ce dernier non seulement divise la scène en deux, mais crée comme une barrière entre les deux personnages. L'univers des enfants et de leurs jeux n'est pas tout à fait celui des adultes qui ne comprennent pas toujours le sérieux avec lequel ils sont pratiqués. Au second plan, la lumière sur le jardin est le trait d'union des deux parties de cette composition.

L'œuvre est une variation sur les verts d'intensités et de tonalités différentes selon l'éclairage et leur nature. Les deux personnes sont à l'abri du soleil ; la jeune femme est protégée par l'ombrage de l'arbre qui laisse passer quelques rayons éclairant certaines parties de ses bras et de ses vêtements – mais pour les défenseurs de l'art officiel, ces rayons lumineux ne sont que des taches – tandis que la petite fille est à la fois au bord de la pièce d'eau et à la limite des rayons.

L'œuvre a été peinte sur une toile sans préparation. Nous voyons la toile marron non couverte de peinture en plusieurs endroits à côté des deux personnages, mais plus encore sur le pourtour de la toile. Cela assombrit la composition et concentre l'attention au centre sur une zone ovale beaucoup plus lumineuse. Cette focalisation de la lumière et de l'attention sur une telle surface se retrouve dans plusieurs autres toiles (voir notamment le cat. 69).

H. W.

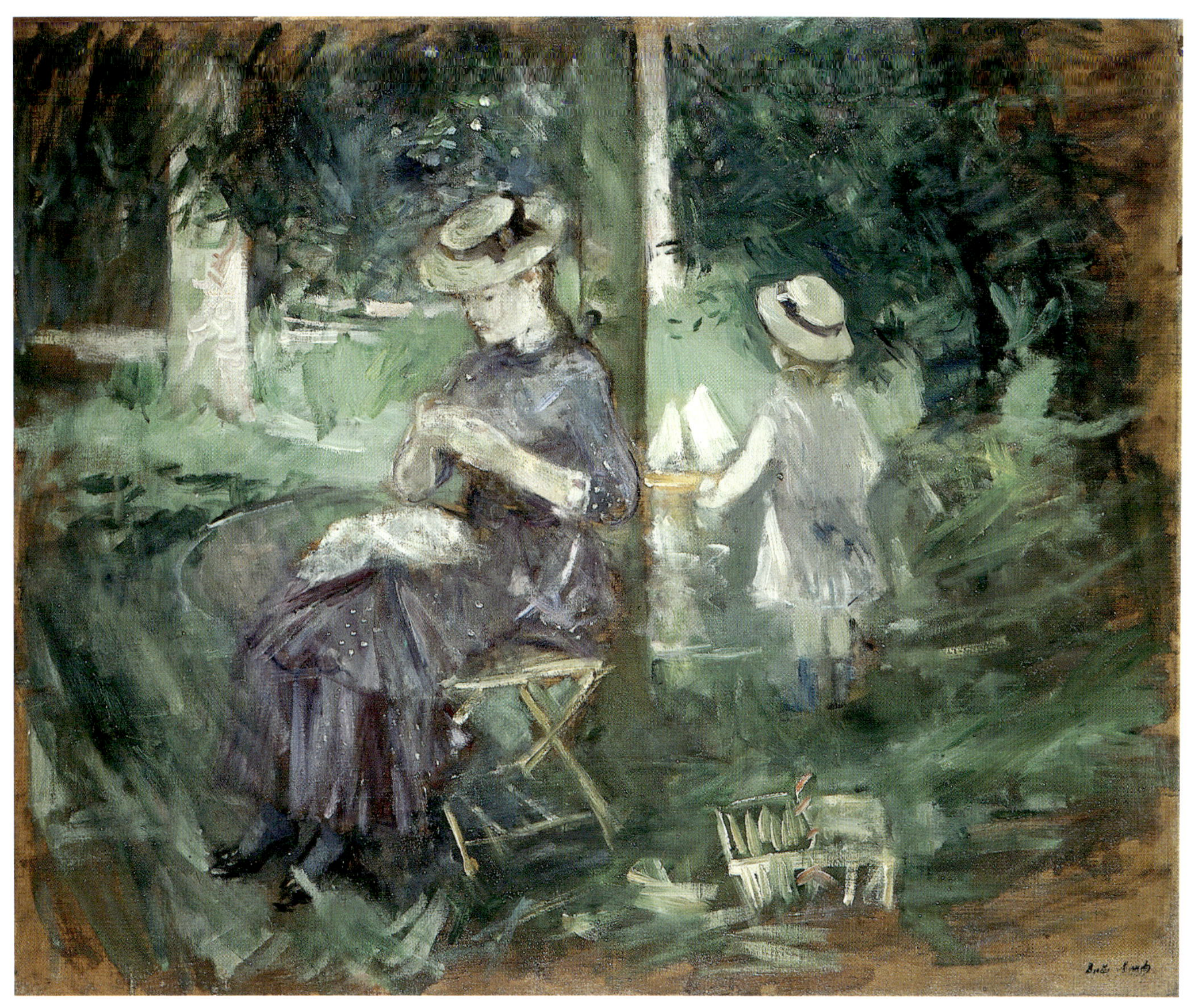

85 Portrait de Paule Gobillard, 1884

Huile sur toile
H. 73 ; L. 60
CMR 162
Collection particulière

Des différents neveux et nièces de Berthe Morisot, Paule Gobillard est la plus proche de Julie non par l'âge car elles ont six ans de différence contre un avec Jeannie, mais parce que c'est celle qu'elle voit le plus souvent. Après le décès précoce de leur mère, en 1893, les deux cousines Paule et Jeannie vont souvent séjourner avec Julie. Dans sa dernière lettre manuscrite, le 1er mars 1895, Berthe Morisot recommande à sa fille : « Je crois que le mieux serait de vivre avec tes cousines, rue de Villejust, mais je ne t'impose rien ». Peu après, les cousines iront vivre ensemble dans l'appartement du troisième étage de la rue de Villejust. Le Journal de Julie tenu entre 1893 et 1899 montre à quel point les trois cousines vont être proches. Paule, la plus âgée des trois, va être comme une sœur aînée; elle sera ainsi l'interlocutrice privilégiée tant de Mallarmé que de Renoir. C'est ainsi que Mallarmé lui adressera, avec des fruits glacés pour le nouvel an de 1898 le quatrain suivant :

> « Notre demoiselle Patronne
> Le regard limpide et rieur
> Verse dans ce qui l'environne
> Son charmant être intérieur. »[1]

Ce que Mallarmé traduira dans ces vers, Berthe Morisot l'avait déjà pressenti dans ce portrait qui traduit déjà tout la caractère et l'attitude de sa nièce : pleine de bonté et d'affection, dévouée avec un certain retrait pour que son côté protecteur ne soit pas pesant car elle connaît le malheur d'être orpheline avec un frère qui n'est d'aucun soutien. C'est ainsi tout l'être et l'âme du modèle qui est reflété par ce portrait.

Paule est assise sur un banc dans le jardin de Bougival. L'inconfort du siège lui fait adopter une tenue un peu familière avec les jambes croisées – ce qui peut-être tout juste tolérable dehors, mais non dans un salon – et une position des mains peu habituelle qui étaient caractéristiques du modèle. La tenue est peut-être assez chaude pour la saison, les manches vont jusqu'aux coudes qu'ils recouvrent comme cela était alors à la mode. Elle porte un chapeau de paille avec un ruban et une fleur. La *Jeune fille cousant dans un jardin* (cat. n° 84) porte la même tenue à l'exception de la fleur ajoutée sur le chapeau par Paule.

Le tableau est une délicate étude des couleurs, entre la robe du modèle, et la végétation, entre le visage et les fleurs, entre le fond vert, et le banc ainsi que la robe.

Les fleurs claires et sous le soleil derrière Paule font porter l'attention sur le visage du modèle et le mettent en valeur.

Par rapport aux œuvres peintes pour le Salon, Berthe Morisot choisit une présentation audacieuse : le tableau est légèrement décentré vers la gauche, la figure n'étant pas un centre de la composition ; le banc occupe tout le bas de la toile ; l'éclairage par le côté gauche ne met pas en valeur le modèle dont une partie du visage est moins lumineuse que les plantes derrière elle. La position des mains croisées sur un genou, la droite sur le poignet gauche peut être jugée un peu familière, et pas assez stricte pour un portrait posé, ce qui ajouté aux jambes croisées traduit une tenue un peu relâchée pour une telle circonstance. L'artiste a, comme dans une photographie familiale et non officielle, saisi une attitude habituelle du modèle, mais ne lui a pas fait prendre de pose. La modernité de la touche est à l'image de celle de la composition.

H. W.

1. Repris in *Vers de Circonstances*, parmi les « Dons de fruits glacés au nouvel an », n° XXXIV, p. 72.

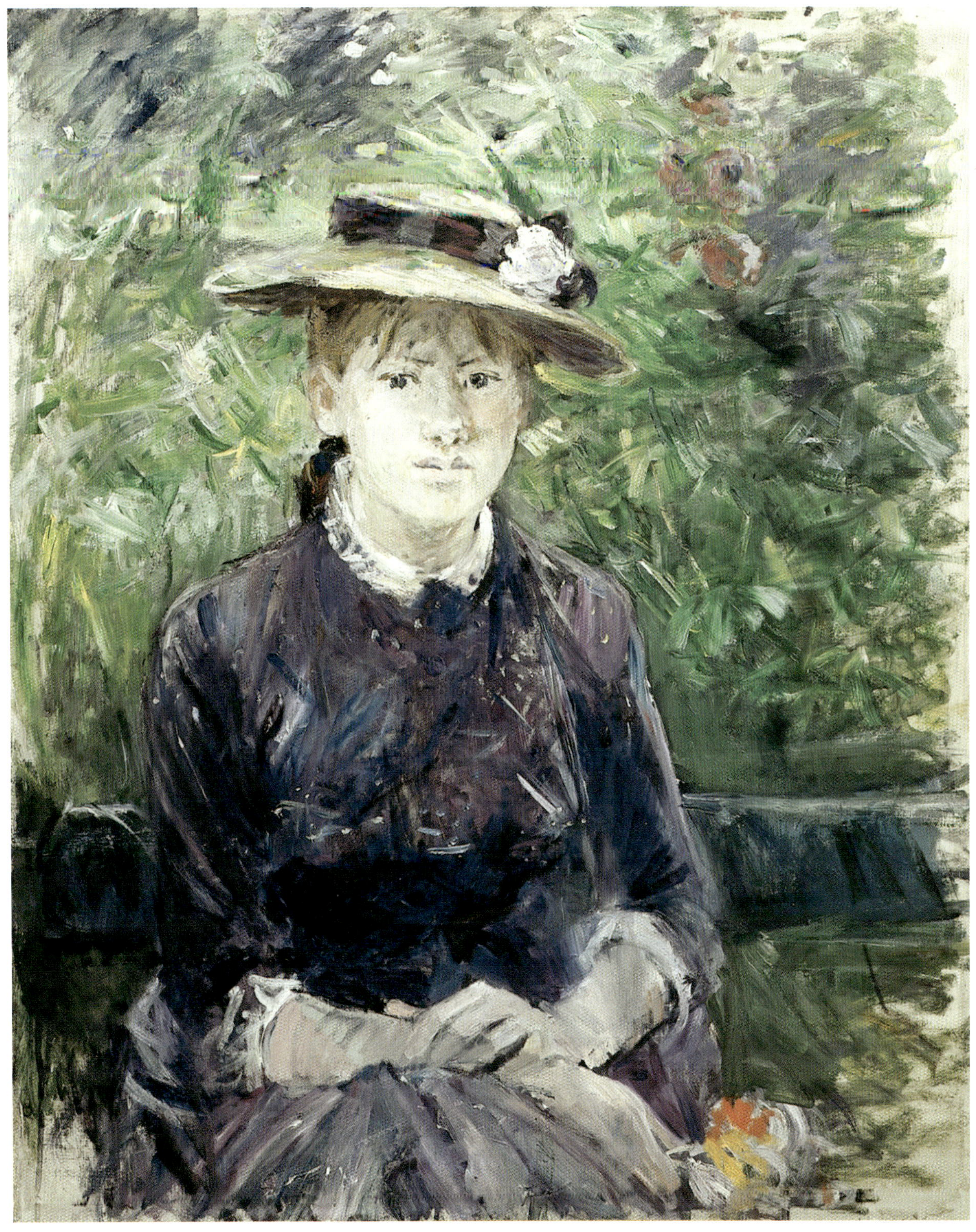

86 Jeune Fille à la poupée, 1884

Huile sur toile
H. 82 ; L. 100
CMR 166
Collection particulière

Par son format cette toile était destinée à être exposée. Pourtant, elle ne semble pas l'avoir été du vivant de l'artiste, n'étant pas complètement achevée, mais elle a au moins figuré à la rétrospective posthume, en 1896, sous le numéro 373 avec pour titre *Enfant au fauteuil*. Malgré ses qualités indéniables, l'œuvre n'a pas été remarquée par la critique tant l'exposition est abondante, avec quatre cents numéros au catalogue. Elle n'était sans doute pas mise en valeur par l'accrochage. À cette occasion, dans son *Journal*, Julie Manet n'écrit rien sur cette peinture qu'elle choisira au cours de l'entre-deux-guerres d'accrocher au-dessus de son lit, marquant ainsi, dans sa vaste collection, sa préférence et son attachement pour cette œuvre.

Lorsque Berthe Morisot peint cette toile, en 1884, elle connaît certainement celle de son amie Mary Cassatt la *Petite Fille au fauteuil bleu* (fig. 1), parce que les deux artistes sont très liées et que l'œuvre a été régulièrement accrochée en évidence chez l'Américaine, mais aussi parce que Morisot connaît le modèle, et qu'elle n'a pas manqué d'entendre parler de l'œuvre par Degas que toutes les deux connaissent bien.

Julie Manet a posé pour cette toile. Elle est installée, assez inconfortablement semble-t-il, dans un fauteuil crapaud recouvert d'un tissu clair qui contraste avec ses vêtements pour une fois beaucoup plus sombres. Assise bien au fond, Julie ne sait comment mettre ses jambes, trop courtes pour la profondeur du fauteuil, de sorte qu'elle est presque allongée, comme si elle était sur une duchesse brisée dont on aurait retiré la dernière composante. La position est suffisamment incommode pour que le modèle la modifie pendant la pose ; c'est sans doute ce qui explique le changement de position des deux jambes. Celle de gauche paraît avoir trouvé son équilibre ce qui fait qu'elle est reprise soigneusement, tandis que celle de droite n'est que très rapidement esquissée et laisse encore voir les hésitations du modèle et de l'artiste. Julie, comme tout enfant, n'était pas un modèle aussi patient que les professionnels, on le comprend bien volontiers. Deux ans avant, dans une lettre à Edma, Berthe écrivait le 4 mars 1882 : « J'ai travaillé dans ma chambre et trop, avec un modèle comme Bibi [le surnom de Julie] on ne peut aller que très lentement si on ne veut risquer de tout compromettre. Cela a marché et cela ne marche plus. Je ne désespère pas de la remettre sur pied. Mais ce sera plus long que vous ne pensez. » Quelques jours plus tard, elle lui dit : « Je travaille mais je défais et refait en sorte que je n'avance guère[1]. » Avec cette œuvre, une fois encore, Berthe a travaillé dans sa chambre, comme le lit, au second plan à droite, nous permet de le constater.

Pour changer l'éclairage et avoir Julie bien de face, le fauteuil,qui était très légèrement tourné du côté droit a été placé presque en vis-à-vis. À gauche au premier plan, à côté du fauteuil, une grande vasque en porcelaine de Chine qui sert de grand pot pour un arbuste. Comme souvent chez les impressionnistes, et particulièrement Degas, cet élément du décor est coupé afin de donner plus de perspective au reste de la scène.

Le tableau n'est malheureusement pas terminé. Julie devait avoir d'autres jeux, et sa mère d'autres projets à achever ; le temps passant, l'absence de contrainte pour l'envoyer à une exposition et le modèle grandissant ne rendaient ensuite plus actuel l'achèvement de cette toile.

La *Petite Fille au fauteuil bleu,* toile aujourd'hui célèbre de Mary Cassatt, fut refusée par le jury de l'exposition internationale du salon de 1878 mais exposée l'année suivante avec les impressionnistes. Cassatt fut outrée de l'attitude du jury. Elle l'écrira plus tard à Vollard : « Dans la mesure où Degas avait pensé que c'était une bonne œuvre j'étais furieuse, particulièrement parce que j'y avais beaucoup travaillé, à l'époque l'œuvre semblait nouvelle, [...] et le jury comprenait trois personnes dont un pharmacien ! » Degas avait donné des conseils pour la composition, l'éclairage et le fond. La toile n'a rien

1. Lettre inédite de B. Morisot à E. Manet, Nice, mars 1882, copiée par Julie, archives Rouart.

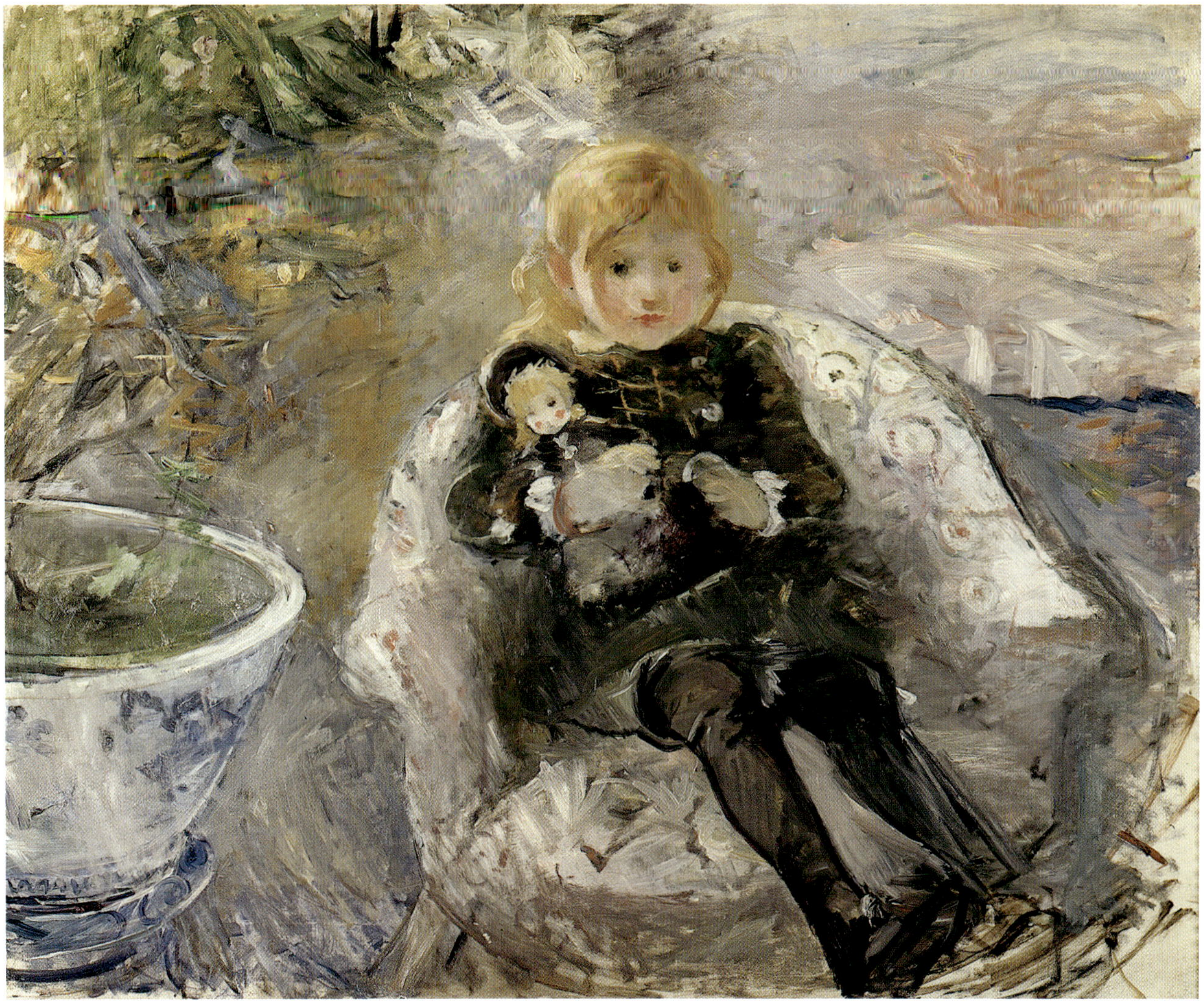

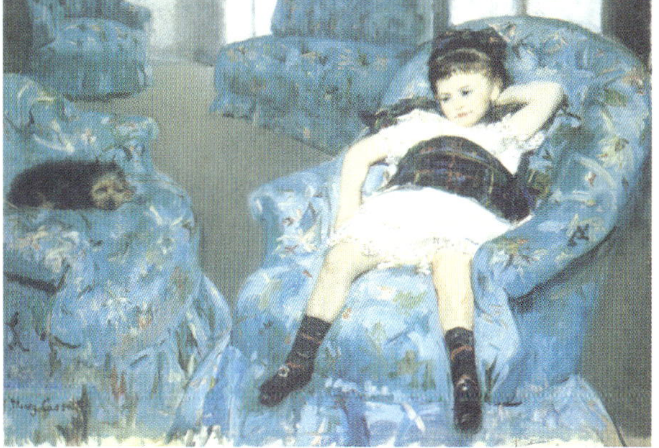

Fig. 1. Mary Cassatt, *Petite Fille dans un fauteuil bleu,* Paris, refusé à l'Exposition internationale de 1878, exposition impressionniste de 1879, Washington, National Gallery of Art, collection Mellon.

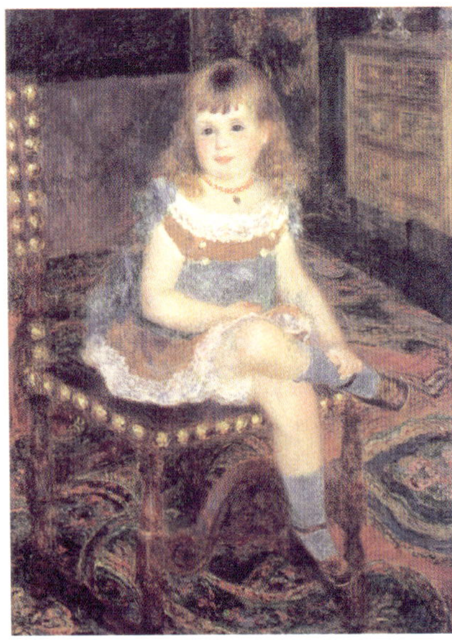

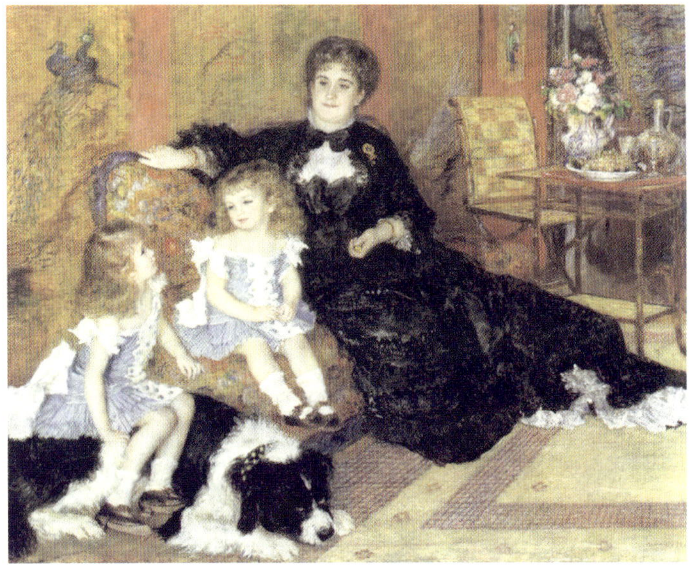

Fig. 2. Pierre-Auguste Renoir, *Mlle Charpentier assise*, 3e exposition impressionniste, 1877, Tokyo, Bridgestone Museum of Art, Ishibashi Foundation.

Fig. 3. Pierre-Auguste Renoir, *Portrait de Madame Charpentier et de ses enfants*, Salon de 1878, New York, The Metropolitan Museum of Art, legs Havemeyer.

d'académique, et le décor n'est pas conventionnel, bien au contraire. Au lieu d'être au centre de l'œuvre, le modèle est assis sur la moitié droite du tableau – cette moitié pouvant constituer à elle seule une toile en raison de sa dimension. La petite fille, qui est celle d'amis de Degas, n'est pas assise, elle est vautrée dans ce fauteuil, ce qui n'est pas une tenue correcte dans un salon, même en dehors de la présence de grandes personnes ; ses mains ne sont pas sagement posées sur ses genoux, la droite est cachée entre le fauteuil et la jambe, tandis que la gauche est derrière sa tête comme pour tenir lieu d'oreiller ou de coussin. Le blanc de sa robe, ornée de dentelles, est coupé par un plaid écossais qu'elle a ceint comme une ceinture autour de sa taille et qu'elle a aussi disposé comme un coussin entre elle et le fauteuil crapaud. En l'absence de ses parents ou de sa gouvernante, la petite fille se relâche. La scène est comme vue un peu en hauteur, le regard dirigé vers le sol et non à la hauteur d'une personne. C'est un point de vue auquel Cassatt recourt souvent. Ainsi nous ne voyons pas le salon, ni les meubles, ni les rideaux, ni la décoration, ni même un tapis. La composition de cette œuvre est très inhabituelle. Au premier plan deux fauteuils. Dans l'un à droite – le plus grand –, la petite fille dans l'autre, à gauche, un petit griffon belge – sans doute le chien que Degas avait donné à l'artiste, l'ayant acquis auprès du baron Lepic. Ce chien dort aussi paisiblement que confortablement installé dans le fauteuil de sa maîtresse. La petite fille et le chien ont des positions non conventionnelles. L'éclairage également est particulier. En effet, le premier plan est éclairé par une lumière dont on ne voit pas la source, tandis que le reste du salon l'est par deux portes-fenêtres qui procurent un contre-jour comme si cette pièce bénéficiait d'une double exposition. Le second plan est meublé, à droite, d'un canapé disposé en diagonale, à gauche, d'un autre fauteuil. Ces fauteuils et canapés très contemporains occupent les trois quarts de la composition comme s'ils constituaient les seuls meubles de cet intérieur bourgeois et le thème caché du tableau. D'ailleurs le poète et critique Achille Segard, premier biographe de l'artiste, le remarque : « Par une originalité et même par une sorte d'étrangeté, les vrais personnages sont les grands poufs bleus » de sorte que « le vrai motif du tableau, c'est le plaisir de faire chanter des bleus les uns à côté des autres, de les disposer par gammes et de pousser volontairement jusqu'à l'extrême leur gradation et leur variété. C'est un plaisir exclusivement visuel et pictural ».

Quand nous comparons ces deux œuvres, celle de Morisot et celle de Cassatt, au célèbre *Portrait de Madame Charpentier et de ses enfants* de Renoir (fig. 3), qui a obtenu un grand succès au Salon

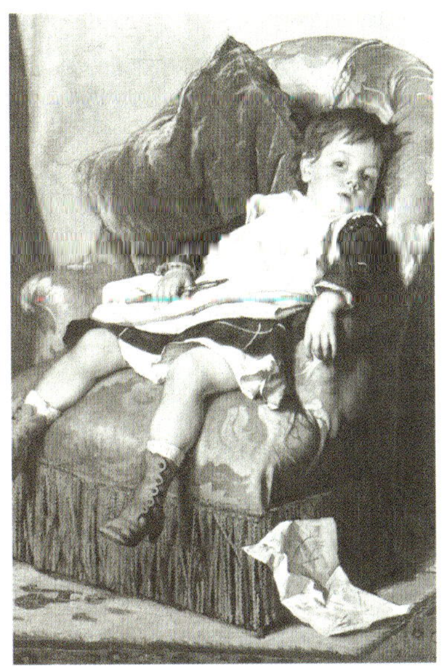

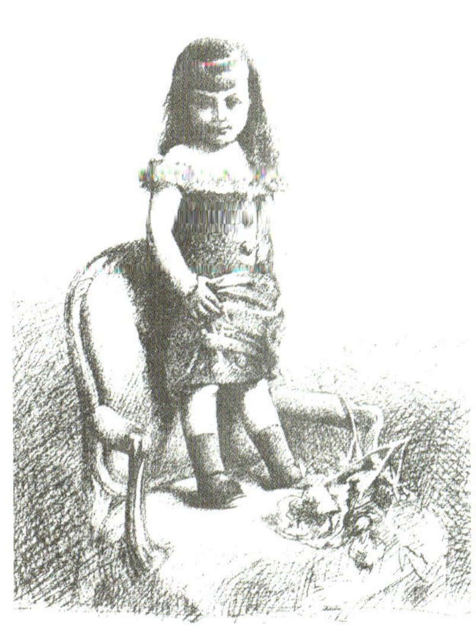

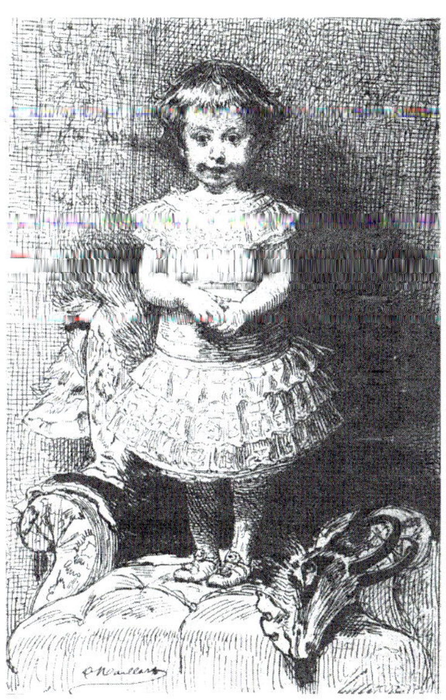

Fig. 4. Alfred Cluysenaar, *Portrait du fils de l'artiste,* Paris, Exposition internationale de 1878, Bruxelles, musée royal des Beaux-Arts.

Fig. 5. Georges Courtois, *Portrait de Mlle Henriette Renard,* Paris, *Salon illustré de 1882.*

Fig. 6. D. Maillart, *Portrait de Mlle Cécile C. B.,* Salon de 1884, hors concours, Paris, *Salon illustré de 1884.*

de 1878, nous comprenons les trois concessions que ce dernier a dû faire pour triompher du jury du Salon et obtenir la reconnaissance dont il avait tant besoin : un modèle célèbre et influent, un intérieur plus conventionnel ou plus à la mode et une composition moins innovatrice. En effet, en réalisant cette œuvre, Renoir s'est souvenu de la leçon de la réaction de la presse lors de l'exposition impressionniste de 1877, où il avait notamment exposé un portrait de *Mlle Georges Charpentier assise* (fig. 2) qui avait choqué une partie de la critique par ses tons et aussi par la position de la petite fille, une jambe nue croisée ; compte tenu du rôle que jouait le salon littéraire de Mme Charpentier, la femme de l'éditeur des naturalistes, même les critiques hostiles à l'impressionnisme n'avaient presque rien dit, laissant libre cours aux louanges de ses défenseurs.

En représentant un modèle inconnu, dans un décor inhabituel et avec un éclairage, une composition et une touche bien spécifiques aux impressionnistes, ni Morisot, ni Cassatt n'ont transigé avec une telle œuvre. Ne jouissant pas de leur indépendance financière, Renoir n'avait pas eu la même liberté.

En mettant en parallèle ces œuvres des impressionnistes avec les toiles admises au Salon, notamment d'artistes hors concours ou récompensés, nous saisissons mieux toute la modernité et le non-conformisme de Morisot ou de Cassatt. Au Salon de 1878, dans la section internationale, le peintre belge Alfred Cluysenaar expose un portrait de son fils André, sous le titre *Une vocation.* Si la position de l'enfant dans le fauteuil est négligée, la composition et la facture sont très conventionnelles, et le titre bien mystérieux par rapport au portrait. La petite fille de Georges Courtois, avec *Mlle Henriette Renard* au Salon de 1882 (fig. 5), ou celle de Maillard, avec *Mlle Cécile C. B.* (fig. 6), au Salon de 1884, sont aussi anecdotiques que mièvres. Leur composition, comme celle de Cluysenaar, est sans aucune originalité et sans personnalité ; c'est peut-être bien peint, mais figé et ennuyeux. Lorsqu'un artiste influencé par les impressionnistes comme Boldini traite le même thème quelques années plus tard, avec le *Garçon sur le fauteuil,* il reste anecdotique, mais avec un style, une coloration et une touche moins conventionnels. Ces toiles, comparées avec celle de Morisot et celle de Cassatt, soulignent toute la modernité dans la touche, la composition, le décor, l'éclairage et l'atmosphère de la scène des œuvres de ces deux femmes impressionnistes.

H. W.

87 Julie écrivant ou Fillette écrivant, 1884

Cette fillette écrivant est un portrait de Julie. Nous retrouvons les mêmes traits que dans des œuvres des années 1883 à 1885, avec un menton un peu plus prononcé en raison du point de vue adopté, de face, un peu plus bas. Concentrée dans ses premières lectures, Julie ne prête pas attention à sa mère ; celle-ci, pour représenter le regard de l'enfant lisant a dû se mettre un peu plus bas, sans doute sur un petit tabouret, appuyant son pastel sur la table où le livre est posé. Un tel angle est plus facile à obtenir pour prendre une photographie que pour peindre, même un pastel. Une nouvelle fois Berthe Morisot adopte, par rapport aux critères de son temps, un point de vue plus photographique que pictural ; c'est, tout comme Degas, l'un des aspects de sa grande modernité de vision.

Julie porte la même veste croisée à gros boutons avec les manches relevées et la même chemise à poignets de dentelles que dans la *Petite Fille à la poupée* (cat. 86). Son regard attentif est très bien rendu. Elle est très concentrée sur sa lecture, ou peut-être sur son dessin ; la petite mèche qui, à droite, lui tombe sur le front et sur le bord de l'arcade sourcilière ne la distrait pas. Ce dernier détail montre que la scène est, comme toujours avec les impressionnistes, prise sur le vif, et qu'elle est représentée sans modification et non de manière idéale comme le font à l'époque les artistes qui exposent au Salon.

Ce pastel est une étude des rapports et des harmonies entre les couleurs. Entre le visage un peu pâle de Julie – comme si elle sortait une fois de plus de quelque maladie – et ses cheveux blonds qui à la lumière de la lampe ont des reflets presque roux, entre ces cheveux et le fond bleu qui rappelle de nombreux portraits du siècle précédent, entre la veste et le visage de Julie ainsi que le fond.

Pour un artiste de son époque, une telle scène est plus un prétexte à peindre minutieusement le décor de la vie familiale. Les Salons comprenaient régulièrement des toiles de ce motif, mais, outre la différence de touche, la perception du sujet n'est pas la même. C'était soit une scène de genre, soit presque un portrait officiel. Comme ses amis impressionnistes, Berthe Morisot se fait le peintre de la vie moderne, elle privilégie le boudoir ou, comme ici, la vie familiale ainsi que le remarqueront de nombreux critiques lors de son exposition rétrospective posthume, en 1896. De telles scènes, presque toutes jamais montrées sauf à quelques amis, sont une véritable révélation. Comme le dit alors Arsène Alexandre dans *le Figaro :* « La grande artiste et l'admirable femme dont l'œuvre est exposée pour quelques jours en sa presque totalité chez Durand-Ruel était une inconnue. Seuls, quelques rares et chers amis avaient pénétré dans l'intimité de ce talent exquis, vécu avec cette œuvre, ou plutôt obtenu de la modestie de Mme Berthe Morisot qu'elle leur montrât de temps en temps ces peintures et ces dessins qu'elle faisait pour elle seule, pour sa joie d'artiste et la satisfaction de ses rêves de femme supérieure[1]. »

H. W.

Pastel
H. 52 ; L. 42
Cachet de la signature, en bas, à droite
Genève, collection particulière

1. Alexandre, 1896, p. 5.

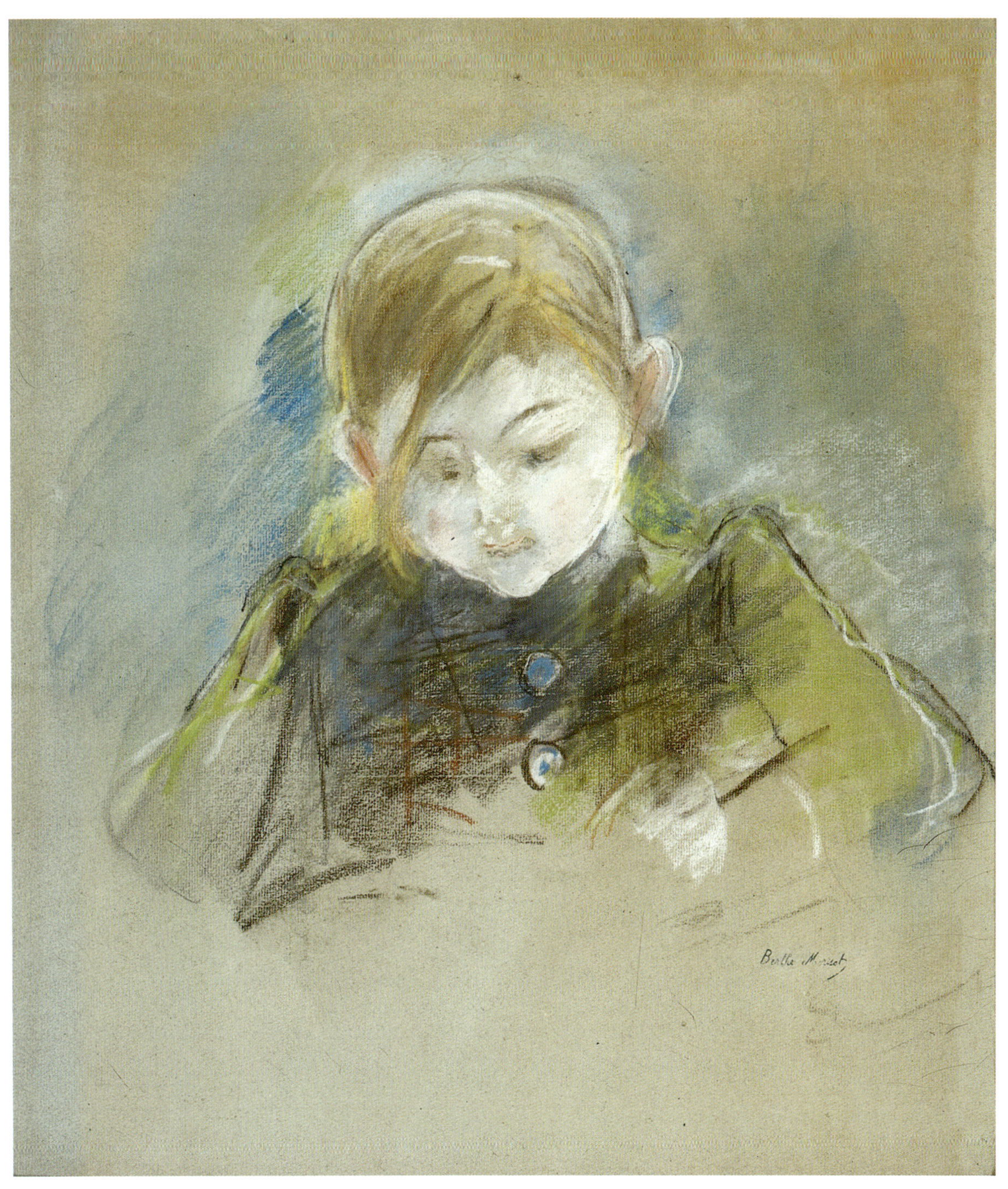

88 Autoportrait, 1885

Huile sur toile
H. 61 ; L. 50
CMR 169
Paris, musée Marmottan, Fondation Denis et Annie Rouart
Inventaire : 6022

Avec un autoportrait, les impressionnistes montraient à la fois leur capacité à réaliser un portrait – ce qui pour Renoir, notamment, a été longtemps une activité financièrement indispensable – et qu'ils pouvaient à leur manière se situer dans la grande tradition des autoportraits. Pour les défenseurs de l'art officiel, un tel thème traité par ces novateurs choque.

Berthe Morisot ne se représente pas en peintre devant son chevalet. Sa tenue est celle d'une grande dame portant une veste beige ornée de deux fleurs brodées, une écharpe de soie noire autour du cou. Cette femme du monde, habillée comme telle mais en tenue d'intérieur comme cela se faisait à l'époque, est aussi peintre, mais elle ne l'indique que discrètement, de manière inachevée. En effet, elle a esquissé par quelques tourbillons sa palette et son pinceau. Si on ne prête pas attention à ces derniers détails, on ne voit que la femme, non l'artiste.

En mars 1896, cet autoportrait figure en place d'honneur à l'exposition rétrospective chez Durand-Ruel. À cette occasion, Roger Marx écrit : « Forte de ses dons et de sa science, mais toujours inquiète, chercheuse, Berthe Morisot convoite un instant d'autres moyens de notation : de voilée, d'atténuée qu'elle était, la couleur devient riche, vibrante, et la lumière plus que jamais resplendit et ruisselle dans certaines peintures enlevées à touches heurtées, précipitées, comme la Jeune Fille au corsage rouge, exposée au dernier Salon des Impressionnistes (1886), comme le fier Portrait de l'artiste par elle-même, puissant à l'égal des inoubliables ébauches des maîtres anglais[1]. » Les artistes et les amis admirent cette œuvre, qui aurait mérité de compléter le catalogue déjà illustré du portrait de Berthe Morisot étendue par Manet. Julie et Mallarmé avaient souhaité lui adjoindre d'un tirage de la pointe-sèche que Renoir fit de son profil, mais les délais autant que l'attitude du peintre ne le permirent pas.

Rendant compte de l'exposition posthume dans son *Journal,* Julie Manet écrit : « ... le *portrait de Maman par elle-même,* admirable esquisse dont tout le monde demande à avoir la photographie ; Maman n'est pas embellie mais on voit d'après ce portrait la grande artiste qu'elle était de face avec ses cheveux gris, du noir autour du cou et un corsage un peu jaune bordé de fleurs dont l'une est “ comme une décoration ” dit Mallarmé, ce qui donne un air chevaleresque, comme le trouve M. de Régnier. Ce portrait a été fait il y a environ une dizaine d'années, Maman ne l'avait pas fini, personne ne le vit, elle le roula et le laissa dans une armoire ou une chambre de débarras ; son apparition à l'exposition émerveille[2]. »

Julie Manet ne savait pas que sa mère avait déjà exposé ce tableau de son vivant. Elle l'avait fait figurer en septembre et octobre 1893 à l'exposition de la galerie Le Barc de Boutteville consacrée aux *Portraits du prochain siècle.* Il y avait de très nombreux portraits soit d'écrivains connus, soit d'artistes. Il y figurait aux côtés d'œuvres de Manet, Cézanne, Gauguin, Van Gogh, mais aussi de Raffaëlli, Bernard, Filiger, Luce, et d'autres artistes. La presse signale cet autoportrait à l'attention des lecteurs sans autres commentaires. Cette exposition devait surtout donner lieu, sous la direction de P. N. Roinard, à la publication d'un recueil de portraits du prochain siècle dans lequel chaque personne fait l'objet d'un portrait par un écrivain ou un journaliste connu ; les revues littéraires annoncent de prestigieuses collaborations parmi les écrivains. Seul le premier tome sera édité, mais les diverses publicités retrouvées n'indiquent pas si Berthe Morisot devait être le sujet d'un fascicule et quel en serait le signataire. Une telle exposition de son vivant indique que Morisot ne considérait pas ce portrait comme inachevé.

H. W.

1. Marx, 1896, p. 247-250.
2. J. Manet, *Journal,* p. 88.

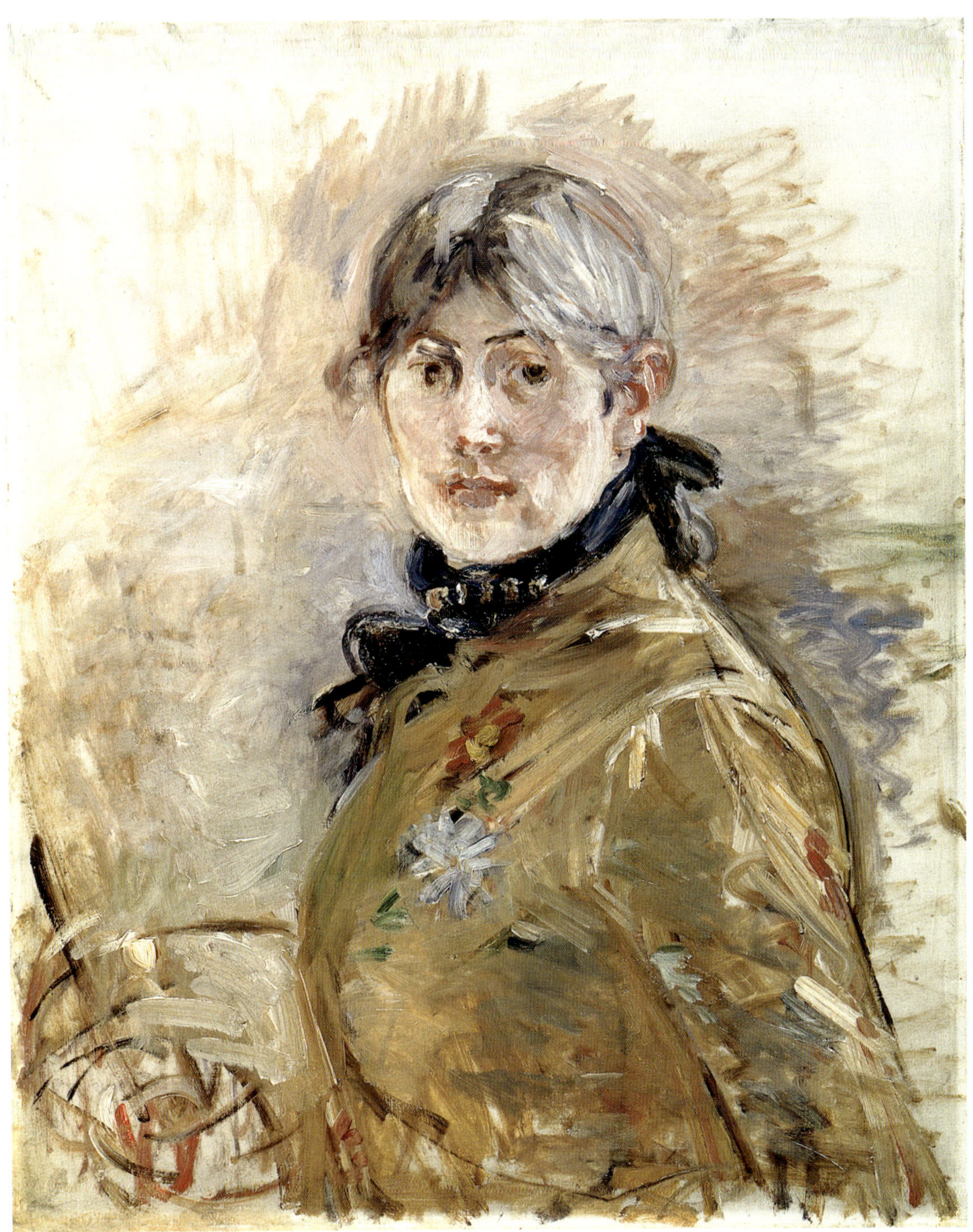

89 Petite Danseuse, 1885

Huile sur toile
H. 55 ; L. 46
CMR 173
Collection particulière

Jeannie Gobillard, nièce de l'artiste et cousine de Julie, est ici âgée de huit ans. Née en 1877, elle est l'aînée de Julie d'un an. Elle est représentée en petite danseuse. Elle semble soit écouter une répétition, soit apprendre une position de jambes ou un pas isolé, sans le mouvement correspondant des bras.

Berthe Morisot a sans doute saisi sa nièce sur le vif au cours d'une répétition chez elle, ou d'une leçon en présence du professeur.

Il lui fallait beaucoup de sûreté de jugement pour s'amuser à un tel sujet alors qu'elle côtoyait Degas. Surtout que la mère du modèle avait posé deux fois pour lui, au point que cela avait indisposé ses sœurs qui ne comprenaient pas l'attitude de l'artiste qui avait fait poser Yves puis abandonnait sa composition.

Dans cette rapide esquisse, Berthe Morisot a souligné la grande concentration de sa nièce, son sérieux. Même en l'absence de mouvement, elle a évoqué sa grâce. Elle pouvait bien se confronter à son ami Degas sur ce terrain-là, et ce, d'autant plus que ce dernier représentait souvent des mouvements gracieux de modèles qui l'étaient parfois moins.

Nous pourrions regretter que l'œuvre soit restée en apparence inachevée, mais ce serait méconnaître le rôle créateur de l'artiste qui seul sait quand l'œuvre est terminée, quand il a tout dit, même s'il peut encore perfectionner. Lors de l'exposition posthume, en 1896, deux critiques répondent à cette interrogation de l'œuvre achevée.

Un ami de Mallarmé, Claude Bienne, avait dans son article abordé cet aspect pour répondre aux détracteurs qui trouvaient encore l'œuvre de Berthe Morisot trop esquissée et toujours insuffisamment achevée. « Mme Berthe Morisot fut elle-même, rien qu'elle-même et complètement elle-même. Voilà le grand secret de la séduction qu'exerce son œuvre une fois rassemblée : toute une organisation sensible s'y révèle, et l'âme d'une femme y apparaît. Quelque chose parfois d'incomplet, un air inachevé n'empêchent que ce que d'aucuns, trompés par l'apparence, appelleront des ébauches, ne soient, à notre gré, des œuvres, et souvent, par bien des points, exemplaires. Où faut-il arrêter l'impression ? Que faut-il dire, ou seulement suggérer ? Les maîtres seuls en sont juges, et celle-là, à coup sûr, en fut un, sans s'en douter peut-être, peut-être aussi pour n'y avoir pas prétendu. En tout cas, quel bel exemple laissent et cette œuvre heureuse, et la vie que l'artiste avait voulue et qu'elle a su se faire, hors la foule et dans un cercle élu, cette vie où, selon la profonde et éloquente parole de M. Mallarmé, « on peut dire que jamais elle ne manquera d'admiration ni de solitude »[1] ! »

De son côté, Paul Vraine écrivait dans *la Revue bleue :* « Toute personnelle, on ne peut mieux comparer l'œuvre de Mme Morisot qu'à ces notes intimes jetées sur un carnet, par soi seul feuilleté. On y sent l'âme d'une femme, qui, voyant en artiste, aimait à revivre ses souvenirs et se servait du crayon et du pinceau à seule fin de ne pas laisser s'échapper l'impression fugitive. Son ambition n'était pas de faire œuvre de peintre. Elle n'a pas produit de ces tableaux sertis en leurs moindres détails, non plus que ces somptueux morceaux d'apparat qui sont l'admiration des badauds. Ses esquisses, crayons et pastels, ne sont pas des morceaux d'étalages. Elles sont prises sur le vif et rendues en toute simplicité, sans emphase ni mièvrerie, les impressions d'une artiste. Elles ne sont que cela, qui est la chose avant tout importante. C'est pourquoi, outre qu'elle nous est une révélation, cette exposition organisée par des amis et des admirateurs de Mme Berthe Morisot, nous fut une consolation et un repos aussi. Repos offert à nos regards charmés qui errent avec délices sur ces délicates esquisses aux tonalités si douces et si fraîches[2]. »

H. W.

1. Bienne, 1896, p. 472.
2. Vraine, 1896.

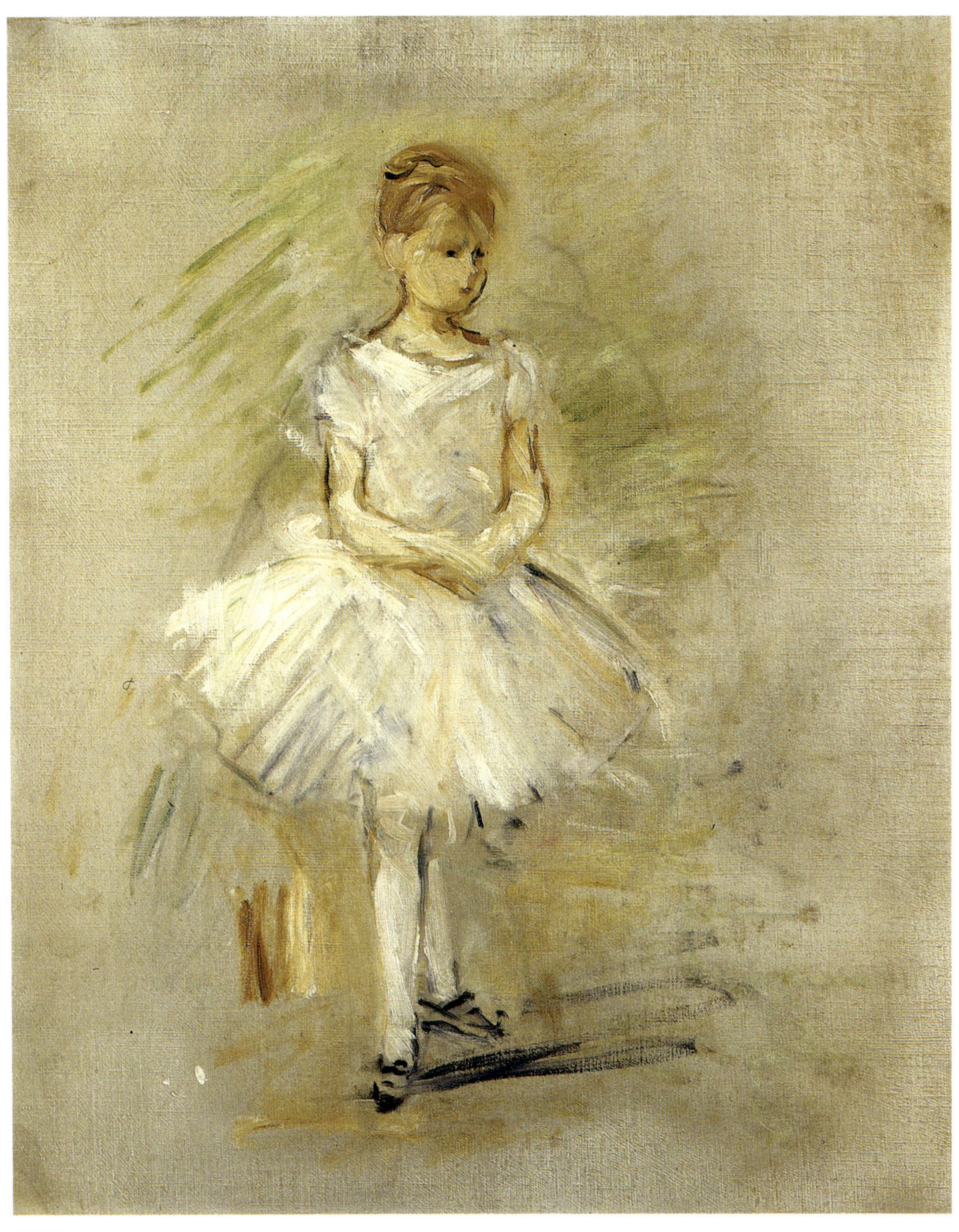

90 Jonquilles, 1885

Huile sur toile
H. 45 ; L. 36
CMR 175
Collection particulière

Berthe Morisot aimait particulièrement les fleurs et en décorait son jardin comme sa maison. À Bougival, son jardin a été une source d'inspiration, comme celui de Monet l'a été à Argenteuil, et comme le sera plus encore celui de Giverny. Même à Paris, son jardin de la rue de Villejust est le thème ou l'arrière-plan de plusieurs toiles. Cela ne l'empêche pas de peindre aussi des natures mortes de fleurs tout au long de sa carrière ; celles qui datent d'avant 1875 ont disparu ou ont été détruites. Ces *Jonquilles* s'inscrivent à la suite de ses natures mortes qui formaient une rubrique à part dans le catalogue de la rétrospective posthume, en 1896, chez Durand-Ruel.

Une coupe de porcelaine sur une assiette assortie est transformée en bouquetière plutôt qu'en vase, et posée sur une commode ou une console. Des jonquilles ont été arrangées dans un peu de terre et de mousse. Leurs tiges, vertes, la terre et surtout la mousse font ressortir plus encore ces fleurs, qui ont sans doute soif ou qui viennent juste d'être piquées.

Le fond est un tissu à fleurs dont le thème rappel le motif du tableau. Par ses couleurs un peu plus mates, mais aussi par la lumière qui arrive sur la droite du mur.

Les reflets du meuble sur la coupe et de celle-ci sur celui-là montrent la précision de l'observation et la minutie du peintre en opposition avec sa technique et ses touches, trop rapides et trop imprécises pour les défenseurs de l'art officiel.

Comme souvent chez Morisot, la composition est légèrement décentrée vers la gauche, et le bord gauche de la soucoupe est coupée par la toile. De même les fleurs, sujet du tableau, n'occupent que la moitié supérieure de la toile, mais en même temps des motifs de fleurs composent indirectement les trois quarts de la toile, entre la décoration de la coupe, le motif du tissu du mur et les jonquilles elles-mêmes. Or, ces trois catégories de fleurs illustrent toutes les saisons, comme si elles étaient le thème volontairement caché de la toile, destiné à démontrer qu'un artiste impressionniste peut par jeu, et plus subtilement encore que ceux du Salon, composer une discrète allégorie des saisons.

Cette œuvre fut sans doute un petit panneau décoratif exécuté pour la salle à manger de Bougival en pendant de *la Cage* (Washington, National Museum of Women in the Arts, don de Wallace et Wilhelmina Holladay ; CMR 174), comme elle le fit plus tard pour celle de la rue de Villejust avec, notamment, *le Vase bleu* (CMR 231), et les *Bouquets d'anémones* (CMR 272 et 273).

Ce tableau a été accroché longtemps dans l'appartement de Paul Valéry rue de Villejust – aujourd'hui rue Paul-Valéry –, à gauche d'une cheminée contre laquelle de nombreux visiteurs illustres s'accoudaient régulièrement. André Gide affectionnait cet endroit, où il fut plusieurs fois photographié.

H. W.

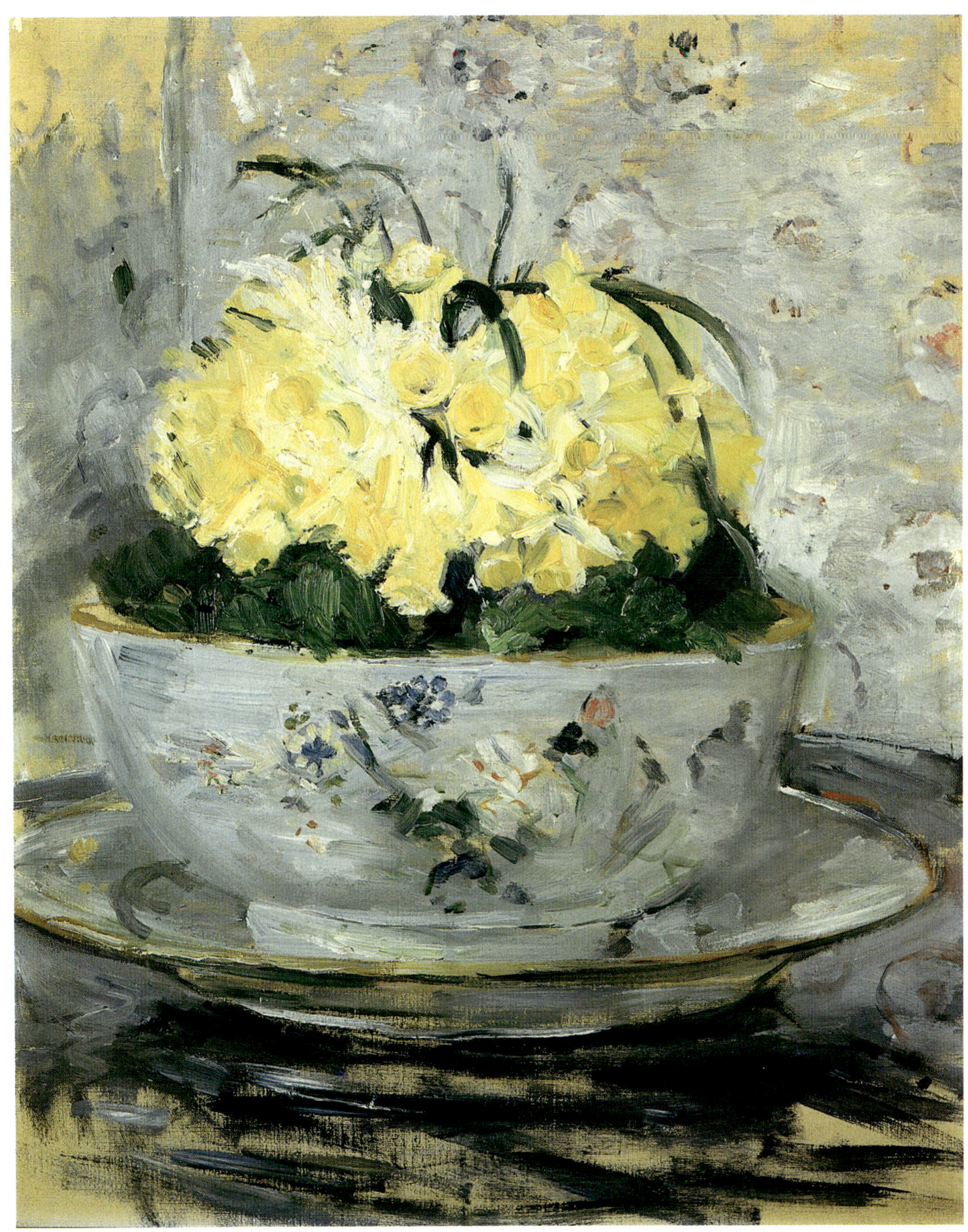

91 L'Oie, 1885 et 1891

Huile sur toile
H. 165 ; L. 87
CMR 183
Collection particulière

Lors de la rétrospective posthume, en 1896, chez Durand-Ruel, Julie Manet écrit dans son *Journal,* à propos de cette œuvre : « *L'Oie,* une oie très belle à côté d'un arbre vert un peu jaune, se promène avec majesté devant le lac au bord duquel sont des roseaux, deux canards arrivent dessus et au fond l'île enveloppe dans le bleu céleste ; c'est l'idéal de l'œuvre décorative[1]. » En effet, ce tableau a été conçu comme un grand panneau décoratif d'une série de quatre pour la rue de Villejust. Les trois autres n'ont jamais été réalisés, et nous ignorons quels étaient leurs thèmes ou leurs motifs. S'agissait-il des quatre saisons, avec ici le printemps, d'allégories ou d'autres scènes de la nature à l'image de certains panneaux peints du XVIIIe siècle ? Nous ne savons pas. Après le déménagement rue Weber, au lendemain de la mort d'Eugène Manet, cette grande toile est longtemps restée en vue, mais non accrochée tant il y en avait dans l'appartement (voir le cat. 138).

Malgré les apparences, le sujet et la composition sont particulièrement audacieux. Le lac du bois de Boulogne est représenté non comme un lieu de promenade mondaine et de détente – mais on n'emploie pas encore ce mot – pour les citadins, mais comme un aspect de la nature. Ce pourrait aussi bien être en pleine campagne car il n'y a ni barques, ni parisiens, ni aucune construction, de sorte que la scène est non localisable et même intemporelle. Les canards, l'oie et les roseaux du premier plan sont en grandeur naturelle, comme souvent dans les peintures décoratives de la Renaissance, pour souligner mieux encore l'interprétation de la réalité.

Une oie seule pourrait être un motif à condition d'être entourée d'arabesques ou de grotesques comme dans certains plafonds florentins ou dans certaines chinoiseries qui ont retenu d'autres animaux comme sujet. L'équilibre de la composition est savamment étudié : l'oie est majestueusement posée au tiers de la toile un peu sur la gauche, ainsi son long cou est au milieu du panneau ; des roseaux verts puis un arbuste aux feuilles encore peu nombreuses occupent le plan juste à sa droite. Derrière l'oie, le lac, sur lequel nagent deux canards se dirigeant vers le bord. Au fond, les arbres denses et feuillus de l'île et de la berge contrastent autant avec le bleu du ciel qu'avec la douce luminosité du lac. Tout traduit le plus grand calme et la sérénité.

Selon son habitude, Berthe Morisot avait fait sur le motif plusieurs études préparatoires pour cette œuvre peinte à l'atelier – ce qui est nécessaire vu ses dimensions. Une page d'un carnet comporte des canards saisis sur le motif.

Sans doute en 1891, elle recommence une partie de la toile en modifiant l'île et les bords du lac en face. La technique de cette partie fait penser à certaines œuvres des vues de Seine de Monet de cette époque, et se rapproche d'autres toiles de Renoir. Cette reprise s'explique non tant par l'insatisfaction de l'artiste devant son œuvre que par son désir de l'harmoniser avec une autre, la *Bergère couchée* (cat. 132) qu'elle vient de peindre à Mézy et qu'elle place au-dessus d'une glace dans son salon. N'ayant pas réalisé la série décorative initialement rêvée, Berthe Morisot intègre cette toile à son intérieur et l'accroche par rapport à une autre toile.

Comme l'artiste avait coutume de gratter sa peinture et qu'ici la couche picturale est assez épaisse, nous ne connaissons pas le fond initial, avant les repentirs tardifs.

De telles retouches indiquent donc que cette *Oie* était aussi à l'honneur dans le salon de l'artiste, non au-dessus d'une glace ou même d'une porte, mais à une place d'honneur à la hauteur de la cimaise.

Comparée aux œuvres de ses contemporains, cette toile est à l'avant-garde surtout si nous nous référons aux peintures décoratives exposées au Salon officiel dans ces années ou aux commandes

1. J. Manet, *Journal,* p. 84.

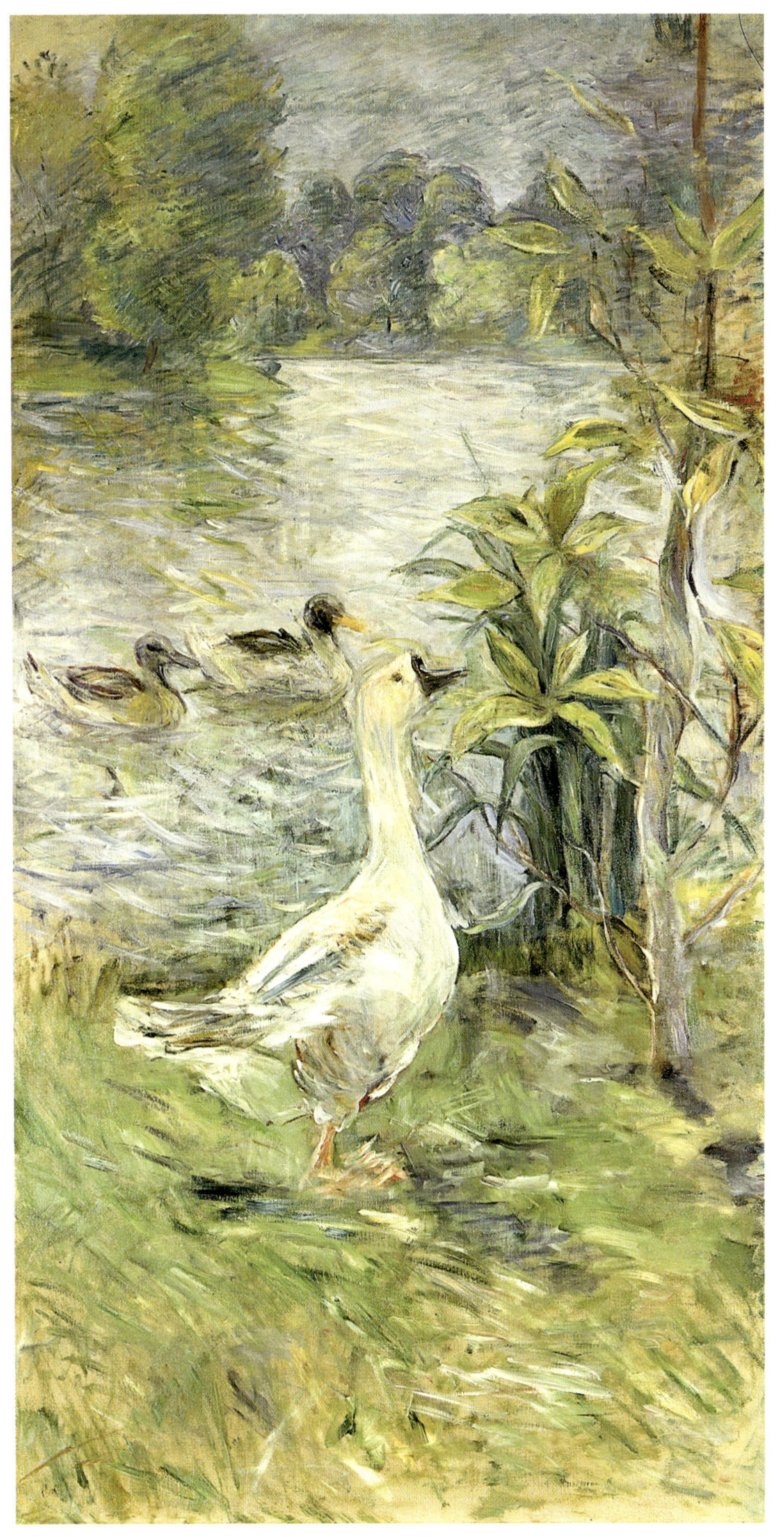

officielles pour des bâtiments publics. Chez Berthe Morisot, il n'y a rien de théâtral comme dans le panneau décoratif de Colin pour le Sénat exposé au Salon de 1880 (fig. 1) ou le panneau de Ricard exposé au Salon de 1888 (fig. 2) ; ni de banal comme dans la peinture d'Henri Harpignies pour le Sénat (fig. 3).

Le bois de Boulogne mis à l'honneur comme promenade par les plantations et les aménagements de Louis-Philippe puis par les grands travaux entrepris par Napoléon III a été le sujet de très nombreuses toiles exposées au Salon. C'est l'activité sportive qui est mise à l'honneur, avec les courses, les promenades à cheval dans les allées cavalières (y compris chez Renoir avec le portrait de Mme Darras), ou les rencontres dans les restaurants à la mode, notamment dans les œuvres de Stevens, de Gervex ou d'autres artistes à la mode, mais aussi de Toulouse-Lautrec. Nul n'a représenté le bois de Boulogne comme nature apprivoisée, mais sans personne. Cet aspect-là a plus été montré par certains photographes officiels chargés de faire connaître les embellissements de Paris voulus par l'empereur. C'est le cas de certaines photographies de Charles Marville et de Jules Michel ; si l'homme est absent de leurs clichés c'est pour mieux mettre en avant les travaux gigantesques réalisés.

Comme ses amis impressionnistes, Berthe Morisot avait souhaité réaliser de grandes décorations. Manet avait trop tôt demandé à participer à la décoration du nouvel hôtel de ville de Paris, reconstruit après la Commune. Dans des articles oubliés publiés entre 1885 et 1892, Gustave Geffroy avait plaidé en vain pour que Degas, Monet, Morisot, Pissarro et Renoir, mais aussi Fantin-Latour, Gustave Moreau, Raffaëlli ou Rodin obtiennent des commandes publiques pour la décoration de l'Hôtel de Ville, ou d'un autre bâtiment public.

La campagne de presse menée tant par Gustave Geffroy dans *la Justice,* par Philippe Burty dans *la République française* que par quelques autres amis n'avait pas suffi à leur faire attribuer la moindre commande officielle, malgré les relations et les amitiés desdits critiques et artistes. Le résultat fut, comme le regretta Geffroy, « une définitive déception [...] une faillite décorative[2] ». Lorsque, au cours de l'année 1892, Jules Breton renonce à réaliser un grand paysage pour l'une des galeries de l'Hôtel de Ville, Monet, poussé par ses amis, est candidat pour le remplacer. En novembre 1892, alors que l'impressionnisme est reconnu, Claude Monet n'obtiendra que quatre voix, dont celle de Rodin et de Bracquemond[3], contre dix à Pierre Lagarde, dont le principal mérite était d'avoir obtenu une mention au Salon de 1881, et des médailles à ceux de 1882, 1885 et 1889 !

Malgré l'absence de commandes publiques, les impressionnistes ne renoncent pas à réaliser de telles œuvres. Renoir exécute de grands panneaux décoratifs pour des collectionneurs comme Paul Gallimard ou pour Durand-Ruel. Monet peint pour le salon de Berthe Morisot les *Villas à Bordighera* (voir fig. 12 ; p. 54). La seule commande publique obtenue par un impressionniste sera la grande fresque réalisée par Mary Cassatt pour le pavillon des Femmes de l'Exposition universelle de Chicago, en 1893. En la matière, la plus grande réalisation impressionniste reste les séries des *Nymphéas* de Monet.

Cette *Oie* de Berthe Morisot confirme que Gustave Geffroy avait raison et que les jurys officiels étaient particulièrement aveugles.

H. W.

2. Geffroy, 6 février 1892.
3. Idem, 8 novembre 1892.

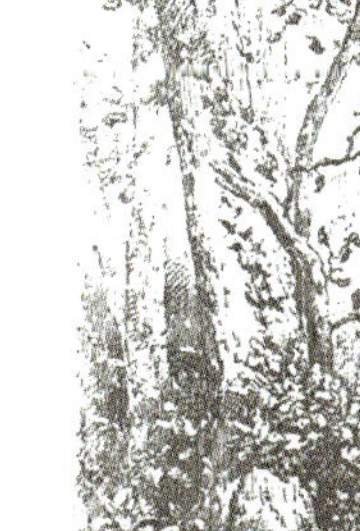

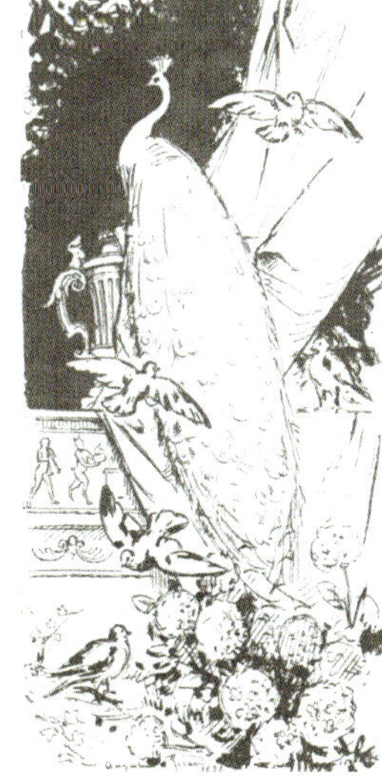

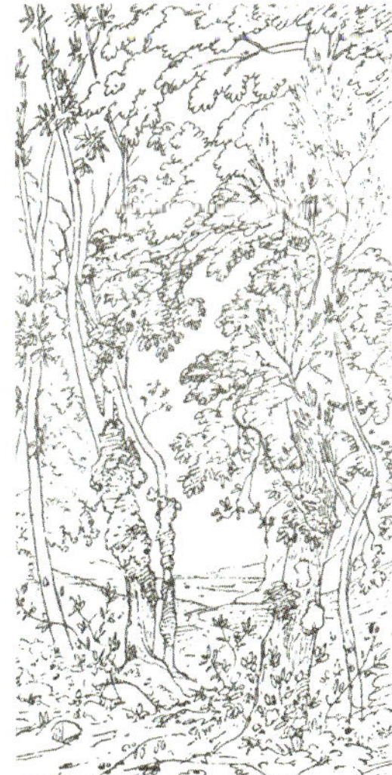

Fig. 1. P. Colin, *Panneau décoratif* pour le Sénat, H. 333 ; L. 174, Paris, Salon de 1880, reproduit d'après le *Salon illustré de 1880,* p. 145.

Fig. 2. A. Ricard, *le Paon,* panneau décoratif, Paris, Salon de 1888, n° 2136, reproduit d'après le *Salon illustré de 1888,* p. 247.

Fig. 3. Henri Harpignies, *Peinture décorative* pour le Sénat, H. 328 ; L. 200, Paris, Salon de 1880, reproduit d'après le *Salon illustré de 1880,* p. 145)

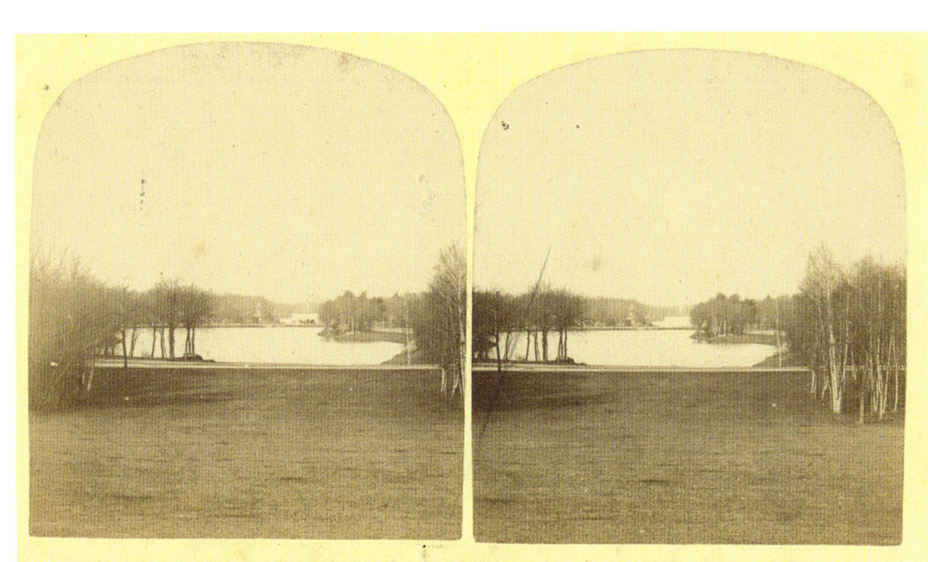

Fig. 4. Anonyme, le lac du bois de Boulogne, photographies stéréoscopiques.

92 Les Tuileries, 1885

Aquarelle
H. 29 ; L. 21
Annoté par l'artiste, au dos :
Les Tuileries
BW 724
Collection particulière

En 1885, Berthe Morisot peint une série de huit aquarelles au jardin des Tuileries, mais aucun pastel ni tableau. Il s'agit d'autant de vues, certes reconnaissables, de ce jardin célèbre et très fréquenté, mais très inattendues car Berthe Morisot ne s'arrête pas à la vision commune. Contrairement aux toiles de Manet, les *Enfants aux Tuileries* (Providence, Rhode Island School of Design), ou *la Musique aux Tuileries* (Londres, The National Gallery), il n'y a pas de foule, mais tout au plus quelques membres de l'entourage de l'artiste, son mari, sa fille, sa nièce. Comme elle le fait pour le lac du bois de Boulogne, elle fait presque sien ce parc public qui devient le jardin de Julie, présente dans la moitié de ces aquarelles. Dans la très belle aquarelle de la Ny Carlsberg Glyptotek, de Copenhague (BW 726), Julie et sa cousine Jeannie Gobillard, accoudées à la balustrade de la terrasse, contemplent le jardin.

Les quatre autres aquarelles sont consacrées au décor du jardin, avec ses grandes statues, ses corbeilles de fleurs, ses vasques, et, dans deux œuvres, ses orangers. Ce pourrait tout aussi bien être un autre parc, public ou privé. Contrairement à de nombreux artistes, elle ne représente pas le lieu de rendez-vous, de promenade ou de jeux des enfants.

Cette aquarelle est une évocation de la nature domestiquée, avec ces arbustes, ces fleurs, cette vasque, mais aussi de l'utilité de l'art, avec cette sculpture dont l'objet est de métamorphoser le lieu. Un tel motif pourrait évoquer les artistes du siècle précédent, mais la touche et le cadrage retenus en font une œuvre impressionniste. Pour les défenseurs de l'art officiel, un tel thème traité avec les principes de l'impressionnisme est d'autant plus choquant.

H. W.

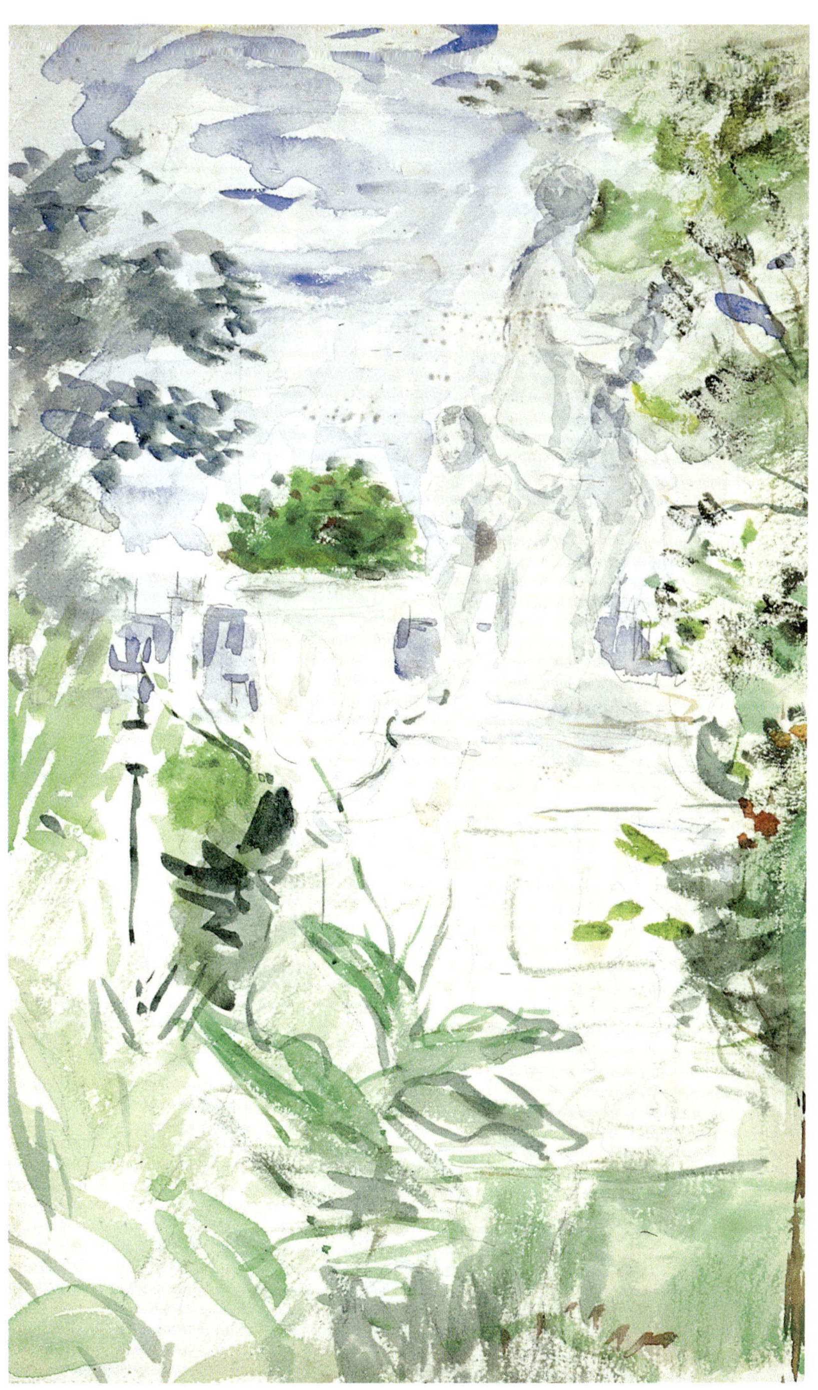

93 Reines-marguerites, 1885

Huile sur toile
H. 46 ; L. 55
Signé, en bas, à gauche :
Berthe Morisot
CMR 186
Boston, Museum of Fine Arts,
don de John T. Spaulding
Inventaire : 48.581

Avec ces *Reines-marguerites,* Berthe Morisot ne peint pas un bouquet. Dans un plat en faïence creux quelques reines-marguerites blanches qui viennent d'être coupées ont été déposées un peu les unes sur les autres, sans arrangement particulier. Ce plat ne peut tenir lieu de vase. Le broc qui se trouve à côté ferait mieux l'affaire si cela était nécessaire. Le plat et le broc sont posés sur un meuble, un buffet ou une commode, nous ne savons pas. Le mur bleu qui sert de fond suggère que cette scène se déroule dans la cuisine ou plus probablement encore dans l'office. En effet, ces fleurs ont été préparées pour compléter et rafraîchir un bouquet ; le broc permettant d'ajouter de l'eau dans le vase où la bonne les mettra.

Cette peinture n'est donc ni un bouquet ni une nature morte, mais une évocation discrète et subtile d'une scène de la vie quotidienne. Un tel motif ne peut qu'étonner tant il est inhabituel. Une fois de plus, Berthe Morisot nous montre sa vision si personnelle des choses.

La composition est aussi très impressionniste en décentrant le motif. Certes, il y a une reine-marguerite au milieu de la toile, mais celle-ci est l'avant-dernière, à gauche, dans le plat. Le premier plan, encore esquissé, contraste avec le rendu des fleurs et des faïences.

Ce tableau est une étude subtile des jeux de lumière et de couleurs : entre le bois mat du premier plan et celui plein de reflets du plateau du meuble, entre ce dernier et ce qui tient lieu de vase ainsi que le mur. La lumière vient de la droite comme l'indiquent les ombres portées des faïences. Le broc, légèrement bleuté, est une transition entre la première faïence blanche et le mur de la cuisine ou de l'office. Même le plateau profite des reflets bleutés du mur.

Par rapport aux critères du Salon officiel ce tableau est une esquisse. Pour l'artiste, il est achevé. Elle l'a signé. Cela est d'autant plus à souligner qu'elle n'a signé que certaines œuvres, et pas toutes celles qu'elle a exposées ; certains détracteurs ont même dit qu'elle ne signait pas parce qu'elle savait que son travail n'était pas achevé...

Comme Manet, mais aussi comme ses amis Monet, Pissarro ou Renoir, Berthe Morisot a peint des bouquets et des natures mortes. C'était souvent pour eux – mais non pour Manet et pour Morisot – autant pour le motif choisi que pour la plus grande facilité de vendre de telles œuvres qui avaient leurs amateurs.

Cette toile a été donnée à Camille Pissarro, grand ami d'Eugène Manet et admirateur de Berthe Morisot avec laquelle les relations étaient un peu plus distantes. Nous ignorons dans quelle circonstance particulière elle lui a été offerte. Il possédait plusieurs autres œuvres de son amie, notamment la copie de Tivoli d'après Corot (cat. 3) et une femme à sa toilette. En souvenir d'Édouard Manet, Berthe Morisot avait acheté à la vente d'atelier et lui avait donné *Sous les arbres,* connu aussi sous le titre *Une partie à la campagne.*

À la mort de Pissarro, sa veuve et ses héritiers cèdent *Reines-marguerites* au romancier et critique Octave Mirbeau qui s'occupe de vendre certaines toiles de la collection, et notamment les Cézanne, défendant leurs intérêts. À cette occasion, il leur achète les *Muriers* de Van Gogh. À sa mort, sa veuve vendit notre toile avec tout le reste de la collection.

H. W.

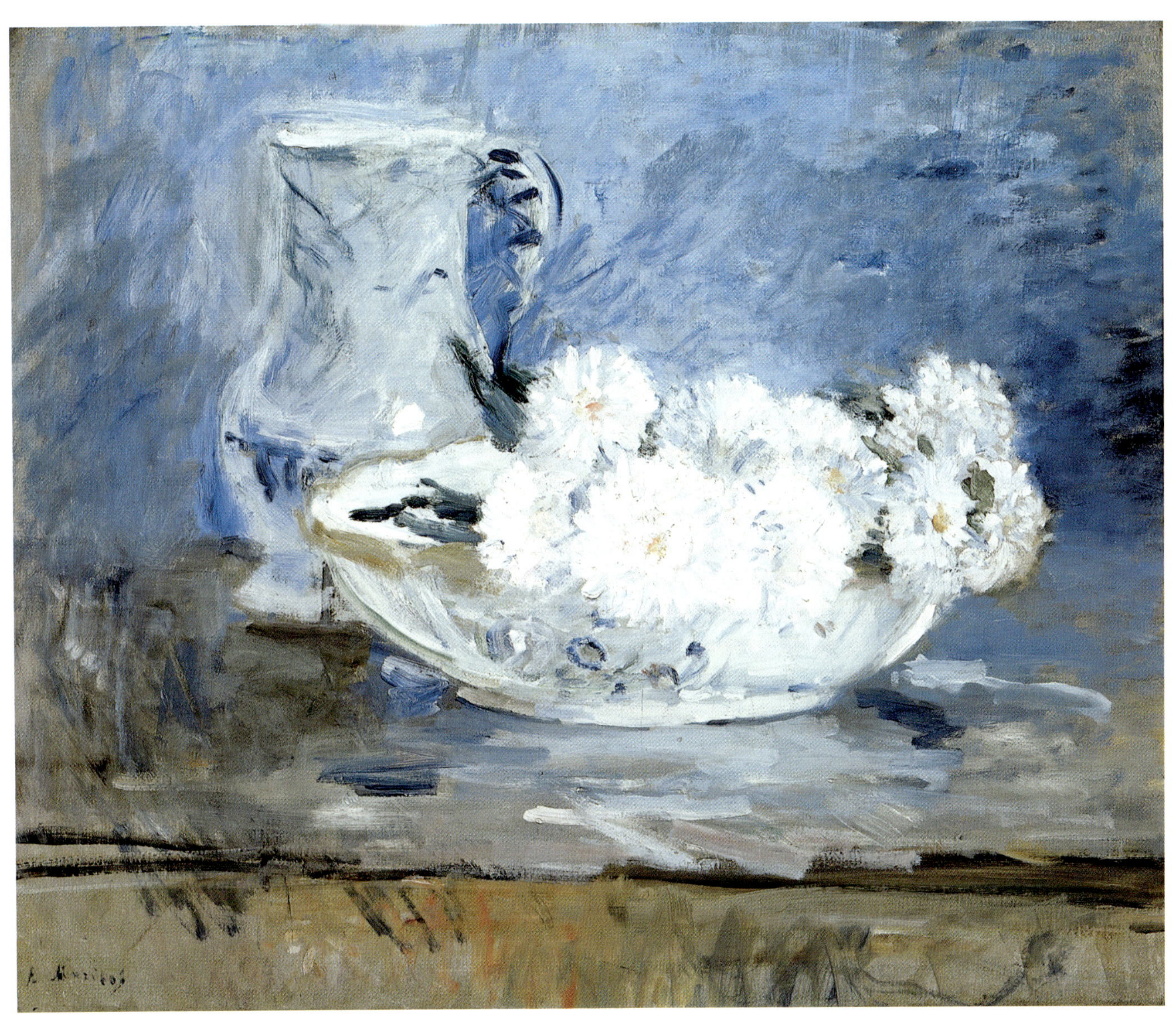

94 Jeune Femme au divan, 1885

Huile sur toile
H. 61 ; L. 50
Cachet de la signature, en bas, à droite
CMR 191
Londres, The Tate Gallery, don de Mme A. E. Pleydel-Bouverie
Inventaire : 70 1079

Ce portrait de femme assise dans un fauteuil est celui d'une personne non identifiée. Est-ce un modèle professionnel, une relation ou une amie de l'artiste ? Nous ne savons pas. Vollard ne dit rien de son identité si tant est qu'il la connût. Ce visage ne peut être rapproché d'aucune des nombreuses photographies conservées par la famille de l'artiste.
La jeune femme est plus jeune que l'artiste. Elle pose sans doute chez cette dernière car l'imprimé du tissu du fauteuil se retrouve dans d'autres œuvres. Les cheveux courts, elle a, comme Berthe Morisot les aime, des franges plus que des boucles tombant sur le front. De tels cheveux sont assez peu fréquents dans l'œuvre de Berthe Morisot, nous ne les voyons guère que dans le nu de dos (CMR 172 ; voir fig. 1 ; cat. 96), car elle préfère de beaucoup les chignons. Le modèle porte d'élégantes boucles d'oreilles en argent avec une perle en pendentif. Nous ignorons de quelle grande maison provient la robe avec cette collerette, mais la qualité du tissu et de la coupe est manifeste. Son cou, un peu décharné, n'est pas atténué par un ruban ou quelque collier de perles ou de pierres précieuses.
Qu'attend-elle calée dans le fauteuil et l'avant-bras sur l'accoudoir ? Son visage un peu fermé et déterminé laisse ouvertes toutes les conjectures.
Le tableau est d'une grande qualité picturale qui en ferait une œuvre pouvant même être acceptée par les détracteurs de l'impressionnisme. La robe est une délicate étude des blancs et des jaunes. Le beige du fauteuil rend plus lumineuse encore la robe. Le fond, plus gris, donne de la profondeur à la composition sans l'assombrir. Devant de telles toiles, certains critiques ont évoqué Chaplin ou Stevens bien que sa touche reste trop impressionniste pour qu'un tel rapprochement soit possible, sinon pour les tons dominants de l'œuvre.

H. W.

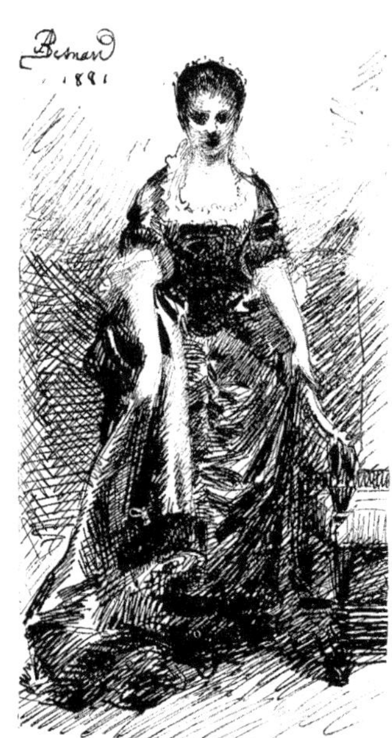

Fig. 1. Édouard Debat-Ponsan, *Portrait de Mme Édouard Debat-Ponsan*, huile sur toile, H. 117 ; L. 73, Salon de 1885, n° 709, Paris, musée d'Orsay.

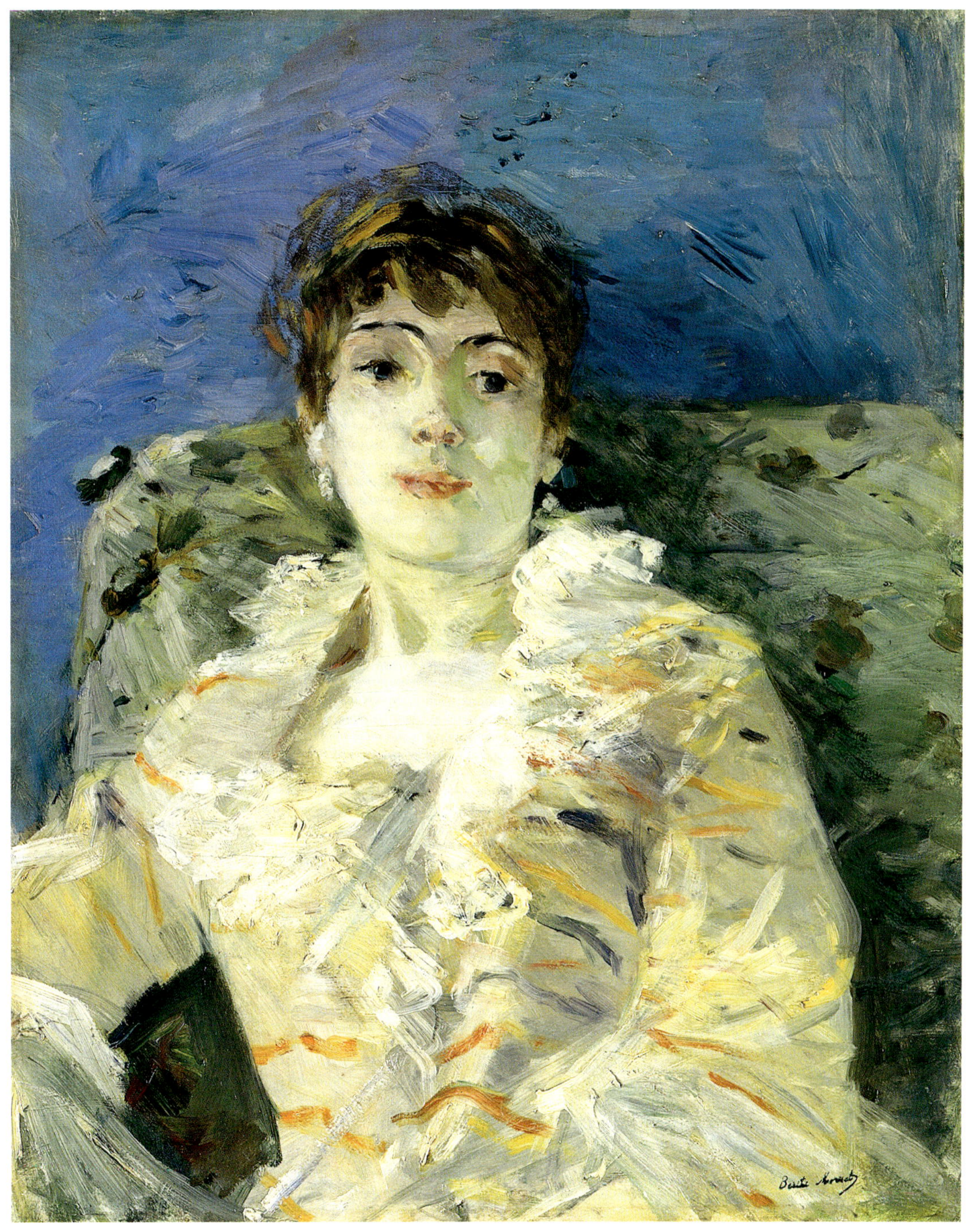

95 Rotterdam, 1885

Aquarelle
H. 28 ; L. 24
BW 732
Collection particulière

Les Eugène Manet font, en 1885, un voyage en Belgique et Hollande ; Julie qui les accompagne préfère les grandes promenades dehors aux visites des musées. Au cours de ce séjour, Berthe Morisot ne peint qu'une toile d'un *Canal à Rotterdam* (coll. part. ; CMR 188) deux aquarelles dont celle-ci, et fait quelques croquis.

De l'hôtel Weimar où ils sont descendus à Rotterdam, elle écrit à sa sœur Edma : « Je pense que ce pays te plairait beaucoup, Amsterdam surtout ; moi j'en suis enchantée, mais la saison est déjà bien avancée, nous interdisant à peu près tout travail en plein air, alors que tout ce qui vous passe sous les yeux vous donne une démangeaison de peindre. La température est encore très agréable pour la promenade et la lumière, le ciel d'un charme infini[1]. »

Nous ignorons où cette aquarelle a été peinte, mais elle reste le témoignage de cette lumière dont l'artiste parle à sa sœur : un ciel pur mais froid, une lumière avec ces ombres violettes dès que le soleil décline l'après-midi, une eau claire mais sombre aux reflets verts et violets. Une telle vision est bien éloignée de celle que les peintres officiels ont de ce pays car ils la copient sur celle des maîtres hollandais d'autrefois remis à la mode par Eugène Fromentin, dont le livre paru en 1875 contenait des attaques contre l'impressionnisme. Ce dernier considère que même « les meilleures études ne valent pas un bon tableau », et que « le plein air, la lumière diffuse, le vrai soleil, prennent aujourd'hui dans la peinture et dans toutes les peintures une importance qu'on ne leur aurait jamais reconnue et qu'ils ne méritent point d'avoir ».

Ce séjour sera aussi l'occasion d'un dialogue artistique avec Monet. En effet, ce dernier avait séjourné en Hollande en 1871 et il y retournera en 1886. Il avait peint quelques vues particulièrement personnelles de canaux, et peindra, lors de son second séjour, des champs de tulipes. Pour un impressionniste, traiter un paysage si connu est un défi au jugement des défenseurs de l'art officiel, qui se veulent en même temps les héritiers de l'art de la Renaissance et de la peinture flamande.

Parce qu'elle appartenait à Julie Manet, Marie-Louise Bataille a attribué par erreur à Berthe Morisot une petite toile d'une scène *En bateau* (CMR 137) que Monique Angoulvent n'avait pas cataloguée. Ronald Pickvance a montré que c'était une esquisse par Monet pour l'une de ses toiles et qu'elle avait appartenu à la collection de Berthe Morisot[2].

Berthe Morisot acquiert, nous ne savons précisément à quelle date, l'une de ces vues d'Amsterdam par Monet. Elle ne choisit pas n'importe laquelle, mais l'une des deux peintes par temps de neige et de gel, le *Canal Gelderse gelé*[3], pour bien montrer que son ami est l'héritier moderne et non le continuateur sclérosé et sans imagination de ces paysagistes d'autrefois. Monet et Morisot reprennent, dans le domaine pictural, un vers d'André Chénier : « Sur des pensées anciens, faisons des vers nouveaux. » L'art n'est pas l'imitation mais l'inspiration et la vision personnelle de la nature, comme des choses et des êtres. Il est ainsi moins provoquant de peindre la forêt de Fontainebleau de manière moderne qu'un paysage de Rome, ou d'Amsterdam, car c'est alors la vision des anciens que l'on compare – sinon que l'on oppose à celle des impressionnistes. Morisot sait à quel point cette vue d'Amsterdam sous la neige par Monet est choquante pour les adversaires de l'impressionnisme, comme la sienne de Rotterdam l'est pour les mêmes raisons.

H. W.

1. *Corresp. B. Morisot,* p. 127.
2. Voir Pickvance, dans *Monet in Holland,* cat. exp. 1986-1987, p. 118-119.
3. Idem, *ibid.*, p. 162.

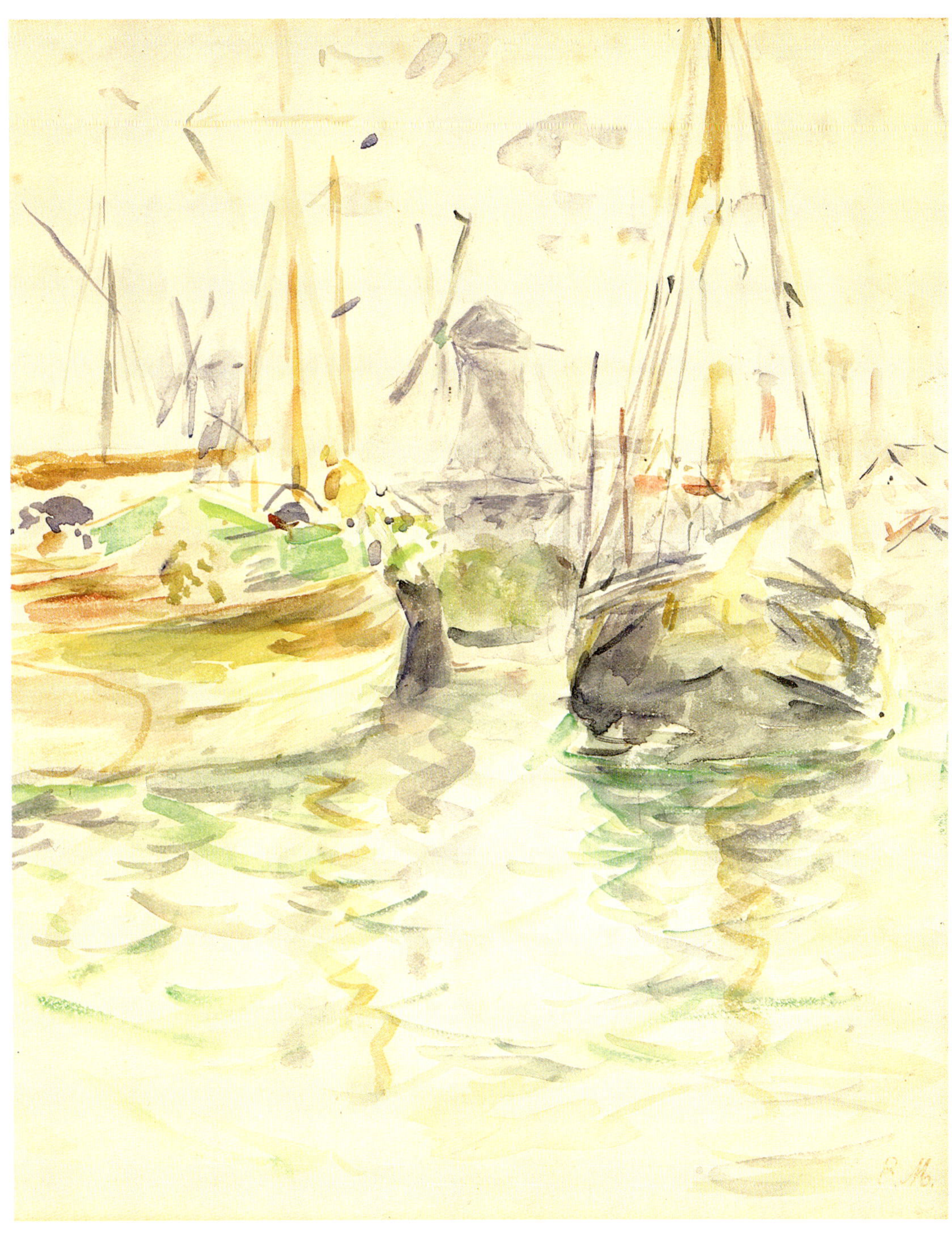

96 Avant le bain, 1885

Pastel
H. 56 ; L. 46,5
BW 520
Collection particulière

Une jeune fille rousse assise sur une chaise, le dos nu, mais la taille ceinte d'un peignoir bleu, tel est le sujet de ce pastel. Il pourrait donner lieu à une composition assez classique. Avec Berthe Morisot ce n'est pas le cas. La jeune fille a disposé la chaise de côté et s'est assise en se servant du dossier de la chaise comme d'un accoudoir ; le dos de la chaise ne cache pas sa nudité. Elle est assise devant un meuble ou une table de toilette, mais on ne voit ni broc, ni cuvette. Il n'y a ni glace, ni psyché. Le décor n'est pas posé ; l'artiste ne s'est intéressée qu'à la pose, originale, du modèle, à son attitude et à son regard, tourné vers l'arrière. Nous ne savons pas si la scène se situe avant ou après le bain ou la toilette. Lorsqu'il a été exposé, en 1926, à la galerie Dru, ce pastel a été intitulé *Baigneuses* parce que s'y aperçoit, tout juste esquissé, au second plan, le profil d'une seconde personne, plus âgée, sans doute la mère ou la gouvernante du modèle.

La datation de ce pastel n'est pas établie avec certitude. En 1896, lors de la rétrospective posthume, il a été exposé sans date, sous le titre *Avant le bain.* En 1919, à l'exposition Morisot de la galerie Bernheim-Jeune, il figure comme *Nu,* toujours sans date. En 1926, à la galerie Dru, il est daté de 1886 et exposé sous le titre *Baigneuses.* La présence du second personnage, esquissé, ne justifie pas ce titre. Dans son catalogue raisonné, Marie-Louise Bataille date l'œuvre de 1887 ; cela n'est pas convaincant. En effet, toute la tenue du modèle assis, le dos un peu courbé, les reins couverts d'un peignoir, le bras droit un peu en avant, le long du corps, cachant partiellement le sein, la tête tournée vers la droite pour regarder derrière elle sont à rapprocher d'une très importante toile de 1885, le *Nu de dos* que Berthe Morisot avait offert à Monet.

Entre ce pastel et la toile, le modèle n'est plus assis sur une chaise mise en travers mais sur un tabouret, et si la position est rigoureusement la même, la tête diffère. Les cheveux roux tombant sur l'épaule sont remplacés par des cheveux plus courts et un étonnant bonnet de bain. Berthe Morisot a repris la position d'un modèle mais a peint sa toile avec la tête d'un autre modèle, un peu plus âgé, à la mine plus décidée et moins inquiète.

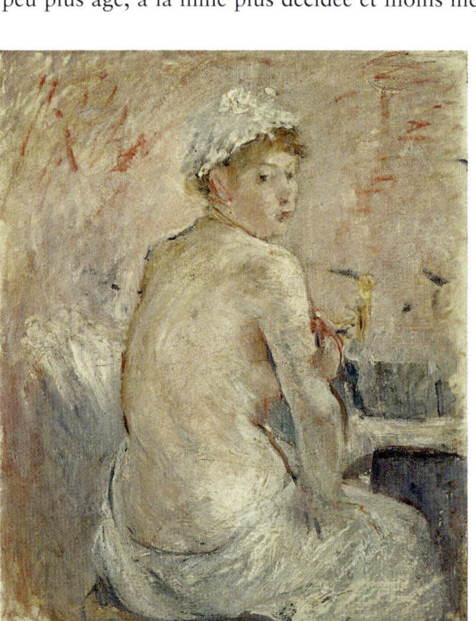

Fig. 1. Berthe Morisot, *Nu de dos,* 1885, ancienne collection Monet, Suisse, collection particulière.

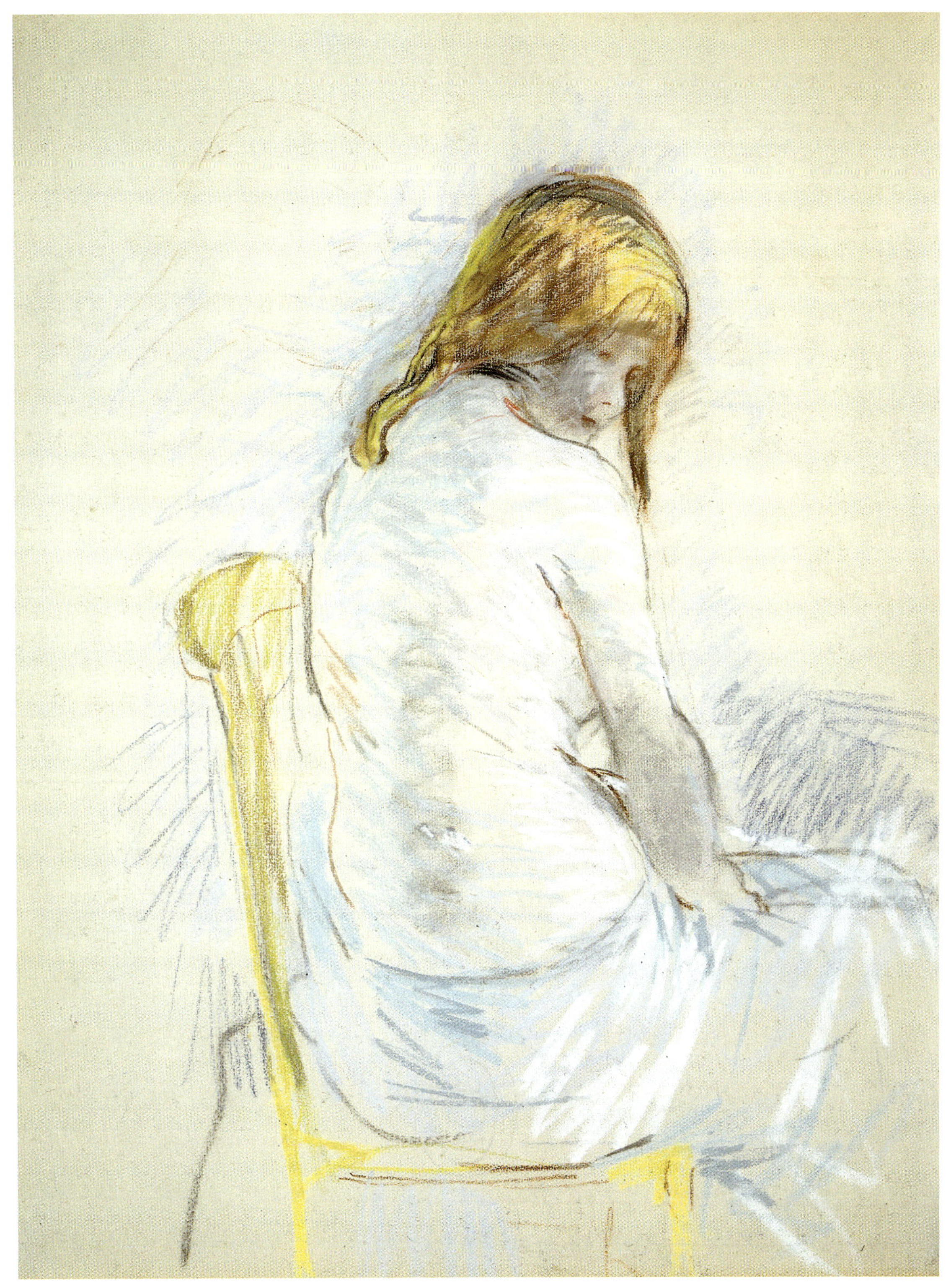

97 Le Bain, 1885-1886

Le Bain reprend après quelques années d'interruption le sujet de la femme à sa toilette qui se retrouve dans toute la carrière de Berthe Morisot, hormis dans les années de formation car ce n'était ni un thème de ses maîtres paysagistes, ni un thème acceptable pour l'éducation d'une jeune fille.

Pour cette toile, Berthe Morisot fait poser un jeune modèle, Isabelle Lambert, âgée de dix-sept ans, dans sa maison de la rue de Villejust. La jeune fille, vêtue d'une ample chemise blanche est assise sur une chaise. Elle arrange son chignon qu'elle fixe par quelques épingles. Elle se prépare pour une grande soirée, comme le suggère le ruban de couleur qu'elle n'a pas manqué d'assortir à la tenue qu'elle va passer une fois maquillée et coiffée ; elle a déjà mis son rouge à lèvres, du fard sur les joues, et porte un bracelet en or au poignet gauche. Elle a posé sur elle la large brosse en ivoire et soie qu'elle vient d'utiliser pour se brosser les cheveux. À sa gauche, sur une console en acajou surmontée d'un marbre, un précieux vaporisateur à parfum en cristal que nous ne voyons qu'à demi. Comme souvent chez les impressionnistes, et particulièrement dans son œuvre ainsi que dans celle de Degas, et contrairement aux peintres officiels, Berthe Morisot coupe par le bord de sa toile sa représentation de l'objet, ici le vaporisateur ; un peintre plus académique aurait décalé sur la gauche ce flacon pour le peindre tout entier. Ce vaporisateur indique le rang du modèle, mais aussi qu'elle se prépare pour une grande sortie, peut-être un premier bal.

La jeune fille est saisie sur le vif, dans l'intimité de son cabinet de toilette. Sa chemise, décolletée, et surtout ses maigres bras, levés, accentuent l'aspect très juvénile du modèle. Une telle scène est plus souvent vue de dos que de face. Un tel modèle posant pour une nymphe, ou une Diane au bain, serait plus dénudé. Quand un peintre hors concours au Salon, tel Toudouze, traite le sujet, comme dans son envoi du Salon de 1888, il le fait de manière plus conventionnelle et l'on dirait une étude de poses dans un atelier et non une scène prise sur le vif (fig. 3 ; cat. 49). Ce caractère réaliste de la peinture des impressionnistes gêne souvent la critique.

Le tableau est plein de lumière ; cela tient à la composition, très étudiée. En effet, Isabelle a devant elle la glace d'une psyché qui lui renvoie la lumière, ce qui lui a permis de se maquiller avec soin et précision et de se coiffer avec attention. L'artiste, est un peu en retrait sur sa droite ; d'ailleurs le modèle a très légèrement tourné son visage et son regard vers la droite pour l'artiste. Isabelle Lambert est devant la psyché comme l'artiste est devant son chevalet.

Cette œuvre est ajoutée à l'envoi de Morisot dans les derniers jours de préparation de l'exposition impressionniste de 1886, la huitième et dernière. Il porte ainsi le numéro 94 *bis*. C'est, avec *le Lever* (cat. 99), l'un des succès de l'exposition.

Le critique le plus défavorable est Marcel Fouquier, qui écrit dans le *XIXe Siècle* : « De Mme Berthe Morisot, je ne vois guère à signaler que la toile intitulée *Au bain,* encore que la figure de la baigneuse ne sorte pas très bien, que le coloris soit glissant, brouillé et négligé par places ; mais l'ensemble a un certain "sortilège", comme disait Diderot[1]. » Maurice Hermel lui reproche « sa manière reste trop purement impressionniste ». Il rapproche *le Bain* et *le Lever,* qui représentent le même modèle : « La "Jeune fille au lever", celle aussi qui noue ses cheveux, faites de rien, sveltes et graciles, avec le modelé fuyant et maigrelet de l'adolescence sont des merveilles d'impression rapide et suggestive. Vicieux est bien un gros mot pour ces créatures diaphanes ; il est certain que ces petites femmes en herbe, avec leurs yeux baissés ou leurs yeux clairs et pointus sont délicieusement troublantes[2]. »

Les autres comptes rendus sont tous favorables. L'auteur anonyme du journal professionnel *le Moniteur des arts* remarque « *Une femme au bain* s'enlevant sur un fond hardi[3] ». Dans

Huile sur toile
H. 91,1 ; L. 72,3
Signé, en bas, à droite :
Berthe Morisot
Contresigné, en rouge :
Berthe Morisot
CMR 194
Williamstown, The Sterling and Francine Clark Art Institute

1. Fouquier, 1886.
2. Hermel, 1886.
3. Anonyme, 21 mai 1886.

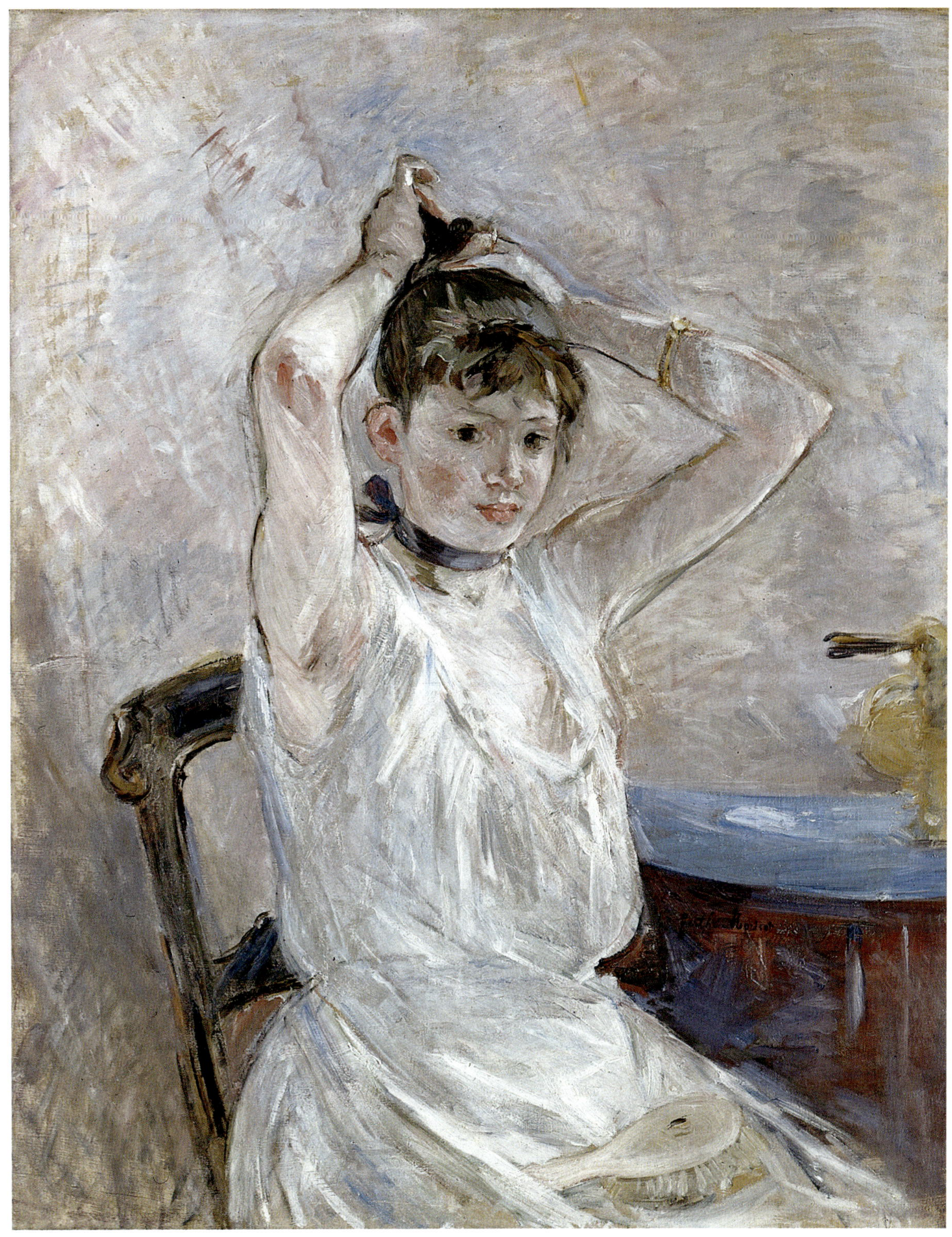

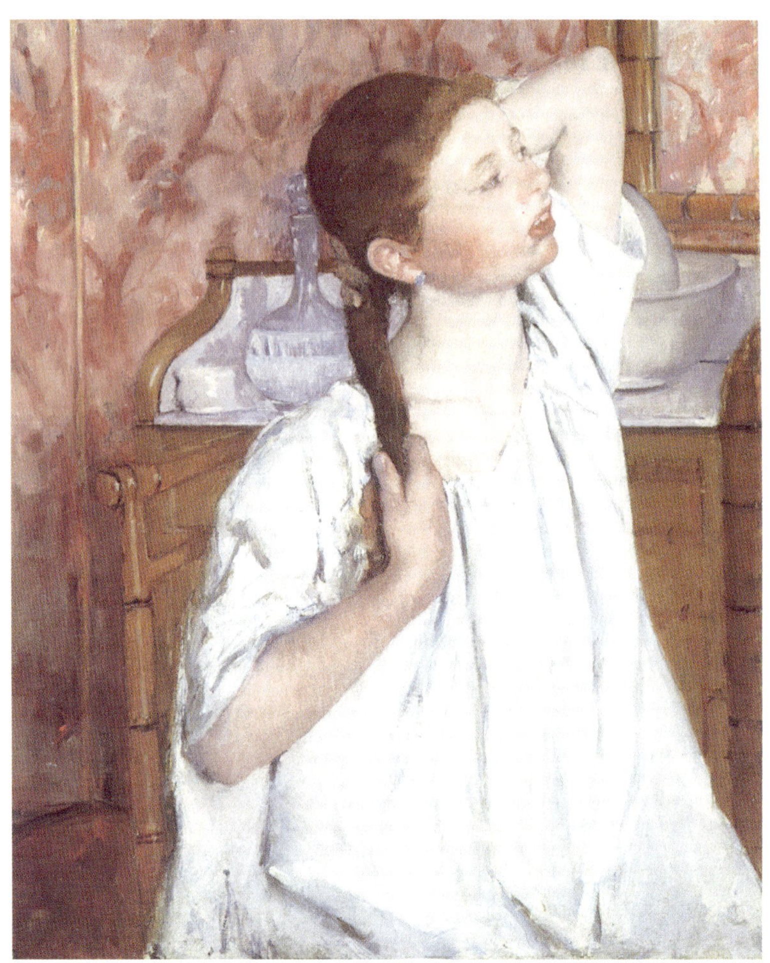

Fig. 1. Mary Cassatt, *Étude, la toilette,* exposition impressionniste de 1886, Washington, National Gallery of Art, legs Chester Dale.

4. Auriol, 1886.
5. Fénéon, 1886.
6. Hennequin, 1886.
7. Anonyme, 20 juin 1886.
8. Anonyme [Octave Mauss], 1886.

l'hebdomadaire *le Chat noir,* lié au cabaret du même nom et à ses personnalités, Georges Auriol est particulièrement louangeur : « La *Femme qui se peigne* est véritablement magnifique. Coloration parfaite et dessin merveilleux. Ce n'est pas "charmant", mais il se dégage de cela un charme indicible, capable d'envahir les insensibles eux-mêmes. On est étonné de ne pas voir remuer cette femme peinte[4]. » Félix Fénéon, le défenseur et l'ami des pointillistes qui exposent cette année-là avec les impressionnistes qui les ont invités sur les conseils de Pissarro – Seurat présentent *Un dimanche à la Grande Jatte* –, est tout aussi favorable. Pour lui, Berthe Morisot « est toute élégance : facture large, claire, alerte ; un charme féminin sans mièvrerie ; et malgré une allure d'improvisation, des valeurs d'une justesse rigoureuse » ; il remarque la jeune fille « au lever, à la coiffure [...] des œuvres exquises et justes ; et c'est une joie que ces fugaces dessins et ces aquarelles véloces »[5]. Dans l'hebdomadaire *la Vie moderne,* Émile Hennequin n'hésite pas à affirmer que « Mme Morisot fait éclater de charmants roses dans des gris navrés, dans cet *Au bain,* qui est une des meilleures choses de l'exposition[6] ». La plume restée anonyme de *la Revue moderne* n'est pas en reste quant aux compliments : « Mme Morisot excelle à rendre de nerveuses ossatures [...] La jeune fille [...] au bain [...] pique une épingle en ses cheveux, la figure encore barbouillée, avec les mêmes bras longuets, le même col gracile[7]. »

La réputation de l'artiste ne se limite pas à la presse française. Octave Maus, le fondateur des XX puis de la Libre Esthétique s'exclame : « Quelle séduction dans la jeune fille au bain, dont les chairs humides resplendissent sur un fond rose[8] ! » Il est d'autant plus sensible aux charmes de la peinture de Morisot qu'il l'avait invitée à exposer avec les XX, mais elle avait refusé ; Raffaëlli la lui avait recommandée, puis Mary Cassatt (fig. 1), en déclinant l'invitation qui lui était faite, avait suggéré son nom pour la remplacer. Elle acceptera l'année suivante l'invitation d'exposer à Bruxelles.

Par le thème, la touche et la grâce, ce tableau avait tout pour plaire à ses amis impressionnistes. En témoignage d'amitié, Berthe Morisot le donnera à Monet qui lui en avait fait le plus grand compliment ; aussi, en 1892, lors de l'exposition chez Boussod et Valadon, il achètera la *Jatte de lait* (1890, coll. part. ; CMR 255) avant que l'artiste ne le sache pour qu'elle ne la lui offre pas. Il gardera toute sa vie ses différents Morisot et les prêtait dès qu'il pouvait rendre ainsi un hommage à son amie.

H. W.

98 Étude pour le Bain, 1886

Pastel sur papier bleu
H. 45 ; L. 60
Cachet de la signature, en bas, à droite
BW 498
Collection particulière

Le Bain est l'un des plus importants tableaux de Berthe Morisot. Il a été conçu comme une œuvre novatrice, tant par le sujet que par la manière de le traiter. Des études aboutissant à ce chef-d'œuvre, il ne reste que ce pastel et deux dessins préparatoires, un dans un carnet et un autre au crayon sans doute détaché d'un carnet plus grand. Il reste assez peu d'études préparatoires de ses autres chefs-d'œuvre alors que nous connaissons tout le soin qu'elle pouvait y apporter. Elle a détruit nombre de ces études, seule la réalisation finale ayant un intérêt pour elle.

Après quelques croquis rapides dans lesquels elle fixe la pose, elle passe, comme pour ce pastel, à un dessin de grande taille, ici en grandeur réelle, afin d'étudier une pose ou un mouvement particulièrement délicats. Ici, toute la subtilité est de représenter, non de dos, de profil ou de côté, mais de face Isabelle Lambert se coiffant. Berthe Morisot a retenu une position inhabituelle, à la fois parce qu'elle est tout contre la glace, mais aussi parce que l'artiste est contre la psyché comme si elle voyait la scène à travers une vitre sans tain.

Quelques détails sont déjà déterminés : certains reflets dans les cheveux, le bracelet en or et argent, la bague à l'annulaire gauche suggérant que la jeune femme est mariée ce qui peut rendre plus acceptable une telle scène. Le ruban autour du cou est indiqué de façon encore imprécise car il n'a trouvé ni sa place ni sa couleur définitives.

Dans ce dessin, l'artiste saisit à la fois le mouvement des bras, sans être vulgaire ce qui n'était pas facile, celui des mains en train de former le chignon, et celui de la main droite passant une épingle dans les cheveux. Elle n'a pratiquement pas hésité : la position du bras droit a été relevée, et, pour l'autre, elle a précisé les mouvements musculaires en vue de les retrouver et de les transposer ensuite dans la toile.

Contrairement à d'autres, ce dessin n'a pas été mis au carreau pour être reporté plus rapidement et plus fidèlement sur la toile.

Ce pastel montre que Berthe Morisot, comme de nombreux impressionnistes, et malgré les apparences, travaillait beaucoup et qu'elle préparait minutieusement ses compositions avant de les peindre. Seul Monet avait une autre méthode, mais il retravaillait plus encore ses toiles que ses amis.

H. W.

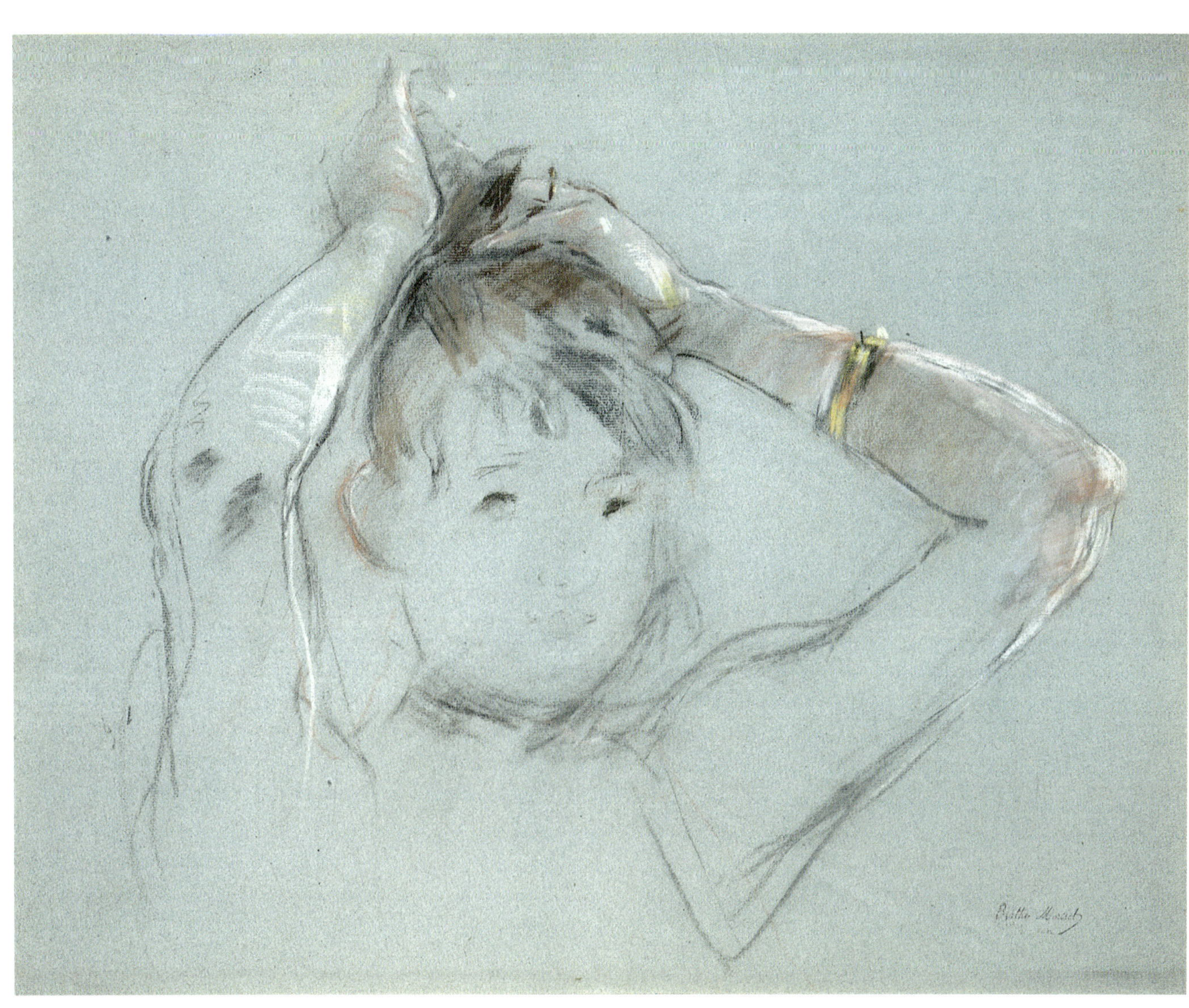

99 Le Lever, 1885-1886

Huile sur toile
H. 65 ; L. 54
Signé, en bas, à droite :
Berthe Morisot
CMR 195
Collection particulière

Le lever est une délicate scène intimiste caractéristique du talent si personnel et de la manière de Berthe Morisot. Du *Lever* à *Jeune Fille mettant son bas* (cat. 51), Berthe Morisot aura exploré toutes les phases matinales de la vie féminine ; elle le fait chaque fois avec autant de pudeur que de réalisme. Ainsi, lorsqu'elle peint les *Jeunes Femmes à leur toilette* (1894, Washington, Phillips Collection), celles-ci ne sont pas nues, pas plus qu'elles ne le sont dans toutes les autres scènes. *Le Lever* de Berthe Morisot n'est pas un *Lever de Diane,* prétexte à la peinture de nu. En cela elle n'est en aucune manière héritière d'un Fragonard ou d'un Boucher.

Dans l'élégante chambre, sans doute celle de l'artiste, une jeune fille en chemise de nuit se lève. Assise sur le bord de son grand lit Louis XVI, un peu haut pour elle – le même qui sert de décor au tableau de Chicago la *Jeune Fille au miroir* (cat. 49) –, elle enfile ses pantoufles. Celle de droite est un peu plus en avant, plus loin du lit que l'autre. Elle est vêtue d'une simple chemise de nuit blanche, sans dentelle ni broderie, très comparable à celle qu'elle porte dans *le Bain.* Le même modèle, Isabelle Lambert, a posé pour les deux œuvres avec presque la même coiffure ; les cheveux sont aussi en avant sur le front, mais le chignon est porté un peu plus haut sur la tête.

Tout le reste du décor de cette chambre tendue d'un tissu bleu traduit le cadre de vie des Manet : au-dessus du lit, un tableau représentant sans doute une nature morte posée sur une commode ; à droite, une commode-tombeau Louis XV, certainement signée d'un grand ébéniste, dont le tiroir du bas est ouvert pour prendre certains des vêtements du jour. Au fond, derrière le lit, et sous le tableau, un grand tissu japonais au ton plus mauve sert aussi de décor. Contrairement à de nombreuses autres œuvres de Morisot, celle-ci porte avec attention les ombres. La lumière entre dans la chambre sur le côté gauche, par une grande fenêtre, éclairant une moitié du visage. L'ombre de la jeune fille se dessine sur les draps, le traversin et le montant du lit. De même, le mur tendu de tissu, du fait de la lumière, est très clair sur le panneau de droite alors qu'il est plus sombre sur l'autre panneau, qui ne reçoit pas directement la lumière du jour. Cela fera écrire, en 1892, à Gustave Geffroy dans la préface de l'exposition organisée chez Boussod et Valadon : « ... cette clarté qui traverse les murs, qui harmonise les couleurs, qui anime les formes vagues d'une vie étrange, [...] sera retrouvée partout où Berthe Morisot a mis sa marque personnelle, – très colorée dans cette chambre bleue où la jeune fille est debout, appuyée sur un lit défait... »

La composition traduit la liberté et l'originalité de Morisot. D'abord tous les éléments du décor sont coupés et représentés partiellement : on ne voit sur la droite qu'une toute petite partie de la commode, en haut, à gauche, qu'une fraction du tableau, au premier plan qu'une partie du tapis ; même le grand lit qui occupe plus de la moitié de la surface du tableau. L'élément central du décor est le lit, de biais, tandis que la jeune fille est l'élément central de l'œuvre.

La gradation des couleurs est subtile : en bas, sur la droite, des couleurs chaudes – celles, rouge et bleu, du tapis et, plus foncée, de la marqueterie, puis un peu plus haut, de biais, les harmonies de blancs entre les draps, la chemise, la couverture. Au bout du lit, le lourd et chaud dessus-de-lit replié, plus foncé, accentue encore la blancheur de la chemise de nuit. Celle-ci est au centre de cette véritable symphonie de couleurs délicates, avec autour des blancs plus mats, puis plus loin les autres tons – de la moquette, du tapis, de la commode et des murs – qui accentuent encore ces nuances entre les blancs.

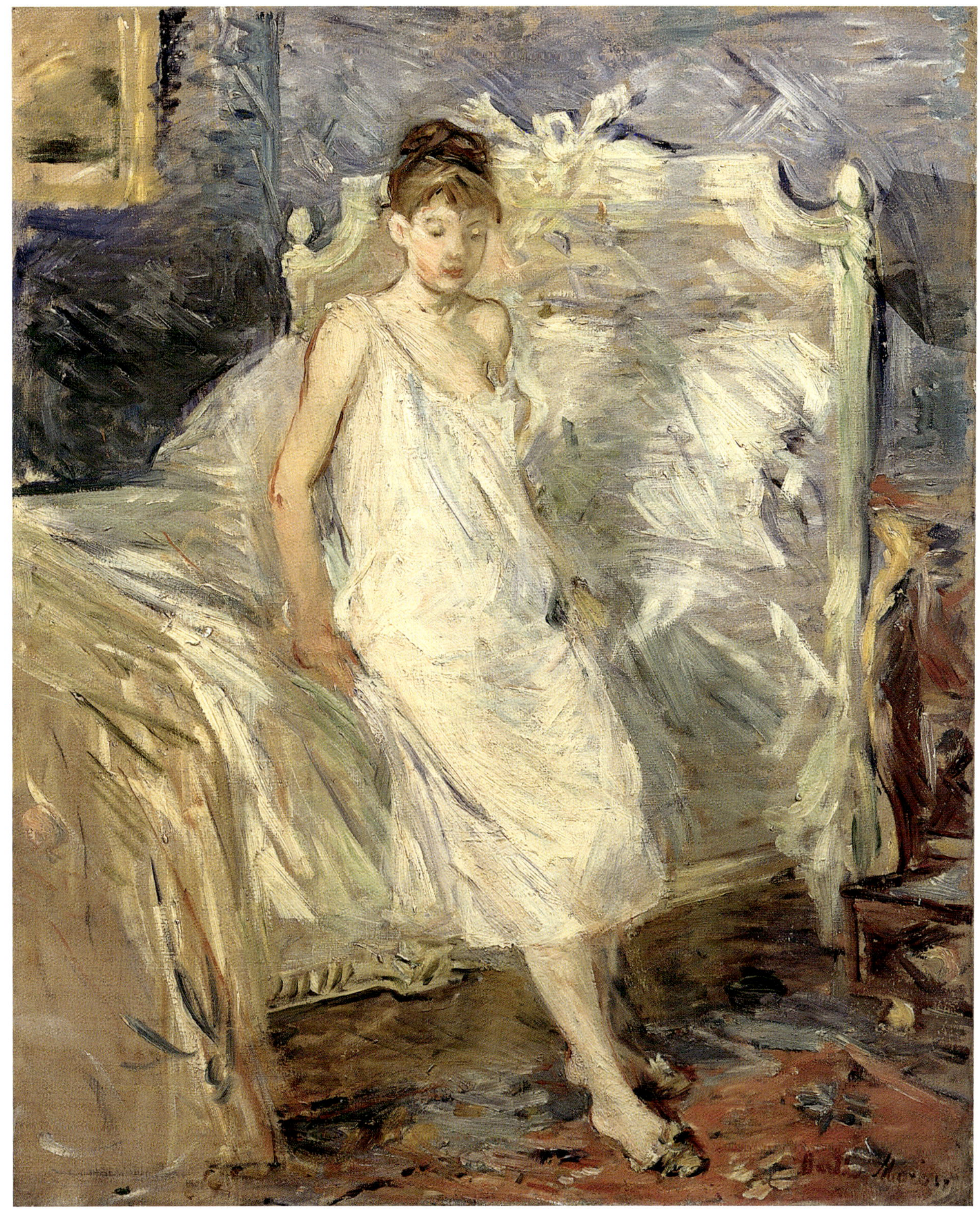

Par rapport aux nombreuses toiles du Salon sur ce même thème, celle de Morisot n'a rien de composé, ni d'affecté. C'est une scène intime et familiale, prise sur le vif. À la différence de Degas, le regard n'est pas indiscret, ni à travers le trou d'une serrure comme le remarquait un critique de l'époque. Chez les peintres récompensés au Salon, une telle scène est prétexte à une peinture de nu ; c'est notamment le cas de la toile de Ballavoine pour le Salon de 1888 (fig. 1). Lors de l'exposition impressionniste de 1886, cette toile obtient un certain succès de la part de la critique et des amis de l'artiste. L'auteur resté anonyme de *la Liberté* trouve que *le Lever,* comme d'autres œuvres de Berthe Morisot, atteste « les qualités ainsi que les défauts de cette intéressante artiste[1] ». L'hebdomadaire *le Moniteur des arts,* d'habitude bien peu favorable aux impressionnistes, remarque « dans une gamme fraîche et originale » cette jeune fille sortant du lit[2].

Octave Mirbeau, malgré son amitié pour Monet et pour Pissarro, admire mais n'arrive toutefois pas bien à comprendre l'intention de l'artiste car il regarde encore trop avec son œil de romancier : « Mme Berthe Morisot est troublante, Il y a, dans ses œuvres exquises, je ne sais quel audelà de curiosité maladive qui étonne et qui charme. » C'est ainsi que pour lui, *le Lever* a « quelque chose d'énigmatique »[3]. Il n'est pas le seul à penser ainsi. Labruyère y voit aussi une « note étrange et troublante[4] ». Maurice Hermel va plus loin encore : « La *Jeune fille au lever,* celle aussi qui noue ses cheveux, faites de rien, sveltes et graciles, avec le modelé fuyant et maigrelet de l'adolescence sont des merveilles d'impression rapide et suggestive. Vicieux est bien un gros mot pour ces créatures diaphanes ; il est certain que ces petites femmes en herbe, avec leurs yeux baissés ou leurs yeux clairs et pointus sont délicieusement troublantes[5]. » Un tel jugement est bien éloigné de ce qu'a voulu peindre l'artiste. Octave Maus, l'organisateur à Bruxelles des XX puis de la Libre Esthétique, admire « La jeune femme qu'elle montre, arrachée à la tiédeur du lit, dans les blancheurs flottantes de la chemise, cherchant du pied ses mules, a la grâce mignarde d'un dessin du XVIIIe siècle[6] ».

Au contraire de ces critiques, Alfred Paulet trouve qu'elle « traite des sujets qui en des mains banales deviendraient du genre. Mais elle en rehausse la portée par la délicatesse de la sensation qu'elle y insère » ; son *Lever* indique « un talent nerveux, subtil, un peu inquiet »[7]. Le poète Rodolphe Darzens trouve cette toile « également remarquable[8] ». Le grand défenseur des pointillistes Félix Fénéon aime lui aussi cette œuvre « exquise et juste[9] ».

Berthe Morisot l'expose l'année suivante à Bruxelles au Salon des XX. Le poète Émile Verhaeren admire à cette occasion : « … quelle grâce négligée et quelle vive improvisation dans le coup de brosse ! Le *Lever* appuie sur ces qualités d'exécution amusantes et si féminines. C'est comme une conversation ou plutôt comme un babil au pinceau et l'on s'en va charmé de l'esprit et de l'intimité du peintre[10]. »

Cette toile, malgré sa qualité et les louanges dont elle est l'objet, n'est vendue ni à Paris ni à Bruxelles. Berthe Morisot la donnera à Georges Petit en 1889, en compensation de sa participation à l'exposition internationale qu'il organise dans sa galerie, tous les artistes étant invités à lui céder une toile comme participation aux frais d'organisation – une telle pratique qui semble étonnante aujourd'hui était habituelle à l'époque. Durand-Ruel achètera très vite cette œuvre à son confrère. Il l'exposera ou la prêtera souvent, y compris à ses confrères, tant en France qu'à l'étranger, la conservant toute sa vie dans sa collection personnelle.

Ainsi, en 1905, il l'expose à la grande rétrospective qu'il organise en janvier et février à la Grafton Galleries sous le numéro 160, avec comme titre *In the Morning.* À cette occasion, un

1. Anonyme, 18 mai 1886.
2. Anonyme, 17 mai 1886.
3. Mirbeau, 1886.
4. Labruyère, 1886.
5. Hermel, 1886.
6. Anonyme [Octave Maus], 1886.
7. Paulet, 1886.
8. Dargens, 1896, p. 91
9. Fénéon, 1886.
10. Verhaeren, 1887.

11. Anonyme, 17 janvier 1905, p. 6. Cité par Flint, 1984.
12. Aubry, 1907, p. 323.

critique resté anonyme du *Times* remarque l'artiste et cette toile ; il écrit : « Mlle Morisot fut évidemment un artiste d'un remarquable talent [...] Ses meilleurs tableaux, comme celui qui est intitulé "In the Morning", ont un enchantement de touches et une délicatesse de couleurs tout à fait exceptionnels, même parmi les chefs-d'œuvre de l'impressionnisme[11]. »

Lorsqu'il la prête, en 1907, à la rétrospective Morisot du Salon d'Automne (nº 162) – une autre rétrospective est consacrée à Cézanne – un critique de la revue belge *l'Art moderne* découvre cette toile et observe : « Il faut isoler de l'ensemble et considérer une toile comme [...] le *Lever,* la *Psyché,* [...] où le chatoiement des couleurs ; la sûreté des valeurs sont plus sûrs encore – avec une fantaisie plus libre dans la composition, et la franchise véritable, l'originalité de cet art fait de grâce se dégagent, nous communiquant une satisfaction que nous ne pourrons plus oublier et qui fut celle éprouvée chaque fois qu'au hasard de notre curiosité un Berthe Morisot se proposait[12]. »

H. W.

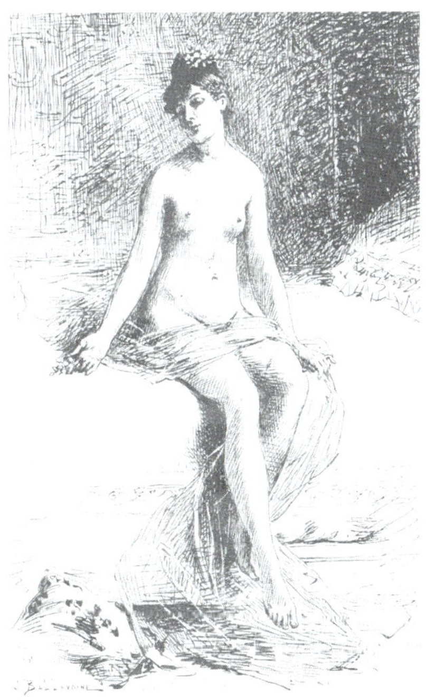

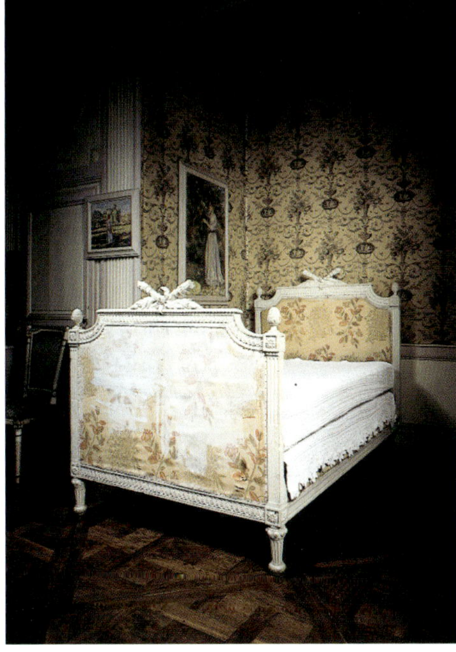

Fig. 1. Ballavoine, *Fragilité,* Salon de 1888, reproduit d'après le *Salon illustré de 1888,* p. 73.

Fig. 2. Lit Louis XVI de Berthe Morisot, collection particulière.

100 Sortant du lit, 1885-1886

Huile sur toile
H. 55 ; L. 46
CMR 196
Collection particulière

Sortant du lit est une autre toile sur le même thème que *le Lever,* mais interprété de manière fort différente. Déjà levée, la jeune fille, plus âgée que la précédente, effectue, devant une grande glace, les premiers préparatifs de sa toilette matinale. Le modèle est Pasie, la bonne de Julie que Berthe Morisot aimait faire poser et que l'on retrouve dans plusieurs autres tableaux exposés ici (cat. 58 et 70).

Julie Manet trouvait le regard bleu du modèle particulièrement ravissant. Assise devant une grande glace qui reflète discrètement son visage et son corps, Pasie, déjà maquillée, a les épaules et le dos nus ; elle vient d'enfiler un léger corsage qu'elle n'a pas encore agrafé et s'interrompt quelques instants, se demandant comment elle va s'habiller ce jour-là. L'attitude du modèle, avec le bras gauche replié, la main droite sous le coude gauche et la main gauche sous le menton, l'index sur la joue, traduit tout son attentisme et son interrogation, qui reflètent l'importance qu'elle porte à sa tenue.

Cette scène à la toilette est d'une grande pudeur malgré l'intimité dévoilée. Même devant le miroir, le modèle ne découvre ni ne suggère sa poitrine. Par rapport à Manet, et plus encore aux scènes de toilette de Degas, ou un peu plus tard de Toulouse-Lautrec, Morisot reste discrète et délicate. Mary Cassatt n'hésite pas, au moins dans quelques œuvres, à dénuder plus le corps féminin. Dans les scènes historiques ou mythologiques, les peintres admis au Salon officiel n'avaient souvent ni cette grâce ni cette discrétion extrême. Même sous un pinceau féminin de telles scènes sont souvent, non seulement sans grâce, mais même un peu vulgaires, comme dans le tableau exposé au Salon de 1887 par Mme Nallet-Poussin. Les nombreux nus exposés au Salon sont encore moins pudiques.

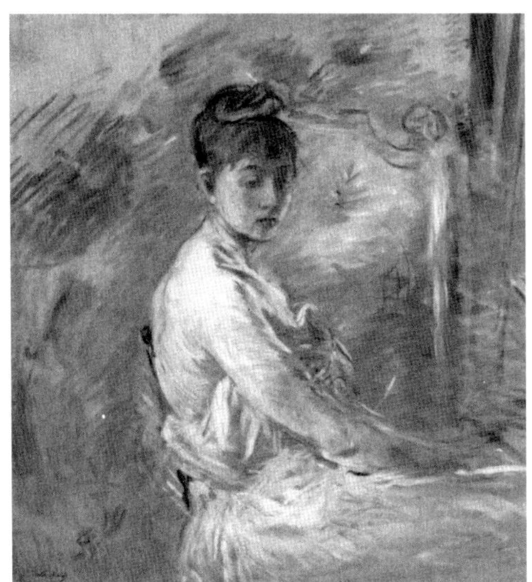

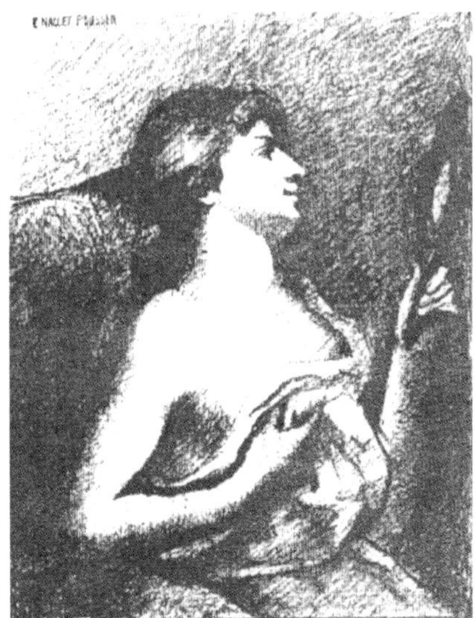

Fig. 1. Berthe Morisot, *Jeune Femme se levant,* CMR 197, collection particulière.

Fig. 2. Mme Nallet-Poussin, *Coquetterie,* Salon de 1887, reproduit d'après *le Salon illustré de 1887*, p. 207.

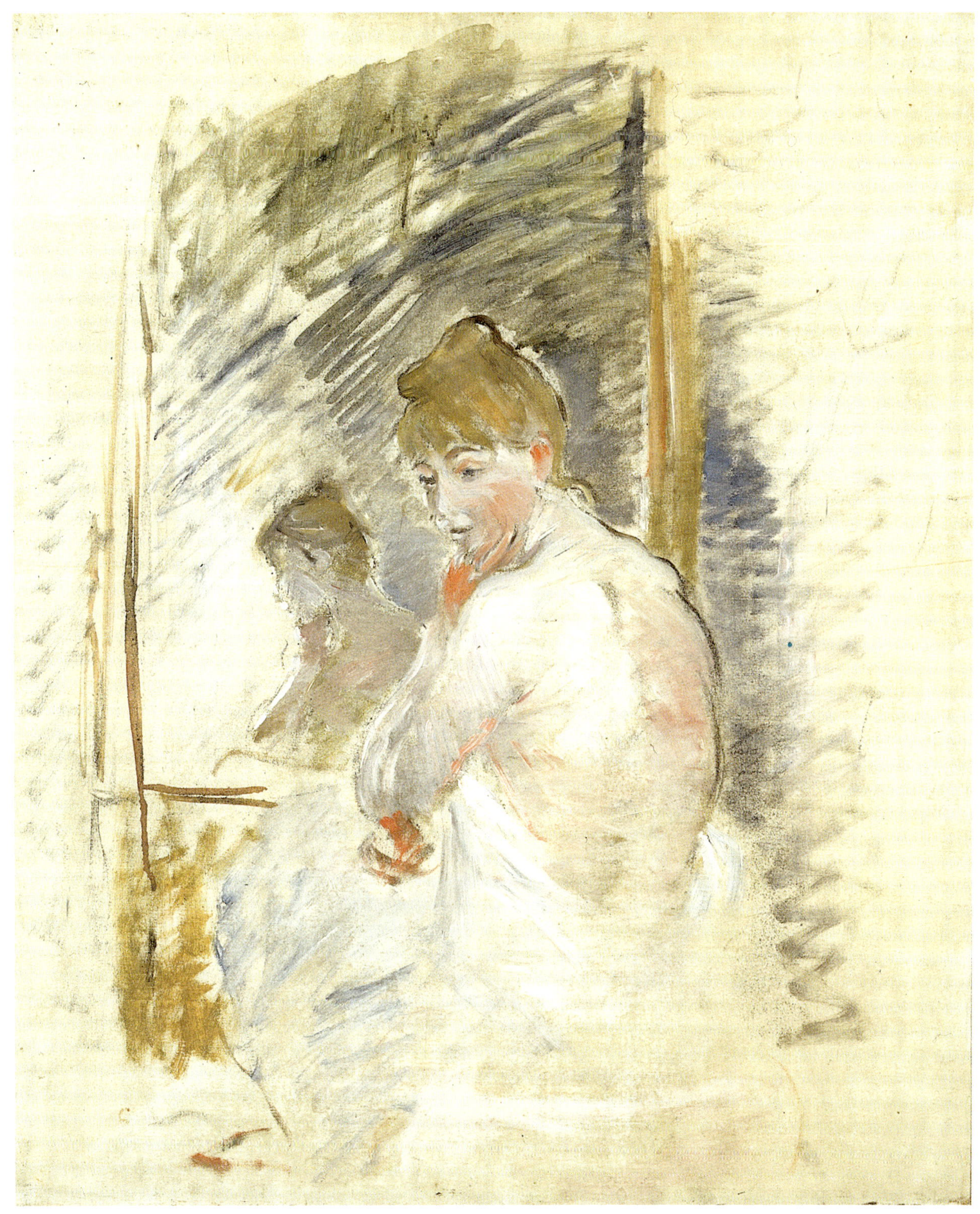

Cette œuvre est restée inachevée non parce que l'artiste a été insatisfaite de son travail mais parce que son modèle n'était plus disponible pour poser. En effet, pour des raisons sous entendues, mais non dites, Berthe Morisot sera amenée à se séparer de Pasie. Elle l'écrit à sa sœur Edma dans une lettre inédite de 1885 : « Le départ de Pasie a été admirablement accepté. Les enfants sont fins, elle sentait fort bien que sa bonne était bien plus occupée de ses petites affaires sur le front de ses succès, de ses toilettes que d'elle-même. J'ai eu moi plus de peine à me déshabituer d'elle, son joli chignon me manquait ; mais depuis j'ai appris de si vilaines choses sur son compte que je n'ai eu qu'un regret c'est de n'avoir pas sévi plus tôt[1]. » Berthe Morisot aurait pu poursuivre avec un autre modèle quitte à en modifier le visage ; elle préfère abandonner cette toile et l'autre commencée avec le même modèle assise droite sur son lit Louis XVI (coll. part. ; CMR 197).

Ce tableau inachevé montre la technique de Berthe Morisot lorsqu'elle esquisse l'œuvre sans étude préalable, directement devant le modèle. Elle utilise ici une toile fine, non préparée et claire[2]. Le travail poussé sur le visage, la chevelure et le dos de Pasie contraste avec l'esquisse rapide du reste de la toile où sont déterminés les éléments du décor et les grandes masses.

H. W.

1. Lettre inédite de B. Morisot à E. Pontillon, s. d. Nous remercions M. Yves Rouart de nous avoir autorisé à publier cet extrait.

2. Pour d'autres œuvres, elle utilise une toile terre de sienne. Voir par exemple parmi les œuvres exposées : *Enfant dans les roses trémières* (cat. 55), *À Bougival* (cat. 56), *la Leçon de couture* (cat. 76), *Jeune Femme cousant dans un jardin* (cat. 71), *Autoportrait avec sa fille* (cat. 109).

Huile sur toile
H. 71 ; L. 44
CMR 199
Collection particulière

Le modèle est Babette, la jeune bonne de Julie dont Berthe se déclare dans une lettre à Edma « tellement satisfaite [...] C'est la femme de chambre de Miss Cassatt, une manière de femme de confiance qui me l'a procurée répondant de sa moralité[1]... ». Un tel propos montre à quel point ces deux femmes étaient amies et avaient une grande confiance réciproque. Plusieurs autres lettres font aussi état de recommandations de Cassatt pour recruter des domestiques pour elle ou pour Edma ; de son côté, Berthe Morisot avait aidé à plusieurs reprises Cassatt à trouver une propriété à louer dans les environs de Paris.

Berthe Morisot consacre trois toiles à ce thème de la servante (CMR 92, 198, et 199), avec chaque fois une approche personnelle et originale du sujet.

Dans la première œuvre, en 1880, intitulée *Dans la salle à manger* (fig. 1), la servante, de dos, s'affaire, mais nous ne savons pas ce qu'elle fait, sinon qu'elle met le couvert. Thème du tableau, la servante est non seulement de dos, mais occupe moins du tiers de la toile ; le reste du décor n'est pas représenté à l'inverse des maîtres hollandais, ou des artistes du Salon. La composition est audacieuse. Au premier plan sur la table sont déjà posés le pain, une jatte et quelques ustensiles de cuisine. Une grande cheminée en faïence surmontée d'une fontaine en porcelaine avec son plateau occupe le reste du tableau. Plus qu'une salle à manger, il s'agit vraisemblablement d'une cuisine à cause, d'abord, de cette cheminée qui comporte au-dessus de l'âtre une partie réservée à la cuisson, mais aussi des éléments visibles devant la cuisinière ainsi que de la pince à découper posée sur la table. L'étude et le rendu des lumières en des tons blonds et chauds sont exceptionnels.

1. Lettre inédite, coll. part. Nous remercions son propriétaire de nous avoir autorisé à citer cet extrait.

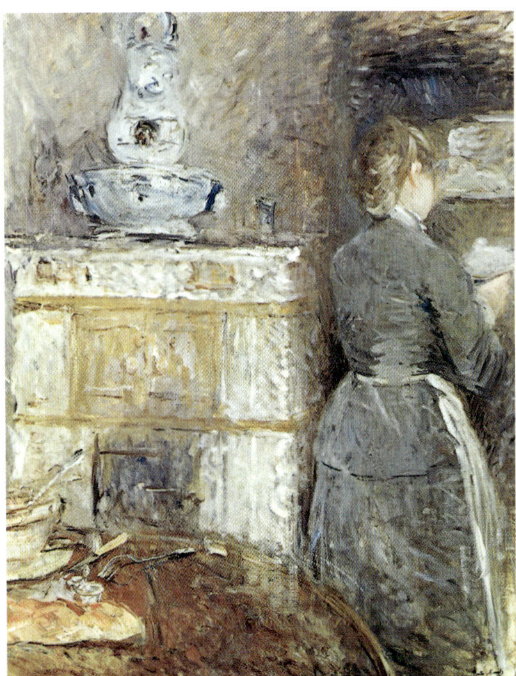

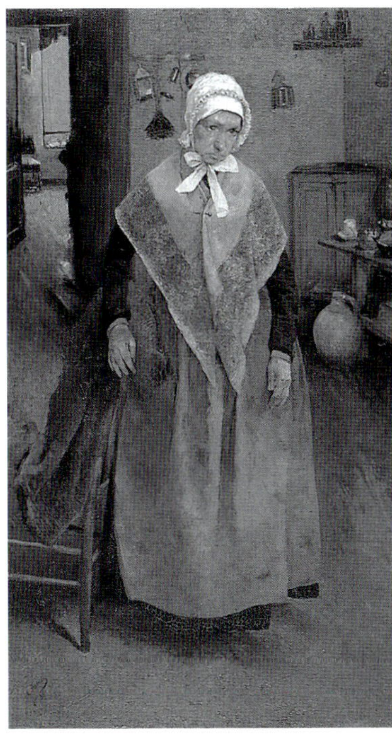

Fig. 1. Berthe Morisot, *Dans la salle à manger,* 1880, huile sur toile, H. 92 ; L. 73, CMR 92, collection particulière.

Fig. 2. Léon Frédéric, *la Servante,* 1884, huile sur toile, H. 107,7 ; L. 101, Paris, musée d'Orsay.

Dans celle de la collection Chester Dale qui fut exposée à la 8e exposition impressionniste, en 1886, puis au salon des XX à Bruxelles l'année suivante (Washington, National Gallery of Art ; fig. 3 ; p. 46), la jeune servante porte un tablier, symbole de sa fonction, mais son attitude est fort décontractée et elle semble faire autre chose, peut-être tient-elle une tasse qui lui est destinée. De manière classique, elle est au centre de la toile, c'est la seule concession de Berthe Morisot, mais cela fait encore plus ressortir le caractère étonnant du reste de la composition. Elle dessert le couvert tandis que Gamin, le petit chien de Julie, joue avec elle. Par le sujet, ce pourrait presque être une scène de genre. Si son tablier lui était retiré, nous ne saurions pas qu'elle dessert tant elle le fait discrètement. Les éléments de la composition sont traités de manière très personnelle et discrètement anti-académique : à droite, le chambranle de la porte de la salle à manger de l'appartement du rez-de-chaussée de la rue de Villejust ; derrière la table dressée, nous apercevons à travers la vitre entrouverte le jardin et la maison ; à droite, le buffet dont les portes du bas sont ouvertes, avec de grandes serviettes ou des napperons posés sur celle de droite. La pièce possède un double éclairage, par le fond et par la grande fenêtre du salon. Les reflets sont étudiés et rendus avec une grande variété de situations : à travers la vitre du buffet, sur la porte de celui-ci, sur les lampes à pétrole, sur la table en acajou, le parquet.

Dans cette version esquissée, la bonne est vue dans sa fonction. Elle est tournée de trois quarts, et sert Julie en se penchant légèrement en avant sur la table qu'elle dessert. À droite, la porte entrouverte de la salle à manger donne un caractère à la fois intime à l'œuvre et très peu conventionnel, alors que Babette remplit son rôle. Ce n'est pas le moindre paradoxe de cette œuvre. Dans sa fonction, c'est l'œuvre la plus conventionnelle des trois de cette série, mais non dans la touche ou la composition.

Dans ces trois versions Berthe Morisot étudie de manière différente et originale la lumière et le comportement de cette jeune servante. Ce ne sont pas des scènes de genre comme les aiment les peintres admis au Salon.

H. W.

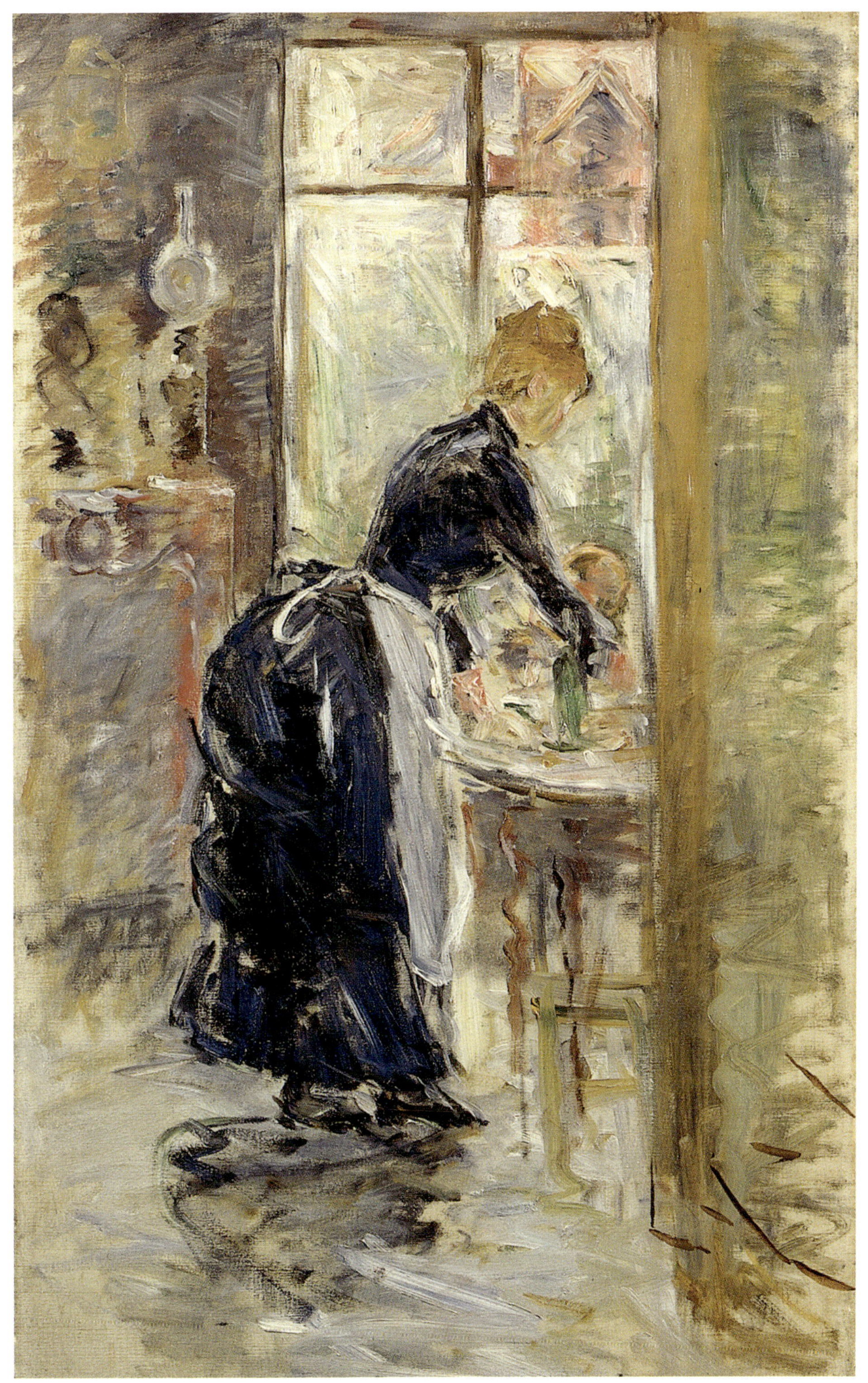

102 Intérieur de cottage ou Un intérieur à Jersey, 1886

Huile sur toile
H. 50 ; L. 60
Signé, en bas, à gauche :
B. Morisot
CMR 201
Bruxelles, musée d'Ixelles, don de M. Fritz Toussaint
Inventaire : F.T. 104

Lors de son premier séjour dans les îles anglo-normandes, en 1875, Berthe Morisot avait choisi de représenter un intérieur de cottage avec le portrait d'*Eugène Manet à l'île de Wight* (cat. 28). Cette fois, Julie a remplacé Eugène Manet. L'œuvre est aussi fraîche que l'autre était intense. Dans celle-ci, l'influence de Manet a totalement disparu pour laisser place à l'extrême sensibilité de la mère et à sa vision si personnelle de la transparence.

Avec cette toile, nous sommes loin du *Déjeuner* de Monet (Hambourg, Kunsthalle). Le petit-déjeuner a été pris, mais la table est encore dressée. Julie a quitté son fauteuil d'osier, qui au premier plan à droite est reculé par rapport à la table ronde et a été tourné vers la fenêtre, c'est-à-dire dos au spectateur. À gauche, en face, l'autre chaise est en retrait et tout aussi inoccupée. Le bord gauche de la table est coupé de sorte que nous ignorons si une troisième personne ne prend pas encore son petit-déjeuner. Julie, vêtue d'une robe blanche, se trouve près de la fenêtre, une poupée blonde dans les mains ; puisqu'elle est de profil, elle ne peut regarder le paysage constitué, au-delà des arbres, par le port, les mâts et les bateaux. Dans la composition de l'œuvre, le carré formé par le paysage, à l'arrière-plan, se juxtapose à l'ovale de la table, en premier plan ; au blanc de la nappe répond, au second plan, celui des voilages. La luminosité et la variété des blancs sont, outre Julie, pour l'artiste les deux motifs de cette œuvre si personnelle et si moderne.

Avant de peindre cette toile, Berthe Morisot avait fixé les grandes masses dans un pastel (fig. 1). Comme pour d'autres œuvres si étudiées, la toile finale diffère significativement des études. Dans l'étude, Julie, vêtue d'une robe rouge, regardait par la fenêtre, son fauteuil était en retrait mais ne tournait pas le dos au spectateur, tandis que l'autre fauteuil était occupé par Eugène Manet en train de lire son journal. Des repentirs montrent qu'initialement Julie était assise près de son père, à table. Dans la peinture, l'accent est mis sur Julie, et, par la couleur différente de sa robe, sur les blancs des tissus et leur réflexion tout autre de la lumière. La peinture est moins anecdotique, mais aussi plus mystérieuse.

Berthe Morisot a exposé cette œuvre à trois reprises de son vivant ce qui en fait l'une des plus souvent exposées par l'artiste. D'abord à Bruxelles au IVe Salon des XX, en janvier 1887, puis à Paris quelques mois plus tard à l'exposition internationale de la galerie Georges Petit, puis, en 1892, chez Boussod et Valadon, lors de sa première et unique exposition personnelle. Autant à Bruxelles l'œuvre est remarquée et les artistes de l'avant-garde pointilliste l'admirent tout en faisant quelques réserves[1], autant son envoi chez Georges Petit est passé sous silence. Dans son exemplaire du catalogue de l'exposition internationale[2], Berthe Morisot note à côté du titre l'adresse « 20 ou 22 rue des Capucines » mais pas de nom. L'*Annuaire Didot-Bottin de 1886* nous révèle qu'il s'agit de Théodore Duret, qui habitait au numéro 20. Cela signifie peut-être qu'il a acquis cette toile lors du Salon des XX, ou peu après, mais avant l'exposition parisienne, et donc que Duret possédait à cette époque deux chefs-d'œuvre de l'artiste, l'autre étant *le Bal* (cat. 46), soit la mention se rapporte au tableau précédent prêté aussi par Duret. Comme ce collectionneur a eu des difficultés financières dans l'entreprise familiale, il a pu la vendre avant le reste de sa collection.

Cette toile est en tout cas revendue en 1892, par Boussod et Valadon à M. de Ghens. En 1887, le titre retenu lors des deux expositions est *Intérieur à Jersey ;* il devient en 1892 *Intérieur de cottage*. Lors de son exposition chez Boussod et Valadon, la toile est appréciée. Gustave Geffroy dans sa préface analyse cette œuvre, qu'il rapproche de *Dans la véranda* (1884, Collection John C. Whitehead ; CMR 163) la toile exceptionnelle achetée par Ernest Chausson : « Que toutes ces

1. Ainsi Signac écrit à Pissarro : « Je sors éreinté de l'exposition des XX [...] Berthe Morizot, les mêmes qualités et les mêmes défauts, joli, blond, mais manque de valeurs » (*Corresp. C. Pissarro*, p. 129).
2. Coll. part.

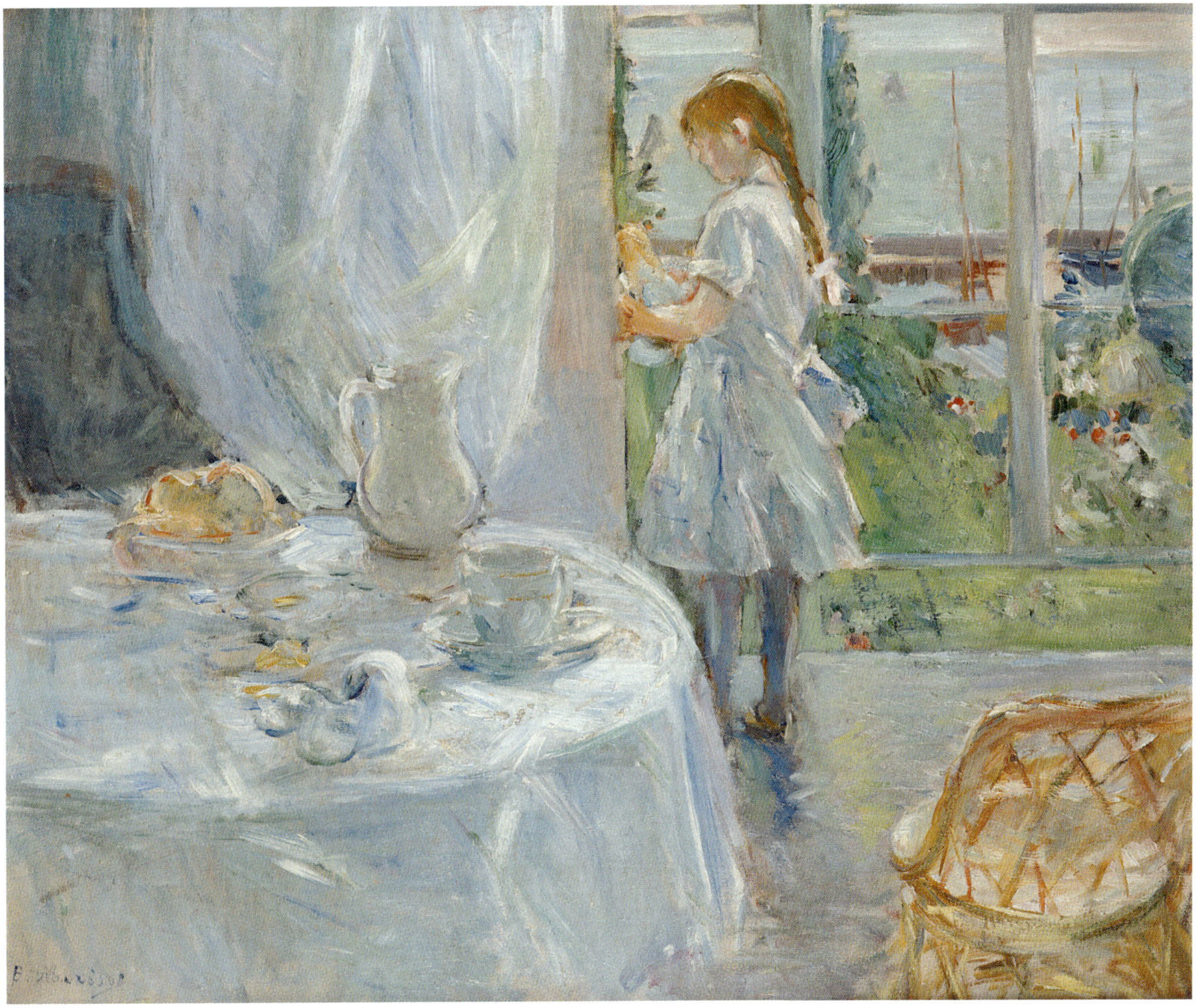

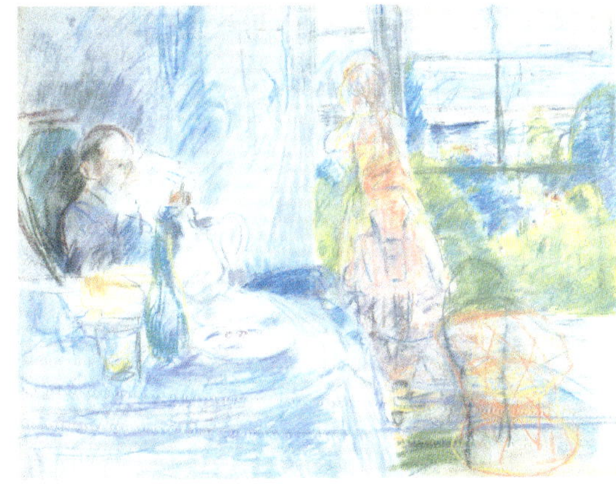

Fig. 1. Berthe Morisot, *Intérieur à Jersey,* 1886, pastel, H. 46 ; L. 60, BW 511, New York, collection particulière.

influences qui dominent la production de l'artiste se trouvent représentées sous des espèces tangibles, comme dans cette toile où l'enfant aux cheveux blonds est accoudé auprès des fleurs qui s'évaporent, de la carafe en spirale qui brille, en avant de la vitre claire où s'inscrit le verdoyant paysage, et ce sera une fête de peinture qui ressemblera à aucune autre. Sous cette claire véranda, l'atmosphère est légère, colorée, harmonieusement diffuse, faite de lueur verte et de poussière bleuâtre brillantées par la transparence du verre. La main et le visage de l'enfant vivent d'une vie tendre et rose au milieu de la verdure. C'est un frisson de chair sous une caresse atmosphérique. – Une impression semblable vient du tableau [cat. 102] où la petite fille en jupe courte erre dans la chambre du déjeuner, entre la table blanche et la fenêtre par laquelle on aperçoit de l'eau et des bateaux : toute la toile est phosphorescente de la grande clarté marine dehors. »

H. W.

103 Enfants à la vasque, 1886

Huile sur toile
H. 73 ; L. 92
CMR 207
Paris, musée Marmottan, donation Thérèse et Julien Rouart
Inventaire : 6501

Deux enfants jouant près d'une vasque, résumé ainsi le sujet pourrait sembler futile ou de peu d'intérêt, pourtant ce tableau émouvait beaucoup Julie Manet bien des années plus tard.

La vasque en porcelaine de Chine bleue a été donnée par Manet ; elle figure déjà dans *Petite Fille à la poupée* (cat. 86) où elle servait de grand pot pour un arbuste, mort depuis, d'où sa nouvelle affectation. Elle est ici transformée par les enfants en aquarium pour les poissons rouges qu'elles essaient de pêcher. Ces deux petites filles – Julie Manet et, plus jeune qu'elle, Marthe Givaudan, la fille de la concierge de la rue de Villejust – ont beaucoup d'imagination pour penser à une telle utilisation, et aussi beaucoup de liberté de la part de leur bonne mais aussi de Berthe Morisot pour pouvoir s'adonner à un tel jeu, bien inhabituel. Il est vrai que cela permet une séance de pose qui n'ennuie pas les jeunes modèles.

Julie est assise sur une chaise au dossier duquel est accroché un petit sac en toile qui contient d'autres jeux des enfants, tandis que, à droite, Marthe est debout et plonge les mains dans l'eau et semble plus intéressée par les poissons dans la vasque et par le canard qui y flotte que par ce que fait son amie. Cette dernière, la main droite sur le rebord de ce bassin improvisé, tient au-dessus d'elle deux baguettes qui servent de canne à pêche pour les poissons, à moins que ce ne soit pour le canard.

Au second plan et fond du tableau, un grand paravent à motif floral sépare la pièce où les enfants jouent – sans doute le salon de la rue de Villejust.

Le tableau n'est pas achevé. La partie la plus travaillée est la vasque, comme si, après une première séance de jeux ayant donné lieu au motif du tableau, les enfants n'avaient plus envie d'y jouer en posant. Cette esquisse est suffisamment avancée. Nous ne savons pas si ce tableau, ou un autre, a figuré en 1886, à la 8e exposition impressionniste sous le titre *Enfants* (n° 84), ou de *Portrait d'enfants* (n° 86) ; si celui-là n'est pas l'un d'eux, ceux qui furent exposés devaient représenter des scènes similaires saisies sur le vif, des images du bonheur et des jeux d'enfants.

H. W.

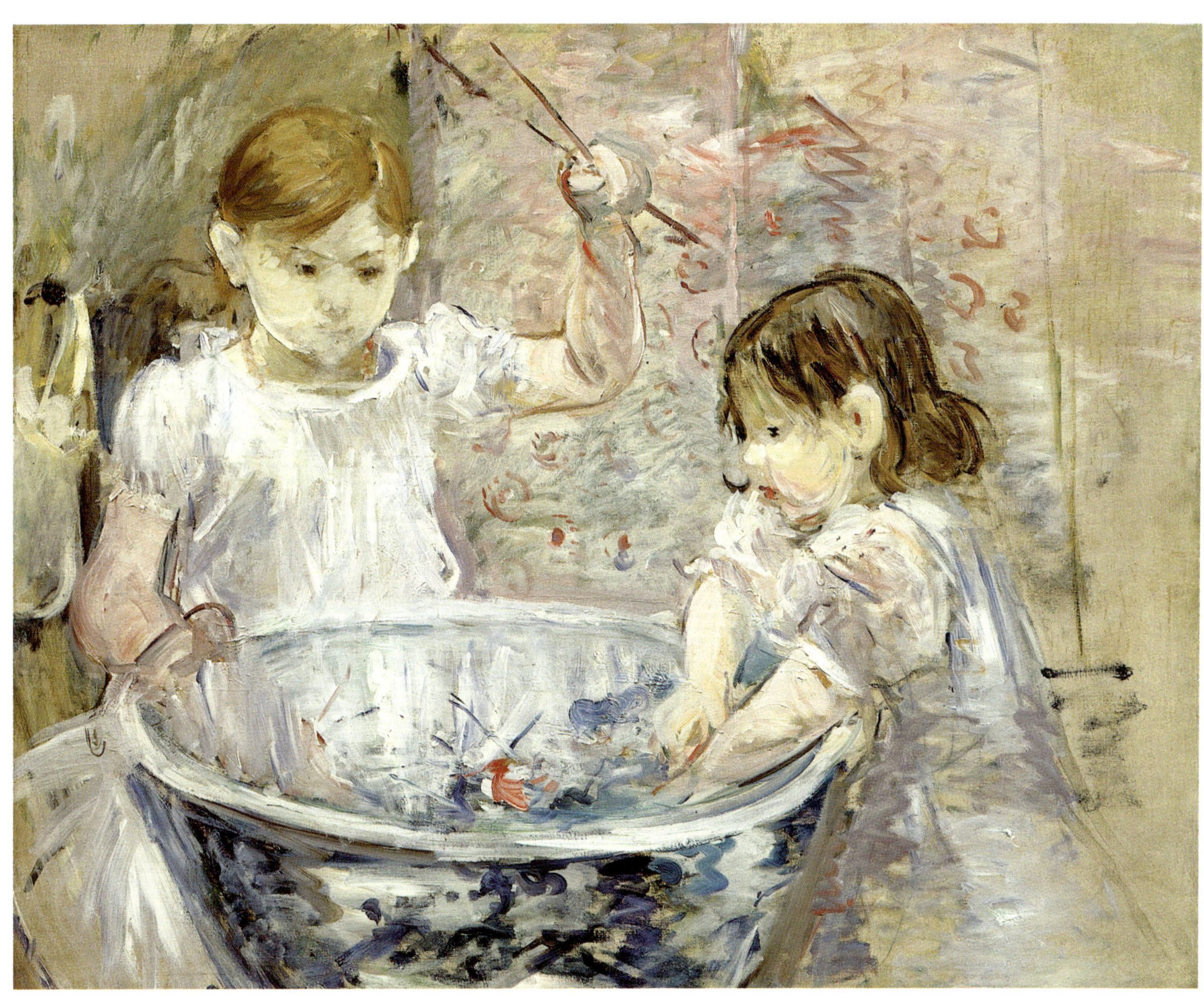

104 Fillette au chien, 1886

Huile sur toile
H. 92 ; L. 73
CMR 210
Collection particulière

Berthe Morisot a conçu un grand panneau d'un double portrait de Julie en compagnie de sa cousine Jeannie Gobillard. Puis elle l'a découpé en deux toiles : à gauche Jeannie à la poupée assise dans un grand canapé, à droite Julie assise sur une petite chaise Louis XVI, un chien posant une patte sur ses genoux. Nous ignorons à quelle date exacte la toile a été séparée en deux morceaux. Depuis la scission de l'œuvre, les dimensions en hauteur des deux parties ne sont plus identiques : notre panneau ayant cinq centimètres de hauteur en moins. Comme le motif s'ajuste en bas de la composition, c'est donc la partie supérieure qui a été coupée.

Telle qu'elle était conçue initialement, cette scène était très moderne dans sa composition et très osée dans sa confrontation des deux jeunes filles, même si des portraits en situation sont relativement fréquents dans la peinture italienne ou hollandaise. Avec deux figures et deux portraits, la composition est à la fois asymétrique et décentrée dans chaque partie ; cet aspect est moins évident une fois l'œuvre partagée. Nous voyons le dos de la chaise et Julie et le côté du fauteuil de Jeannie. Pour peindre de la sorte cette scène, Berthe Morisot situe très bas son motif, comme si elle avait posé sa toile sur le sol contre quelque meuble. C'est un point de vue plus photographique que pictural.

Les deux jeunes filles partent jouer au volant, leurs raquettes sont posées au premier plan, à côté de Jeannie, sur un pouf. Par un paradoxe volontaire et amusé, la plus âgée tient une grande poupée tandis que la plus jeune pose avec le chien qui appartient d'ailleurs à sa cousine, comme si elles les avaient échangés.

Julie, vêtue d'une robe bleue, est à contre-jour. En effet, derrière elle et la grande vasque offerte par Manet, dans laquelle est plantée une variété de palmier, des stores vénitiens, raffinés et blancs, ornés d'un galon à double rangée de pompons, ont été baissés au niveau de son visage pour atténuer la lumière et la réverbération. Ils apportent une lumière plus blanche autour des larges feuilles de l'arbre et le mettent en valeur. La chaise Louis XVI, en bois peint, à la soie claire, crée un contraste avec la robe de Julie et offre une touche supplémentaire de lumière. Une nouvelle fois, Berthe Morisot réalise une remarquable étude de la lumière et des harmonies entre les couleurs.

Hormis les éléments à gauche, avec l'extrémité du canapé sur lequel est assise Jeannie, le bas de sa robe et une partie d'une raquette de volant, en voyant seul ce tableau, nous ne pourrions deviner qu'il provient d'une toile plus grande partagée en deux. L'équilibre de la composition est parfait, même s'il peut sembler étonnant de représenter Julie de profil, une chaise tournée ainsi. Les deux toiles se suffisent à elles-mêmes et sont devenues indépendantes alors qu'elles sont tout à fait complémentaires si nous les rapprochons. Peu d'artistes peuvent parvenir à un équilibre si subtil.

H. W.

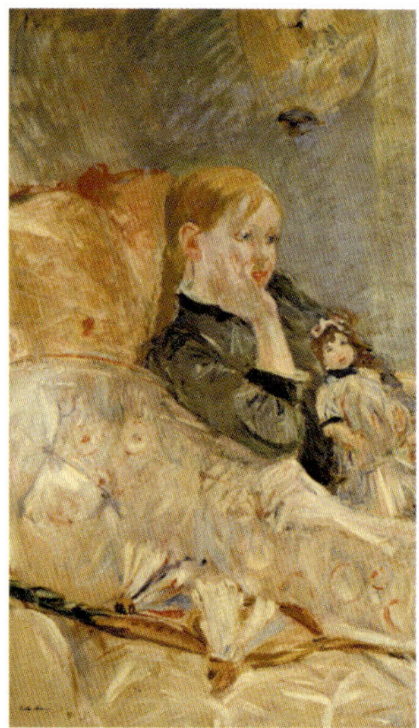

Fig. 1. Berthe Morisot, *Fillette à la poupée*, 1886, huile sur toile, H. 97 ; L. 58, CMR 209, États-Unis, collection particulière.

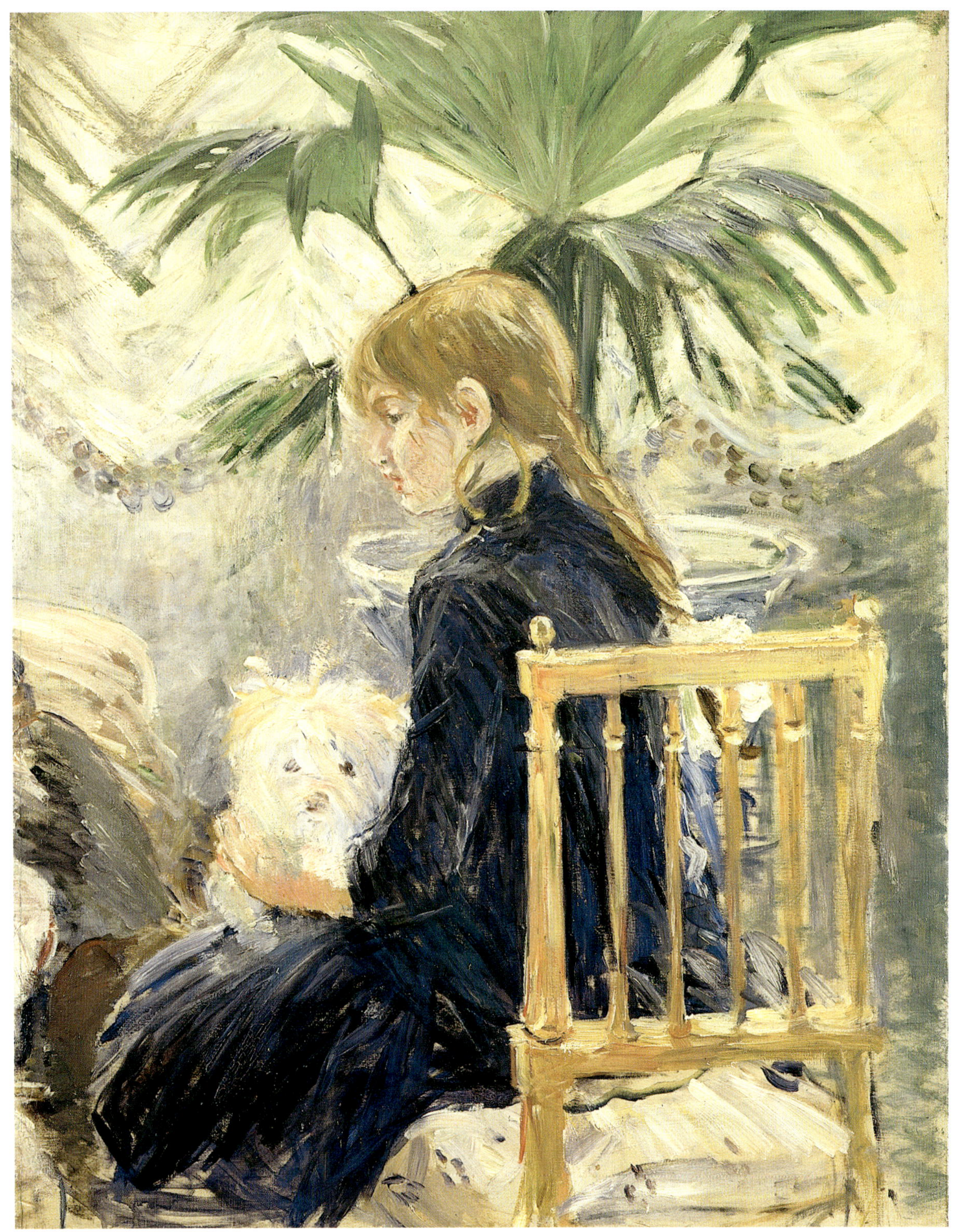

105 Fillette au jersey bleu, 1886

Pastel
H. 100 ; L. 81
BW 505
Paris, musée Marmottan, donation de Mme Julien Rouart
Inventaire : 6502

Julie, dans le salon de la rue de Villejust, est assise sur une chaise longue à col de cygne. Elle est vêtue d'une robe en jersey bleu à manches mi-longues ; sur la poitrine est brodé un motif représentant une ancre marine. Les jambes un peu écartées, légèrement penchée en avant, elle joue avec un diabolo. Son regard suit attentivement l'évolution de son jouet dont le tournoiement dans l'air est si bien rendu.

Bien qu'inachevée, l'œuvre est très étudiée ; les grandes masses, les équilibres de couleurs sont déterminés et font regretter l'abandon de la composition. La soie jaune de la chaise longue est discrètement mise en valeur par le marron de son bois ; elle reflète la lumière et donne de la profondeur à la composition. Le bleu de la robe est éclairci par cet environnement si lumineux. Au second plan, derrière la vitre qui se reflète au-dessus de la tête de Julie, à droite, des plantes vertes dans de grandes jardinières apportent, elles aussi, de la profondeur. Un peintre officiel n'aurait pas choisi ce second plan, préférant soit le décor d'une pièce, soit un fond uni ; il aurait également représenté Julie différemment.

La scène se situe dans la même partie du salon de la rue de Villejust que celle de la *Fillette au chien* (cat. 104). Cette fois, les stores vénitiens ne sont pas baissés. Les plantes, dehors, dans leurs grandes jardinières, sont vues à travers la vitre, et ses reflets blancs tout en recevant les reflets jaunes du soleil qui le matin inonde cette façade de la maison et son jardin.

H. W.

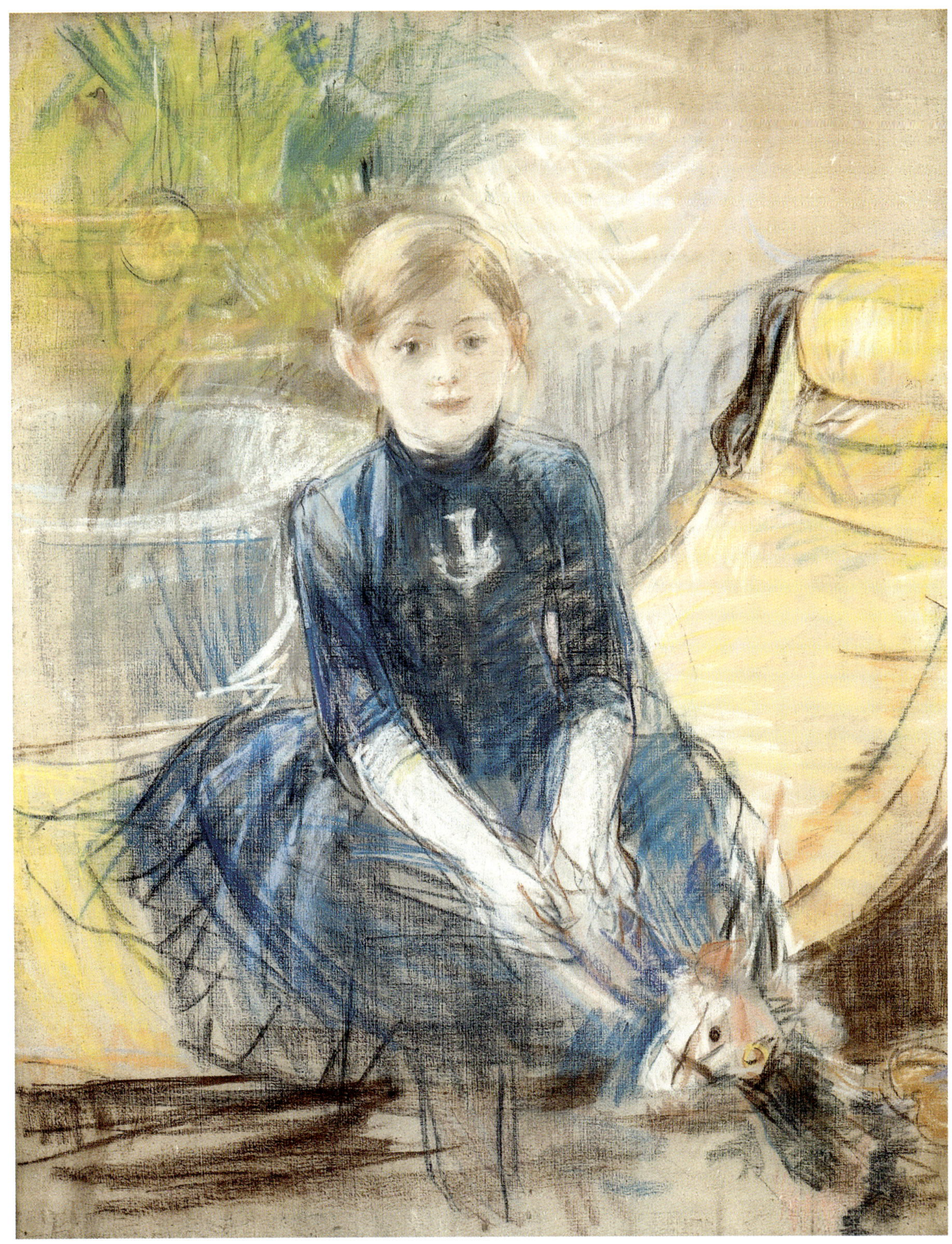

106 Buste de Julie, 1886

Bronze
H. 26,7
Collection particulière

En 1887, Berthe Morisot participe, à la demande de Monet et de Renoir, à l'exposition internationale qu'organise la galerie Georges Petit. Au cours d'une visite qu'il lui fait pour cette exposition, Monet découvre le plâtre de cette sculpture, l'admire et lui suggère de l'exposer. Elle répond qu'elle ne sait comment la faire fondre. Il se propose d'intervenir auprès de Rodin, avec lequel il doit dîner, pour obtenir des conseils. N'ayant pas rencontré ce dernier, il lui écrit au début de mars 1887, en lui donnant son adresse :

« Mon cher Rodin,

J'ai bien regretté que vous n'ayez pu venir au dîner des Cosaques. J'avais à vous demander un service et j'aurais pu ainsi mieux vous en causer. Enfin, voilà ce que c'est.

Je vous ai parlé l'autre jour de Mme Eugène Manet (en peinture Berthe Morisot), belle-sœur de Manet, femme charmante et d'un grand talent. Elle sera des nôtres chez Petit, et, comme je suis allé chez elle lui porter cette nouvelle, j'y ai vu un buste qu'elle vient de faire de sa fille. Sculpture de peintre que vous apprécierez, j'en suis certain.

Bref, comme je lui disais d'exposer cela, et qu'elle est ignorante du métier de sculpture, elle ne sait par quel moyen elle doit reproduire ce buste, et j'ai pensé qu'en vous parlant vous voudriez bien lui donner vos conseils. Et, comme je pensais vous voir le soir même, je lui avais fait espérer notre visite à tous deux pour le lendemain. Ne vous ayant pas vu, j'ai vu Mirbeau qui doit vous en parler.

Vous seriez donc bien aimable si vous alliez la voir. Vous trouverez en Mme Manet une femme on ne peut plus charmante et très artiste, et qui est, comme de juste, votre grande admiratrice.

Quant à moi, je vous en serai très reconnaissant.

Tout à vous, mon cher Rodin.

Claude Monet[1]. »

Il écrit alors un mot à Berthe Morisot pour lui rendre compte de sa démarche :

« Chère Madame,

Excusez-moi de vous avoir manqué de parole, mais il n'y a pas de ma faute, Rodin n'étant pas venu au dîner, je n'ai pas pu le voir, mais je viens de lui écrire et suis certain qu'il se fera un plaisir d'aller vous voir et de vous rendre service. Ainsi que vous en pourrez juger, c'est la crème des hommes et d'un goût très fin, chose rare chez les sculpteurs[2]... »

Nous ne possédons pas d'autres éléments sur les circonstances de la visite éventuelle de Rodin. Berthe Morisot fait mouler le plâtre et le fait tirer afin de l'exposer, comme Monet le lui avait suggéré, chez Petit. Elle avait longtemps hésité à présenter le plâtre, notant dans un carnet : « Aujourd'hui 2 mai, j'envoie mes tableaux à l'Internationale avec une grande crainte de les voir tous atroces. Crève-cœur du buste de Julie devenu ignoble dans ce rose commun, je suis dans cet état d'énervement qui suit une maladie. Dieu sait ce que la semaine prochaine me réserve ; peut-être un magnifique four, puis j'avais surtout envie d'exposer de la sculpture et maintenant je n'ose plus. C'est étonnant comme, empoignée par une préoccupation, tout devient indifférent ; je m'acharne à cette idée : plâtre blanc. Exposition moins mauvaise que je ne le pensais[3]. »

Pour réaliser cette sculpture, Berthe Morisot s'est souvenue des leçons prises autrefois avec Aimé Millet. Si les œuvres réalisées par elle n'ont pas été conservées, ce buste de Julie prouve qu'elle n'avait rien oublié et qu'elle maîtrisait la technique. Son amitié avec la duchesse Colonna, sculpteur sous le nom Marcello, lui avait donné l'occasion d'améliorer sa connaissance de cette technique, au moins par la fréquentation de l'artiste, sinon par une pratique régulière.

1. Lettre après le 4 mars 1887, conservée au musée Rodin, publiée dans Wildenstein, 1974-1991, t. 3, p. 221, lettre 774.
2. Passage publié dans *Corresp. B. Morisot,* p. 130-131, et lettre dans Wildenstein, *op. cit.,* p. 222, lettre 727.
3. Texte cité dans *Berthe Morisot,* cat. exp., 1961, p. 51. Angoulvent citait partiellement cet extrait du *Carnet gris* de 1885-1887 (1933, p. 81).

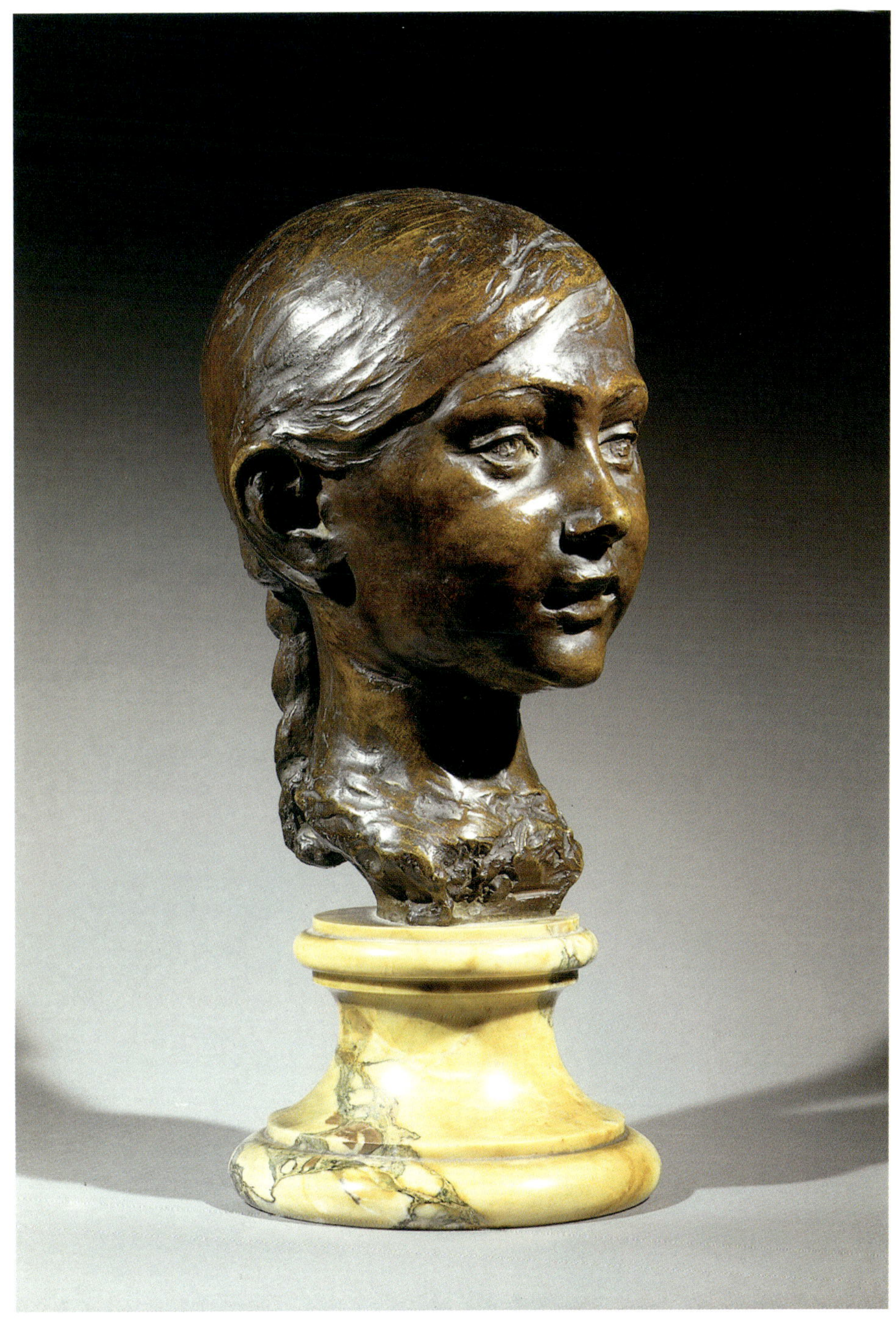

Pour l'exposition de 1896, le buste a été tiré à deux exemplaires. À la fin des années cinquante, avec l'accord de Mme Ernest Rouart – Julie Manet –, un retirage est fait par Valsuani pour la galerie new-yorkaise Slatkin.

En 1887, ce buste qu'avait admiré Monet ne semble pas avoir été remarqué par la presse. En 1896, il est exposé avec l'autre sculpture de Berthe Morisot[4]. Roger Marx écrit à cette occasion : « Le buste et le bas-relief qu'on lui doit ne sont-ils pas d'un sentiment presque clodionesque[5] ? »

Julie Manet était particulièrement attachée à cette œuvre, placée sur un secrétaire Louis XVI rue de Villejust, le plâtre et le bronze côte à côte sous le *Portrait de Berthe au bouquet de violettes* de Manet.

H. W.

4. Voir cat. 142.
5. Marx, 1896, p. 247-250.

107 Paule Gobillard peignant, 1886

Huile sur toile
H. 85 ; L. 94
CMR 212
Paris, musée Marmottan, donation Thérèse Rouart
Inventaire : 6500

Le portrait de *Paule Gobillard peignant* est l'hommage amical de la tante à sa nièce, du maître à son modèle et élève. C'est une reconnaissance à la fois du rôle du modèle, mais, plus encore, que sa nièce, peut à son tour devenir un maître même s'il est possible de lui demander de poser dans n'importe quel rôle. C'est comme une allégorie de la vocation de la jeune Paule.

Paule Gobillard (1869-1946) est la seconde fille d'Yves, sœur de Berthe Morisot. Après la mort de cette dernière, en 1893, Paule sera élevée fréquemment avec sa plus jeune cousine, Julie.

Nous ne connaissons pas le sujet de la toile que peint la jeune élève, mais nous remarquons, à droite du chevalet, une corbeille et le long du mur de la pièce transformée en atelier, une sculpture – vraisemblablement une copie d'après l'antique visible dans deux autres œuvres de Berthe Morisot (CMR 252 et 293) – posée sur un socle Empire. Le tableau reflète à la fois les premiers essais de la jeune artiste qu'il ne nous montre pas, et son apprentissage par la copie des anciens qu'il nous suggère par la présence de cette sculpture.

En cette année 1886, Paule Gobillard est introduite au musée du Louvre par Berthe Morisot. Cette dernière avait écrit le 7 juin 1886 au directeur la lettre suivante : « Monsieur le Directeur, Je vous prie de vouloir bien autoriser ma nièce Mlle Paule Gobillard, qui a travaillé jusqu'à présent sous ma direction, à dessiner dans les galeries du Louvre. Veuillez agréer, Monsieur le Directeur, l'assurance de ma considération distinguée. Berthe Morisot Manet[1]. »

Ce tableau de Berthe Morisot est à usage intime et familial. Contrairement à celui d'*Eva Gonzalès peignant* de Manet (fig. 3 ; p. 26), il n'est pas destiné à être montré, encore moins à être exposé au Salon pour rendre hommage au modèle et à sa famille ou pour flatter sa vanité. C'est une toile à caractère privé destinée à célébrer l'affirmation de la vocation de Paule par son admission, comme celle précédemment de sa tante mais aussi de nombreux autres artistes avant elles, à copier au Louvre. C'est un encouragement et un hommage du maître à son élève.

H. W.

1. Vente Sotheby's New York, 20 décembre 2000.

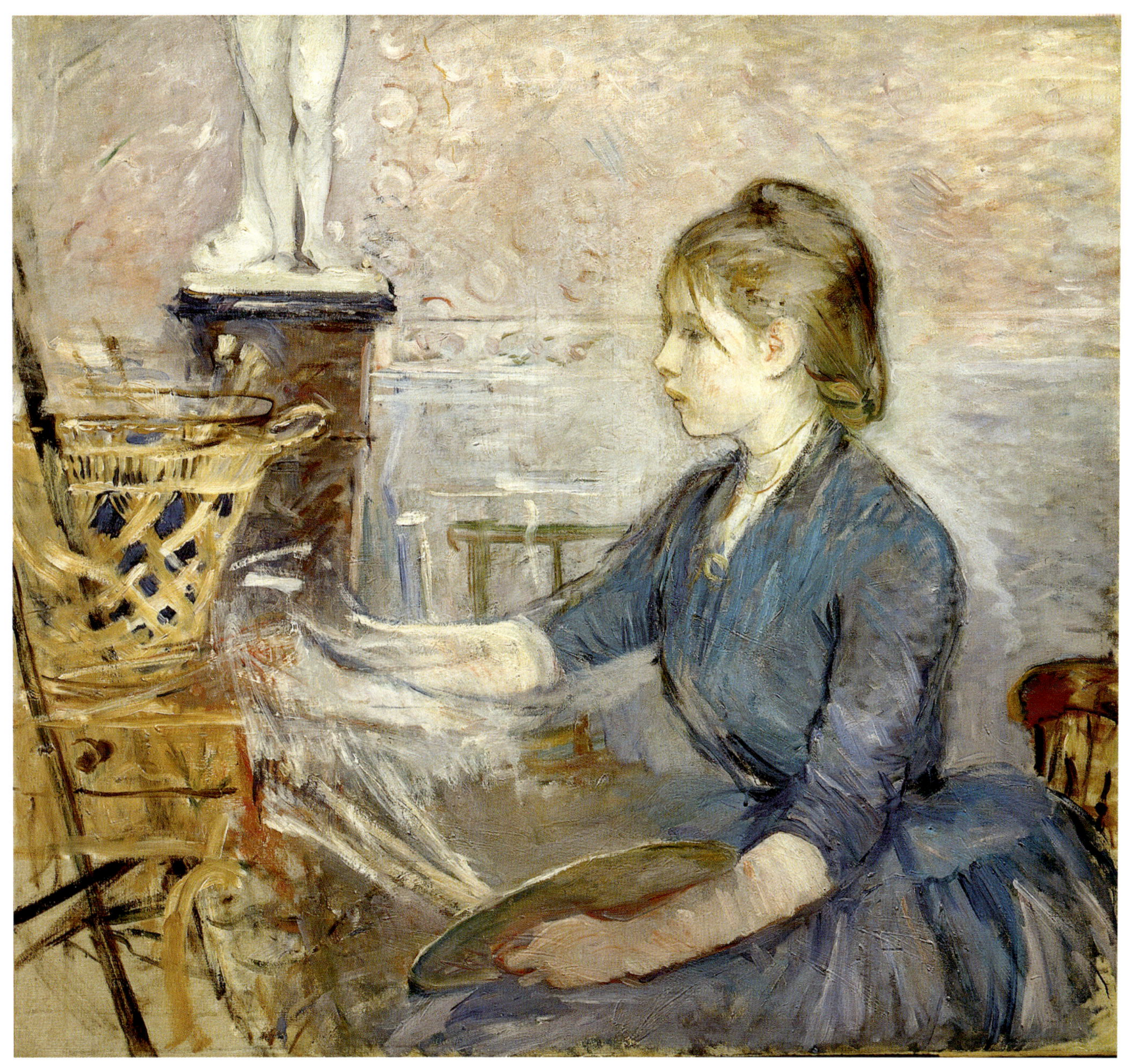

108 Jeune Fille accoudée, 1887

Huile sur toile
H. 46 ; L. 65
Timbre de la signature, en bas, à gauche
CMR 217
Collection particulière

Berthe Morisot jugeait cette toile suffisamment intéressante et importante pour en faire peu après une pointe-sèche (cat. 156). Seules quatre de ses neuf estampes transposent certaines de ses œuvres. Dans cette femme au repos, le modèle, Jeanne-Marie, est assis sur une chaise longue à col de cygne. Au lieu d'être représenté de loin au milieu de son salon, comme dans les célèbres portraits de Mme Récamier de David ou de Gérard, le modèle est au premier plan assis sur sa chaise longue. Ce n'est pas un portrait officiel, aussi la tenue est moins stricte et plus décontractée, c'est une scène de la vie familiale, non de la vie sociale.

Dans cette œuvre, Berthe Morisot étudie l'harmonie des tons entre le bois du meuble et le velours qui le recouvre, entre ce dernier et le vêtement de Jeanne-Marie, entre ses cheveux, aux reflets roux, et la tenture du mur qui sert de fond.

Pour cette toile qu'elle voulait importante, Berthe Morisot a non seulement réalisé plusieurs dessins préparatoires dont deux sont connus, mais elle a préparé minutieusement sa toile, a tracé au fusain un quadrillage pour permettre le report du dessin ; ce quadrillage est partiel et avec des carreaux de taille différente selon les endroits : 4,5 centimètres en haut à droite et seulement 4 centimètres en bas à gauche. Tout cela montre que le modèle a surtout posé pour les dessins préparatoires, puis que l'artiste a transposé l'œuvre sur toile, avant de l'achever, peut-être à nouveau en présence du modèle. Son activité de peintre était interrompue, parce qu'elle ne disposait pas d'atelier – alors que son installation rue de Villejust le lui permettait – mais aussi par la présence de Julie dont elle s'occupe tant, même si elle est bien servie et secondée.

Dans d'autres œuvres achevées, comme le portrait de *Paule Gobillard en robe de bal* (CMR 214), *le Piano* (CMR 235) ou *la Mandoline* (cat. 118), nous retrouvons la même préparation de la toile, qui se voit encore sous la mince couche picturale. Dans les œuvres antérieures, nous ne distinguons que très exceptionnellement l'utilisation d'une telle technique, même dans les toiles laissées inachevées.

En 1896, cette œuvre ne figure pas à l'exposition posthume de l'artiste car elle avait été acquise par Louis Rouart, auquel elle n'est pas demandée – il était le dernier fils d'Henri Rouart qui possédait le très beau tableau de Fécamp *Sur la Terrasse* (cat. 20). En 1918, lors de la vente de la collection d'estampes de Degas, Louis Rouart se porta acquéreur de la gravure correspondant à ce tableau. Elle était alors cataloguée sous le titre *le Repos*[1]. On ne sait pas pourquoi Louis Rouart s'était ainsi intéressé à ce tableau et à sa version gravée, pour le modèle ou peut-être sous l'influence de Degas.

H. W.

1. Voir *The Private Collection of Degas...*, cat. exp., 1997, p. 103.

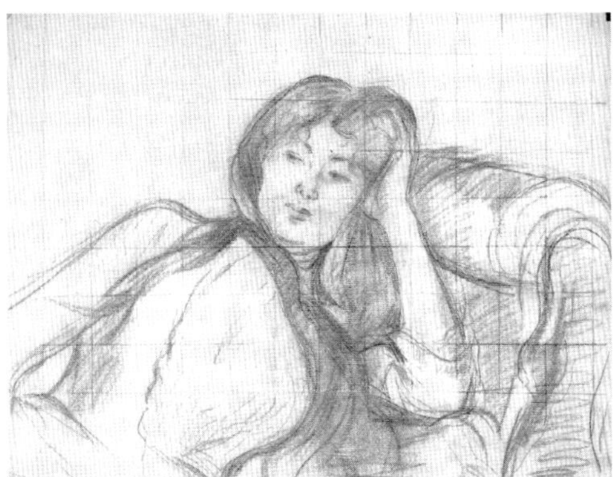

Fig. 1. Berthe Morisot, *Jeune Fille accoudée*, 1887, sanguine avec mise au carreau au crayon, Paris, musée Marmottan, Fondation Denis et Annie Rouart.

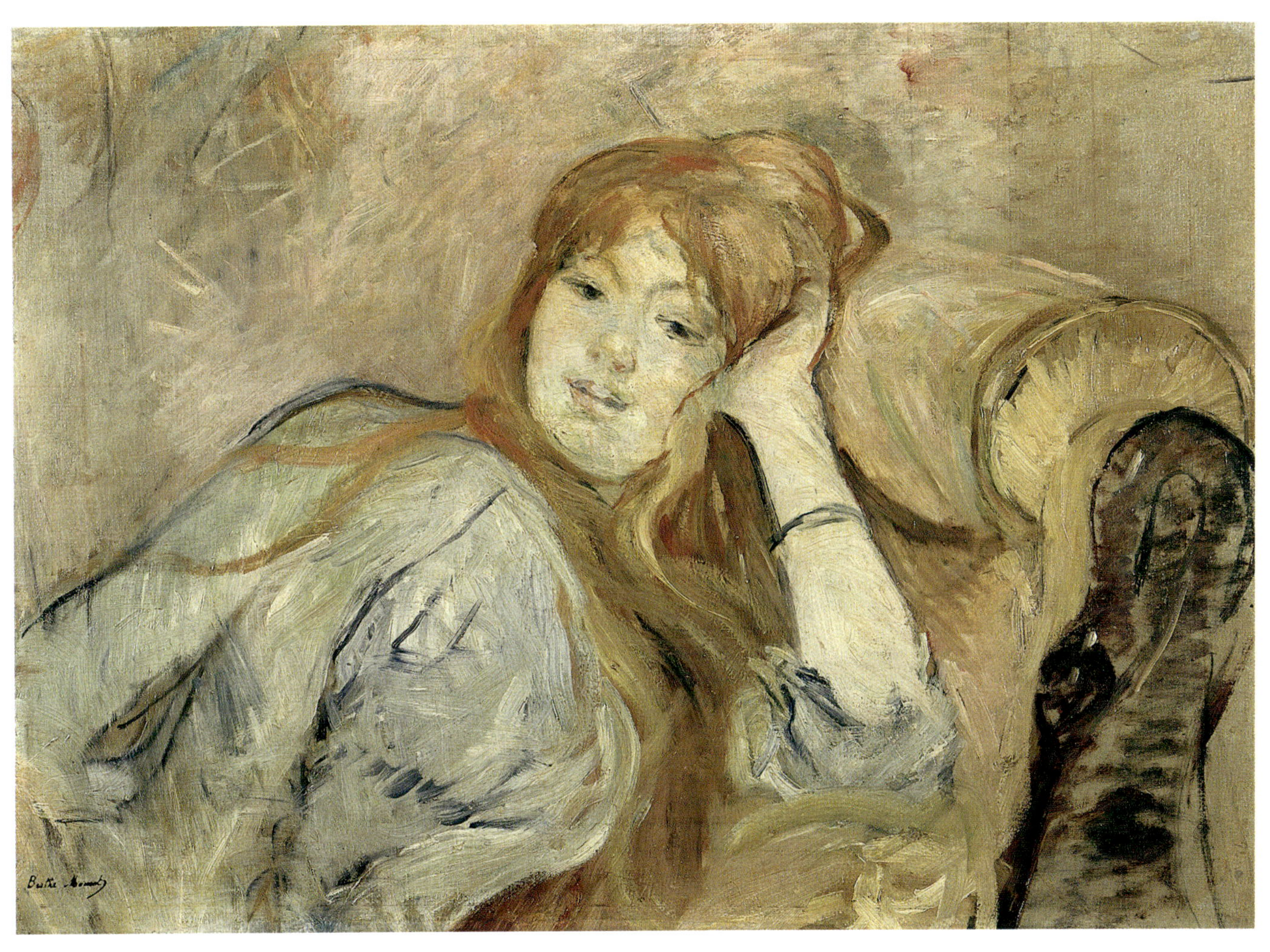
Berthe Morisot

109 Autoportrait avec Julie, esquisse, 1887

Huile sur toile
H. 54 ; L. 65
CMR 220
Collection particulière

Tous les impressionnistes, y compris le plus paysagiste d'entre eux, Monet[1], mais hormis Sisley, ont réalisé des autoportraits. Berthe Morisot ne fait pas exception.

Il a été affirmé bien à tort que Berthe Morisot a attendu la mort de Manet, qui l'avait si bien et si souvent représentée, pour se peindre à son tour[2]. Ses premiers autoportraits connus – malheureusement depuis longtemps perdus sinon détruits – sont de vingt ans antérieurs à cet autoportrait avec sa fille ; en effet, ils datent de 1876 ou de 1877, car lors de l'exposition impressionniste de 1877 elle expose deux autoportraits à l'aquarelle. C'est ce que nous apprennent deux critiques jamais citées. En effet, dans *le Bien public*, Paul Sébillot écrit : « Mlle Morisot a, cette année, fait des progrès : elle dessine plus que l'an dernier, et les deux petites têtes à l'aquarelle qu'elle intitule modestement *Dessins* m'ont beaucoup plu[3]. » Arsène Houssaye, sous le pavillon neutre Jacques[4], nous apprend que ce sont des autoportraits ; il dit : « Signalons enfin, rapidement, les deux portraits de Mme Morisot, par elle-même, qui suffiraient, à eux seuls, pour justifier la double réputation faite à l'auteur de se livrer à ce cumul : le talent et la beauté[5]. »

Outre ces deux aquarelles perdues depuis longtemps, une autre toile a mystérieusement disparu, à une date indéterminée, de la collection de Julie Manet. Cette esquisse, cataloguée seulement par Monique Angoulvent[6], représentant aussi *Berthe Morisot et sa fille* (H. 54 ; L. 65) daterait de 1886 ou, comme cette toile, de 1887.

Deux esquisses ont été commencées en même temps, l'une horizontale, avec à gauche une fenêtre (CMR 219), pour laquelle elle a surtout travaillé la partie gauche du décor et la silhouette de Julie, mais qui a été vite abandonnée ; une autre, verticale, cette toile.

Dans le salon de la rue de Villejust, Berthe Morisot est assise dans le grand canapé, sa fille est debout à côté d'elle, près de la fenêtre, les mains sur l'accoudoir du canapé, et se penche légèrement en avant pour voir ce que fait sa mère. Cette dernière regarde très attentivement devant elle ; sa main gauche tient presque à plat, sur ses genoux, un grand carnet de dessins. Elle regarde la psyché qu'elle a placée face à elle pour dessiner cet autoportrait qui sera transposé sur la toile mais aussi à la pointe-sèche. Comme si Julie n'avait passé que quelques instants pour regarder sa mère travailler, son visage n'est qu'une ombre, mais se perçoivent déjà toute l'attention de la petite fille et sa profonde admiration pour sa mère. Son propre visage est la partie la plus travaillée de cette esquisse, avec un regard d'une grande intensité et d'une profonde volonté, mais aussi d'une douceur particulière.

Derrière elles, le rideau a été tiré le plus possible et les embrasses ont été mises pour donner le plus de lumière pour peindre. Au-dessus du canapé, un tableau au large cadre ne livre pas le secret de son identité ; nous aurions aimé connaître un peu plus cet intérieur de la rue de Villejust dont étonnamment aucune photographie ne nous est parvenue.

Au XIXe siècle, un autoportrait d'une femme artiste du siècle précédent est très connu et souvent reproduit même lorsqu'il est encore dans la collection de l'historien et homme politique Adolphe Thiers, c'est celui de Mme Vigée-Lebrun avec sa fille (fig. 1). À la différence de Vigée-Lebrun, Berthe Morisot se représente cette fois en artiste, et, par rapport à la tendresse de l'œuvre de Vigée-Lebrun, il n'y a, chez Morisot, rien de facile dans cette relation de curiosité et d'admiration de la fille pour sa mère. Des quatre toiles sur ce thème aucune n'était achevée, sans doute par crainte de céder à la facilité ou à la sentimentalité du sujet ; pourtant ce n'était pas le risque auquel elle s'exposait avec un tel sujet.

En 1896, Julie Manet, Degas, Monet et Renoir jugent ce tableau suffisamment achevé et

1. Toutefois, nous tenons à réattribuer à Sargent un *Portrait de Monet* qui a été publié à tort comme étant un autoportrait (W 891a, ancienne collection de Mme Paulette Howard-Johnson).
2. Brahimi, 2000, p. 38-39.
3. Sébillot, 1877.
4. Sur l'identification de l'auteur, voir Wilhelm, 1996, p. 53-55, 167-169, 185-189.
5. Jacques, 1877.
6. Angoulvent, 1933, n° 260. Elle a été oubliée dans les deux catalogues raisonnés suivants (BW et CMR), l'œuvre étant perdue.

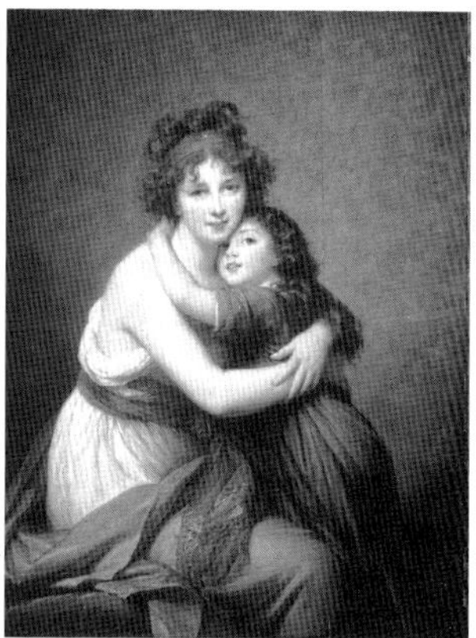

Fig. 1. Mme Vigée-Lebrun, *Autoportrait avec sa fille*, peinture sur bois, H. 130 ; L. 94, Paris, musée du Louvre.

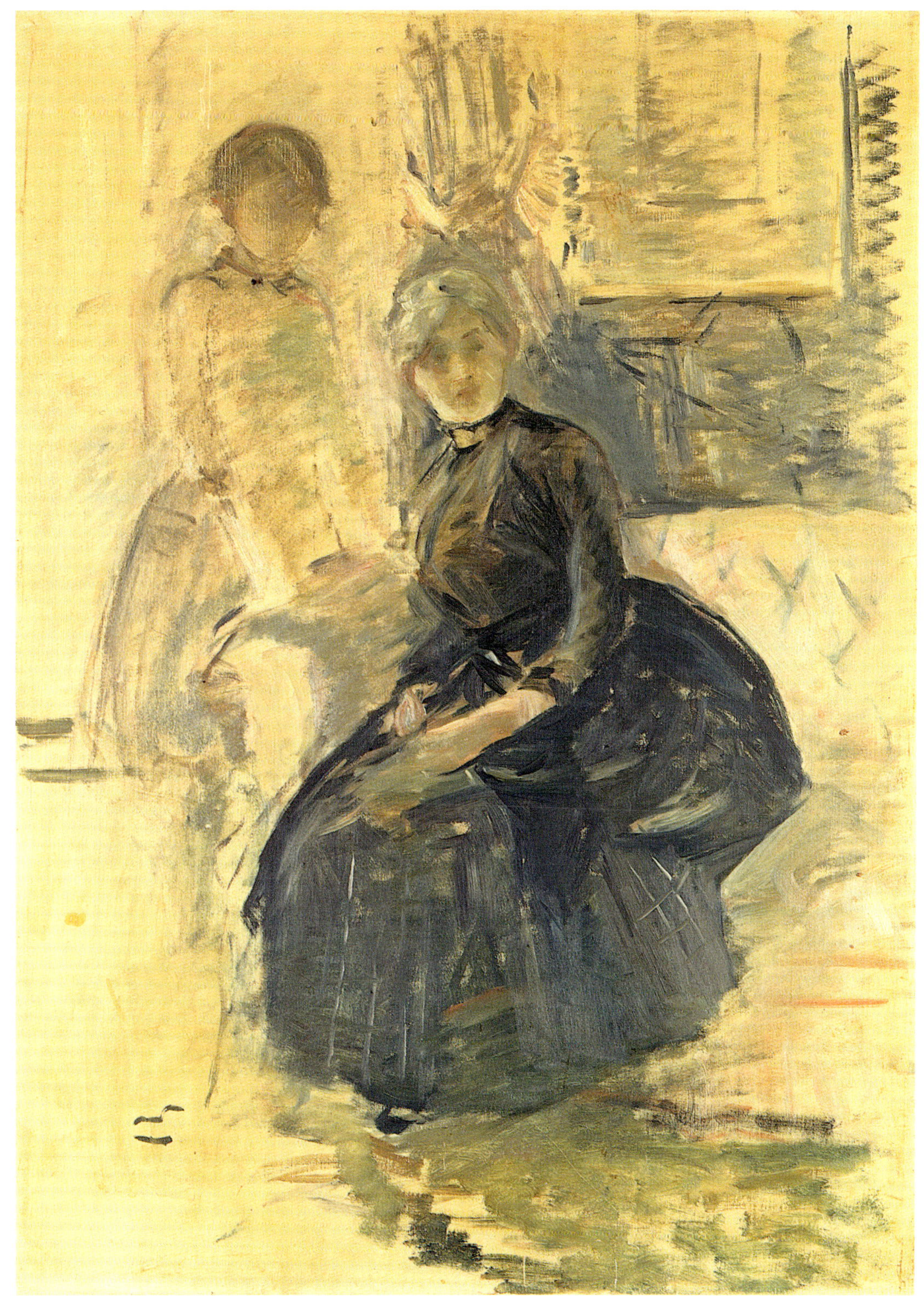

111 La Lecture, 1888

Huile sur toile
H. 74,3 ; L. 92,7
Signé, en bas, à droite :
Berthe Morisot
CMR 223
Saint Petersburg (Floride), Museum of Fine Arts, don des Amis des arts en souvenir de Margaret Acheson Stuart
Inventaire : 1981-2

Lorsque Julie grandit, qu'elle est moins disponible, Berthe Morisot recourt à des modèles – ici, Jeanne Bonnet – ce qui lui permet à la fois de varier les scènes représentées, mais aussi dans certains cas de la substituer à Julie car il y a avec elle une grande ressemblance d'apparence, et un même air grâce à une coiffure assez comparable.

Jeanne Bonnet, vêtue d'une robe grise ornée d'une rose blanche, est assise dans un fauteuil en osier près d'une fenêtre. Elle a passé sa natte derrière le dossier, sur lequel s'est posé le ruban rouge qu'elle porte dans les cheveux. Une balle dans un filet est accrochée au fauteuil. Malgré son jeune âge, elle est de peu l'aînée de Julie ; elle a mis du rouge à lèvres, ce qui prouve qu'avant de lire – mais aussi de poser – elle a eu droit de jouer. Cela renforce le caractère intimiste de la scène. À gauche, au premier plan, une autre chaise en osier. À droite, la fenêtre ouverte dans laquelle se réfléchit un coin de jardin, et comme le remarque Stuckey « en surimpression, le dos du modèle s'y reflète faiblement[1] ». Au second plan, derrière l'appui de la fenêtre, le jardin avec les grandes feuilles de palmier juste devant, et, à droite, une treille encore vierge de végétation.

Les colorations claires des couleurs de la toile s'opposent et se complètent : dans la partie supérieure, les verts de la végétation répondent aux jaunes qui dominent plus bas ; le nœud rouge de la natte tranche avec douceur par rapport à l'osier du dossier ; le gris de la robe de Jeanne devient lumineux à côté des jaunes et des verts. Le blanc de la rose, le rouge à lèvres, tout comme la couverture du livre, mais aussi ses pages intérieures, font autant de taches délicates d'autres couleurs nuançant l'aspect général. La lumière est abondante mais diffuse ; rien n'est violent.

Les chaises de jardin en osier, la treille, les branches des palmiers, tout pourrait suggérer un jardin campagnard ou une véranda. Compte tenu de la végétation méditerranéenne, on pourrait croire la toile peinte au cours de l'un des séjours niçois. Le *Journal* de Julie Manet nous apprend que ce n'est pas le cas. En effet, lors de la rétrospective posthume, en 1896, elle écrit : « *La lecture,* Jeanne Bonnet lisant, en robe grise, sa natte passée par dessus la chaise de paille, à la fenêtre de la salle à manger de la rue de Villejust d'où on voit toute la verdure du jardin. Ceci a été exposé chez Durand Ruel autrefois à la dernière exposition impressionniste, c'est très joli. » La végétation du jardin de la rue de Villejust avait été commandée par Eugène pendant que son épouse était encore à Nice ; il lui rapporte en effet, le 11 mars 1882, qu'il a demandé conseils et devis au fleuriste de l'avenue d'Eylau[2]. Cette verdure a sans doute été choisie en souvenir de la région niçoise.

Comme le suggère Julie, ce tableau a été exposé en 1888 à la galerie Durand-Ruel, dans une exposition de groupe consacrée aux impressionnistes – mais ce n'était plus une exposition organisée par les artistes eux-mêmes. Six œuvres de Berthe Morisot y figuraient. Elle obtint bien plus de succès auprès des artistes et des vrais amateurs qu'auprès de la critique. Ayant vu chez elle, le 20 mai, son envoi ainsi que d'autres œuvres, Whistler avait exprimé son admiration à Mallarmé, en compagnie duquel il effectuait cette visite. Ce dernier avait écrit dès le lendemain : « Whistler a prononcé hier sur les peintures trop rares regardées chez vous des paroles qu'il dit peu, mais vous a sans doute répétées aujourd'hui. Autrement je les garde pour avoir le plaisir de les redire haut, avec un peu de ma voix[3]. » Nous aurions bien sûr aimé avoir le compte rendu écrit de cette conversation. Dans *la Revue indépendante,* le critique Gustave Kahn attirait l'attention de ses lecteurs sur « ... Madame Morisot de sa facture lumineuse et comme tachetée et fouettée, par des coins de jardins, des faces de petites filles[4]... » à propos de *la Leçon au jardin* (CMR 205), d'une étude d'enfant, la *Fillette au panier* (CMR 222), et de notre fillette lisant.

H. W.

1. Stuckey, 1987, p. 136.
2. Lettre inédite, archives Rouart. Nous remercions la famille Rouart de nous avoir autorisé à en faire état.
3. « Correspondance Whistler Mallarmé », p. 19, note 2.
4. Kahn, 1888, p. 544-546.

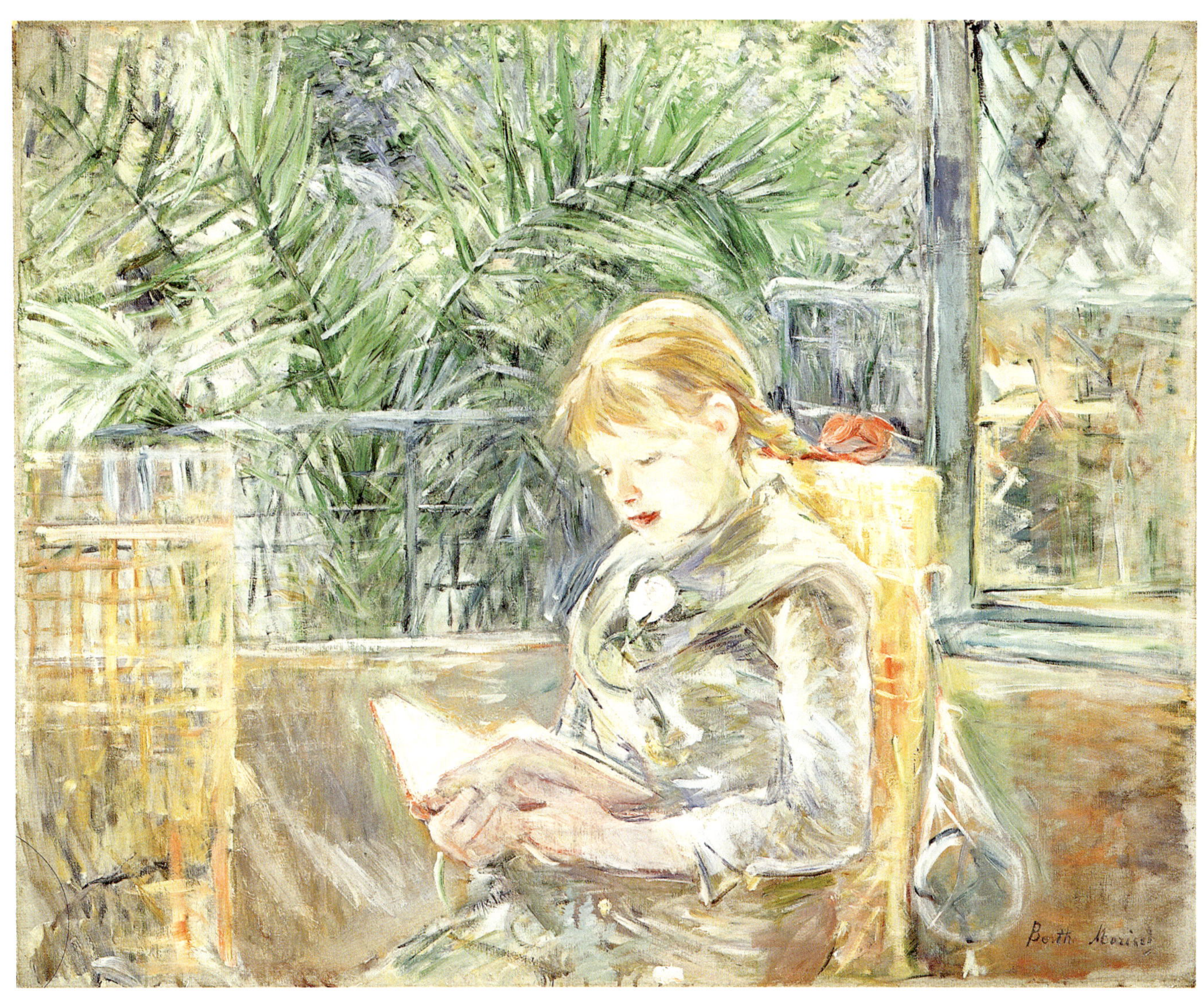
Berthe Morisot

112 Julie travaillant ou le Travail à la lampe, 1888

Crayons de couleur
H. 15,5 ; L. 19
Cachet de la signature, en bas, à gauche
Collection particulière

Ce portrait de *Julie travaillant,* parfois exposé sous le titre *Travail à la lampe,* est le type même de l'œuvre intime et si personnelle qu'il est difficile à l'artiste d'en faire un tableau sans qu'il devienne trop personnel par la manière de le traiter et trop intime par cette vie quotidienne montrée ainsi en dehors du cercle familial. C'est une scène attachante. Berthe Morisot nous fait ainsi feuilleter son album intime.

Julie travaille à la lumière d'une lampe à pétrole munie d'un abat-jour. Elle est assise, les deux coudes posés sur la table ; c'est là une tenue un peu familière que les enfants aiment bien adopter, au grand dam de leurs parents car cette position n'est pas plus admise en classe qu'en public. Julie se penche un peu sur son livre pour apprendre une leçon ou pour lire.

En choisissant volontairement une position sans doute habituelle de Julie, mais fort peu mondaine, Berthe Morisot a délibérément dessiné une scène familiale, saisie sur le vif comme avec un appareil photographique mais non posée qui n'est pas destinée à être présentée au public dont la première réaction serait de dire « la petite se tient mal ». Par là elle s'oppose volontairement aux scènes de genre souvent anecdotiques et parfois mièvres de tous ces artistes du Salon, qui vivent surtout de commandes publiques. Morisot est loin du caractère artificiel de la toile de Le Guesne exposée au salon de 1888 (fig. 1) ou de l'aspect figé et conventionnel de celle de Bouguereau au Salon de l'année suivante (fig. 2)

L'opposition des couleurs et l'éclairage traduisent un parti pris résolument moderne. Le contraste subtil entre le bleu du fond et le jaune de la lumière est contraire aux canons de l'enseignement des Beaux-Arts. C'était là une raison supplémentaire pour ne pas exposer de son vivant de tels dessins. En 1896, lors de la rétrospective posthume, devant des dessins comparables, Octave Fidière, réticent envers la peinture de Berthe Morisot, écrivait : « ... tels dessins, rehaussés seulement de quelques hachures aux crayons de couleur sont, dans leur genre, de petits chefs-d'œuvre dont il est plus facile de ressentir que d'analyser l'attrait[1]. »

H. W.

1. Fidière, 1896, p. 98.

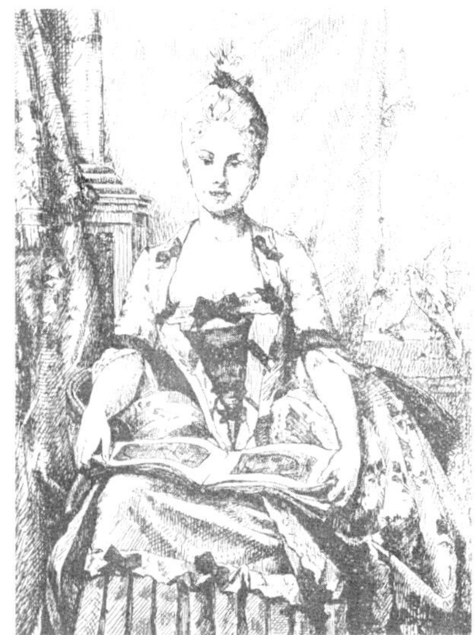

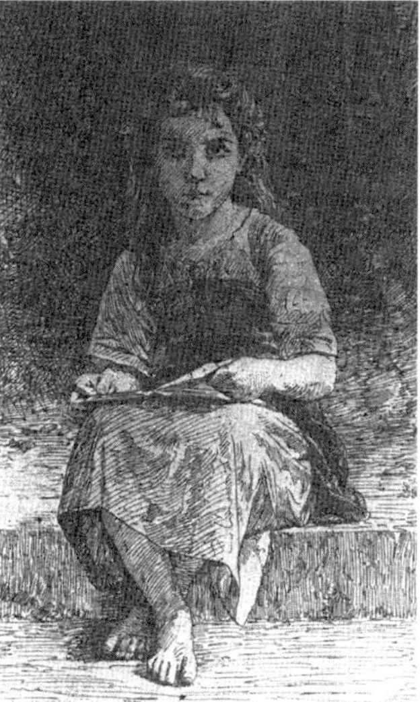

Fig. 1. Le Guesne, *le Livre d'images,* Salon de 1888, n° 1612, *le Salon illustré de 1888,* p. 156.

Fig. 2. William Bouguereau, *la Leçon,* Salon de 1889, n° 331, *le Salon illustré de 1889,* p. 271.

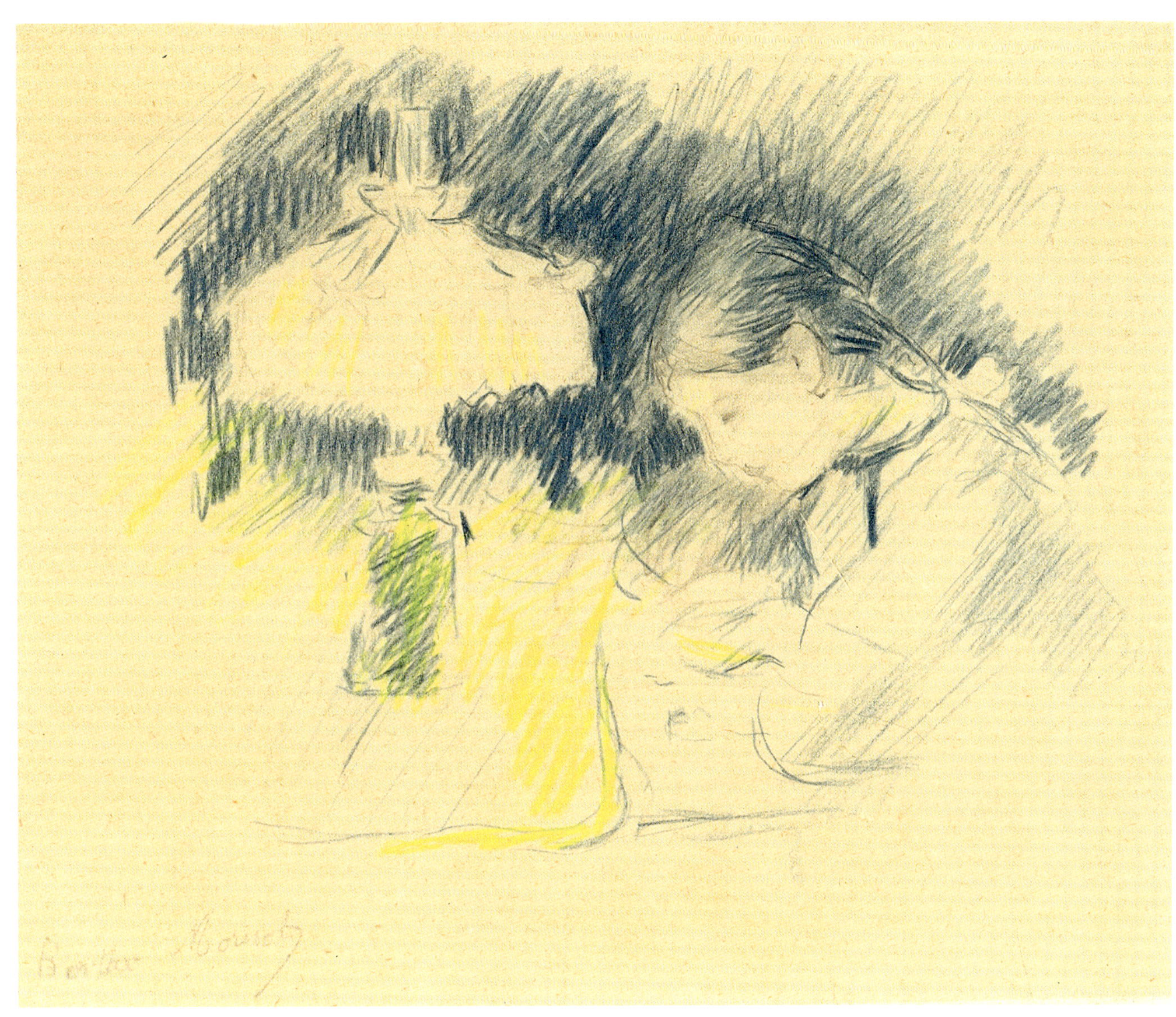

113 Arbres roux au bois de Boulogne, 1888

Aquarelle
H. 28 ; L. 19
BW 768
Collection particulière

Lieux de promenades et de distractions, le bois de Boulogne est un thème pour les artistes. Au contraire de ses contemporains, Berthe Morisot s'intéresse non à la vie sociale ou mondaine qui s'y déroule, mais aux amusements de sa fille Julie ou à la nature. Elle en fait un peu comme un domaine personnel. Avec cette œuvre nous sommes loin de la vision romantique de bois telle que le recueil *les Environs de Paris* dirigé par Charles Nodier la popularise. En effet, trois illustrations et le chapitre d'Albéric Second s'intéressent à ce lieu mondain : « Le bois de Boulogne est un théâtre fashionable sur lequel se déroulent, durant douze mois de l'année, tous les drames et toutes les comédies de la vie[1]. » Cette forêt au bord d'un lac par une saison d'automne pourrait avoir été peinte en de multiples lieux. Rien ne permet de reconnaître le bois de Boulogne. Il n'y a aucun promeneur, aucun cavalier, ni chemin connu, ni endroit reconnaissable comme le chalet dans l'île, le kiosque, le pavillon chinois ou la cascade, ni aucun des petits étangs qui viennent agrémenter la promenade. Par son choix si particulier du motif, Berthe Morisot réalise une œuvre sans référence immédiatement compréhensible au lieu, comme hors du temps, elle écarte toute représentation anecdotique du bois contrairement aux artistes de son époque, peintres ou même photographes.

La technique est ici parfaite, et les adversaires de l'impressionnisme, ceux qui jugent qu'ils ne savent ni dessiner, ni peindre, ou qu'ils s'arrêtent aux esquisses au lieu d'achever, doivent se taire ou reconnaître le talent si exceptionnel de l'aquarelliste.

Cette importante aquarelle était fort appréciée de Stéphane Mallarmé. Se souvenant de cette aquarelle il avait eu l'idée de demander à Berthe Morisot de travailler à une illustration pour son recueil *le Tiroir de laque*. En effet, il pouvait voir là comme l'illustration potentielle de certaines de ses évocations de ses poèmes en prose et notamment des lignes suivantes : « ... par le même impartial coup de rame, je venais d'échouer dans quelque touffe de roseaux, terme mystérieux de ma course, au milieu de la rivière : où tout de suite élargie en fluvial bosquet, elle étale un nonchaloir d'étang plissé des hésitations à partir qu'a une source. »

De cette œuvre Berthe Morisot fit une transposition à la pointe-sèche, en ajoutant une barque afin de correspondre mieux au texte de Mallarmé qu'elle devait illustrer (cat. 150). La quiétude et la solitude du lieu s'y retrouvent, mais non cette atmosphère si particulière de l'automne lors d'une journée clémente, tandis que les arbres roux indiquent déjà que l'hiver approche. La gravure, celle qui fut retenue par Mallarmé pour illustrer son recueil avant que son éditeur n'abandonne les planches prévues pour n'en retenir qu'une seule, est plus proche de ce que Mallarmé souhaitait, car correspondant à son texte. Cette aquarelle ayant contribué à la commande du poète ne pouvait aussi précisément se rapporter au texte, tous deux ayant été conçus séparément.

H. W.

1. Nodier, s. d., p. 45.

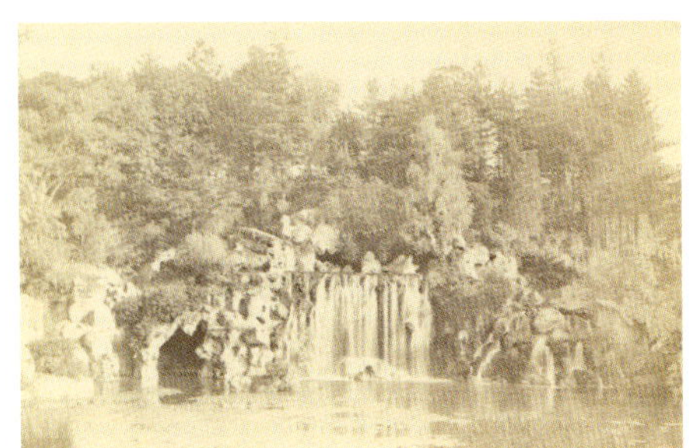

Fig. 1. La cascade du bois de Boulogne, photographie, collection particulière.

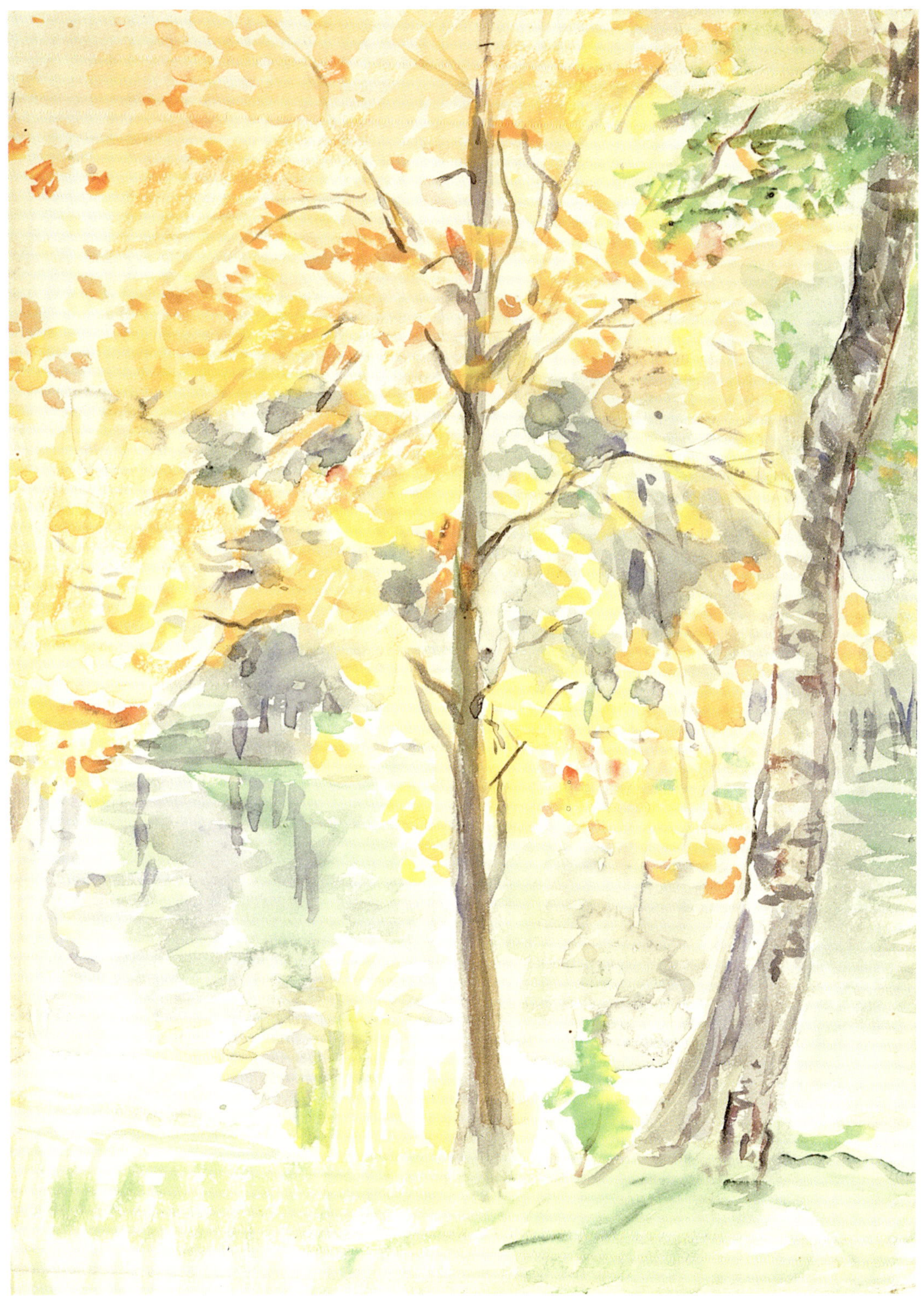

114 Paysanne niçoise, Célestine, 1889

Huile sur toile
H. 64 ; L. 52
CMR 236
Lyon, musée des Beaux-Arts
Inventaire : B 814

Le premier séjour niçois était celui d'un repos nécessaire pour l'artiste comme pour sa fille. Lors de son second séjour, à la villa Ratti, elle est plus confortablement installée, bien servie et peut songer à inviter ses amis à la rejoindre. Ni Monet, ni Renoir, ni Mallarmé, ni même Puvis qui projette de se rendre en Italie ne pourront répondre à son invitation. Les premiers temps, malgré l'attrait du Midi et des motifs, elle peine à trouver son inspiration. Elle écrit ainsi à sa sœur Edma : « J'ai travaillé autant que j'ai pu ; peut-être le résultat paraîtra-t-il bien mince[1]. » Quelques mois plus tard, elle confie à Monet : « Je suis dans une situation délicieuse dont vous auriez profité ; moi pas. Je travaille beaucoup, mais rien ne vient. C'est d'une difficulté atroce[2]. » Comme souvent, elle dénigre son travail et n'a pas le recul indispensable pour l'apprécier à sa juste valeur ; son mari est là pour l'encourager et la soutenir. Elle le dira plus tard à son amie d'enfance Sophie Canat, en remerciement de sa lettre de condoléances : « … le souvenir affectueux que vous avez gardé d'Eugène me touche ; tout le monde ne devinant pas ce qu'il avait en lui de bonté et d'intelligence[3]. »

Le modèle dont nous ignorons le nom mais qui semble être la fille d'amis n'est pas, malgré le titre retenu en 1896, une *Jeune Paysanne niçoise,* c'est une jeune fille en paysanne niçoise. Vêtue d'un simple ensemble bleu agrémenté d'une rose à la boutonnière, la jeune fille, par son rouge à lèvres et ses boucles d'oreilles, montre bien qu'elle pose dans un costume qui n'est pas le sien. Monique Angoulvent l'avait désignée comme la *Petite Niçoise, Célestine.* Compte tenu de ce qu'a écrit Julie Manet, nous pouvons nous demander si le modèle n'est pas Célestine Gigoux dont toutefois nous ne savons rien. Au lieu de représenter le modèle avec la côte et la mer derrière elle – ce qui identifie en général Nice, où le tableau est peint, Berthe Morisot a choisi, au contraire, l'arrière-pays, beaucoup moins connu, et que l'on voit depuis cette montée de Cimiez « un peu dans la montagne », selon la description qu'elle en donne dans une lettre à Mallarmé. Nous retrouvons un tel paysage montagneux à l'horizon depuis de nombreux points de vue, et notamment depuis la colline de Cimiez et dans une carte postale ancienne prise depuis la cascade du château.

Dans ce tableau, Berthe Morisot oppose trois couleurs de fond à son modèle : le brun de la végétation automnale et le bleu de la robe ; puis le vert et le rose de son visage ; enfin, le bleu du ciel et le clair des montagnes et la chevelure foncée. Comme dans certains portraits de la Renaissance italienne, le fond du paysage est constitué de montagnes. C'est là une disposition classique, mais qu'elle traite bien différemment de ses contemporains. Ce choix traduit toute la liberté de composition de Morisot qui assimile et dépasse l'enseignement des maîtres pour traiter le sujet à sa manière.

Lors de la rétrospective posthume, cette toile est datée de 1888 dans le catalogue. Julie la décrit ainsi dans son *Journal* : « … *Paysanne niçoise,* une espèce de sauvagesse brune avec de grands yeux noirs, un petit corsage bleu avec une rose sur le fond des montagnes qui bordent le Var, c'est admirable, ces yeux noirs dans la peau, quel éclat. Maman montre cela en revenant de Nice à M. Gigoux qui crut que c'était son portrait : " la voilà bien cette chère petite, dit-il, mais comme elle est pauvrement vêtue ". »

Julie aimait beaucoup ce tableau ; elle accepta de le céder en 1907, dans des conditions très intéressantes, au musée des Beaux-Arts de Lyon. Louis Rouart le choisit, en 1941, comme couverture de son livre consacré à l'artiste ce qui montre l'intérêt que la famille portait à cette œuvre trop peu connue.

H. W.

1. *Corresp. B. Morisot,* p. 144.
2. Lettre du 7 mars 1889 de B. Morisot à C. Monet, *ibid.,* p. 146.
3. Lettre inédite de S. Canat à B. Morisot, s. d., collection Rouart. Nous remercions M. Yves Rouart de nous avoir autorisé à citer ce passage.

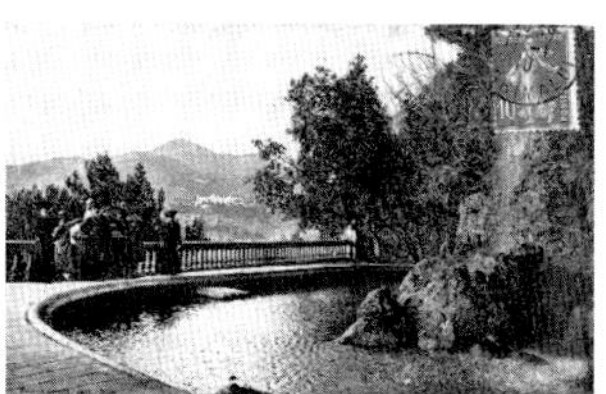

Fig. 1. Nice, les montagnes de l'arrière-pays, détail d'une carte postale, collection particulière.

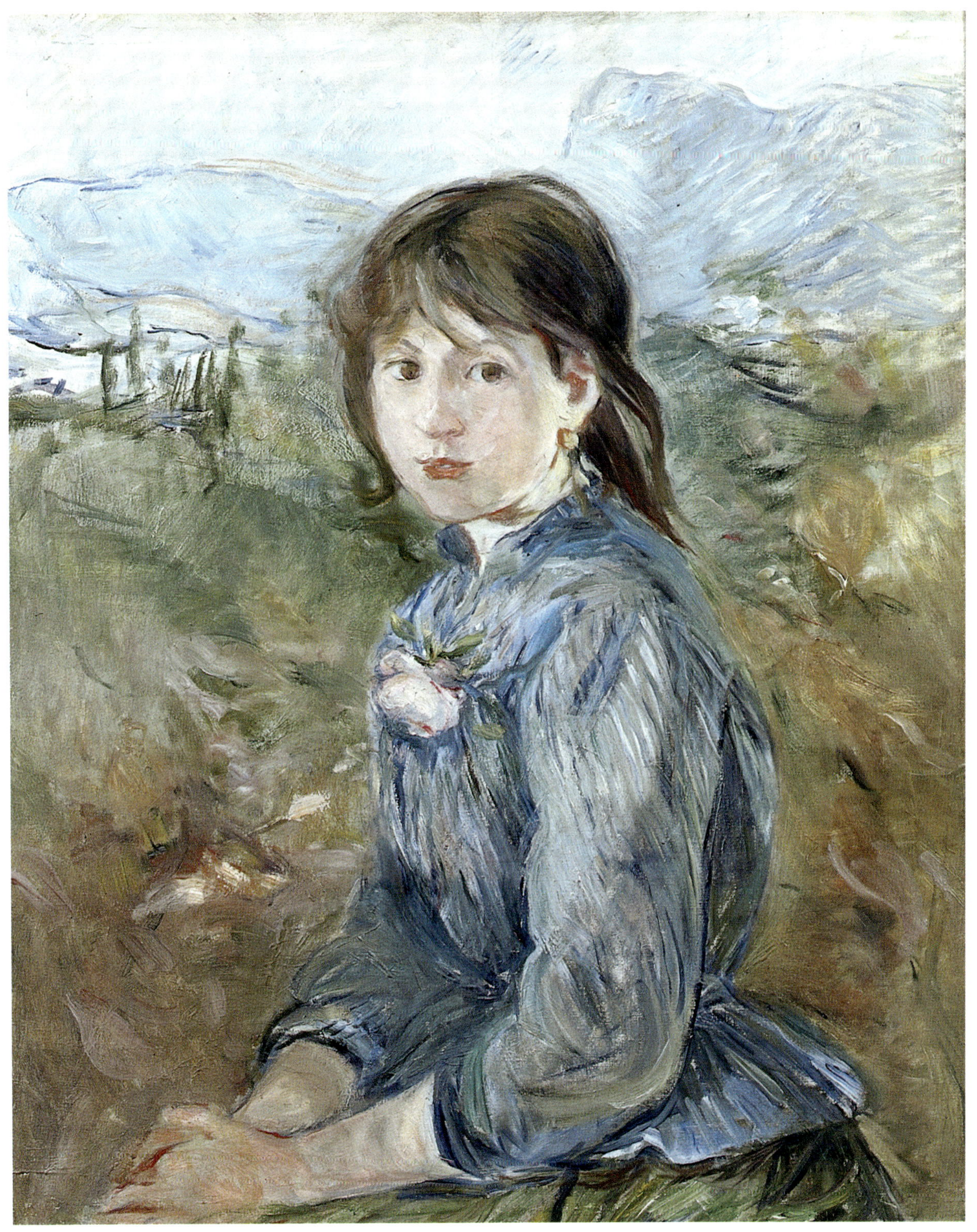

115 La Cueillette des oranges, 1889

Huile sur toile
H. 65 ; L. 49
Cachet de la signature, en bas, à droite
CMR 239
Collection privée

Plus qu'une paysanne récoltant ses oranges, ce tableau semble celui de l'une des jeunes niçoises domestiques de Berthe Morisot à la villa Ratti récoltant les oranges du jardin tout en posant pour l'artiste.

Par rapport au grand pastel préparatoire (cat. 116), plusieurs modifications ont été introduites : la jeune femme a été déplacée sur la gauche, et la composition a été élargie à droite, agrandie en hauteur au-delà des fruits cueillis, et en bas au premier plan. Les effets de la lumière ont été précisés. Le panier a été changé et déplacé vers la droite. D'assez classique, la composition devient résolument impressionniste. Dans le pastel, le visage est au centre, et en hauteur dans le dernier quart de l'œuvre. Dans la toile, la jeune femme n'est plus que dans la moitié gauche ; la scène est ainsi décentrée, ce que les tenants de l'art officiel, comme Toudouze, hors concours au Salon, ne pouvaient accepter. Cela procure une plus grande impression de distance, plus de profondeur au champ d'orangers et plus d'importance tant aux oranges dorées qu'à l'oranger du second plan.

Berthe Morisot étudie les effets de cette lumière sur la terre et à travers les feuillages. Elle modifie les couleurs et coupe l'espace en plans successifs selon la luminosité. Les ombres et le contre-jour introduisent des reflets violets. C'est ce qu'elle avait noté dans son *carnet vert,* utilisé vers 1885-1886 : « Degas dit : l'orange colore, le vert neutralise, le violet ombre[1]. »

Cette *Cueillette des oranges* et *Jeune Fille cueillant des oranges* (cat. 117) sont remarquées par la critique lors de l'exposition rétrospective de 1896. Paul Vraine dit à leur propos dans la célèbre *Revue politique et littéraire* dite *Revue bleue :* « Douces sont ces figures déjà par la gravité de leur regard. Perchées sur l'échelle pour la cueillette des cerises ou enfouies dans le vert feuillage d'un oranger d'or, elles ont de leurs mères la simplicité en même temps qu'elles ont la grâce de cette nature au milieu de laquelle elles ont grandi. » Plus généralement, il trouve dans ces toiles « aussi un reflet de cette vie de famille que Mme Morisot a chérie et dont elle a rendu les gracieux aspects en des toiles d'une tonalité douce et apaisée comme le cœur de ces jeunes femmes, dont la simplicité est imprégnée d'un charme aussi naturel que celui de la rose épanouie au soleil »[2].

Julie Manet a donné cette toile à Stéphane Mallarmé au lendemain de l'exposition posthume pour le remercier de sa préface et de son aide dans l'organisation de cette première rétrospective. Julie lui a fait choisir un tableau et l'a invité à en prendre un qu'il aimait. En faisant ce cadeau, Julie ne pouvait que se souvenir de la visite que sa mère avait effectuée en compagnie du poète chez Monet, en juillet 1890, au cours de laquelle le paysagiste avait offert une toile au poète, qui hésitait à choisir et n'osait prendre une œuvre qu'il aimait, de sorte que Berthe Morisot dut l'inciter à prendre le *Paysage de Giverny*[3]. Pendant le retour, en train, tout content du présent, Mallarmé répétait : « Une chose dont je suis heureux, c'est de vivre à l'époque de Monet. » Quand il racontait ce souvenir, il ajoutait aussi, amusé, qu'il avait certainement choisi un bon tableau puisque Monet avait fait une drôle de tête et même une grimace.

Cette *Cueillette des oranges* rappelait plus encore à Mallarmé les invitations pressantes qui lui avaient été faites de les rejoindre à Nice, où une chambre lui était réservée. Berthe Morisot lui avait écrit le 8 novembre 1888 : « Nous avons un grand jardin, plutôt un verger, avec beaucoup d'orangers dont les oranges seront jaunes le mois prochain ; ce serait un joli moment pour venir ; comme vous me le promettez presque, j'y compte tout à fait. La maison

1. La page correspondante est reproduite dans *Morisot,* cat. exp., 1961.
2. Vraine, 1896.
3. Wildenstein, 1974-1991, 912.

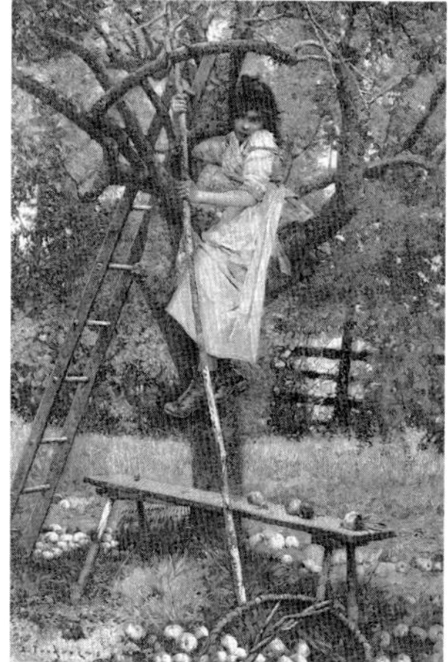

Fig. 1. Émile Toudouze, *Octobre,* Salon de 1892, reproduit en couverture du *Monde illustré,* n° 1839, 25 juin 1892.

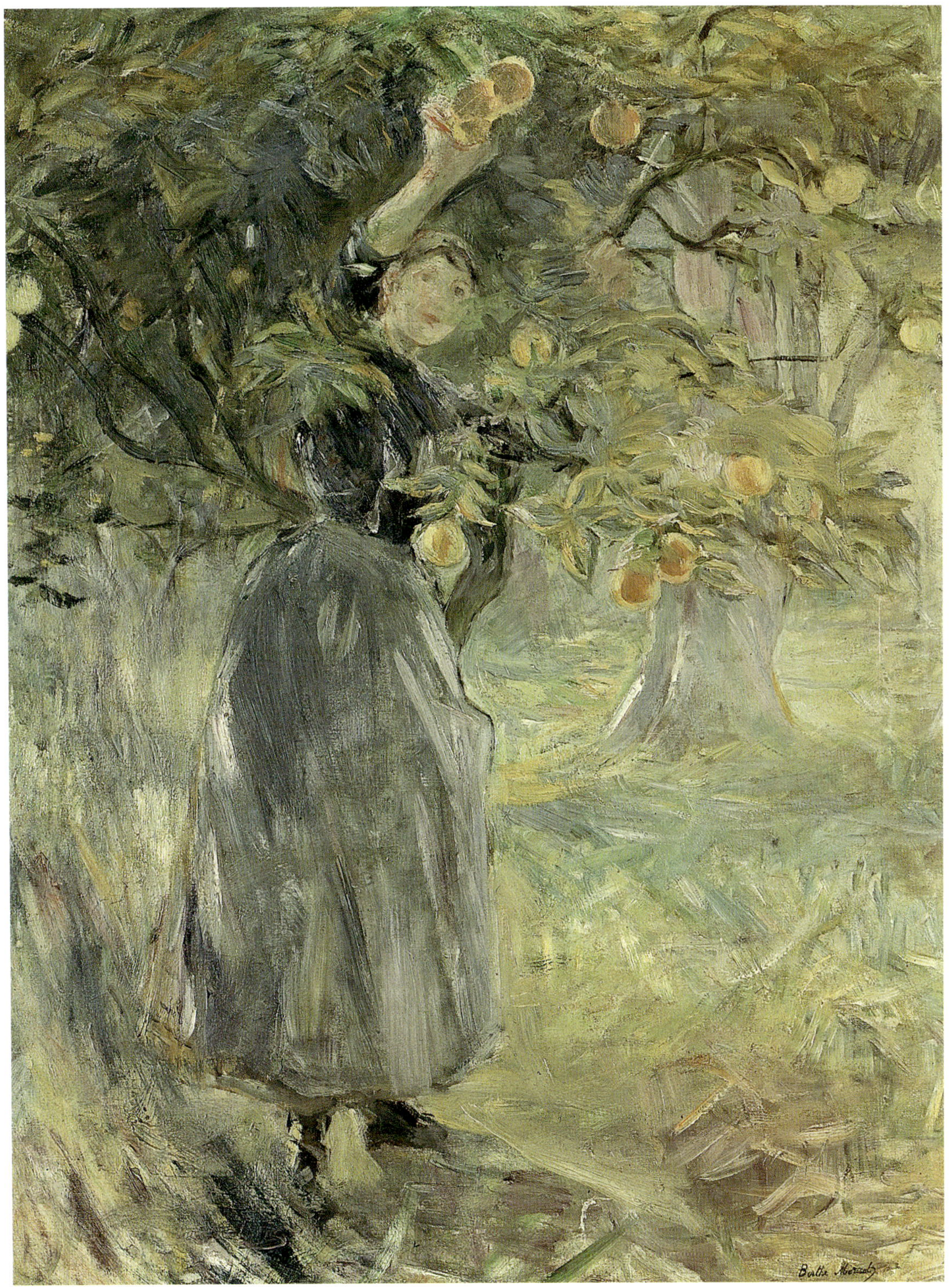

est très spacieuse ; vous y aurez votre chambre avec un peu de vue de mer par-dessus les arbres. Julie la trouve très poétique cette chambre de M. Mallarmé[3]. » Quelques mois plus tard, elle lui avait envoyé des oranges de son jardin avec les feuilles. Elle avait aussi évoqué ces orangers, leur lumière et leur couleur avec Monet comme avec Renoir, qui s'intéressent eux aussi à ce motif. C'est cette amitié et toutes ces relations dont Mallarmé garde le souvenir en choisissant ce tableau.

3. Citée dans *Corresp. B. Morisot,* p. 141.

H. W.

116 La Cueillette des oranges, 1889

Pastel
H. 60 ; L. 46
BW 542
Grasse, musée d'Art et d'Histoire de Provence
Inventaire : 43

Avec ce pastel préparatoire à l'huile homonyme, *la Cueillette des oranges* (cat. 115), apparaît dans l'œuvre de Berthe Morisot un motif qui alimentera ses recherches décoratives ultérieures (cat. 128). C'est au cours de l'hiver de 1888, tandis qu'elle séjourne avec son époux et sa fille près de Nice, que Berthe Morisot confie à sa sœur Edma son enthousiasme pour le paysage méditerranéen : « Ce pays est délicieux ; je travaille, je fais des aloès, des orangers, des oliviers, enfin, toute une végétation exotique bien difficile à dessiner. [...] Je m'exténue à vouloir rendre les orangers, non pas durs, mais comme ceux que j'ai vus de Botticelli à Florence et c'est un rêve que je ne réaliserai pas... Je ne comprends pas que ce pays-ci ne serve pas de grand atelier à tous les jeunes paysagistes, outre sa beauté, on y jouit d'une fixité dans le temps qui permet la recherche plus consciencieuse ; je ne dirai pas que c'est plus facile, car il est diabolique ce pays, d'un dessin qui ne permet pas les à peu près et d'un ton qu'on ne trouve jamais. C'est extraordinaire, comme il y a du Corot dans les oliviers et les fonds[1]. » L'inflexion décorative, la monumentalité de la figure et le soin porté à la construction et au dessin évoquent Botticelli. Berthe Morisot avait effectué un voyage à Florence en 1881. Un croquis témoigne de son affection pour le peintre du Quattrocento[2], qu'elle partage avec ses contemporains, telle Mary Cassatt. Contrairement à celle-ci, dont les recherches aboutissent en 1893 au vaste décor du « Woman's Building » de Chicago, le thème de la cueillette, pour laquelle a posé une jeune Niçoise[3], est dénué de toute vocation symbolique : nul fruit de la connaissance à cueillir ici, semble-t-il[4], mais l'exploration magistrale d'un motif pour lequel Puvis de Chavannes, Pissarro ou Maurice Denis ont éprouvé un égal intérêt.

S. P.

1. B. Morisot à E. Pontillon, hiver de 1888, dans *Corresp. B. Morisot,* p. 144.
2. *Croquis d'après la Naissance de Vénus,* Paris, musée Marmottan, Fondation Denis et Annie Rouart, inv. 6075, repr. dans *Berthe Morisot,* cat. exp., 1996, nº 56, p. 106.
3. J. Manet, *Journal,* p. 90.
4. Sur le thème des fruits de la connaissance, voir la lettre de M. Cassatt à B. H. Palmer, citée dans Barter, 1998, p. 88.

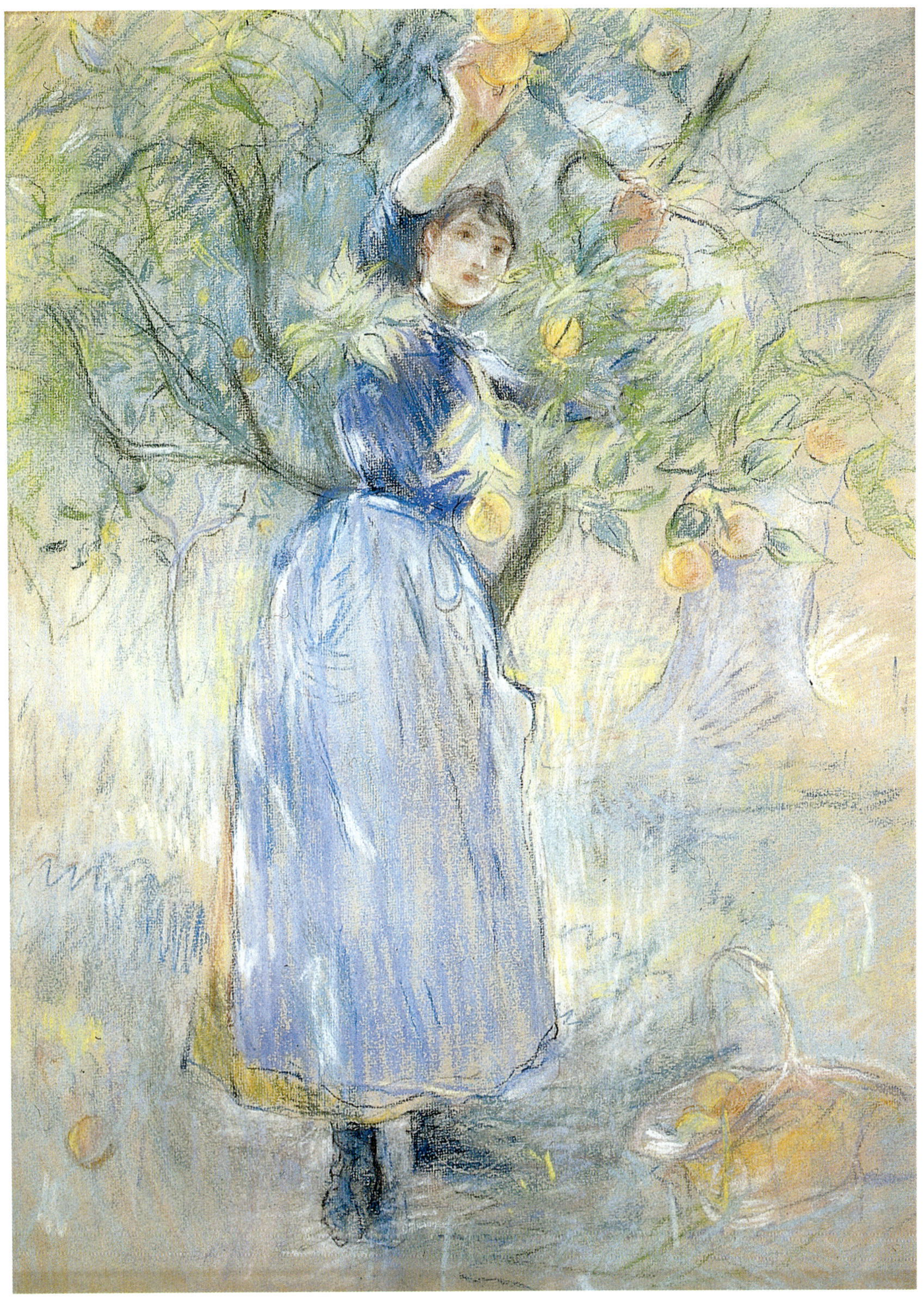

117 Jeune Fille cueillant des oranges, 1889

Huile sur toile
H. 46 ; L. 38
Cachet de la signature, en haut, à droite
CMR 336
Collection particulière

Par sa taille et sa technique cette toile est la première étude préparatoire d'une œuvre plus grande du même sujet qui n'a pas été réalisée. Choisir de représenter de dos la jeune fille cueillant des oranges est presque une provocation par rapport aux habitudes des peintres du Salon ; cela serait acceptable pour un personnage dans une fresque, mais non comme sujet principal d'une toile. Les harmonies des couleurs étudiées ici avec subtilité sont aussi peu acceptables pour les défenseurs de l'art officiel. Par la manière de traiter ce sujet, Berthe Morisot est assez proche de Renoir. Lors de la rétrospective posthume à la galerie Durand-Ruel, Julie Manet note dans son *Journal* à propos de cette toile : « *Jeune fille cueillant des oranges,* une jolie niçoise, toute entourée des branches si vertes et si dorées par les boules oranges, sous lesquelles on voit le terrain brûlé et derrière un tronc lilas d'un olivier où une lumière en dessine le contour, cette lumière ce n'est qu'un coup de pinceau et c'est merveilleux. » L'œuvre est alors exposée à la suite d'une autre *Jeune Fille cueillant des oranges* (cat. 115) datée de 1889 dans le catalogue qui sera offerte à Stéphane Mallarmé pour le remercier de la préface de l'exposition. Les deux toiles sont alors considérées comme étant de la même époque.

Dans son catalogue publié en 1961, Marie-Louise Bataille qui ne connaissait pas le manuscrit du *Journal* de Julie avait daté, en fonction d'arguments de style, l'œuvre de 1893 tout en reconnaissant que l'artiste ne s'était pas rendue dans le Midi cette année-là.

Il faut revenir à la datation donnée lors de l'exposition de 1896. En effet, c'est bien une œuvre exécutée à Nice lors du séjour à Cimiez à la villa Ratti, et le thème de l'oranger avait été le sujet d'une discussion avec Renoir, d'échanges avec Monet et de discussions avec Mallarmé.

Lors de ce séjour niçois de 1889, se font déjà jour des rapprochements avec la touche de Renoir. Sa correspondance avec l'artiste traduit leur intérêt commun pour le thème de l'oranger. Invité à venir les rejoindre à Nice par Eugène, Renoir, qui est à Essoyes où il compte rester jusqu'à la fin de décembre 1888, lui répond : « La maison blanche et la fleur d'oranger, me tentent tous les deux. Le soleil surtout et malgré ça je ne puis encore vous répondre oui. Ce n'est pas l'envie qui me manque mais j'ai à faire mes laveuses puis à déménager. Si toutes ces choses compliquées marchent à souhait. Je tâcherai vers le commencement de janvier d'aller voir la maison blanche et les amis qui sont dedans. Ah, si mes laveuses voulaient bien marcher comme j'irais faire avec joie quelques orangers avec gens au dessous[1]. » Le 29 décembre, Renoir annonce qu'il espère terminer ses œuvres en cours et ses déménagements « ce qui me permettrait d'aller vous dire un petit bonjour et de voir si le climat des oranges vous réussit[2] ». Quelques jours plus tard, travaillant dehors par le froid, Renoir est atteint de paralysie faciale, de sorte qu'il ne pourra rejoindre ses amis à Nice. Lors de ce séjour à Essoyes, Renoir écrit à Durand-Ruel : « J'ai repris pour ne plus la quitter l'ancienne peinture douce et légère. Je ne veux rentrer qu'avec une série de toiles [...] Ce n'est rien de nouveau, mais c'est une suite de tableaux du 18e siècle [...] Je ne me compare pas, croyez le bien à ces maîtres du 19e siècle, mais il faut bien vous expliquer dans quel sens je travaille[3]. »

Avant de vendre cette toile à Georges Renand, sans doute dans les années trente, Julie Manet en avait fait une copie plus petite montrant ainsi tout l'intérêt qu'elle portait à cette toile qu'elle avait pu peindre à cette époque où sa mère lui donnait ses premières leçons de dessin.

H. W.

1. *Corresp. B. Morisot,* p. 142.
2. *Ibid., loc. cit.*
3. *Corresp. Renoir et Durand-Ruel,* p. 63.

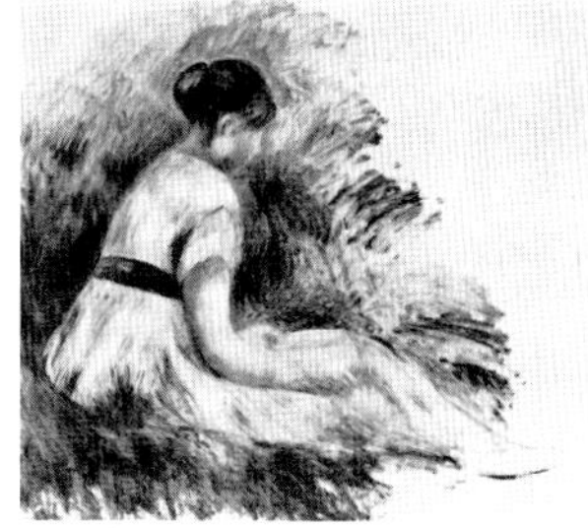

Fig. 1. Pierre-Auguste Renoir, *Jeune Fille assise,* ancienne collection de Berthe Morisot.

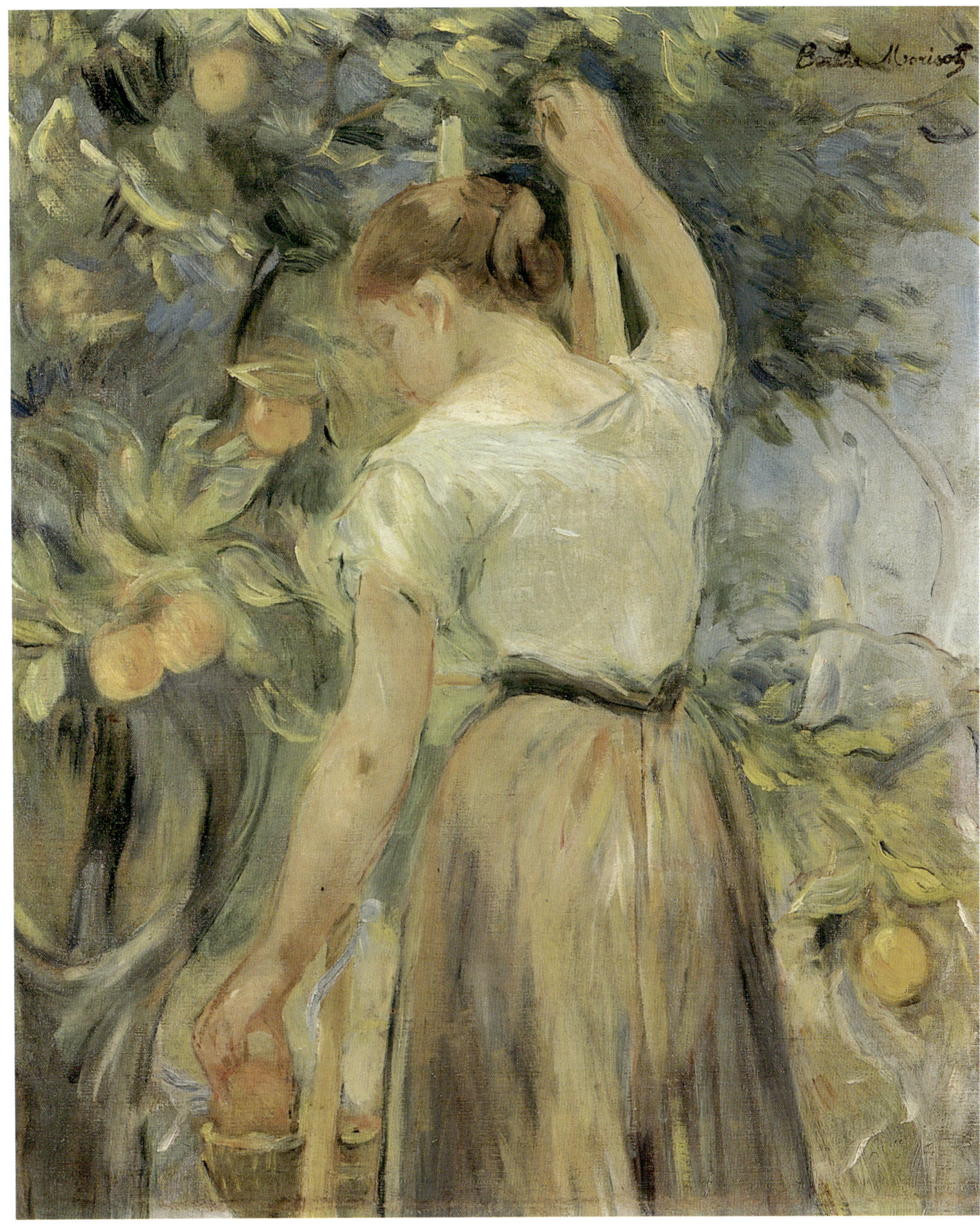
Berthe Morisot

118 La Mandoline, 1889

Huile sur toile
H. 55 ; L. 57
CMR 242
Collection particulière

Armand Fourreau nous apprend que *la Mandoline* avait été « commencée à Cimiez » et achevée « à son retour à Paris » ; pour lui c'est « une charmante peinture que caractérisent une claire lumière, une fine couleur, une extrême souplesse de touche »[1].

La Mandoline est autant un portrait intime qu'une scène de genre. La tenue, la jeunesse du modèle, son habillement et son attitude indiquent qu'il ne s'agit pas d'une musicienne professionnelle mais d'une jeune fille que l'on initie à la musique autant par distraction que pour son éducation.

Une fois encore, le modèle est Julie. Celle-ci, assise sur un tabouret de musique, est représentée de profil, tournée à gauche, la tête légèrement inclinée, jouant de la mandoline.

Le contraste entre les tons et les couleurs est très étudié pour conserver toute son intimité à la scène. Les cheveux encore blonds et assez courts prennent un ton doré avec le reflet de la lumière ; ils sont comme en harmonie avec le bois de son instrument. La blancheur de sa peau est soulignée à la fois par le rose de ses lèvres, par un peu de couleur sur les joues et surtout par son collier de corail. Un bracelet d'or au bras gauche met en valeur la finesse de ses attaches traduisant la jeunesse du modèle autant que son élégance. Sa robe, rose et bleu, laisse les bras nus. La ceinture, rose pâle, divise la robe en deux parties : dans le buste le bleu et le rose dominent ; tandis qu'en dessous, au contraire, l'intensité de ces deux teintes a été atténuée avec le temps et le bleu semble traduire les plis du vêtement.

Comme dans certains portraits de la Renaissance, le fond est monochrome, mais il n'est pas bitumineux comme dans les portraits officiels de l'époque, ce que les impressionnistes avaient condamné. Il est constitué d'un délicat mélange de bleus et de verts apposés en touches verticales ; ainsi, il semble proche d'une soie moirée ou d'une riche tenture d'une grande maison. Pour d'autres portraits postérieurs de Julie, Berthe Morisot adoptera un fond d'un même genre mais avec des tonalités différentes, en harmonie avec les autres couleurs de ces toiles.

Dans une lettre inédite, Berthe Morisot écrit, pendant l'hiver de 1888-1889, à son amie d'enfance Sophie Canat : « … nous ne sommes jamais sur la promenade des Anglais, notre villa avec ses beaux ombrages nous suffit. Les leçons de Julie m'occupent, (la peinture aussi). Nous avons trouvé professeurs de français et de mandoline. Nous devenons très grande et en même temps très forte, les excursions dans la montagne par les sentiers de chèvres sont très fréquentes et un peu au-dessus de mes forces à moi dont les cheveux sont de neige, et les jambes un peu raides. Du monde et des réceptions absolument rien, ou le moins possible, je jouis de ma liberté pensant avec un peu de terreur au moment où il me faudra faire danser ma fille[2]. »

Selon le témoignage de Julie Manet dans son *Journal,* Renoir avait « une grande affection pour ce tableau ». Les deux artistes éprouvaient le même intérêt pour la musique, et tous deux l'ont montré en représentant à la même époque des instrumentistes. En effet, en 1888, Renoir avait peint *les Filles de Catulles Mendès au piano* (New York, Collection Annenberg) qu'il exposera au salon de 1890. Sans doute en 1889, il peint aussi *la Leçon de piano* (Omaha, Joselyn Art Museum) qui aboutirait aux célèbres *Jeunes Filles au piano* en 1892 dont l'une des trois versions sera achetée par l'État à la suite de l'intervention de Mallarmé auprès de son ami Roujon, directeur des Beaux-Arts – les mêmes qui feront acquérir par l'État pour le musée du Luxembourg *Jeune Femme en toilette de Bal* (cat. 46) à l'occasion de la vente de la collection Duret.

H. W.

1. Fourreau, 1925, p. 55.
2. Publiée partiellement dans *Corresp. B. Morisot,* p. 143-144. Nous remercions la famille de nous avoir autorisé à publier la transcription de cette lettre.

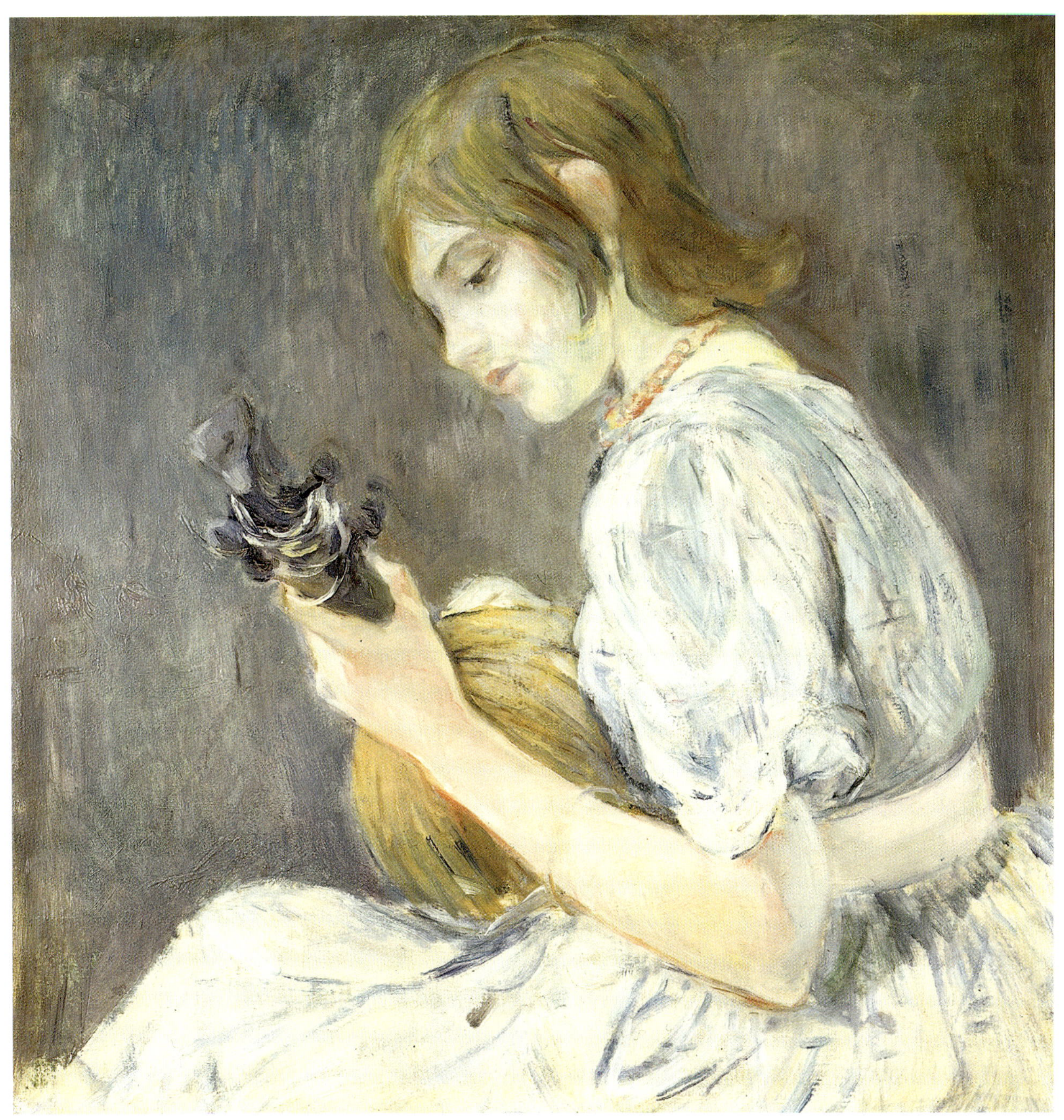

119 Portrait de Julie, 1889

Pastel
H. 26 ; L. 22
Cachet du monogramme, en bas, à droite
BW 552
Collection particulière

En 1889 et en 1890, Berthe Morisot peint à Paris et à Mézy une série de trois portraits de Julie assise ; elle tient un livre ouvert sur les genoux (CMR 249) ou se trouve à côté de la cage de sa perruche (Washington, National Gallery of Art, don de M. et Mme Chester Dale, CMR 266 ; et CMR 267). Pour chacun de ces portraits plusieurs dessins préparatoires sont conservés. Ce pastel est l'étude de la tête de *Julie Manet tenant un livre* (fig. 1).
C'est une étude à la taille du tableau ce qui permet de peindre plus facilement et plus rapidement, l'artiste n'ayant pas besoin d'agrandir son esquisse.
Les différentes études de ces trois tableaux montrent que Berthe Morisot effectue un dessin de l'ensemble et un pastel de la tête. Cela lui permet de demander à Julie des séances de pose bien plus courtes et moins fréquentes qu'en peignant en totalité sa toile directement d'après le modèle. Une telle méthode satisfait l'artiste et le modèle, et en même temps contente la mère et la fille.
Julie est de face. Ses longs cheveux, devenus châtains, séparés par une raie tombent en boucles sur ses épaules. Dans ce dessin, l'artiste s'intéresse à trois aspects particulièrement bien rendus : le visage, les boucles de sa chevelure et les différents reflets de la lumière. De telles précisions l'autorisent à peindre sa toile le plus souvent hors de la présence de Julie ; elles font aussi de cette étude une œuvre en soi.
Dans le tableau final, Berthe Morisot va modifier quelques détails par rapport à son étude initiale. La chevelure se termine de chaque côté sur l'épaule par des boucles ; l'oreille gauche n'est plus totalement masquée par les cheveux ; le nœud rose est un peu plus grand. Enfin, le tableau étant une variation sur le rose de la robe, de ses nœuds et de la peau délicate de Julie, Morisot ne peut étudier cet aspect dans ce dessin préparatoire.

H. W.

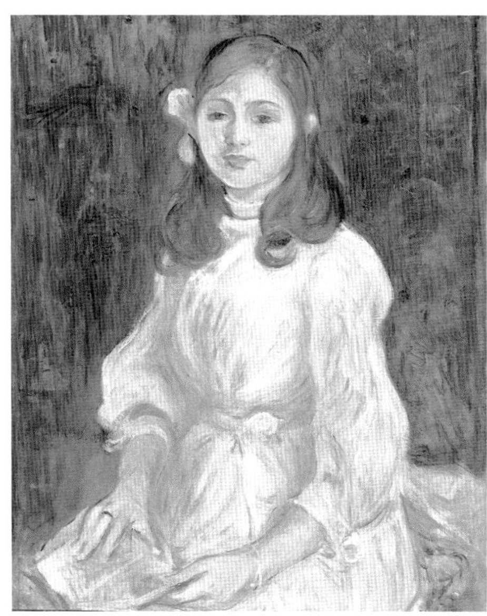

Fig. 1. Berthe Morisot, *Julie Manet tenant un livre,* 1889, huile sur toile, H. 65 ; L. 54, CMR 249.

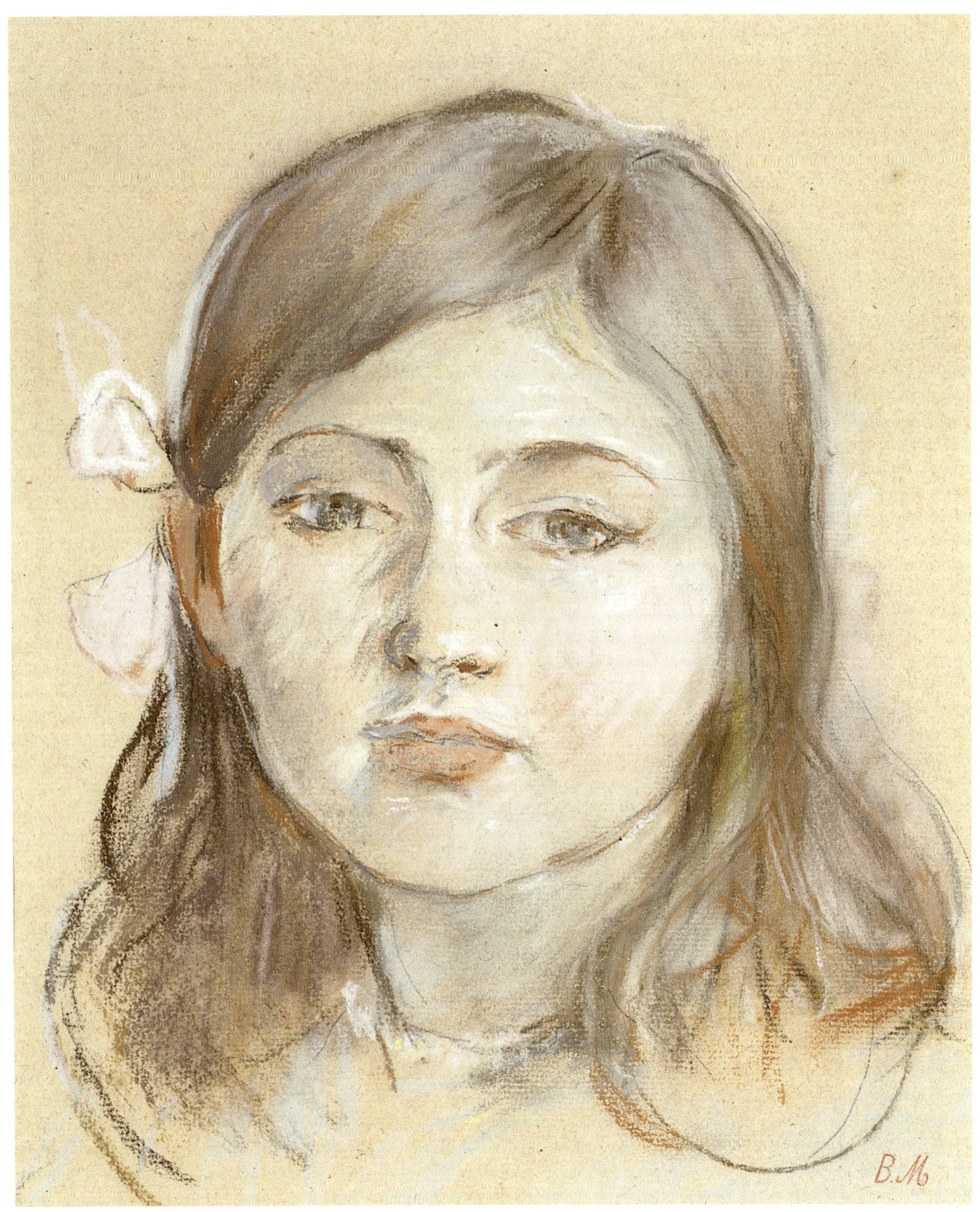
B.M

120 Portrait de Julie, 1889

Sanguine
H. 15 ; L. 11
Cachet du monogramme, en bas, à droite
Collection particulière

La sanguine, au même titre que le crayon, est pour Berthe Morisot une technique d'étude de nombreux motifs. Elle l'utilise le plus souvent seule, mais aussi associée aux crayons de couleur, au crayon bleu ou au fusain. Nous ne savons pas quand et pourquoi elle a commencé à recourir à cette technique ; les premières sanguines conservées datent de 1888, puis deviennent alors assez fréquentes, tant pour l'étude de tableaux qu'indépendamment.

Ce dessin de Julie est une étude pour un portrait qui n'a pas été peint. Elle porte un grand chapeau estival ; quelques années plus tard, en 1892, Berthe Morisot réutilisera ce chapeau en y ajoutant une voilette ou un très proche qu'elle fera porter à un modèle Cocotte pour la *Fillette au panier* (Philadelphia Museum, don Mme Louis C. Madeira ; CMR 297)[1]. Julie ne porte cette robe à petit col dans aucune autre œuvre.

Quelques traits suffisent pour déterminer les formes, les volumes et choisir autant la pose de Julie que la mise en page de l'œuvre. Il est vraisemblable que cette disposition ne correspond pas à celle qui aurait été retenue pour une peinture car Berthe Morisot aurait dû au moins modifier la position de l'une des mains, sinon toutes deux auraient été en dehors de la toile. À l'arrière-plan, la grande stylisation des traits ne permet pas de reconnaître le décor qui avait été choisi par l'artiste.

H. W.

1. Pour la publication en couleurs de ce tableau, on se reportera à l'essai de Scott, 2002, p. 40, pl. 22.

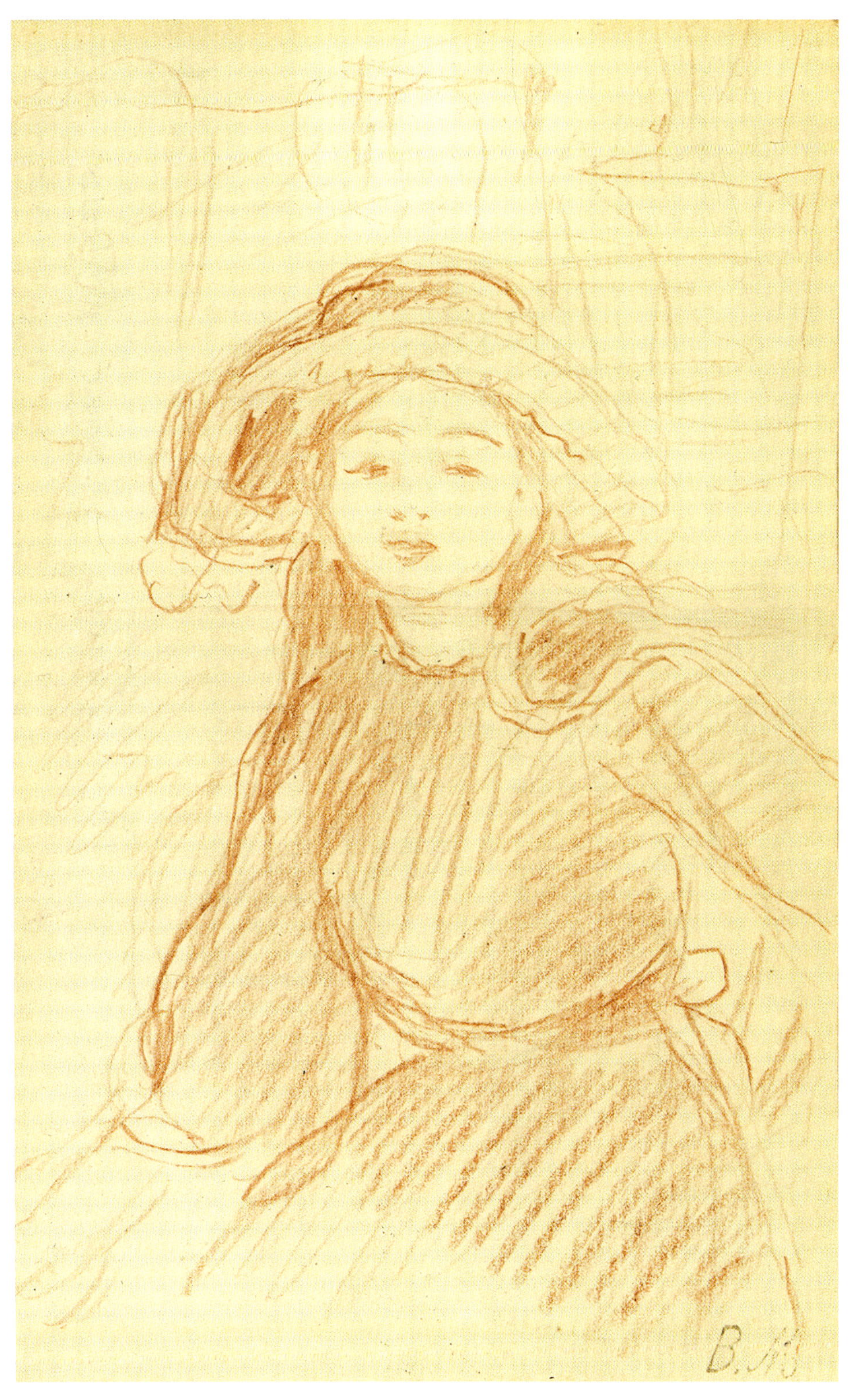
B.M

121 Carnet de Paris et de Vassé, 1889

H. 18 ; L. 12
Collection particulière

Dans ce carnet figurent des dessins effectués à Paris comme les canards sur le lac du bois de Boulogne, d'autres à Vassé.

Deux dessins particulièrement achevés présentent le plus grand intérêt pour comprendre et illustrer sa méthode de travail.

Le Jardin du château de Vassé est peint chez les Vaissière, cousins des Manet. L'artiste a choisi une partie de la façade principale, avec sa haute toiture non symétrique, vue depuis les jardins qui mènent à l'étang, qui se trouve de l'autre côté. Ces parterres de fleurs et ces rosiers sont le sujet principal, la tour n'est là qu'en second plan pour reconnaître le lieu. Dans ce dessin, les couleurs des fleurs sont à peine indiquées de temps en temps. Berthe Morisot a voulu saisir, les formes et les masses, la perspective et la lumière. Un pastel (H. 47 ; L. 61 ; BW 551) reprend exactement le même point de vue et la même perspective ; il avait été exposé, en 1892, chez Boussod et Valadon lors de l'exposition consacrée à Berthe Morisot (nº 40) sous le titre *Jardin du château*. Un petit ivoire (BW 784) reprend ce même motif.

Dans une autre page de ce carnet, *les Champs à Vassé* constituent un témoignage de sa vision, de ce point de vue bien inhabituel qu'elle aime choisir pour ses œuvres. Dans les champs, non loin du château, elle a remarqué les grandes meules de paille qui viennent d'être formées. Son sujet n'est ni la moisson ni les meules, mais le paysage. Elle retient un site très particulier, avec un muret, à droite, et, sur tout le premier plan, une barrière ; cette dernière indique que la ferme est derrière nous. Un peintre du Salon aurait choisi la ferme, la fenaison ou les meules, mais pas cette perspective coupée par la barrière au premier plan. C'est l'un des rares dessins pour lequel elle doit utiliser une partie de la page précédente. Nous ne connaissons aucune toile, ni d'aquarelle ou de pastel issu de cette splendide et inattendue page de carnet.

H. W.

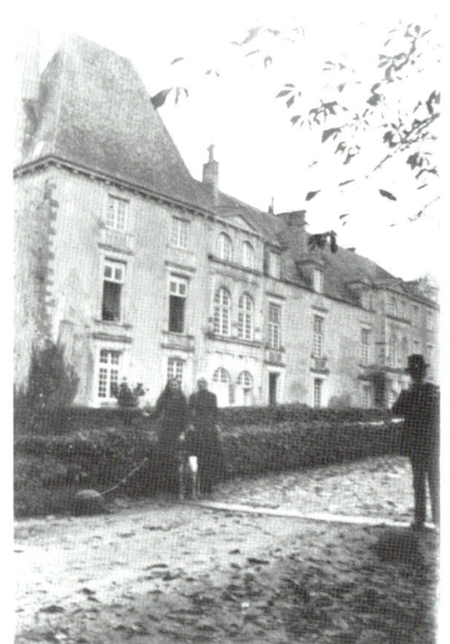

Fig. 1. Berthe Morisot et Julie Manet à Vassé, photographie, collection particulière.

Fig. 2. Canards, esquisses, page du carnet.

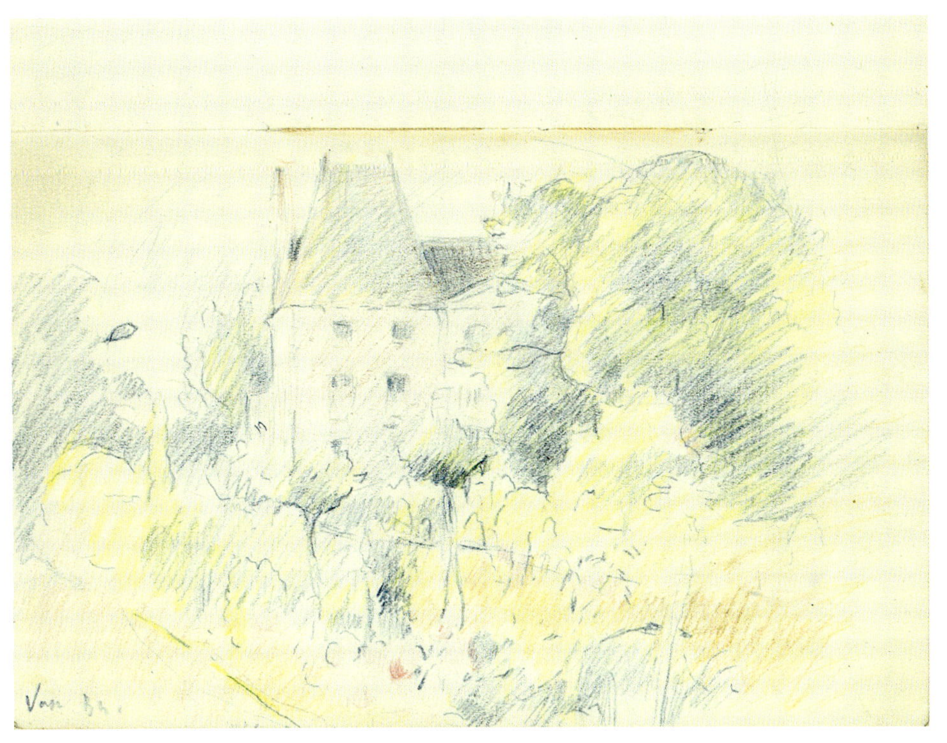

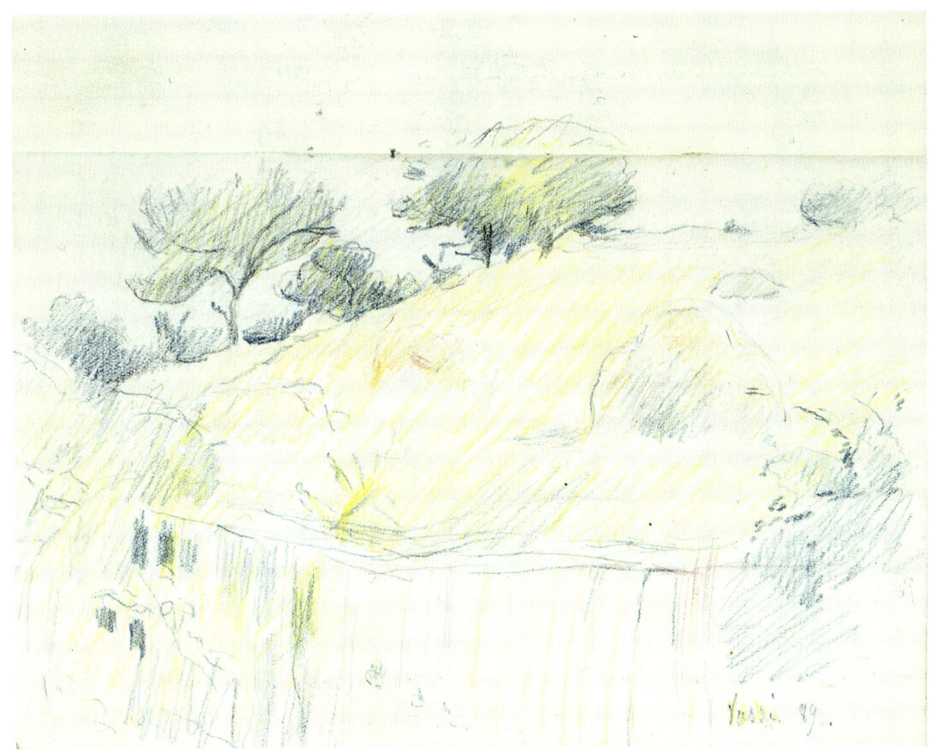

122 Carnet parisien, 1889-1890

H. 18 ; L. 12
Collection particulière

Dans de petits carnets de format de poche, Berthe Morisot prenait des notes, portait ses remarques et ses observations, mais aussi des adresses. Elle traçait quelques croquis, qu'elle commentait parfois des indications des couleurs. Dans d'autres cas, elle faisait des dessins plus achevés.
Dans ce carnet, nous trouvons divers croquis dont quelques-uns ont été publiés, sans indiquer leur provenance, lors de l'exposition au musée Jacquemart-André[1].
L'un des dessins représente *Julie et Jeannie au Louvre.* Toutes deux sont de dos. Julie, reconnaissable à sa queue de cheval, est à gauche, sa cousine Jeannie Gobillard à sa droite. Cette dernière a tourné la tête vers Julie, se plaçant ainsi de profil. Nous ignorons malheureusement devant quelles toiles elles discutent, mais ce sont des œuvres de petit format. Ce dessin fait penser à la série de Degas consacrée à Mary Cassatt et sa sœur au Louvre, mais le dialogue entre les cousines est différent de celui des deux sœurs.
De ce sujet, Berthe Morisot a exécuté également un dessin au crayon de couleur daté par Julie 1889-1890 qui a été exposé plusieurs fois[2].

H. W.

1. *Berthe Morisot,* cat. exp., 1961.
2. *Au musée du Louvre,* 1889-1890, crayons de couleur, H. 17 ; L. 10,5, exposé chez Dru (1926, n° 100), Bernheim-Jeune (1929, n° 168), musée de l'Orangerie (1941, n° 218). Ce dessin avait été catalogué par Angoulvent, 1933, n° 385.

123 Carnet de Nice et Paris, 1889-1890

H. 18 ; L. 12
Collection particulière

Ce carnet montre très bien que Berthe Morisot l'utilise aussi bien comme carnet d'adresses, livre de médication ou carnet de croquis et de dessins.
Elle inscrit deux fois – une au crayon de couleur, l'autre en petit au crayon noir – l'adresse du médecin de Julie, le Dr Lambert, 10, rue de l'Hôtel-des-Postes, et précise qu'il est au premier, ainsi que celle de son homéopathe, le Dr Victor Arnulphy, 29, avenue de la Gare, au premier. En dessous, elle mentionne, de manière peu compréhensible pour nous, le traitement qui lui est donné. Nous ne savons pas pourquoi elle était allée le consulter.
À gauche de ces notes personnelles, pendant le carnaval de 1889, elle dessine ce bateau illuminé dans la nuit sous le titre *la Mamouna.* Dans un fond bleu, de la mer et du ciel, elle étudie les reflets provoqués par ces illuminations. De ce dessin pris sur le vif, l'un des soirs du carnaval, elle tirera un tableau *le Bateau illuminé,* aussi petit qu'étudié (CMR 238), qui a été volé et ne peut donc être exposé ; il montrerait comment cette première vision lui permet de réaliser plus tard, à l'atelier, ce qu'elle a vu et saisi ce jour-là. Cette scène nocturne est très moderne par sa composition, ses couleurs et son étude de la lumière ; elle ne pouvait que choquer les peintres officiels, mais être comprise tant de ses amis impressionnistes que de Whistler qui admire profondément sa peinture.
Ce carnet contient aussi un croquis de Julie jouant de la mandoline (voir fig. 1 ; cat. 124).

H. W.

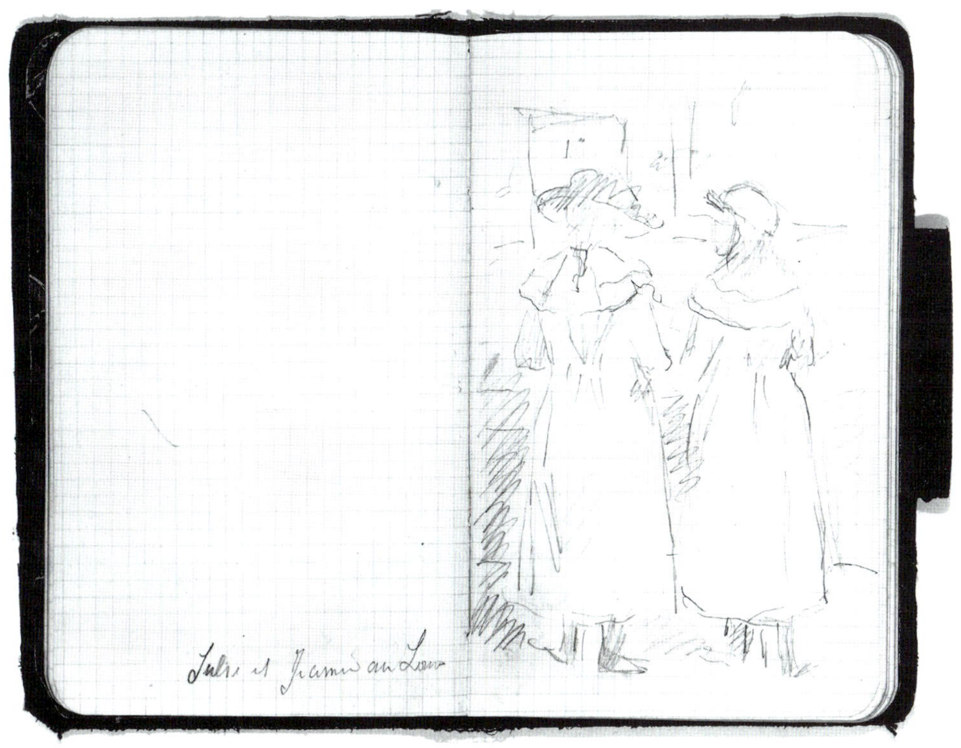

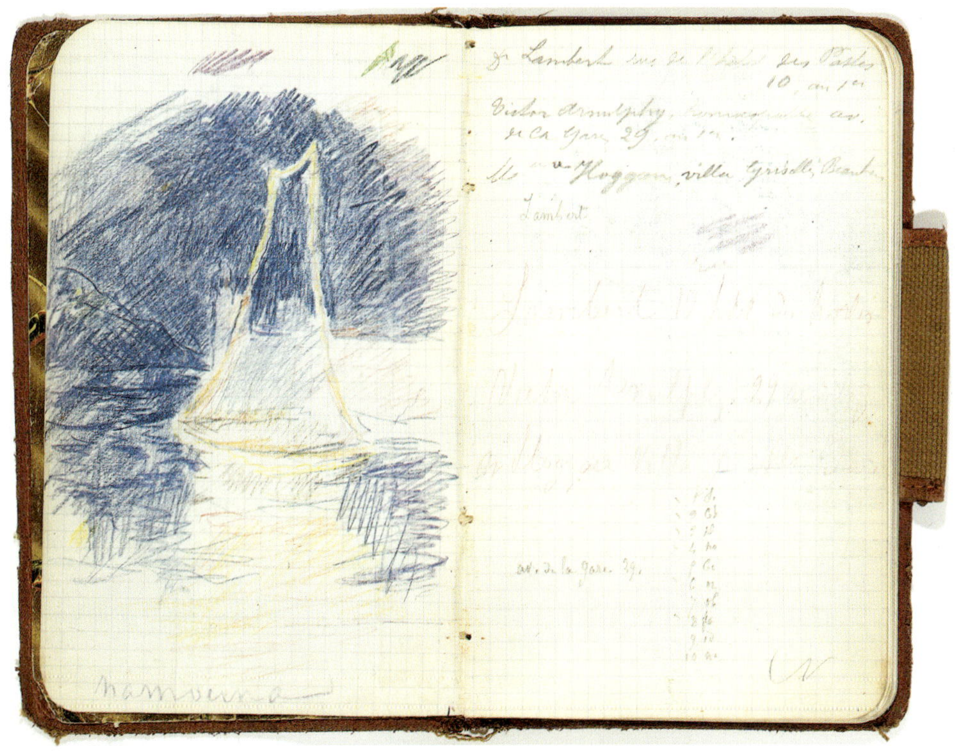

124 Fillette à la mandoline, 1890

Huile sur toile
H. 60 ; L. 73
CMR 253
Collection particulière

À Paris, Berthe Morisot reprend le thème de Julie à la mandoline, déjà traité à Nice. Julie est cette fois-ci de trois quarts à droite. Elle est assise dans le salon de la rue de Villejust, comme le suggère l'esquisse de la colonne avec sa sculpture que nous retrouvons dans d'autres toiles.
Ce tableau est particulièrement intéressant, lui aussi, par tout ce qu'il nous montre de la technique picturale de Berthe Morisot. La toile marron a été préparée par une très fine couche de blanc de Meudon. Ce fond blanc donne un aspect clair et presque transparent à l'œuvre ; il permet aussi d'appliquer de plus minces couches picturales[1]. C'était sans doute également le cas pour *Jour d'été* (cat. 42)[2]. Bien qu'inachevée, la toile est déjà entièrement esquissée et conçue en tous ses détails et ses équilibres de couleurs. Une nouvelle fois, Berthe Morisot prouve que pour elle l'esquisse n'est pas, contrairement à ses contemporains du Salon officiel, une première étude des masses et du dessin, mais tout autant un équilibre des tonalités.
Julie est assise sur une chaise d'acajou au dossier de laquelle pend la lanière bleue de la sacoche de son instrument. Ce trait, comme celui de la ceinture de la robe, souligne la blancheur de la robe du modèle. Les cheveux de Julie ne sont plus blonds, ils ont commencé à foncer ; la coiffure très simple avec une frange, un nœud et une queue de cheval, indique qu'elle est en tenue simple. Il ne s'agit pas d'un portrait destiné à être exposé, mais d'une scène intime ; c'est un souvenir personnel. Ce caractère familial de la scène et de sa destination est manifeste si nous comparons la tenue de Julie avec celles, beaucoup plus élégantes des nombreux autres tableaux qui la représentent, notamment ceux qui furent exposés du vivant de l'artiste. Comme beaucoup de mères, Berthe Morisot aimait avoir une petite fille bien habillée.
Les leçons de mandoline, comme plus tard celles de violon, permettent à l'artiste de peindre, en toute tranquillité, sa fille, absorbée par le professeur de musique. Ainsi Julie n'est pas indisposée par les longues séances de pose et, tout entière à sa musique, ne pense pas au travail de sa mère. Comme les répétitions de mandoline étaient fréquentes, les séances potentielles de pose étaient nombreuses ; nous comptons de nombreux dessins préparatoires, souvent rapides, à la sanguine ou au crayon, des deux tableaux de Julie à la mandoline (cat. 118 et 124).

H. W.

1. Devant cette préparation fragile au blanc de Meudon, nous pouvons nous demander si pour certaines toiles cette fine couche blanche qui se dissout très facilement à l'eau n'a pas été retirée par erreur lors de très anciens nettoyages un peu imprudents des œuvres, ou lors de nouveaux vernissages.
2. Voir *Impressionism...*, cat. exp., 1990, p. 176-181.

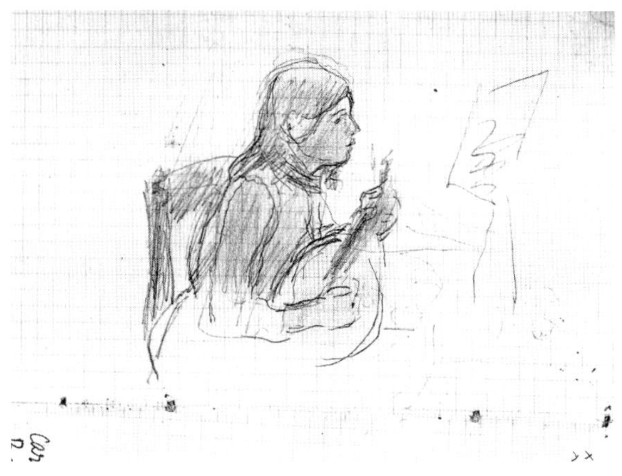

Fig. 1. Berthe Morisot, *Étude pour la mandoline,* page inédite d'un carnet, collection particulière.

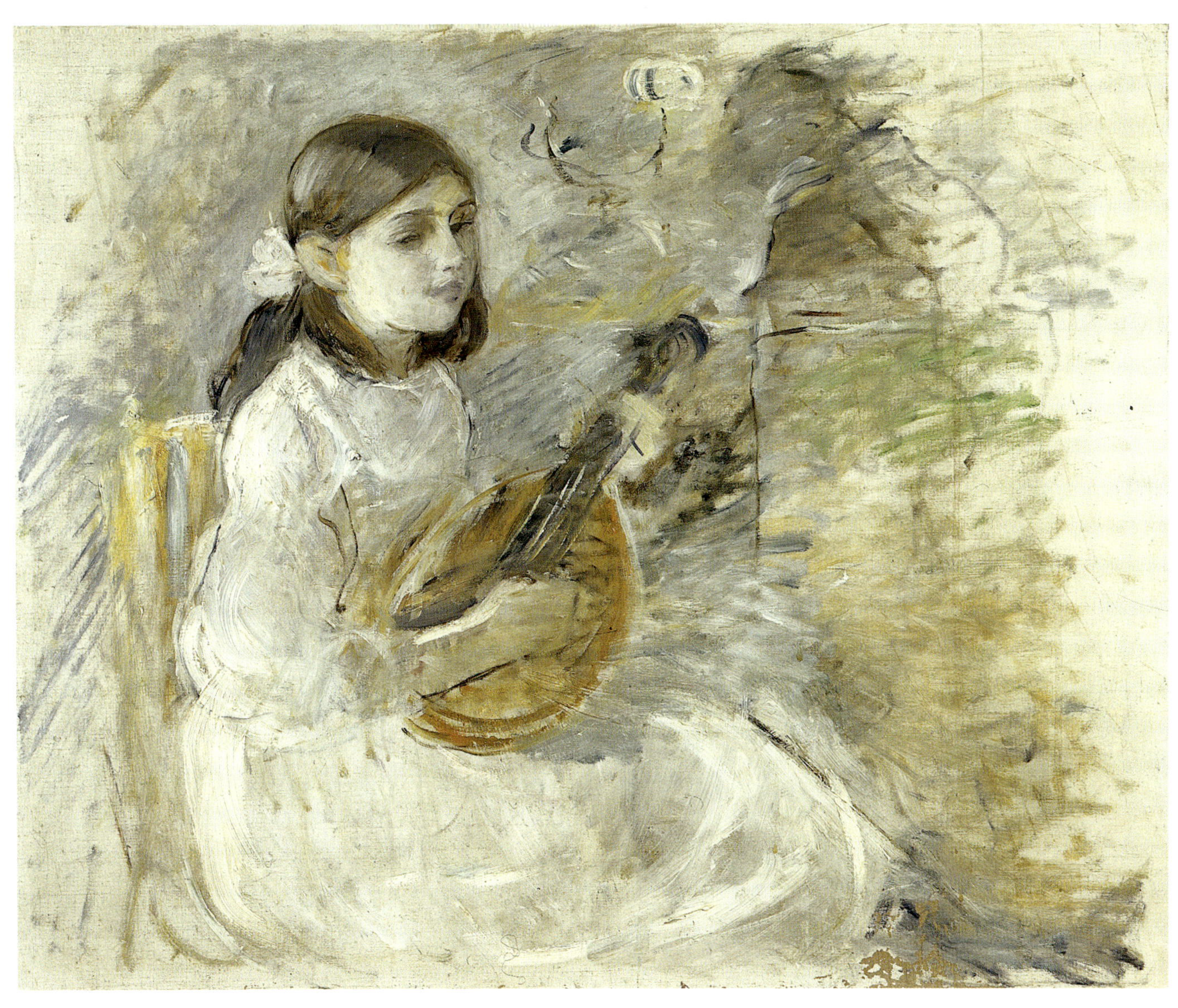

125 Devant la psyché, 1890

Huile sur toile
H. 55 ; L. 46
Signé, en bas, à droite :
B. Morisot
CMR 269
Collection particulière

Vers 1890, Berthe Morisot reprend plusieurs scènes de femme à sa toilette. Comme le dira le célèbre critique Thiébault-Sisson lors de la rétrospective de 1896, son œuvre « est le poème de la femme moderne imaginé et rêvé par une femme moderne ». Ce tableau nous paraît aujourd'hui plus moderne que d'autres par une mise en scène très photographique et par une tenue simple qui peut être de toute époque.

Dans son libelle de la *Nouvelle Peinture,* Edmond Duranty avait expliqué, en 1876, que les artistes devaient peindre la vie moderne. Parmi les divers motifs qu'il assignait à ces novateurs, il leur conseillait de peindre des personnes de dos, pour montrer ce qu'ils pouvaient faire en rupture avec les règles du passé. On n'imagine plus, aujourd'hui, combien pour les contemporains un tel conseil pouvait sembler incongru, voire absurde. Berthe Morisot avait déjà relevé ce défi avec sa *Jeune Femme arrosant un arbuste* (cat. 35) exposé avec les impressionnistes en 1877 ; elle recommence une quinzaine d'années plus tard avec *Devant la psyché.*

Le décor est celui de la rue Weber, le lit Louis XVI est celui du *Lever* (cat. 99) et la psyché est celle de la *Jeune femme vue de dos* (cat. 49). Dans la glace se reflètent deux tableaux et le bas du cadre d'un troisième ; il s'agit du Manet *Berthe Morisot étendue* (cat. 169).

Berthe Morisot a réalisé six dessins préparatoires pour ce tableau. Elle y étudie la position de la chaise, l'angle sous lequel on voit le modèle, la position du drapé, la manière dont elle se coiffe. Dans le dessin du musée du Louvre (cat. 126), l'angle est légèrement différent de celui qui a été adopté dans la toile.

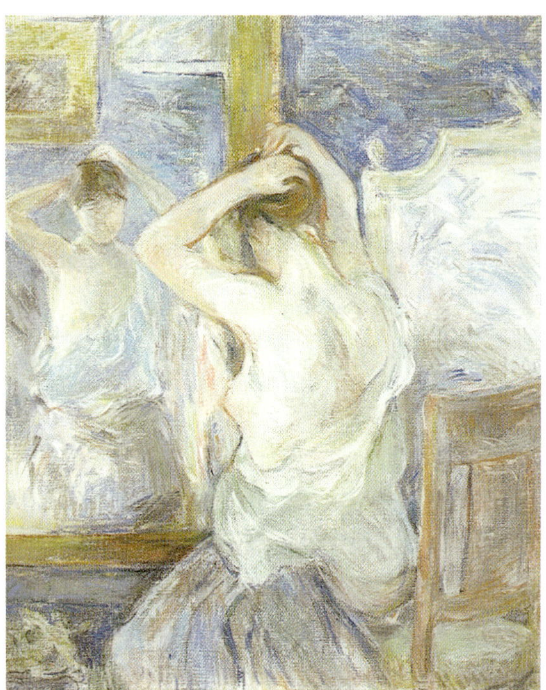

Fig. 1. Edma Pontillon, *Devant la psyché, d'après Berthe Morisot,* pastel, collection particulière.

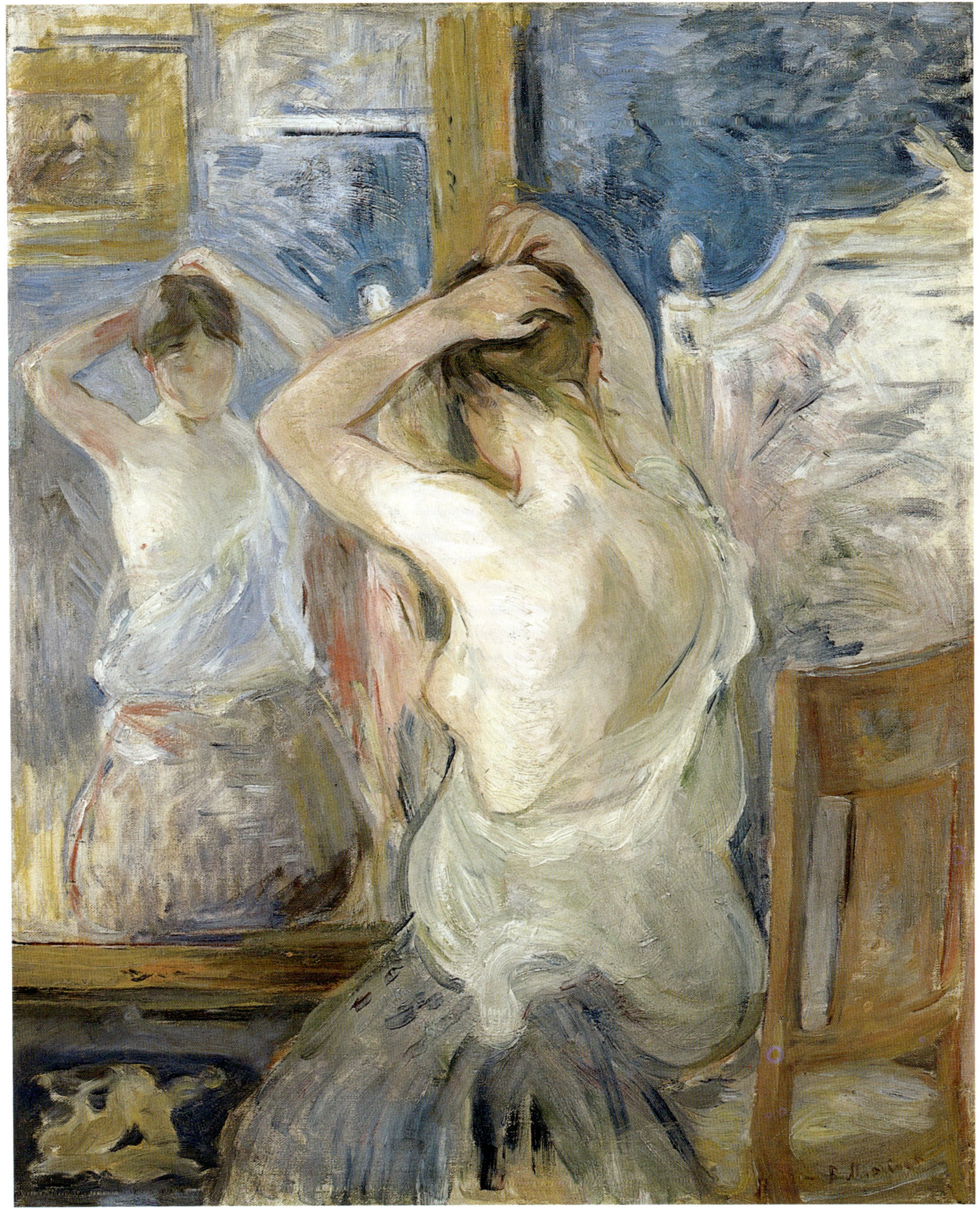

L'œuvre est signée en bas à droite, sur le fond du tissu de la chaise, ce qui indique qu'elle a été peinte pour être exposée, mais nous ignorons si elle l'a été du vivant de l'artiste et où. Lors de la rétrospective de 1896, Julie souligne dans son *Journal :* « *Devant la psyché,* le dos si joliment modelé laissant tomber la chemise ; cette femme au beau mouvement de bras se coiffe devant la psyché empire où elle se reflète. »

Edma qui avait beaucoup aimé cette œuvre de sa sœur en fit une copie au pastel (fig. 1). C'est l'une des rares œuvres dont la copie d'Edma nous est parvenue. Effectuée vingt ans après son mariage et après son abandon définitif de la peinture, cette copie confirme que son attrait pour l'art était resté intact et qu'elle avait conservé toute sa technique malgré une pratique trop rare ; en même temps, elle traduit son admiration tant pour le talent que pour le caractère de cette sœur cadette qui n'a pas accepté de sacrifier son art pour fonder une famille et a préféré attendre malgré les recommandations familiales. De ce point de vue, cette copie par Edma montre aussi toute la chance de Berthe dans son mariage avec Eugène Manet qui lui a permis de réaliser pleinement sa vocation d'artiste.

H. W.

126 Étude pour la Psyché, 1891

Crayon
H. 30 ; L. 20
Cachet du monogramme, en bas, à droite
Paris, musée du Louvre, département des Arts graphiques (fonds musée d'Orsay)
Inventaire : RF 12006

Il existe au moins sept ou huit dessins préparatoires pour *la Psyché* (cat. 125), dont un aux crayons de couleur fut choisi, conformément à la dernière lettre de l'artiste (cat. 196), par Bartholomé en souvenir. Ce dessin du Louvre est l'un d'eux. S'il est particulièrement travaillé, il ne correspond pas néanmoins au tableau finalement peint.

Les changements apportés dans la disposition des choses et des personnes sont peu importants, mais ils suffisent pour modifier tout l'équilibre de la composition. L'artiste s'est avancée vers la scène et le cadrage a été déplacé vers la droite, le miroir n'occupant plus que la moitié gauche de la toile. La chaise est plus près du lit dont on voit une plus grande partie. La position du modèle est presque la même sauf qu'elle est assise plus en avant encore sur sa chaise et qu'elle incline la tête différemment. Le tombé du drapé de sa chemise n'est pas modifié, mais celui de sa jupe l'est tant sur le côté que dans la glace. Le reflet du modèle est moins lointain et le motif s'arrête à celui-ci.

Anne Higonnet a rapproché ce dessin d'une étude par Mary Cassatt d'une gravure du même thème[1]. Dans les deux cas, une femme assise devant une psyché arrange son chignon. Nous ne savons pas dans quelles circonstances les deux artistes ont abordé le même thème, ni si l'une a inspiré l'autre, ni si c'est un tiers ou l'œuvre d'un tiers. Toutefois les modèles ne sont pas les mêmes ; celui de Cassatt est plus âgé, comme le montrent sa poitrine et son ventre ; les formes de celui de Morisot sont nettement plus juvéniles. De ses études Cassatt a tiré une gravure[2], dont nous ne connaissons qu'un vernis mou, et a repris le thème différemment, notamment pour l'une de ses aquatintes ; des siennes Morisot a peint un tableau, *Devant la psyché.*

H. W.

1. Higonnet, 1992, p. 184, fig. 77 et 76, et pour deux autres dessins des mêmes séries p. 183, fig. 74 et 75.
2. Breeskin, 1979, p. 180, pl. VI et VII.

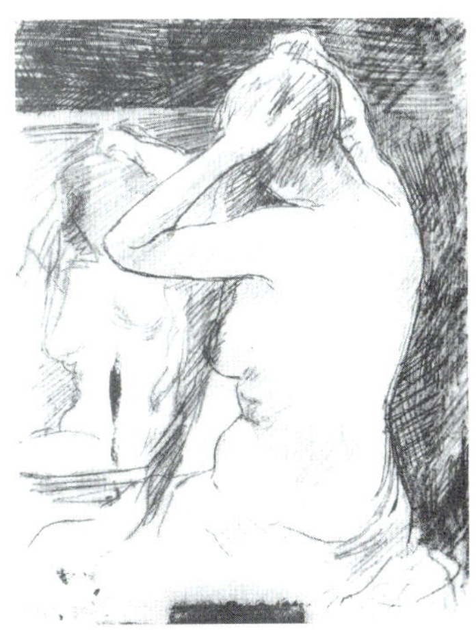

Fig. 1. Mary Cassatt, *Étude pour la Coiffure*, vers 1891, H. 14,6 ; L. 11,2, localisation inconnue, reproduit d'après Breeskin, 1979, p. 180, pl. VI.

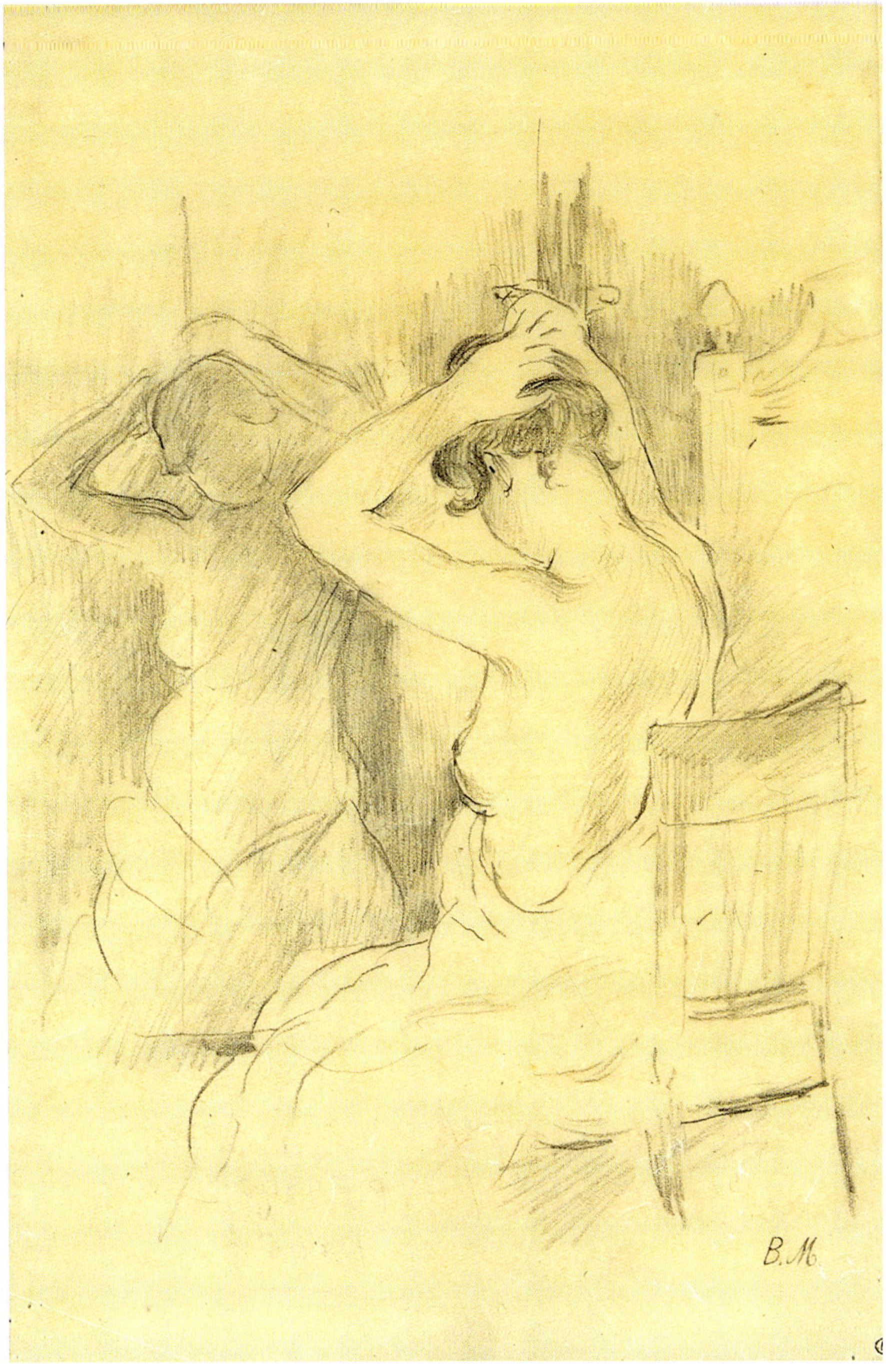

127 Paysage à Mézy : dans le jardin de La Blotière, 1890-1891

Crayons de couleur
Cachet des initiales,
en bas, à droite
Collection Mme Alexander Lewyt

À Mézy, la famille Manet passe deux étés, en 1890 et en 1891. Au cours de ces deux séjours, Berthe Morisot exécute au moins trente-cinq toiles, dont l'importante série du *Cerisier,* autant de pastels, huit aquarelles et plusieurs dessins. Le séjour est parfois mélancolique car elle se plaint de ses yeux, qui « faiblissent terriblement » et qu'Eugène se remet lentement ; dans de tels moments, elle confie à Sophie Canat : « ... j'ai grand besoin de rajeunir en revoyant mes amies de jadis et vous plus que tous autres. »

Dans cette même lettre inédite à son amie Sophie Canat, datée du jeudi 4 septembre 1890, elle explique la cause de ce séjour et les raisons de son choix : « Vous vous étonnez de me savoir à Mézy et me demandez comment je m'y trouve. C'est par le plus grand des hasards. Tout simplement les annonces de John Arthur. Il s'est trouvé que le loyer de la maison était dans mes prix, le pays fort joli, le curé abordable, et m'y voici depuis le mois de Mai. La saison a été sensiblement pluvieuse, mon mari a cultivé la vigne en conscience mais ne récoltera pas de raisin. Il est mieux, saviez-vous qu'il avait été fort souffrant l'hiver passé de l'Influenza et se remettait mal à Paris ? c'est, en partie, ce qui m'a décidée à quitter la ville de si bonne heure[1]. »

Les paysages, la vie à la campagne sont alors ses thèmes favoris, plus que Julie et sa cousine Jeannie Gobillard. À Mézy, Berthe Morisot a donc trouvé d'autres sujets et d'autres modèles. Elle peint ainsi quelques paysages pleins de couleurs et de lumière. Après le séjour dans le Midi, elle travaille de manière différente la lumière, plus transparente, et perçoit avec plus d'acuité encore les couleurs des paysages, comme elle le fait dans ce crayon de couleur.

Dans ce village des coteaux de la Seine, elle sait trouver, à La Blotière, et alentour, dans quelques toiles, pastels ou crayons de couleur, des paysages qui nous charment.

H. W.

1. Coll. part. Nous remercions son propriétaire de nous avoir autorisé à publier cet extrait.

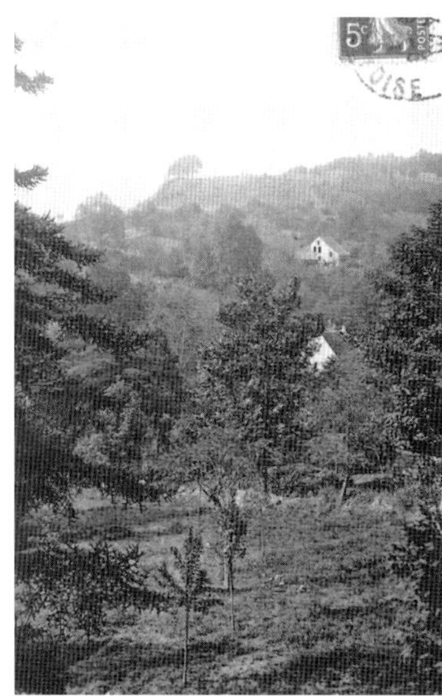

Fig. 1. Mézy, carte postale.

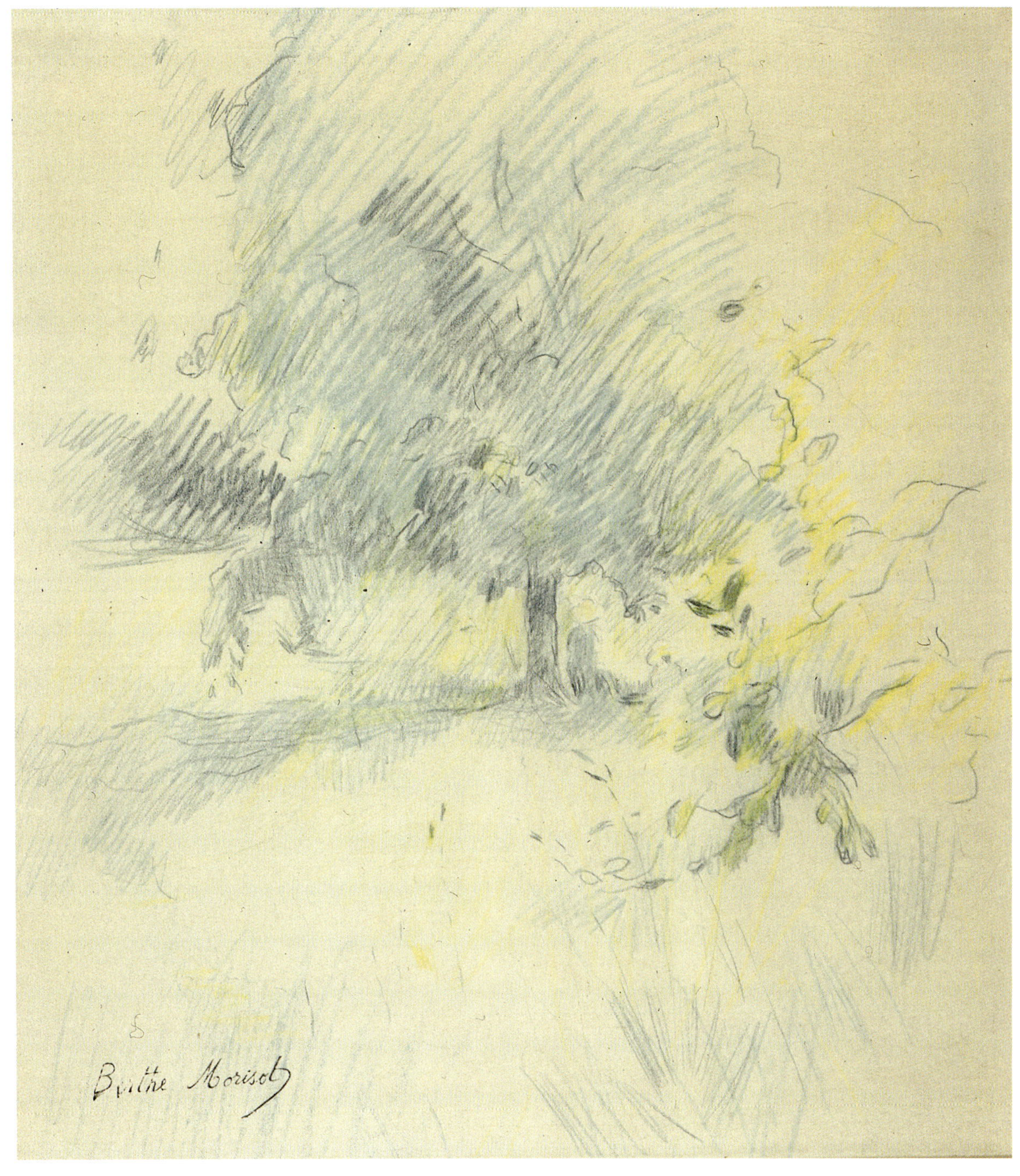
Berthe Morisot

128 Le Cerisier, 1891

129 Jeune Fille cueillant des cerises, 1891

130 Étude pour le Cerisier, 1891

Huile sur toile
H. 154 ; L. 84
CMR 281
Paris, musée Marmottan, Fondation Denis et Annie Rouart
Inventaire : 6020

Sanguine
H. 74,5 ; L. 50,7
Washington, National Gallery of Art, don M. et Mme Paul Mellon en 1995
Inventaire : 1995.47.62

Aquarelle
H. 37 ; L. 26
BW 791
Collection particulière

De l'été de 1891 à l'hiver de 1892-1893, Berthe Morisot se consacre à la grande composition du *Cerisier,* renouant ainsi avec le thème de la cueillette, traité avec éclat quelque deux ans plus tôt (cat. 115 à 117). À l'instar des autres impressionnistes, tels Renoir, Cassatt ou Monet, qui destine au salon de Berthe Morisot *les Villas à Bordighera* (fig. 12 ; p. 54), Berthe Morisot entreprend à partir de 1885 de grands formats décoratifs (cat. 91). Comme chez Renoir, cette orientation nouvelle passe par un retour à une préparation méticuleuse de la composition finale (cat. 129). *Le Cerisier,* assurément la plus complexe et la plus ambitieuse incursion de Berthe Morisot dans cette voie, a suscité des dessins préparatoires aux techniques variées et trois versions d'ensemble à l'huile. Si Julie Manet, à l'occasion de l'exposition rétrospective de 1896, se montre diserte sur la genèse des différentes toiles, dont Mallarmé, Renoir et Degas n'apprécient pas les mêmes versions, elle passe sous silence le travail graphique qui contribua à la maturation de la composition[1]. L'exposition accordait pourtant une place de choix aux dessins de l'artiste, soulevant d'épiques disputes entre Monet et Degas[2] : l'aquarelle (sous le n° 290) et la sanguine (sous le n° 231) y étaient présentées[3].

Dans la tradition de l'enseignement artistique, Berthe Morisot a multiplié les études d'ensemble et de détail, à l'huile (coll. part. ; CMR 278) et sur le papier. Pour aucun autre tableau elle ne s'est astreinte à un exercice préparatoire si complet. Le catalogue Bataille-Wildenstein recense deux aquarelles mettant en place la composition définitive[4]. De grand format, fouillées, elles semblent se rapporter aux deux premières versions du *Cerisier* (CMR 279 et CMR 280), car les deux modèles, Julie Manet et sa cousine Jeannie dans un premier temps[5], ont encore le visage complètement masqué. La grande similitude entre les deux aquarelles incline à leur donner des vocations différentes, préparations de versions distinctes ou, pour l'une ou l'autre, rétrospective d'un état ayant éventuellement servi de passage entre deux versions.

La jeune fille au sommet de l'échelle (Julie puis Jeanne Fourmanoir) est l'élément de la composition qui a subi les changements les plus notables au gré de l'évolution de la composition : une étude à l'huile (CMR 278) et de somptueuses sanguines s'y rattachent. La maîtrise qu'y révèle Berthe Morisot contraste avec le faible nombre de feuilles connues, postérieures à 1886[6]. L'admiration qu'elle éprouva à la vue des grandes sanguines que lui montra Renoir en 1886 paraît en effet l'avoir encouragée à pratiquer cette technique[7]. Le mouvement des bras du modèle au sommet de l'échelle a tout particulièrement requis étude et réflexion, et l'on peut regretter que ce que l'on regarde comme la composition définitive (cat. 128) ait abandonné le geste du bras dissimulant le visage. La vigueur décorative de la composition s'en trouve amoindrie. Comme pour *la Cueillette des oranges,* Berthe Morisot a eu à l'esprit l'exemple du *Printemps* de Botticelli. La coloration de la robe de Julie diffère également, ici réchauffée et avivée de rose.

D'après le témoignage de Julie Manet, *le Cerisier* aujourd'hui à Marmottan est « le plus travaillé[8] ». Commencé durant l'été de 1891 à la maison Blotière de Mézy, il est achevé à Paris rue Weber : entre-temps, Berthe Morisot exécute une version plus petite, qui a la préférence de Degas[9], et une première grande version (1891, coll. part. ; CMR 280). En août 1891, de retour de Mézy, où il a vu la « toile aux cerisiers » en cours, Renoir, en proie à des préoccupations artistiques voisines de celles de Berthe Morisot, l'encourage à achever sa composition afin de la présenter « au Champs de Mars[10] ». Berthe Morisot n'exposa pas en 1892, chez Boussod et

1. J. Manet, *Journal,* p. 84. Il n'existe pas de catalogue raisonné de l'œuvre dessiné de Berthe Morisot.
2. J. Manet narre les tribulations du paravent auquel Degas accroche les dessins (*ibid.,* p. 79). Ce paravent est également très présent dans les lettres de Degas à Julie précédant l'ouverture de l'exposition. Au-delà de l'anecdote, il illustre l'attention que Degas accordait, au rebours de l'opinion générale, à l'art graphique de Berthe Morisot. Voir cat. 42.
3. Nous remercions Yves Rouart de nous avoir communiqué le catalogue annoté par Julie Manet, comportant les dimensions manuscrites de certaines œuvres.
4. Notre aquarelle BW 791 et BW 792.
5. Julie est remplacée ensuite à Paris par Jeanne Fourmanoir (J. Manet, *ibid.,* p. 84).
6. Voir par exemple *Berthe Morisot…,* cat. exp., 1997, nos 80 et 85.
7. Voir *supra,* S. Patin, p. 42.
8. J. Manet, *ibid.,* p. 83.
9. Idem, *ibid.,* p. 84.
10. *Corresp. B. Morisot,* p. 160.

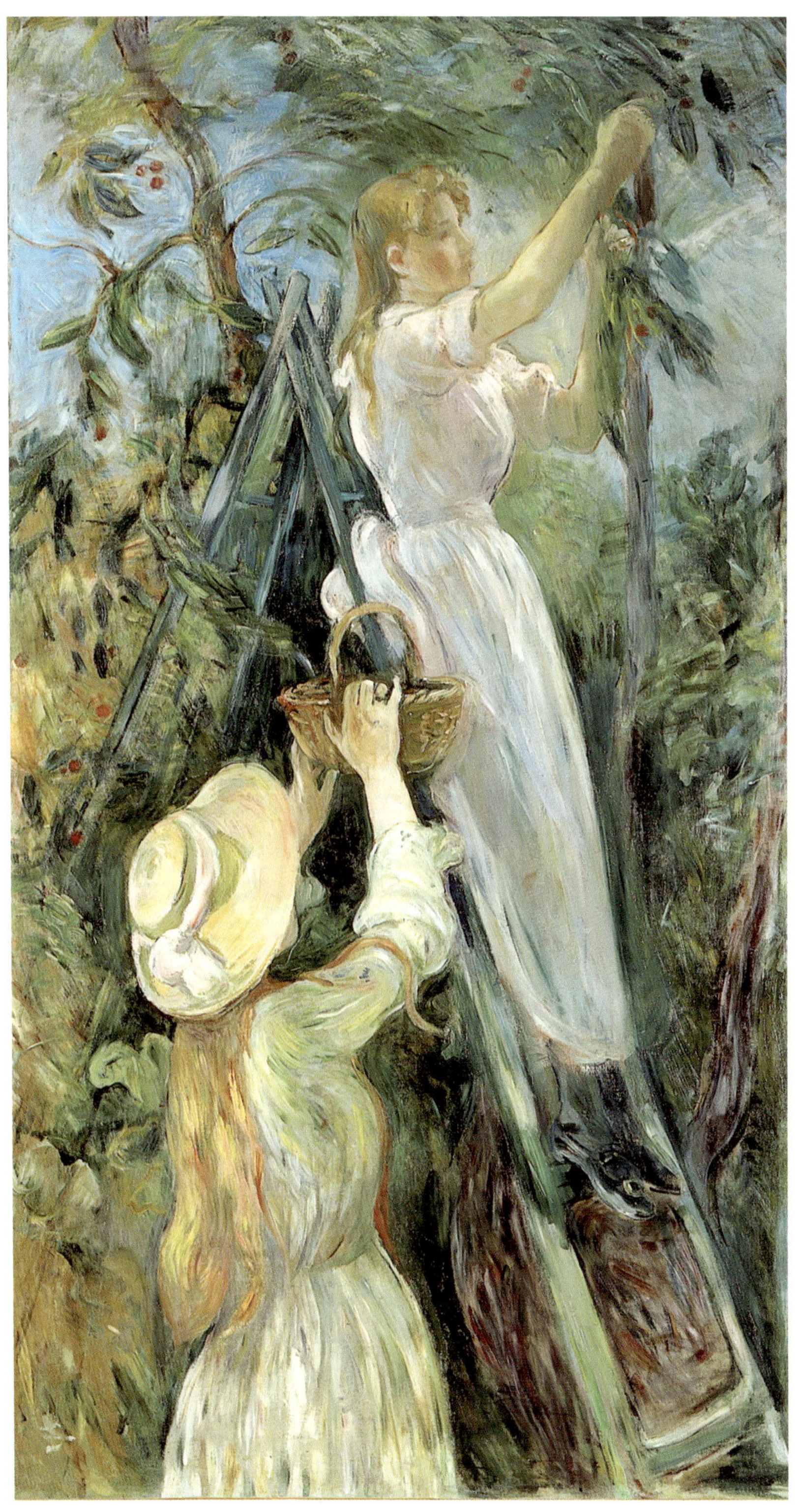

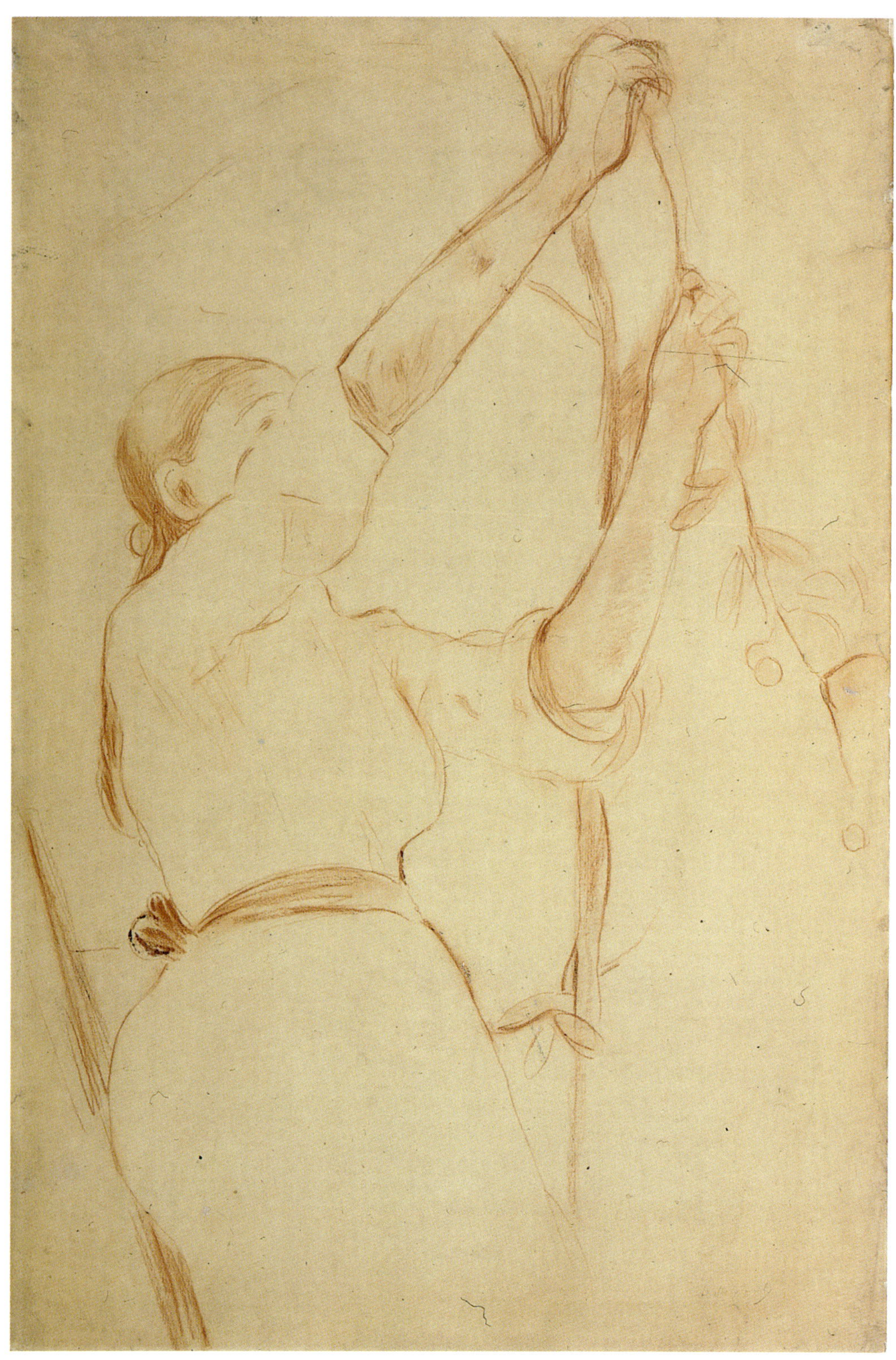

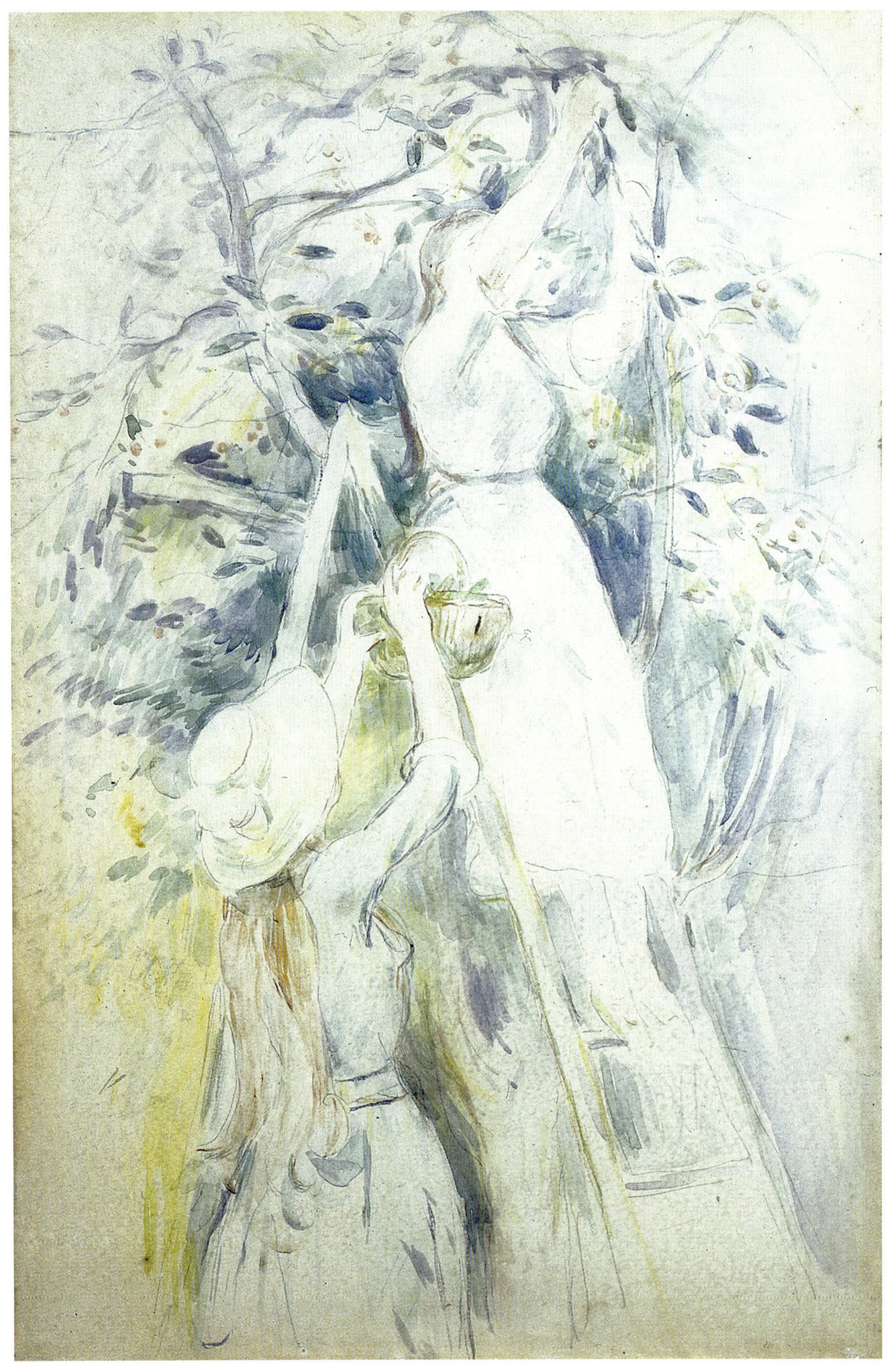

Valadon, l'œuvre que Julie Manet, Degas, Mallarmé et Renoir montrèrent lors de l'exposition posthume, en 1896, sous le numéro 2 : « M. Mallarmé aime mieux le numéro 2 et moi aussi ; peut-être est-ce parce que Maman le considérait comme de beaucoup le mieux et qu'elle y avait plus travaillé[11] ? » En janvier 1895, poursuit Julie Manet, Berthe Morisot faillit vendre, par l'intermédiaire du marchand Camentron, la toile, qui avait trouvé un acquéreur en Gabriel Thomas, cousin de l'artiste, admirateur de Maurice Denis, qui exécute, en 1892, pour Henri Lerolle un plafond décoratif sur une scène de cueillette (*l'Échelle dans le feuillage,* Saint-Germain-en-Laye, musée départemental Maurice-Denis). Berthe Morisot conçut immédiatement quelque regret à se séparer de son tableau et confie à Julie en juillet 1895 : « J'ai bien fait de ne pas le vendre ; j'y ai travaillé si longtemps, à Mézy, la dernière année où vécut ton père, j'y tiens et tu verras qu'après ma mort tu seras bien contente de l'avoir[12]. »

S. P.

11. J. Manet, *Journal,* p. 84.
12. Idem, *ibid., loc. cit.*

Bergère couchée, 1891 131

Bergère couchée, 1891 132

Huile sur toile
H. 35 ; L. 56
Timbre de la signature, en bas, à droite
CMR 283
Collection particulière

Huile sur toile
H. 64 ; L. 116
Signé, en bas, à gauche :
CMR 284
Paris, musée Marmottan, Fondation Denis et Annie Rouart
Inventaire : 6021

Les scènes champêtres de travaux agricoles ou de bergère sont des thèmes que Berthe Morisot traite pour la première fois à Mézy. À Gennevilliers, en 1875, lorsqu'elle peint *Dans les blés* (CMR 46, musée d'Orsay, legs Personnaz), il s'agit plus d'un paysage que d'une scène champêtre. À Bougival, elle s'était intéressée toutefois à la récolte des foins, mais avait plus peint des meules que le travail des champs, même si celui-ci est représenté (cat. 67 et CMR 134). Sans doute lors des promenades autour de La Blotière, Julie pose des questions et s'intéresse à ces sujets nouveaux. Un autre facteur a été très important. À Mézy, Julie a noué des relations avec des enfants qui, comme elle, préparent leur première communion. Ces enfants de la campagne n'ont pas manqué de lui parler de leur vie et de leurs activités. Parmi ceux-ci, la jeune Louis-Gabrielle Dufour, qui a presque le même âge, sert de modèle à sa mère ; elle et d'autres membres de sa famille acceptent ainsi de poser pour Berthe Morisot.

Une bergère couchée est le thème bucolique par excellence. Corot, qui fut son maître, en a représenté, seule ou en groupe, gardant un troupeau de chèvres ou dansant, en compagnie de tiers, de musiciens ou seule. Selon les artistes le paysage a plus ou moins d'importance par rapport aux personnages, et la scène est plus ou moins directement liée à quelque texte antique.

La *Bergère couchée* a été conçue comme un grand panneau décoratif. Avant de le peindre, Berthe Morisot réalise plusieurs croquis et dessins préparatoires. Elle peint ensuite une petite *Bergère couchée* (cat. 131) après en avoir préalablement brossé le décor sur une autre toile, *la Vallée de la Seine à Mézy* (San Diego Museum of Art ; CMR 282), ainsi qu'une petite toile de la chèvre (CMR 286). Ce n'est qu'après qu'elle exécute la grande *Bergère couchée* (cat. 132).

Sur les collines de Mézy, surplombant la vallée de la Seine, la jeune Louis-Gabrielle Dufour – dont le prénom usuel est Gabrielle[1] – est allongée dans l'herbe, sa chèvre Colette broutant à côté d'elle. Elle est vêtue d'une jupe lilas, d'un chemisier blanc à manches courtes, de bas bleus, d'un fichu rouge aux reflets orangés dus à des effets d'ombre et de lumière. À l'annulaire droit, elle porte une bague. Dans cette étude, le paysage a autant d'importance que la scène de la bergère. Cela n'est pas étonnant car chez Corot de telles scènes bucoliques sont souvent le prétexte pour peindre tel ou tel paysage italien. En fait, l'intérêt de Morisot est moins le paysage de cette vallée de la Seine que l'harmonie des tons et des couleurs. Dans cette première composition, l'attention est plus portée sur l'aspect d'ensemble, les grandes masses et les couleurs que sur les détails de la composition ; elle étudie l'harmonie et l'équilibre général. Les gradations de lumières, les effets d'ombres et de soleil sont aussi traduits avec soin selon les techniques impressionnistes. Avec ces oppositions des couleurs qui ne pouvaient manquer d'étonner à l'époque, l'ensemble est harmonieux et évoque, mais différemment, cette quiétude habituelle des scènes bucoliques.

Pour la peinture décorative, Berthe Morisot choisit une toile dont les dimensions sont doubles, c'est-à-dire que la surface est quatre fois plus grande que l'étude. Il lui faut à la fois représenter certains détails et rester plus générale pour avoir une vision d'ensemble sans se perdre dans les précisions inutiles, surtout si la toile est destinée à être un dessus-de-porte, de glace ou de cheminée. Dans la grande *Bergère couchée,* Berthe Morisot change le décor et atténue les contrastes. La jeune Gabrielle devient autant une nymphe qu'une jeune bergère. Le décor n'est plus celui de la vallée de la Seine, à la fois trop peu idyllique et prenant trop d'importance par rapport à la jeune fille, mais au bord d'un champ à l'ombre d'un poirier. Le ciel et l'horizon ont disparu de la composition. Toute l'attention est concentrée sur la jeune bergère, et, accessoirement, sa

1. À son sujet, on se reportera aussi au cat. 133 à 135.

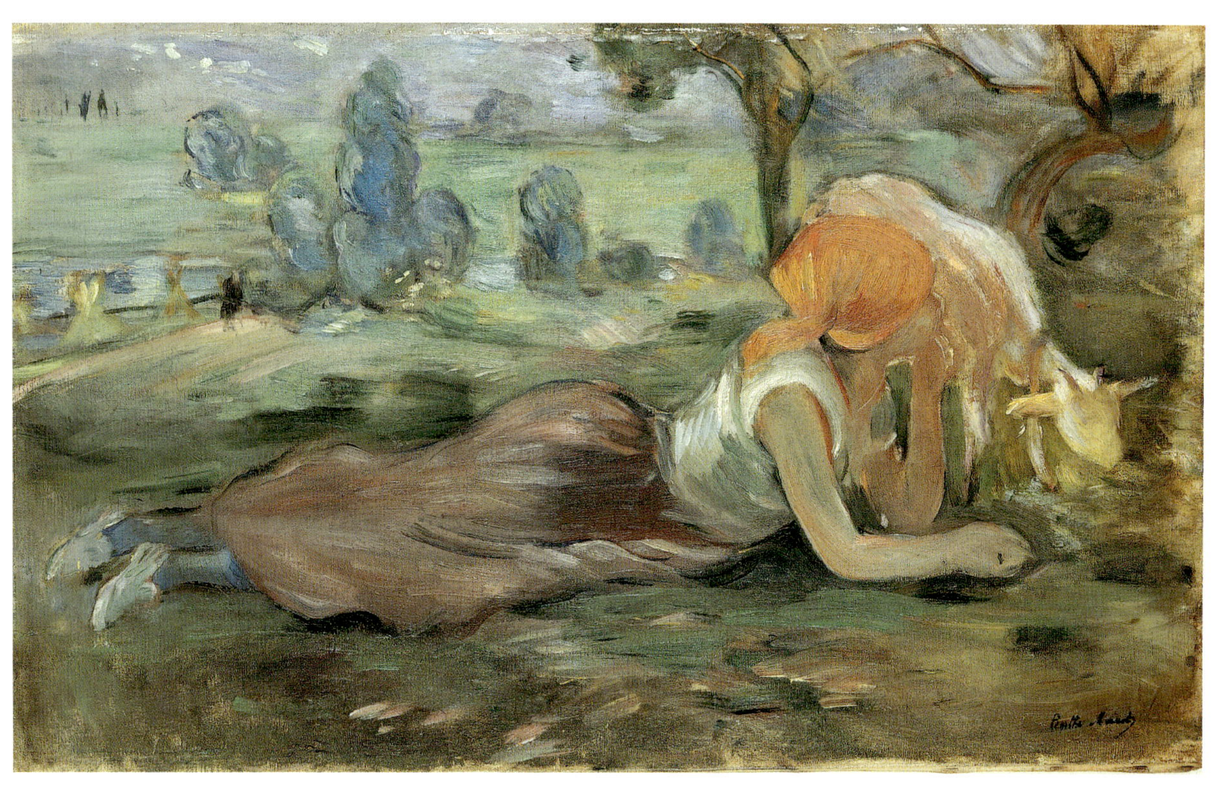

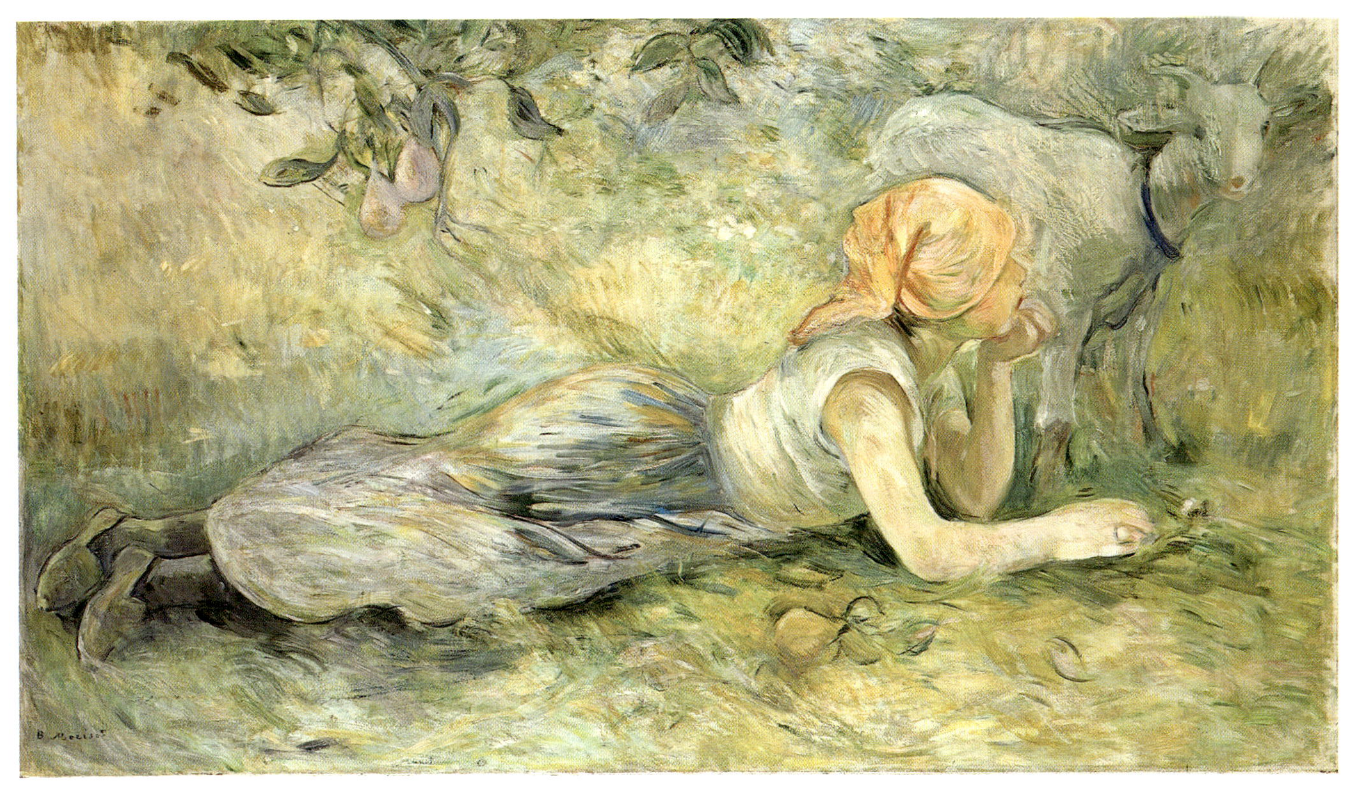

chèvre. Le décor précédent a été remplacé par des foins et derrière la chèvre par quelques broussailles. Gabrielle a trouvé refuge à l'ombre d'un poirier dont quelques branches ployant sous le poids des fruits constituent le premier plan, au-dessus de la jeune fille. Une poire est par terre près d'elle ; nous ne savons si elle est tombée de l'arbre ou si elle a été cueillie pour être mangée prochainement.

Il n'y a pas d'horizon, pas de ciel, et les branches du poirier descendent très bas. Malgré cela subsiste encore, grâce aux foins derrière Gabrielle, l'impression d'espace.

La jeune Gabrielle a gardé les mêmes vêtements que précédemment. Seuls ses collants ont changé, atténuant les oppositions de couleurs. Au lieu d'être allongée dans l'herbe verte d'un pré, la jeune bergère l'est au milieu d'une herbe rase et peu abondante à l'ombre du poirier. Ayant modifié l'environnement de Gabrielle qui est passé du vert au jaune et à l'ocre, Berthe Morisot a adapté les couleurs des vêtements. La jupe lilas a une couleur moins tranchée, le chemisier est moins blanc à l'ombre, le foulard, noué sur la tête, est plus orangé que rouge à cause de l'ombre. L'équilibre de la composition est remarquable. En visitant l'exposition posthume, en 1896, où cette toile est exposée, Julie Manet note dans son *Journal* : « *Bergère couchée,* Gabrielle, de Mézy, cette sauvagesse qui fit sa première communion avec moi, avec son mouchoir rouge sur la tête, la jupe lilas, elle est étendue sur l'herbe, la petite chèvre Colette à côté d'elle. C'est un très beau panneau décoratif qui est toujours au dessus d'une des glaces du salon[2]. »

Berthe Morisot considérait ce tableau suffisamment achevé et réussi non seulement pour le signer, mais surtout pour l'exposer, en 1892, à la galerie Boussod et Valadon. À cette occasion, dans l'influent *Mercure de France,* le poète et critique Albert Aurier remarque « ... ces *Faneuses,* cette *Bergère couchée,* [...] toutes ces apriliennes apparitions de gamines roses, de babies rieurs, surgis en cet air si transparent et si tendre[3]. »

H. W.

2. J. Manet, *Journal,* p. 86.
3. Aurier, 1892, p. 259-260.

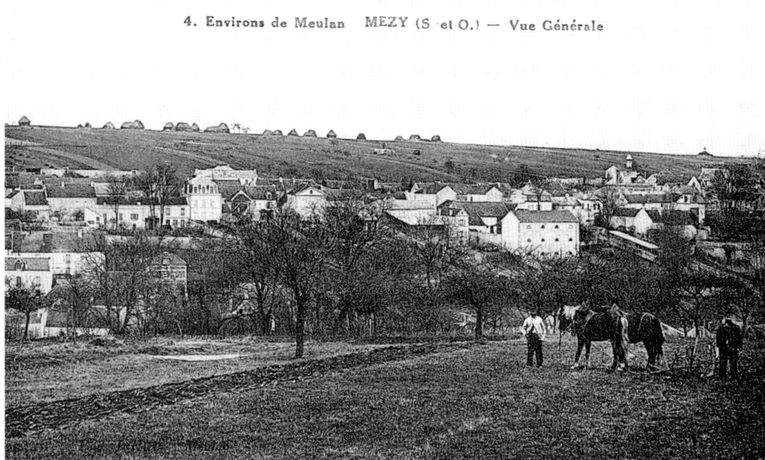

Fig. 1. Vue d'ensemble de Mézy, carte postale, vers 1900, collection particulière.

Huile sur toile
H. 56 ; L. 86
Timbre de la signature, en bas, à droite :
CMR 285
Madrid, collection de la baronne Carmen Thyssen-Bornemisza
Inventaire : CTB 2000.9

Une jeune fille nue étendue dans la nature correspond à de nombreux sujets bucoliques ou mythologiques. Ce peut-être, par exemple, une allégorie d'un fleuve, une nymphe se séchant au soleil à la sortie d'un bain, l'une des servantes de Diane ou une nymphe nue allongée. Le modèle est trop jeune pour être Diane, Vénus ou quelque divinité. De tels sujets ont été traités régulièrement par les artistes y compris par Corot, le maître de Berthe Morisot. Ce dernier n'a pas toujours cherché une justification mythologique, historique ou une référence littéraire pour une telle toile.

En janvier 1886, devant des *Baigneuses* de Renoir, Berthe Morisot avait noté dans un *Carnet :* « Je ne crois pas que l'on puisse aller plus loin dans le rendu de la forme, et une série de femmes nues entrant dans la mer me charment au même point que ceux d'Ingres. Il me dit que le nu lui paraît être une des formes indispensables de l'art. » Au cours des étés de 1890 et de 1891, Renoir vient séjourner à Mézy. Il a vu les modèles et les œuvres en cours ou terminées. Devant la grande *Bergère couchée,* il a pu inciter Berthe Morisot qui hésitait à traiter différemment le même sujet. Le modèle, Gabrielle Dufour, est très jeune. Selon l'état civil de Mézy[1], Louis-Gabrielle Dufour est né le 19 janvier 1879. Elle a donc douze ans, un an de moins que Julie. Cela explique sa morphologie, avec ces jambes très longues par rapport au reste du corps, et cette poitrine tout juste naissante. Selon les critères académiques, son buste est trop court ; mais contrairement aux peintres du Salon, Berthe Morisot ne corrige pas, et peint son modèle tel qu'il est. Plusieurs nus allongés de Corot présentent la même caractéristique que celui de Morisot[2].

Gabrielle est couchée sur le ventre le buste relevé, les coudes dans l'herbe, le menton reposant sur la main gauche, tandis que son avant-bras droit est dans l'herbe. Sa jambe droite croise l'autre jambe vers l'arrière. Seule la hanche droite est contre le sol. Nous remarquons qu'elle porte du rouge à lèvres ; c'est peut-être pour la vieillir, pour la distraire pendant qu'elle pose, ou pour lui donner un air plus noble même si elle est peinte en tant que bergère.

Le modèle a donc très exactement la même position que dans les deux toiles de la bergère couchée (cat. 131 et 132). Plusieurs dessins préparatoires dont une grande sanguine ont été conservés. La position du modèle n'a pas changé, indiquant que Berthe Morisot a d'abord étudié le modèle nu pour ses deux toiles de bergère couchée, puis qu'elle a repris ces études pour la peindre nue.

Avec plus d'un des peintres du Salon une telle position donnerait lieu à une œuvre équivoque. Quand nous comparons cette toile avec certaines de celles qui furent exposées au Salon dans ces années-là par des peintres médaillés ou hors concours comme Benner (fig. 1 et 2) ou Bouguereau (fig. 3), le nu de Morisot est plein de pudeur et de discrétion.

Berthe Morisot est satisfaite de son tableau, même si elle ne le signe pas. Elle le choisit parmi les quatre qu'elle envoie à Bruxelles au salon de la Libre Esthétique, du 17 février au 15 mars 1894 (n° 321), sous le titre *Bergère nue couchée.* Il figure à côté de l'importante toile de Bougival *Dans la véranda* (n° 320 ; aujourd'hui collection Whitehead ; CMR 163), appartenant alors à Ernest Chausson.

En 1896, le tableau est exposé sous le titre *Figure nue.* Dans l'influente *Revue blanche,* Thadée Natanson écrit : « ... l'infinie variété où sa grâce se joue préserve à son art sa personnalité. En dépit du goût qu'elle marque pour tous les aspects de beauté que ses contemporains ont pu faire paraître, son art subsiste, expression de délices. Sa délicatesse de femme, pondérée, la garde aussi bien de la mièvrerie que d'emprunter aucun attrait équivoque ou pervers, ou de s'arrêter à rien qui soit trouble. Même elle n'est pas sensuelle. Si loin qu'aillent parfois ses maîtres ou ses pairs, elle, n'exprime jamais qu'un plaisir lucide et sain de la couleur dont la tranquillité est transparente[3]. »

H. W.

1. Nous remercions Mme Champion de la mairie de Mézy de nous avoir aimablement communiqué ce renseignement d'après les archives communales (registre décennal des naissances).
2. Voir notamment dans *Corot,* cat. exp., 1996-1997, les n°s 65 *(Nymphe de la Seine),* 106 (*Nymphe couchée à la campagne,* Genève, musée d'Art et d'Histoire), 117 (*le Repos* ou *la Bacchanale au tambourin,* Corcoran Art Gallery), 119 (*Bacchanale couchée au bord de la mer,* New York, The Metropolitan Museum of Art).
3. Natanson, 1896, p. 250-252.

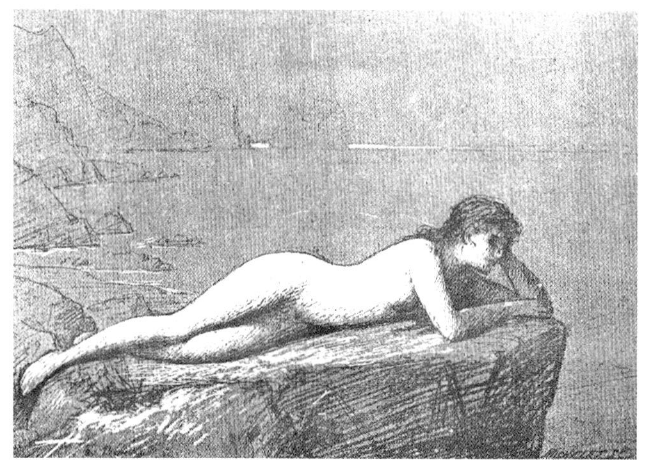

Fig. 1. Emmanuel Benner, *Rêverie, Salon illustré de 1889,* p. 108.

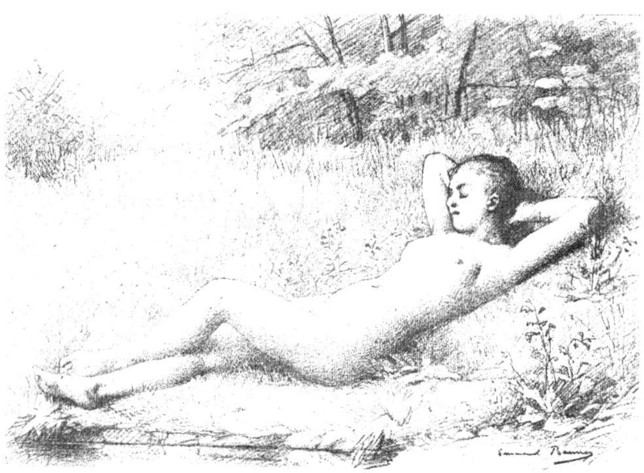

Fig. 2. Emmanuel Benner, *Soir d'été, Salon illustré de 1890,* p. 80.

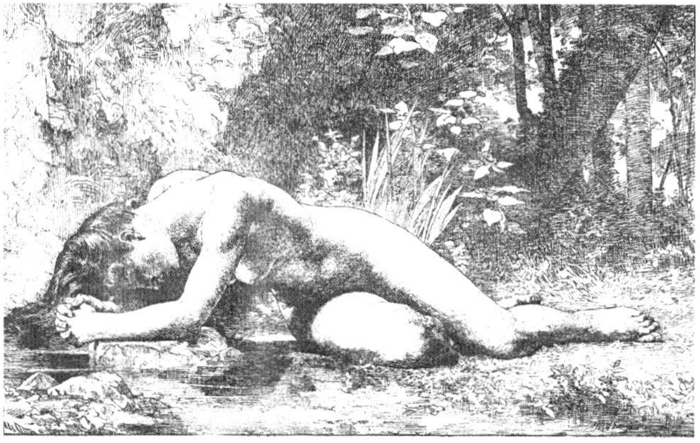

Fig. 3. William Bouguereau, *Byblis, Salon illustré de 1885,* p. 31.

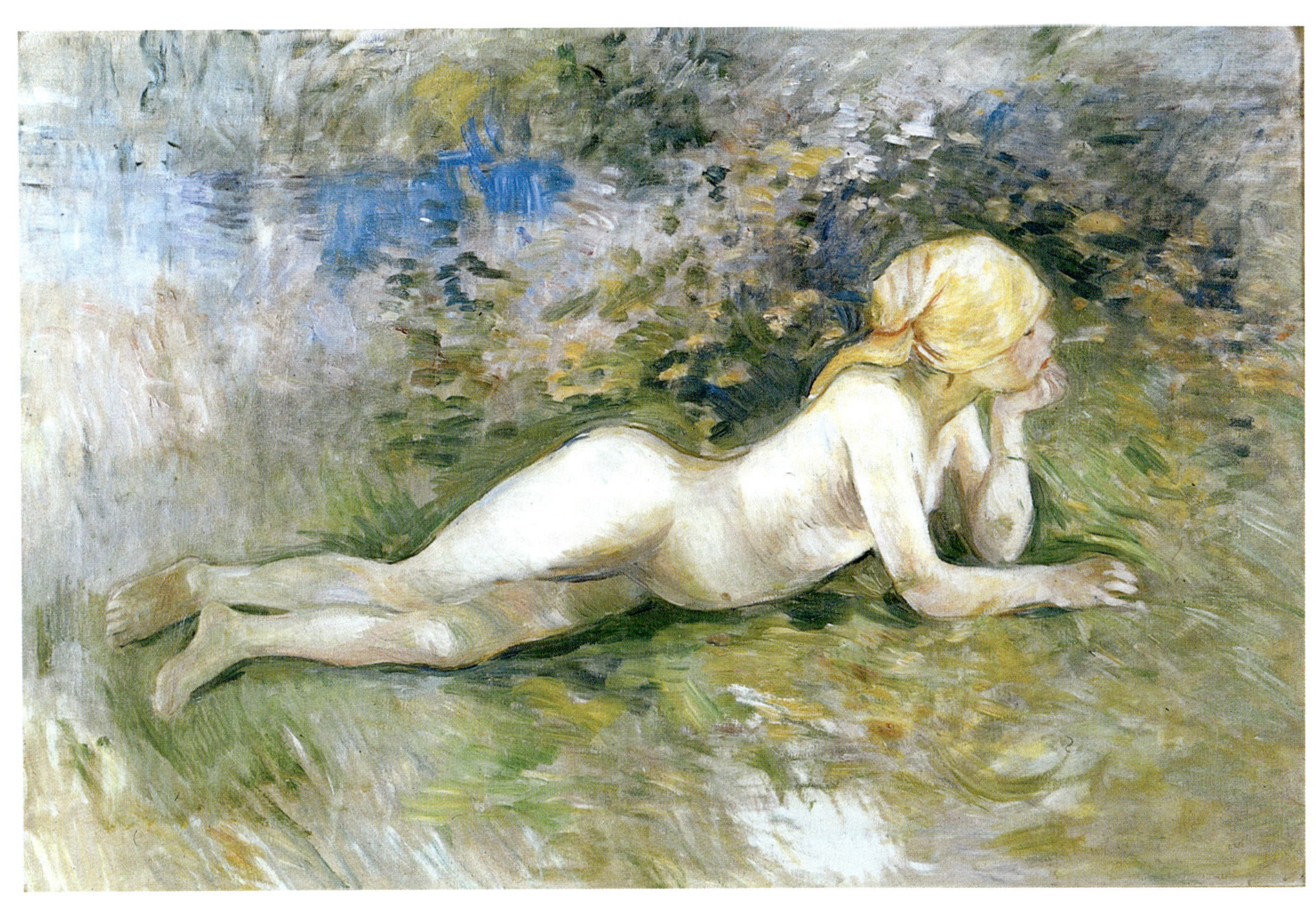

134 Baigneuse, 1891

Huile sur toile
H. 54,5 ; L. 45,5
Signé, en bas, à droite :
B. Morisot
CMR 287
Collection particulière

Gabrielle Dufour sert à nouveau de modèle pour cette baigneuse nue au bord de la rivière. Elle n'a gardé pour tout vêtement que son foulard orangé au nœud rouge noué sur la tête ; cela souligne discrètement sa nudité, tout en lui donnant un caractère très naturel car il n'y a aucune pose. Elle s'est assise sur le bord de la rive, à côté de roseaux qui poussent là. Ses pieds sont à peine dans l'eau. Elle s'est recroquevillée, non par pudeur car de profil cette petite fille de douze ans ne révèle rien de son corps, mais pour s'habituer à la température de l'eau et la tâter de la main, à moins qu'elle ne se lave les pieds pour retirer la vase avant de remonter complètement sur la berge.
Non loin de la baigneuse un canard ne s'effraie pas, apportant ainsi une touche d'irréel à cette scène. À droite, une longue barque plate traduit une présence humaine. Nous ne sommes donc pas parmi quelques nymphes. Cette barque est sans doute sans occupant et amarrée à la rive. Si quelque pêcheur en occupait la partie que nous ne voyons pas, son arrivée inopinée expliquerait l'attitude de la jeune Gabrielle ; mais cela est peu probable car cette œuvre a été décrite comme étant une paysanne se lavant les pieds.
La toile est une harmonie de couleurs, entre les verts des roseaux, des herbes, et des arbres qui se reflètent, et les différents bleus de la rivière, les reflets blancs des nuages, le gris des pierres sur la berge. Gabrielle est au centre de la composition. Une telle situation chez une artiste qui décentre souvent son point de vue est volontaire. Berthe Morisot veut montrer qu'elle peut peindre de manière non conventionnelle un sujet classique. Le bleu vif de l'eau si pure, le reflet des nuages et des arbres de la rive d'en face traduisent sa technique, toute impressionniste. Quelques années plus tard, dans ses premières séries du bassin des nymphéas, Monet réduira progressivement le ciel pour n'en retenir souvent que les reflets dans l'eau. De ce point de vue, la composition de Berthe Morisot est particulièrement novatrice. Cet aspect précurseur que nous avons déjà constaté, notamment dans certaines toiles de Bougival, est particulièrement mal connu.

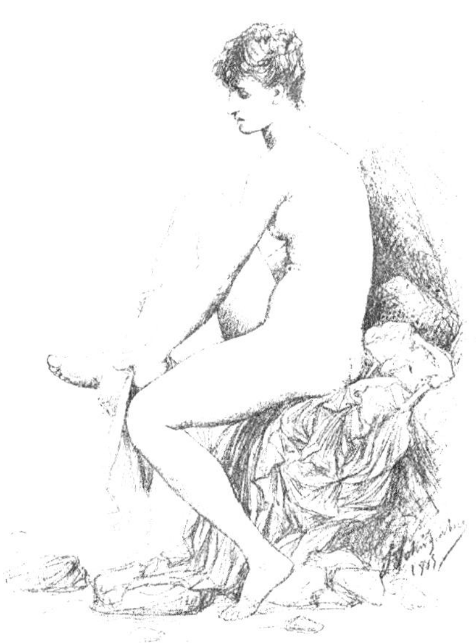

Fig. 1. Schutzenberger, *Baigneuse*, exposé au Salon de 1885, reproduit d'après le *Salon illustré de 1885*, p. 219.

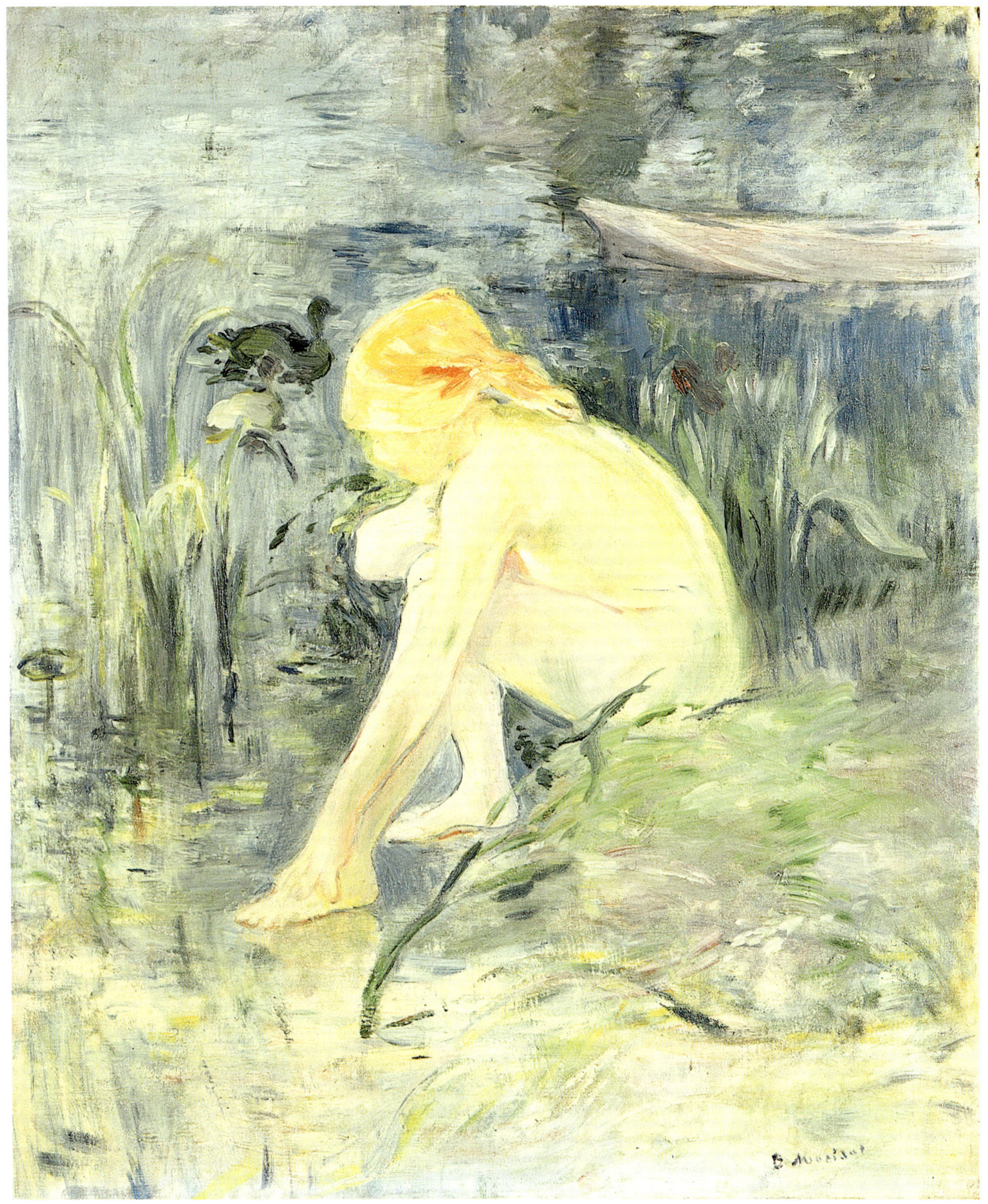

De telles scènes de jeune fille au bain, paysanne ou non, sont souvent l'occasion de toiles qui ne sont qu'un prétexte pour peindre une femme dans toute sa nudité. Ces nus ont d'ailleurs un tel succès que l'éditeur Boussod et Valadon publie pendant de nombreuses années un recueil annuel des nus du Salon. Ils donnent régulièrement lieu à de nombreuses caricatures de mœurs. La *Baigneuse* de Schutzenberger au Salon de 1885 (fig. 1), par exemple, illustre bien ce genre, qui a ses amateurs. Berthe Morisot est loin de tout cela.

Berthe Morisot a signé cette toile, ce qui montre qu'elle avait eu l'intention de l'exposer – même si souvent pour les expositions impressionnistes elle ne signait pas ses œuvres – et plus encore de la vendre. Nous ignorons à quelle manifestation elle l'avait destinée. Peut-être avait-elle hésité à l'exposer, en 1892, chez Boussod et Valadon ?

C'est une scène particulièrement chaste, comme de nombreuses scènes de toilette de l'artiste. C'est ce qu'observe avec justesse Thadée Natanson dans la *Revue blanche* lors de la rétrospective posthume, en 1896, où ce tableau figure parmi les « œuvres reçues tardivement » sous le numéro 371, avec comme titre *Baigneuse* : « Sa délicatesse de femme, pondérée, la garde aussi bien de la mièvrerie que d'emprunter aucun attrait équivoque ou pervers, ou de s'arrêter à rien qui soit trouble. Même elle n'est pas sensuelle. Si loin qu'aillent parfois ses maîtres ou ses pairs, elle, n'exprime jamais qu'un plaisir lucide et sain de la couleur dont la tranquillité est transparente[1]. »

H. W.

1. Natanson, 1896, n° 67, p. 251.

135 Étude pour la Baigneuse, 1891

Sanguine
H. 38 ; L. 32,5
Collection particulière

Berthe Morisot réalise plusieurs études, au moins cinq, pour la *Baigneuse*. Elle la dessine au crayon, au fusain, au crayon bleu et au moins deux fois à la sanguine[1]. Il n'y a que peu de variantes entre les différents dessins : la forme du foulard, proche ici d'un bonnet de nuit, la position de l'avant-bras droit.

Nous savons que cet été de 1891 n'a pas été très clément, qu'il a beaucoup plu et que la température n'était pas au rendez-vous. Après une courte visite à Mézy, Renoir s'en plaint d'ailleurs dans une lettre à Berthe Morisot, lui disant le mercredi 12 août : « Je viens d'écrire à un modèle. Je reprends le travail à l'atelier, en attendant mieux. Voilà un mois que je regarde le ciel, et que je ne fais rien autre. C'eût été délicieux de pouvoir travailler un peu avec vous. Mais, mais [...] je me remets ce plaisir à des temps meilleurs. Excusez moi donc si je ne profite pas de votre bonne hospitalité. Je vais faire du plein air à l'atelier. Votre bien dévoué ami. Merci et amitiés à tous[2]. »

En raison de ce mauvais temps Berthe Morisot ne peut pas demander au modèle de poser longtemps dehors, et encore moins dans l'eau, sans doute très froide. Certaines des études ont peut-être même été effectuées à l'atelier d'après de premières esquisses réalisées en plein air.

Dans cette sanguine plus que dans les autres dessins préparatoires ou que dans la toile, nous voyons le sein naissant de la jeune paysanne. Cette sanguine a servi de modèle pour la peinture de la toile.

H. W.

1. Pour la reproduction de l'une de ces études, un dessin, on pourra se reporter à Rey, 1982, p. 45.
2. Cité dans *Corresp. B. Morisot*, p. 160. Nous avons complété le texte de la lettre à partir de l'original (collection particulière).

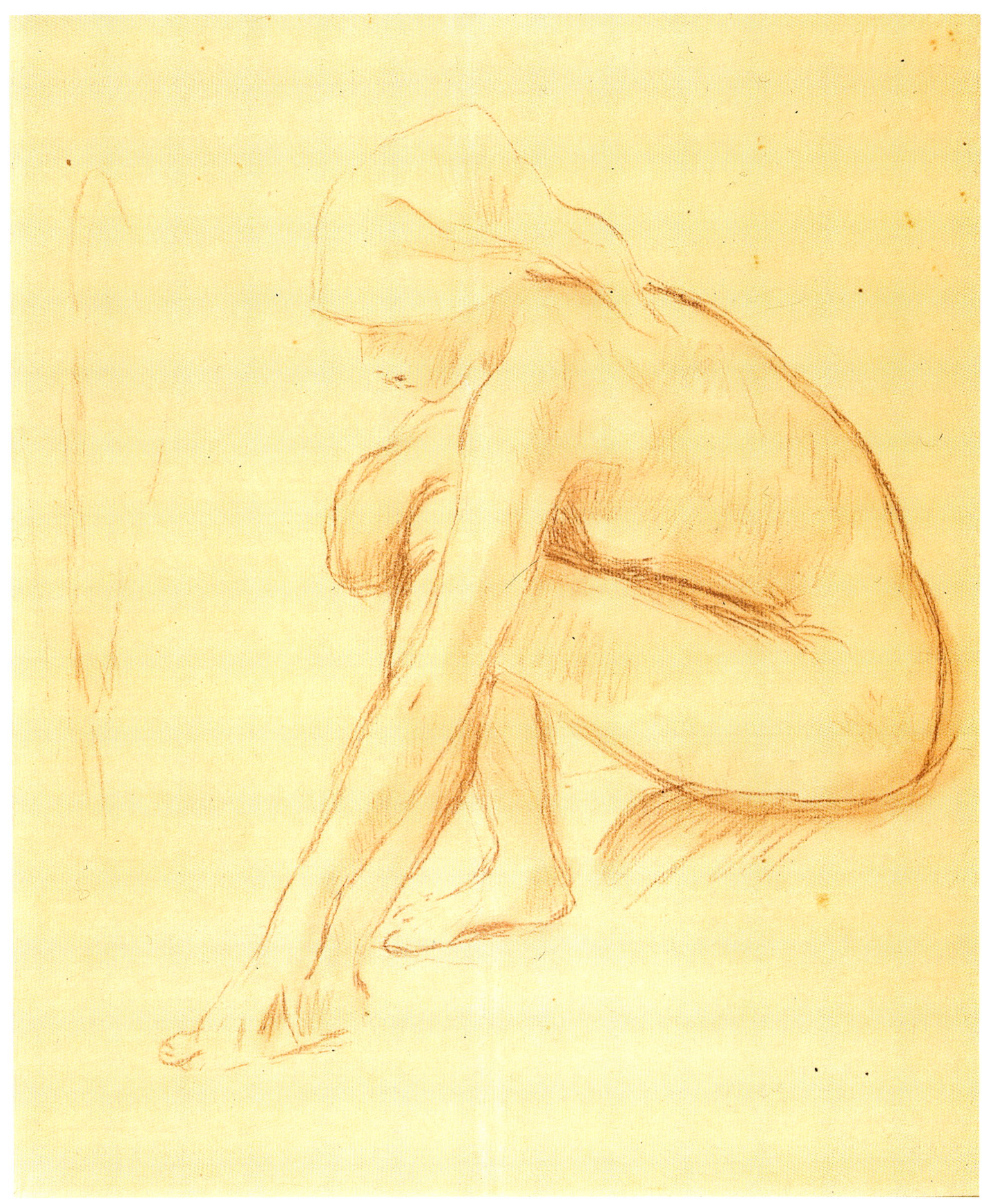

136 Jeune Fille assise un chat sur les genoux, 1892

Crayon
H. 7 ; L. 8
Cachet de la signature, en bas, à droite
New York, collection de Mme Alexander Lewyt

En 1892, Berthe Morisot peint rue de Villejust une *Jeune Fille au chat* d'après Jeanne Fourmanoir (CMR 316). Elle est assise dans un fauteuil, un grand coussin dans le dos ; elle a un chat sur les genoux, qu'elle retient de ses mains. Avant de choisir cette position, Berthe Morisot a effectué plusieurs dessins pour saisir les attitudes sur le vif, fixer la lumière puis déterminer les tons.
Dans notre dessin, la scène se déroule sur un banc du jardin de la maison rue de Villejust. Le petit chat est venu se caler sur Jeanne, et celle-ci l'enserre de ses bras. Quelques coups de crayon bleu suffisent pour dégager la silhouette de la jeune fille. Ce rapide croquis servira ensuite pour faire poser le modèle et retrouver l'attitude choisie.
Ce dessin a toute la vivacité du croquis enlevé pour ne pas perdre une expression, une attitude ou un souvenir. Il montre comment quelques traits suffisent ensuite à l'artiste pour composer son œuvre. Cela ne l'empêche pas dans d'autres dessins préparatoires de pousser plus avant la forme. Ici, un geste entourant le chat, une attitude ou une position sur le banc, un port de tête sont notés dans ce dessin.

H. W.

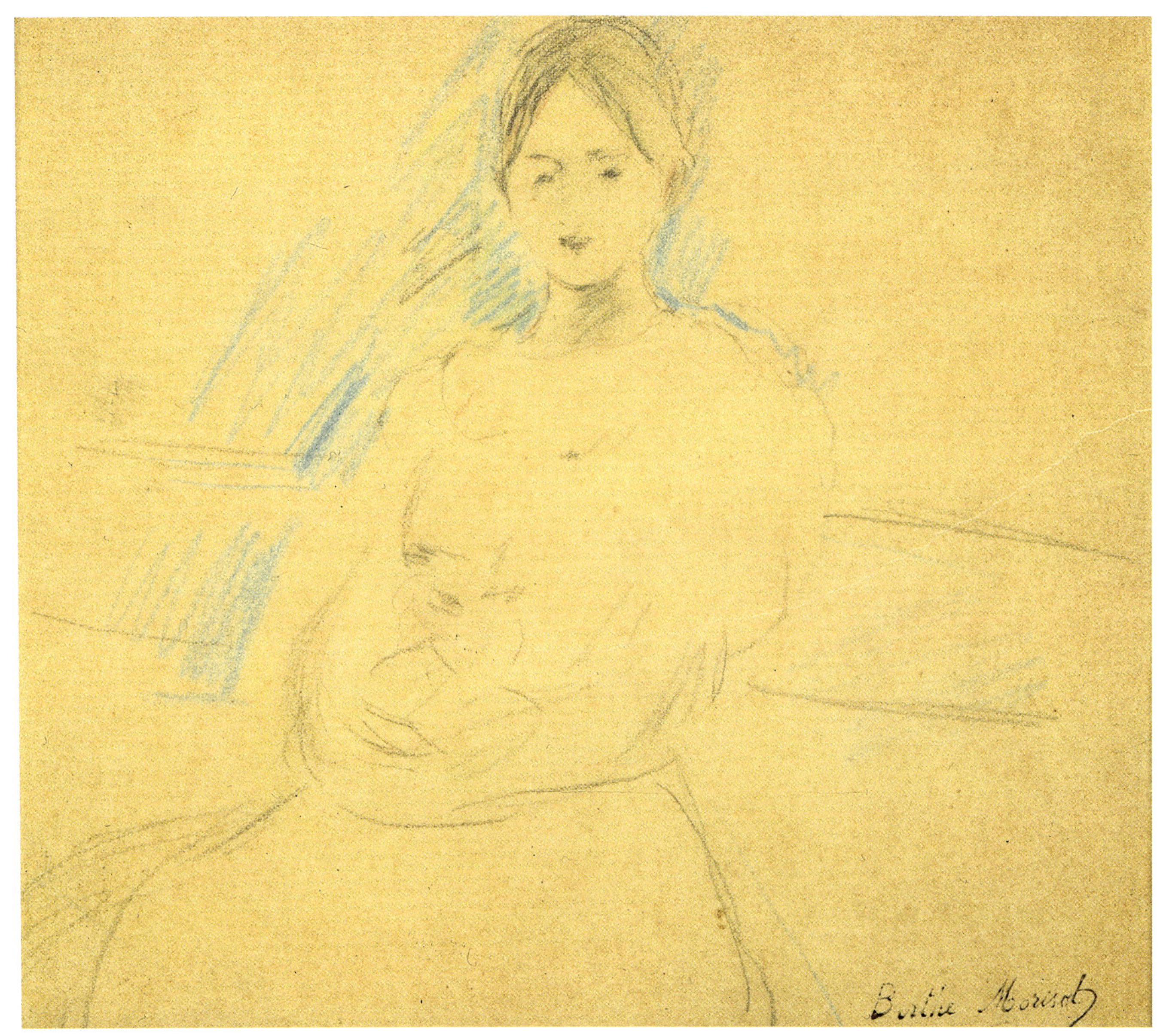
Berthe Morisot

137 L'Étude du violon, 1893

Huile sur toile
H. 41 ; L. 33
CMR 333
Collection particulière

À Paris, Julie prend des leçons de violon. Berthe Morisot réalise deux tableaux de ces leçons, un en 1893, l'autre l'année suivante (voir le cat. 138). Dans les deux cas, le décor est un élément essentiel. Ce tableau n'est ni une scène de genre, ni un portrait, mais une scène intime prise sur le vif, sans rien de composé, de factice ou de faux.

Par rapport à des toiles du même sujet exposées au Salon, celle de Morisot est impressionniste dans la technique, complexe dans sa composition et ne concède rien au goût officiel. L'œuvre d'un Valadon – artiste reconnu et primé aux Salons – exposée et remarquée en 1888 sous le titre prétentieux *l'Amour de l'art* comparée à celle de Morisot montre toute la liberté de création chez cette dernière.

Julie, debout dans l'atelier de la rue de Weber, joue du violon. Elle pourrait aussi bien étudier dans sa chambre. En fait, elle prend une leçon, mais nous ne voyons pas son professeur. Les deux adultes – le professeur de musique et sa mère – n'apparaissent pas, même indirectement dans la glace. Berthe Morisot peint la vie et l'univers de sa fille, plus que le sien. Au mur, à droite de la cheminée, où brûle un feu, est accroché le portrait d'Isabelle Lemonnier par Manet que Berthe et son époux avaient acheté à la vente de l'atelier de l'artiste ; c'est ainsi la seule personne adulte représentée dans ce tableau. Julie étudie ou répète une partition, elle est un peu éloignée de son pupitre pour déchiffrer un nouveau morceau. Ce pupitre, placé au premier plan à droite, au bord de la toile, est propre à la composition des impressionnistes, et en particulier de Degas et de Morisot.

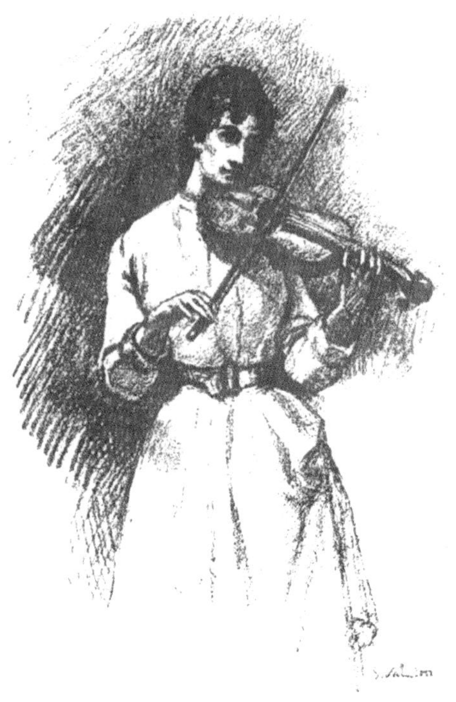

Fig. 1. Jules Valadon, *l'Amour de l'art, Salon illustré de 1887.*

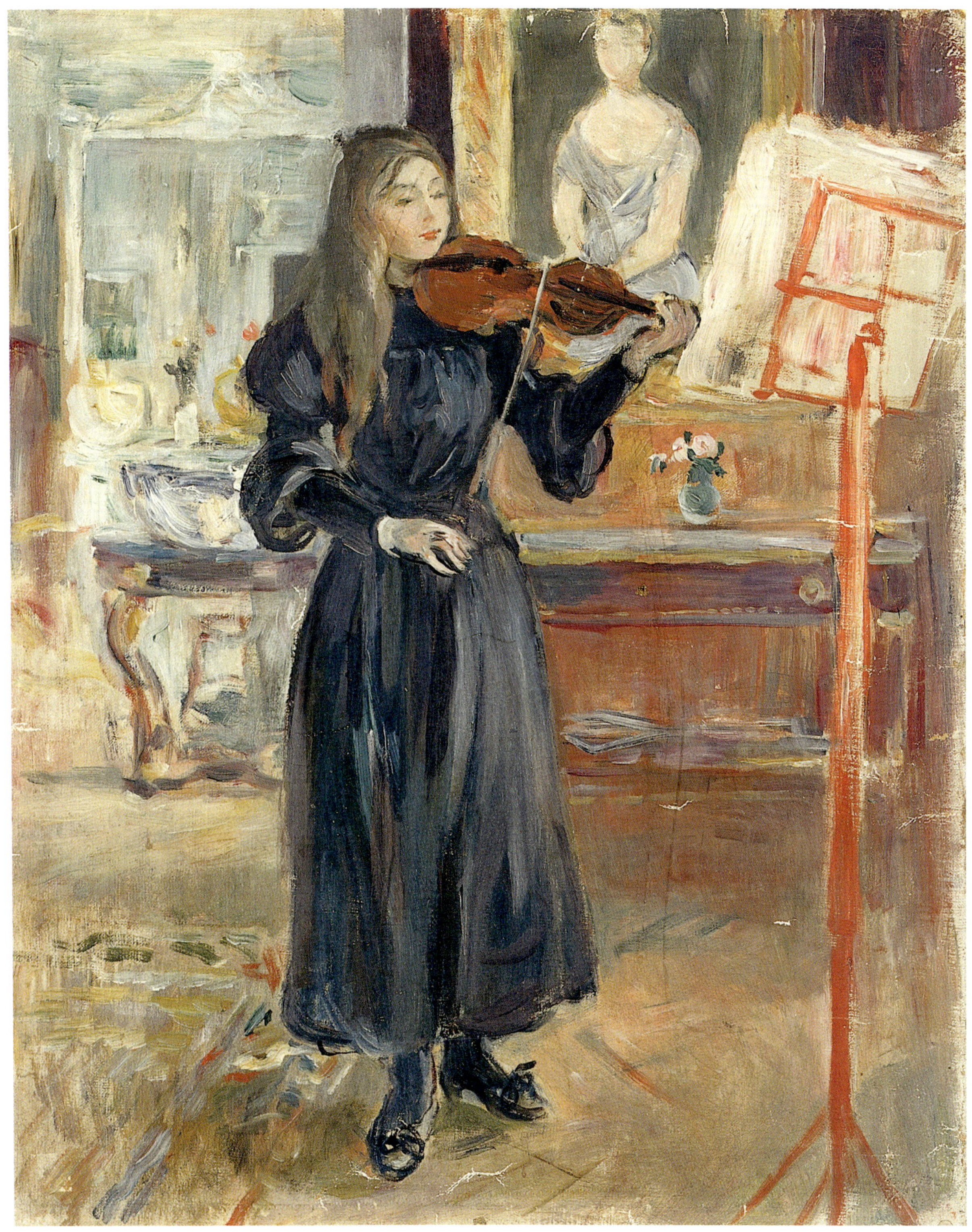

Sous le portrait par Manet, une console sur laquelle est posé un petit bouquet de fleurs. La cheminée brille de tous ses feux, elle apporte un contre-jour par rapport à la fenêtre qui éclaire le dos la partition. Sur la cheminée sont posés une pendule, un bouquet de fleurs et un vase ; devant, le guéridon a été poussé pour permettre à Julie d'avoir plus de place pour sa leçon car il est trop près de l'âtre ; sur le guéridon, une grande vasque. La glace de la cheminée reflète deux autres tableaux de la collection des Manet, mais nous ne pouvons les identifier.

L'éclairage de ce tableau est très étudié et novateur. Il recèle deux sources lumineuses : à droite, la fenêtre ; et, derrière Julie, l'âtre. D'un côté la lumière est assez tamisée, de l'autre elle est plus vive et plus jaune. Les blancs sont tous dans la partie supérieure du tableau, comme pour souligner le visage, qui semble presque à contre-jour. Julie, sujet de l'œuvre, est plus sombre ; le talent de Berthe Morisot est de parvenir à mettre en valeur son personnage de cette façon, alors qu'un artiste du Salon obtiendrait un effet contraire.

Lors de l'exposition rétrospective, en 1896, Julie ne commente pas la toile dans son *Journal.* À cette occasion, un critique resté anonyme constate dans *l'Estafette :* « Un frisson de vie parcourt ces portraits de femmes et de fillettes dont Mme Morisot sait rendre la grâce des formes, des physionomies. Et quelle vérité dans les poses, en ces scènes d'intérieur baigné de lumière brillante, tamisée ! Quel charme en ces visages de jeunes filles traduites dans les différentes occupations du jour en une tendresse d'expressions de bonheur, de rêverie, d'attente[1]. »

H. W.

1. Anonyme, 18 mars 1896, p. 3.

Huile sur toile
H. 73 ; L. 80
CMR 339
Paris, musée Marmottan, donation de Michel Monet
Inventaire : 5027

Exposé en 1896 sous le titre imprécis *Jeune Fille au lévrier,* ce tableau est un portrait de Julie Manet avec Laërte, le lévrier qui lui a été offert, en 1893, par Stéphane Mallarmé. Une photographie de la même époque nous montre Julie assise sur un autre canapé, son lévrier à côté d'elle[1] (fig. 1).
Ce portrait est resté inachevé. Comme Manet et ses amis impressionnistes, Berthe Morisot avait conservé dans son atelier un certain nombre d'œuvres inachevées, non parce qu'elle en était insatisfaite, mais parce qu'elle se consacrait à d'autres toiles et qu'elle n'avait pas de contraintes financières l'obligeant à exposer et à vendre. À l'âge de ce modèle, il lui suffit, prise par d'autres projets, d'autres occupations ou des soucis, de laisser de côté l'œuvre quelques mois pour ne pas pouvoir la terminer. Le temps passant, l'esquisse devient un souvenir que l'artiste garde tel quel, comme pour le conserver intact et ne pas le dénaturer. Nous le comprenons mieux encore sachant que cette toile a été peinte un an après la mort d'Eugène Manet.
Pourtant, ce tableau est comme achevé : la partie seulement ébauchée, à gauche, ne concerne que le fond et le fauteuil Louis XVI, tout le reste est suffisamment travaillé pour être proche de l'état définitif qu'aurait eu l'œuvre.
Le tableau a été peint dans le salon de la rue Weber où Berthe Morisot s'est installée avec sa fille après le décès d'Eugène. Julie est assise dans un canapé Jacob, qui provient de la famille de Berthe et faisait partie des meubles auxquels son père tenait. Au-dessus, nous remarquons un tableau entouré d'un cadre en bois blanc – sans doute comme ceux qu'Eugène Manet avait fait réaliser par Nivart lors de l'exposition de 1882. Comme souvent chez Morisot, le tableau et le canapé, recouvert de velours beige, sont coupés, comme saisis à travers un objectif. À droite de la toile, sur toute sa hauteur, la présence d'un voilage indique que l'artiste s'est reculée près d'une fenêtre dont elle a ouvert les rideaux et tiré les voilages afin d'éclairer le modèle de la pleine lumière et le plaçant de face.
Une représentation si précise et si respectueuse de la réalité suggère que la toile a été peinte pendant l'hiver de 1883. La présence de ce voilage sur le bord de la toile est typique de certaines compositions discrètement osées – par rapport à l'art officiel – de Berthe Morisot.
Julie est vêtue d'une robe de soie noire aux manches et aux épaules bouffantes qui souligne encore la minceur de sa taille et de ses bras. Depuis le second séjour de Nice, ses longs cheveux ont progressivement foncé pour devenir châtains. Elle est assise bien calée au fond du canapé, le bras gauche, en avant, est appuyé sur le canapé car Julie se penche un peu pour, de la main droite, caresser Laërte, qui fait le dos rond. À gauche, un fauteuil Louis XVI tout juste esquissé est là pour une tierce personne que l'on attend. Derrière, entourée d'une simple baguette, une gravure japonaise, un triptyque comme les amateurs les affectionnaient. Nous n'avons pas encore identifié la gravure accrochée au mur de l'appartement de l'artiste ; elle ressemble, par le motif et la composition, à certains triptyques de Kiyonaga. Elle partageait d'ailleurs avec son amie Mary Cassatt cette passion pour cet artiste ; dans une lettre inédite du printemps de 1891, cette dernière lui avait écrit : « Hier j'ai causé de vous à Hyiashi tout en choisissant des Kyonaga – Avez vous lu le livre de Goncourt sur Outamaro ? Hyiashi en est presque aussi indigné que moi – Enfin, il faut croire que c'est une maladie chez Goncourt. J'espère que vous viendrez nous voir cet été avec Monsieur Manet et Julie[2]... »
La position de Julie est différente par rapport à l'esquisse première, son bras droit a été un peu reculé et les positions des jambes ont été modifiées. Par la pose un peu négligée de Julie – en effet, elle a les jambes croisées et appuie son bras sur le canapé –, le tableau n'a rien d'académique.

1. Sur cette photographie nous remarquons, à gauche de Julie, posé par terre, le grand panneau décoratif *l'Oie* (cat. 91).
2. Lettre inédite de M. Cassatt à B. Morisot, collection Rouart. Nous remercions la famille de l'artiste de nous avoir autorisé à publier ici cet extrait.

D'ailleurs, les portraitistes plus officiels auraient centré la composition sur le modèle, supprimant le fauteuil à gauche, et pris du recul pour mieux cadrer le décor avec sa gravure japonaise et tout le canapé. À nouveau, la représentation de Morisot est typiquement impressionniste.

Lorsque cette toile est exposée, en 1896, parmi les nombreuses œuvres de la rétrospective deux critiques la remarquent et en font le plus grand éloge. Dans *le Figaro* Arsène Alexandre écrit : « On ne saurait décrire toutes ces toiles et tous ces dessins, [...] mais on doit recommander à tous ceux qui sont désireux de ressentir, au milieu de tant de choses affectées, niaises ou brutales, que nous voyons tous les jours, des impressions de grâce et de fraîcheur, une visite à cette révélation d'une œuvre et d'une âme. Une heure de contemplation vaudra mieux que dix pages de description. [...] Je ne veux pas même citer les principales toiles. On saura bien voir que cette jeune fille en robe rouge, cette autre jouant de la mandoline, cette autre accoudée et pensive, ces cueilleuses, ces couseuses, ces musiciens, cette merveilleuse *Jeune Fille au lévrier,* sont des œuvres d'art parfaites, et que les plus simples indications sont irréprochables et complètes[3]. » Octave Fidière note de son côté que beaucoup d'œuvres « tout aussi savoureuses, attirent et retiennent le regard par le charme d'une exécution primesautière et libre, par l'harmonieuse fraîcheur de leur coloris. [...] Citons seulement, [...] parmi celles d'une date plus récente, [...] surtout : *Sur le banc, les cygnes, la jeune fille au lévrier*[4]... »

À l'issue de cette exposition de 1896, Julie Manet offre une toile en souvenir et en remerciement à ceux qui l'ont aidée à organiser cette rétrospective en hommage à sa mère. Notre *Jeune Fille au lévrier* est alors choisie par Monet qui la conservera toute sa vie ; elle sera léguée avec une partie de sa collection par Michel Monet.

H. W.

3. Alexandre, 1896, p. 5.
4. Fidière, 1896, p. 98.

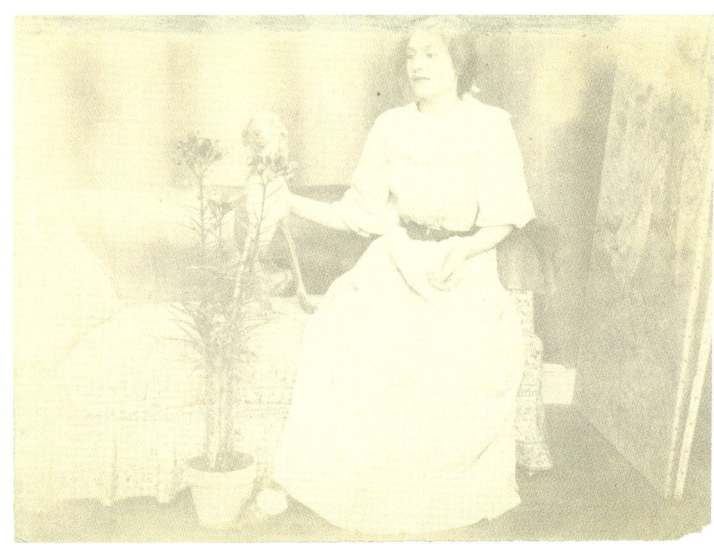

Fig. 1. Julie Manet au lévrier, photographie, collection particulière.

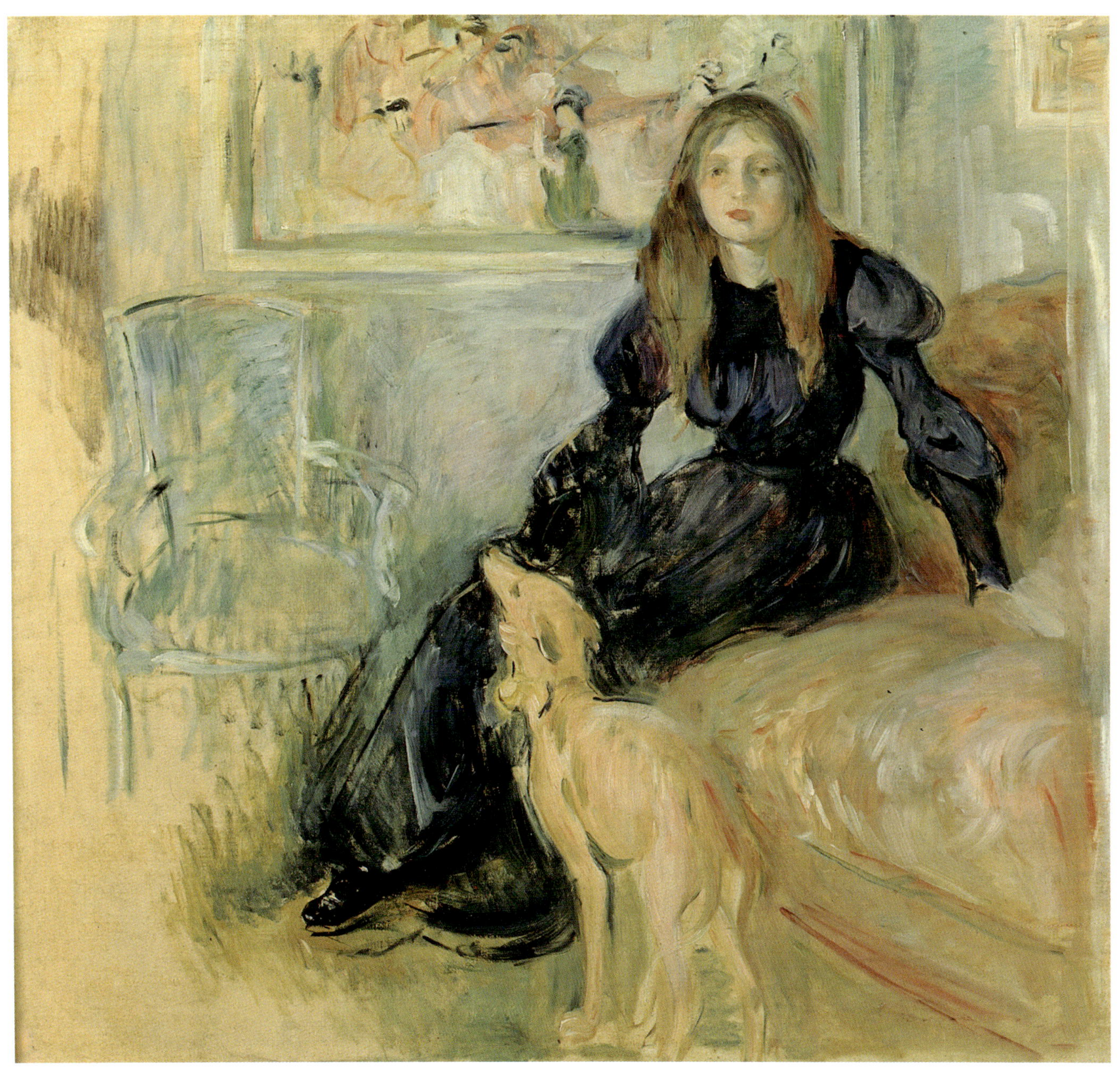

139 Julie au violon, 1893

Huile sur toile
H. 65 ; L. 54
Timbre de la signature, en bas, à droite
CMR 358
Collection particulière

À Paris, Julie abandonne la mandoline au profit du violon. Berthe Morisot réalise deux tableaux de ces leçons de violon, un en 1893 (cat. 137), l'autre l'année suivante. Dans les deux cas, le décor est un élément essentiel de la composition.

Au milieu du salon de la rue Weber, Julie répète un morceau de violon qu'elle connaît et pour lequel elle n'a pas besoin, contrairement à *l'Étude du violon* (cat. 137), de partition posée sur un lutrin devant elle. Julie ne répète ni dans sa chambre ni dans un petit salon de musique – si fréquent alors, surtout à la campagne –, mais dans le salon. Pour cela, elle semble avoir déplacé quelques meubles. En effet, le guéridon Empire, juste derrière elle, est bien proche de la cheminée pour que ce soit sa place coutumière. À gauche, la porte n'a pas été fermée complètement – une telle disposition est contraire aux habitudes des peintres officiels. Au fond, le secrétaire Louis XV à abattant vient d'être fermé par sa mère qui lui laisse la pièce pour sa leçon de violon ; la chaise qui est devant n'a pas été remise à sa place. Sur la cheminée, deux cache-pot aux tulipes montrent que nous sommes au printemps. À droite, une console et un canapé Empire. À droite et à gauche de la cheminée les portraits des parents de la jeune musicienne ; d'un côté, son père par Degas (voir fig. 7 ; p. 49), de l'autre, celui de sa mère étendue par Manet (cat. 169). La fille est ainsi en bonne compagnie.

Le décor du salon n'est plus celui de *l'Étude du violon,* qui était l'atelier ; le seul élément commun entre les deux œuvres est la présence d'une console devant la cheminée – ce qui est bien inhabituel. Dans son *Journal,* Julie décrit ainsi ce tableau lors de la rétrospective, en 1896 : « *Le violon,* je suis en robe noire avec une ceinture blanche de face, le violon est d'un raccourci admirable, sur le fond du salon blanc un peu vert de la rue Weber, au mur sont suspendus le portrait de Papa par M. Degas et le portrait de Maman par mon oncle Édouard. Ce tableau est plein de grâce enveloppé par un léger ton vert ravissant[1]. »

Dans sa composition, ce tableau est faussement symétrique, avec une porte entrouverte à gauche, à droite de la cheminée une console et à gauche un haut secrétaire, un grand tableau à droite et un plus petit à gauche, une petite chaise à gauche et un canapé de l'autre côté. Derrière Julie, le guéridon n'est ni au centre de la pièce, ni au milieu de la cheminée. Pourtant tout est harmonieux et équilibré. Autre paradoxe : le modèle, avec sa robe foncée et malgré une ceinture blanche et une chemise blanche au large col, est l'élément le plus sombre de la pièce, tandis que le décor est plus clair et plus lumineux ; généralement le rapport entre les tons est inverse. La composition de Morisot est donc savamment étudiée pour permettre une harmonie et une si grande luminosité en allant contre les règles usuelles des peintres officiels de son époque.

Cet intérieur est plein de fleurs, avec deux grands vases et deux cache-pot. Ces fleurs que Berthe Morisot ne peut plus avoir dans son jardin de la rue de Villejust ou dans sa propriété du Mesnil, comme précédemment à Bougival, elle les cultive dans son appartement parisien.

H. W.

1. J. Manet, *Journal,* p. 90.

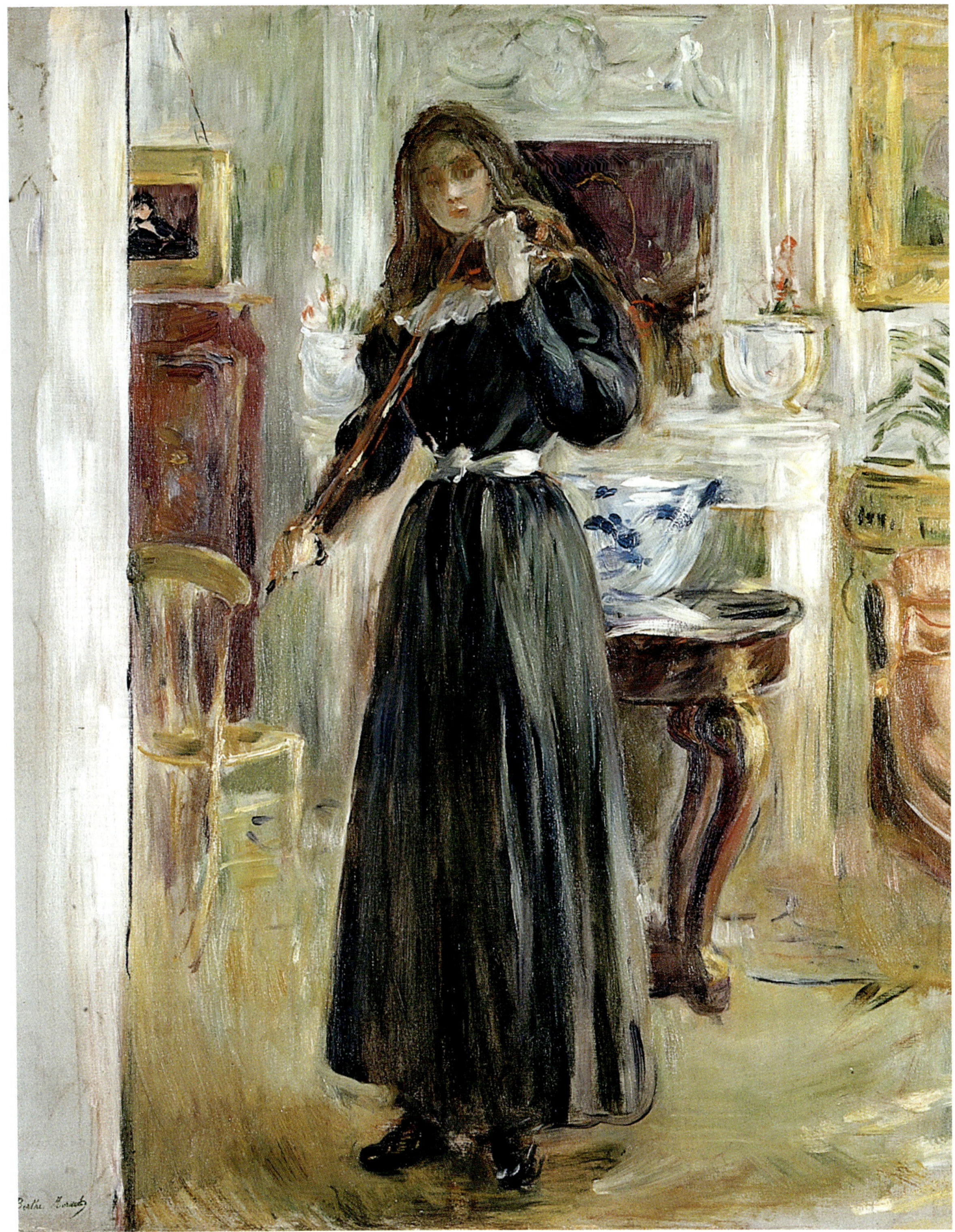

140 Sur le banc, 1888-1893

Huile sur toile
H. 103 ; L. 94
CMR 360
Toulouse, musée des Augustins, don de M. et Mme Ernest Rouart en 1905
Inventaire : RO 708

Cette grande toile presque carrée était destinée, par son grand format, à être exposée. Elle ne l'a pas été du vivant de l'artiste parce qu'elle était encore inachevée lorsque l'occasion s'en est présentée. En effet, débutée en 1888, cette œuvre a été abandonnée avant d'être reprise et achevée en 1893 ; elle n'était donc pas prête pour l'exposition personnelle consacrée à l'artiste, en 1892, chez Boussod et Valadon. Elle sera exposée en 1896, sous le titre *Sur le banc,* avec les dates 1888 et 1893.

Le modèle, Jeanne-Marie, avec son chapeau anglais, est assis sur un banc dans le jardin de la rue de Villejust. Elle avait déjà posé en 1887 pour la *Jeune Fille accoudée* et la pointe-sèche correspondante, puis l'année suivante pour la *Femme au chapeau* (CMR 221). Lorsque la toile est reprise et achevée, en 1893, le modèle n'est plus là pour poser, et, de toute manière, elle avait changé. C'est sans doute pour cela que le visage reste un peu figé et avec un regard si peu personnel ; Berthe Morisot a dû hésiter à recourir à un autre modèle car elle savait qu'elle avait alors gratté le visage et peut-être même plus ; elle poursuit parce que ce qui l'intéresse ce n'est pas tant le visage de la jeune fille que son attitude, un peu mal à l'aise sur ce banc comme si elle y attendait intimidée, avec derrière elle cette végétation abondante et si variée de plantes vertes et de fleurs, qui est, en certains endroits, traitée avec plus de minutie que les mains ou le visage de Jeanne-Marie.

La tenue du modèle contraste avec le cadre campagnard de la scène. C'est autant un portrait qu'une étude de la végétation qui l'entoure.

Cette toile très lumineuse est d'une grande subtilité de tons et de couleurs ; c'est l'une des audaces de la composition de l'artiste. Souvent mal reproduite, sans les nuances des couleurs, cette œuvre est trop peu connue.

En 1896, lors de la rétrospective posthume, Octave Fidière remarque cette toile parmi les plus significatives de celles, récentes, de l'artiste. Il constate : « Des tableaux, beaucoup sont remarquables et quelques-uns exquis [...] Beaucoup d'œuvres [...] attirent et retiennent le regard par le charme d'une exécution primesautière et libre, par l'harmonieuse fraîcheur de leur coloris. Je n'en finirais pas si je voulais les nommer toutes : Citons seulement, [...] parmi celles d'une date plus récente, je signalerai surtout : *Sur le banc,* [...], *La jeune fille au lévrier,* le *Port de Nice*[1]... »

Avant de donner l'œuvre au musée des Augustins, de Toulouse, Julie Manet et son mari l'avaient prêtée à l'exposition de la Libre Esthétique à Bruxelles, du 25 février au 29 mars 1904. Dans cette grande rétrospective de l'impressionnisme, ils prêtaient six toiles de Manet et cinq de Morisot, dont celle-ci. À cette occasion, la critique remettait Berthe Morisot à sa juste place parmi les maîtres de l'impressionnisme. Comme le constatera Madeleine Octave Maus dans ses mémoires, en se souvenant de cette exposition organisée par son mari : « ... il est toutefois impossible de se représenter autrement que par les yeux du souvenir, l'impression de tranquille allégresse, de force délicate, de consciente liberté, de bonheur et de vie que l'on respirait en ces salles[2]. »

H. W.

1. Fidière, 1896, 14 mars, p. 98.
2. Maus, s. d., p. 315.

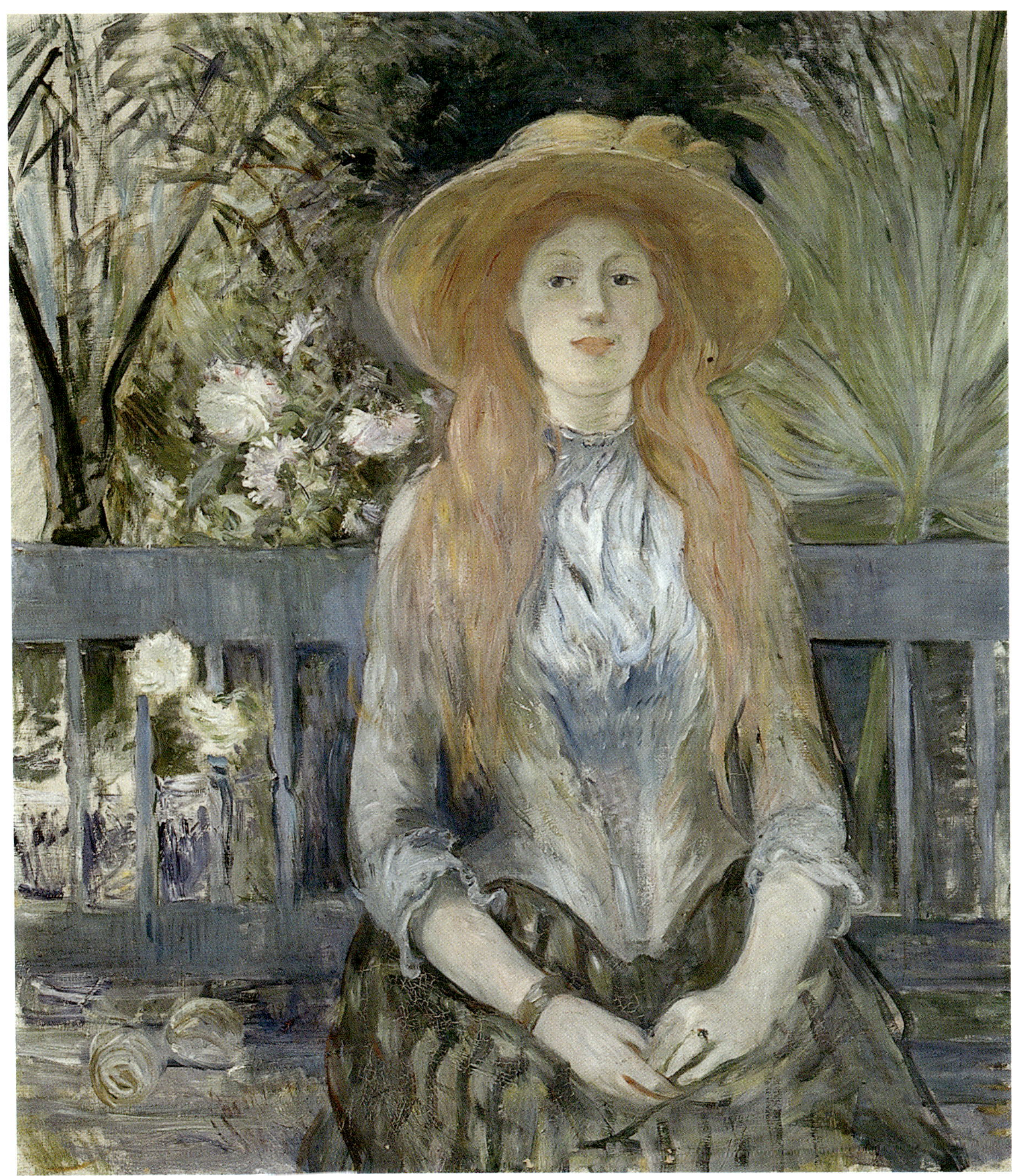

141 Étude pour la Jeune fille décolletée ou la Fleur aux cheveux, 1893

Mine de plomb
H. 17,2 ; L. 15,5
BW 587
Cachet du monogramme, en bas, à droite
New York, Collection de Mme Alexander Lewyt

Cette *Jeune Fille décolletée,* exposée à Paris, à l'Orangerie en 1941 (n° 271), est l'une des études pour deux toiles de 1893, dont l'une avait été intitulée par Stéphane Mallarmé lors de la rétrospective posthume *la Fleur aux cheveux* (1893, Paris, musée du Petit Palais ; CMR 361). Cette peinture est celle qui se rapproche le plus des œuvres de son ami Renoir dans sa période dite nacrée.

Le modèle est une jeune fille, Marthe, en déshabillé. Elle est assise, semble-t-il, sur un tabouret devant sa table de toilette. Le dessin de certaines parties est très poussé : le visage, la coiffure avec ce chignon compliqué, les épaules dénudées et la poitrine, dont elle dissimule partiellement la nudité en relevant sa chemise. À côté de ces morceaux très dessinés, la main droite, qui remonte le vêtement, est négligée ; ce n'est pas le mouvement qui intéresse Berthe Morisot. D'ailleurs, dans la toile conservée de ce modèle, celle du Petit Palais, la jeune fille garde la même position de trois quarts, la même coiffure, le même décolleté.

Dans l'aquarelle de ce même sujet (BW 827), l'artiste s'intéresse aussi à la chaise sur laquelle elle est assise et à sa position. Nous ignorons comment ces deux dessins préparatoires ont été réutilisés. Ce dessin ainsi que l'aquarelle ont sans doute servi à la toile *la Jeune Fille décolletée* exposée en 1896 (n° 41) avant d'être acquise par Ambroise Vollard. Nous en avons perdu la trace depuis.

Dans la toile du Petit Palais, ce même modèle, Marthe, porte un large décolleté. Au lieu de tourner le visage sur sa droite, elle regarde devant elle. Elle est ainsi de face. Berthe Morisot lui a ajouté une fleur dans les cheveux, fixée au peigne de son chignon.

Ce dessin montre avec quel soin Berthe Morisot étudie ses personnages, leur pose, leur attitude, avant de prendre le pinceau. Malgré toute la spontanéité de sa peinture, il y a beaucoup de travail, d'études et d'observations.

H. W.

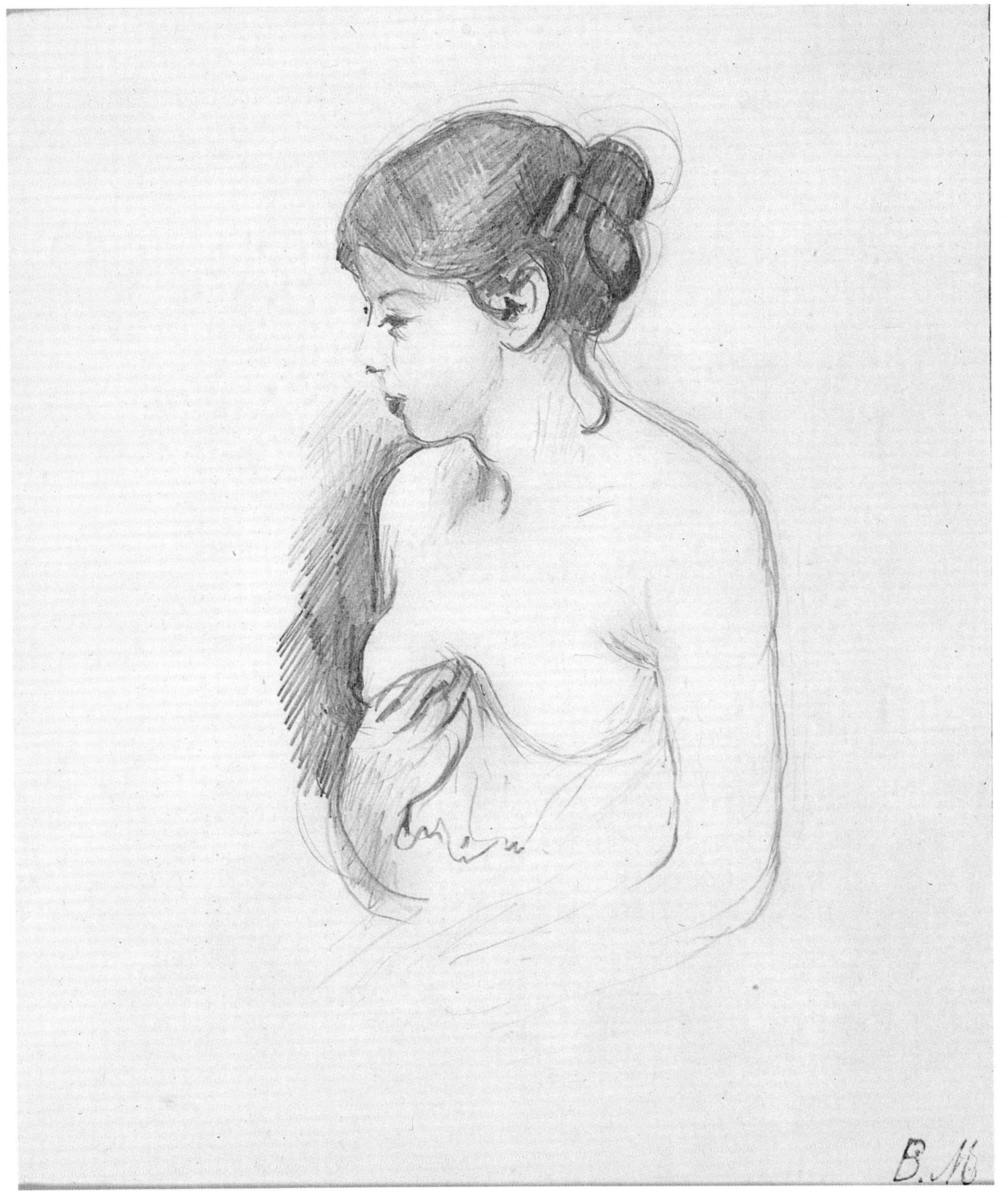

142 La Toilette, 1894

Bas-relief en étain
H. 30 ; L. 34,5
Cachet rond du fondeur, en bas, à droite : *Siot Decauville*
Collection particulière

Après sa première sculpture, en 1886, représentant Julie (cat. 106), Berthe Morisot réalise en 1894 une seconde sculpture. C'est un bas-relief en plâtre[1] d'après une toile de cette même année, *le Bain* (CMR 368, H. 54 ; L. 65).
Elle est exposée en 1896 sous le titre *Bas relief* (n° 362), sans mention de date. Elle est à nouveau exposée en 1919, sous le titre *la Toilette,* plaquette en étain (1895)[2].
Le plâtre n'est pas signé par l'artiste. Le tirage en étain porte, en bas à droite, le cachet circulaire du fondeur Siot Decauville. Il n'a tiré alors qu'un seul exemplaire.
Nous ne savons pas quel fait ou quelle personne l'a incitée à réaliser une telle œuvre. Aux Tuileries avec Julie, elle cherche les Coysevox ; elles admirent ensemble certaines sculptures au Louvre. Peut-être par jeux vis-à-vis de Julie ou de sa nièce Paule Gobillard transpose-t-elle la toile en sculpture, passant ainsi de deux à trois dimensions ? Après avoir initié Paule au dessin, à l'aquarelle et à la peinture, elle veut lui montrer comment sculpter, et pour cela il n'y a rien de tel que de le faire devant elle. Quelques années plus tôt, elle s'était expliquée dans un *Carnet* sur la vulgarisation de l'art. « Raconter comment la peinture est faite intéressera peut-être les badauds parce qu'ils n'y comprendront jamais rien ; les mots valeur, clair-obscur, demi-teintes, autant d'hiéroglyphes sur lesquels on pourrait d'ailleurs faire passer un examen aux peintres avant de les imprimer. Les vrais s'entendent le pinceau à la main [...] Est-ce bien nécessaire cette vulgarisation des choses de l'art ? Que fait-on avec des règles ? Rien qui vaille. Ce qu'il faut, c'est des sensations nouvelles, personnelles. Où apprendre cela[3] ? » C'était peut-être là l'objet de cette sculpture.
Lorsqu'elle est exposée pour la première fois, en 1896, malgré plus de quatre cents œuvres, cette sculpture ne passe pas inaperçue. Roger Marx demande : « Le buste et le bas-relief qu'on lui doit ne sont-ils pas d'un sentiment presque clodionesque ? Et plus généralement, n'est-ce pas au XVIIIe siècle que s'illustrèrent ces miniaturistes, ces pastellistes, véritables aïeuls de l'impressionnisme, qui surent juxtaposer les tons contrastés et tirer de leur mélange optique de prodigieux effets[4] ? » Cette référence à Clodion est d'autant plus intéressante que pour les grandes *Baigneuses* de Renoir (Philadelphia Museum), exposées en 1887 chez Georges Petit en même temps que l'autre sculpture de Berthe Morisot, l'artiste avait lui-même évoqué Clodion.

H. W.

1. Une photographie de celui-ci est publiée avec l'essai de Scott dans *Mujeres Impresionistas...*, cat. exp., 2002, ill. 36, p. 50.
2. *Cent Œuvres de Berthe Morisot,* cat. exp., 1919, n° 108.
3. Texte cité par Angoulvent, 1933, p. 47 ; cité différemment dans *Morisot,* cat. exp., 1961.
4. Marx, 1896, p. 247-250.

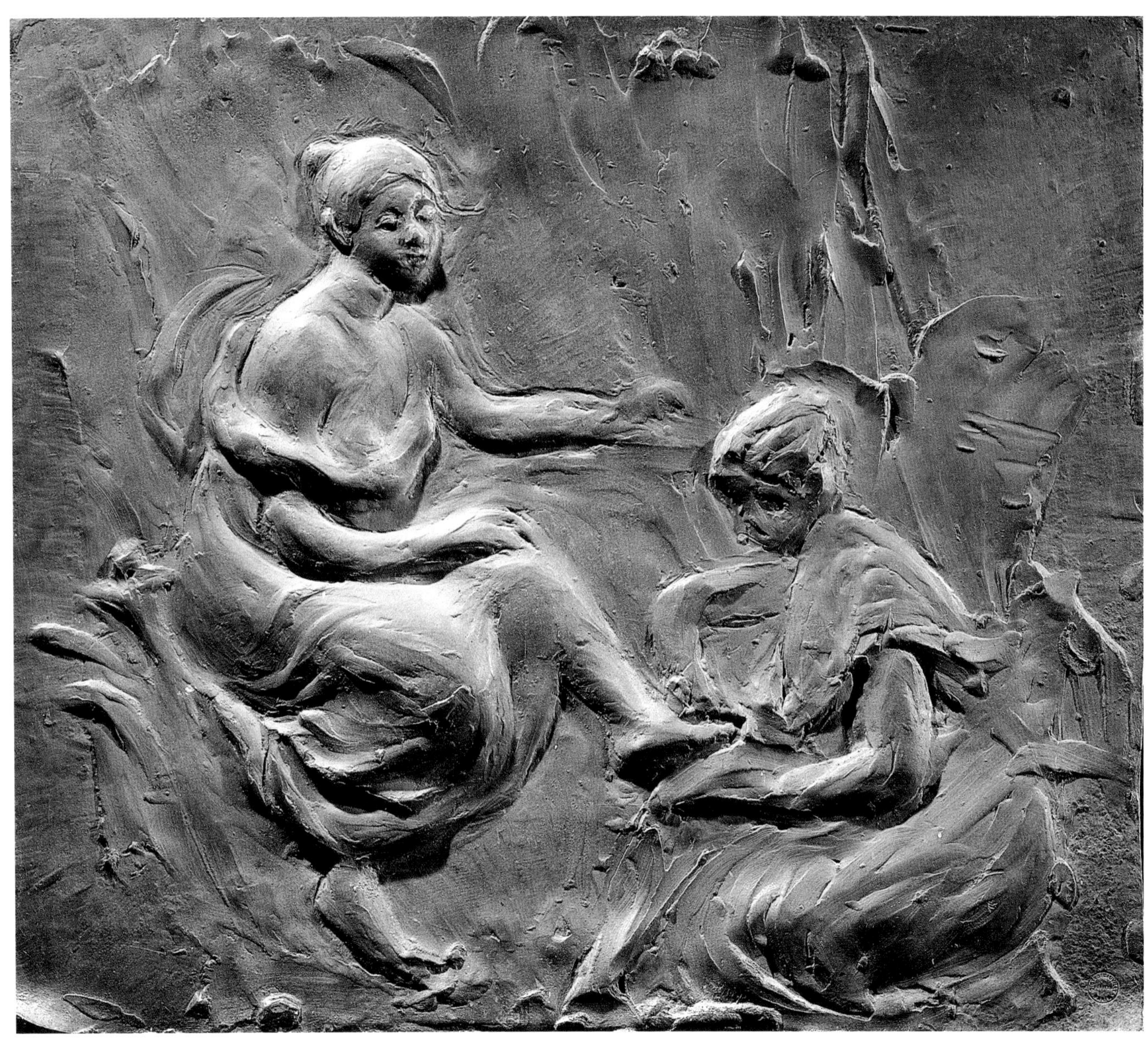

143 Portrait de Jeanne Pontillon, 1894

Par sa taille ce grand *Portrait de Jeanne Pontillon* pourrait être une toile destinée au Salon. Il n'en est rien car Berthe Morisot veut rester « indépendante » – c'était l'appellation initiale des « impressionnistes » – et si elle accepte d'exposer, c'est dans les expositions des Durand-Ruel, tant à Paris qu'à l'étranger ou dans des cercles d'avant-garde, comme elle le fait dans ces années-là, à Bruxelles, pour la Libre Esthétique qui prend la suite des XX, ou à Anvers, pour la Société des amis des arts. Elle ne cherche pas à exposer, et les portraits, hormis ceux de personnages connus, n'attirent pas les visiteurs ; de plus, contrairement à Renoir par exemple, elle ne cherche pas de commande qui aurait pu l'inciter à exposer une telle œuvre comme preuve de son talent en la matière. Cette toile est donc exécutée pour des motifs personnels et familiaux.

Ce tableau a été mal daté[1]. Dans le catalogue de l'exposition de 1896, il était daté de 1893, mais, dans son *Journal,* Julie Manet donne une autre date, corrigeant, sans doute d'après le modèle ou sa tante Pontillon, la date exacte. Il faut, à la suite de ce témoignage, conserver la date de l'été de 1894 qu'elle à indiquée. Cette date explique aussi les circonstances de la réalisation de cette œuvre. En octobre 1893, Adolphe Pontillon avait pris sa retraite et sa famille s'était installée à Paris. Berthe Morisot peint au cours de l'été cette œuvre pour orner leur nouvelle installation ; en septembre, Adolphe Pontillon décède et sa famille va s'installer dans un appartement de l'immeuble de la rue de Villejust, où le tableau est, selon Julie Manet, « magnifique dans le salon blanc de Tante Edma ». Lors de la rétrospective posthume, l'œuvre est exposée au milieu d'un panneau de la grande salle. Julie Manet la décrit ainsi dans son *Journal :* « ... ce long portrait où la tête avec ses bandeaux si noirs est soutenue par le bras blanc éclairé par une vive lumière et appuyé sur le bord du canapé Empire sur lequel se détache la robe orange de mousseline[2]. »

Ce portrait est un portrait familial. Berthe Morisot l'a peint chez elle, et non chez sa sœur. Sa nièce est assise sur un canapé Empire qui lui vient de ses parents et auquel son père tenait. Derrière elle, sur les murs, sont accrochés des souvenirs de famille : une photographie d'Eugène Manet, Berthe Morisot et Julie dans le jardin devant la maison de Bougival, et, à côté de la cheminée, deux autres photographies familiales, dont une rehaussée d'aquarelle.

Huile sur toile
H. 116 ; L. 81
Timbre de la signature, en bas, à droite
CMR 342
Genève, collection particulière

1. De 1892-1893 par Monique Angoulvent, de 1893 par Bataille et Wildenstein, puis par Clairet, Montalant et Rouart.
2. J. Manet, *Journal,* p. 86.

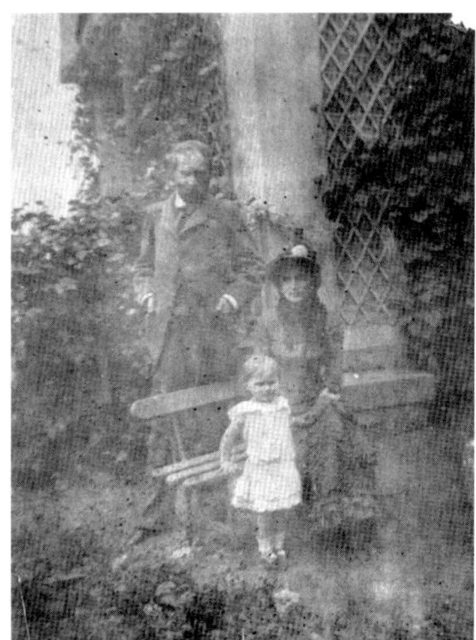

Fig. 1. La famille Manet à Bougival, photographie, collection particulière.

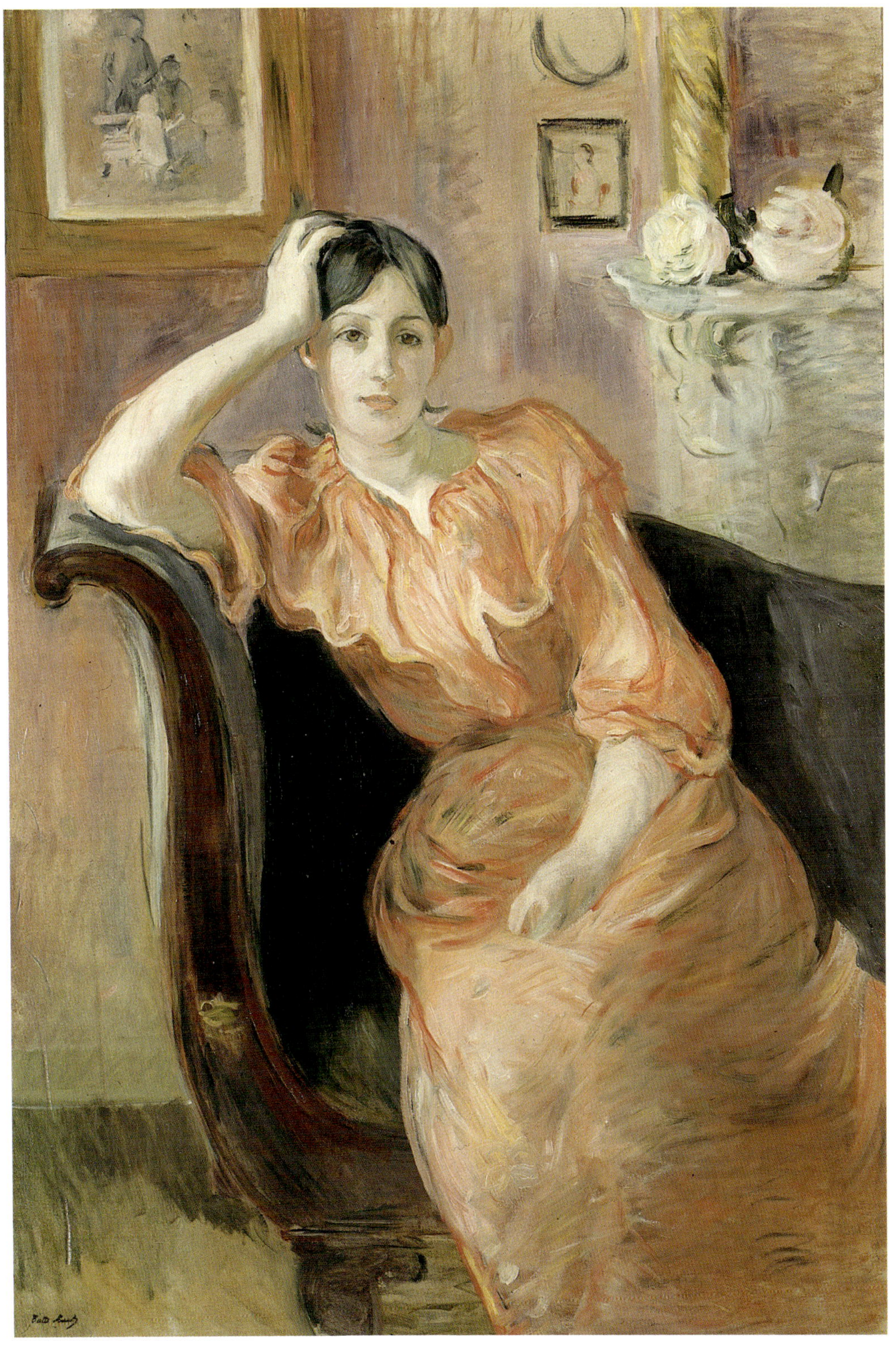

Si le sujet est conventionnel la manière de le traiter ne l'est pas. Le canapé est placé devant la cheminée, ce qui n'est pas sa place naturelle dans un salon, même l'été ; alors qu'il est à gauche de la cheminée le long du mur, il a été déplacé pour bénéficier d'un meilleur éclairage. Jeannie n'est pas droite et a une pose – avec son coude sur le canapé – qui serait désinvolte en présence de tiers ; c'est bien une attitude familière du modèle en famille, mais non en société ou dans le monde où elle ne serait pas correcte. Les deux fleurs posées à même la cheminée sont un détail qui peut étonner car un peintre officiel les aurait mises, comme on le faisait alors, sur une coupelle ou n'aurait rien mis sur la cheminée, car elles attirent le regard.

Le jeu des couleurs est très subtil : entre le bois sombre et le velours bleu, entre les parties éclairées et celles à l'ombre de ce velours, entre le bois, le bleu et cette élégante robe abricot, entre cette dernière et la teinte du mur. Tant par la pose, la touche et les couleurs, nous sommes loin des portraits des artistes du Salon.

Parmi les nombreuses toiles de l'exposition posthume, ce portrait de Jeanne Pontillon est remarqué. « Car la couleur, – qui traduit la lumière, – est ici aussi juste que le dessin. [...] partout la lumière équitablement répartie donne aux êtres et aux choses leur véritable consistance, les met à leur vraie place, les enveloppe dans une exacte dégradation des valeurs. Partout elle flotte, aérienne et poudroyante, tantôt éclairée, tantôt veloutée, toujours limpide. Regardez [...] dans ce portrait ces roses posées sur le coin de la cheminée ; [...] Elle est mobile et variée infiniment, mais c'est toujours une gaieté et une caresse, irisant les objets des nuances les plus enchantantes. [...] Des tons délicats et complexes, des accords charmants, des harmonies suavement avivés par de fins et ingénieux rappels, donnent à cette peinture argentée sa solidité légère et sa vivacité d'accent[3]. » Plus généralement, la critique voit dans ces portraits une « œuvre pleine de fraîcheur, de délicatesse, exécutée avec une légèreté de brosse, une finesse aisée de grâce toute féminine, dont notre ami et confrère Thiébault-Sisson a dit très justement : “ C'est le poème de la femme moderne imaginé et rêvé par une femme. ”[4] »

H. W.

3. Bienne, 1896.
4. Anonyme, mars 1896, p. 125.

144 Jeanne Pontillon, 1894

Pastel
H. 35 ; L. 43
BW 597
Collection particulière

La grande toile du *Portrait de Jeanne Pontillon* n'a pas été peinte sans croquis préparatoires. Nous connaissons au moins ce pastel, une aquarelle (BW 799) et un dessin. Dans le dessin, elle étudie rapidement l'ensemble, dans l'aquarelle, la position de sa nièce sur le canapé, et dans ce pastel la position du coude droit posé sur le canapé avec la tête appuyée sur la main. En même temps elle note soigneusement les couleurs et certains reflets de la lumière. Ici, elle mentionne le bleu du velours du canapé contre l'orangé de la robe, et en jaune les zones un peu à l'ombre. En quelques coups de pastels tout est saisi, l'expression de sa nièce, son attitude, les volumes, les couleurs et la luminosité. Elle peut ensuite transposer sur toile sans accaparer le modèle. Pour faciliter cette transposition, elle note parfois certains détails, des couleurs ou des nuances qu'elle n'a pas eu le temps de dessiner. Une telle pratique lui vient de son habitude de faire poser Julie le moins longtemps possible pour ne pas l'indisposer.

H. W.

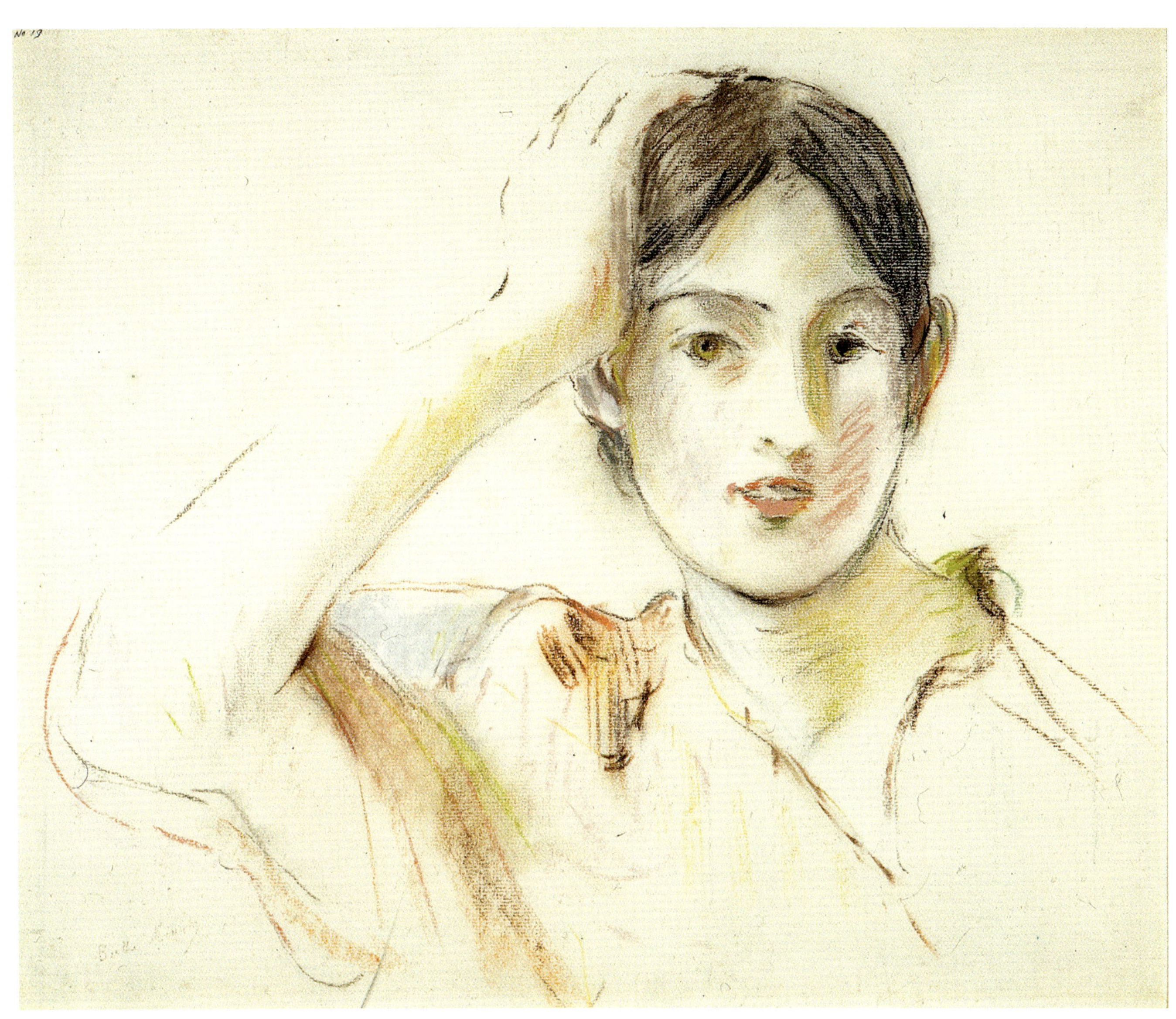

145 La Coiffure, 1894

Huile sur toile
H. 55 ; L. 46
CMR 365
Buenos Aires, Museo Nacional de Bellas Artes

Deux modèles inconnus ont posé pour cette séance de coiffure. De profil, une jeune fille aux cheveux noirs en robe de chambre blanche est assise sur une chaise devant une glace que nous ne voyons pas. Derrière elle, à gauche de la composition, se tient debout celle qui la coiffe. Cette dernière est vêtue d'une jupe noire, d'un corsage bleu et d'une blouse. Elle fait un élégant chignon à sa maîtresse. Par le contraste des tons, le peigne dans les cheveux et les mains de la coiffeuse soulignent encore la chevelure noire de la jeune fille.

Si la jeune coiffeuse est habillée, son modèle est en déshabillé, avec cette robe de chambre, mais une fois cette dernière coiffée, elle pourra à son tour se vêtir.

Nous ignorons si, comme souvent à l'époque, c'est la femme de chambre qui la coiffe, ou si elle a, pour une plus grande occasion, fait venir chez elle la coiffeuse pour la préparer à quelque sortie d'importance ou à un bal.

Le fond du tableau est constitué d'un tissu ou d'un papier peint rose, ce qui signifie bien que l'on est dans la chambre d'une jeune fille. Au mur sont accrochés deux écrans japonais, deux éventails et un tableau. C'est le *Corsage noir* (cat. 39), une importante toile ancienne de Berthe Morisot. Ce n'est pas la nostalgie, un quart de siècle plus tard, qui a fait figurer cette œuvre dans *la Coiffure,* et surtout qui lui donne une place centrale dans la moitié supérieure de la composition. En effet, comme dans d'autres tableaux exposés ici, Berthe Morisot évoque le cadre de vie d'une femme de son époque et de son milieu à partir de son propre décor ; n'écrit-elle pas dans l'un de ses *Carnets :* « Edouard [Manet] disait souvent qu'il apprenait son milieu de nouveau à chaque tableau qu'il peignait. Cette sincérité et cette impressionnabilité devant la nature qui donnent tant de charme à son œuvre. » Avec cette femme en robe de bal dans le fond, ce tableau devient une allégorie de la beauté, de la grâce et du succès féminin. Cette jeune fille que l'on coiffe sera dans quelques heures comme cette autre au bal. La jeune fille succédera à sa mère dans le monde. C'est là une préoccupation que l'on retrouve plusieurs fois dans la correspondance de Berthe Morisot avec ses sœurs, et particulièrement avec Edma.

Il faut ajouter que ce tableau dans le tableau, avec ces écrans et éventails sur un mur de couleurs, évoque le fond du portrait de *Madame de Callias* (fig. 2 ; cat. 171) par Manet que Berthe Morisot avait acquis à la vente de l'atelier de l'artiste et qu'elle aimait particulièrement.

La composition est décentrée, même si le visage de la jeune fille est au centre de la toile. Un peintre des Salons officiels n'aurait pas équilibré sa composition avec à droite les éventails sur le mur.

Un tel sujet n'est pas nouveau pour les impressionnistes. Degas ou Toulouse-Lautrec le traitent également dans ces mêmes années, mais avec une ironie que l'on ne retrouve pas chez Morisot. S'ils peignent aussi ce thème, ce n'est pas dans le même milieu, ce qui explique la différence de perception. Ce sont tous des témoins réalistes de la vie, mais ils n'en retiennent pas les mêmes aspects. Berthe Morisot veut peindre la grâce et le charme. C'est bien ce que dit Julie Manet dans son *Journal* devant cette toile lors de l'exposition posthume, en 1896 : « Que de grâce et de charme dans le profil un peu en l'air de cette figure en robe de chambre blanche, dont les cheveux noirs sont si jolis dans les mains de la figure qui la coiffe, qui contraste si joliment avec celle-ci par ses cheveux blonds qui semblent lancer des reflets sur son corsage bleu ; le fond est ravissant, rose, des écrans, le tableau le *Corsage noir.* »

Les peintres des Salons officiels traitent un tel sujet avec plus de calculs et de mise en scène, avec moins de naturel et de charme quand ils ne pastichent pas les peintres du XVIIIe siècle.

H. W.

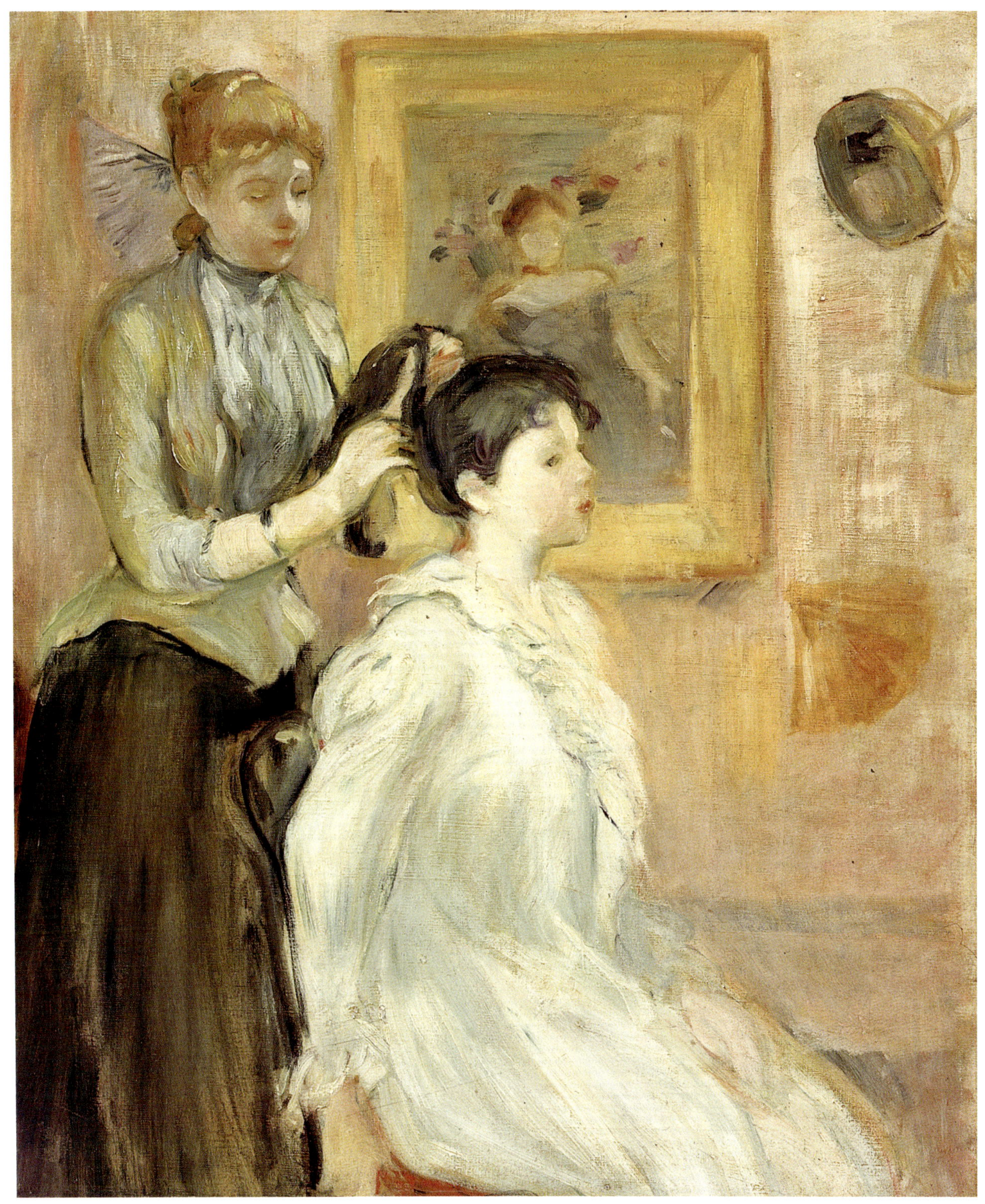

146 Julie rêveuse, 1894

Huile sur toile
H. 65 ; L. 54
CMR 379
Collection particulière

Après la mort, en 1892, de son mari, Eugène Manet, Berthe Morisot quitte la rue de Villejust et Le Mesnil. Ces deux lieux sont loués tant pour en tirer des revenus que pour s'éloigner des souvenirs dont ils sont chargés. Elle note dans ses *Carnets :* « Ai-je été bête de penser une minute que les choses extérieures avaient de l'importance, qu'un peu de mon bonheur tenait à ces murailles. Je me suis habituée à l'idée de quitter cet intérieur où Julie a grandi et où je me suis fanée. Mes souvenirs sont en moi, périssables et à ma mort n'intéresseront plus personne. J'ai beaucoup de peine à me détacher des lieux, des personnes, et même des bêtes, et le plus joli c'est qu'on me croît insensibilité même[1]. » Son extrême sensibilité se reflète dans tout son œuvre. Dans ce tableau, *Julie rêveuse,* le modèle y voit le reflet de la tristesse après le décès de son père. Cette rêverie triste et grave est tout autre que celle, mélancolique, de Valadon.

Lorsque ce tableau est exposé en 1896, Julie note dans son *Journal :* « Ah, il est beau mon portrait, je vois Maman y travailler dans le petit atelier de la rue Weber ; il est très fait sur un fond vert foncé, très sobre, je suis en robe blanche penchée, la figure appuyée sur le bras nu avec les cheveux qui arrivent en avant de la figure ; j'ai " l'air triste et fière " a dit la petite Jeannine et c'est vrai : J'ai l'air très triste dans ce portrait plein de grâce, on sent le malheur qui vient me frapper si violemment encore si jeune. Dans les dernières œuvres de Maman, il y a souvent une impression de tristesse, ah, elle était si triste, si malheureuse[2]. »

Julie n'est plus une enfant ; c'est déjà une jeune fille, elle n'a plus l'âge d'être insouciante ; son visage porte plus la marque de la gravité que de la tristesse. Contrairement à de nombreuses autres œuvres de Berthe Morisot, ce portrait possède une composition presque classique, le modèle occupant un triangle. Elle s'éloigne des règles académiques de l'époque par la tenue de Julie, un peu courbée sur son tabouret, les genoux croisés, le coude droit sur les genoux et la main sur la joue comme pour soutenir sa tête avant de s'assoupir. La technique et la composition sont modernes avec cette peinture en arabesques sur sa robe et en grandes lignes pour le fond ; les contours sont indiqués ; le jeu des ombres souligne discrètement les formes. Le fond, uniforme, qui se retrouve alors chez Renoir, préfigure déjà certaines œuvres du siècle suivant ; il rend plus intense encore le visage de Julie et sa robe qu'il est mat, mais non bitumineux, ce qui aurait été un reniement de l'impressionnisme. Dans une critique Roger Marx remarque avec justesse toute la nouveauté et la spécificité de ces « portraits [...] d'une époque plus récente dans lesquels Berthe Morisot a réalisé la fusion des tons et précisé la cernée du contour ; le dessin en est d'un jet, d'une précision admirables, et la nuance témoigne des recherches les plus affinées »[3].

Lors de la rétrospective posthume, Arsène Alexandre, le critique du *Figaro,* souligne : « Mme Morisot avait des dons admirables. Elle voyait du premier coup l'élégance d'une jeune silhouette frêle et pensive, l'arrangement plein de grâce de deux figures dans un intérieur ou quelque coin de campagne fleurie. » Il cite, parmi ces « choses simples et charmantes, qui vont directement faire la joie de ce qu'il y a en nous de plus honnête et de plus dignement affectueux », cette toile décrite comme celle d'une « jeune demoiselle appuyant le menton dans sa main, et songeuse ». Il termine son article en citant à nouveau cette jeune fille « accoudée et pensive » parmi les œuvres dont « on saura bien voir que [... ce] sont des œuvres parfaites, et que les plus simples indications sont irréprochables et complètes »[4].

H. W.

1. Cité par Angoulvent, 1933, p. 103-104.
2. J. Manet, *Journal,* p. 87.
3. Marx, 1896, p. 247-250.
4. Alexandre, 1896, p. 5.

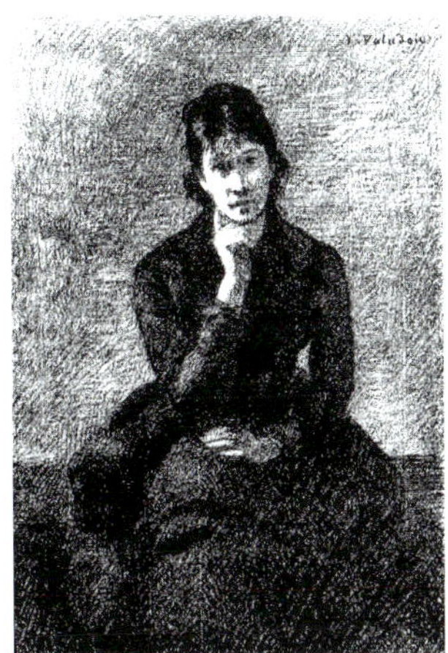

Fig. 1. Jules Valadon, *Rêverie,* Salon de 1885, reproduit d'après le *Salon illustré,* p. 39.

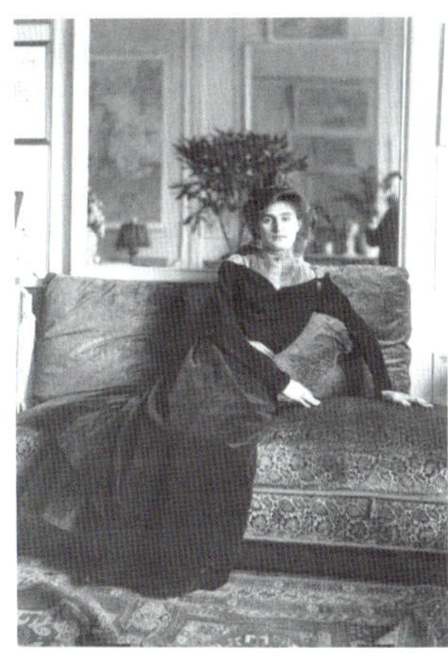

Fig. 2. Julie adolescente, photographie, collection particulière.

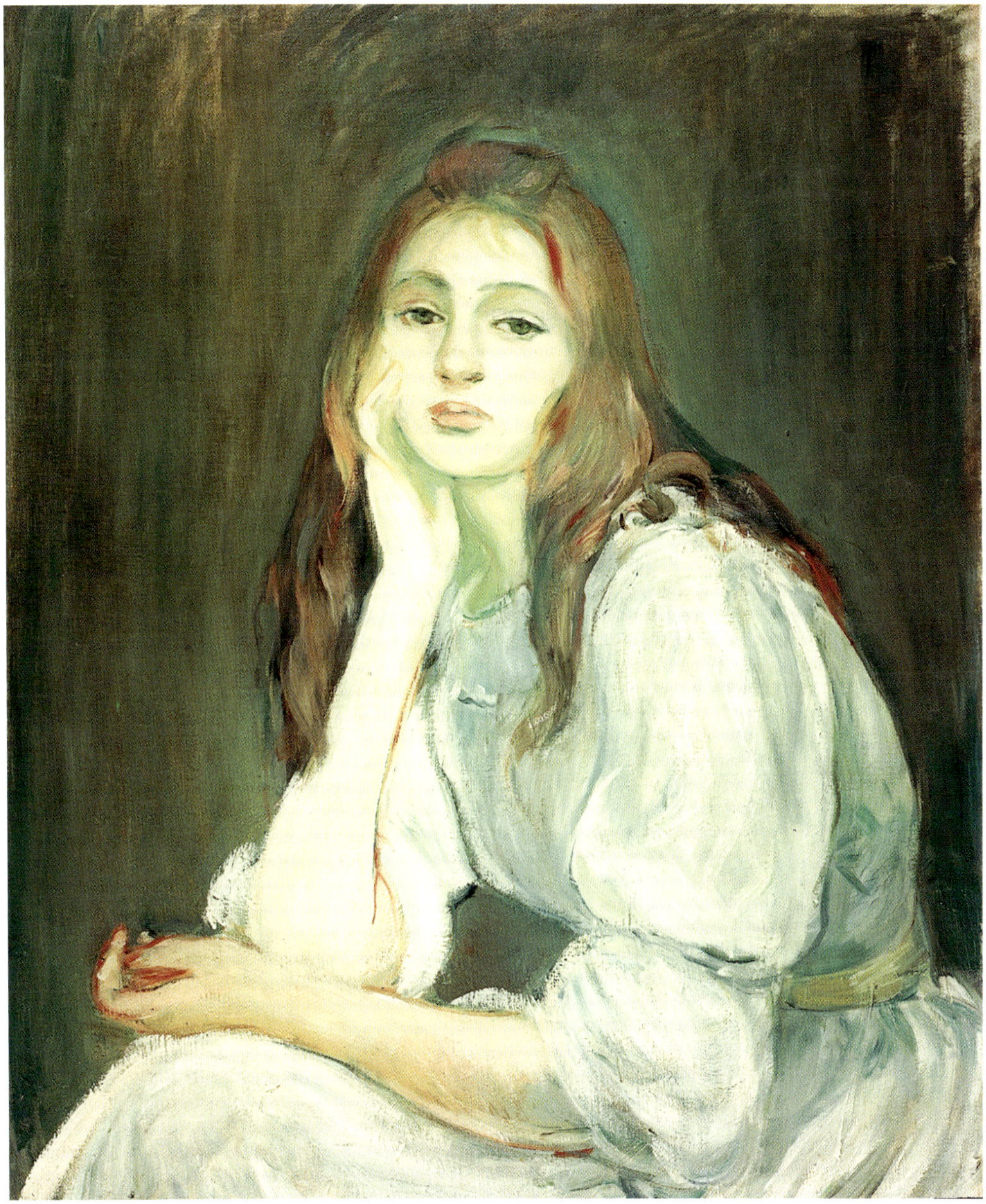

147 Jeune Fille au repos, 1884

Huile sur toile
H. 35 ; L. 28
CMR 411
Collection particulière

Une jeune fille vêtue d'une élégante robe rose à grande collerette dans la même soie et manches courtes est assise dans un fauteuil Empire à col de cygne. Ses cheveux sont tirés en arrière pour un chignon que nous ne voyons pas. Elle est penchée vers la droite, son coude est appuyé le bras du fauteuil. Ses mains sont croisées devant elle. Derrière, le fond, rouge, est constitué d'une portière japonaise. Le tableau est une harmonie délicate entre la soie rose de la robe, le rouge et les motifs de la portière. Le drapé de celle-ci encadre le modèle à gauche et laisse entrevoir un tableau, tandis qu'à droite l'embrase suit discrètement la silhouette.

Nous ignorons ce que la jeune fille attend. Peut-être à nouveau un bal, comme dans la toile, de 1873, *Jeune Fille en robe de bal,* qui est le portrait de Marguerite Carré (cat. 17). Cette fois, le nom du modèle ayant posé pour cette œuvre reste inconnu ; Julie Manet précise dans son *Journal :* « modèle que j'appelais le monstre et qui n'est pas du tout monstre sur cette toile », mais sans révéler son nom.

Berthe Morisot a étudié cette œuvre dans au moins trois aquarelles et trois dessins ; elle s'intéresse à la position du modèle dans le fauteuil, à son attitude. Nous ne connaissons pas d'étude pour la portière japonaise ce qui se comprend puisqu'elle l'avait sous les yeux lorsqu'elle peignait la toile, et pouvait donc la travailler à loisir en l'absence des séances de pose du modèle. Elle aurait pu étudier toutefois sa position par rapport au modèle, ce qu'elle n'a pas fait pour donner un caractère plus naturel et moins étudié à sa composition. C'est là une constante que nous retrouvons souvent.

Le choix de la portière pour constituer le fond traduit l'influence du japonisme dans son œuvre. Cet aspect est d'autant plus intéressant que les relations de Berthe Morisot avec le japonisme sont encore assez mal connues bien qu'elle ait, comme presque tous ses amis impressionnistes, constitué une collection assez considérable d'estampes japonaises. Par Manet d'abord, elle était très au courant des premières influences du japonisme en Europe.

On sait que, en 1890, elle visite en compagnie de Mary Cassatt l'exposition de l'École des beaux-arts consacrée à l'estampe japonaise. Cette même année, dans une lettre inédite, Mary Cassatt, qui la remercie pour ses conseils et son introduction auprès de plusieurs propriétaires de demeure à louer lui écrit : « ... hier j'ai causé de vous à Hyiashi tout en choisissant des Kyonaga – Avez vous lu le livre de Goncourt sur Outamaro ? Hyiashi en est presque aussi indigné que moi – Enfin, il faut croire que c'est une maladie chez Goncourt. J'espère que vous viendrez nous voir cet été avec Monsieur Manet et Julie, c'est très facile[1]... »

En 1896, ce tableau avait été exposé sous le titre *Somnolence,* qui, comme *la Fable* (cat. 70) ou *la Fleur aux cheveux* (CMR 361), avait dû lui être donné par Mallarmé. Le modèle est plus absent ou absorbé dans quelques rêveries que somnolent. Une critique, celle d'un ami de Mallarmé traduit le sentiment de ses contemporains lorsqu'ils découvrent cette œuvre. Claude Bienne, dans un long article aussi méconnu qu'important, écrit notamment : « ... elle s'est mise à son chevalet, de temps en temps, dans l'ombre blanche du salon intime, comme, musicienne, elle se serait mise à son piano ; il semble, qu'elle n'ait fait autre chose que d'exercer pour son propre bonheur son don simple et libre ; elle sait beaucoup, et, si l'on n'interrogeait à fond sa peinture, si l'on ne voyait ses dessins, elle paraîtrait avoir su d'instinct ce qu'elle sait, et ne pas l'avoir appris. Mais, suivant son penchant naturel, comme ce penchant l'a bien guidée ! Jamais les modèles italiens de la rue Linné, en sortant de chez Mlle Fould ou de chez M. Bouguereau, n'ont franchi son seuil. Elle a peint ce qu'elle voyait autour d'elle et qui lui plaisait : de vrais enfants, de vraies jeunes filles, observées dans la vérité de la vie familiale, le soleil dans sa maison, dans son jardin, sur ses fleurs, parfois quelques

1. Lettre inédite de M. Cassatt à B. Morisot. Nous remercions la famille Rouart de nous avoir autorisé à publier cet important extrait.

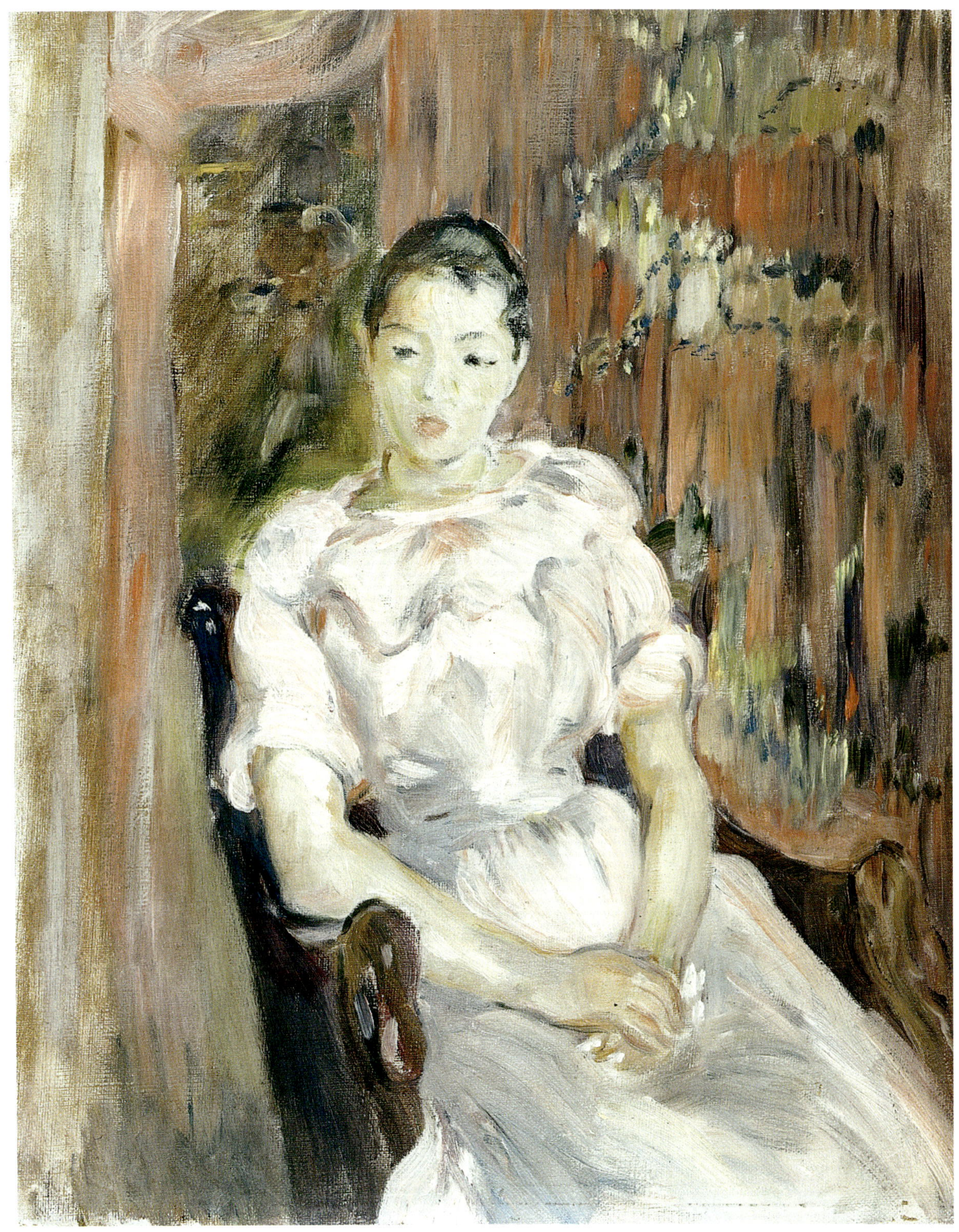

villas amies, suburbaines ou provinciales, au bord de la mer ou de la forêt, tous, on le sent, paysages habituels, sites que l'œil a de longues raisons d'aimer. Sa spontanéité s'exerçant sur des sujets si connus, si chers, si familiers, on imagine aisément ce que devrait être sa joie de peindre et aussi quelle représentation de la vie, tout à la fois immédiate et profonde, elle a pu nous donner[2]. »

H. W.

2. Bienne, 1896, p. 467.

148 Étude pour la Jeune Fille au repos, 1894

Mine de plomb
H. 26 ; L. 20
Cachet du monogramme, en bas, à droite
New York, Collection de Mme Alexander Lewyt

Avec un modèle professionnel, Berthe Morisot peut saisir plus facilement les détails qui l'intéressent qu'elle n'a pu le faire avec Julie. Ce dessin particulièrement poussé en est la preuve. Il montre aussi qu'elle étudie même à la fin de sa vie des œuvres de composition simple.

Dans ce dessin au crayon, l'artiste note la position du modèle, étudie avec minutie les plis de la robe, les ombres et les effets de la lumière. Le contraste entre le rose du tissu de cette robe et tant le bois du fauteuil à col de cygne que son tissu de velours sont indiqués par des coups de crayons qui traduisent les rapports entre les masses, en respectant les nuances des tons. Berthe Morisot démontre par là sa grande maîtrise technique.

De cette étude préparatoire à l'œuvre finale (cat. 147), il n'y a que peu de changements : dans la jambe gauche du modèle et dans sa position, un peu moins assise au fond du siège.

Ce dessin a été exposé notamment en 1941, à la rétrospective de Morisot à Paris, à l'Orangerie des Tuileries (n° 276), sous le titre *Jeune Fille assise,* en même temps que la toile correspondante (n° 111). Il existe aussi deux aquarelles préparatoires de ce même tableau (BW 843 et 844). Cette dernière, aujourd'hui à Chicago, à l'Art Institute, avait appartenu au romancier et critique Octave Mirbeau qui l'avait acquise de la famille de Camille Pissarro après le décès de celui-ci (voir aussi le cat. 93). Pissarro s'intéressait aux dessins de ses amis comme témoignage de leur travail ; il avait ainsi acquis une série de dessins de Seurat, qu'il léguera au musée du Luxembourg. Il est vraisemblable que cette aquarelle lui a été donnée par Julie Manet en souvenir de sa mère.

Comme dans les quatre autres études préparatoires du tableau, Berthe Morisot ne s'intéresse pas à la tenture japonaise qui constitue le fond. Le peintre est ici comme le photographe qui se préoccupe du modèle mais non de la toile qui sert de décor – un tel choix est sans doute tout à fait volontaire.

Toutes ces études montrent qu'elle travaillait malgré l'apparente liberté de composition. Devant de tels dessins, nous ne pouvons que penser à ce qu'elle avait noté dans ces *Carnets* le 11 janvier 1886, après une visite à l'atelier de son ami Renoir, qui lui avait ouvert ses cartons : « Visite chez Renoir. Sur un chevalet dessin au crayon rouge et à la craie d'après une jeune mère allaitant son enfant charmant de grâce et de finesse. Comme je l'admirais, il m'en a montré une série d'après le même modèle et peu de choses près dans le même mouvement : c'est un dessinateur de première force ; toutes ces études préparatoires pour un tableau seraient curieuses à montrer au public qui s'imagine généralement que les impressionnistes travaillent avec la plus grande rapidité[1]. »

H. W.

1. *Carnet vert de 1885-1886,* cité dans *Berthe Morisot,* cat. exp., 1961, p. 46-47 ; les deux pages de ce carnet sont reproduites dans *Morisot,* cat. exp., 1961.

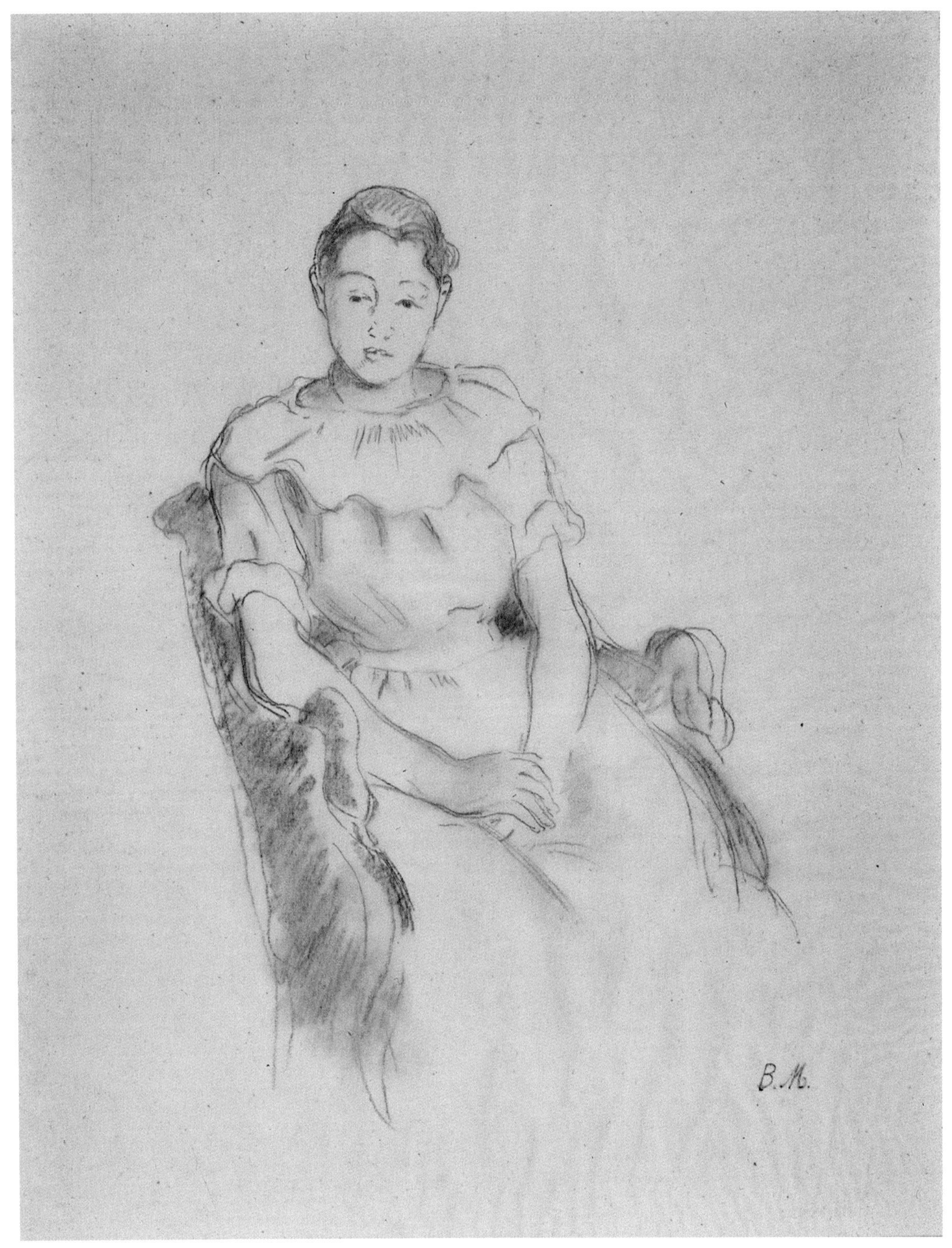
B.M.

Œuvre gravé

Berthe Morisot s'est, comme tous les impressionnistes à l'exception de Monet, essayée à la gravure. La totalité de son œuvre gravé conservé (huit pointes sèches et une lithographie en couleurs) est présentée ici. Les œuvres exposées au palais des Beaux-Arts de Lille et reproduites dans ce catalogue proviennent de la Bibliothèque nationale de France ; celles présentées à la Fondation Pierre Gianadda sont prêtées par la Fondation Jacques Doucet. Il s'agit dans les deux cas du second tirage de la série réalisé par Porcaboeuf à la demande de M. et Mme Ernest Rouart (Julie Manet) à ving-cinq exemplaires au début de 1905. Ce tirage porte un petit cachet des initiales de l'artiste.

Ouvrages cités en abrégé

Orangerie : *Berthe Morisot*, cat. exp., Paris, musée de l'Orangerie, 1941.

Melot : Michel Melot, *La Gravure impressionniste*, cat. exp., Paris, Bibliothèque nationale, 1974.

Bailly-Herzberg : Janine Bailly-Herzberg, « Les Estampes de Berthe Morisot », *la Gazette des Beaux-Arts*, mai-juin 1979.

Berthe Morisot, *Nu de dos* (détail), 1889, cat. 157

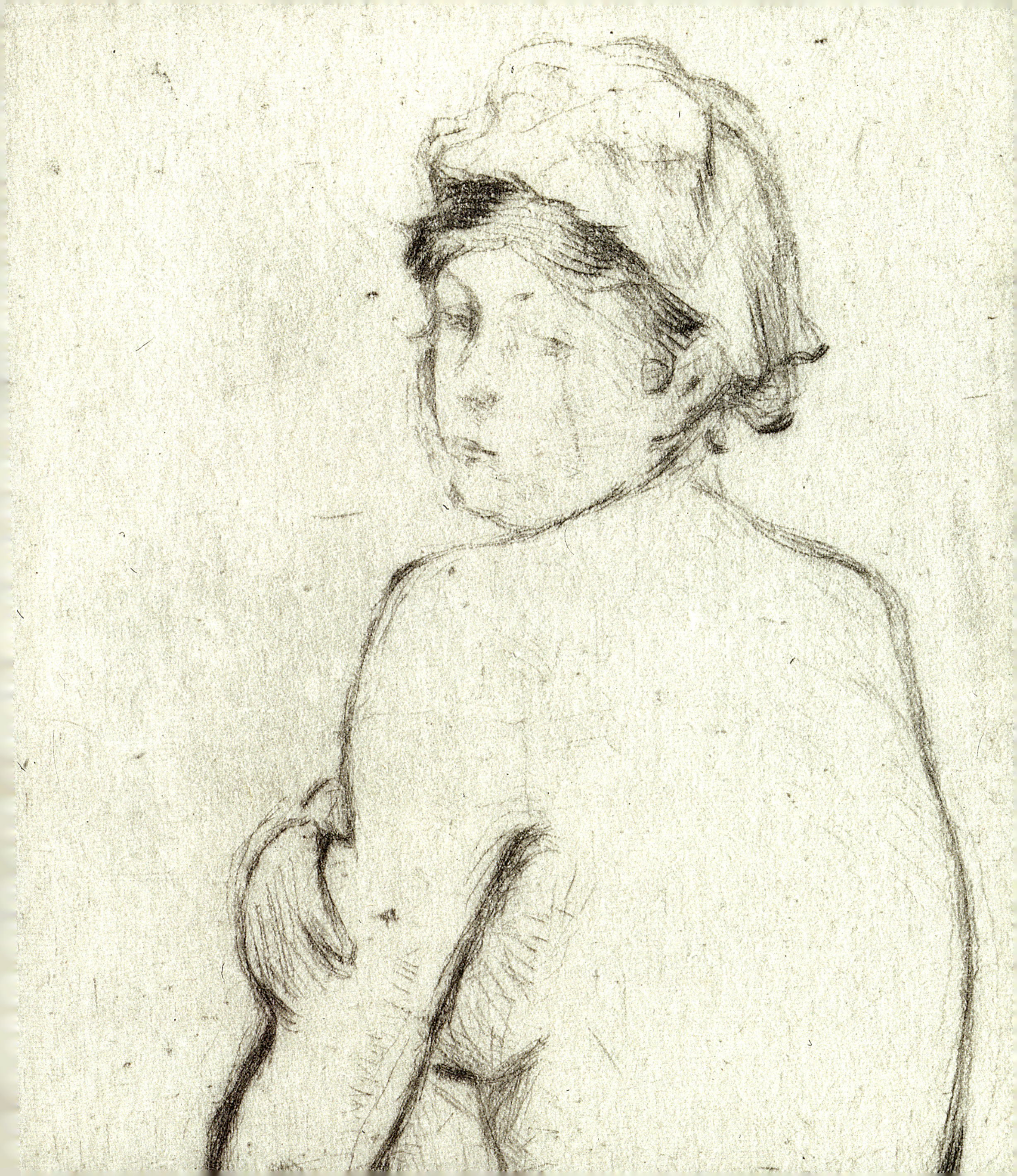

149 Le Nénuphar blanc, 1887-1888

À l'automne 1887, Stéphane Mallarmé demande à Berthe Morisot de bien vouloir illustrer d'une planche un poème en prose, « Le Nénuphar blanc », qui doit paraître dans un recueil d'anciens textes. John Lewis Brown est chargé de la couverture, tandis que Mary Cassatt, Degas, Monet et Renoir doivent aussi contribuer à ce projet, qui n'aboutira pas sous cette forme.

Dessin au crayon
H. 30 ; L. 20
(sur une feuille de papier repliée)
Annoté par Julie Manet :
un projet pour le nénuphar blanc de Mallarmé
Collection particulière

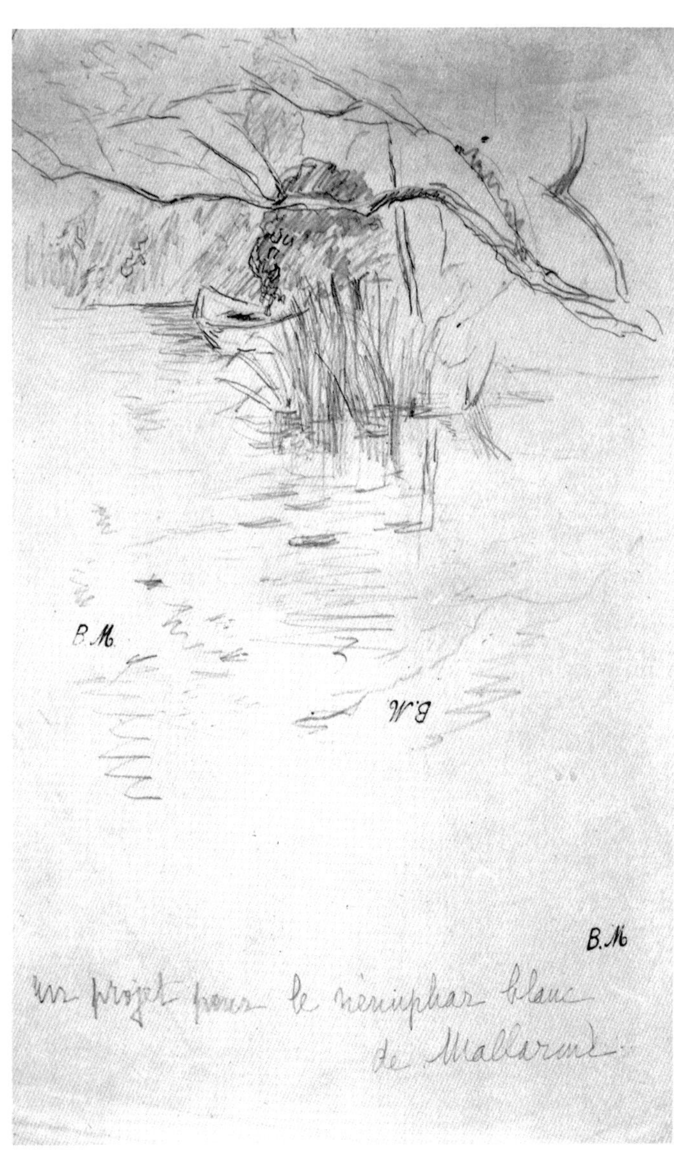

Le Lac du bois de Boulogne ou le Nénuphar blanc ou Arbustes au bord de l'eau, 1889 150

Pointe-sèche
H. 15,5 ; L. 11,5
Paris, Bibliothèque nationale de France, département des Estampes et de la Photographie.
Inventaire : 74B67 539.
Don de M. et Mme Ernest Rouart.

Orangerie, n° 279d ; Melot, n° 326 ; Bailly-Herzberg, n° I.

Plusieurs dessins sont à rapprocher de cette pointe-sèche, notamment l'aquarelle intitulée *l'Arbre roux* (cat. 113). Selon le témoignage de Julie Manet, qui est restée très liée avec Mallarmé, son tuteur, cette pointe-sèche avait été choisie par ce dernier pour illustrer son recueil projeté. Mallarmé possédait un exemplaire de cette pointe-sèche, ce qui permet de considérer que c'est celle qu'il avait choisie pour illustrer *le Tiroir de laque*.

H. W.

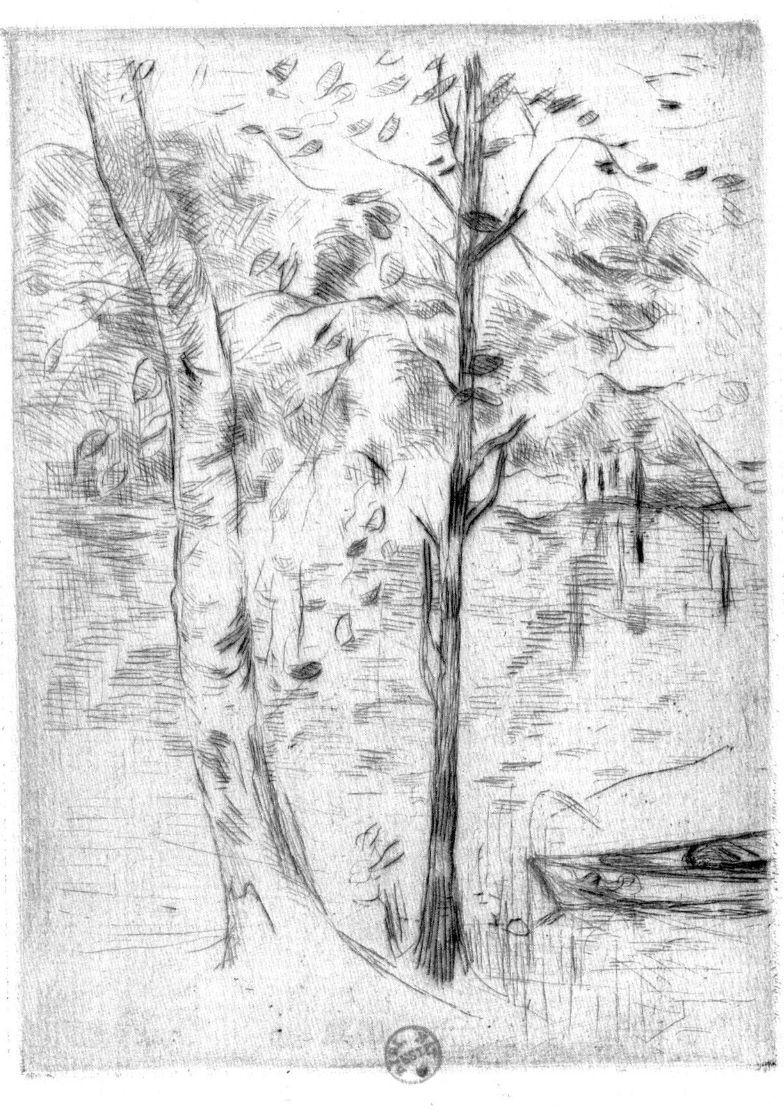

151 Le Canard ou Canard et roseaux, 1889

Cette planche est à rapprocher de l'aquarelle BW 717, dont elle reprend une partie du motif.

H. W.

Pointe-sèche
H. 13,7 ; L. 10
Paris, Bibliothèque nationale de France, département des Estampes et de la Photographie.
Inventaire : 74B67 540
Don de M. et Mme Ernest Rouart.

Orangerie, n° 279b ; Melot, n° 325 ; Bailly-Herzberg, n° II.

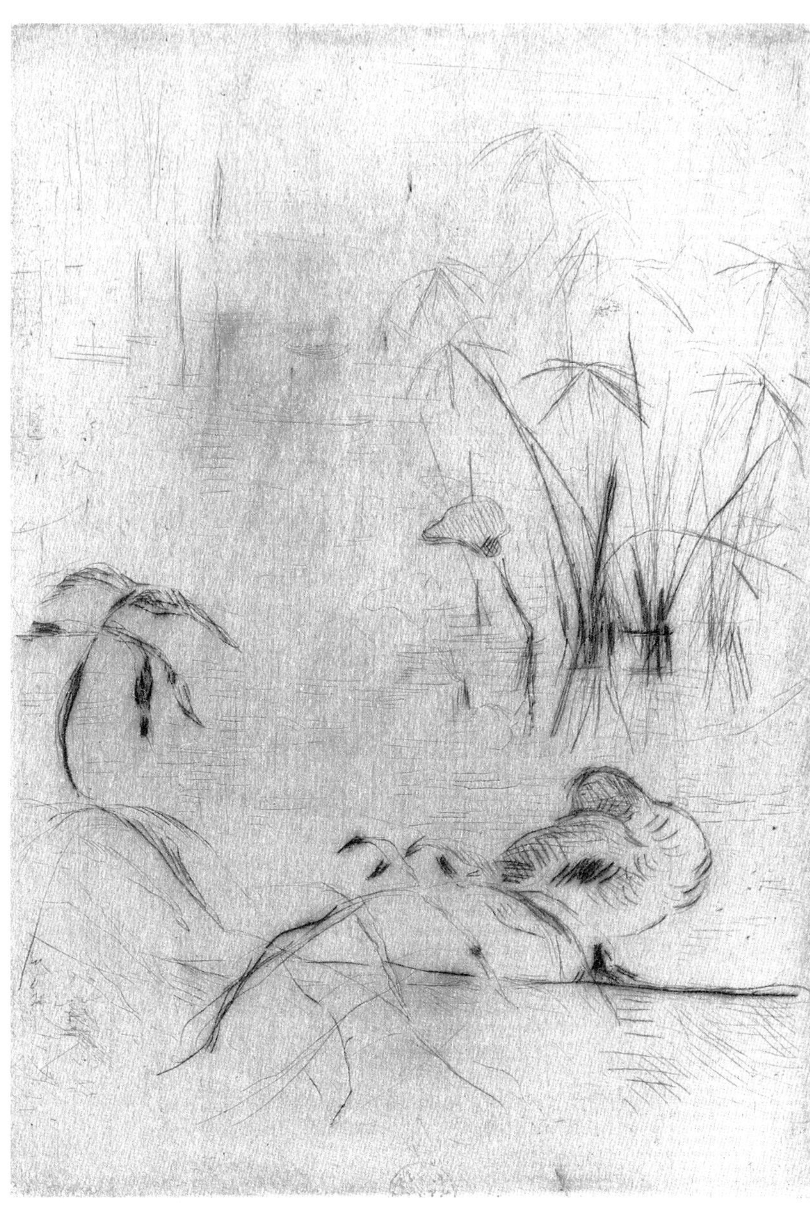

Pointe-sèche
H. 14,2 ; L. 11,3
Paris, Bibliothèque nationale de France, département des Estampes et de la Photographie.
Inventaire : 74B67 536
Don de M. et Mme Ernest Rouart.

Orangerie, n° 279a ; Melot, n° 328 ; Bailly-Herzberg, n° III.

C'est la transposition d'une aquarelle (BW 715) plus grande (H ; 27 ; L. 20) qui avait donné lieu à plusieurs dessins préparatoires au pastel pour les oies (BW 486 à 488).

H. W.

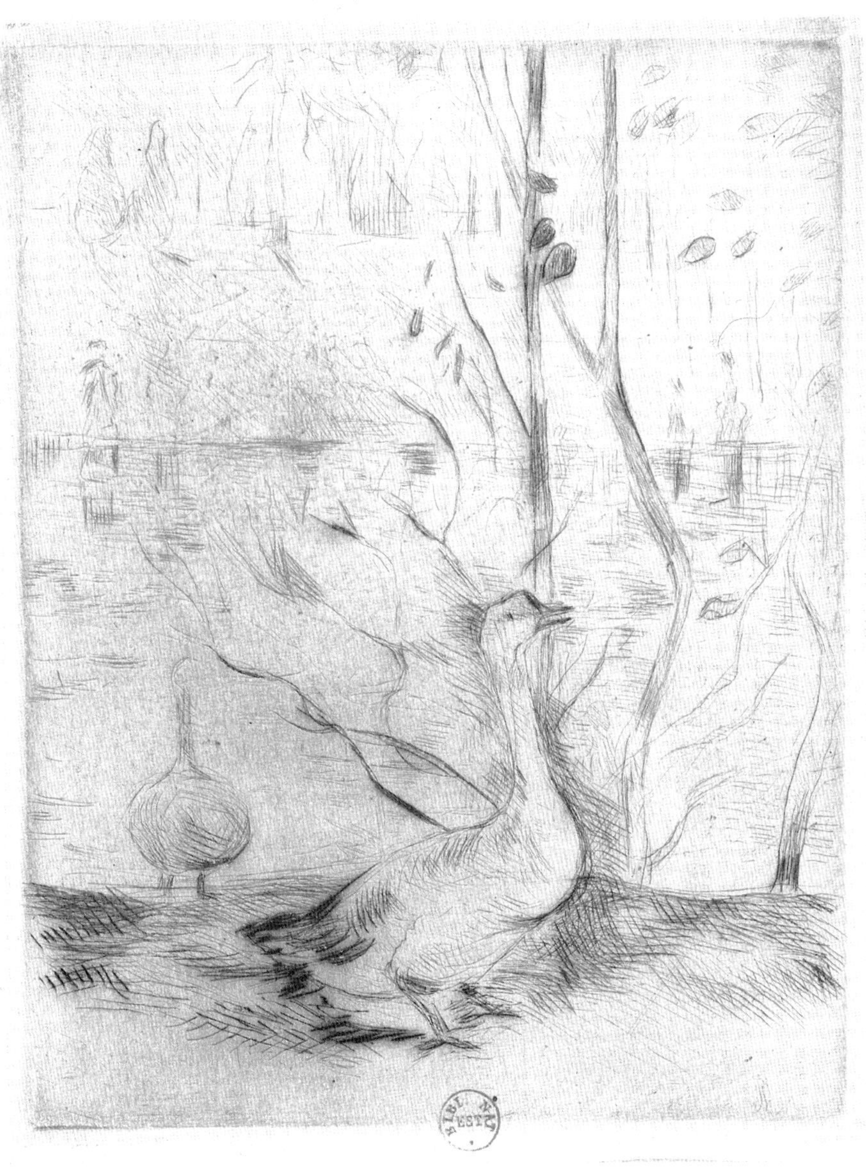

153 Cygne et canard, avec portraits de Julie ou Cygne et canard, essai, 1889

Cette planche d'essai comporte plusieurs études : un cygne et un canard que l'on peut rapprocher d'un pastel (BW 491), mais aussi trois esquisses de Julie Manet venant en surimposition (une silhouette de profil, une tête aussi de profil, et, en regardant la planche en hauteur et non plus en largeur, une petite tête de face).

Si l'on peut rapprocher le cygne et le canard de l'atmosphère du bois de Boulogne, qui est celle des illustrations du *Nénuphar blanc,* les portraits de Julie sont à rattacher à l'album qui devait lui être consacré. La planche abandonnée a été récupérée pour traiter l'autre thème destiné à l'album de Julie.

H. W.

Pointe-sèche
H. 11,3 ; L. 14,2
Paris, Bibliothèque nationale de France, département des Estampes et de la Photographie.
Inventaire : 74B67 535
Don de M. et Mme Ernest Rouart.

Orangerie, n° 278c ; Melot, n° 327 ; Bailly-Herzberg, n° IV.

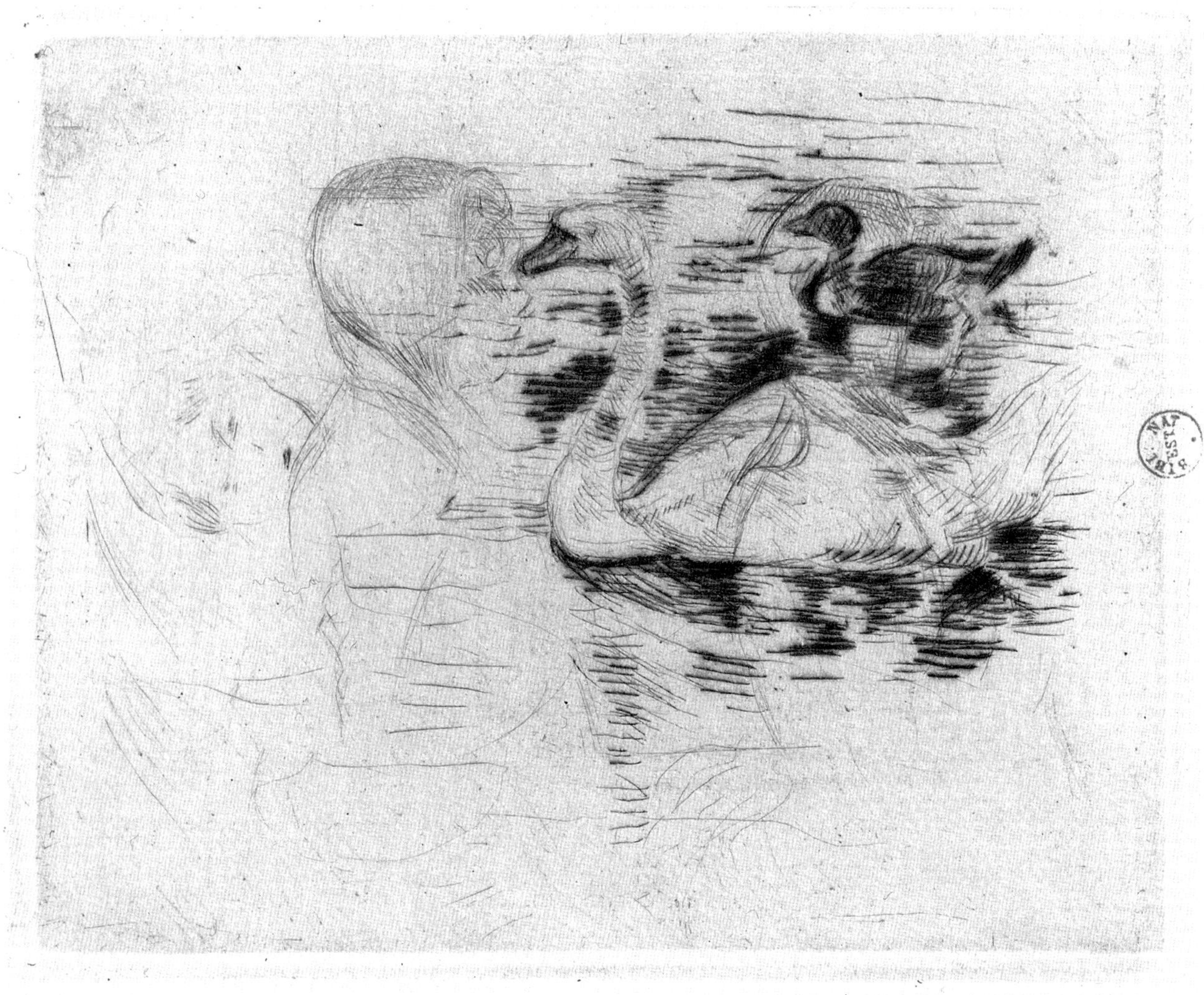

Autoportrait de Berthe Morisot dessinant avec Julie ou l'Atelier ou le Dessin ou la Leçon de dessin, 1889 154

Pointe-sèche
H. 18,2 ; L. 13,6
Paris, Bibliothèque nationale de France, département des Estampes et de la Photographie.
Inventaire : 70C44 166
Don de M. et Mme Ernest Rouart.

Orangerie, n° 278d ; Melot, n° 324 ; Bailly-Herzberg, n° VIII.

Ce motif a donné lieu à un grand dessin au crayon, qui est repris ici, dans un format plus réduit, et à une intéressante toile restée inachevée. Ces deux autres œuvres sont exposées.
Dans le coin en bas à droite de la robe de l'artiste, en prenant la planche à l'horizontale, on voit l'esquisse d'un autre sujet avec une tête et un buste.
À propos de cette pointe-sèche, Roger Marx avait écrit en 1907 qu'elle est « doublement précieuse par le métier et le sujet. Berthe Morisot y est représentée prête à dessiner, sa fille à ses côtés ; l'attaque du métal a été si alerte et définitive à la fois que l'improvisation apparaît fixée en traits indélébiles dans le libre jaillissement du primesaut ».

H. W.

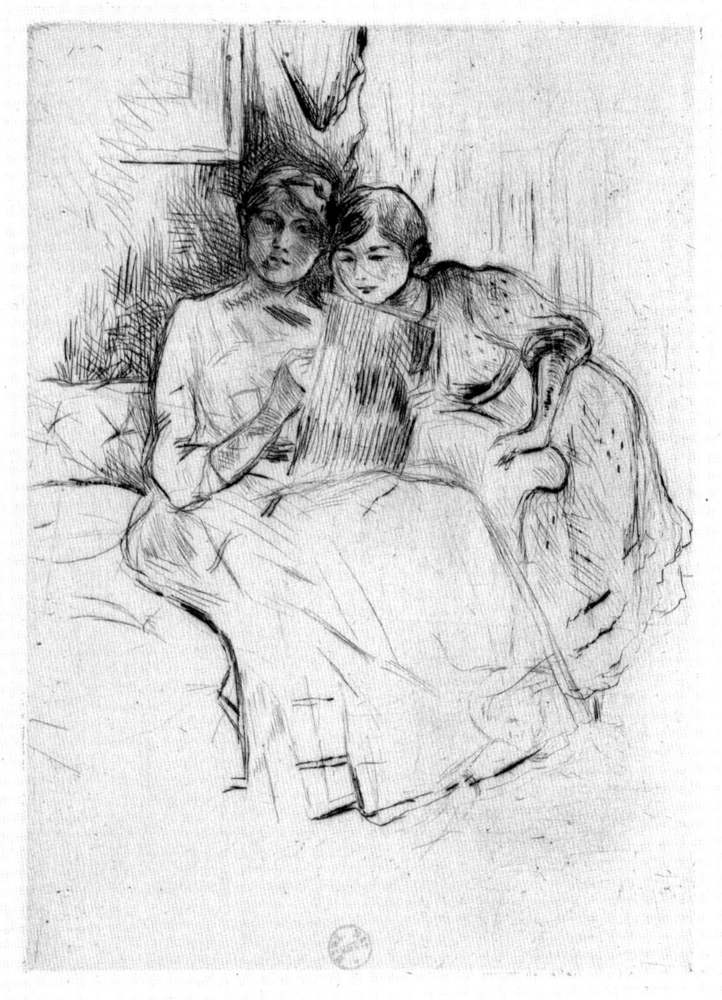

155 Fillette au chat, d'après le portrait de Julie peint par Renoir, 1889

Eugène Manet avait en 1887 demandé à Renoir un portrait de Julie. Elle pose chez elle dans une robe anglaise à broderie, un chat sur les genoux. Berthe Morisot a copié au pastel la peinture, en a fait plusieurs dessins ainsi que cette pointe-sèche. Une telle planche, dans un album consacré à Julie, est en même temps un autre regard sur sa fille et un hommage à Renoir.

H. W.

Pointe-sèche
H. 14,5 ; L. 11,3
Paris, Bibliothèque nationale de France, département des Estampes et de la Photographie.
Inventaire : 74B67 538
Don de M. et Mme Ernest Rouart.

Orangerie, n° 278a ; Melot, n° 322 ; Bailly-Herzberg, n° VI.

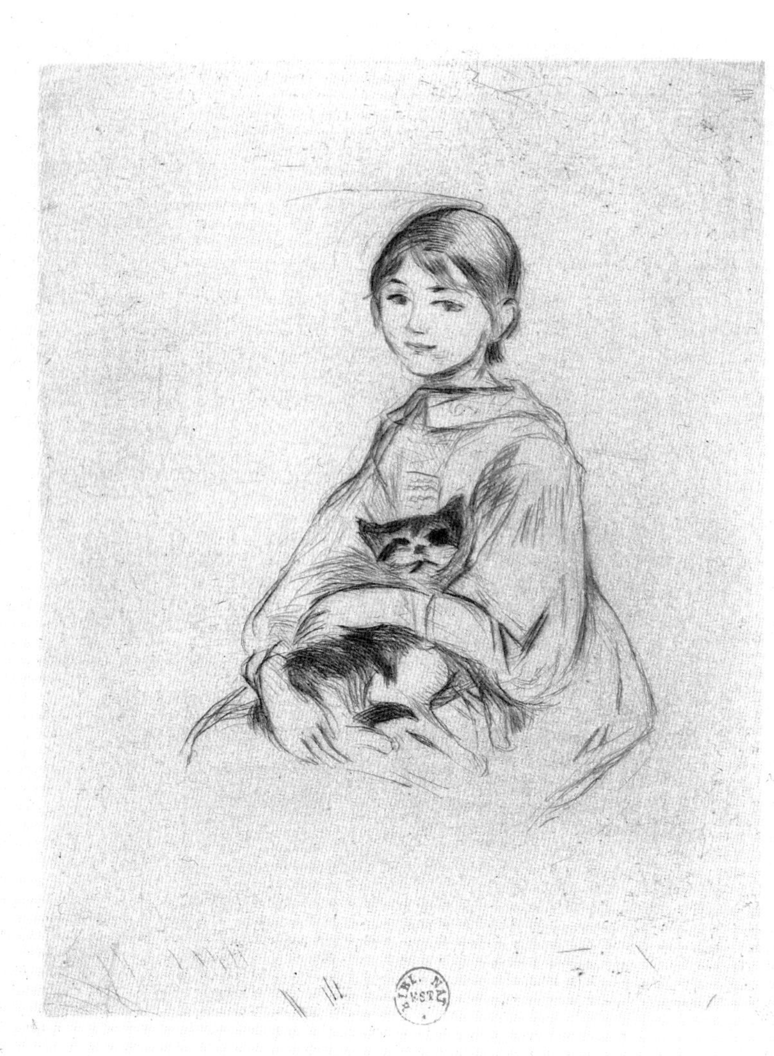

Jeune Femme au repos ou Jeune Fille accoudée, 1889 156

Pointe-sèche
H. 14,5 ; L. 11,3
Paris, Bibliothèque nationale de France, département des Estampes et de la Photographie.
Inventaire : 74B67 537
Don de M. et Mme Ernest Rouart.

Orangerie, n° 278b ; Melot, n° 323 ; Bailly-Herzberg, n° VII.

Gravé d'après un tableau exposé, du même sujet (cat. 108).

H. W.

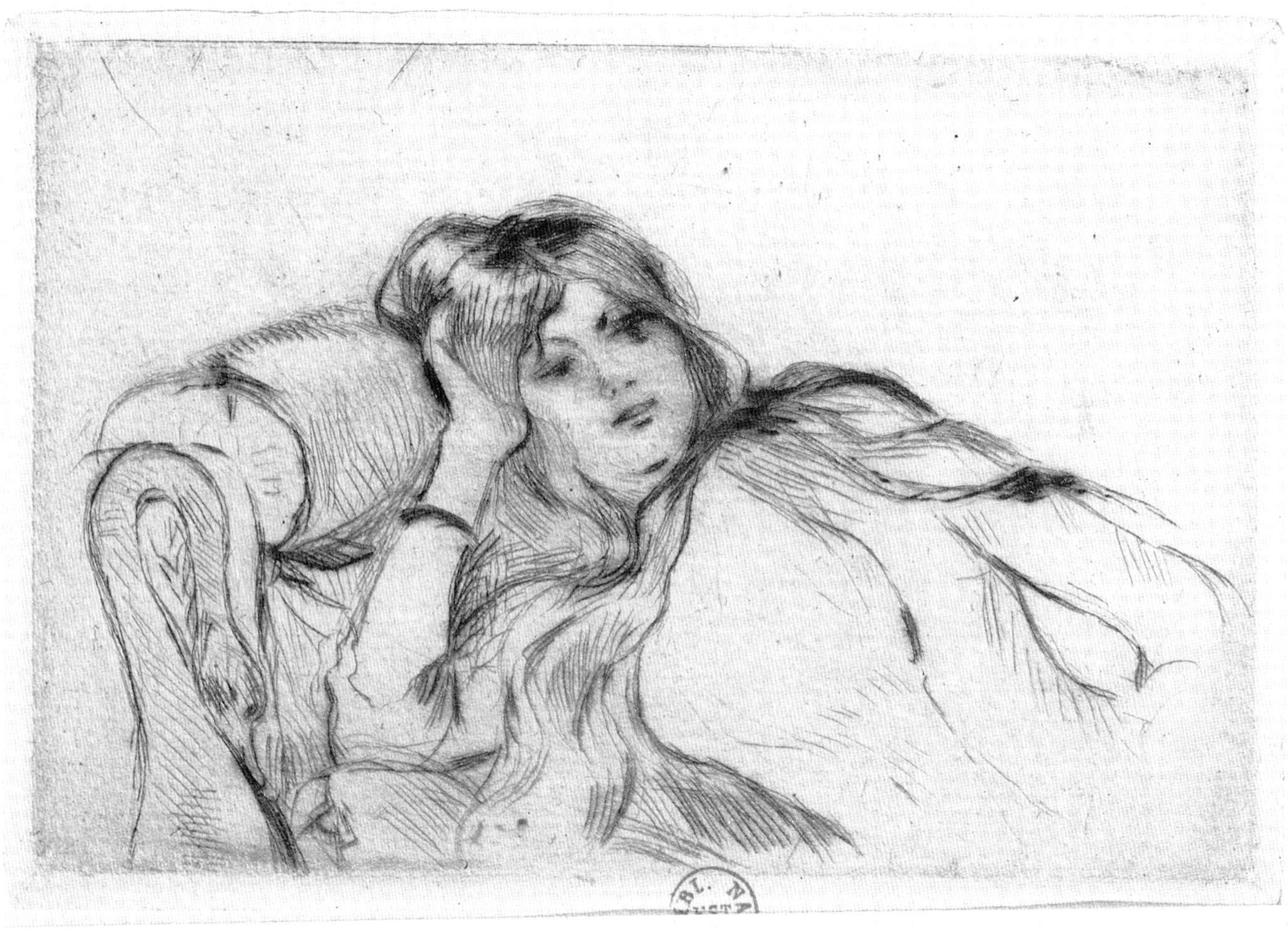

157 Nu de dos, 1889

Gravé d'après un dessin et une peinture de 1885 que Morisot donnera à Monet (fig. 1 ; cat. 96).

H. W.

Pointe-sèche
H. 13 ; L. 9,2
Paris, Bibliothèque nationale de France, département des Estampes et de la Photographie.
Inventaire : 75B70 713
Don de M. et Mme Ernest Rouart.

Orangerie, n° 279c ; Melot, n° 321 ; Bailly-Herzberg, n° V.

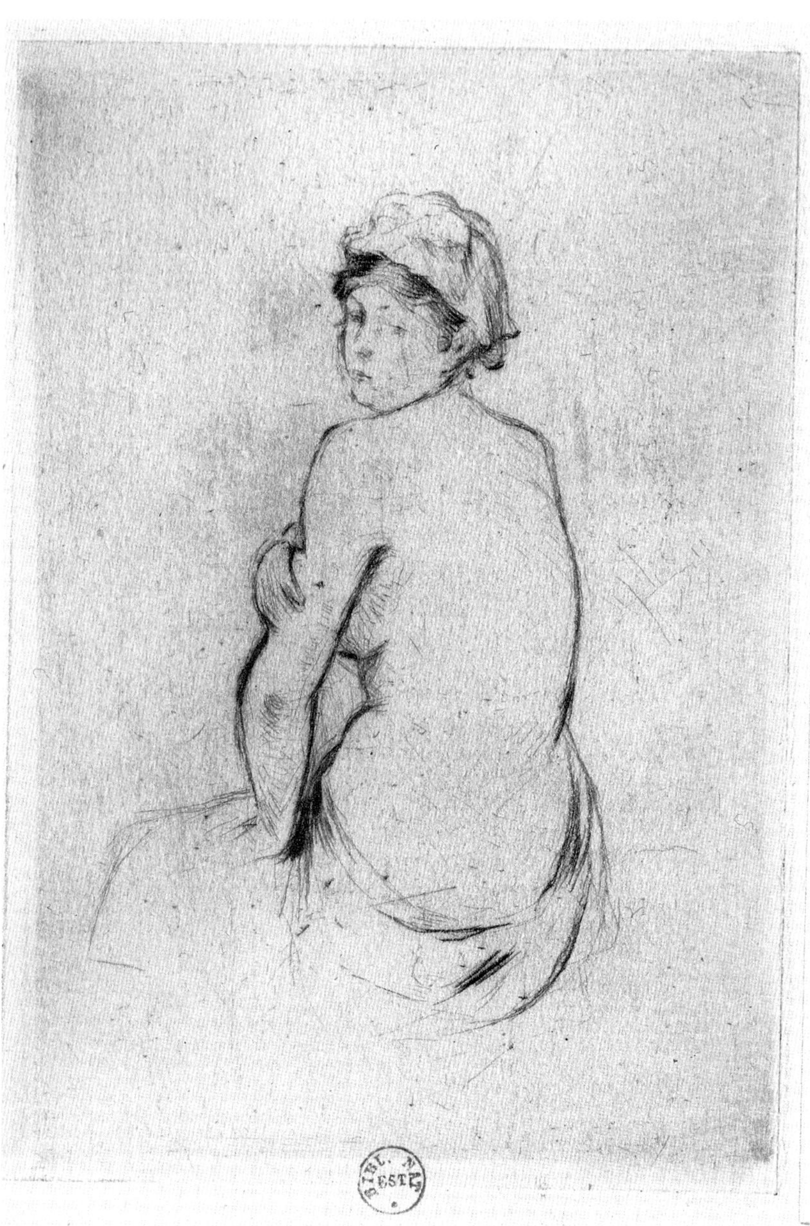

Lithographie en quatre couleurs, avec repérages
H. 25 ; L. 33,5
Collection particulière

Orangerie, n° 280 ; Bailly-Herzberg, n° IX.

Cette lithographie reprend, en l'inversant, le motif de deux tableaux du même sujet peints à Mézy au cours de l'été de 1890 (CMR 259 et 260).

H. W.

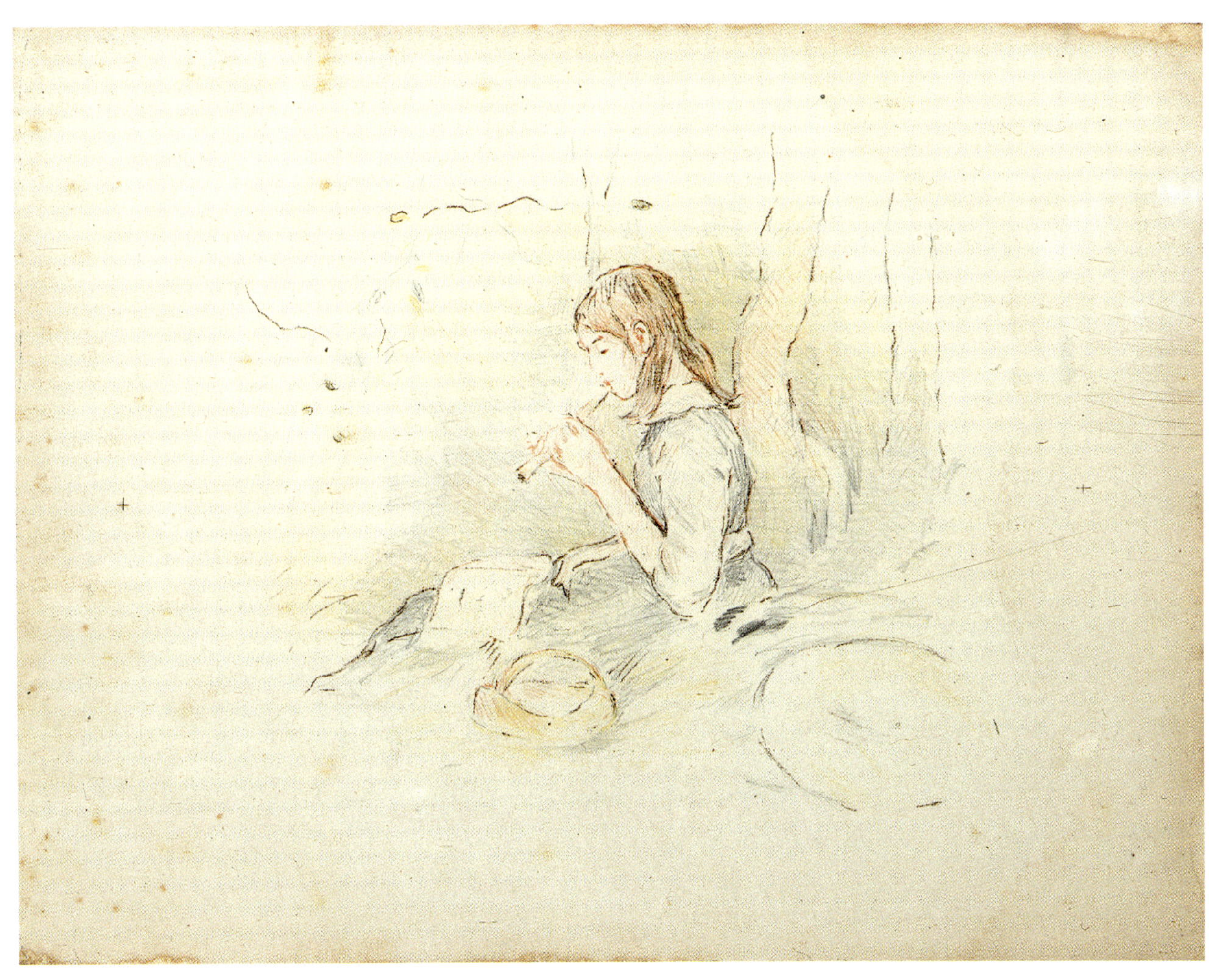

Bibliographie des ouvrages cités en abrégé

A

A. DE L. [Alfred de Lostalot], « Concours et expositions… », *la Chronique des arts et de la curiosité*, n° 23, 4 juin 1892.

A. P. [Alexandre Pothey], « Beaux-Arts », *le Petit Parisien*, 7 avril 1877.

Adler Kathleen, « The Spaces of Everyday Life : Berthe Morisot and Passy », dans Edelstein, 1990.

Adler Kathleen et Garb Tamar, *Berthe Morisot*, Londres, Phaidon Press Ltd, 1987.

Ajalbert Jean, *la Revue moderne*, 20 juin 1886.

Alexandre Arsène, « L'œuvre de Mme Berthe Morisot », *le Figaro*, 6 mars 1896.

Alley R., *Tate Catalogue*, Londres, 1959.

Alq Gaston d', dans *la Liberté*, 2 mars 1882.

Angoulvent Monique, *Berthe Morisot*, Paris, éditions Albert Morancé, 1933.

Anonymes
« Exposition de Mme Berthe Morisot », *l'Art moderne*, 12e année, no 23, 5 juin 1892.

« Faits : Paris, Vente Morisot, Monet, Renoir et Sisley… », *l'Écho universel*, 23 mars 1875.

– [Philippe Burty], « Chronique du jour », *la République française*, 23 mars 1875 et 26 mars 1875.
– [Léo Mancino], « Chronique de l'hôtel Drouot », *l'Art*, mai 1875.
– [Octave Maus], *l'Art moderne*, 27 juin 1886.
– X, *la Liberté*, 18 mai 1886.
– « Berthe Morisot », *The Art Journal*, vol. XXXIV, juin 1895.
– « Expositions et salonnets : […] l'œuvre de Berthe Morisot », *le Moniteur des arts*, mars 1896.
– « French Art at the Grafton Galleries », *The Times*, 17 janvier 1905.
– « Le Monde et la Ville : Deuil », *le Figaro*, 4 mars 1895.
– « Lettres, sciences et arts : les expositions… », *le Journal des débats*, 5 mars 1896.
– « Nécrologie », *la Chronique des arts et de la curiosité*, n° 10, 5 mars 1895.
– « Nécrologie, Berthe Morisot », *la Revue encyclopédique*, mars 1895.
– « Notes d'art, Berthe Morisot », *l'Estafette*, 18 mars 1896.
– « Nouvelles parisiennes », *l'Art moderne*, 19 mars 1882.
– *La Liberté*, 18 mai 1886.
– *La République française*, 17 mai 1886.
– *La Revue moderne*, 20 juin 1886.
– *Le Moniteur des arts*, 21 mai 1886.
– *Les Gauloises, gazette des femmes artistes et des femmes lettrées*, 15 avril 1877.
– *The Artist*, 1er mai 1883, IV.

Armstrong Carol, « To paint, to point, to pause : Manet's Le Déjeuner sur l'herbe » dans P. H. Tucker (éd.), *Manet's Le Déjeuner sur l'herbe*, New York, Cambridge University Press, 1998.

Aubry G. Jean, « La Peinture au Salon d'Automne » : (II) L'Exposition rétrospective de Berthe Morisot, *l'Art moderne*, 27e année, no 41, octobre 1907.

Aurier Georges-Albert, « Deux expositions : […] Berthe Morisot », *le Mercure de France*, juillet 1892.

Auriol Georges, « Huitième Exposition », *le Chat noir*, 22 mai 1886.

B

Baignères Arthur
– dans *l'Écho*, 13 avril 1876.
– dans *la Chronique des arts et de la curiosité*, 10 avril 1880.

Bailly-Herzberg Janine, « Les Estampes de Berthe Morisot », *la Gazette des Beaux-Arts*, mai-juin 1979.

Ballu Roger, « L'exposition des impressionnistes », *la Chronique des arts et de la curiosité*, 14 avril 1877.

Baron Schop [Théodore de Banville]
– « Choses et autres », *le National*, 7 avril 1876.
– « Salon de 1877, (I), Revue d'ensemble », *le Petit National*, 4 mai 1877.

Barter J., « Mary Cassatt : Themes, Sources and the Modern Woman », dans *Mary Cassatt*, cat. exp., 1998.

Bazire Edmond, *Manet*, Paris, Quantin, 1884.

Bénédite Léonce, « Fantin-Latour », *Exposition de l'œuvre de Fantin-Latour*, cat. exp., 1906.

Bernadille [François-Victor Fournel], dans *le Français*, 13 avril 1877.

Bernier Rosalind, « Dans la lumière impressionniste », *l'Œil*, entretien avec Julie Manet, mai 1959.

Bertall [Charles-Albert d'Arnoux], dans *Paris-Journal*, 9 avril 1877.

Bessis Henriette, « Marcello ou la duchesse Colonna », *Bulletin de la Société de l'art français*, 1967.

Bienne Claude, « Beaux-Arts : Exposition de l'œuvre de Berthe Morisot », *la Revue hebdomadaire*, n° 200, 21 mars 1896.

Biez Jacques de, dans *Paris*, 8 mars 1882.

Bigot Charles, « Causerie artistique : l'exposition des impressionnistes », *la Revue politique et littéraire*, dite *Revue bleue*, 28 avril 1877.

Blanche Jacques-Émile, voir aussi White
– « Les Dames de la grande rue, Berthe Morisot », *les Écrits nouveaux,* mars 1920, article repris et modifié dans *Propos de peintre II, dates,* Paris, Émile-Paul éditeurs, 1921
– *Manet,* Paris, F. Rieder et Cie, 1924.
– *Passy,* Paris, éditions Pierre Lafitte, 1928.
– « Les arts plastiques », t. 3 de la série *la Troisième République de 1870 à nos jours,* sous la direction d'André Billy, avec une préface de Maurice Denis, Paris, Les Éditions de France, 1931.
– *Mes modèles,* Paris, 1928, rééd. 1984.

Bodelsen Merete, « Early impressionist sales 1874-1894 in the light of some unpublished procès-verbaux », *The Burlington Magazine,* vol. CX, n° 783, juin 1968.

Boggs Jean Sutherland, *Portraits by Degas,* Berkeley et Los Angeles, University of California Press, 1962.

Boland Roberts Rosalind de et Robert Jane : voir Manet Julie.

Bona Dominique, *Berthe Morisot, le secret de la femme en noir,* Paris, Grasset, 2000.

Boucher Marie-Christine, *les Dessins de Puvis de Chavannes au musée de Picardie,* 1994.

Brahimi Denise, *la Peinture au féminin. Berthe Morisot et Mary Cassatt,* Paris, Jean-Paul Rocher éditeur, 2000.

Breeskin Adelyn D., *Mary Cassatt : A catalogue raisonné of the Oils, Pastels, Watercolors and Drawings,* Washington, Smithsonian Institution Press, 1970.

Bretell Richard, dans *l'Impressionnisme et le paysage français,* cat. exp., Paris, 1985.

Broude Norma, « Degas' "Misogyny" », *The Art Bulletin,* vol. LIX, n° 1, mars 1977.

Brown-Price Aimée, « Puvis de Chavannes's Caricatures : Manifestoes, Commentary, Expressions », *The Art Bulletin,* vol. LXXIII, n° 1, mars 1991.

Burollet Thérèse, « Degas, Bartholomé, Manzi, au cœur d'un cercle d'amis fidèles », *Degas, Boldini, Toulouse-Lautrec...,* cat. exp., 1997.

C

C. de Malte [Villiers de l'Isle-Adam], *Paris à l'eau forte,* 19 avril 1874.

Callen Anthea
– *Techniques of the Impressionists,* Londres, 1990, Tigger Books.
– *The Spectacular Body. Science, Method and Meaning,* Yale University Press, 1995.
– *The Art of Impressionism,* Londres, Yale University Press, 2000.

Carjat Étienne, dans *le Patriote français,* 27 avril 1874.

Castagnary Jules, *Salons (1857-1870),* t. I, Paris, 1892.

Charry Paul de, dans *le Pays,* 10 avril 1880, 22 avril 1881 et 14 mars 1882.

Clay Jean, « Onguents, fards, pollens », *Bonjour M. Manet,* cat. exp., 1983.

Cocteau Jean, *Carte blanche,* édition de la Sirène, cité dans *Bulletin de la vie artistique,* 1re année, n° 19, 1er septembre 1920.

Cogniat Raymond et Hoog Michel, *Manet,* Paris, Fernand Hazan, 1982.

Consuelo, « Chronique Parisienne : [...] Mme Morizot-Manet », *la Grande Dame,* vol. 3, n° 28, avril 1895.

Correspondances
– **Corresp. B. Morisot :** *Correspondance de Berthe Morisot,* documents réunis et présentés par Denis Rouart, Paris, Quatre Chemins–Éditart, 1950.
– *Correspondance de Camille Pissarro,* avec les commentaires de J. Bailly-Herzberg, PUF et Valhermeil, 1980-1991, 5 vol.
– *Correspondance de Renoir et Durand-Ruel,* lettres réunies et annotées par Caroline Durand-Ruel Godfroy, Lausanne, La Bibliothèque des arts, 1995, 2 vol.
– *Correspondance de Stéphane Mallarmé et Berthe Morisot (1876-1895),* lettres réunies et annotées par O. Daulte et M. Dopertuis, avec une introduction par A. d'Hauterives, Lausanne, La Bibliothèque des arts, 1995.
– *Correspondance inédite de Stéphane Mallarmé et Henry Roujon,* Genève, 1949.
– « Correspondance Whistler Mallarmé », *Cahiers Mallarmé,* Paris, Éditions Nizet.

D

Dalligny Auguste, dans *le Journal des arts,* 16 avril 1880.

Darragon Éric, *Manet,* Paris, éditions Citadelles et Mazenod, « Les Phares », 1991.

Darzens Rodolphe, dans *la Pléiade,* mai 1886.

Dayer Gallati Barbara, *William Merritt Chase, Modern American Landscapes, 1886-1890,* cat. exp., 2000.

De Nittis Giuseppe, *Notes et Souvenirs,* Paris, 1895.

Denis Maurice, *le Ciel et l'Arcadie,* textes réunis, établis et annotés par Jean-Paul Bouillon, Paris, Hermann, 1993.

Dumesnil Henri, *Aimé Millet : souvenirs intimes,* Paris, 1891.

Durand, dans *la Presse,* 3 mars 1882.

Duret Théodore
– *Histoire d'Édouard Manet et de son œuvre,* Paris, 1902.
– *Histoire des peintres impressionnistes,* Paris, Librairie Floury, 1906.
– « Les portraits peints par Manet et refusés par leurs modèles », *la Renaissance de l'art français et des industries de luxe,* juillet 1918.
– *Manet,* Paris, Bernheim-Jeune, 1926, rééd. avec supp. de Duret 1902.

E

Edelstein T. J., *Perspectives on Morisot,* New York, 1990.

Environs de Paris, Guide P. Joanne, Paris, 1899, Librairie Hachette.

Ephrussi Charles, « Exposition des artistes indépendants », *la Gazette des Beaux-Arts,* 1er mai 1880.

F

Fantin-Latour Mme, *Catalogue de l'œuvre complet de Fantin-Latour (1846-1904),* Paris, 1911.

Farwell Beatrice, « Manet, Morisot, and Propriety », dans Edelstein, 1990.

Fénéon Félix
– *L'Art moderne,* Paris, Charpentier, 1883.
– « Les impressionnistes », *la Vogue,* 13-20 juin 1886.
– *Œuvres plus que complètes,* textes réunis et présentés par J. U. Halperin, Genève–Paris, Droz, 1970, 2 vol.

Fidière Octave, « Petites expositions : L'œuvre de Berthe Morisot », *la Chronique des arts et de la curiosité,* n° 11, 14 mars 1896.

Flint Kate, *Impressionists in England, the Critical Reception,* Londres, Routhledge, 1984.

Flor Charles [Charles Flor O'Squarr], « Les impressionnistes », *le Courrier de France,* 6 avril 1877.

Fouquier Marcel, *le XIXe Siècle,* 16 mai 1886.

Fourcade Dominique, *Tout arrive,* Paris, éditions Michel Chandeigne, 2000.

Fourreau Armand, *Berthe Morisot,* Paris, F. Rieder et Cie, 1925.

Francis Henry Sayles, « Sur la falaise aux Petites Dalles (Mme Pontillon, Sister of the Artist) by Berthe Morisot », *The Bulletin of the Cleveland Museum of Art,* vol. XXXVII, n° 10, décembre 1950.

G

Geffroy Gustave
– « Salon de 1886 : VIII : Hors du salon : les impressionnistes », *la Justice,* 26 mai 1886, et 6 février 1892.
– « Quatre voix à Claude Monet », *la Justice,* 8 novembre 1892.
– « L'art du siècle : Berthe Morisot », *le Journal,* 6 mars 1896.
– *Monet, sa vie, son temps, son œuvre,* Paris, Crès et Cie, 1922, rééd. 1924.
– voir aussi Non signé.

Gène-Mur [Eugène Murer], dans *la Correspondance française,* 16 avril 1876.

Genne Beth, « Two Self-Portraits by Berthe Morisot », *Psychoanalytic Perspectives on Art,* n° 2, 1987.

Georgel Pierre et Lecoq Anne-Marie, « La Pipe du peintre », *la Peinture dans la peinture,* Paris, Adam Biro, 1987, rééd. revue et augmentée du cat. exp., Dijon, musée des Beaux-Arts, 1982-1983.

Gimpel René, *Journal d'un collectionneur marchand de tableaux,* Paris, Calmann Lévy, 1963.

Girard Paul, « Chronique du jour », *le Charivari,* 26 mars 1875 et 13 mars 1896.

Gonse Louis, « Édouard Manet », *la Gazette des Beaux-Arts,* février 1884.

Guilbert Cécile, *le Musée national,* Gallimard, 2000.

H

H. N. [Henry Nocq], « Berthe Morisot », *le Journal des artistes,* n° 10, 10 mars 1895.

Hautecœur Louis, « L'Exposition centennale de l'art français », *les Arts,* n° 23, septembre 1912.

Havemeyer Louisine W., *Sixteen to Sixty, Memoirs of a collector,* New York, 1961.

Hennequin Émile, dans *la Vie moderne,* 19 juin 1886.

Herbert Robert L., *l'Impressionnisme. Les Plaisirs et les jours,* Paris, Flammarion, éd. française, 1991.

Hermel Maurice, « L'exposition de peinture de la rue Lafitte », *la France libre,* 28 mai 1886.

Hervilly Ernest d', voir Non signé et Un passant

Higonnet Anne, *Berthe Morisot's, images of women,* Harvard University Press, 1992.

Hoschedé Ernest, *l'Art de la mode,* 15 avril 1881.

Huisman Philippe, *Berthe Morisot,* Lausanne, La Bibliothèque des arts, 1995.

Huysmans Joris-Karl, *l'Art moderne / Certains,* édité par Hubert Juin, Paris, UGE, 1975.

J

Jacques [Arsène Houssaye], dans *l'Homme libre,* 12 avril 1877.

Jamot Paul
– « Études sur Manet », *la Gazette des Beaux-Arts,* janvier 1927, 1er article.
– « "La Dame aux éventails" de Manet et le "Berceau" de Berthe Morisot », *Bulletin des musées de France,* n° 8, août 1930.

Jamot Paul et Wildenstein Georges, *Manet. Catalogue critique,* 2 vol., Paris, 1932.

Japy Georges, dans *le Soir,* 3 avril 1880.

Jones P. M., « Structure and Meaning in the Execution Series », *Édouard Manet and the « Execution of Maximilian »,* List Art Center, Brown University, Providence, 1981.

Jullien Adolphe, *Fantin Latour. Sa vie, ses amitiés. Lettres inédites et souvenirs personnels,* Paris, Lucien Lavreur, 1909.

K

Kahn Gustave, « Exposition des impressionnistes (chez Durand-Ruel)… », *la Revue indépendante,* 1888.

Kane Elizabeth, « Victoria Dubourg : the Other Fantin-Latour », *Woman's Art Journal,* automne-hiver 1988-1989.

Kolb Philippe et Adhémar Jean, « Charles Ephrussi (1849-1905). Ses secrétaires : Laforgue, A. Renan, Proust. Sa *Gazette des Beaux-Arts* », *la Gazette des Beaux-Arts,* janvier 1984.

L

L'Impressionnisme. 1874, une exposition, recueil de textes, Paris, éditions de l'Amateur, 1996.

Labruyère, dans *le Cri du peuple,* 28 mai 1886.

Lacambre Geneviève et *alii, Musée d'Orsay, Catalogue sommaire illustré des peintures,* Paris, RMN, 1990, 2 vol.

Lafargue Marc, *Corot,* Paris, F. Rieder et Cie, 1925.

Laforgue Jules, *Œuvres complètes,* Lausanne, L'Âge d'homme, 1860-1883, t. 1.

Lami Eugène, *Dictionnaire des sculpteurs de l'école française,* Paris, 1919.

Le Masque de Fer
– « Échos de Paris », *le Figaro,* 24 mars 1875, 26 mars 1875, 1er avril 1876 et 22 avril 1876.

Lecomte Georges, *l'Art impressionniste, d'après la collection privée de M. Durand-Ruel,* Paris, Typographie Chamerot et Renouard, 1892.

Leiris Alain de, *The Drawings of Édouard Manet,* Berkeley et Los Angeles, University of California Press, 1969.

Lemoisne Paul-André, *Degas et son œuvre,* Paris, Arts et Métiers graphiques, 1946-1949, 4 vol.

Leroy Louis, « Exposition des impressionnistes », *le Charivari,* 17 mars 1882, et « L'exposition des impressionnistes », 25 avril 1874.

Leymarie Jean, « En marge de l'impressionnisme. Pierre Prins et ses amis », *l'Amour de l'art*, VII, 1945.

Lipton Eunice, *Looking into Degas uneasy Images of Women and Modern Life,* Berkeley, Los Angeles et Londres, 1986.

Locke Nancy, *Manet and the Family Romance,* Princeton-Oxford, Princeton University Press, 2001.

Lockhart C. S. M., *General guide to the Isle of Wight,* 1870.

Lora Léon de [Louis de Fourcaud], dans *le Gaulois,* 18 avril 1874 et 10 avril 1877.

Loyrette Henri, *Degas,* Paris, Fayard, 1991.

M

Mainardi Patricia, « Edouard Manet's " View of the Universal Exposition of 1867 " », *Arts Magazine,* vol. 65, n° 5, janvier 1980.

Mallarmé Stéphane
– « Les impressionnistes et Édouard Manet », trad. française de « The Impressionists and Edouard Manet », *The Art Monthly Review,* Londres, 30 septembre 1876, par Ph. Verdier, dans Riout, 1989.
– Préface à *Berthe Morisot (Madame Eugène Manet),* cat. exp., 1896.
– *Vers de circonstances,* Paris, Gallimard, 1920.

Manet Édouard, *Lettres du siège de Paris, précédées des lettres du voyage à Rio de Janeiro,* présentées par Aranauld Le Brusq, Paris, éditions de l'Amateur, 1996.

Manet Julie
– ***J. Manet, Journal :*** *Journal (1893-1899),* Paris, librairie C. Klincksieck, édition établie et préfacée par Jean Griot, 1979.
– *Journal (1893-1899),* Paris, éditions Scala, extraits choisis et introduits par Boland Roberts de et Roberts, 1985.

Mantz Paul, « Exposition des artistes indépendants », *le Temps,* 14 avril 1880, et 23 avril 1881.

Marx Roger
– « Berthe Morisot », *la Revue encyclopédique,* n° 136, 1896.
– « Les femmes-peintres et l'impressionnisme. Berthe Morisot », *la Gazette des Beaux-Arts,* décembre 1907.
– *Le Paysage français de Corot à nos jours,* Paris, 1952.

Mathews N. M., *Cassatt and Her Circle ; Selected Letters,* New York, Abbeville Press, 1984.

Matteucci G., « Un Gentiluomo dell'Impressionismo », *Giuseppe de Nittis. Dipinti 1864-1884,* cat. exp., 1990.

Mauclair Camille, « L'Art : Hommage posthume à Berthe Morisot chez Durand-Ruel », *le Mercure de France,* avril 1896.

Maus Madeleine Octave, *Trente années de lutte pour l'Art, Les XX, La Libre esthétique, 1884-1914,* rééd., Bruxelles, éditions Lebeer Hossmann.

Mc Innes Robert, *Landscape paintings of the Isle of Wight 1790-1920,* Newport, 1990.

Mellério André, « L'Art Moderne : Berthe Morisot (Madame Eugène Manet), exposition de son œuvre, chez Durand-Ruel », *la Revue artistique,* n° 2, avril 1896.

« Mémoires de Paul Durand-Ruel », dans Lionello Venturi, *les Archives de l'impressionnisme,* Paris et New York, Durand-Ruel, 1939, t. 2.

Messire-Jean, « Exposition des peintres impressionnistes », *le Soir,* 10 avril 1877.

Mirbeau Octave
– dans *la France,* 21 mai 1886.
– *Combats esthétiques,* édition établie, présentée et annotée par Pierre Michel et Jean-François Nivet, Paris, Nouvelles Éditions Séguier, 1993, 2 vol.

Mitchell Peter, *Alfred Emile Léopold Stevens 1823-1906,* Londres, John Mitchell & Son, 1973.

Miura Atsushi, « Le portrait de Marcellin Desboutin par Manet et le problème de la représentation de l'artiste », *Annual Report the Collegium mediterranistarum, Mediterraneus XII,* Tokyo, 1989.

Mondor Henri, *Vie de Mallarmé,* Paris, Gallimard, 1941, 2 vol.

Mongan Élisabeth, *Berthe Morisot…,* cat. exp., 1960-1961.

Monneret Sophie, *l'Impressionnisme et son époque,* Paris, Denoël, 1978-1982, 4 vol.

Monod François, « L'Exposition centennale de l'art français », *la Gazette des Beaux-Arts,* mars-avril 1912.

Monsieur de Partout, « Paris jusqu'à 7 heures : les impressionnistes », *le Télégraphe,* 5 avril 1877.

Montmartre, « Choses et autres », *Beaumarchais, journal satirique littéraire et financier,* 19 mars 1882.

Moore George, *Modern Painting,* Londres, Walter Scott Ltd., 1893.

Moreau-Nélaton Étienne, *Manet raconté par lui-même,* Paris, H. Laurens, 1926, 2 vol.

N

Near Pinkey, *French Paintings, the Collection of Mr and Mrs Paul Mellon in the Virginia Museum of Art,* Richmond, 1985.

Niculescu Remus
– « Georges de Bellio, l'ami des impressionnistes », *Revue roumaine d'histoire de l'art,* n° 1, janvier 1964.
– « Georges de Bellio, l'ami des impressionnistes I et II », *Paragone,* n° 247, septembre 1970, et n° 249, novembre 1970.

Nochlin Linda
– « La Nourrice de Berthe Morisot : part respective du travail et des loisirs dans la peinture impressionniste », *Femmes, art et pouvoir et autres essais,* Nîmes, éditions Jacqueline Chambon, 1993.
– « Le Portrait impressionniste et la construction de l'identité moderne », *Renoir's Portraits…,* cat. exp., 1997-1998.

Nodier Charles (sous la dir.) et Lurine Louis, *les Environs de Paris,* Paris, Boizard et Kugelmann, s. d.

Non signé
– [Gustave Geffroy], « Nos échos, Les lettres et les arts », *le Journal,* 5 mars 1895.
– [Ernest d'Hervilly], dans *le Rappel,* 6 avril 1877.

P

Paulet Alfred, dans *Paris,* 5 juin 1886.

Perruchot Henri
– « Édouard Manet entre Berthe et Eva », *les Nouvelles littéraires,* 12 novembre 1959A.
– *La Vie de Manet,* Paris, Hachette, 1959B.

Pfister Paul, « Annäherung an die Gemälde-oberfläche der modernen Malerei », *Restauro,* n° 5, septembre-octobre 1993.

Ph. M [Philippe Marsal], dans *Revue des idées nouvelles,* 1er mai 1877.

Pickvance Ronald, « Monet, Renoir in the mid-1870' », *Japonisme in Arts,* Tokyo, 1980.

Pillet Charles, « Bulletin de la curiosité », *le Journal des débats,* 25 octobre 1884.

Pollock Griselda, *Vision and Difference,* Londres, 1988.

Prins Pierre, *Pierre Prins et l'époque impressionniste, sa vie, son œuvre, 1838-1913, par son fils,* Paris, Floury, 1949.

Proust Antonin, « Édouard Manet (souvenirs) », *la Revue blanche,* 1er février 1897, 15 février 1897, 1er mars 1897, 15 mars 1897, 15 avril 1897.

Prouvaire Jean, dans *le Rappel,* 20 avril 1874.

Q

Quiqueré Georges, « Le petit moulin de Gennevilliers », *Gennevilliers magazine,* n° 33, mars 1994.

R

Raguenet, dans *Matériaux et documents d'architecture,* vol. 6, n° 284, janvier 1896.

Randon, dans *le Journal amusant,* 29 juin 1867.

Redon Odilon, *À soi-même, Journal,* Paris, Librairie J. Corti, 1961.

Reff Theodore
– « Copyists in the Louvre, 1850-1870 », *The Art Bulletin,* décembre 1964.
– *The Notebooks of Edgar Degas,* Oxford, 1976.
– *Manet and Modern Paris,* cat. exp., 1982.

Régnier Henri de
– « Sur Mallarmé », *la Revue de France,* août 1923.
– *Nos rencontres,* Paris, 1931.

Renoir Edmond, dans *la Presse,* 9 avril 1880.

Renoir Jean, *Pierre-Auguste Renoir, mon père,* Paris, Gallimard, « Folio », 1962, rééd. 1982.

Reva Kessler Marni
– « Reconstructing Relationships. Berthe Morisot's Edma Series », *Woman's Art Journal,* printemps-été 1991.
– « Unmasking Manet's Morisot », *Art Bulletin,* vol. LXXXI, n° 3, septembre 1999.

Rey Jean-Dominique, *Berthe Morisot,* Paris, Flammarion, 1982.

Riout Denys, *les Écrivains devant l'impressionnisme,* textes réunis et présentés par D. Riout, Paris, Macula, 1989.

Rivière Georges
– dans *l'Impressionniste,* n° 2, 14 avril 1877A.
– dans *l'Impressionniste, Journal d'art,* n° 4, 14 avril 1877B.
– « Les intransigeants et les impressionnistes, souvenirs du salon libre de 1877 » *l'Artiste,* 1er novembre 1877C.
– *M. Degas, bourgeois de Paris,* Paris, Floury, 1935.

Rouart Denis
– 1950. Voir *Corresp. B. Morisot.*
– « Berthe Morisot », Paris, 1948.

Rouart Louis
– « Berthe Morisot (Mme Eugène Manet) », *Art et Décoration,* Paris, mai 1908.
– « Berthe Morisot », Paris, Plon, 1941.

Ryan-Gurley E., « Berthe Morisot : quatre portraits inédits par Marcello », *l'Estampille,* n° 178, 1985.

S

Schirrmeister Anne, « La Dernière Mode : Berthe Morisot and Costume », dans Edelstein, 1990.

Schmitt, « Choses d'art : Exposition de feu Mme Berthe Morisot », *le Siècle,* 15 mars 1896.

Scott William P.
–« Morisot's Style and Technique »,
dans Stuckey, 1987.
– « Desde la Pintura », *Mujeres Impresionistas, la otra mirada,* cat. exp., Bilbao, 2002.

Sébillot Paul, dans *le Bien public,* 7 avril 1877.

Sertat Raoul
– « Les Salons : (I) Berthe Morisot … », *le Journal des artistes,* n° 23, 13 juin 1892.
– dans *Journal des arts,* 15 juin 1892.
– « Les salons : Mme Berthe Morisot (galerie Durand-Ruel) », *le Journal des artistes,* n° 11, 15 mars 1896.
– « Petits Salons : […] Berthe Morisot, […] », *la Revue encyclopédique,* 1896.

Silvestre Armand, dans *la Vie moderne,* 11 mars 1882 et 24 avril 1880.

Silvius, « Gazette rimée, triolets d'actualité : bouquets d'impressionnistes », *la Vie littéraire,* 13 avril 1876.

Stuckey Charles F.
– « What's Wrong with this Picture ? », *Art in America,* n° 68, septembre 1981.
– « Manet revisited : Whodunit ? », *Art in America,* vol. 71, novembre 1983.
– **Stuckey, 1987 :** Stuckey Charles F., Scott William P. et Lindsay S. G., *Berthe Morisot Impressionist,* cat. exp., 1987-1988.

T

Tabarant Adolphe
– *Manet. Histoire catalographique,* Paris, éditions Montaigne, 1931.
– *Manet et ses œuvres,* Paris, Gallimard, 1947.

Testard Maurice, « Alfred Lenoir », *l'Art décoratif,* Paris, n° 162, décembre 1911.

Thiébault-Sisson François, « L'œuvre de Berthe Morisot », *le Temps,* 10 mars 1896.

Thomson Richard, « Notes on Degas' Sense of humour », *Degas 1834-1984,* Manchester, Department of History of Art and Design, Polytechnics, 1984.

U

Un passant [Ernest d'Hervilly], « Les on dit », *le Rappel,* 2 avril 1876.

V

Vaisse Pierre, *la Troisième République et les peintres,* Paris, Flammarion, 1995.

Valéry Paul
– « Tante Berthe », avant-propos à *Berthe Morisot,* cat. exp., 1926.
– « Triomphe de Manet », préface à *Manet,* cat. exp., 1932.
– *Degas Danse Dessin,* Paris, NRF, 1938.
– « Au sujet de Berthe Morisot », préface à *Berthe Morisot (1841-1895),* cat. exp., Paris, 1941.

Vaudoyer Léon, dans *Échos de Paris,* 4 octobre 1930.

Venturi Lionello, *les Archives de l'impressionnisme,* Paris et New York, éditions Durand-Ruel, 1939, 2 vol.

Verhaeren Émile, dans *la Vie Moderne,* 26 février 1887.

Viallefond Geneviève, *le Peintre Léon Riesener. 1808-1878. Sa vie, son œuvre, sa pensée,* Paris, éditions Albert Morancé, 1955.

Villot Frédéric
– *Notice des tableaux exposés dans les galeries du Musée impérial du Louvre,* 1re partie, écoles d'Italie et d'Espagne, Paris, Charles de Mourgues Frères, imprimeurs des Musées nationaux, 1863.
– *Notice des tableaux exposés dans les galeries du Musée national du Louvre,* 3e partie, école française, Paris, Imprimeries réunies, 1883, 14e édition.

Vollard Ambroise, *Souvenirs d'un marchand de tableaux,* Paris, A. Michel, 1937.

Vraine Paul, « Choses d'art : l'œuvre de Mme Berthe Morisot », *la Revue politique et littéraire,* dite *Revue bleue,* 2d semestre 1896.

W

White J. E. [Jacques-Émile Blanche], « Peinture : […] Les cent chefs-d'œuvre – Madame Morisot », *Entretiens politiques et littéraires,* 3e année, vol. V, n° 28, juillet 1892.

Wildenstein Daniel, *Claude Monet, biographie et catalogue raisonné,* 5 vol., Lausanne et Paris, La Bibliothèque des arts, 1974-1991.

Wilhelm Hugues
– *L'Exposition impressionniste de 1877,* 1996, 3 vol.
– « Manet et Julie sur l'arrosoir », *les Débuts de l'art moderne, 1880-1930, Montmartre, la nascita dell'arte moderna, 1880-1930,* cat. exp., 1998.
– « Paul Cézanne et les expositions impressionnistes », *le Livre et l'art, Mélanges en l'honneur de Pierre Lelièvre,* Paris, Somogy, 2000, pp. 451-490.

Wilson-Bareau Juliet
– *Manet : dessins, aquarelles, eaux-fortes, lithographies, correspondances,* cat. exp., 1978.
– *The Hidden Face of Manet. The Burlington Magazine,* cat. exp., 1986.
– « L'année impressionniste de Manet : Argenteuil et Venise en 1874 », *Revue de l'art,* n° 86, 1989.
– *Manet par lui-même,* Atlas, 1991.

Wolff Albert
– « Le calendrier parisien », *le Figaro,* 3 avril 1876.
– « Courrier de Paris », *le Figaro,* 10 avril 1881.

Wyzewa Théodore de, « Mme Berthe Morizot », *l'Art dans les deux mondes,* n° 19, 28 mars 1891.

Z

Zola Émile
– [Émile Zola], *le Sémaphore de Marseille,* 18 avril 1874.
– [Émile Zola], « Lettres de Paris », *le Sémaphore de Marseille,* 27 mars 1875.
– dans *le Messager de l'Europe,* juin 1876.
– dans *le Sémaphore de Marseille,* 19 avril 1877.
– *Écrits sur l'art,* édition établie, présentée et annotée par Jean-Paul Leduc-Adine, Paris, Gallimard, 1991.

Catalogues d'exposition cités en abrégé
Les catalogues d'exposition sont classés par ordre alphabétique du titre ; les catalogues d'exposition monographiques sont rassemblées sous une même rubrique au nom de l'artiste.

C

Caillebotte Gustave
Caillebotte, Paris, Grand Palais, Chicago, The Art Institute, **1994-1995**.

Cassatt Mary
Mary Cassatt : Modern Woman, Chicago, The Art Institute, Boston, Museum of Fine Arts, Washington, The National Gallery of Art, **1998-1999**.

Cent Ans d'impressionnisme, Paris, galerie Durand-Ruel, **1974**.

Chase William Merritt
William Merritt Chase, Modern American Landscapes, 1886-1890, cat. exp., New York, The Brooklyn Museum of Art, **2000**.

Corot Jean-Baptiste
– *Corot,* Paris, Grand Palais, Ottawa, musée des Beaux-Arts du Canada, New York, The Metropolitan Museum of Art, **1996-1997**.
– *Corot, El Parque de los Leones en Port Marly, 1872,* Museo Thyssen-Bornemisza, Madrid, **2001**, contextos de la Collection Permanente, vol. 10, catalogue par Ronald Pickvance.

D

De Greco à Mondrian, une collection privée suisse, cat. exp., Aarau, Argauer Kunsthaus, Wupertal, Von der Heydt-Museum, Dresde, Gemäldegalerie Neue Meister, Vienne, Kunstforum Bank Austria, Lausanne, Fondation de l'Hermitage, **1996-1997**.

Degas Edgar
– *Degas,* Paris, Grand Palais, Ottawa, musée des Beaux-Arts du Canada, New York, The Metropolitan Museum of Art, **1988-1989**.
– *Degas – Die Portrait,* Zürich, Kunsthaus, Tübingen, Kunsthalle, **1994-1995**.
– *The Private Collection of Edgar Degas,* New York, The Metropolitan Museum of Art, **1997-1998**, 2 vol.

De Nittis, Giuseppe
Giuseppe de Nittis. Dipinti 1864-1884, Milan, Palazzo della Parmanente, Bari, Pinacoteca Provinciale, **1990**.

Degas, Boldini, Toulouse-Lautrec [...] *Portraits inédits par Michel Manzi,* Bordeaux, musée Goupil, Albi, musée Toulouse-Lautrec, **1997**.

F

Fantin-Latour Henri
Exposition de l'œuvre de Fantin-Latour, cat. exp., Paris, École nationale supérieure des beaux-arts, mai-juin **1906**.
Fantin-Latour, Paris, Grand Palais, Ottawa, Galerie nationale du Canada, San Francisco, California Palace of Legion of Honour, **1982-1983**.

I

Impressionism. Art in the Making, Londres, The National Gallery, **1990-1991**.

Impressionnisme. Les origines. 1859-1869, Paris, Grand Palais, New York, The Metropolitan Museum of Art, **1994-1995**.

L

L'Impressionnisme et le paysage français, Los Angeles, Los Angeles County Museum of Art, Chicago, The Art Institute, Paris, Grand Palais, **1984-1985**.

La Dame aux éventails, Paris, musée d'Orsay, **2000**.

La Peinture dans la peinture, Dijon, 1982-1983, rééd. revue et augmentée, Paris, Adam Biro, **1987**.
Le Décor de la vie sous le second Empire, Paris, **1922**.

Les Débuts de l'art Moderne, 1880-1930, Montmartre, la nascita dell'arte moderna, 1880-1930, Aoste, **1998**.

M

Manet Édouard
– *Manet,* Paris, musée de l'Orangerie, avec une préface de Paul Valéry, **1932**.
– *Manet : dessins, aquarelles, eaux-fortes, lithographies, correspondances,* Paris, galerie Huguette Berès, **1978**.
– *Manet and Modern Paris,* Washington, National Gallery of Art, **1982**, catalogue par Theodore Reff.
– *Bonjour M. Manet,* Paris, musée national d'Art moderne, **1983**.
– *Manet,* Paris, Grand Palais, New York, The Metropolitan Museum of Art, **1983**.
– *The Prints of Edouard Manet,* Washington, **1985-1986**.
– *The Hidden Face of Manet, The Burlington Magazine,* Londres, Courtauld Institute Galleries, **1986**.
– *Manet,* Martigny, Fondation Pierre Gianadda, **1996**, catalogue par Ronald Pickvance.
– *Manet, Monet. La Gare Saint-Lazare*, Paris, musée d'Orsay, Washington, National Gallery of Art, **1998**, catalogue par Juliet Wilson-Bareau.

Monet Claude
– *Claude Monet, exposition rétrospective,* musée de l'Orangerie, Paris, **1931**.
– *Monet in Holland,* Rijksmuseum Vincent Van Gogh, Amsterdam, **1986-1987**, catalogue par Ronald Pickvance.
– *Claude Monet,* Chicago, The Art Institute, **1995**.

Morisot Berthe
– *Berthe Morisot (Madame Eugène Manet),* Paris, Durand-Ruel, avec une préface de Stéphane Mallarmé, **1896**.
– *Rétrospective Berthe Morisot*, Paris, galerie Durand-Ruel, **1902** (78 numéros).
– *Rétrospective Berthe Morisot*, Paris, Salon d'Automne, **1907** (174 numéros).
– *Cent Œuvres de Berthe Morisot,* Paris, galerie Bernheim-Jeune, **1919**.
– *Berthe Morisot, Exposition de pastels, aquarelles, dessins, crayons*, Paris, galerie L. Dru, avec un avant-propos de Paul Valéry, **1926**.
– *Berthe Morisot,* Paris, musée de l'Orangerie, avec une préface de Paul Valéry, été **1941**.
– *Berthe Morisot, Drawings, Pastels, Watercolors, Paintings,* Boston et San Francisco, **1960-1961**.
voir aussi Mongan 1960-1961.

– *Berthe Morisot,* Paris, musée Jacquemart-André, **1961**.
– *Berthe Morisot,* Vevey, musée Jenish, **1961**.
– *Berthe Morisot Impressionist,* Washington, National Gallery of Art, Fortworth, Kimbell Art Museum, Mount Holyoke College Art Museum, **1987-1988**, trad. française, Paris, 1988, Herschen. voir aussi Stuckey, 1987.
– *Berthe Morisot ou l'audace raisonnée : Fondation Denis et Annie Rouart,* Delafond Marianne et Genet-Bondeville Caroline, Lausanne, La Bibliothèque des arts, cat. de la Fondation Denis et Annie Rouart, **1997**.

Mujeres Impresionistas, la otra mirada, Bilbao, Museo de Bellas Artes, **2001-2002**.

R

Renoir Pierre-Auguste
Renoir's Portraits. Impressions of an Age (Les Portraits de Renoir), Ottawa, musée des Beaux-Arts du Canada, Chicago, The Art Institute, Forth Worth, Kimbell Art Museum, 1998, trad. française, Paris, Gallimard, **1997-1998**.

T

The New Painting. Impressionism 1874-1886, Washington, National Gallery of Art, San Francisco, The Fine Arts Museum of San Francisco, **1986-1987**.

Tissot James
James Tissot 1836-1902, Londres, Barbican Art Gallery, Manchester, Whitworth Art Gallery, Paris, musée du Petit Palais, **1984-1985**.

W

Whistler James
Whistler, Londres, The Tate Gallery, Paris, musée d'Orsay, Washington, National Gallery of Art, **1994-1995**.

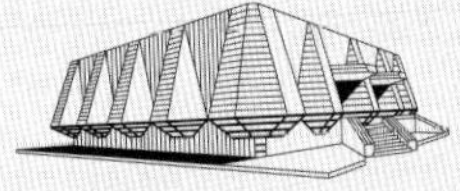

Nous tenons à témoigner notre gratitude aux Amis de la Fondation et aux généreux donateurs qui, par leur contribution, nous permettent la mise sur pied de notre programme de concerts et d'expositions.

Nous remercions tout particulièrement:

La Commune de Martigny
L'Etat du Valais

Banque Cantonale du Valais
Banque Julius Bär & Cie SA
Caves Orsat-Rouvinez Vins
Les Chemins de fer fédéraux suisses
Christie's Suisse, J.-L. R.
Conseil de la culture, Etat du Valais
Credit Suisse Private Banking
Imprimeries Réunies Lausanne s.a.
Loterie Romande
Les Fils de Charles Favre SA, Sion
Le Gourmet, Hôtel du Forum, Martigny
La Mobilière, assurances et prévoyance
M. John Magnier
Groupe Mutuel, Martigny
Mme H. M.-B., Berne
M. J. J. et Mme A. La B., Belgique
Journal Le Temps
Mme Brigitte Mavromichalis, Martigny
Nestlé SA, Vevey
UBS SA
Le Nouvelliste et Feuille d'Avis du Valais
Rentenanstalt Swiss Life
Société de développement de Martigny
Office du Tourisme de Martigny
Touring Club Suisse Valais
Le Tunnel du Grand-Saint-Bernard

ainsi que:

Credit Suisse Private Banking

La Fondation Pierre Gianadda

Temple de platine à Fr. 5000.–

Alpina Versicherung, Beat W. Meier, Zurich
Alpwater, eau minérale naturelle, Saxon
Assunta Sommella Peluso,
Ada Peluso and Romano I. Peluso
in memory of Ignazio Peluso
Bugnon Gérald, Verbier
Burrus Charles et Bernadette, Boncourt
Caves Orsat SA, Martigny
Distillerie Louis Morand et Cie, Martigny
Expositions Natural Le Coultre SA, Genève
Genevoise Assurances, Genève
Gras Savoye, Neuilly-sur-Seine
Henniez SA, eaux minérales, Henniez
Hôtel des Bains de Saillon
Hôtel du Parc SA, Martigny
Hôtel Seiler, Zermatt, et Hôtel La Porte
d'Octodure, Martigny-Croix
Imprimeries Réunies Lausanne s.a., Renens
Kuhn & Bülow, Versicherungsmakler, Zurich
La Mobilière, Assurances & prévoyance,
Martigny
Magnier John, Verbier
Paul Marti Matériaux SA, Martigny
Pictet & Cie, Genève
Pour-cent culturel MIGROS
Provins Valais, Sion
Rouvinez Vins SA
SGA, Bernard Develey, Sion
Société de Développement, Martigny
Touring Club Suisse Valais,
François Valmaggia, Sion
Veuthey & Cie SA, Martigny

Chapiteau d'or à Fr. 1000.–

Aim Gérard, Martigny
Air-Confort, Olivier Buchard, Martigny
Allianz Assurances, Martigny
André Busuioc SA, Genève
Anonyme, Paris
Ascenseurs Schindler SA, Lausanne,
succursale de Sion
Association culturelle, Les Amis de
Daisy Bacca, Les Fontaines/Ollon
Barbier Marie-Christine, Villars
Bauknecht SA, appareils ménagers, Crissier
Baumgartner Papiers SA,
Lausanne / Crissier
Berrut G. et J., Hôtel Bedford, Paris
Betondrance SA, Martigny
Bétrisey Edouard, gypserie-peinture-vitrerie,
Martigny
Bloemsma Marco P., Lausanne
Bonhôte Anne, journaliste, Anières

BSI SA, Lausanne, Genève
Café de la Place, Martigny
Cappi-Marcoz SA, agence en douane,
Martigny
CART - La Compagnie des Arts, Lonay
Caves Orsat SA, Martigny
Centre Rhodanien d'Impression SA,
Martigny
Charles Lucienne, Epalinges
Christie's SA, Genève
Classe Matu 1954-1955, Saint-Maurice
Conforti Monique, Erval SA, Martigny
Conforti Roger SA, Martigny
Constantin Martial, Vernayaz
Coop Valais, Châteauneuf-Conthey
Corboud Gérard, Blonay
Couchepin Jean-Jules, Martigny
Couchepin Pascal, Conseiller fédéral
De Kalbermatten Bruno, Jouxtens-Mézery
D'Ormesson André, Paris
Dumas-Hermes Thierry et Odile, Genève
F.-P. M., France
Favre SA, transports internationaux,
Martigny
Fidag SA, fiduciaire, Martigny
Fondation du Grand-Théâtre de Genève,
Guy Demole, Genève
Fournier Daniel, agencements d'intérieurs,
Martigny
Furer SA, régisseurs & courtiers, Vevey,
Montreux, Lausanne
Gagnebin Yvonne et Georges, Echandens
Galerie Latour, Martigny
Gandur Jean-Claude, Tannay
Gianadda François et Sakkas Yannis,
avocats et notaires, Martigny
Gianadda Mariella, Martigny
Givel Jean-Claude, Lonay
Givel Roger, Lonay
Glassey SA, matériel industriel
électrotechnique, Martigny
Grande Dixence SA, Sion
Grieu Maryvonne, Bussigny
Gross Christophe, Allianz Assurances,
Martigny
Hôtel-restaurant Transalpin, Martigny
Imprimerie Montfort, Jean-Jacques Pahud,
Monthey
Kohler Max, Zurich
La Plâtrière SA, Granges
La Poste Suisse, Car postal
Valais Romand - Haut-Léman,
Anne-Marie de Andrea, Sion
Lagonico Carmela, Cully
Lagonico Pierre, Cully
Lambrecht Barbara, Clarens
Levy James et Mireille, Lausanne

Leyvraz Jacques, Agence Michaud &
Burkhard, Lausanne
Lonfat Raymond et Amely,
Crans-sur-Sierre
Losinger Holding SA, Jacky Gillmann,
Berne
Luxit Isolations SA - Vaparoid SA,
Châtel-Saint-Denis
Luyet Michel, électricité, Martigny
Lyceum Club International, Neuchâtel
M. K. G., Suisse
Mannheimer Versicherung AG, Zurich
Manor AG, Bâle
Marmoran SA, Bernard Berra, Martigny
Massimi-Darbellay Jacques et Lilette,
Martigny
Matériaux Buser & Cie SA, Martigny
Mayer Dan, Gstaad
Mayer Sara, Genève
Morand Mireille, Martigny
Moret Serge & Fils, primeurs, Martigny
Municipalité de Salvan
Nardin Pierre-Antoine, Le Locle
Noetzli Rodolphe, Neuchâtel
Nordmann Monique, Vandœuvres
Nouvelles Imprimeries Pillet -
Saint-Augustin SA, M. Schwéry, Martigny
Oberson Marguerite, Verbier
Odier Patrick, Lombard Odier & Cie, Genève
Odier Patrick, Lombard Odier & Cie, Genève
Optigal SA, Martigny, Lausanne
Orgamol SA, fabrication de produits
chimiques, Evionnaz
P .S. I., espaces publicitaires,
Jean-François Simond, Cluses, France
PAM SA, Martigny, Sion, Eyholz
Pharmacies de la Gare, Centrale,
de la Poste, Lauber, Vouilloz et Zurcher,
Martigny
Pot Philippe et Janine, Mollie-Margot
Publicitas Valais
Reinshagen Maria, Zurich
Reliures Schumacher, Raoul Philipona.
Schmitten
Restaurant «Les Touristes»,
Maria et Fred Faibella, Martigny
Resto-bar «Le Loup Blanc»,
Maria et Fred Faibella, Martigny
Reynard Jacques et Consorts, stores,
Savièse
Rochat Papiers, Nyon
Rossa Jean-Michel, chauffage et sanitaire,
Martigny
Rykiel Sonia, Paris
Sanval SA, Jean-Pierre Bringhen, Martigny
Saudan Les Boutiques, Martigny
Schaller Roland, Lutry

Schellenberg Helen et Jean-P., La Tour-de-Peilz
Téléverbier SA, Verbier
Tetra Laval International SA, Pully
Torrione Jean-Pierre, Rizerie du Simplon, Martigny
Touring Info Service SA, Genève
Tunnel du Grand-Saint-Bernard
UBS SA, François Gay, Sion
Varnoux Gisèle, La Tour-de-Peilz
Vocat Olivier, avocat-notaire, Martigny
VS Etanchéité 2000 SA, étanchéité-asphaltage, Sion
Winterthur Assurances, Vincent Mussler, Lausanne
Winterthur Assurances, Philippe Vouilloz, Martigny
Yerlès Fernande, Martigny
Zschokke Construction SA, Martigny
Zurcher Jean-Marc, dentiste, Martigny
Zurcher Jean-Marie et Danièle, médecin dentiste, Martigny
Zurich Compagnie d'Assurances, Pierre Voutaz, Martigny
Zwissig Victor & Armand SA, transports, Sierre

Stèle d'argent à Fr. 500.–

AGF / PHENIX, Jean-Bernard Pitteloud, Sion
Alvarez de Miranda Hélène, Chêne-Bougeries
Ambassade de la Principauté de Monaco, Berne
Amon Albert, Lausanne
Arcusi Jacques, Vacqueyras, France
Arsidi Victor, Ruvigliana
Artedition R. + E. Reiter, Hinwil
Association du Personnel Enseignant Primaire et Enfantine de Martigny
Atelier Jeca, Catherine Vaucher-Cattin, Les Acacias
Auberge du Vieux-Stand, Helmut Schneider, Martigny
Auzan Elizabeth, Fribourg
B. A., Riehen
Bachmann Roger, Cheseaux-Noréaz
Bâloise Assurances, Jean-Michel Boulnoix, Agence de Martigny
Bernard Sottas SA, constructions métalliques, Bulle
Bernheim Catherine, Genève
Bernheim Claude et André, Paris
Bestazzoni Umberto, Martigny
BNP Paribas Suisse SA, Genève
Bobst SA, Lausanne
Boreux Gaston, Genève
Boucherie Peter Nessier, Münster
Boucherie Valésia, Michel Pysarevitch, Martigny
Bourcart J.-P., IDEAC SA, Ecublens
Bourgeoisie de Martigny
Boutique «Les Mariés de Cédrine», Martigny
Bruchez SA, électricité, Martigny
Burgener Emmanuel, médecin dentiste, Martigny
Cabinet des Courtiers en Assurances, Stéphane Vannay, Martigny
Café Moccador SA, Louis Chabbey, Martigny
Campeanu Maria, Vétroz
Cellier du Manoir, vinothèque, Martigny
Chambovey André, menuiserie, Martigny
Chappaz Claude, avocat et notaire, Martigny
Chaudet Marianne, Chexbres
Chavaz Denis, architecte, Sion
Chevron Jean-Jacques, Bogis-Bossey
Cipag SA, Puidoux-Gare
Claivaz Willy, Haute-Nendaz
Classe 1935, Martigny
Couchepin Bernard, avocat et notaire, Martigny
Couchepin Olivier, Martigny
Crans-Montana Tourisme, Crans-Montana
D. G, Neuilly-sur-Seine, France
D. A. (Mme), Martigny
D'Ambrosio Vincenzo, Rome
De Haller Yves E., Pully
de Montmollin Violaine, Neuchâtel
De Saint Blanquat Evelyne, Villars
De Traz Cécile, Martigny
de Wolff Rhoda et Thierry, Zollikon
Debiopharm SA, Rolland-Yves Mauvernay, Lausanne
Del Don Gemma, Gorduno
Delaloye Gaby & Fils SA, Jean-Pierre Delaloye, Ardon
Delamuraz-Reymond Catherine, Lausanne
Deneef Jacques, Bruxelles
Derveloy Gérald, Martigny
Ducrey Guy, Martigny
Dufour Marcel, Lausanne
Edipresse SA, Direction générale, Lausanne
Egger Heinz, Zurich
Electro-Technique du Rhône SA, ETR, moteurs électriques, Martigny
En souvenir d'Edouard et de Berthe Anderhub-Zimmermann, Krienz/Lucerne
Entreprise Dénériaz SA, génie civil, béton armé, charpentes, Sion
Etrasa, entreprise de travaux SA, Martigny
Fardel, spécialités alimentaires, Martigny
Feldschlösschen AG, E. Albrecht, Sion
Fischer Edouard-Henri, Rolle
Franc Robert, Martigny
Friedli Anne, Martigny
Galerie Daniel Malingue, Paris
Garrone Yannick, Monthey
Gastaldo Yvan, boulangerie, Martigny
Generali Assurances, Joseph Bron, Martigny
Georg Waechter Memorial Foundation, Genève
Gétaz Romang SA, Vevey
Gisling Pierre, Chamby
Givel Edouard et Jacqueline, Anières
Goldschmidt Léo et Anne-Marie, Val-d'Illiez
Grand Gabriel et Chantal, Vernayaz
Grandchamp Claude, Martigny
Grandguillaume Pierre et Cécile, Grandson
Guex-Crosier Jean, Martigny
Hagelberg-Rouxel Reinhild, Meyrin
Hahnloser Bernhard et Mania, Berne
Hauri Arthur-Edouard, Neuchâtel
Héritier & Cie, bâtiments et travaux publics, Sion
Hoffmann Ida, Freudenberg Stiftung, Weinheim, Allemagne
Holcim (Suisse) SA, Eclépens
Hopkins Waring, Paris
Hôtel-Club Sunways, Marie-Christine et Marc Laurant, Champex
Huber Suzanne, Genève
Hug Hans-Jürg, Küsnacht
IDIAP, institut de recherche, Martigny
IMD, Richard Tille, Saint-Prex
Imfeld Gérald, Martigny
Inoxa Perolo et Cie, Centre Magro, Uvrier
Jacquérioz Alexis, vins du Valais, Martigny
Joehr Jean-Pierre, Ardon
Johnson Laura, Verbier
Jung-Power Agnès et Bill, Genève
Kaufman Karen, Zermatt
Kearney-Stevens Kevin et Shirley, Charmey
Lacchini Luigi, Lafin Spa, Crémone, Italie
Lacrouts Roger et Monica, Genève
Lafarge-Cretton Patricia et Roland, Saint-Maurice
Lafont Pierre, Lattes, France
Lambercy Jean-Luc, appareils ménagers, Martigny
Lemonnier Pierre, Lens
Lenoble Chantal, Rome
Levet Jacqueline, Paris
Levy Evelyn, Jouxtens-Mézery
Lion's Club Sion, Valais romand
Lüscher Monique, Clarens
Luy Hannelore, médecin, Martigny
Lyceum Club International, Neuchâtel
Magnin Gabriel et Maryvonne, Sion
Maillard Alain, Lausanne
Manz Privacy Hotels, Manz-Lurje Ljuba, Zoug

Marcie-Rivière Jean-Pierre, Paris
Masson Louis et Nicolette, Pully
Maus Bertrand, Genève
Meldem Energie SA, René Meldem, Martigny
Meyer François et Hélène, Montreux
Michellod Gilbert et Fils, Monthey
Möbel-Transport AG, Zurich
Morard Jacques-Antoine, Genève
Moreillon Marie-Rose, Genève
Murisier Enseignes, Martigny
Neuwerth & Cie SA, ascenseurs, monte-charge, Ardon
Noir Dominique, Monthey
Nordmann Serge et Annick, Vésenaz
Nydegger Simone-Hélène, Lausanne
Nyhart-Erni Frida et Eldon, Indianapolis, USA
Odier Patrick, Lombard Odier & Cie, Genève
Pache Jean-Michel, Vernayaz
Pain Josiane, Londres
Pâtisserie «La Louve», Martigny
Peppler Wilhelm, Montagnola
Perolo Raymond, Restorex, Uvrier-Sion
Perrig Antoine, Sion
Perrin Simone, Martigny
Piota SA, combustibles, Martigny
Pivarski Georges et Liouba, Paris
Pradervand & Cie, Martigny
Pradervand Mooser Michèle, Chesières
Primatrust SA, Philippe Reiser, Genève
Ramoni Raymond, Cossonay
Restaurant «Sur-le-Scex», Werner Ammann, Martigny-Croix
Restaurant Le Pont de Brent, Gérard Rabaey, Brent
Rhône-Color SA, Sion
Ribet André, professeur en médecine, Verbier
Ribordy Guido, Martigny
Ricklefs Rolf, Ayent-Fortunoz
Righini Charles et Robert, serrurerie, Martigny
Rocco Giorgio, Crans-sur-Sierre
Romerio Arnaldo, Verbier
Rosat Anne, Les Moulins
Rügländer Elsbeth et Pierre, Lucerne
Schenk Francis, Genève
Schneider Eulalie, Genève
Schroder & Co. Banque SA, Luc Denis, Genève
Sellerie Grandchamp, Claude Grandchamp, Martigny
Société des Vieux-Stelliens Vaudois, Lausanne
SOS Surveillance, Glassey SA, Martigny
Taverne de la Tour, Martigny
TCM Accessoires, Tullio Cavada, Martigny
Tériade Alice, Paris
Tissières Bernard, Martigny
Tonascia Pompeo, Ascona
Treves François, Paris
Troillet SA, transports, Martigny
Varrin SA, plâtrerie-peinture, Prilly
Vasserot Lucienne, architecte, Pully
Vêtement Monsieur, Martigny
Visentini Nato et Angelo, Martigny
Visuel de Communication, Michel Dayer, Martigny
Vocat Colette, Martigny
Von Ro - Echafaudages, Charrat
von Tscharner Catharina, Gryon
Vouilloz Liliane et Raymond, Fully
Vuilloud Pierre-Maurice, médecin dentiste, Monthey
Wartmann Karl, Thônex
Wenger Fredy, Ecublens
Zuchuat & Raymond SNC, carrelages, Martigny
Zwahlen & Mayr SA, charpente métallique, Aigle

Colonne de bronze à Fr. 250.–

A. Varone SA, vitrerie, Martigny
Abriel Aline, Martigny
Adoc Nettoyage Entretien S.à r.l., C.-G. Jaquemet, Neuchâtel
Aebischer Jean-Pierre, Bienne
Aepli André & Fils, tableaux électriques, Dorénaz
Agid Michelle, Chamonix, France
Air-Glaciers SA, transports aériens, Sion
Alcor SA, Jacques Dubouchet, Vernier
Alesia SA, atelier de précision pour l'industrie automobile, Martigny
Alksnis Karlis, Genève
Allemann-Krieger A., Saint-Légier
Allisson Jean-Jacques, Yverdon-les-Bains
Amherd Jean, Mase
Amrein Franz, Genève
Andenmatten Arthur, Genève
Andenmatten Michel et Stéphane, bureau d'ingénieurs SA, Sion
Andenmatten Roland, Martigny
Anonyme, Commugny
Anonyme, Lausanne
Anonyme, Le Mont-sur-Lausanne
Anonyme, Martigny
Anonyme, Sion
Anonyme, Versailles
Antonioli Claude-A., médecin dentiste, Genève
Arbillot Claude, Colmier-le-Bas, France
Ardin-Scheibli Maria-Pia, Gingins
Argi Maurice, commerçant, Pully
Arnodin Martine et Antoine, Montrouge
Art Lover, Londres
Arts et Vie, résidence de loisirs, Samoens, France
Assal Patrick, médecin dentiste, Lausanne
Assar Florence, Vich
Atib SA, bureau technique, Martigny
Aubert Jacqueline, Evian-les-Bains
Avilor S.à r.l., Henriet Benoît, Schiltigheim, France
Avoyer Pierre-Alain, Martigny
B. M.-H., Sierre
Bachelard Jocelyne, Nyon
Bacou Roseline, Villeneuve-lès-Avignon
Badoux Jean-René, Martigny
Baier Nelly, Sierre
Ballenegger Marcel, Lausanne
Balmer André et Frieda, Küsnacht
Bamberger Béatrice, Neuchâtel
Banderet Georges, revêtements de sols, nettoyages, Martigny
Barbey Daniel, Genève
Barbier-Reusen André et Carla, Saint-Pierre-de-Clages
Bareiss Gerd, Onex
Barruel-Brussin Patrick, artiste lyrique, Bourgoin-Jallieu
Bartholdi Paul et Irène, Nyon
Baruh Micheline, Cologny
Baudry Gérard, Grand-Lancy
Baumgartner Marc, Genève
Baumgartner Pierre et Marguerite, Ostermundigen
Baur François et Madeline, Rillieux, France
Beck Henri et Jeannine, Pully
Belet Louis-Ph., Vendlincourt
Belgrand Jacques, Belmont
Bellini E. Milena, Arzier
Bellwald Anton-Andreas, Bâle
Benczi Françoise, Zurich
Bender Emmanuel SA, paysagistes et Garden-Center, Martigny
Bender Yvon, serrurerie, Martigny
Beney Jean-Michel, Venthône
Benoit Michel F., Genève
Berclaz Jean-Paul, Sierre
Berdat Françoise, Chamoson
Berguerand Anne, Martigny
Berlie Jacques, Miex
Bernasconi Giancarlo, Agno
Bernasconi Sylvie, Troinex
Berne Jacques et Annick, Le Havre, France
Berthoud Jackie, Genève
Berti Nicole, Villars-sur-Ollon
Bertrand Catherine, Genève
Besançon Anne, Genève
Bessero Marianne, Martigny

BFF & Associés, Marcel Pilet, Lausanne
Biaggi André, directeur UBS SA, Crans
Bich Sabine, Nyon
Bideaux Alain, Foucherans, France
Bigler Alain, Genève
Billaud Sophie, Yverdon-les-Bains
Billon Jean-Francis et Denise, Caluire, France
Bircher Carole, Verbier
Bischof Louis et Jeannette, Muntelier
Bischofberger Irmgard, Chêne-Bourg
Blanc Jacky, Monthey
Blank Sanford, Fishers Island, USA
Blaser André et Marie-Jeanne, Prangins
Bloch Raymond C. et Monique, médecin dentiste, Berne
Blum Jean et Tatiana, Gstaad
Bohner Rudolf, Münchenbuchsee
Boiseaux Christian, Annecy, France
Boissier Marie-Françoise, Verbier
Boissonnas Jacques et Sonia, Thônex
Bolinger Jean-Marc, Lausanne
Bollin Dorothée, Martigny
Bolomey Marianne, Trimbach
Bonvin Louis, Crans-sur-Sierre
Bonvin Roger, architecte, Martigny
Bonvin Rosemary, Monthey
Bonvin Venance, Lens
Bordoni Silvia, Lugano
Bossy Jacqueline, Sion
Boucherie de Châtelaine, Bernard et Chantal Menuz, Châtelaine
Boucherie de la Place, José Riesco, Martigny-Bourg
Boucheron Alain, Prangins
Bourban Narcisse, ingénieur, Haute-Nendaz
Bourgeois Huguette, Genève
Bourges Pierre, Chamonix, France
Bourlard Hervé, Martigny
Bovier Josiane, Clarens
Bozzi Aldo, Corsier-sur-Vevey
Brabeck Carolina, L'Oréal, Carouge
Bretz Carlo et Roberta, Martigny
Bridel Frank, Blonay
Broekman - van der Linden Queenie, Hilversum, Pays-Bas
Bruchez Jean-Louis, Martigny
Brünisholz Lynda, Vevey
Buchs Jean-Gérard, Haute-Nendaz
Buchs Michel, Ardon
Bucofi SA, Saint-Maurice
Bujon Maurice, Crans-sur-Sierre
Bureau d'architecture, Philippe Brochellaz, Martigny
Bureau Technique Moret SA, Martigny
Burgener Michel, pharmacien, Sierre
Buriat Jean-Louis, Paris
Burki Marcel, Lausanne
Burri-Dumrauf Irma et Pierre, Croix-de-Rozon
Burrus Yvane, Crans
Buser Niklaus et Michelle, Le Bry
Butler Angela, Genève
C. J., Lyon, France
Café-restaurant de Plan-Cerisier, Roger Terrettaz, Martigny-Croix
Caillat Claude, Lausanne
Caille Suzanne, Prangins
Calandra Micheline et Pierre-Marie, Peseux
Campanelli Rocco et Silvia, Plan-les-Ouates
Campanini Claude, cabinet médical FMH, La Chaux-de-Fonds
Camporini Yolande, Bossey, France
Cand Jean-François, Yverdon-les-Bains
Canonica Margrit, Horw
Cardana Cristiano, Verbania-Pallanza, Italie
Carenini Plinio, Bellinzone
Carline Automobiles Boisset SA, Martigny
Carron Anita, Coutellerie Carron, Martigny
Carron Josiane, Fully
Carruzzo Georges, Pully
Cart Madeleine, Besançon, France
Cartier Jacqueline, Genève
Castella Pascal et Eliette, Saint-Pierre-de-Clages
Cavallero Yolande, Vandœuvres
Cavé Jacques, Martigny
Caveau des Ursulines, Gérard Dorsaz, Martigny-Bourg
Ceffa-Payne Gilbert, Veyrier
Cerez Jean-Pierre et Gisèle, Chancy
Cert SA, Martigny
Cesaris Filippo, Milan
Chabbey et Voillat, architectes, Martigny
Chable Daniel et Laurence, Chexbres
Chalvignac Philippe, Paris
Chanton Josef-Marie et Marlis, Viège
Chapatte Francis, Grandvaux
Chapman Andrew, Bâle
Chapon Jean, médecin, Triors, France
Chappot SA, solutions informatiques, Martigny
Chatillon Françoise, Laconnex
Chaussures Alpina SA, Martigny
Chavaillaz Roberto, Corcelles-près-Concise
Chevalley-Vouilloz Annette, Onex
Cidel SA, Jean-Pierre Girard, Lutry
Ciocca-Ruchet Mary-Claude, Lausanne
Citroen Olga, Villars-sur-Ollon
Clerc Jean-Michel, Martigny
Clivaz Fabienne, Genève
Clivaz Marlyse, Chermignon-Dessus
Closuit Jean-Marie, avocat et notaire, Martigny
Closuit Léonard, Martigny
Closuit Marie-Thérèse, Martigny
CMD Hôtels et Restaurants SA, Lausanne
Cohen Luciano Pietro, Genève
Collège de Bagnes, Le Châble
Collin Robert, Les Rousses, France
Collombin Gabriel, Les Granges
Colomb Geneviève et Gérard, Bex
Comba Ina, Nyon
Commune de Bagnes, Le Châble
Commune de Martigny-Combe
Compagnies de Chemins de Fer, Martigny-Châtelard, Martigny-Orsières
Comptoir Suisse, Lausanne
Computerlove SA, Gilbert Darbellay, Martigny
Comte Geneviève et Hervé, Pharmacie de la Gare, Martigny
Comte Philippe, entrepreneur, Genève
Constantin Jean-Claude, pépinière et jardinerie, Martigny
Constantin Nadia, Montana
Coppey Charles-Albert et Christian, bureau d'architecture, Martigny
Copt Aloys, Martigny
Copt Marius-Pascal, avocat et notaire, Martigny
Couchepin François, Lausanne
Cousin Bernard, Fleurier
Cravino Luigi, Frassinello, Italie
Crettaz Arsène, assurances, Martigny
Crettenand Dominique, vitrerie-encadrements, Riddes
Crettenand Narcisse, Isérables
Crettex Bernard, droguerie-herboristerie, Martigny
Crettex Germaine, Petit-Lancy
Crettex Reber Evelyne, Sous-Préfet du District de Sion, Sion
Cretton Bernard, Monthey
Cross Peter et Valérie, Ollon
Crot Eric, médecin dentiste, Yverdon-les-Bains
Cuendet J.-F., professeur honoraire FMH ophtalmologie, Pully
Cuennet Marina, Echallens
Cuenod & Payot SA, entreprise de génie civil et bâtiment, Lausanne
Cunningham-Reid Helene, Gstaad
Curchod Liliane, Onnens
Cusani Josy, Martigny
Cuypers Marc et Maret Roland, Martigny
Dallèves Anaïs, Salins
Damoiseau Philippe, Blonay
Dapples-Chable Françoise, Boudry
Darbellay Jean-Paul, architecte, Martigny
Darbellay Michel, atelier photo, Martigny
Darbellay Paule, Martigny
D'Arcis Yves, Pomy

Darioli Fabien, Martigny
d'Auriol Olivier, Pully
de Buman Jean-Luc et Marie-Danièle, Epalinges
de Candia Florence, Pully
De Haller Emmanuel B., Thalwil
de Kalbermatten Anne-Marie et Jean-Pierre
De Kalbermatten Isabelle, Salvan
de Muralt André et Sabine, Monnaz
De Peyer Béatrice, Onex
de Preux Marie-Madeleine, Verbier
de Rambures Francis, Verbier
De Torrenté Bernard, Sion
Debrunner SA, Philippe Darbellay, Martigny
Décaillet Charles-Henri, Troistorrents
Decker-Albasini Pierrette, Thônex
Defago Daniel, Veyras
Delacretaz Bernard, Lausanne
Delamuraz Carole, Lausanne
Délez Charly, Martigny
Delgado Francisco, Vandœuvres
Della Torre Carla, Arzo
Deller Maurice, Mollie-Margot
Denis Paulette, Genève
Deruaz Anne, Cologny
des Rosiers Brigitte, Montana
Desbois Gérard, Saint-Louis, France
Dessarzin Dominique, Lausanne
Diacon Philippe, La Tour-de-Peilz
Didierjean Liliane, Genève
Diener-Carton Robert, Montreux
Diethelm Roger, Carbona SA, Sion
Dirac Georges-Albert, Martigny
Djokitch Christine et Alexandre, Genève
Donatella Rosa-Doudin, Lincoln, USA
Donette Levillayer Monique, Orléans, France
Dorsaz François, bureau technique, Martigny
Dorsaz Pierre, architecte, Verbier
Dovat Viviane, Cointrin
Doy Jacques et Nella, Anières
Drabbe-Seemann Virginia, Verbier
Dreyfus Pierre et Patricia, Bâle
Driancourt Catherine, Hermance
Droz Marthe, Sion
du Parc Locmaria Brigitte, Paris
Dubach Hermine-Hélène, Grand-Lancy
Dubath Jean-Yves, Lausanne
Ducrey Alexandre et Ott Alexandra, Martigny
Ducrey Jacques, médecin, Martigny
Dumartheray Paul, Corsier-sur-Vevey
Dumollard Danièle, Gex
Duperrex Elisabeth, La Tour-de-Peilz
Duplirex, L'Espace Bureautique SA, Martigny
Durand Benoît, Lausanne
Durand Dominique, Paris
Durandin Marie-Gabrielle, Monthey
Duriaux André, Genève
Dutoit Bernard, Lausanne
Eberhard Michael et Gunda, Chamoson
Eckert Jean-François, Les Marécottes
Ecol'Arts, Nicole Giroud, Martigny
Egger Erwin, Elvia Assurances, Fribourg
Ehrbar Ernest, Lausanne
Ehrsam Jean-Pierre, Aigle
Eicher Peter, Paderborn, Allemagne
Eisenhardt Christoph et Anne, Baar
Elalouf Alin, Le Mont-sur-Lausanne
Electricité d'Emosson SA, Martigny
Electro-Industriel SA, Martigny
Elettricità Cavalli SA
Emonet Joseph SA, commerce de fers, Martigny
Emonet Philippe, médecin, Martigny
Entreprise Gay SA, Gérard Gay, Choëx
Etienne Régis, Dardilly, France
Evreinow Alexandra, Sion
Faessler Georges, Pully
Falciola Jean-Claude, Genève
Falkenburger Paul, Grimisuat
Fallou Pierre-Marie, Artenay, France
Famé Charles, Corseaux
Fanchamps Nadine, Zermatt
Farage Vincent, Fribourg
Farine Françoise, Thônex
Fauquex Arlette, Genève
Faure Isabelle, Verscio
Favre Myriam, Genève
Favre Olivier, Lavey-Village
Favre Roland R., Stallikon
Favre-Crettaz Luciana, Riddes
Favre-Emonet Jean-Bernard et Michelle, Sion
Febex SA, Paul Brunner, Bex
Feiereisen Josette, Bulle
Fellay Michèle et Luc, Martigny
Ferrari Olivier, Jongny
Ferrari Pierre, Martigny
Ficasion, matériel incendie, Anne-Brigitte Balet Nicolas, Riddes
Fiduciaire Duc-Sarrasin & Cie SA, Martigny
Fiduciaire Laurent Bender SA, Martigny
Fiechter Michèle, Conches
Fillet Jean, pasteur, Thônex
Filliez Bernard, Martigny
Fischer Alain, Cortaillod
Fischer Hans-Jürgen, médecin-chef, Alle
Fixap SA, entretien d'immeubles, Monthey
Flipo Jérôme, Tourcoing, France
Florut Guia, Paris
Foire du Valais, Martigny
Folly Jannick, Fribourg
Fondazione Orchidea, Mauro Regazzoni, Riazzino
Forclaz Geneviève et Roger, Berne
Fortini Christiane, La Rippe
Frachebourg Jean-Louis, Sion
Fraissinet Marguerite, Saint-Sulpice
François Madelyne, Lyon
Franzetti Fabrice, architecte, Martigny
Franzetti Joseph, architecte, membre de la SIA, Martigny
Frass Antoine, Sion
Frehner & Fils SA, Martigny
Fribourg international, Fribourg
Froidevaux Anne-Claude, Onex
Fumex Bernard, Evian
Furrer Jean-François, Chêne-Bougeries
Fustinoni Andrea, Ecublens
G. F. M., Genève
Gagneux Eliane, Bâle
Gaillard Herrera Pérez María et Christophe, Martigny
Gaillard Robert, Genève
Galeazzi Jacqueline et Gilbert, Martigny
Galerie du Rhône SA, Pierre-Alain Crettenand, Sion
Galland Christiane, Romainmôtier
Galletti Charles-Henri, Monthey
Garage Auto Bob, Philippe Buthey, Martigny
Garage Check-point, Martigny
Garage de Verdan, Fully
Garage Olympic, A. Antille, Martigny
Garance Gabriel, Meyrin
Gardaz Jacques, Vevey
Gaspoz Pierre, Ostermundigen
Gaudin Georges, Sion
Gault John, Orsières
Gautier Jacques, avocat, Genève
Gay Daniel, Genève
Gay-Crosier François, Verbier
Gebhard Charles, Küsnacht
Gebruers Frédéric, Carouge
Gedon Jacques, Martigny
Geiser Clinton E., Blonay
Geissbuhler Frédéric, Auvernier
Gemünd Danièle, Castelveccana/Varese, Italie
Genoud Antoine, Sion
Genton Etienne, Monthey
Georg Jean-William, Grandson
Georges André, Chêne-Bougeries
Gianadda Géraldine, Martigny
Gianadda Gilberte, Martigny
Gianadda Laurent, No Comment, Martigny
Giclo S.à r.l., peinture, Martigny
Gilliéron Michel, Corcelles
Gips-Union SA, Martigny
Girod Dominique, Genève
Girod Erika et Charles, Zurich

Giroud Léon, transports et terrassements, Martigny
Giroud Pierre, Martigny
Gloor Mario, Genève
GO. ART, Nadia Gomez, Paris
Golay Brigitte et André, Martigny
Golaz Edmond, Genève
Gontard-Delvermoz Anne-Marie, Saint-Didier-au-Mont-d'Or, France
Gonvers Serge, Vétroz
González Manuel, Villars-sur-Glâne
Gorgemans André, Verbier
Goyon-Segura Danièle, Evian, France
Graf-Amsler Hermina et Alfred, Clarens
Gram SA, René Beck, Villeneuve
Grandjean Claude, Le Mont-sur-Lausanne
Granges Jean-Claude, Tea-room «Les Arcades», Fully
Grasso Carlo, peintre, Calizzano, Italie
Grimler Pierre, Fonds de prévoyance, Chêne-Bourg
Gudefin Philippe, Verbier
Guelat Laurent, Martigny
Guex Electricité, concessionnaire Bosch, Martigny
Guex Pascal, Martigny
Guggenheim Josi, Zurich
Gugler Edouard, Kehrsatz
Guigoz Françoise, Vex
Guillemin Pierre, Bernex
Guinchard Jean-Marc, Genève
Guinnard Fabienne, Lausanne
Günther Alfred, Filisur
Gurtner Gisèle, Chamby
Haenny Rodolphe, Lausanne
Halle Maria et Mark, Givrins
Halperin Noemi, Genève
Hart-Albertini Karen, Verbier
Hauser Aude, Versoix
Heintz Bertha, Monthey
Held Roland, La Tour-de-Peilz
Henchoz Michel, Aïre
Henneberger Christiane, Lausanne
Héritier Josiane, Savièse
Herrli Walter, Seewen
Hervé Jacques et Evelyne, Maurecourt, France
Heyd Pascale, Genève
Hintermeister James, Lutry
Histoire & Voyages, Philippe André, Lausanne
Holmes Inez, Ferney-Voltaire, France
Horn Benoît, Soultz, France
Hôtel Beau-Site, Jonathan Vock, Morgins
Hôtel Bristol, Verbier
Hôtel de la Poste, Famille Claivaz, Martigny
Hôtel de Ravoire, Ravoire
Hôtel du Rhône, Otto Kuonen, Martigny
Hôtel Eden, Patrick Barras, Crans-sur-Sierre
Hôtel-restaurant du Catogne, Famille Favez, La Douay, Orsières
Hottelier Jacqueline, Plan-les-Ouates
Hubin Colette, Lausanne
Hübscher Manuela, Collex
Huet Marika, La Rippe
Hug Pierre, Birmensdorf
Hugenin Rose-Marie, Neuchâtel
Hugon Renée, La Tour-de-Peilz
Hummel Charles, ancien ambassadeur, Saxon
Hunziker Ruth, Veyrier
Hurni Bettina S., Genève
Imhof Anton, La Tour-de-Peilz
Imhof Charlotte, Vichères
Impresa di Pittura, Attilio Cossi, Ascona
Imprimerie Commerciale de Martigny SA
Imprimerie Schmid SA, Sion
INGESCO SA, Air Center, Vernier
Invernizzi Fausto, Quartino
Iori Ressorts SA, Charrat
Irisarri Marie-Elisabeth, Genève
Iso-Dog, J.-J. Tharin, Cossonay
Jaccard Francis, physiothérapie, Martigny
Jaccard Jacqueline, Chêne-Bougeries
Jaccard Marc, Morges
Jackson Marie-Christine, Lausanne
Jacquérioz Michel, architecte, Martigny
Jacquier-Delaloye Anne, Savièse
Jagstaidt Véronique, psychologue-psychothérapeute, Evian
Jallut SA, peinture et vernis, Bussigny
James Roundell Ltd, Jocelyne Keller, Genève
Jan Gloria, Lausanne
Jaquet Albert, Clarens
Jawlensky Angelica, Minusio
Jeanneret Claude, Fiduciaire de Malagnou SA, Genève
Jeannot Michel-Georges, Clermont-Ferrand
Jeanrenaud Ingrid, Montana
Joliat Jérôme, Genève
Joly Marie-Laure, Küsnacht
Jones Terry, Crassier
Joris Françoise, Agence du Lac, Champex
Jotterand Michèle, Vessy
Jouvray Christiane, Société ITTAC, La Mure, France
Jovanovic Jovan et Vukica, Genève
Juda Henri, Dexi Banque privée SA, Lausanne
Jules Rey SA, Crans
Jullien Yann, Paris
Jung Chantal et Urs, Chapelle-sur-Glâne
Kaba Gilgen SA, Sion
Kaiser Peter et Erica, Saint-Légier
Kapsopoulos Théophanis, chef d'orchestre, Fribourg
Karl Meyer SA, Le Mont-sur-Lausanne
Kaspar SA, Philippe Bender, Martigny
Kaufmann Peter G., Lausanne
Kegel Sabine, Genève
Kellenberger Madeleine, Yverdons-les-Bains
Keller Annette et Gibbs Sandra, Nyon
Kerstin Karbe, Petit-Lancy
Kessler Didier, Genève
Kilp Winfried et Angelika
Kindler Philippe et Anne-Marie, La Conversion
King Lina, Vésenaz
Kirchhof Sylvia, Carouge
Kirker Hermine, La Tour-de-Peilz
Klaus André, Arweg SA, Epalinges
Kleiner Max, Staufen
Kocher Sylvaine, Pully
Koeppel Catherine, Fully
Krafft Pierre, Lutry
Kramar Flavio, Genève
Krayenbühl Thomas, Oberrieden
Krüger Otto, Sion
Krumwieh Dorothée, Genève
Kuonen Claude, Success Communications SA, Pully
Kurmann Jean-Paul, Monthey
Kwong Ming, restaurants chinois, Martigny et Lausanne
La Genevoise, Guy Quinodoz, agent général, Sion
La Griffe Ausoni SA, Lausanne, Montreux, Villars
La Semeuse, Marc Bloch, La Chaux-de-Fonds
Lacombe François, Chambéry
Lacroix Alain, Villars-sur-Ollon
Lacroix Rolande, Gryon
Lak Willem et Caroline, Les Granges/Salvan
Lambelet Charles-Edouard, Glion
Langenberger Christiane, Conseillère aux Etats, Romanel-sur-Morges
Langraf Madeleine, Vevey
Lanzoni Rinaldo, Genève
Latour Claude, La Conversion
Lauber Joseph, Martigny
Laubhus AG, Rüfenach
Laumonier François, consul général de France, Genève
Lehner et Tonossi SA, aciers-quincaillerie-mazout, Sierre
Lejeune Jean-François, Bellevaux, France
Lendi Beat, cabinet médical, Prilly

Léonard Gary, Ravoire
Leonardon Dominique, Zurich
Lévy Guy, médecin directeur de la CRS, Fribourg
Lewis-Einhorn Rose N., Begnins
Lieber Anne et Yves, Saint-Sulpice
Lilla Marcelle, Genève
Limacher Florence et Stern Richard, Eysins
Linsig-Marti Elsa, Val-d'Illiez
Livio Annie, Le Mont-sur-Lausanne
Locatelli Pompeo, Milan
Locher-Frey Anna Vera, Muri b. Bern
Locht Jean-Louis, Veyras
Lonero Pimpi, Rome
Lonfat Juliane, Martigny
Lorenz Claudine et Musso Florian, Sion
Loretan Barthélemy, L'Atelier de Saillon, Saillon
Losmaz Jacqueline, Le Lignon
Lucchesi Fabienne, Neuchâtel
Lucchesi Serenella, Monaco
Lucchini & Fils, fabrique de peinture, Genève
Luce Fabrice, Galmiz
Lugon Bernard, médecin dentiste, Martigny
Luisier Adeline, Berne
Lüscher Bernhard et Marianne, Winterthur
Lustenberger-Zumbühl Werner et Annelies, Littau
Lux Frédéric, Genève
M. F., Sion
Mabilon Frédérique, Genève
Machado Alvaro, Lausanne
Maetzler Anne-Marie, La Fouly
Maier Walter, Roche
Maillard Gaston-François, Lausanne
Malard Raoul et Brigitte, Martigny
Mamon Delia, Verbier
Marchand Yves-Olivier, Onex
Marin Bernard, Martigny
Martin Isabelle, artisane, Apples
Martin Nicole, Paris
Martin Suzanne, Bottmingen
Massard Rita, Martigny
Masson André, avocat et notaire, Martigny
Massot Dominique, Genève
Maurer Willy et Jacqueline, Riehen
Maurer Yolande, Martigny
Mauris Bernard, Plan-les-Ouates
Mechta Nasria-Myriam, Association Les enfants de personne, Sion
Méga SA, traitement de béton et sols sans joints, Martigny
Mello Ceresa Emanuela et Emiliano, Sordevolo, Italie
Mendes de Leon Luis, Champéry
Menétrey-Henchoz Jacques et Christiane, Porsel

Mercier Michèle, Russin
Meredith Marit, Grand-Saconnex
Méribé, service d'entretien d'ascenseurs et monte-charge, Riddes
Méric Marie-Noëlle, Verpillières-sur-Ource, France
Merz Otto, pasteur, Uitikon
Mestdjian Marie Amahid, Genève
Métrailler Mario, Martigny
Métral Raymond, Ravoire
Mettler Elisabeth et Alfred, Möhlin
Meyer Daniel, La Tour-de-Peilz
Meyer Urs, Founex
Miauton Pierre-Alex, ingénieur agronome, Bassins
Michaël Zuber SA, Lausanne
Michelet Freddy, Sion
Michellod Guy, chauffage et sanitaire, Martigny
Miglioli-Chenevard Magali, Pully
Misteli Yvette Rachel, Neuchâtel
Mittelheisser Marguerite, Illzach, France
Mivelaz Olivier, Ovronnaz
Moillen Marcel, Martigny
Moillen Monique, Martigny
Mollard André, Genève
Mommeja Bernard, Genève
Monnard Christian et Gabrielle, Martigny-Croix
Monnet Bernard, Martigny
Monnet Gertrude, Genève
Montfort Evelyne, Hauterive
Morand Mathilde, Genève
Moret Georges, Martigny
Moret Henri-Louis, UBS SA, Martigny
Mosch Silvio, isolations, Martigny
Moser Jean-Pierre, Lutry
Mosimann Delia, Genève
Motel des Sports, E. Grognuz/Biselx, Martigny
Mottiez Michel, Saint-Maurice
Mottu Monique, Chêne-Bougeries
Mouthon Anne-Marie, Neuchâtel
Müller Christophe et Anne-Rose, Berne
Murith Renée, Villars-sur-Glâne
Murith-Descloux Jean et Christine, Fribourg
Nagovsky Tatiana, Genève
Nahaï Aimée, Chernex
Nahon Philippe, Courbevoie
Nanchen Josiane, Martigny
Nejad Ruth G., Chailly-Montreux
Nickel-Darbellay Liliane, Vernayaz
Nicolazzi René, Genève
Nicollerat Combustibles, Martigny
Noisard Marie-Thérèse, Moutier
Noordenbos-Huber Marianne, Eindhoven, Pays-Bas

Nosetti Orlando, Gudo
Novarina Catherine, Thonon
Novati Manuela, Peschiera Borromeo, Italie
Nunes Eduardo et Isabel, Martigny
Obrist Reto, médecin, Sierre
Oertli Barbara, Genève
Oetterli Anita, Lommiswil
Oggier Denise, Zurich
OLF SA, Corminbœuf
Oliva Olivia, Lausanne
Olsburgh Nelly et John, Pully
Ott Pierre-Alain, médecin dentiste, Genève
Pabsch Elisabeth, Bonn, Allemagne
Paccolat Fabienne, Martigny
Panigas Magda, Hôtel-restaurant-pizzeria de la Douane, Martigny
Papilloud Jean-Claude, CREACTIF, Martigny
Parchet Maria, Clarens
Pâris-Hamelin Annette, Boulogne, France
Pasquier André, médecin, Saxon
Pasquier Jean et Bernadette, Martigny
Pasquier Noël, Paris
Paul François, Ollon
Pauzé Mariette, Sierre
Pefferkorn Jean-Paul et Michèle, Limoges, France
Pegurri Simone, Lausanne
Pellaud Charly, Restaurant La Boveyre, Epinassey
Pellaud René, Martigny
Pellouchoud Janine, Martigny
Pépinières Bollin, arbres fruitiers et d'ornement, Martigny
Perito Patrizia, Chavannes-de-Bogis
Perréard Patrick, Genève
Perret Alain, Vercorin
Perrin Charly, relieur-encadreur, Martigny
Perroton Eric, Satigny
Perthuis Gwilherm, Amancy, France
Pesant Virginie, Conches
Peten Evelyne, Lauenen
Petersen Yvette, Saint-Maurice
Petite Jacques et Marie-Françoise, Martigny
Petroff Michel, Le Grand-Saconnex
Pfändler Simone, La Chaux-de-Fonds
Pfister Germaine, Ayer
Pfyffer Marie-Christine, Neuchâtel
Phenix Assurances, Lausanne
Philippin Bernard, Attractions du Châtelard, Le Châtelard
Phillips Monique, Lausanne
Picard-Billi Bianca, Chevreuse, France
Pignat Daniel, Plan-Cerisier, Martigny-Croix
Pilet Jean-Marie, historien d'art, Lausanne
Pillet Liline, Martigny
Pillonel André, Genève

Pillonel Bernard, Kuala Lumpur, Malaisie
Pilloud Adelaïde, Marchissy
Pitteloud Anne-Lise, Sion
Pittet Pierre, Moiry
Piubellini Gérard, Lausanne
Plaut Anita, Genève
Polli et Cie SA, Martigny
Poncet Gilbert, Genève
Pont René-Pierre, Granges
Porchet Daisy, Pully
Portianucha Alex, photographe, Genève
Pralong Jean, bureau d'ingénieurs civils, Saint-Martin
Praz Bernadette, Sion
Preisig Heinz, Photo Studio, Sion
Préperier Michel, Le Châble
Probst Elena, Lisbonne, Portugal
Progin Roland, Peseux
Pufke Siegfried, médecin, Menden
Puhl Lore, Champex
Puippe Janine, Ostermundigen
Putallaz Mizette, Martigny
P. Y. G., anonyme, Genève
R. M. + N. M. Thurau Dafflon, Widen
Raboud Jean-Joseph, Köniz
Radvila Andreas, Mollens
Raggenbass-Couchepin René et Florence, Martigny
Ramseyer Jean-Pierre, Grimisuat
Rausing Birgit, Tetra Pak
Rausis Maurice, Martigny
Raymond Jean, Chernex
Rebord Mario, Martigny
Rebord Philippe, Sullens
Rebstein Gioia et François, La Conversion
Régie Bersier & Cie, Philippe et Wiebke, Les Acacias
Reichenbach Myriam, secrétaire, Sion
Reicke Ingalisa, Bâle
Reisser André, Berne
Renck Yvette, Monthey
Renout Marie-Thérèse et Pierre, Murist
Repellin Marc et Pascale, Albertville
Restaurant «Le Bourg-Ville», Martigny
Rethoret Michel, Genève
Reverdin Claude, Genève
Reymond Anne-Catherine, Lausanne
Reymond-Rivier Berthe, Jouxtens-Mézery
Richard Hubert, Paris
Rieder Systems SA, Lutry
Rinaldi Roselyne, Vouvry
Ritou Jean et Hélène, Paris
Ritter Ernest et Albina, Lausanne
Rivier Françoise, Aïre
Rivier-Aviragnet Sylvaine
Robert André, Neuchâtel
Robinet André et Henry Daniel, Fontaine-lès-Dijon
Robinson-Svoboda Madeleine, Montreux
Rochat Michèle, Lausanne
Rodin Stratégies SA, Villars-sur-Ollon
Roduit et Michellod, appareils ménagers, Martigny
Roduit Georges, fournitures industrielles, Martigny
Rollason Michèle, Genthod
Romani Adami Cecilia, Milan
Romero Jean-Paul, Lutry
Rondi-Schnydrig Marie-Thérèse, Pfäffikon
Roos Susy, médecin, Gerzensee
Rossetti Etienne, ingénieur EPFL, La Tour-de-Peilz
Roth Elisabeth, Genève
Rouiller Jean-Marie, Martigny
Roulin Charles, Genève
Roux Jennifer, Lugrin
Roux Roland, Pully
Ruchat René Armand Louis, Versoix
Rudaz Roger et Hertha, Monthey
Rybicki Jean-Noël, luthier, Sion
S. J., Genolier
S. I. P. Sécurité SA, Vernayaz
Sables & Graviers Schiffenen SA, Villars-sur-Glâne
Saint-Denis Marc, Vandœuvre-lès-Nancy, France
Salamin Electricité, Martigny
Salvadori Giovanna, Bergame, Italie
Salvan Paul et Franziska, Avully
Sandoz François et Isabelle, Chamoson
Sarrasin Monique, Bovernier
Sarrasin Olivier, Saint-Maurice
Saudan Georges, Martigny
Saudan Pierre, Martigny
Saunier Jacques, Genève
Saur Christoph, Heidenheim, Allemagne
Sauret Huguette, Tassin, France
Sauthier Edmond et Michèle, Martigny
Sauthier Marie-Claude, Riddes
Sauty Irène, Genève
Sauty Marie, Denens
Schaller Dominique, Bernex
Schaub Elisabeth, Chavannes-de-Bogis
Scheidegger Frédéric, Martigny
Schelker Markus, Oberwil
Schellenberg Marie-Claire, Sion
Schenker Erna, Corsier
Scheurer Gérard, Aigle
Schiller Hans, neurologue FMH, Zurich
Schlup Hansrudolf et Juliette, Môtier
Schmid Bernard, MOM Consulting SA, Martigny
Schmid Monique, Saconnex-d'Arve
Schmidt Jürgen, Wiesbaden, Allemagne
Schmutz Aloys, Conthey
Schmutz Doris, Brione
Scholer Urs, Blonay
Scholz Charlott, Zurich
Schulthess Maschinen SA, Lausanne et Chalais
Schwartz Pascale et Jean-Pierre, Sallanches, France
Schweiger Ian, Founex
Schweizer Mariann, Berne
Secretan Arnaud et Marie-Pierre, Paudex
Sibilla Christiane, Crans
Sieber Hans-Peter, Mörigen
Siegenthaler Marie-Claude, Tavannes
Simond Denis, Pully
Simonetta Anne-Lise, Ravoire
Simonin Josiane, Hauts-Geneveys
Sitbon Diana, Vessy
Sleator Donald, Lausanne
Smith Hector, Montreux
Société d'Electricité, Martigny-Bourg
Société des Cafetiers de la Ville de Martigny
Sola Didact, Martigny
Solot Liliane, Crans-sur-Sierre
Soulier Jacqueline, Genève
Sousi Gérard, président d'Art et Droit, Lyon
Spira Jean, Porrentruy
Stahli Georges, Collonge-Bellerive
Stähli Regula, Nidau
Stalder Mireille, Meyrin
Stamm Roger, Oberwil
Station Combustia, Martigny
Steeg François, Crans-sur-Sierre
Stefanini Giuliana, Bernex
Stelling Nicolas, médecin dentiste, Estavayer-le-Lac
Stephan SA, constructions métalliques, Givisiez
Stettler Martine, Martigny
Stricker Marie-Claude, Vevey
Strohhecker Pierre, Gland
Strub To et Irina, Filmstudio 2S, Thoune
Strübin Peter, Viège
Stucky de Quay Jacqueline, Verbier
Suchet Dominique et Emmanuel, Toussieux, France
Sulzer Infra Romandie SA, Lausanne
Suter Ernest, Staufen
Suter Madeleine, Au Grizzly, Grand-Saconnex
Suys Jean-François, Chardonne
Tabin Marie-Claire, Sierre
Taillandier René, Paris
Tarica, Paris
Tartrifuge SA, A. Calderari, Ecublens
Thalmann Liliane, Muri

Thermojoints S.à r.l., Lausanne
Theumann Jacques, Saint-Sulpice
Thiébaud Alain, Peseux
Thiebaud Fred, Verbier
Thiriaux Paule, Tournai, Belgique
Thomann Pierrette, Chernex
Thomas Aldo, Saxon
Thomas Marie Clotilde, Chamonix, France
Thompson Gerry, Verbier
Tiemstra Johanna et Gabriel, Mayens-de-Riddes
Tissières André, médecin dentiste, Martigny
Tomme Jean-Jacques, avocat, Thonon
Töndury-Diebold Claudia, Wollerau
Tonossi Michel, Sierre
Tornay Paul-René, Le Bioley-Salvan
Torosantucci Sandra, La Chaux-de-Fonds
Torrigiotti Michel, Schernelz
Torrione Joseph, Sion
Touzet Dominique, Verbier
Trachsel Ernst et Liselotte, Münchenbuchsee
Trento Longaretti, Bergame, Italie
Triebold Pierre, médecin dentiste, Martigny
Troillet Jacques, institut de physiothérapie, Martigny
Tschan Therese, médecin, Laufen
Tscholl Heinz-Peter, Gams
Türler A. W., Genève
Tyco Système SA, technique de sécurité, Préveranges, France
Ucova, Sion
Udressy Ginette, Monthey
Udriot-Suard Françoise, Monthey
Unverricht Arlette, Bussigny
Vallotton Electricité, Martigny
Valorisations Foncières SA, Genève
Van Saanen Paul, praticien en médecine générale, La Tour-de-Peilz
Van Schelle Charles, Haute-Nendaz
Vegezzi Aleksandra, Genthod
Venetz Annie-Moria, psychologue, Sion
Vernaz Nathalie, Monthey
Vetsch Rose-Marie, Renens
Veyssière Marie-Charlotte, Le Perreux, France
Viansone SA, R. + G. Dafflon et J. Noverraz, Meyrin
Videsa SA, Sion
Viglino Pierrette, Riddes
Vilchien Ingrid, Chêne-Bourg
Vincent Georges, Lausanne
Vion Josette, Thörishaus
Viotto-Sorenti M.-Cristina, Courmayeur, Italie
Vogel Pierre et Liline, Saint-Légier
Voillat François, Eaunes, France
Voirol Denis, Val-d'Illiez
Vollenweider Ursula, Genolier
Von Allmen Elfie, Verbier
Von der Weid Hélène, Villars-sur-Glâne
von Mandach Claire, Habstetten
Von Muralt F. Peter, Zurich
Von Orelli Jacques et Barbara, Château-d'Œx
Vouilloz Claude, Saxon
Voyame Elisabeth, Vevey
VSS, Urs Müller, Zurich
Vuillaume R. SA, Robert Vuillaume, Genève-Châtelaine
Vuilleumier Denise, Genève
Vuilleumier Leila et Henri, Pully
Wachsmuth Anne-Marie, Genève
Wadsworth Clare, Condom, France
Waegeli Gilbert et Pierrette, Meinier
Waldvogel Guy, Prangins
Walewski Alexandre, Verbier
Walewski-Colonna Marguerite, Verbier
Walker Catherine, Genthod
Walz Elke et Gerhard, Epalinges
Wasem Marie-Carmen, Sion
Weisbrod Joséphine, Coinsins
Wey Heidi, Monthey
Widmer Karl, Killwangen
Wild Anne-Marie, Les Mosses
Wolfs P. J., Haute-Nendaz
Wurfbain Elisabeth, Haute-Nendaz
Zanetti-Minikus Guido, Füllinsdorf
Zanzi Luigi, professeur, Varese, Italie
Zbinden Michelle, Crans
Zbinden Yves et Corinne, La Neirigue
Zeender Martine, Founex
Zehnder Margrit, Beat et David, Hinterkappelen
Zeller Jean-Pierre, Verbier
Zermatten Agnès, Sion
Ziegler-Suter Marianne, Küsnacht
Zufferey Marguerite, Sierre
Zumstein Monique, Aigle
Zürcher Manfred, médecin, Hilterfingen
Zwingli Jürg, Grand-Saconnex

Crédits photographiques

Amiens, musée de Picardie, J.L.Boutillier : fig. 2 p. 24
Boston, Museum of Fine Arts : cat. 93, fig. 1 p. 456
Brême, Kunsthalle : fig.12 p.38
Bruxelles, musée d'Ixelles : cat. 102
Bruxelles, musée royal des Beaux-Arts : fig. 4 p. 295
Budapest, Szépmüvészeti Muzeum : fig. 1 p. 470
Buenos Aires, Museo Nacional de Bellas Artes : cat. 145
Cardiff, National Museum of Wales : cat. 56
Chicago, The Art Institute of Chicago : cat. 12, 49, fig. 1 p. 470
Cleveland, Cleveland Museum of Art : cat. 15,.162
Collection particulière : © Georges-André Cretton, Martigny : © Michel Darbellay, Martigny ; © Roland Dresfus, Paris ; © Heinz Preisig, Sion ; © Studio Ferrazzini Bouchet, Genève : cat. 1 à 4, 8, 11, 17, 19, 25, 31, 41, 44, 45, 48, 51, fig. 2, p. 231, cat. 60, 63, fig. 1 p. 241, cat. 64, 65, 66, fig. 1 p. 248, fig. 2-3 p. 249, cat. 69, fig. 1, p. 261, cat. 72, 73, fig. 1 p. 264, cat. 74, 75, 77, fig. 1 p. 275, cat. 78, 80, 81, 86, 89 à 92, 95, 99, fig. 1 p. 316, fig. 2, p. 327, cat. 100, 101 104, 106, 108, 109, 110, 112, 113, 117 à 125,131, 134, 135, 139, 142, 144, 147, 158, 163, 170
Collection particulière, © Argazkiak Zear, Bilbao : cat. 57, 61, 70
Collection particulière, Olten, studio Wolf : cat. 115
Cologne, Wallraf Richartz Museum, © Rheinisches Bildarchiv : cat. 47, 55, 59
Copenhague, Ny Carlsberg Glypotek : cat. 54
Dallas, Dallas Museum of Fine Arts : cat. 50
Denver, Denver Art Museum : cat. 38
Dijon, musée Magnin : fig. 1 p. 269
Dublin, National Gallery of Ireland : fig. 1 p. 24, cat. 39
Edimbourg, National Gallery of Scotland : cat. 84
Genève, collection particulière : photo Patrick Goetelen cat. 87, cat. 143
Genève, musée du Petit Palais : cat. 164
Gennevilliers, archives municipales : fig. 1 p. 150
François Gianadda : photo p. 9
Givisiez, Fondation Marcello : cat. 174
Grasse, musée d'Art et d'Histoire de Provence : cat. 116
Hiroshima, Hiroshima Museum of Art : fig. 9 p. 32
Illinois, collection Robert et Barbara Woodward : cat. 52
Kansas City, The Nelson Atkins Museum of Art, Mel McLean : fig. 1 p. 187
Lille, bibliothèque du palais des Beaux-Arts : fig. 1 p. 447
Lille, Bibliothèque municipale : fig. 1 p. 450
Londres, The National Gallery : cat. 42
Londres, The Tate Gallery : cat. 94
Londres, Prudence Cuming Associates Limited : cat. 98
Londres, Pyms Gallery : cat. 26, p. 101
Madrid, collection de la baronne Carmen Thyssen-Bornemisza : cat. 36, p. 133
Martigny, collection Fondation Pierre Gianadda : cat. 34, p. 167
Minneapolis, Minneapolis Museum of Arts : cat. 76
Montpellier, musée Fabre, Frédéric Jaulmes : cat. 40
New York, Brooklyn Museum of Art : cat. 18
New York, collection de Mme Alexander Lewyt, Robert E. Mates : cat. 127, 136, 141, 148,.160
New York, Guggenheim Museum : fig. 1 p. 204
New York, The Metropolitan Museum of Art, Rogers Fund , 1918 : fig. 10, p. 36, fig. 1, p. 180, fig. 1 p. 197, cat. 71
New York, The Pierpont Morgan Library : cat. 32
Newark, Collection of The Newark Museum, Gift of Mrs E. U. Johnson : cat. 27
Oslo, Nasjonalgalleriet, J. lathion : fig. 1 p. 126, cat. 68
Paris, Bibliothèque nationale de France : cat. 150 à 157, 166, 168, fig. 2 p. 470, fig. 2, p. 475
Paris, galerie Hopkins : cat. 23, 125, 146, fig. 2 p. 180, fig. 1 p. 208, fig. 1 p. 328, fig. 1 p. 338
Paris, Réunion des musées nationaux : photo H. Lewandowski fig. 8, p. 32, fig. 10, p. 53, fig. 1 p. 143, fig. 3 p. 146, cat. 46, 159, 171, fig. 2 p. 474, photo G. Blot fig. 11 p. 37, J.G. Berizzi fig. 4, p. 47, fig. 1 p. 269, cat. 126, fig. 12 p. 54, G. Blot / C. Jean fig. 1 p. 103, fig. 1, p. 348, J. Schormans fig. 2 p. 103, fig. 2 p. 447, fig. 1 p. 107, cat. 5, Michèle Bellot fig. 1-2 p. 118, cat. 14,.46, cat. 165, Lagiewski fig. 1 p. 273, fig. 2, p. 331, cat. 165, R.G. Ojeda cat. 114, fig. 2 p. 451, fig. 2, p. 331,fig. 2, p. 452, fig. 2, p. 470
Paris, musée du Petit Palais, © Photothèque des musées de la ville de Paris, cliché :Pierrain : fig. 14 p. 40, fig. 2, p. 187, Ph. Ladet fig. 10, p. 53
Paris, musée Marmottan-Monet, © Bridgeman Giraudon : fig. 8 p. 50, fig. 13 p. 54, cat. 21, 28,.30, 33,.53, fig. 1 p. 244, cat. 67, 79, 83, 88, 103, 105, 107, fig. 1, p. 346, fig. 1 p. 370, cat. 128, 132, 138, 169
Paris, Galerie Schmit : fig. 1 p. 273, fig. 1 p. 331
Collection particulière, © André Morain : cat. 130
Pasadena, Norton Simon Art Foundation : fig. 5 p. 47
Pau, musée des Beaux-Arts : cat. 58
Philadelphie, Philadelphia Museum of Art, Graydon Wood, 1994 : fig. 4 p. 27
Providence, Museum of Art, Rhode Island School of Design, bequest of the Estate of Mrs E. Stuyvesant Vanderbilt Gerry : cat. 161
Richmond, Virginia Museum of Fine Arts , Ron Jennings : cat. 16 ; Katherine Wetzel fig. 1 p. 134, cat. 35
Rouen, archives départementales de Seine-Maritime : fig. 2 p. 135
Saint-Germain-en-Laye, musée départemental Maurice-Denis : fig. 15 p. 40
Saint Petersbourg (Floride), Museum of Fine Arts : cat. 111
Santa Barbara, Santa Barbara Museum of Art : cat. 13
Shelburne, Shelburne Museum : fig. 1 p. 137
Stockholm, Nationalmuseum : cat. 10, 43, 62
Thibaut Wilhelm : fig. 4 et 5 p. 90, fig. 11 p. 99
Tokyo, Fuji Art Museum : cat. 20
Toledo, The Toledo Museum of Art : fig. 5 p. 28, cat. 82
Toulouse, musée des Augustins : cat. 140
Washington, National Gallery of Art : fig. 2 p. 44, fig. 3 p. 46, fig. 9, p. 51, cat. 6, fig. 1, p. 113, cat. 7, Dean Beasom cat. 8, 24, Ricardo Blanc cat. 129
Williamstown, The Sterling and Francine Clark Art Institute : cat. 29, fig. 1 p. 185, cat. 97

Table des matières

Edités et coédités par la Fondation Pierre Gianadda

Paul Klee, 1980, par André Kuenzi (épuisé)
Picasso, estampes 1904-1972, 1981, par André Kuenzi (épuisé)
Art japonais dans les collections suisses, 1982, par E. Kondo et J.-M. Gard (épuisé)
Goya dans les collections suisses, 1982, par Pierre Gassier (épuisé)
Manguin parmi les Fauves, 1983, par Pierre Gassier (épuisé)
La Fondation Pierre Gianadda, 1983, par C. de Ceballos et F. Wiblé
Ferdinand Hodler, élève de Ferdinand Sommer, 1983, par Jura Brüschweiler (épuisé)
Rodin, 1984, par Pierre Gassier
Bernard Cathelin, 1985, par Sylvio Acatos (épuisé)
Paul Klee, 1985, par André Kuenzi
Isabelle Tabin-Darbellay, 1985 (épuisé)
Gaston Chaissac, 1986 (épuisé)
Alberto Giacometti, 1986, par André Kuenzi
Alberto Giacometti, 1986, photographies Marcel Imsand, texte Pierre Schneider
Egon Schiele, 1986, par Serge Sabarsky (épuisé)
Gustav Klimt, 1986, par Serge Sabarsky (épuisé)
Serge Poliakoff, 1987, par Dora Vallier (épuisé)
Toulouse-Lautrec, 1987, par Pierre Gassier
Paul Delvaux, 1987
Picasso linograveur, 1988, par Danièle Giraudy
Trésors du Musée de São Paulo, 1988:
  Ire partie: *de Raphaël à Corot*, par Ettore Camesasca
  IIe partie: *de Manet à Picasso*, par Ettore Camesasca
Le Musée de l'automobile de la Fondation P. Gianadda, 1988, par E. Schmid (épuisé)
Jules Bissier, 1989, par André Kuenzi
Hans Erni, Vie et mythologie, 1989
Henry Moore, 1989, par David Mitchinson
Le peintre et l'affiche, 1989, par Jean-Louis Capitaine (épuisé)
Louis Soutter, 1990, par André Kuenzi et Annette Ferrari (épuisé)
Fernando Botero, 1990
Modigliani, 1990, par Daniel Marchesseau
Camille Claudel, 1990, par Nicole Barbier
Calima, Colombie précolombienne, 1991, par Marie-Claude Morand (épuisé)
Chagall en Russie, 1991, par Christina Burrus
Sculpture suisse en plein air, 1991, par André Kuenzi, Annette Ferrari et Marcel Joray
Hodler, peintre de l'histoire suisse, 1991, par Jura Brüschweiler
Mizette Putallaz, 1991
Franco Franchi, 1991 (épuisé)
De Goya à Matisse, estampes du Fonds Jacques Doucet, 1992, par Pierre Gassier
Georges Braque, 1992, par Jean-Louis Prat

Ben Nicholson, 1992, par Jeremy Lewison
Georges Borgeaud, 1993
Jean Dubuffet, 1993, par Daniel Marchesseau
Edgar Degas, 1993, par Ronald Pickvance
Marie Laurencin, 1993, par Daniel Marchesseau
Albert Chavaz, 1994, par Marie-Claude Morand
Rodin, dessins et aquarelles, 1994, par Claudie Judrin
De Matisse à Picasso, Collection Jacques et Natasha Gelman, 1994
Egon Schiele, 1995, par Serge Sabarsky
Larionov-Gontcharova, 1995, par Jessica Boissel
Nicolas de Staël, 1995, par Jean-Louis Prat
Suzanne Valadon, 1996, par Daniel Marchesseau
Edouard Manet, 1996, par Ronald Pickvance
Michel Favre, 1996
Les Amusés de l'Automobile, 1996, par Pef
Raoul Dufy, 1997, par Didier Schulmann
Joan Miró, 1997, par Jean-Louis Prat
Icônes russes, Galerie nationale Tretiakov, Moscou, 1997, par Ekaterina L. Selezneva
Diego Rivera et Frida Kahlo, 1998, par Christina Burrus
Collection Louis et Evelyn Franck, 1998
Gauguin, 1998, par Ronald Pickvance
Hans Erni, rétrospective, 1998, par Andres Furger
Turner et les Alpes, 1999, par David Blayney Brown
Pierre Bonnard, 1999, par Jean-Louis Prat
Sam Szafran, 1999, par Jean Clair
Kandinsky et la Russie, 2000, par Lidia Romachkova
Bicentenaire du passage des Alpes par Bonaparte 1800-2000, par Frédéric Künzi
Vincent Van Gogh, 2000, par Ronald Pickvance
Icônes russes. Les saints. Galerie nationale Tretiakov, Moscou, 2000, par Lidia I. Iovleva
Picasso. Sous le soleil de Mithra, 2001, par Jean Clair
Marius Borgeaud, 2001, par Jacques Dominique Rouiller
Les coups de cœur de Léonard Gianadda, 2001 (CD Universal et Philips)
Kees van Dongen, 2002, par Daniel Marchesseau
Léonard de Vinci, l'Inventeur, 2002, par Otto Letze
Berthe Morisot, 2002, par Hugues Wilhelm et Sylvie Patry

A paraître

Jean Lecoultre, 2002, par Michel Thévoz
De Picasso à Barceló, Les artistes espagnols, 2003, par María Antonia de Castro
Alberto Giacometti, 2003, par Jean-Louis Prat
Albert Anker, 2004, par Thérèse Bhattacharya-Stettler

Ont contribué à l'organisation de l'exposition

Secrétariat
Madeleine Michellod
Patricia Truffin

Régie des œuvres
Jean-Marie Dautel
Madeleine Michellod

Catalogue

Coordination éditoriale	Josette Grandazzi
Fabrication	Jacques Venelli
Editeur	Fondation Pierre Gianadda, 1920 Martigny, Suisse Tél. +41 027 722 39 78 Fax +41 027 722 31 63 http://www.gianadda.ch e-mail : info@gianadda.ch
Maquette	Jean-Yves Cousseau, assisté de Bénédicte Sauvage et Nelly Hofmann
Composition	Snoeck-Ducaju & Zoon et IRL
Impression et reliure	Snoeck-Ducaju & Zoon, Gent sur papier couché Satimat 150 gm²

Couverture	Berthe Morisot, *Femme à l'éventail* ou *Tête de jeune fille*, 1876, collection de Mme Alexander Lewyt, New York (cat. 37)

ISBN broché : 2-88443-069-5
ISBN relié : 2-88443-070-9